제국

한국개념사총서 |8|

제국

이삼성 지음

小花

한국개념사총서 ❽
제국

초판 2쇄 발행 / 2015년 9월 18일

지은이 / 이삼성

펴낸이 / 고화숙
펴낸곳 / 도서출판 소화
등록 / 제13-412호
주소 / 서울시 영등포구 영등포동 7가 94-97
전화 / 2677-5890
팩스 / 2636-6393
홈페이지 / www.sowha.com

값 30,000원

ISBN 978-89-8410-456-3 94300
ISBN 978-89-8410-337-5 (세트)

잘못되거나 파손된 책은 교환해 드립니다.

제국 / 지은이 : 이삼성. -- 서울 : 소화, 2014
p. ; cm. -- (한국개념사총서 ; 8)

ISBN 978-89-8410-456-3 94300 : ₩30,000
ISBN 978-89-8410-337-5 (세트) 94300

세계사[世界史]
제국[帝國]

909-KDC5
909-DDC21 CIP2014008426

| 한국개념사총서 발간사 |

19세기 중엽부터 우리 사회에 격랑을 몰고 온 인문 · 사회과학의 개념들에 관하여 혼돈 상태가 아직도 계속되고 있습니다. 몇 가지 예를 들어 봅니다. 민족과 민족주의, 근대국가와 주권, 자주와 독립과 같은 핵심 개념들조차 비학문적으로 사용하고 있습니다. 이탈리아에서 19세기 통일 운동 이전의 민족과, 부활리소르지멘토을 지향하는 민족주의 운동의 원동력이 된 민족은 서로 구별됩니다. 근대국가는 서유럽에서 등장한 독특한 정치사회의 한 형식이며, 이 형식을 지탱하는 것이 주권 개념입니다. 주권은 서양의 중세 사회나 동양의 사대 질서에서 보는 통치권과는 다른 차원의 개념입니다. 자주와 정교금령은 사대 질서의 개념이며, 독립과 내치외교는 서양 공법 질서의 개념입니다. 이런 역사적 개념을 서로 구별하지 않는 것은 반反역사적은 아닐지라도 비非역사적입니다.

인문 · 사회과학의 개념은 정태적인 것이 아니라 정치 · 사회운동을 함축하고 있는 역동적인 성격을 지니고 있어서 개념사 연구는 정치 · 사회제도의 분석을 전제로 합니다. 그리고 개념들은 장소*topos*와 시간*tempo*에 따라 그 성격이 다르기 마련입니다. 그런데 이 지적 작업을 수행하는 데 세계 정치의 중심 지역 학자들보다 훨씬 어려운 위치에 놓여 있다는 것이 우리 한국 학계의 고민입니다.

우리는 외국 학자들처럼 개념의 공시적이고 통시적인 분석, 의미론이나 명의론에 안주할 수 없습니다. 우리는 여러 장소의 개념들의 충돌을 연구해야만 합니다. 더욱이 우리의 한반도는 독특한 역사적 성격을 지닌 장소입니다. 유럽 열강의 세계 팽창 대상 지역 중에서도 오지奧地에 속하는 곳입니다. 오지의 특징은 외래 개념에 대한 저항과 오해가 그 어느 지역보다 강렬하다는 데에 있습니다. 저항이 강하다는 것은 이미 지켜 온 개념들에 대한 집착이 강하다는 것을 의미합니다. 이른바 가정假晶 · pseudo-morphosis의 현상이 두드러진 곳입니다. 가정은 광물이 그 내부 구조에 따른 본래의 결정형과는 다른 결정형을 나타내는 현상을 지칭하는 광물학의 용어입니다. 다른 장소의 개념이 전파되는 경우 본래의 의미가 왜곡되는 사회현상을 은유적으로 표현하기 위해 슈펭글러O. Spengler가 광물학에서 차용한 낱말입니다. 이런 점에서 한반도는 중국이나 일본과도 판이한 역사적 경험을 지니게 되었습니다. 오지라는 장소의 특징은 시간의 역사적 성격에도 반영됩니다. 세계정치 중심 지역의 개념들이 뒤늦게 전파되는 특징을 지니고 있습니다. 오지와 세계사의 접목은 세계사 흐름의 최후 단계에 이루어져서 오지의 세계화는 난항을 겪게 됩니다.

그런데 한반도의 장소적인 특징은 여기에 머물지 않습니다. 같은 동북아 질서에 속하였던 중국과 일본의 변모로 동북아 삼국 사이에도 개념의 갈등이 야기됩니다. 교린 질서 안에 살고 있던 한국과 일본은 1868년부터 개념의 충돌이 시작되어 1876년까지 8년의 위기를 맞습니다. 이 위기를 거치면서 일본은 개념의 세계화 노력에 박차를 가하고 이런 개념에 의한 담론을 세계에 전파합니다.

같은 사대 질서에 살고 있던 중국이 1880년을 전후하여 사대 질서의 변형을 주장해 한국은 중국과 충돌하고 그리고 고민합니다. 유길준의 '양절체제兩截體制'라는 천재적인 직관은 사대 질서의 개념들을 서양 공법 질서의 개념으로 전환시키려는 중국에 대한 우리의 처절한 저항입니다.

이런 역사적 특징을 지닌 한반도라는 장소에서 인문·사회과학의 근대적인 기본 개념 형성에 중요한 시기*tempo*는 1850년에서 1950년에 이르는 1백 년이라고 생각합니다. 이질 문명권과 만나 충돌하면서 동시에 동북아 삼국 사이에 개념의 마찰이 병행하는 시기입니다. 이 시기의 개념들은 크게 세 부류로 나눌 수 있습니다.

첫째, 19세기 중엽 이전 우리에게는 알려지지 않았던 새로운 사회현상들의 전파 양상을 가리키는 개념들이 있습니다. 이런 생소한 유럽 학문 체계상의 개념들에 대한 오해는 아직도 존재하고 있습니다.

둘째, 19세기 이전에 사용되었던 개념들이 그 본래의 내용이 굴절되어 새로운 현상을 지칭하게 된 개념들이 있습니다. 본래의 의미와 굴절된 내용이 혼재하게 됩니다.

셋째, 19세기 중엽을 전후하여 사라진 개념들이 있습니다. 통용의 중단이 일시적인 것도 있고 다시 부활하는 경우도 있습니다. 어떤 경우이건 스스로 일어난 것이 아니라 그 배경에는 사회적인 격동이 있습니다.

이런 개념사 연구를 우리는 어떤 시각에서 어떻게 서술해야 합니까?

시간의 문제에 대해서는 공시적이고 통시적인 분석을, 그리고 장소의 문제에 관해서는 비교문명권의 입장에 입각해야 한다고 생각합니다. 우리는 이런 방법론에 따라 다음과 같은 순서로 주요 개념들을 서술할 것입니다.

먼저 동서양의 어원을 고찰합니다. 어원은 통시적 분석의 출발점입니다. 개념이 19세기 이전에도 동양 세계에서 통용된 경우에는 그 동양적인 의미와 19세기 이후의 변천 과정을 추적합니다. 그리고 19세기 중엽 새로 동양에 전파된 서양의 개념인 경우에는 서양 세계에서 통용된 의미와 동양에 전파되는 과정을 추적합니다.

그러나 서술의 중심은 한반도라는 장소에서 일어난 개념들의 해석, 번역,

굴절, 선택, 그리고 오해를 포함한 모든 충돌 현상에 관한 분석입니다. 그리고 1950년 이후 이 개념들이 한국 학계에 정착되는 데에 따르는 오늘날의 문제점들을 제시합니다. 정착 문제는 우리 학계의 수준을 폭로하는 일입니다.

이렇게 볼 때 개념사 연구는 인문 · 사회과학의 모든 분야에 걸친 연구입니다. 이른바 '전체의 역사l'histoire totale'를 시도하는 지적 작업입니다. 이런 학술 사업을 진행하기에는 우리 학계의 수준이 아직 일천하다고 걱정하는 소리도 있습니다. 그리고 개념사 연구 자체에 관한 회의와 냉소도 있습니다. 그러나 한국이라는 장소*topos*의 인문 · 사회과학 기본 개념에 관한 연구는 단지 학문상의 문제만이 아닙니다. 이 연구는 우리의 생존에 관한 현실적인 문제이기도 합니다. 개념의 정확한 인식에 의한 학술적인 담론의 세계화는 21세기에 우리가 한반도에서 한국적인 삶을 영위하기 위한 전제 조건입니다. 담론의 세계화를 이룩하지 못한 것이 1910년의 불행을 자초한 한 원인이기 때문입니다.

2008년 8월

한림대학교 한림과학원

한국개념사총서 편집위원회위원장　김용구

차례

| 머리말 |

'제국'의 개념사 연구라는 숙제를 처음 껴안게 되었을 때, 먼저 내 마음속에 떠오른 것은 이 개념의 기원은 서양에서는 틀림없이 로마, 그리고 동양이라면 당연히 중국일 것이라는 생각이었다. 서양에 대한 짐작은 맞았지만 동양의 경우는 그렇지 않다는 사실을 곧 알게 되었을 때, 나의 놀라움은 컸다. 근대 이후 동아시아에서 제국 개념을 정치적 중대 개념으로 만들어 낸 것은 일본이었다. 그래서 주목하게 된 일본에서의 제국 개념 연구를 들여다보면서 접한 통설은 동아시아에서 한자어 제국은 근대 이전에 사실상 존재하지 않았다는 것이었다.

중국의 그 방대한 역사적 문헌 속에서 오늘날 '광역적 지배 국가' 또는 적어도 '황제의 나라'를 뜻하는 것으로서의 '제국' 개념이 존재한 적이 없었다는 사실에 무척 황당했다. 근세 말 '일본발 역어'라는 일본 학계의 통설이 처음에는 잘 믿기지 않았던 것이다.

일본 학계가 인지한 유일한 예외는 6세기 중엽 백제 성왕이 일본 천황에게 보낸 외교 문서에 관한 『일본서기』의 기록이었다. 그러나 이 기록에 등장하는 제국은 약 2천 년의 동아시아 전통 시대 전체를 통틀어 단 한 번의 용례라는 것이 문제였다. 바로 이 '유일성' 때문에 그 용례는 전근대 동아시아 세계에서 제국이 하나의 개념으로 존재했음을 보여 주는 근거로 취급되지 않음 또한 알게 되었다. 나도 곧 그 진기한 예외를 예외로서만 취급하는 데 익숙해졌다. 하지만 머지않아 한국역사정보통합시스템에 포함된 한국고전종합DB의 도움을 받아 고대 한국에서 '제국'은 우연한 존재가 아니라 엄연한 정치 · 외교 개념으로 존재했음을 알 수 있었다. 9세기 말, 혹은 10세기 초 신라 효공왕이 중국 황제에게 보낸 외교문서는 최치원의 작품으로 『동문선』에 전해 옴으로써, 제국이 고대 한국이 창안한 질서표상의 개념으로 실재했음을 나에게 확인해 주었던 것이다.

그로부터 많은 시간이 흐른 후 한국고전종합DB의 자료가 더욱 충실해지면서 조선 시대 문인들의 시문에서도, 저자가 이제까지 확인한 바는 비록 두 편의 한시 안에서였지만, 분명 엄연한 개념어로 살아 있었음을 알 수 있었다. 앞으로 많은 자료가 발견되고 전통 문헌의 디지털화가 철저히 진척된다면, 전통 시대 한국의 고전 문헌 속에서 제국 개념의 용례를 더 발견할 가능성을 배제할 수 없다.

근세 말 일본 지식인들은 먼 옛날 한국인이 창안한 제국의 개념을 알았든 몰랐든 고대 로마의 임페리움imperium이라는 말에서 발원한 서양어를 한자어 帝國으로 번역하였다. 그로부터 또 세월이 흘러 19세기 말이 되면, 근대 일본의 국가권력은 중국 중심의 전통적 천하 질서를 일본 중심의 질서로 재편하는 제국주의 프로젝트에서 제국을 결정적인 개념적 도구로 동원한다. 지극한 경지의 정치화와 이념화의 길을 걷게 되는 것이다. 이 개념의 동아시아적 근대성, 그에 내재한 거대한 폭력성은 그래서 저자를 포함한 많은 사람에게 본능적 경계심을 유발한다.

그런데 그 역사적 근원을 추적하는 과정에서 만난 이 개념의 고대 한국적 기원과 그후 전통 시대 한국인에 의해서 간헐적이지만 지속되었던 미미하면서도 끈질긴 생명력과 만나면서, 나는 마침내 이 개념의 역사에 내재한 남

다른 고유성에 깊이 매료되었다. 나에게 이 개념이 지닌 매력의 일부는 일종의 고적미孤寂美 같은 것이었다고 할 수 있겠다. 근대 일본이라는 거친 폭력의 등에 업혀 천지를 뒤흔드는 굉음과 함께 그것이 그토록 소란을 피우게 되는 훗날의 역사를, 전근대 한국의 문인들은 어찌 짐작이나 할 수 있었겠는가.

이 책은 제국이라는 개념이 담고 있는 고요와 광포, 그 양극의 기원과 전개에 관한 추적이다. 백제와 신라 그리고 로마라는 지리적 · 정치적 양 극단의 공간, 또한 머나먼 옛날인 기원전의 로마와 6세기 중엽의 백제에서 21세기의 오늘에 걸치는 장구한 세월의 극과 극을 횡단하면서 수많은 사람과 사건과 사유를 만났다. 이를테면 이 개념이 담은 광활한 역사의 풍진風塵에 관한 나름의 사색이다.

저자의 원래 핵심 전공 영역은 국제정치학이다. 그중에서도 현대 미국의 외교로 출발했다. 하지만 1990년대 말 이래 전쟁과 평화의 문제와 관련하여 고대로부터의 동아시아 질서에 대한 관심으로 나아갔다. 그 때문에 서양과 동양, 고대에서 근대와 현대로 이어진 지적 여행에 발을 내딛는 일은 저자에게는 꽤 오래된 즐거움이었다. 이 작업 역시 그런 관심의 연장선에서 매력적인 도전이었다. 그래서 스스로 역량의 한계를 인식하면서도 감히 뛰어들었었다. 시작한 지 6년이라는 짧지 않은 시간이 지난 이제, 연구 결과의 깊고 숱한 한계에 대한 아쉬움에도 불구하고 부득이 마침표를 찍고 붓을 놓아야 하는 시점이라고 느낀다.

애당초 이 숙제를 저자에게 맡기신 김용구 선생님은 한림과학원 원장으로서 항상 따뜻하게 격려해 주셨다. 또한 선생님의 끊임없는 학문적 작업을 통해 깊은 지적 자극이 되어 주셨다. 박근갑, 이경구, 허수, 이행훈, 박양신, 송인재 교수님 등 한림과학원에 관련된 여러 선생님과의 교유는 저자에게 항상 따뜻한 격려가 되었고 저술 작업에도 음양으로 큰 도움이 되었다. 김효전 교수님을 비롯한 여러 선생님께서 이미 출간하신 개념사 저작들 또한 저자에게 소중한 나침반이었다.

이 책을 구성하고 있는 각 장은 서로 연결되지만 대부분 독립적인 논문의 형태로 여러 학술지에 발표된 바 있다. 저자의 핵심 전공 영역을 넘어선 주제들에 대한 작업이 많았던 만큼, 각 장별로 내용의 완성도를 높이기 위해서는 주제별로 우리 학계의 관련 전문 학자들로부터의 검증과 질정을 받아 다듬을 필요가 있었다. 이 과정을 통해서 저자는 논문 발표 당시 토론자로 참여해 주신 여러 선생님, 그리고 심사위원으로 참여해 주신 익명의 선생님들로부터 큰 도움을 받았다. 또한 한국방송통신대학교의 강상규 선생님과 현재는 동북아역사재단 연구위원으로 있는 이원택 선생님은 저자가 근대 자료들에 접근하는 데 도움을 주셨다. 한림대학교 하정승 선생님은 긴요했던 한문 해독에 도움을 주셨다. 이 자리를 빌려 새삼 심심한 감사의 말씀을 드리고 싶다. 이 책은 그렇게 여러 학술지에 발표된 논문들을 보완하고 또 수정하여 마무리되었다.

각 장별로 학술지에 발표되었던 논문의 제목들을 밝히면 다음과 같다.

Part 1 : 「'제국' 개념의 고대적 기원 : 한자어 '제국'의 서양적 기원과 동양적 기원, 그리고 『일본서기』」, 『한국정치학회보』, 제45집 제1호2011. 3.

Part 2 : 「동서양의 정치 전통에서 성속의 연속과 불연속에 관한 일고」, 『현대정치연구』 제4권 제1호2011. 봄.

Part 3 : 「'제국' 개념과 19세기 근대 일본 : 근대 일본에서 '제국' 개념의 정립 과정과 그 기능」, 『국제정치논총』, 제51집 제1호2011. 3.

Part 4 : 「'제국' 개념과 근대 한국 : 개념의 역수입, 활용, 해체, 그리고 포섭과 저항」, 『정치사상연구』, 제17집 제1호2011. 5.

Part 5 : 「제국과 식민지에서의 '제국' : 20세기 전반기 일본과 한국에서 '제국'의 개념적 기능과 인식」, 『국제정치논총』, 제52집 제4호2012. 12.

Part 6은 중간 부분에 해당하는 '제국 개념의 이념적 횡단' 관련 내용은 「미국 외교사학과 '제국' 담론의 전복 : 신보수주의와 존 L. 개디스의 본질주의 외교사학」『국제정치논총』, 제46집 제4호(2006. 12)의 내용 일부를 기초로 하였다.

나머지 부분들은 2011년 12월 1일 경북대 사학과 초청 강연에서 발표한 「전후 세계와 '제국' 개념의 변용」을 다듬은 것이다.

Part 1의 기초가 된 2011년 초 『한국정치학회보』에 실린 '제국 개념의 고대적 기원'에 관한 논문은 여기에서 대폭 수정되었다. 같은 시기 '제국 개념과 근대 일본'을 다룬 『국제정치논총』의 논문도 이 책의 Part 3으로 실리면서 관련 부분이 크게 고쳐졌다. 이 논문은 근대 이전의 동아시아에 한자어 제국이 등장하는 문헌이 일본 학계에 알려진 것처럼 오직 『일본서기』에만 단 한 차례 등장하는 것으로 저자의 이해가 한정된 상태에서 쓰인 것이다. 최치원이 통일신라 효공왕을 대신해 중국에 보낸 표문에 제국 개념이 등장한다는 사실을 이 논문을 발표한 후에야 발견할 수 있었다.

이 새로운 발견은 그해 5월 『정치사상연구』에 실린 '제국 개념과 근대 한국' 관련 논문에 반영되었다. 조선 시대에 공식 역사서나 외교문서의 형태로는 아니지만 일부 지식인의 시문에도 제국 개념이 담겨 있다는 사실은 새롭게 보강된 한국고전종합DB를 최근에 다시 검색하면서 파악할 수 있었다. 따라서 이 책 전체에서 전통 시대 동아시아의 제국 개념의 흔적을 다룬 부분들은 모두 크게 수정되었다. 동아시아에서 제국 개념의 실질적 근원이 오로지 근대 일본의 서양 개념 번역에서 비롯된다는 일본 학계의 통설에 대해 한국적 기원을 제기한 점은 2011년 초의 논문들로부터 수미일관한 저자의 주장이었다.

한림과학원은 또한 저자의 연구 기획 발표 그리고 중간발표의 기회를 주셨고, 그 자리에서 진행된 토론들은 저자에게 소중한 도움이 되었다. 지금은 한양대학교 사학과에 계시는 강진아 교수님은 경북대학교에 재직 중이던 2011년 저자에게 대구에서 제국 개념 관련 발표와 토론의 자리를 마련해 주신 바 있다. 2012년 초에는 고려대학교 민족문화연구원에서 이 책의 내용 일부에 관하여 발표의 기회를 가져 큰 도움이 되었다.

한양대학교 비교역사문화연구소의 윤해동 선생님 등은 2013년 5월 저자가 이 책의 초본을 갖고 연구소의 여러 학자와 발표와 토론의 기회를 가질 수 있도록 자리를 만들어 주셨다. 학술회의와 여러 연구소에서의 토론에서 여러 선생님께서 제기해 주신 진지하고 귀중한 지적들은 말할 것도 없이 커다란 도움이 되었다. 그리고 무엇보다 이 책의 편집과 출판을 맡아 주신 소화출판사와 민성원 편집장께 깊은 경의를 표하며 감사드린다.

1월 중순, 뜨겁게 속화덕이 달구어진 난로 하나로 추운 계절을 덥히는 산간의 고즈넉한 작은 서재에서 창밖으로 겨울의 갈색 자연을 바라본다. 스산한 회색의 절제미를 사랑한다. 머지않아 또 봄이 오리라. 6세기 동아시아 세계의 한쪽에서 백제인과 신라인과 가야인이 그리고 일본 열도의 왜인이 간간이 소란을 피우며 넘나들던 어느 겨울 눈보라치는 현해탄을 떠올려 본다. 세계사상 가장 중요한 정치적 개념의 하나가 문득 떠올라 작은 돛배처럼 떠다니는 그 겨울 바다의 고독과 그 안에 감추어진 거친 숨결을 상상한다.

2014년 1월 15일 남양주 수동 초옥 난월당에서
저자 이삼성

Part 1

제국 개념의 고대적 기원

1. 제국의 개념사적 분석의 과제와 범위

개념사Begriffsgeschichte · conceptual history 연구란 무엇인가. 연구 대상으로 삼은 개념이 탄생하여 오늘에 이르기까지 시대와 공간의 변화를 겪으면서 그 의미와 기능에서 어떤 곡절을 겪었는가. 그리고 오늘날 어떤 의미와 기능을 가진 채 존속하고 있는가. 곧 그 과거와 현주소를 밝히는 작업일 것이다. 그럼 이 작업을 '제국帝國'의 개념과 관련해서 어떻게 진행할 것인가. 이 질문에 대한 저자 나름의 소박한 생각을 먼저 적어 보기로 한다.

한자어 개념의 기원 탐색

오늘날 동아시아에서 유통되는 정치적 주요 개념들은 한자어이면서 동시에 서양에서 유래한 개념이 많다. 19세기를 주요 기점으로 하여 서양 제국주의의 힘이 동아시아에 미치기 시작했다. 이후 정치, 경제, 사회, 문화, 과학 그리고 종교와 철학에 이르기까지 세계와 인간의 삶 모든 영역에서 우리의 사유를 구성하는 핵심 부품들이라 할 수 있는 주요 개념들에 서양문명은 심대한 영향을 주었다. 그렇다고 모든 것이 바뀌지는 않았다. 결국 고래로부터 동아시아 한자문화권에 존재한 개념들은 그 본래적인 의미와 기능을 유지하면서도 서양의 유사 개념들과 만나 새로운 의미와 기능을 가진 것으로 진화해 왔다.

전통 시대부터 동아시아에 존재한 한자어 개념들은 크게 네 그룹으로 나눌 수 있다. 첫째는 중국, 일본, 한국을 포함한 한자문화권 전체에서 초국적으로 활발히 유통된 공통 개념들이다. 천하, 국가, 황제, 중국, 왜, 사서삼경, 인륜, 성리학, 불佛 등 대부분의 한자어 개념은 여기에 속한다. 둘째는 한자어 개념이지만 중국, 일본, 한국의 어느 한 사회에만 존재하여 그 사회 구성원만이 이해할 수 있는 개념이다. 셋째는 똑같은 한자어지만 사회마다 전혀 다른 의미로 쓰인 개념이다. 넷째는 한자어로서 동아시아 사회 간에 의미 소통은 가능했지만, 실제 유통은 되지 않아 한 사회에서만 미미한 명맥을 유지한 개념이다. 동아시아 국제 질서에서 정치적 위계에서든 혹은 문명적 위계에서든 중심부가 아닌 주변부에서 발원한 개념일 경우 특히 이런 운명에 처하기 쉬웠을 것이다. 이 경우 다른 사회에서는 그 개념의 존재 자체를 아예 모르거나 망각하게 된다.

이 책에서 개념사적 연구 대상으로 삼은 제국은 위의 네 번째 부류에 속하는 흔치 않은 경우이다. 곧 자세히 언급하겠지만, 이 개념은 고대 한국인이 처음 만들어 사용했다. 고대 한국의 지배자들이 이웃 일본과 중국에 대해 그 개념으로 소통을 시도한 흔적이 있다. 그러나 근대 이래 일본도 중국도 그 한자어가 그런 의미로 한국에 존재했던 사실을 몰랐거나 알았더라도 무시해 버렸다. 자신들의 역사에서 그 개념을 접한 예가 극히 드물었기 때문이다. 하지만 그 개념이 한국에서는 중세 내지 근세에 이르기까지 잔류해 사용되었다. 그 결과 제국 개념의 기원을 일본의 학자들은 전적으로 근세 말 일본의 난학자蘭學者들이 접한 서양 개념에서 찾을 수밖에 없었다. 일본의 지식인들이 그 서양 개념을 帝國으로 번역할 때, 그들은 같은 한자어가 기본적으로 같은 의미를 가진 채 고대 한국에서 근세까지 쓰여 온 사실을 모르는 상태였다고 가정된다. 그렇다면 근대 일본이 정치적 중대 개념으로 만들어 낸 제국 개념은 분명 서양적 기원을 갖는다는 것은 틀린 말이 아니다.

이것이 말해 주는 것은 동아시아 한자문화권 안에 이미 존재한 개념이라 하더라도 동아시아 국가 간 상호 소통 상태에 있지 않았다면, 훗날 동일한 한자어 개념을 보편적으로 전파하고 유통시킨 사회의 지식인들이 번역의 준거로 삼은 서양 개념이 기원으로 간주될 수밖에 없다는 것이다. 바로 이것이 한자어 제국 개념에 벌어진 사태였다. 그렇다고 해도 역시 부정할 수 없는 사실은 제국 개념이 고대 한국에서 이미 발원하여 미미하게나마 생존해 있었다는 점이다. 그러므로 '제국'은 고대 로마와 고대 한국에서 각각 독립된 기원을 가진 시간과 공간의 중층성을 띤다고 하겠다.

이 경우 제국 개념의 기원에 대한 분석은 다각화되지 않을 수 없다. 먼저 고대 한국에서 발원하여 그 개념이 걸어간 자취를 짚어 내야 한다. 고대 한국인이 이 개념을 만들어 사용한 대상이 무엇이고, 그 대상과의 상호 소통 시도는 어떻게 진행되었는가, 그리고 상호 소통은 가능했는가, 가능하지 않았다면 그 결과와 이유는 무엇인가. 이에 대한 분석이 이루어져야 한다. 이 분석은 이제껏 시도된 일이 없으며, 이 책에서 처음 이루어진 작업이다. 둘째, 근대 일본인이 제국 개념의 번역 준거로 삼은 서양어들의 라틴어 원천인 '임페리움imperium' 개념의 기원을 짚어 내야 한다. 임페리움과 그에서 비롯된 영어인 '엠파이어empire' 개념의 기원에 대해서는 현대 개념사 연구의 장을 연 것으로 평가되는 독일의 역사학자 라인하르트 코젤렉Reinhart Koselleck, 1923~2006과 그의 영향을 받은 학자들의 연구가 좋은 출발점을 제공해 준다.[1]

1 외르크 피시 · 디터 그로 · 루돌프 발터(2010), 오토 브루너 · 베르너 콘체 · 라인하르트 코젤렉 엮음, 『코젤

제국 개념의 고대적 기원이 로마와 한국이라는 이중성을 띠는 만큼, 이 개념의 기원에 대한 분석은 서양적 기원과 동아시아적 기원의 비교가 필요하다. 제국은 국제 질서의 중심과 주변의 관계에 대한 일정한 관념을 내포한 질서표상의 개념이다. 임페리움 개념은 질서의 중심이었던 로마에서 태어났지만, 한자어 제국은 질서의 주변부였던 한반도에서 발원했다. 개념 사용의 주체가 달랐던 만큼 그 개념의 내포가 다를 수밖에 없고, 그 개념이 훗날 겪게 되는 운명 또한 달랐다. 이에 대한 논의가 있어야 한다고 생각한다.

개념의 핵심 의미소

동아시아의 중요한 한자어 개념들은 대부분 두 자 이상의 독립된 한자들의 결합으로 구성되어 있다. 한자가 뜻글자인 만큼 각 글자는 중요한 의미소意味素를 이룬다. 개념의 기원을 해명하는 작업은 그 개념의 구성 요소들에 대한 분석을 포함할 수밖에 없다. 그러므로 제국의 경우에도 핵심 의미소인 '제帝'와 '국國'이 각자 지닌 개념적 기원과 개념사적 전개에 대한 분석이 필요하다.

아울러 제국의 경우 특히 핵심 의미소라고 할 '제'의 동양적 기원과 개념사적 성격을 이해하기 위해서는, 이 개념과 등치되는 서양적 개념인 '엠프러emperor'와의 정치사상사적 비교 또한 필요하다. 이 개념들은 고대부터 각각 동양과 서양에서 최고의 정치적 권위를 표상해 왔다. 그러나 동서양의 정치 전통에서 정치적 최고권력의 존재 양식은 반드시 동일하지 않았다. 그 표상과 내포의 공통점과 차이가 무엇인지 짚어 보아야 한다. 이 책의 Part 2에서 '동서양의 정치 전통에서 제와 천 : 성속의 연속과 분리'라는 주제를

렉의 개념사 사전 3 제국주의』, 한림대학교 한림과학원 기획, 황승환 옮김, 푸른역사, pp.12~21.

다룬 이유이다.

개념과 현상 그리고 개념과 유사 개념

일본인이 제국으로 번역한 서양어의 원천은 로마 시대 라틴어에 등장한 '임페리움imperium'이다. 그래서 라인하르트 코젤렉의 개념사 사전에서 임페리움에 대한 분석은 로마 시대에서 시작한다.[2] 옥스퍼드대학교 출판부가 발간한 엠파이어에 대한 비교적 간략한 개념사 저서도 로마 시대 임페리움에서 기원을 찾고 그 시대로부터 논의를 시작한다.[3]

그렇다면 그보다 앞선 고대 그리스 시대에는 제국의 개념이나 현상이 없었는가? 서양 학자들의 개념사에서는 로마 이전 시대에는 임페리움이라는 개념어가 아직 출현하지 않았던 것으로 서술된다. 그럼에도 불구하고 역사학이나 철학적 논의에서 그리스 시대에 스파르타와 아테네, 그 이웃에 있던 페르시아 등을 임페리움에서 파생된 영어 '엠파이어empire'로 칭하고 그 현상을 논하는 담론은 적지 않다. 리오 스트라우스는 고대 그리스의 투키디데스의 역사 서술 속에서 empire, imperialism, imperial, 그리고 imperialist 등 일련의 용어들로 포착할 수 있는 담론들이 무성함을 주목한다.[4]

스트라우스가 그 시대의 정치 현상과 정치 담론들을 포착하기 위해 동원

2 외르크 피시(2010), 「'제국주의' 형성기까지의 '임페리움'」, 오토 브루너 · 베르너 콘체 · 라인하르트 코젤렉 엮음, 『코젤렉의 개념사 사전 3 제국주의』, 한림대학교 한림과학원 기획, 황종환 옮김, 푸른역사, pp.14~21.

3 Howe, Stephen(2002), *Empire : A Very Short Introduction*, Oxford University Press, p.13.

4 Strauss, Leo(1964), *The City and Man*, University of Chicago Press. 특히 "Chapter Ⅲ On Thucydides' War of the Peloponnesians and the Athenians," pp.139~241. 아테네를 포함한 고대 그리스 시대 제국과 제국주의에 대해서는 최근 국내 학계에서도 논의가 제기되고 있다. 박성우(2007), 「플라톤의 〈메네크세노스〉와 아테네 제국의 정체성, 그리고 플라톤적 정치적 삶」, 『한국정치학회보』 제41집 제4호, pp.115~137 ; 안정석(2010), 「Leo Strauss의 국제 관계에 대한 시사점 : 투키디데스의 아테네인과 스파르타인의 성격묘사를 중심으로」, 한국정치사상학회 2010년 10월 월례발표회 발표문.

하는 개념에는 위의 용어들 외에 그리스 엠파이어Greek empire · 아테네 제국Athenian empire · 아테네 제국주의Athenian imperialism · 제국적 민주주의imperial democracy · 팽창주의expansionism 등이 포함되어 있으며, 제국주의와 유사한 의미로 '정치적 보편주의political universalism'라는 용어도 사용한다.[5]

사실 투키디데스의 저술 『펠로폰네소스 전쟁사』의 제2권Book Two의 끝머리에는 영어 empire로 번역되기도 하는 단어가 있음을 알 수 있다. 예를 들어 리처드 크롤리Richard Crawley의 영어 번역본에는 그 부분이 "오드리시아인Odrysians의 empire는 압데라Abdera의 해안에서 육신Euxine의 다뉴브강 하구까지 걸쳐 있었다"고 쓰여 있다.[6] 그런데 그리스어 단어가 영어의 empire의 의미와 동일한지에 대해서는 번역자에 따라 의견이 엇갈림을 알 수 있다. 같은 문장의 같은 단어가 스티븐 라티모어Steven Lattimore의 영어본에서는 kingdom으로 번역되어 있다.[7] 토머스 홉스Thomas Hobbes는 저명한 정치사상가이자 그리스어와 라틴어에 정통한 학자였다. 1628년 그가 번역한 투키디데스의 『펠로폰네소스 전쟁사』는 이 책의 사상 첫 영어 번역본이었다. 이 번역본에서 위의 같은 문장의 동일한 단어가 '지배령支配領'이라는 뜻을 가진 dominion으로 옮겨져 있다.[8]

어떻든 여기에서 우리는 엠파이어의 개념사적 분석과 관련해 두 가지 점에서 적절한 분석의 범위를 개념화할 필요가 있다.

5 Strauss, Leo(1964), 앞의 책, p.169, p.171, p.181, p.191, pp.209~210, p.212, p.228, p.230.

6 Strassler, Robert B., ed.(1996), *The Landmark Thucydides : A Comprehensive Guide to the Peloponnesian War*, A Newly Revised Edition of the Richard Crawley Translation, Free Press, p.151.

7 Thucydides(1998), *The Peloponnesian War*, translated by Steven Lattimore, Hackett Publishing Company, Inc., p.125.

8 Thucydides(1989), *The Peloponnesian War : The Complete Hobbes Translation*, With Notes and a New Introduction by David Grene, University of Chicago Press, p.148. 홉스의 번역에서 해당 문장은 다음과 같다. "The dimensions of the dominion of the Odrysians by the seaside is from the city of the Abderites to the mouth of Ister in the Euxine Sea."

첫째는 개념의 시간적 범위에 관한 것으로 현상과 개념 사이의 시간적 일치 또는 불일치의 문제이다. 엠파이어라는 개념의 탄생과 국제정치적 현상의 발생이 반드시 동시성을 띠는 것은 아니다. 로마 시대 임페리움이라는 개념으로 지칭되던 정치 '현상'이 반드시 로마 시대에 비로소 나타난 것은 아닐 수 있다. 그 현상은 이미 그리스 시대에 존재했을 수 있다는 것을 인정해야 한다. 그러나 동시에 근현대 세계의 주요한 정치 개념이 된 엠파이어의 어원이 로마 시대의 임페리움이라는 개념에 있다는 것 또한 사실이다. 로마 시대 이전의 그리스 시대에 그와 유사한 다른 개념들이 있을 수 있다는 것과는 일단은 별개의 문제인 것이다.

어떤 역사 현상과 그것을 지칭하는 개념의 출현은 반드시 역사적 동시성을 띠지는 않는다. 루치안 휠셔의 지적이 적절하다. "어떤 언어상의 변화가 그저 사회적 · 정치적 변화를 묘사하거나 반영하지는 않는다. …어떤 현상은 자주 우리가 그것에 관하여 언급하면서 사용하는 용어보다 훨씬 전에 이미 존재하였다. 물론 때로는 현상이 용어보다 늦게 등장하기도 한다."[9] '산업혁명'이라는 개념이 처음 사용된 것은 19세기인 1830년대이지만, 그 현상 자체는 이미 18세기의 영국과 프랑스에 등장해 있었다. 또한 반대의 경우도 있다. '사회주의'라는 용어는 사회주의라는 것이 역사 현실 속에서 어떤 나라에서도 실현되기 훨씬 전에 발명된 개념이다.[10]

엠파이어 현상과 관련하여 그리스어가 서양 역사에 남긴 유사한 개념적 유산으로 우리는 헤게몬hegemon을 들 수 있다. 그리스어에서 이 단어는 리더를 뜻했다. 오늘날 엠파이어 현상과 헤게모니 현상은 많은 개념적 상관성을 띠는 것이 사실이다. 그러나 라틴어 임페리움이 그리스어 헤게몬이나 다

9 루치안 휠셔(2009), 「개념사의 개념과 '역사적 기본 개념'」, 박근갑 엮음, 『개념사의 지평과 전망』, 소화출판사, p.26.

10 루치안 휠셔(2009), 앞의 글, p.26.

른 어떤 그리스적 개념에 기원을 둔 것이라고 볼 근거는 전해지지 않는다. 그러므로 개념으로서 엠파이어의 기원을 로마의 임페리움에서 찾는 것이 타당하다고 할 것이다.

또한 그레그 울프가 지적한 바와 같이 로마는 세계 속에서 자신의 위치가 역사상 전례 없는 것이라는 자각을 갖고 있었다. 그러한 의식이 자신의 영역 혹은 위치를 표상하기 위해 임페리움이라는 새로운 개념을 채택하는 데 중요한 역할을 했을 것이다. 로마 이전의 지중해 세계에서 그리스의 도시국가 일부가 도시의 경계를 넘어 헤게모니적 권력을 행사한 예는 있었다. 그러나 울프에 따르면, 그리스 도시국가들은 자신의 위상을 주로 동맹alliances 혹은 연맹leagues이라는 맥락에서 인식했다. 때로 '전제자의 도시tyrant city'라는 비유적 표현으로 자신의 위상을 표현하기도 했다. 지중해 세계 이외에서 광역적 지배를 실현한 역사적 선례로 흔히 페르시아Achaemenid Persia가 거론된다. 하지만 로마인의 관점에서 페르시아인은 야만족이었다. 또 다른 전례로 알렉산더가 세운 국가들이 로마제국imperium Romanum의 모델로서 간주되지만, 알렉산더와 그의 장군들이 의식한 개념은 마케도니아의 왕정과 페르시아적인 것의 결합이거나 '국가들의 국제적 공동체international community of states'라고 할 것이었기 때문에 로마제국의 존재 양식과 갖는 공통성은 부분적인 것에 불과했다.[11]

말하자면 로마'제국'의 개념은 그 이전의 역사적 선례들과 유사성을 가진 한편 고유성 또한 지닌 것이었으며, 적어도 부분적으로 그런 고유성의 인식에 연유하여 성립했다고 할 수 있다. 제국이라는 개념의 탄생은 그것을 창조하고 정착시킨 사회와 인간들이 갖고 있던, 역사적으로 전례 없는 세계 속 자신들의 위치와 고유성에 대한 의식과 깊은 관련이 있었던 것이다.

11 Woolf, Greg(2001), "Inventing Empire in Ancient Rome," in Susan E. Alcock, Terence N. D'-Altroy, Kathleen D. Morrison, and Carla M. Sinopoli, eds., *Empires*, Cambridge University Press, p.313.

개념과 의미장

의미장意味場의 문제란, 이 글에서처럼 제국을 개념사적으로 분석해 나갈 때 분석 범위를 제국이라는 특정 용어에 한정할 것인가, 아니면 관련된 다양한 용어들, 즉 제국의 의미장 전체를 분석 대상으로 할 것인가에 관한 것이다. 위에서 언급한 유사 개념의 문제와도 상통하는 바가 있다. 다만 앞에서 논의한 유사 개념의 문제는 제국 개념이 탄생하기 이전의 비슷한 개념을 추적해야 할 것인가에 관한 것이었다. 여기에서 말하는 의미장의 문제는 제국 개념 탄생 이후에 주로 관련된다. 개념사 연구에서 이 의미장의 문제를 어떻게 처리할 것인지에 대해서는 두 경향 사이에 방법론적 긴장이 있다.

오늘날의 개념사 연구는 주지하다시피 라인하르트 코젤렉이 주도하여 편집한 『역사의 기본 개념 : 독일 정치 · 사회적 언어 역사 사전』에서 비롯된다. 20세기 중반 이래 주목할 만한 학술 담론의 장르가 된 개념사 탐구 방식의 교과서로 간주되고 있다.[12] 코젤렉이 보편화시킨 개념사 접근 방식은 단어와 개념을 구별했다.[13] 그러나 그 역시 개념이 단어를 통해서 표현된다는 기본적 사실에서 출발한다. 다만 단어는 실제로 사용되는 맥락에 따라 의미가 규정된다는 점, 그리고 시공간적 맥락이 변화하면서 의미가 변전할 수 있다는 점, 결국 용어의 역사성에 주목하는 것이다.[14] 그래서 단순히 단어

12 Brunner, Otto, Werner Conze, and Reinhart Koselleck, eds.(1972~1997), *Geschichtliche Grundbegriffe : Historisches Lexikon zur politisch-sozialen Sprache in Deutschland*, 7 Volumes, Klett-Cotta.

13 코젤렉은 개념과 단어가 다른 점을 여러 가지로 표현했다. 단어는 "대상을 지시"하지만, 개념은 "대상을 추상화한 단어"이다. 그는 또한 단어 역시 다의적(多義的)이지만 "사용하면서 뜻이 명확해지는 것"인 반면, 개념은 "정치사회적인 의미 연관들로 꽉 차 있어 사용하면서도 계속해서 다의적으로 머무르는 단어"라고 규정한다. 또한 코젤렉에 따르면, '기본 개념'이란 "역사적 운동의 선도 개념"이며, "그것의 사용과 영향을 분석해 보면 특정 시기의 구조와 거대한 사건 연관이 해명될 수 있는 개념"을 말한다 [Brunner, Otto, Werner Conze, and Reinhart Koselleck(1972~1997), 앞의 책, Vol.1, p.xxx, p.xiv. 김학이(2009), 「롤프 라이하르트의 개념사」, 박근갑 엮음, 『개념사의 지평과 전망』, 소화출판사, p.94에서 재인용].

14 루치안 횔셔(2009), 앞의 글, p.25.

의 의미를 사전적으로 풀이하는 것과 달라진다.

하지만 어떻든 코젤렉의 개념사적 분석은 기본적으로는 개념을 단어에 한정한 경향이 강했다. 그와 대비되는 것이 코젤렉의 제자였던 롤프 라이하르트Rolf Reichardt가 개척해 간 개념사 연구 방식이다. 라이하르트는 개념 자체의 의미를 대폭 확장하였다. 그는 바스티유Bastille라는 개념을 분석하면서 잘 보여 주었듯이, 다양한 형태의 기호와 이야기들을 통해서 바스티유를 의미화하는 각종 문화적 표상을 '개념이라는 개념'에 포함시켰다. 어떤 개념을 한 단어에 한정하여 분석하지 않고 그 단어의 반의어反意語들을 비롯해 개념적으로 연관된 단어들이 함께 구성하는 의미장 전체를 분석 대상으로 삼은 것이다.[15]

그러나 라이하르트 자신도 분석 대상으로 삼은 어떤 단어의 개념사를 서술할 때, 그 단어의 생성 이전에 등장해 이미 유사한 개념으로 쓰였다고 판단할 수 있는 다른 단어들로 분석을 확대하지는 않았다. 코젤렉은 물론이고 개념의 의미를 크게 확장시킨 라이하르트가 앞에서 예로 든 바스티유의 개념사를 제시할 때에도, 바스티유와 같은 의미를 가졌다고 볼 수 있는 더 오래된 개념들에 대한 분석으로까지 나아간 것은 아니다. 그보다는 분석하고자 하는 특정 개념이 등장한 후 그것과 연관된 개념들을 함께 이해하려고 노력한 데에 그 특징이 있다.

라이하르트의 개념사 연구 방식은 이 책의 연구 대상인 한자어 제국 개념의 동양적 기원과 그 존재 방식을 탐색하는 지점에서 중요하다. 전통 시대 동양에서 제와 국의 개념은 각자 존재했으나, 그 합성어인 제국이라는 용어는 일반적으로 존재하지 않았다. 고대와 조선 시대 한국인이 극히 제한적으

15 Reichardt, Rolf and Hans-Jürgen Lüsebrink(1997), *The Bastille : A History of a Symbol of Despotism and Freedom*, Duke University Press ; 김학이(2009), 앞의 글, pp.110~120, pp.134~135.

로 사용했던 사실을 제외하고는 그렇다. 그렇다면 제국의 정치 현상은 전통 시대에 한국 이외의 동아시아에서는 어떤 개념으로 사유되었는가를 해명할 필요가 있다. 천하天下와 천조天朝 혹은 황조皇朝는 제국 개념의 의미장이라 할 만한 영역에 속한다. 이 개념들을 함께 이해하는 것은 같은 시대 한국에 '제국' 개념이 존재했던 사실과 그 개념이 다른 동아시아 사회들과의 소통 과정에서 직면했던 한계를 이해하는 데 긴요하다. 이언 햄프셔몽크 등이 말했듯이 적절한 개념 분석은 "그 개념을 사전적으로 정의하는 것이 아니라 그 시대의 어휘에서 다소간에 통일된 부분을 이루는 일련의 동어의, 반의어, 그리고 연관 용어들associated terms의 관점에서 정의하는 것"을 포함한다.[16] 요컨대 코젤렉의 다소 협의적인 개념사 분석과 라이하르트의 다소 광의적인 개념 분석이라는 양 전통 사이의 긴장에 유의하면서 각 전통의 장점을 구체적인 개념사 분석 과정에서 구현할 필요가 있다.

개념의 개념화

이 책에서 저자는 '개념의 개념화conceptualization of a concept'를 시도하였다. 분석 대상이 되는 개념이 공시적 · 통시적으로 지녔던 중요한 정치적 기능에 대해 좀 더 포괄적인 개념으로 그 본질적 성격을 규정하여 이해하는 것을 말한다. 동아시아 세계에서 제국 개념이 가졌던 정치적 기능의 근본 성격과 관련해 저자는 질서표상 개념과 자기표상 개념이라는 한 단계 더 포괄적이고 추상적인 개념들을 제시했다. 질서표상 개념은 국제 질서에서 중심

16 Hampsher-Monk, Iain, Karin Tilmans, and Frank van Vree(1998), "A Comparative Perspective on Conceptual History : An Introduction," Iain Hampsher-Monk, Karin Tilmans, and Frank van Vree, eds., *History of Concepts : Comparative Perspectives*, Amsterdam University Press, p.2. Svarverud, Rune(2010), "Sovereignty and Conceptual Change in Late Qing China," 『개념과 소통』 제6호, 한림대학교 한림과학원, pp.173～174에서 재인용.

과 주변의 위계적 관계를 내포하고 표상하는 기능을 갖는다. 그리고 자기표상 개념은 그 질서 안에서 자기의 위치를 천명하는 기능을 갖는다.

질서표상 개념이 내포한 중심과 주변의 관념은 정치적 권위의 위계를 의미하는 것일 수도 있고, 거기에 덧붙여 도덕적 위계를 포함한 문명적 위계까지 포함하는 것일 수도 있다. 그 차이는 제국 개념이 사용된 구체적인 국제질서의 맥락에 비추어 이해할 수밖에 없다. 자기표상은 정치적 혹은 문명적 위계에서 자신의 위치를 자임하거나 승인하는 개념 행위를 가리킨다.

전통 시대 동아시아에서 가장 대표적인 질서표상 개념은 '천하'였다. 세계 질서의 중심과 주변 사이의 힘의 비대칭성과 함께 동심원적인 도덕적 위계를 내포하는 개념이다. 중원의 한족은 그 천하 질서 안에서 주변부와 구별되는 자신의 중심적 위치를 표현하기 위해서 일찍이 중국中國이라는 용어를 만들어 냈다. 중국이란, 천하 질서 안에서 중심과 주변의 관계를 상정하는 질서표상의 개념인 동시에 그 안에서 자신의 정치적 · 문명적 중심성을 표방하는 자기표상의 개념이었다. 또한 중원의 지배자들은 그 중심 국가에서 절대 권위를 갖고 있음을 추가적으로 천명하기 위해 천조 혹은 황조라는 개념을 사용했다.

또한 중국의 지배자뿐만 아니라 흥기하는 북방 민족의 지배자들도 자신들이 천하 질서의 중심에 있음을 선포하고자 할 때 칭제稱帝하였다. 이들은 천하 질서 안에서 자신의 중심성 그리고 칭제한 지배자의 절대 권위를 천명하고자 천조의 개념을 애용했다. 칭제한 세력이 스스로 천조를 운위할 때 그것은 질서표상인 동시에 자기표상이었다. 중원 이외의 민족이 흥기하면서 칭제할 때, 그들은 천하 질서의 정치적 중심을 자처하거나 그것을 목표로 함을 천명하는 것이다. 그러나 도덕적 위계를 내포한 문명의 중심을 선언한 것이라고까지는 할 수 없다. 다만 중원에 건재하는 기왕의 중심 국가가 당연시하는 도덕적 중심을 부정하고 자신이 대체하겠다는 포부를 밝히는 의미가 있을 수 있었다.

질서의 주변부 국가의 지배자가 칭제한 중심부 국가를 일컬어 '천조'를 운운할 때, 그것은 자기표상을 위한 개념은 아니다. 상대를 천하 질서의 정치적 · 도덕적 위계의 중심으로 인정하고 자신의 주변성을 승인하는 질서표상 개념의 의미를 갖는다. 물론 상대를 천조어로 높임은 자신을 주변자로 낮춤을 내포한다. 그 개념을 사용하는 행위에 주변자로서의 위치에 대한 자기인식이 포함되어 있다. 그런 의미에서 자기표상이 내재해 있다. 하지만 그가 말하는 천조 개념 자체는 자기 자신이 아닌 상대방을 지칭한다. 그러므로 천조 자체가 주변자에게 자기표상 개념은 아니었다.

고대 한국에 시원을 둔 개념 '제국' 또한 질서의 중심과 주변에 대한 관념을 내포했다. 9세기 말 통일신라인이 중국을 향해 이 개념을 사용했을 때, 그것은 분명 천하 질서의 정치적 · 문명적 중심으로서의 당唐과 주변자로서의 자신의 위치에 대한 자기인식을 고백하는 질서표상을 담은 것이다. 그 개념을 담은 신라의 대중국 외교문서는 신라왕이 황국인 당에 대해 취한 정치적 신속臣屬과 중국의 문명적 중심성을 승인하는 언술을 담고 있다.

6세기 중엽 백제왕이 '제국'으로 일본을 칭하며 일본의 지배자에게 보낸 외교문서는 한편으로 백제왕이 자신을 '신臣'으로 낮추는 정치적 위계의 표현을 담고 있다. 그러나 다른 한편 그 외교문서는 백제가 중국과 함께 문명의 중심으로서 누리고 있는 불교라는 고도의 정신문화를 일본에 전파한다는 내용을 담고 있다. 백제는 도덕과 문명의 위계에서 자신을 중심 내지 중개자로, 상대를 미개未開로 상정하는 태도가 그 외교문서에 담겨 있었다. 이 경우 백제가 일본을 향해 사용한 제국은 오직 정치적 위계에 대한 형식적 승인을 내포한 질서표상의 개념이었다. 이웃 나라에게 한편으로는 정치적 신속으로 이해될 수 있는 칭신稱臣의 예를 표하면서[17] 다른 한편으로는 자신을

17 坂本太郎 · 家永三郎 · 井上光貞 · 大野晋 校注(1965), 『日本古典文學大系 68 日本書紀 下』, 岩波書店, p.101.

문명의 중심으로, 상대는 문명의 주변으로 간주하는 맥락에서 사용하였다. 이 경우 제국 개념은 기본적으로 질서표상의 개념이지만, 상대를 오직 정치적 위계에서 중심으로 승인할 뿐 문명적 위계에서는 자신의 주변성을 인정한 것이 아니다. 문명적 위계에서는 오히려 반대로 상대의 주변성을 의식하는 것이었다. 그런 의미에서 백제 성왕이 일본을 상대로 사용한 제국 개념은 주변 국가와의 동맹 경영을 위한 외교 전략 개념의 하나였다. 이를테면 '질서표상 개념의 외교적 사용'이었던 것이다.

요컨대 같은 개념이라도 그것을 사용하는 주체와 지칭하는 상대, 그리고 그것이 사용된 시대적 · 공간적 맥락에 따라 제국은 정치적 위계와 문명적 위계를 동시에 내포한 질서표상 개념일 수도 있고, 단지 정치적 위계의 승인만을 표시하는 이를테면 부분적인 질서표상 개념일 수도 있다.

중심부 국가 혹은 질서의 소중심小中心을 자처하는 국가들이 주변부 국가가 주조한 용어를 천하 질서 안에서 자기 위치를 호명하는 개념으로서 수용하는가 여부는 별개의 문제였다. 천하, 중국, 천조와 같이 중심부 국가에는 이미 질서표상과 자기표상의 개념들이 확립되어 있었다. 이것은 주변부에서 발원한 새로운 질서표상 혹은 자기표상의 개념으로서 제국이 전통 시대 동아시아에서 초국적 소통의 개념으로 수용되는 데 장애물로 작용했다. 개념의 개념화를 통해 개념 간의 그러한 공존 혹은 충돌의 양상을 더 명확하게 조명할 수 있을 것이다.

개념의 시간적 중층성

코젤렉과 동료 연구자들은 정치적 · 사회적 개념의 시간적 중첩성을 주목하면서 '세 가지 시간성'을 구분했다. 첫째는 오래전부터 존재하던 용어로서 지금도 그 의미가 어느 정도 존속하고 있는 개념이다. 그는 democracy를 좋은 예로 들었다. 두 번째는 "이전에도 단어로서 존재했으나 사회적으로 재구성되고 재번역된 이후 의미가 현저하게 달라진 경우"로서, civil society가 한 예이다. 세 번째는 새로운 시대에 만들어진 개념이다. 파시즘, 마르크시즘과 같은 개념들이 이에 속한다.[18]

코젤렉이 말하는 시간적 중첩성은 한자어 제국 개념의 경우에 특히 풍부하게 담겨 있는 것처럼 보인다. 동아시아에서 제국은 단어로서 오래전에 탄생하였으며 그 의미가 근대에 이르기까지 일정한 동질성 내지 연속성을 갖고 있다는 점에서는 첫 번째 유형에 속한다. 다른 한편으로 근대에 번역어로서 재탄생하면서 새로운 의미가 부가되었다는 측면에서는 두 번째 유형과도 관련이 깊다. 그러나 달리 생각하면 바로 그렇기 때문에 제국은 코젤렉이 말한 세 가지 시간성 중 어느 것에도 정확히 부합하지 않는다. 이를테면 네 번째 유형의 시간성을 나타낸다고 할 수 있다. 왜냐하면 한자어 제국은 적어도 고대 한반도에서 오래전에 탄생한 단어인 만큼 시간적 기원에서는 democracy와 같은 유구함을 갖고 있다. 그렇지만 democracy와는 달리 소통 공간이 동아시아의 특정 사회에 한정되어 있었고, 상당한 시간적 공백기를 가진 후 근대적 재탄생을 통해서 일반화된 개념이다. 그러면서도 civil society와는 또 다르게 오래전 처음으로 탄생한 과거와 재탄생한 근대의 용법 사이에 의미상 일정한 연속성이 발견된다. 그런 점에서 제국은 매우 고유한 개념사적 현상을 담고 있다.

'제국'은 동서양의 광활한 지리적 공간과 먼 고대에서 21세기에 이르는 장구한 시간적 깊이를 간직한 정치적 중대 개념이다. 그만큼 이 개념의 기원과 역사적 전개는 동서를 횡단하고 고금을 종단하면서 수많은 정치적 · 국제 관계적 현상과 교차한다. 멜빈 릭터Melvin Richter에 따르면, 코젤렉이 이끈

18 Richter, Melvin and Michaela W. Richter(2006), "Introduction : Translation of Reinhart Koselleck's 'Krise' in Geschichtliche Grundbegriffe," *Journal of the History of Ideas*, Vol.67 (April), pp.347~349. 박명규(2009), 『국민 · 인민 · 시민 : 개념사로 본 한국의 정치 주체』, 소화출판사, p.21에서 재인용.

개념사 연구자들의 주장의 핵심은 "공시적 분석과 통시적 분석의 교행적 실천"이 분석적으로 유용하다는 것이다. 개념의 의미 변화를 명료하게 파악하여 이를 구조적 문맥에서의 변화와 연관시키는 속에서 공시적 분석과 통시적 분석을 교대로 실천한다는 것이다. 이를 통해 개념사 연구가 궁극적으로 지향하는 바는 "특정 개념의 의미가 세월 속에서 지속되고 변화하는 양상, 그리고 정치적 · 사회적 · 경제적 구조의 지속 및 변화와 그 개념의 관계까지 판단"해 내는 것이라고 했다.[19] 제국 개념에 대한 이 연구가 지향하는 바 또한 그러한 이상과 크게 다르지 않을 것이다.

19 멜빈 릭터(2010), 『정치 · 사회적 개념의 역사—비판적 소개』, 송승철 · 김용수 옮김, 소화출판사, pp.93~94.

2. 고대 동아시아와 한자어 帝國 개념의 존재

오늘날 일본 학자들에 의하면, '제국帝國' 개념은 기본적으로 18세기 말엽 일본 지식인들이 당시와 오늘날 서양에서 일반화된 용어인 엠파이어empire를 옮긴 번역어로서 등장했다. 요시무라 다다스케吉村忠典에 따르면, 경서經書를 비롯한 중국 고전과 사서史書를 포함한 근대 이전의 고문헌에서는 오늘날의 의미로 쓰인 제국이라는 용어를 발견할 수 없다.[20] 그는 동양에서의 제

20 요시무라 다다스케에 따르면, 근대 이전의 디지털화된 중국 문헌과 대만의 중앙연구원이 구축한 데이터베이스를 검색했을 때 '帝國'이라는 두 글자가 연속해 나오는 경우가 더러 있으나, '帝國'이라는 독립된 단어를 구성하는 방식으로 등장하는 경우는『청사고(淸史稿)』의 1만 2829쪽, 즉 청 말 시기 단 한 차례뿐이다. 또 일본의『대한화사전(大漢和辭典)』은 수나라 때 왕통(王通)이라는 학자가 '제국'이라는 용어를 사용한 예를 인용했으나, 그의 원문은 오늘날의 의미와 다른 것이었다[吉村忠典(2003),『古代ローマ帝國の研究』, 岩波書店, p.70].
국사편찬위원회가 구축한 한국사데이터베이스(http://db.history.go.kr)를 검색하면, 예컨대『구당서(舊唐書)』의「태종 편(太宗篇)」에, 정관(貞觀) 22년(648) 5월의 일을 기록하면서 "右衛率長史王玄策擊帝那伏帝國"라고 하였다. 여기에 '제국' 이 등장한다. 이것은 우위솔장사라는 직위를 가진 왕현책(王玄策)이 제나복제국을 격파했다는 뜻이다. 그런데 제나복제는 당시 인도에 있던 나라의 이름을 '발음대

국 개념은 근세 말인 1789년 일본에서 등장한 근대적 번역어라고 파악한다.[21] 야마모토 유조山本有造 역시 요시무라 다다스케의 연구를 인용하면서 제국을 일본발 역어라고 규정한다.[22]

그런데 지극히 흥미로운 사실은 일본의 가장 오래된 역사서인 『일본서기日本書紀』에 제국이라는 단어가 이미 등장하고 있으며, 요시무라 다다스케 교수 자신이 이 용례를 인지하고 있다는 점이다. 그럼에도 불구하고 요시무라 등은 제국을 주저 없이 '근대적 번역어'로 규정한다. 일본 학계가 『일본서기』의 용례를 제국의 개념사적 전개에서 사실상 무의미한 것으로 취급하고 있는 셈이다. 그 내용은 곧 자세히 설명하겠지만, 일본 학계는 단 한 번의 용례, 그것도 일본이 아닌 외국인이 사용한 사례에 근거해 단어의 정확한 의미를 확정할 수 없다고 판단한 것이 아닌가 생각된다.

하지만 더욱 흥미로운 사실은 백제의 성왕聖王 또는 성명왕聖明王 이외에도 통일신라 말기에 신라인이 중국에 보내는 외교문서에서 제국이라는 개념을 사용했다는 점이다. 이 새로운 고대적 용례의 발견을 통해 우리는 이

로' 한어로 옮긴 것이다. 따라서 제나복제국은 제나복이라는 帝國이 아니라, 제나복제라는 나라(國)를 뜻한다(한림과학원 송인재 교수의 도움말).

비슷한 문제는 『삼국유사』의 권1 「왕력 편(王曆篇)」에도 있다. 신라의 제6대 왕 지마잇금(祗磨尼叱今)을 설명하면서, 그의 왕비가 마제국왕(磨帝國王)의 딸 □례부인(□禮夫人)이라고 밝히는 대목이다[일연(2006), 『삼국유사』, 이가원 · 허경진 옮김, 한길사, p.42]. 그런데 이 기록의 전거라 할 『삼국사기』에는 지마이사금(祗摩磨尼師今)의 왕비를 '갈문왕 마제(葛文王 磨帝)'의 딸이라고 적고 있다[김부식(1998), 『삼국사기 I』, 이강래 옮김, 한길사, p.79]. 여기에서는 마제의 위상을 나타내는 것으로 보이는 갈문왕이라는 칭호가 문제 될 수도 있다. 『삼국사기』는 지마이사금의 뒤를 이은 왕인 일성 이사금 15년대에 그가 박아도(朴阿道)라는 인물을 갈문왕으로 봉하였다고 기록한 후, "신라에서는 추봉한 왕을 모두 갈문왕이라고 부르는데, 그 뜻은 자세하지 않다"고 덧붙이고 있다[김부식(1998), 『삼국사기 I』, 앞의 책, p.82]. 어떻든 마제의 '제'가 왕보다 상위의 고귀한 존재를 뜻하는 표시가 아니라는 것은 명백해 보인다.

대만의 중앙연구원이 구축한 한적전자문헌자료고(漢籍電子文獻資料庫)를 2013년 봄에 검색했을 때, 『한서(漢書)』에 제국(帝國)이 등장한다는 이 분야 전문 학자들의 지적이 있었다. 그러나 중화서국본 『한서』 원문에 나오는 旁國의 오타였던 것으로 확인된 바 있다.

21 吉村忠典(2003), 앞의 책, pp.42~43.

22 山本有造(2003), 『帝國の硏究』, 名古屋大學出版會, pp.38~39.

제 한반도인에게 제국이 의미했던 바를 좀 더 분명하게 이해할 수 있으며, 동아시아에서 한자어 제국이라는 단어는 단순히 근대적 번역어로서가 아니라 고대적 기원을 갖는 것이라고 명확하게 이야기할 수 있게 되었다고 믿는다. 따라서 그 개념사적 의의 또한 분명히 밝힐 필요가 생겼다.

그래서 제국 개념의 고대적 기원을 밝히고자 하는 Part 1에서는 우선 다음 세 가지 문제를 살핌으로써 시작하려고 한다. 첫째, 『일본서기』의 제국 용례와 개념사적 의미를 살핀다. 둘째, 통일신라 말기 최치원崔致遠, 867~?이 작성한 것으로 알려진 대중국 외교문서에 보이는 제국의 용례를 살핀다. 셋째, 고대 한반도인이 제국이라는 개념어를 창조하여 사용하였음에도 불구하고 제국으로 지칭된 일본이나 중국은 정작 제국이라는 개념어를 생경하게 받아들이고 사용하지 않았던 이유를 다른 질서표상 및 자기표상의 개념들의 존재와 연관하여 밝혀 보고자 한다.

『일본서기』와 제국 개념

『일본서기』 권19「아메쿠니오시하라키히로니와노 스메라미코토天國排開廣庭天皇 긴메이천황欽明天皇」12년552 10월, 백제 성왕이 서부희씨 달솔 노리사치계西部姬氏 達率 怒唎斯致契를 일본에 보내 불교를 전래한 것에 관한 기사가 실려 있다. 이 기사는 백제 성왕이 석가불의 금동상金銅像 1구, 번개幡蓋 약간, 경론經論 몇 권을 일본 천황에게 헌상하였다고 먼저 적고 있다. 이어서 이 기사는 성왕이 일본 천황에게 별도로 올렸다는 표문表文을 인용하는데, 그 내용은 다음과 같다.

이 법은 모든 법 중에 가장 훌륭한 것입니다. 이 법은 무량무변한 복덕과보를 낳고, 무상의 보제菩提에 도달할 수가 있습니다. 비유하여 말하면, 사람들이 여의주如意珠를 품고, 필요에 따라, 모두 마음먹은 대로 되는 것과 같이, 이 묘법의 보물도 그러합니다. 기원하는 것은 마음대로이고, 모자라는 바 없습니다. 또한 멀리 천축天竺에서 삼한三韓에 이르기까지, 교에 따라 받들어 모시고, 존경하지 않는 자가 없습니다. 이 때문에, 백제왕 신臣 명明은 삼가 배신陪臣 노리사치계를 보내, 조정에 전해 드려, 기내畿內에 유통시키고자 합니다. 불佛이, 내 법은 동쪽에 전해질 것이다라고 말씀하신 것을 실현시키는 것입니다(밑줄 강조는 인용자, 이하 인용문 동일).[23]

위의 인용문에서 밑줄 부분의 원문은 다음과 같다. "由是, 百濟王臣明, 謹遣陪臣怒唎斯致契, 奉傳帝國, 流通畿內, 果佛所記我法東流."[24] 역자인 전용신은 제국을 '조정朝廷'으로 번역했다. 하지만 국사편찬위원회의 한국사데이터베이스는 이렇게 번역했다. "이로 말미암아 百濟王 臣 (聖)明은 삼가 陪臣 怒唎斯致契를 보내 황제의 나라에 받들어 전하니, 畿內에 유통하시어 부처가 '나의 법이 동쪽으로 흘러갈 것이다'라고 授記한 것을 이루십시오."[25] 여기에서 제국은 '황제의 나라'로 번역되어 있다. 애스턴W. G. Aston이 번역한 『일본서기』의 영어본은 제국을 Imperial Country로 표기했다.[26] 역시 말 그대로 '황제의 나라'라는 뜻으로 해석한 것이다.

일본 학계가 출간한 『일본서기』 번역 및 주석서는 이 단어에 대해 'みかど미카도'라는 주석을 달았다.[27] みかど란 무슨 뜻인가. 일본대사전간행회가

23 전용신 옮김(1989), 『완역 일본서기』, 일지사, p.336. 1993년 출간된 성은구의 『일본서기』(고려원) 번역본은 제15~21권에 해당하는 부분은 원문만 싣고 번역하지 않았다. 김현구 등은 『일본서기』의 한국 관련 내용에 대한 비판적 연구에 심혈을 기울였으나, 긴메이천황 시대에 속하는 이 부분은 분석 대상에서 빠져 있다[김현구 · 박현숙 · 우재병 · 이재석(2003), 『일본서기 한국관계기사 연구 Ⅱ』, 일지사].

24 전용신 옮김(1989), 앞의 책, p.337.

25 국사편찬위원회 한국사데이터베이스 http://db.history.go.kr.

26 Aston, W. G.(1972), *Nihongi : Chronicles of Japan from the Earliest Times to A. D. 697*, Volume Two, Tuttle Publishing, p.66.

27 坂本太郎 · 家永三郎 · 井上光貞 · 大野晋 校注(1965), 앞의 책, p.101.

펴낸 『일본국어대사전』은 みかど의 의미를 여덟 가지로 나누어 설명한다.[28] 그중 주목할 뜻풀이는 다음 네 가지로 보인다.

③ 특히 천자, 천황의 거처, 조정朝廷, 정부, 정청政廳

④ 천자, 천황의 위位, 제위帝位, 황위皇位

⑤ 천황의 존칭

⑥ 천자, 천황이 통치하는 나라, 제국帝國 또는 황국皇國

이 중에서 『일본서기』에 등장하는 제국을 ⑥번의 의미로 해석한다면, 황제의 나라로 번역한 국사편찬위원회의 해석 그리고 영역본에서 애스턴이 제시한 해석과 일치한다.

몬무천황文武天皇 때인 701년大寶元年 대보령大寶令으로 집대성된 고대 일본의 율령은 718년 양노령養老令으로 약간 증수增修되어 오늘에 전해지고 있다.[29] 이 율령은 일본에서 쓰인 천황의 칭호를 네 가지로 정리하였다. 즉 "제사祭祀에서는 '천자天子'라 칭하고, 조서詔書에서는 '천황'이라 칭하며, 화이華夷에게는 '황제皇帝'라 칭하고, 상표上表에서는 '폐하陛下'라 칭한다"라고 하였다.[30] 여기에서 화이에게는 황제로 칭한다 함은 일본이 중국과 여타의 오랑캐 나라들과의 외교문서에서는 천황을 황제로 칭했다는 뜻이다.[31] 중국적 세계 질서에서 천황은 생경한 용어였으므로, 고대 일본은 대외 관계에서만큼은 천황 대신 황제라는 칭호를 사용했던 것으로 보인다.

1930년대에 오쓰키 후미히코大槻文彦, 1847~1928가 출간한 근대 일본의 대표

28 日本大辭典刊行會 編(1975), 『日本國語大辭典』 第九卷, 小學館, p.1229.

29 민두기 편저(1976), 『일본의 역사』, 지식산업사, p.28.

30 井上光貞 · 關晃 · 土田直鎭 · 靑木和夫 編(1976), 『日本思想大系 3 律令』, 岩波書店, p.343.

31 율령의 원문은 "皇帝. 華夷所レ稱"으로 되어 있다. 이것을 주석자(凡武拾陸條)는 "皇帝. 華夷に稱する所"로 풀이했다[井上光貞 · 關晃 · 土田直鎭 · 靑木和夫 編(1976), 앞의 책, p.343].

적 사전인 『대언해大言海』는 제국을 "황제가 통치하시는 나라. (왕국에 대해) 특히 천황폐하가 통치해 주시는 우리 일본국. 황국皇國"이라고 설명했다. 이어서 그러한 의미로 쓰인 과거 용례로 위에서 소개한 『일본서기』의 경우를 간략하게 인용했다.[32] 오쓰키 역시 이 고대 일본 역사서에 등장하는 제국을 황제의 나라를 뜻한 것으로 해석했음을 말해 준다. 앞에서 살핀 바와 같이 근대 일본에서 서양의 개념 엠파이어를 번역해서 사용한 제국은 '황제의 나라' 또는 '식민지를 거느린 광역적 지배 국가'를 의미한다. 그렇다면 제국의 개념은 고대 동아시아의 개념체계에도 근접한 의미로 이미 존재했다고 말할 수 있다.[33]

요시무라 다다스케는 『대언해』에 인용된 『일본서기』의 제국 용례를 언급한다.[34] 요시무라는 그 개념사적 의미 해석을 『고사기古事記』의 주석자로 저

32 大槻文彦(1934), 『大言海』 第三卷, 富山房, pp.449~450.

33 조선 후기의 학자 이규경(李圭景, 1788~1863)은 정조대 규장각검서관 이덕무(李德懋)의 손자로서, 『오주연문장전산고(五洲衍文長箋散稿)』라는 백과사전 형식의 저술을 남겼다. 그 일부인 『석전잡설(釋典雜說)』의 「해동불법변증설(海東佛法辨證說)」이라는 글에는 불교의 동아시아 전래 과정을 서술한 부분이 있다. 이에 대해 저자가 덧붙인 주석은 『일본서기』를 가리키는 것으로 보이는 『일본록(日本錄)』을 인용해 백제 성황이 일본을 '제국'으로 부르며 불교를 전했다는 내용을 담겨 있다. 원문은 다음과 같다. "佛法。旣入東方羅, 濟。又傳于倭國。【新羅眞智王(諱舍輪。或作金輪)四年己亥。卽後梁世宗天保十八年。倭敏達八年。新羅送釋迦像于倭。在倭興福。眞平王三十八年丙子。卽隋煬帝大業十二年。倭推古二十四年。新羅送金像于倭。百濟聖王三十年壬申。卽梁世祖承聖元年。倭欽明十三年。百濟送釋迦金像及佛具, 經論。其書契云。是法。於諸法中。最爲殊勝。難解難入。雖周公, 孔子。尙不能知。此法能生無量無邊之福德果報。祈願依情。無所乏缺。且夫遠自天竺。爰泊三韓。依敎奉持。無不尊敬。由是。謹奉帝國云云。欽明不自決。問群臣曰。所獻佛。可禮否。蘇我稻目大臣奏曰。西番諸國。一皆禮之。日本豈獨背也。物部大連尾輿、中臣連鎌子同奏曰。我國家之王天下者。恒以天地社稷百八十神也。春夏秋冬。以祭拜爲事。方今改拜。蕃恐致國神之怒。欽明曰。卿曹言爾然。聖明之貢。不可舍也。誰奉斯神。稻目稽首請之。乃賜佛像等。大喜。淨向原家爲寺。自修出家業。此倭史之文也。按成靑城大中《日本錄》。百濟送佛于倭。倭皇欲奉之。問于執政物部大連曰。夷狄之鬼。不可爲敎。且捨內神事外鬼。內神必怒。倭皇乃放佛于浪速。大臣馬子獨信事之。後與聖德太子豐日聽誅守屋大連。而佛敎始行云。威德王諱昌。《隋書》作餘昌。二十三年丙申。後梁世宗天保十五年。倭敏達六年。百濟送佛工寺匠等。】(한국고전종합DB http://db.itkc.or.kr).

34 吉村忠典(2003), 앞의 책, p.42.

명한 아오키 가즈오清木和夫에게 문의하여 들은 짤막한 답변 내용으로 대신하고 있다. 아오키는 기본적으로 두 가지를 이야기하였다. 첫째, 여기에서 제국이란 '귀국貴國'이라는 의미 정도였다는 것이다. 둘째, 제국의 제帝는 황제의 제를 표시한 것이라고 한다. 당시 일본은 다른 나라들과의 외교문서에서는 천황 대신 황제의 칭호를 사용했으며, 따라서 백제가 일본을 가리켜 제국으로 했으리라는 의견이다.[35]

요시무라 다다스케는 이러한 아오키의 해석에 이의를 달지 않았다. 어떻든 아오키도 『일본서기』에 쓰인 제국이 '황제의 나라'라는 뜻이라고 해석한 것이라 할 수 있다. 다만 아오키는 그 용어에 커다란 의미를 두기보다는 다분히 외교적인 맥락에서 파악한 것이라고 할 수 있다. 요시무라 역시 이 사실에 큰 의미를 부여하지 않는 태도를 보인다.

이상의 검토를 통해 분명해지는 것은 백제의 왕이 일본을 가리켜 제국이라 칭하였고, 그것이 고대 일본의 역사서에 기록되었다는 사실이다. 또한 그 용어는 황제를 가리키는 '제'와 국가를 가리키는 '국'이라는 두 개념어의 결합임이 명백하다는 점이다. 결국 '황제의 나라'를 의미한 것이다. 야마무라 사이스케山村才助, 1770~1807의 『대서요록大西要錄』은 요시무라 다다스케와 야마모토 유조 등 일본의 주요 학자들이 제국 개념의 근대적 기원에서 중요한 저술로 지목하는 책이다. 이 문헌에서도 제국은 '왕이 다스리는 왕국'의 상대어로서 '제가 다스리는 나라'를 의미하였다. 이 책의 Part 3에서 자세하게 설명하는 바와 같이, 19세기 중엽 일본의 정치권력은 자국을 제국으로 칭하기 시작한다. 그때 이 개념은 일본이 광역적인 지배 영역을 구축한 팽창적 국가라는 뜻은 담고 있지 않았다. 서세동점의 국제 질서에서 '자주독립한 천황의 나라'임을 선포하는 뜻이 핵심적인 취지였다. 고대 한국에서 백제 성왕이 사용한 것으로 『일본서기』에 기록된 제국 개념과 근대 일본이

35 吉村忠典(2003), 앞의 책, pp.42~43.

자각적으로 사용하기 시작한 제국 용어는 그 근본적 의미에서 단절이 아닌 연속성을 내포하고 있었던 것이다.

한반도의 국가 백제의 지배자가 공식 외교문서에서 일본을 가리켜 제국으로 칭했다는 일본 역사서의 기록을 사실로 받아들일 때, 이 용례의 개념사적 의의를 어떻게 판단할 것인가. 이것이 이제 우리가 해명해야 할 숙제이다. 이에 대한 납득할 만한 답을 제시하기 위해서는 6세기 중엽을 전후한 시기 고대 한일관계사 전반에 대한 일정한 판단이 필요하다. 이 시기의 한일관계사는 주지하다시피 오래전부터 한일 역사학계 사이의 치열한 논쟁 대상이다. 같은 일본 학계 안에서도 주류적 시각과 비판적 인식 사이에 긴장이 있다. 이것은 역사학의 영역이어서 저자가 전문가적인 평가를 내릴 수 있는 주제는 아니다. 그러나 이 책의 주제인 제국 개념이 동아시아 역사에서 최초로 등장한 시기의 한일 관계인 점에서 대단히 중요한 문제가 아닐 수 없다. 이 용례의 개념사적 의의를 밝히기 위해서는 그간 전개되어 온 한일 역사학계의 논의 전반을 일정하게 검토함으로써 이 시기 한일 관계의 기본 성격과 그 관계의 비대칭성 여부에 대한 나름의 판단이 필요하다. 이를 기초로 하여 제국 개념이 어떤 조건에서 어떤 내포를 갖고 등장하였는가를 논해야 한다.

6세기 한일관계사의 인식과 제국

일본의 역사학은 고대 한반도와 일본의 국제 관계의 성격을 비대칭적인 것으로 간주해 왔음은 주지하는 바이다. 예컨대 하라 히데사부로原秀三郎는 수나라 역사서인 『수서隋書』 「왜국전倭國傳」에 "신라와 백제가 왜를 대국大國으로 우러러보았다"는 기록이 있는 것을 주목한다.[36] 『일본서기』의 554년

36 原秀三郎(1984), 「日本列島の未開と文明」, 歴史學研究會 · 日本史研究會 編, 『日本史講座 1 原

기록에는 백제 명왕明王의 아들 여창餘昌이 신라를 정벌할 것을 계획하자, 기로耆老가 "하늘이 함께하지 않으니 화가 미칠까 두렵습니다"라고 간하였으며, 이에 여창이 "늙었구려. 어찌 겁내시오. 우리는 대국을 섬기고 있으니 어찌 겁낼 것이 있겠소老矣 何怯也 我事大國 有何懼也"라고 말한 구절이 있다.[37] 여기에서 '대국'은 일본을 지칭하는 것이다.

『일본서기』의 역사 사료로서의 가치를 검토하는 최근의 저서에서 엔도 게이타遠藤慶太는 성왕이 통치하던 시기의 백제와 왜의 실제 군사외교 및 문화 교류 관계를 분석하였다. 그는 당시 백제가 신라와 치열한 전투 상태에 있던 시기임을 주목했다. 『일본서기』는 성왕이 552년에 불교를 일본에 전했음을 기록했다. 그로부터 불과 2년 후 성왕은 신라와의 관산管山전투에서 패사敗死하고 만다. 엔도 게이타는 이 시기 왜와 백제 그리고 중국의 양梁 사이에 특별한 삼각관계가 존재했음을 지적한다. 백제는 한반도의 군사적 긴장 속에서 일본에 군사적 원병을 구하는 처지에 놓여 있었다. 일본은 실제 그 요구에 응했으며, 대가로 백제는 중국의 선진 지식과 문물을 일본에 전달하는 숙제를 부여받고 이를 이행했다고 엔도 게이타는 서술한다.[38] 실제 성왕이 패사하기 1년 전인 553년 백제는 신라 진흥왕에게 한강 하류 지역을 빼앗기면서 마침내 433년 이래의 나제동맹羅濟同盟이 폐기된다.[39] 백제의 지배자가 한반도에서 군사적 압박에 시달리던 시점에 일본에 보낸 표문에서 이 나라를 가리켜 '제국'이라는 용어를 사용했다는 점은 주목해야 할 대목이다.

始 · 古代 1』, 東京大學出版會, pp.26~28.

37 『일본서기』 권19 天國排開廣庭天皇 欽明天皇 15년 겨울 12월(554년 음12월) : "百濟 聖明王의 戰死." 『일본서기』는 국사편찬위원회 한국사데이터베이스(http://db.history.go.kr)의 자료이며 이하 동일하다.

38 遠藤慶太(2011), 「欽明紀における漢籍典據 — 侯景の亂を通して」, 新川登龜男 · 早川万年 編, 『史料としての≪日本書紀≫ : 津田左右吉を讀みなおす』, 津田左右吉沒後50年記念出版, 勉誠出版, pp.206~207.

39 신형식(2005), 『백제의 대외관계』, 주류성, pp.106~107.

문제는 백제 성왕이 불교 문물을 일본에 전한 것과 같은 문명의 전파자 역할까지, 일본의 군사 원조에 대한 대가로 일본이 백제에게 부과한 의무의 이행으로 보는 엔도 게이타의 서술에서 보이는 일본 학계의 역사 해석이다. 선진 문물의 전파자 역할을 일본의 명에 의한 백제의 '심부름'으로 해석하는 것에서 표현되듯이, 일본 역사학계는 고대 한반도와 일본의 관계를 비대칭적인 소제국주의적 국제 관계의 관점에서 보는 경향이 강했다. 스즈키 히데오鈴木英夫가 요약하는 전전戰前 이래 일본 학계의 통설은 "왜 왕권야마토(大和) 조정은 4세기 후반 조선 반도 남부에 출병하여 백제 · 신라 · 가야를 복속시켰고, 특히 가야에 관해서는 '임나일본부任那日本府'라는 기관을 설치하여 왜국 내 '미야케ミャケ'와 같은 직할 지배를 구축하였으며, 임나일본부는 6세기 중엽까지 존속했다"는 것이다.[40]

1945년 패전하기 전 일본의 고대사 연구의 주류는 "일본의 광휘光輝한 역사를 말하고자 일본의 조선 지배를 강조했다"고 이노우에 히데오井上秀雄는 말한다. 그에 따르면 그 역사학적 기원은 두 가지다. 일본의 고대국가 성립은 한반도 국가들과 깊은 관련을 가지면서 이루어졌다는, 에도 시대 아라이 하쿠세키新井白石 이래의 일본 고대사 연구 전통이 그 하나이다. 1890년대부터 유럽 역사학이 도입되면서 한편으로 일본 학계에 점차 침투해 들어간 대륙 침략의 내셔널리즘이 또한 보다 직접적이고 가까운 뿌리였다.[41]

일본의 패전 이후에도 고대 한일관계사에 대한 일본 사학계의 통설은 고대 한일관계사를 『일본서기』의 기록들에 기초해 서술하는 다분히 일본 중심적인 시각이었다. 1949년 출간된 스에마쓰 야스카즈末松保和, 1904~1992의 『임나흥망사任那興亡史』는 그것을 대표하였다. 369년 일본군이 한반도에 대

40 鈴木英夫(1987), 「加耶 · 百濟と倭 : '任那日本府'論」, 朝鮮史硏究會 編輯, 『朝鮮史硏究會論文集』 第24集, 綠蔭書房, p.63.

41 井上秀雄(1978), 『任那日本府と倭』, 寧樂社, p.25.

규모로 출병하여 임나가라를 중심으로 한반도 남부를 일본의 직접 지배체제하에 편입시켰으며, 백제와 신라는 부용화附傭化시켜 간접 지배체제를 구축했다고 그는 해석했다. 이로써 한반도 남부를 두고 일본과 고구려가 대립하는 양자 구도가 5세기 한일 관계의 모습이라고 보았다. 남북조 시대420~589의 형세를 이루던 당시 중국에서 5세기 남조의 왕조인 송420~479의 황제에게 왜왕이 한반도제국명韓半島諸國名이 관칭冠稱된 '도독제군사都督諸軍事'라는 호를 청구했다는 사실이 스에마쓰 야스카즈가 제시한 주요 근거다.[42] 김현구 등도 스에마쓰 야스카즈가 『일본서기』의 기록을 바탕으로 "왜가 4세기 후반부터 6세기 후반까지 200여 년간 한반도 남부를 지배하고 지배 기구로서 설치한 것이 임나일본부"라는 '일본의 한반도 남부 지배설'을 체계화했으며, 현재도 이 설이 일본 학계의 주류를 이루는 모든 학설의 바탕이 되고 있다고 본다.[43]

이시모다 쇼石母田正가 1960년대에 발표한 '왜 · 일본이 동이의 소제국東夷の小帝國이었다'는 가설은 그 전통의 연장선에 있었다. 이시모다 쇼는 4~10세기 초에 걸치는 시기에 일본이 중국에 대해서는 조공을 바치는 조공국인 동시에 한반도의 여러 국가로부터 공조貢調를 받는 위치에 있는 피조공국이었다고 주장했다.[44] 이 주장에 따르면, 4세기 말 왜국은 임나를 직할령으로 지

42 연민수(1998), 『고대한일관계사』, 혜안, pp.16~17. 연민수가 요약한 스에마쓰설에 따르면, 한반도에서 일본 세력이 쇠퇴하게 된 계기는 475년 고구려가 남하하여 백제의 왕권이 일시적인 멸망 상태에 빠지면서였다. 이후 6세기에 들어서면 백제와 신라가 각각 전라도와 경상도 지역을 침략하여 임나는 더욱 쇠퇴한다. 562년 임나는 마침내 신라의 지배하에 놓이면서, 임나 문제는 일본과 신라 사이의 정치적 문제로 전환된다. 신라는 임나에 대한 지배의 대가로 일본에 이른바 '임나의 조'를 바치는 관계가 7세기 중엽까지 지속된다는 것이다.

43 김현구 · 박현숙 · 우재병 · 이재석(2003), 앞의 책, p.182.

44 石母田正[1989(1962)], 「日本古代における國際意識について—古代貴族の場合—」, 『石母田正著作集 四 古代國家論』, 岩波書店 ; 石母田正[1989(1963)], 「天皇と『諸蕃』—大寶令制定の意義に關連して—」, 『石母田正著作集 四 古代國家論』, 岩波書店. 廣瀨憲雄(2011), 『東アジアの國際秩序と古代日本』, 吉川弘文館, pp.9~16에서 재인용.

배했으며, 백제와 신라는 '공조의 의무를 진 왜국의 보호국'이었다. 또한 왜국은 한반도 남부에 대한 실질적 지배권을 중국의 남조로부터 승인받고자 노력했고, 결국 그 권리를 책봉받았다.[45] 이시모다 쇼는 다만 6세기 중엽 임나가 멸망하면서 왜의 소제국은 해체되었으며, 스이코천황대推古朝, 592~628에는 이미 백제 · 신라 · 임나로부터 조공을 받는 피조공국으로서의 지위는 명목상에 불과하게 되는 등 왜국의 '제국'으로서의 기초는 약체였다고 보았다. 그럼에도 당唐을 '인국隣國', 한반도의 세 나라와 발해는 '번국蕃國', 그리고 하이蝦夷 등은 '이적夷狄'이라 칭하는 일본 중심의 질서관을 담은 율령체제는 법제화되고 고정화하여 오래 남았다고 하였다.[46]

4세기에서 10세기에 이르는 장구한 기간 한반도와 일본 사이에 일본 중심의 소제국체제가 존재했다는 이시모다 쇼의 주장은 메이지 초반에 사다하쿠보佐田白芽가 작성한 건백서가 보여 주는 일본의 전통적 한일관계사 인식에 뿌리를 두고 있다. 근대 일본은 대한국 침략의 정당성을 『일본서기』에 담긴 고대 일본의 한반도 경영에 관한 기록에서 찾았다. 사다의 건백서는

45 이시모다 쇼의 그 같은 주장과 달리 스즈키 야스타미(鈴木靖民)는 이 문제를 좀 다르게 바라본다. 5세기에 왜왕들은 송에 대한 외교를 통해 송 황제로부터 '도독왜백제신라임나진한모한육국제군사(都督倭百濟新羅任那秦韓慕韓六國諸軍事)' 로서의 책봉을 구함으로써, 백제 이하 한반도 남부 6개국에 대한 군사적 지배권을 요청한 것은 사실이다. 그러나 송은 '도독백제제군사' 의 칭호를 왜왕에게 허락한 일이 한 번도 없다는 점을 스즈키 야스타미는 주목한다. 다만 당시 송이 왜의 요구를 들어주지 않은 것은 고구려와의 관계를 고려했기 때문이라고 했다. 북위를 견제하기 위해서 송은 고구려의 우호 관계가 필요했다. 송은 왜가 고구려와 싸울 의지를 갖고 있음을 알고 있었다. 그러한 왜의 요구를 들어주는 것은 고구려의 반발을 살 것으로 보고 이를 피했다는 것이다[鈴木靖民(1984), 「東アジア諸民族の國家形成と大和王權」, 歷史學硏究會 · 日本史硏究會 編, 『日本史講座 1 原始 · 古代 1』, 東京大學出版會 , pp.204~205].

46 이시모다 쇼가 '동이의 소제국' 가설을 제기함으로써 일본 학계의 주목을 받은 이론적 이유는 고대 동아시아 국제 질서가 중국 중심의 국제 질서가 온전히 관철된 것이 아니라 일정한 다원성을 갖고 있었으며, 그 가운데에서 왜국이 건설한 소제국이 다원성을 구성한 중요한 요소였다는 논리에 있었다. 이시모다 쇼는 8세기와 9세기에는 일본, 신라, 발해가 모두 당에 조공을 하는 '세계 제국적 질서'와 신라와 발해가 일본에 조공을 하는 '소제국적 질서'가 병존하였다고 주장했다. 이 질서는 8세기 말 신라가 이 체제로부터 이탈하면서 동요되기 시작했고, 최종적으로는 10세기 초 당과 발해가 멸망하면서 '동이의 소제국'도 붕괴했다고 말한다. 廣懶憲雄(2011), 앞의 책, pp.9~10.

조선은 오진천황應神天皇, 재위 362~367/383~394의 삼한정벌 이래 일본의 부속국이라는 선언을 담고 있다. 일본은 마땅히 그러한 상고의 역사에 비추어 조선의 무례를 쳐서 일본의 판도로 되돌려야 한다고 주장했다.[47] 19세기 말 만주에서 일본인에 의해 발견된 광개토왕릉비에 근거하여 일본 학계는 한반도에서 일본의 군사적 영향력을 부각시켰다. 이것은 『일본서기』에 담긴 한반도 관련 기록의 신뢰도를 높이는 데 크게 기여한다.[48]

고대 일본의 한반도 경영설의 주요 근거는 물론 『일본서기』의 한반도 관련 기록이다. 그런데 그 역사 서술은 '백제 삼서百濟三書'라 불리는 백제계 사료를 기본 바탕으로 한 것이다. 『백제기百濟記』, 『백제신찬百濟新撰』, 『백제본기百濟本記』가 그것이다. 아울러 백제 멸망 후 일본에 망명한 백제 씨족 및 일본 토착 씨족들의 가전류家傳類도 기초 사료로 활용되었다. 그런데 이 백제 계통의 사료들도 『일본서기』에 반영되는 과정에서 원형 그대로 채록된 것이 아니라 개변과 윤색이 행해졌으며, 백제 및 일본의 씨족들의 가전류 문헌은 자신들 선조의 한반도에서의 활약상을 부각시키기 위한 의도적인 과장과 개변을 담고 있다는 강한 의혹을 받고 있다. 그러므로 『일본서기』의 한반도 관련 기사들은 일차 사료로서의 가치를 상실한 부분이 많다는 것이다.[49]

고대 한일관계사에서 일본의 한반도 남부 경영설은 훗날 한국 학계에서뿐만 아니라 20세기 전반기부터 일본 역사학계 내부에서 비판적 성찰의 대상이었다. 그 출발점은 항상 『일본서기』에 대한 사료 비판이었다. 만선사滿鮮史 연구의 핵심 멤버였던 쓰다 소키치津田左右吉, 1873~1961는 『고사기』와 『일본서기』의 신대사神代史는 국가 조직이 정돈되고 난 후 지배층의 사상에서 나온 국가 성립의 유래에 관한 하나의 주장이며, 고대 일본의 국가권력은

47 旗田巍(1969), 『日本人の朝鮮観』, 勁草書房 ; p.18. 연민수(1998), 앞의 책, p.14 참조.

48 연민수(1998), 앞의 책, p.14.

49 이근우(1994), 「일본서기에 인용된 백제삼서에 관한 연구」, 정신문화연구원 박사학위논문 ; 연민수(1998), 앞의 책, pp.201~221 참조.

이를 통해 현실의 국가 통치에 정당성을 부여하려 했던 것이라고 주장한다. 그러한 목적으로 행해진 윤색과 조작은 신대사뿐만 아니라 진무천황神武天皇, 재위 주장 BC 660~BC 582에서 주아이천황仲哀天皇, 재위 주장 192~200에 이르는 초기 천황사에도 이어졌다고 비판했다. 그러므로 쓰다 소키치는 주아이천황의 황후이자 오진천황의 어머니로 전해지는 진구황후神功皇后, 섭정 재위 321~389가 삼한을 정벌했다는 기록은 '가공의 구상'이라고 보았다.[50] 쓰다 소키치와 이케우치 히로시池內宏, 1878~1952는 일본 학계가 임나 연구의 전제로 삼고 있던 진구황후기 49년369조의 일본이 가야 7국을 평정했다는 기록, 역시 진구황후기 62년382조에 일본이 가라를 구원했다는 기록, 겐조천황기顯宗紀, 재위 450~487 3년조의 기노오히하노스쿠네紀生磐宿禰가 반란을 일으킨 기록 등의 사실성을 부정하였다.[51]

그러나 쓰다 소키치를 비롯한 일본 안의 일부 비판적 역사가들 역시 6세기를 포함한 일정 시기에 일본이 한반도를 경략했다는 것은 사실로 인식했다. 진구황후의 삼한정벌에 관한 기록은 6세기 전반기의 한일 관계를 투영한 것이라고 본 쓰다 소키치의 해석에도 그러한 인식이 담겨 있었다.[52] 일본 학계에서 『일본서기』의 기록을 비판적으로 접근하는 쓰다 소키치 등 일부 학자들은 개별 기사들의 사실성은 부정하면서도 『일본서기』에 보이는 왜의 한반도 남부 지배에 대해서는 아무런 사료 비판 없이 그대로 인정하는 모순을 범함으로써, "각론은 부정하면서도 총론은 인정하는 모습"을 보인다고 김현구 등은 비판한다.[53]

남북한 학계에서는 『일본서기』의 사료적 가치에 대한 회의를 바탕으로

50 津田左右吉(1924), 『神代史の硏究』, 岩波書店 ; 연민수(1998), 앞의 책, pp.15~16 참조.
51 김현구 · 박현숙 · 우재병 · 이재석(2003), 앞의 책, pp.181~182.
52 연민수(1998), 앞의 책, p.16.
53 김현구 · 박현숙 · 우재병 · 이재석(2003), 앞의 책, p.182.

일본 학계의 통설을 근본적으로 부정하는 학설을 제기했고, 그것은 다시 일본에서의 비판적 연구를 활성화하는 계기가 되었다. 1963년 북한의 역사학자 김석형이 제기한 삼한 삼국의 일본 열도 내 분국에 관한 논문, 이른바 '분국론分國論'은 그 중요한 시작이었다.[54] 『일본서기』에서 왜 왕권이 지배했다고 말하는 백제 · 신라 · 가야 등의 제국諸國이라는 것은 사실 한반도 제국의 이주민이 일본 열도에 건국한 분국이며, 임나일본부는 그러한 일본 열도 안의 여러 분국을 통치하는 기관에 불과한 것인데, 『일본서기』가 그것을 왜 왕권과 한반도 본국들朝鮮本國의 관계로 훼조했다는 견해였다.[55] 그의 연구는 사료 검증 부실이라는 비판을 받았지만,[56] 일본 학계에 어느 정도 충격을 주었다.[57] 역사해석의 다른 가능성을 제기함으로써 사료 검증에 의한 비판적 연구의 필요성이라는 물음을 일본 학계에 던진 효과가 있었던 것이다.

남한 학계에서는 『일본서기』의 한반도 관련 기록들이 많은 부분 백제의 주도적 역할을 일본의 일방적인 역할로 왜곡했다는 비판을 제기해 왔다. '백제중심사관'으로 불리는 이 연구 경향은 천관우에 의해 시작되었다. 천관우의 주장은 1991년 『가야사연구』로 출판되지만,[58] 스즈키 히데오가 주목했듯이 그 처음은 1972년 『신동아』에 연재한 「한국사의 조류」였다. 당시 스즈키 히데오는 천관우설의 핵심을 "임나일본부는 일본이 아닌 백제가 가

54 김석형(1963), 「삼한삼국의 일본열도 내 분국에 대하여」, 『력사과학 1』; 김석형(1966), 『초기 조일관계 연구』, 사회과학원출판사; 연민수(1998), 앞의 책, p.19 참조.

55 스즈키 히데오의 요약[鈴木英夫(1987), 앞의 논문, pp.63~64].

56 김현구 등은 김석형의 '한반도 이주민의 일본 열도 내 분국론'은 "관계 기사를 일방적으로 한국에 유리하게 해석한 것으로 객관성을 결여하고 있다"고 비판했다. 이들은 "『일본서기』에 보이는 임나는 누가 보아도 한반도 남부에 있었던 것"이라고 판단한다[김현구 · 박현숙 · 우재병 · 이재석(2003), 앞의 책, p.183].

57 이노우에 히데오는 김석형의 논문이 일본에서의 고대 한일관계사 연구에 새로운 해석의 가능성을 선보인 것에서 의의를 인정하면서, 김석형의 연구가 일본 학계에서 불러일으킨 양 극단의 반응을 언급한다[井上秀雄(1978), 앞의 책, pp.27~28].

58 천관우(1991), 『가야사연구』, 일조각.

야를 통치하기 위해 설치한 기관일 가능성을 지적하고, 『일본서기』가 개찬改竄했다고 추측한 것"으로 이해했다.[59] 김현구 등에 따르면, 천관우설은 나름대로 새로운 연구 지평을 연 것이지만 "체계적인 연구 없이 단순히 왜의 가야 지배를 백제의 가야 지배로 주체를 바꾸어 서술"했을 뿐으로, 한반도 남부에서 분명히 존재했던 왜의 활동마저 부정하는 한계가 있었다고 평가했다.[60]

1960년대에 이시모다 쇼의 '동이소제국론' 등이 일본 고대사학계를 이끌었다면, 1970년대에는 그에 대한 비판적 성찰이 일본 학계 안에서 부단히 제기되었다. 한국 학계의 시각에서 이들의 역사 인식은 근본적인 한계를 가진 것으로 지적되지만, 『일본서기』를 포함한 사료에 대한 비판적 검증을 통해 매우 근본적 질문과 대안적 해석을 제시해 온 것은 사실이라고 생각된다. 일본 학계 일각의 실증적 비판의 전통은 고대 한일 관계의 본질에 대한 한일 간 역사학의 소통 가능성을 말해 준다. 실제 1980년대 이래 한국 학계에서의 대안적 연구에 중요한 자극이 된 것으로 생각된다.

여기에서 이 문제를 거론하는 목적은, 6세기 중엽 백제 성왕이 일본을 향

59 井上秀雄(1978), 앞의 책, p.64. 당시 『동아일보』는 천관우설 등장의 연구사적 의의를 이렇게 보도하였다. "일본 사학자들의 소위 '임나경영설'에 대해 국내에서도 점차 조직적 반론이 나오기 시작했다. …(그동안은) 소위 삼한분국설이 임나란 한반도에 있었던 것이 아니라 일본 열도에 있었던 것이라고 주장한 것과, 임나가 현재 대마도라는 주장 등, 임나를 주로 한반도 밖에서 찾아 임나경영설을 반박해 왔으나, 천관우 씨는 임나를 그대로 한반도에서 찾되, 그 경영자는 일본의 '야마토' 왜가 아니라 바로 백제였다는 새로운 주장을 하고 나선 것이다. …천관우 씨는 (당시 일본이) 한반도 남부에 출병해서 이를 점령 · 지배할 수 있었겠는가를 당시의 국제 정세, 문화 수준, 정치적 역량, 무기 제조술 등 과학기술의 발달 정도 등으로 일일이 비교하여 남한 출병이 불가능했던 점부터 지적했다. …천관우 씨는 『일본서기』의 임나 관계 기사가 '가공의 창작'은 아니나 일정한 저본(底本)의 개작(改作)이라고 결론지었다. 왜군이 임나에 출병하는 많은 기록은 왜군의 군사행동을 보면 불합리투성이인데, 백제군의 군사행동으로 보면 그 경과가 순리로 설명된다고 주장했다[『동아일보』, 「천관우 씨 신동아 '한국사의 조류'서 주장 : '임나' 경영자는 백제였다」, 1972년 12월 5일].

60 김현구 · 박현숙 · 우재병 · 이재석(2003), 앞의 책, p.183.

해 '제국'이라 칭한 사건의 개념사적 의미를 탐색하는 데 있다. 다만 이 목적을 위해서도 고대 한일 관계의 진실을 둘러싼 논쟁의 본질을 짚어 두지 않을 수 없다. 고대 일본의 한반도경영론에서 핵심적인 두 시기를 주목하여 한일 학계가 제시한 비판적 연구의 요점을 정리할 필요가 있다. 첫째는 광개토왕릉비의 왜 관련 내용에 연관된 4세기 말에서 5세기 초에 이르는 시기 한반도에서 활동한 왜의 실체와 내용이다. 둘째는 백제 성왕이 문제의 표문을 일본에 보낸 시점과 대체로 일치하는 6세기 중엽에 집중되어 있는 임나일본부의 실체이다.

먼저 4세기 말에서 5세기 초의 시기에 왜가 백제와 신라를 신민으로 삼았으며 광개토왕릉비문은 이를 사실로 뒷받침해 준다는 인식과 이에 대한 일본 학계 내부에서의 비판적 해석을 보자. 광개토왕릉비문에서 문제가 되는 신묘년조辛卯年條 기사를 일본 학계에서는 "百殘新羅舊是屬民由來朝貢而倭以辛卯年來渡(海)破百殘□□新羅以爲臣民"으로 해독한다.[61] 스즈키 히데오가 밝히듯이 전전 이래 '渡(海)破'와 '爲臣民'의 주어를 왜로 보는 것이 일본 학계의 통설이다. 그 결과 이 문장은 "백제와 신라는 본래는 고구려의 속민으로 오래 조공해 왔다. 그러나 왜가 신묘년 이래 바다를 건너 백제와 신라를 파하고 신민으로 만들었다"는 것으로 해석된다.

스즈키 히데오는 위 비문의 해독과 해석에서 일본 학계의 통설을 따른다.[62] 그러나 그 내용이 역사적 진실인가에 그는 의문을 제기했다. 그에 따

61 한국사데이터베이스에 수록된 박시형의 광개토왕릉비 해독에서 그 부분은 다음과 같다. "百殘新羅舊是屬民 由來朝貢 而倭以辛卯年來 渡海 破百殘□□□羅 以爲臣民."

62 스즈키 히데오는 전후에 한국과 북한의 연구자들이 고구려를 주어로 해야 한다고 주장하였음을 언급한다. 그러나 스즈키 히데오는 이 비문의 필법에 비추어 판단할 때 고구려 출병에 관한 기사는 그 전문(前文) 내지 후문(後文)에서 출병의 이유와 정당성을 주장하고 있는 것이므로 신묘년조는 그에 이어지는 6년 병신(丙申)의 백제에 대한 출병 기사의 전문으로 이해하는 것이 타당하다고 말한다. 따라서 '渡(海)破'와 '爲臣民'의 주어는 왜라는 종래의 통설을 따라야 한다고 주장한다[鈴木英夫(1987), 앞의 논문, p.68]. 이러한 일본 학계의 통설에 대해 한국 역사학계는 계속 의문을 제기해 왔다.

르면, 비문의 이 문장은 당시 주변 나라와 종족들에 대한 고구려 중심의 국제 질서관을 천명하고, 그 영역에 포함되지 않은 왜의 부당성과 불법성을 부각시켜 고구려가 왜를 토벌하는 행위의 정당함을 강조하려 한 것이다. 이를 위해 비문이 고구려 중심의 국제 질서를 파괴하는 왜의 행위를 사실보다 과장한 것은 지극히 당연하며, 이 점을 전제로 그 의미를 고찰해야 한다고 주장했다.[63]

고구려의 시각에서는 왜가 백제와 신라를 파해서 신민으로 만들었다고 인식한 것은 사실이라고 보면서도 스즈키 히데오는, 그 실제 의미는 왜가 바다를 건너 백제와 결합함으로써 백제뿐만 아니라 신라까지 고구려에 대한 속민적 자세에서 벗어난 외교정책으로 나갔다는 뜻이라고 추정했다. 따라서 '渡(海)破'라는 구절을 문자 그대로 해석해 왜가 백제를 침략하고 신라를 정벌했다고 상정한 전전의 학설은 '지나친' 것이라고 말했다.[64]

스즈키 히데오는 당시의 한반도 정세에 대한 비문의 묘사에 의거함을 전제로, 백제가 왜에 대해 일시적으로 종속적인 외교 자세를 취할 수밖에 없었던 정황을 이렇게 적었다. 백제는 광개토왕재위 391~412 6년丙申, 396 고구려에 대패하여 잠시나마 복속하게 되었고, 백제왕 아신阿莘, 재위 392~405이 스스로 고구려에 조공하고 생구生口와 세포細布를 공납함과 동시에 '잔주殘主'의 동생과 대신 등 열 명이 고구려에 인질로 연행된다. 백제가 처한 이 같은 엄혹한 국제 환경이 백제가 태자 전지腆支를 왜 왕권에 인질로 보내는 일시적인 대왜 종속적 자세를 취하게 된 배경이라는 것이다.[65]

이를 왜가 백제와 신라를 신민으로 만들었다고 해석하는 것은 고구려의 '중화사상'적 이데올로기를 역사적 사실로 오인하는 것만큼이나 잘못이라

63 鈴木英夫(1987), 앞의 논문, p.69.
64 鈴木英夫(1987), 앞의 논문, p.69.
65 鈴木英夫(1987), 앞의 논문, p.69.

고 스즈키 히데오는 말한다. 왜 왕권이 한반도에 출병한 목적은 백제와 신라를 침략하여 세력을 넓힌다는 왜 독자의 내적 계기에서가 아니라고 보았다. 오히려 백제를 축으로 하여 왜 왕권과 가야가 고구려의 침략에 방어적으로 대응하려 한 것이므로 국제적 요인이 중시되어야 한다고 주장하였다. 더욱이 400년永樂 10, 庚子에는 고구려가 가야에 진출하면서 그 위협이 일본열도까지 미쳤고, 왜 스스로 한반도의 정세에 대한 대응이 한층 더 절실한 과제가 되었다는 점을 그는 주목했다.[66]

당시 한반도 남부와 일본 사이에 식민 지배 관계가 성립했는가의 문제로서가 아니라 고구려의 남하에 대한 한반도 남부와 왜 사이의 정치군사적 제휴라는 관점에서 그 시대 한일 관계를 바라보는 것은 일본 학계의 중요한 경향으로 보인다. 1984년에 발표한 글에서 스즈키 야스타미鈴木靖民는 5~6세기 한일관계사의 근원을 390년대 이후 고구려의 남하로 조성된 한반도 정세 변화에서 찾았다. 스즈키 히데오와 기본 시각을 같이하는 것이다. 스즈키 야스타미는, 고구려의 남하에 대응하기 위해 백제를 중심으로 신라와 왜를 포함해 삼국 사이에 형성된 연대를 주목하면서, 397년 신라에 이어 백제가 고구려에게 '노객奴客의 서약'을 해야 하는 수모를 겪는다는 광개토왕릉비의 내용을 중요하게 보았다. 이후 백제는 태자를 왜에 납질納質함으로써 왜와의 제휴를 강화하여 고구려에 대항한다.[67] 이로 인해 5세기 왜의 대외관계는 전체적으로 백제와의 연대를 주축으로 진전된다. 왜가 421년 송에 입조한 이후에도 425년과 430년에도 백제와 공동보조를 취했던 것으로 이해된다. 왜가 백제를 매개로 한반도에 관여한 일차적인 목적은 백제와의 우호 관계를 유지하기 위한 것이었으며, 이를 위해 백제의 왜병 도입책倭兵導入策에 응하여 고구려에 맞서게 되었다는 것이 이 시기 한일 관계에 대한 스즈

66 鈴木英夫(1987), 앞의 논문, p.70.

67 鈴木靖民(1984), 앞의 글, p.201.

키 야스타미의 해석의 요지였다.[68]

김현구도 백제가 때로 일본의 군사 지원을 구했다는 『일본서기』의 기록들의 사실성을 부정하지는 않는다. 예컨대 397년 백제왕 아신이 태자를 왜에 파견한 것은 분명 왜의 군사적 도움을 얻기 위한 것이었다고 보았다. 그런 점에서 김현구의 시각은 스즈키 야스타미의 시각과 근본적인 차이는 없다. 김현구는 또한 백제가 가야와 왜를 끌어들여 광개토왕릉비문에 기록된 고구려와의 전쟁을 주도했다고 보았는데, 이는 당시 한일 간 군사외교 관계를 일본이 아닌 백제를 중심 주체로 보고 파악한 것을 뜻한다.[69] 적어도 그 의미에서 김현구와 스즈키 야스타미 등 일본 학계의 여러 학자의 역사 인식은 만나는 지점이 있다.

광개토왕릉비의 한일 관계 내용에 관련해서 한국 학계는 하타다 다카시 旗田巍가 1970년대 말에 제기한 비판적 해석을 특히 주목해 왔다. 그에 따르면, 당시 일본에서 기나이畿內 지방의 야마토정권은 아직 일본 전토에 대한 통일정권을 수립하지 못한 상태였다. 특히 규슈九州 지방의 독립국가들을 복속시키지 못하고 있었다. 이 점에 착안하여 하타다 다카시는 광개토왕릉비문에 보이는 한반도에서 활약한 왜의 실체는 야마토정권이 아니라 북규슈에 근거지를 두고 계절에 따라 신라를 약탈하였던 해적 집단이라고 보았다. 당시 왜는 한반도에 식민지를 경영할 만큼 세력이 크지 못했다고 판단했다.[70]

68 鈴木靖民(1984), 앞의 글, pp.206~207. 스즈키 야스타미의 설명 가운데 백제가 태자 전지를 왜에 보낸 배경에 대한 견해는 김현구 등의 해석과 일치한다[김현구 · 박현숙 · 우재병 · 이재석(2002), 『일본서기 한국관계기사 연구 I』, 일지사, pp.146~147].

69 김현구 · 박현숙 · 우재병 · 이재석(2003), 앞의 책, p.5.

70 旗田巍(1979), 「광개토왕릉비문의 해석」, p.16[Hatada, Takashi(1979), "An Interpretation of the King Kwanggaeto Inscription," *Korean Studies*, Vol.3, p.6]. 특히 이정희와 이종욱이 하타다 다케시의 해석을 주목했다. 이정희(1985), 「고대 일본의 정치적 세력 성장에 대하여」, 『한국전통문화연구』 제1호, 대구가톨릭대학교 인문과학연구소, pp.188~189 ; 이종욱(1992), 「광개토왕릉비 및 『삼국사기』에 보이는 '왜병'의 정체」, 『한국사 시민강좌』 제11집, 일조각, p.66.

이노우에 히데오는 1978년 발표한 저서에서 광개토왕릉비에 언급된 왜의 정체에 더 근본적인 의문을 제기했다. 그는 391~412년 기간의 역사를 기록한 광개토왕릉비好太王碑文가 당시 한반도에서 강대한 세력을 가진 것으로 묘사한 왜가 과연 일본 국가大和朝廷의 세력이라고 보아도 좋은가 묻고, "5세기 초두에 대량의 병마兵馬가 과연 현해탄의 거친 바다를 건너갔을 것인가"라는 의문을 제기했다. 그런 생각은 북방 기마민족이 4세기 전반부터 한반도를 거쳐 일본에 침입하여 한반도 남부에서 일본 서부에 걸친 하나의 통일 국가를 세웠다고 한 에가미 나미오江上波夫의 '북방 기마민족 정복설'만큼이나 설득력이 의문시된다고 이노우에 히데오는 지적했다.[71] 그는 광개토왕릉비가 언급하고 있는 왜 역시 임나일본부와 마찬가지로 임나 지역의 재지在地 호족으로 왜인을 칭하는 집단이 주체였을 것으로 해석했다. 그는 또한 이 시기 조선에 건너온 중국인이 많았다는 중국 역사서들의 기록에 주목했다. 14~15세기에 활동한 왜구 가운데 '가짜 왜僞倭'로 불린 현지인들의 수가 적지 않았다는 사실에서 유추한 것이었다.[72]

고대 한일관계사 인식에서 또 하나의 핵심 논점인 임나일본부 문제는 『일본서기』의 6세기 중엽 관련 기록에 등장하므로 이 책의 주제와 더욱 직접적인 관련을 갖는다. 임나일본부는 6세기에 일본이 한반도 남부를 경영한 지배 기구였느냐 하는 것이 오랫동안 논쟁의 초점이었다.[73] 1978년 출간한 저서에서 이노우에 히데오는 "임나일본부는 일본 학계에서는 흔히 근대의 조선총독부와 유사한 것으로 추정하지만, 이 추정은 그 실정과는 크게

71 井上秀雄(1978), 앞의 책, p.92. 에가미 나미오의 '북방 기마민족 정복설'의 내용에 대한 언급은 같은 책, pp.26~27.

72 井上秀雄(1978), 앞의 책, p.92.

73 '임나일본부'는 『일본서기』의 긴메이천황기(欽明紀, 539~571), 그것도 541~554년 기간의 기록에만 등장한다. 따라서 『일본서기』에 의거하더라도 임나일본부는 이 짧은 시기에만 존재한 것이 된다[김은숙(1992), 「『일본서기』 '임나' 기사의 기초적 검토」, 『한국사 시민강좌』 제11집, 일조각, pp.30~31].

다르다"고 말했다.[74] 그에 따르면, 임나일본부라는 이름 자체가 『백제본기』에서 지어진 표현이다. 그 내용에서는 "일본에서 일반적으로 알려진 것과 달리 야마토조정의 전진 기지出先機關 내지 한반도 남부 경영의 거점도 아니었다."[75] 그 실체는 왜인 또는 일본인으로 칭해진 임나의 지방 호족이 일본의 중앙 귀족이나 지방 호족과 관계를 가지면서 임나의 여러 나라와의 연합 조직에 잠식해 들어감으로써 세력을 확장해 간 것에 다름 아니라고 보았다.[76] 즉 임나일본부의 주체는 어디까지나 왜의 국가권력이 아니라 임나 지역의 한반도인이라는 해석이었다.

임나일본부의 정체와 관련해 야마토정권이 아닌 한반도 내 토착 세력을 주체로 이해한 이노우에 히데오 등의 연구는 한국 학계에도 자극이 되었을 것이다. 1985년 발표되기 시작한 김현구의 연구는 『일본서기』를 포함한 사료들을 체계적으로 검토함으로써 왜의 한반도 남부 지배설 전반에 대한 근본적 비판을 시도했는데, 그는 역시 『일본서기』를 주요 근거로 삼아 한반도에서 왜의 활동으로 이해된 것이 기실은 한반도 내 토착 사회, 특히 백제와 깊이 관련된 점을 집중 조명하였다. 『일본서기』에 따르면 일본이 주체가 되어 행동한 것으로 되어 있는 369년의 가야 7국 평정 진구황후기神功紀 49년조의 기록, 382년의 가야 구원, 487년의 가야 주둔군의 반란, 532년에 도래했다는 근강모야신近江毛野臣의 역할 등을 모두 백제에 의한 것으로 이해했다. 그는 또한 가야 지역에서 활동한 왜계인倭系人들은 백제가 고용한 존재들이었으며,[77] 가야 지역에 군령郡令과 성주城主 등의 지방 장관이나 군사를 주둔

74 井上秀雄(1978), 앞의 책, p.81.

75 井上秀雄(1978), 앞의 책, p.91. 이노우에 히데오는 임나일본부가 마치 일본 조정의 전진 기지였던 것처럼 주장한 사료들은 8세기 호족들의 가전(家傳)들이라고 말한다.

76 井上秀雄(1978), 앞의 책, p.91.

77 김현구 등은 예컨대 『일본서기』의 긴메이천황기 5년조의 기사에서 임나일본부의 관리로 등장하는 인물인 이키미(印支彌) · 고세오미(許勢臣) · 이쿠하노오미(的臣) 등을 가야에 파견한 주체가 누구인지와 관련하여, 『일본서기』의 기록들 자체에 대한 면밀한 문헌 검토를 통해서 야마토정권(3세기 말~7세기

시킨 주체도 백제였다고 파악했다.[78]

스즈키 히데오가 지적했듯이 6세기 당시 '일본부'라는 말 자체가 사용되지 않았음은 많은 연구자에 의해 이미 밝혀진 것이었다. 그에 따르면 『속일본기』는 일본부를 왜재倭宰(야마토노미코토모치)라고 주석을 달았다. 이에 근거해 당시 사용된 호칭에 가장 가까운 것은 『일본서기』 긴메이천황 15년554 12월조에 보이는 '재안라제왜신在安羅諸倭臣'이었을 것이라고 스즈키 히데오는 추정했다.[79] 미코토모치 즉 '재宰'는, 김은숙에 따르면 '천황의 의지를 전달하는 사람' 곧 사신을 말한다.[80] 스즈키 히데오가 그 실체를 왜 왕권이 파견한 관인이나 사자使者, 혹은 그들의 집단을 가리킨 것으로 본 이유였다. 다만 그는 일본부가 일정한 군사적 기능을 가졌을 것이라고 해석했지만,[81] 임나일본부의 주 기능은 그 어원에서도 한반도 남부 경영을 위한 일본의 관청이기보다는 외교사절단에 다름 아니었다는 논거가 되는 것이다.

스즈키 히데오는 실증에 기초한 이 같은 비판적 연구에 기초하여 1980년대 일본 학계는 임나일본부 문제에 대해 몇 가지 공통 인식에 도달했다고 지적한다. 첫째, '미야케'로 불린 야마토조정의 직할령과 유사한 왜 왕권의 영토적인 직할지적 지배가 가야 지역에 존재했다는 사실은 부정된다. 둘째,

중엽)이 아닌 백제였음을 논증하였다. 이들은 그 연장선에서 임나일본부가 만일 가야에 대한 외부 세력의 지배 기관이었다면 그 주체는 일본이 아닌 백제였다고 주장했다[김현구 · 박현숙 · 우재병 · 이재석(2003), 앞의 책, pp.193~195]. 한편 연민수는 '임나일본부'라는 것이 특정국의 지배 기관이 아니며, 일본의 야마토정권과도 무관한 존재였다고 해석했다. 일본부는 그 주체가 6세기 전반 존립의 위기에 처한 안라가야로서 독립 보전을 위해 외교적 활동을 벌인 인간 집단을 가리킨다는 주장이었다[연민수(1998), 앞의 책, p.266]. 김태식은 임나일본부가 일본의 한반도 지배 기구가 아니라 한반도 국가와 왜 사이의 교역 기구라는 설을 제시했다[김태식(1993), 『가야연맹사』, 일조각].

78 金鉉球(1985), 『大和政權の對外關係研究』, 吉川弘文館 ; 김현구(1993), 『임나일본부연구』, 일조각. 김현구 · 박현숙 · 우재병 · 이재석(2003), 앞의 책, p.184에서 재인용.

79 鈴木英夫(1987), 앞의 논문, p.80.

80 김은숙(1992), 앞의 논문, p.35.

81 鈴木英夫(1987), 앞의 논문, p.80.

임나일본부를 왜 왕권의 행정기관으로 보는 시각은 거의 부정되고 있다. 다만 이것을 단순한 사신使人으로 볼 것인가, 아니면 미숙하나마 '관제官制'적 인적 집단으로 볼 것인가의 차이만 있다. 셋째, 임나일본부의 구성 주체를 두고 가야 지역의 호족으로 보는 설과 왜 왕권에 관련된 관인으로 보는 설, 그리고 둘 사이의 회의체로 보는 중간적 견해 등 셋으로 견해가 엇갈린다. 그러나 어느 경우에도 공통된 연구 경향은 가야의 지역在地 세력의 주체성과 자립성을 중시하게 되었다는 것이다. 넷째, 임나일본부의 성립 시기에 대해서는 주로 6세기 때의 문제로 보는 것이 공통적이며, 종래와 같이 5세기에 이미 성립했다고 보는 견해는 이제 소수에 불과하다.[82]

한일 학계 안에서 진행된 그간의 비판적 연구 성과에 기초하더라도, 특히 6세기 중엽 백제 성왕의 시대에 한반도의 백제 · 신라와 일본 사이에 비대칭적인 정치군사적 위계질서가 존재했다고 볼 근거는 찾기 어렵다. 그럼에도 불구하고 외교 의례에서 일본이 일종의 대국 외교를 내세웠으며, 백제와 신라가 일본의 요구에 어느 정도 응했음을 보여 주는 증거들이 있는 것도 사실이다. 그것은 이른바 6세기 후반에서 7세기 초에 걸친 시기에 신라가 일본에 바쳤다는 이른바 '임나의 조調'를 어떻게 이해할 것인가와 깊이 관련된다. 하라 히데사부로가 당시 한일 관계가 일본 중심의 질서였다는 주장의 근거로 삼은 『수서』「왜국전」의 기록, 즉 "신라와 백제는 모두 왜를 대국으로 삼아 진기한 물건珍物을 많이 바치면서 나란히 왜국을 경앙敬仰하여 항상 사신을 통하고 왕래한다"라고 한 구절은 또 어떻게 볼 것인가.

스즈키 야스타미에 따르면, 6세기 중엽에서 7세기 전반에 이르는 시기 한일 관계는 그간 일본 학계의 주류가 생각해 온 것과 달리 일본을 중심에 둔 비대칭적인 것이기는커녕 반대로 당시 국제 질서에서 실제로는 백제가 일본보다 우위에 있었다. 위에서 인용한 『수서』「왜국전」의 기록이 있는 것은

82 鈴木英夫(1987), 앞의 논문, pp.65~66.

"왜의 왕권과 신라 · 백제 두 나라와의 (실질적인) 역사적 관계를 고려한 인식이라기보다는, (왜가) 두 나라를 하위에 두고 자기 자신을 '대국'으로 칭하는 중국적 정치 질서 지향의 중화사상을 형성하고 있었던 사실을 투영한 것"이라고 스즈키 야스타미는 해석했다. 또한 일본은 옛 가라의 여러 나라로부터 조를 받고 있었는데, 백제와 신라가 차차 이 가라국들을 자신들의 지배하에 둔다. 그러자 왜는 백제와 신라로 하여금 옛 가라국들이 내던 조를 계승하여 바칠 것을 요구한다. 백제와 신라는 상호 경쟁 관계에 있는 터였기 때문에 왜와의 관계를 고려하여 그 조를 계승한다. 이것이 백제가 국제적 우위에 있게 되었음에도 왜가 종래의 대외 의식을 갖고 백제와 신라를 대우한 배경이라는 것이 스즈키 야스타미의 판단이었다.[83]

당시 국제 질서에서 백제가 왜보다 더 우위에 있었다고 인정하면서도 스즈키 야스타미는 '신라와 백제에 대한 왜 본위의 중국적 정치 질서'가 실재했다고 보았다. 이 모순은 한반도에서 백제, 고구려 및 신라가 서로 각축하는 상황에서 기인하였다. 그러한 모순에 기초하여 한반도와의 관계에서 실재한 왜 본위의 국제 질서를 구현한 것이 신라가 일본에 바친 '임나의 조'라고 스즈키 야스타미는 말한다. 임나의 조는 신라가 575년, 600년, 610년, 611년, 623년, 638년, 여섯 차례에 걸쳐 일본에 바쳤다는 조를 가리킨다. 옛 가라국은 왜에 조를 바쳤는데, 신라는 곧 가라국을 차지한다. 이로써 6세기 전반 가라국이 왜와 갖고 있던 관계를 신라가 계승했다는 것이다. 신라가 가라국의 예를 계승하여 왜에게 조를 바친 이유는, 당시 백제가 가라국의 부흥을 명분으로 내세우면서 왜에게 군사적 지원을 요청하는 외교를 전개하여 신라는 이를 저지하고자 일본이 요구한 의례를 수용하는 외교정책을 선택했기 때문이다.[84]

83 鈴木靖民(1984), 앞의 글, pp.228~229.

84 610년과 611년 신라의 사신은 임나의 사신과 함께 왜에 들어갔다. 이때 왜는 신라 사신에 대해 중국의

618년 중국 대륙에서 수가 망하고 당이 건국되면서 신라의 외교가 변한다. 신라는 621년 당에게 조공을 시작했다. 신라가 고구려와 백제에 대한 대책으로서 왜와의 관계를 중시하던 자세를 중단하고 대당 외교를 중시하는 외교 노선으로 전환한 것을 말했다. 그러자 왜는 623년 신라 정토征討 계획을 세운다. 스즈키 야스타미는, 왜는 대국 외교정책을 유지하고자 했고 신라는 더 이상 이에 응하지 않았기 때문이라고 해석했다. 하지만 왜에서는 신라 정토 계획을 두고 주전파와 온건파 간에 격심한 분열과 대립이 전개된다. 결국 신라 정토 계획은 좌절되고 곧 임나의 조도 폐기된다.[85]

스즈키 야스타미는 왜가 한반도 국가들에 대해 대국 외교를 추구했고 한반도의 다핵적 상황이 그것을 실재하도록 뒷받침했다고 파악했지만, 결론적으로 일본부를 매우 제한적인 성격의 존재로 파악하였다. 일본부는 단기적인 것으로 상설 기관이 아니었을 뿐만 아니라 "왜 왕권이 직접 가라인을 영역 구분하여 (이들에 대해) 공납과 봉사의 체제를 수립하고 '지배와 예속의 관계'를 형성할 역사적 조건은 절대 존재하지 않았다"고 결론지었다.[86]

한국과 일본의 역사학계에서 고대 한일관계사의 성격에 관련해 전개해 온 비판적 논의에 비추어 볼 때, 백제 성왕이 일본을 '제국'으로 일컫는 표문을 보낸 6세기 중엽의 한일 관계에 대해 다음과 같은 잠정적 결론이 가능하다고 생각된다.

첫째, 당시 국제 질서에서 일본이 백제보다 '대국'의 지위를 누렸다고 볼 명백한 역사적 근거는 존재하지 않는다.

둘째, 당시 한반도는 백제와 신라 사이의 극심한 패권 투쟁을 포함한 다

의례를 모방한 번국사(蕃國使)의 예를 취하게 함으로써 신라를 조공국으로 대우했다[平野邦雄(1980), 「記紀・律令における"歸化"・"外蕃"の概念とその用例」, 『東洋文化』第60號. 鈴木靖民(1984), 앞의 글, p.228에서 재인용].

85 鈴木靖民(1984), 앞의 글, p.229.

86 鈴木靖民(1984), 앞의 글, p.221.

핵적 질서였다. 이러한 한반도 내부 상황은 일본이 한반도의 국가들에게 일정한 대국 외교와 그에 따르는 비대칭적 의례를 요구할 수 있는 현실적 조건을 제공했다.

셋째, 백제와 신라는 상호 경쟁의 구조 속에서 동맹을 구하거나 적어도 무력 갈등을 회피하려는 목적으로 일본이 요구하는 대국 외교의 의례를 수용했을 가능성이 높다.

백제와 고구려가 멸망하기 전에는 한반도 내부에서 지속된 패권 투쟁 때문에 일본은 한반도의 국가들에게 대국 외교를 추구할 수 있었다. 백제와 고구려가 멸망한 후에는 신라와 당 사이에 정치군사적 갈등과 긴장이 생겨나고, 한반도 북방에서는 발해가 흥기한다. 한반도는 최소한 7세기 중엽까지 불안정한 국제 질서가 이어지는 것이다. 이러한 조건은 삼국을 통일하였으나 당과의 사이에 긴장이 있었던 신라에 대해, 그리고 건국 후 한동안 당과 신라로부터 위협을 느꼈던 발해에 대해 일본이 대국 외교를 계속 추구할 수 있는 바탕이 된다. 더욱이 7세기 후반 일본은 중국의 동정東征으로 동맹국들이 멸망하고 신라에 의한 통일정권이 등장하는 등 근본적인 국제 정세 변화에 자극받아 국가체제 정비에 박차를 가한다. 이를 위해 일본은 율령체제를 정비하여 중앙집권적 천황제를 정착시킨다.[87] 이와 더불어 일본은 종래의 소천하 의식을 더욱 강화한다.

이를 바탕으로 일본은 삼국 통일 후의 신라와 발해를 상대로 대국 외교를 추구하면서 이들에게 비대칭적인 외교 의례를 요구한다. 황제국으로서의 의식과 의례를 갖추려 노력한 것이다. 노태돈이 지적하고 있듯이 일본은 천황의 위상을 높이기 위해 대내적으로는 이주해 온 백제와 고구려의 유민에

87 이에 대해서는 가노 히사시(狩野久)의 다음 글을 참조. 狩野久(1984), 「律令國家の形成」, 歷史學硏究會 · 日本史硏究會 編, 『日本史講座 1 原始 · 古代 1』, 東京大學出版會, pp.269~298. 특히 pp.276~280의 「律令國家形成と國際環境」.

게 '백제왕' 또는 '고려왕'이라는 성을 사여하여 조정에 사환仕宦하게 만들었다. 또한 제국으로서의 위상을 구현하기 위해서는 번국을 갖는 것이 필수적이라 보고 신라를 일본의 번국으로 삼고자 했다.[88]

노태돈에 따르면, 당시 일본의 공식 영조서식조令詔書式條인 『영집해令集解』는 "대당은 인국隣國이고, 번국은 신라이다"라고 규정했다. 실제 신라는 당과의 대립이 지속되고 있었으므로 자신을 조공국으로 삼으려는 일본의 주장에 피동적으로나마 응하지 않을 수 없어 막대한 물자를 일본에 보낸다. 다만 신라는 일본의 신라번국관을 명시적으로 수용하지 않았다. 신라사新羅使가 일본 조정이 요구한 표문을 휴대하지 않았던 사실에서 드러난다. 일본의 연호를 사용하지 않고 당의 연호를 사용하였음도 물론이다.[89]

일본은 또한 727년 발해와 국교를 수립했는데, 이후 발해를 번국으로 하는 외교적 의례를 요구하였다. 당시 발해는 당과 신라가 연합하여 자신을 공격할 위험이 높다고 판단하고 있었으며, 일본과의 무역에서 상업적 이익을 기대하고 있었다. 755년 당에서 안록산安祿山의 난이 일어나자, 이를 기화로 일본은 그간 외교 의례로 갈등을 빚어 온 신라를 정벌할 계획을 세운다. 한편 발해에게는 번국으로서의 의례를 요구하고, 발해는 무역 이익을 위해 일본의 요구를 수용하면서 실제로는 '외왕내제外王內帝'를 지향했다.[90] 대체로 7세기 말에서 8세기 초에 걸친 시기에 편집된 것으로 알려진 『일본서기』의 역사관은 바로 그 시기를 전후한 시대 상황과 일본 지배층의 한반도 인식을 투영하고 있다.[91]

고대 한일관계사의 기본 성격에 대한 이상의 역사적 검토를 기초로 하여,

88 노태돈(2010), 「고대 동아시아 국제질서의 재편과 한일 관계」, 한일관계사연구논집 편찬위원회 편, 『고대 동아시아 재편과 한일 관계』, 경인문화사, p.27.

89 노태돈(2010), 앞의 글, p.27.

90 노태돈(2010), 앞의 글, pp.76~87.

91 노태돈(2010), 앞의 글, p.27.

552년 백제 성왕의 대일본 표문에 사용된 '제국'의 개념에 관련하여 다음과 같은 몇 가지 판단을 할 수 있다.

첫째, 6세기 중엽을 전후한 시기에 일본과 백제의 관계는 '중심과 주변의 현저한 비대칭성'을 띠었으며 백제가 일본을 질서의 중심으로 인식했다고 볼 근거는 매우 희박하다. 더욱이 당시 백제가 일본을 국제 질서의 정치적·문명적 중심이라고 보았을 가능성은 전혀 없다. 이 외교문서에서 백제의 왕이 일본의 지배자에게 칭신稱臣한 표현이 8세기 초 『일본서기』 편찬 시 윤색된 것일 가능성을 배제할 수는 없다. 그 표현이 실제 사용된 것이라고 하더라도 그 문서는 백제가 일본에 문명을 전파하는 역할을 자임하는 내용을 담고 있다. 따라서 이 문서에서 백제 성왕이 말한 제국은 정치적 위계를 승인한 질서표상의 개념이기는 하지만, 도덕적 위계나 문명적 위계를 수용한 질서표상은 담고 있지 않다. 다만 분명한 것은 당시 백제가 한반도 내부에서 고구려와 신라로부터 심한 군사적 압박을 느끼면서 일본에 군사 원조를 청하는 입장에 있었다는 점이다. 백제는 일본과의 우호적 동맹 관계 그리고 일본의 군사적 원조가 때로 절실했던 것은 충분히 수긍할 수 있다. 정식 칭제하기 전이지만 대국외교를 추구하는 동맹 국가에 대한 외교적 존대어로서 제국 개념을 선택했다고 볼 수 있다. 정치적 위계를 승인하는 질서표상 개념의 외교적 사용이었던 것이다.

둘째, 당시의 국제 질서에서 칭제의 문제를 볼 때, 한 왕조가 멸망한 3세기 초에서 수가 건국되기에 이르는 6세기 말까지 아시아 대륙은 니시지마 사다오西嶋定生, 1919~1998의 지적처럼 다핵적 분열의 국제 질서였다는 점을 주목할 필요가 있다.[92] 자기중심의 천하 질서를 선포하고 칭제하는 지배자가 복수로 존재했다. 이를테면 칭제 다원주의의 시대였다. 백제 성왕이 문제의 외교문서를 일본에 보낸 552년은 바로 이 시기에 속했으며, 중국이 남

92 西嶋定生(1983), 『中國古代國家と東アジア世界』, 東京大學出版會, p.410.

북조로 분열된 시기였다. 그 시대 국제 질서가 칭제 다원론적 질서였다고 할 때, 이 질서에서 일본의 대국외교를 백제가 인정하고 그에 맞는 외교적 용어를 선택할 수도 있었을 것이다.[93] 훗날 중화주의적 세계관이 투철해지면서 칭제 일원주의가 이념화되는 시기와는 구별해 보아야 한다.

셋째, 백제가 일본을 지칭하면서 중국에서 보편화된 '황국皇國' 또는 '상국上國'이라는 용어 대신 왜 굳이 제국이라는 개념을 따로 만들어 사용했는가 하는 점이다. 『일본서기』에 남아 있는 백제 성왕의 용례를 고대 한국인이 제국 개념을 사용한 유일한 기록으로 알고 있던 상태에서 저자는 다음과 같은 해석을 제시한 바 있다.[94] 즉 백제가 외교문서에서 일본을 제국이라 칭한 것은, 천황 또는 황제에 준하는 의례를 요구하는 일본을 한편으로 존대하되, 중국에 대한 존칭과는 구별되는 대안적인 호칭을 의식적으로 개발한 결과가 아닐까 하는 판단이었다. 기왕의 중국 중심의 세계 질서에서 중국을 황국 내지는 상국으로 불렀다면, 일본국에 같은 수준의 존칭을 쓰기가 주저되었을 것이다. 그 대안이 제국이었던 것은 아닐까. 그렇게 말할 수 있다면, 한반도 국가의 시각에서 제국은 화이 질서로는 오랑캐의 범주에 속하면서도 대국을 자임하는 일본을 가리키기 위해 백제가 고안해 낸 '상대화된 외교적 개념'이었다고 할 수 있다.

그러한 해석을 뒷받침할 만한 기록상의 근거가 없지는 않다. 근대 이전 한국의 역사 기록에 제국은 등장하지 않지만, '황제국왕皇帝國王'이라는 표현

93 예컨대 스즈키 야스타미가 지적하듯이 고구려는 435년 연(燕)과 싸우면서 위(魏)에 입조(入朝)했다. 그러나 439년 위가 화북 전체를 통일하자 고구려는 남조의 송에 사신 파견을 재개한다. 남북 양조 사이의 대립을 이용한 교묘한 이면외교(二面外交), 즉 양속외교(兩屬外交)를 고구려가 시작한 것이라고 스즈키 야스타미는 파악했다. 472년 고구려와의 싸움에서 패해 곤경에 빠진 백제가 처음으로 북위(北魏)에 사신을 파견해 고구려 정벌을 구하지만 북위는 응하지 않았는데, 이는 고구려의 이면외교의 성과라는 것이 스즈키 야스타미의 해석이었다[鈴木靖民(1984), 앞의 글, p.205].

94 이삼성(2011a), 「'제국' 개념의 고대적 기원 : 한자어 '제국'의 서양적 기원과 동양적 기원, 그리고 『일본서기』」, 『한국정치학회보』, 제45집 제1호.

이 두 차례 나온다. 『승정원일기』에 한 차례, 그리고 『조선왕조실록』에 한 차례이다. 병자호란 직후인 1645년 여름 청나라 황제를 가리켜 황제국왕이라고 표현한 것이 『승정원일기』의 기록이다.[95] 그에 앞선 1425년 『세종실록』에는 일본의 지배자를 가리켜 '일본국황제국왕'이라 칭하였다.[96] 이 두 경우 모두 한반도의 국가가 중화제국 이외의, 또는 적어도 한반도의 국가가 '진정한 중화제국'으로 인정하는 중국 이외의 나라의 지배자에 대해 순수하게 '황제'라는 칭호로 존대하는 대신 '황제국의 왕'이라는 예외적인 표현을 사용한 것임을 짐작하게 한다. 그것은 중국적 질서에서 중국 이외의 칭제한 국가에게 적용한 상대화된 외교적 개념이었다고 말할 근거가 될 수 있다. 백제왕이 일본을 가리켜 제국이라 칭한 것도 그처럼 중국 중심의 질서에서 '중국 이외의 대국을 자처하는 나라'를 상대로 동맹 경영을 위한 외교 전략 개념으로서 고안한 '상대화된 존대어'였다고 생각할 수 있다.[97]

앞에서 '개념의 개념화'를 이야기하면서 밝힌 바와 같이 제국은 질서표상의 개념이다. 그것은 중심과 주변 사이의 정치적 위계 혹은 문명적 위계를 상

95 『승정원일기』, 인조 23년 윤 6월 15일(을미) 원본91책 / 탈초본6책(2/6) 1645년 순치(청 / 세조) 2년 : "迎接都監啓曰, 鄭使使差備譯官, 來言曰, 前日魂宮行祭時, 百官不爲祗迎, 已爲失禮於敬皇帝之命, 且哀慕卒逝世子之心, 亦似未盡. 明日俺等出去之際, 百官無遺祗送, 俺等到迎恩門, 許送一官, 來謝曰, 皇帝慰遣勅使致祭, 此小國罔極難報之恩也. 百官雖不能親謝於北闕之下, 願向北四拜, 以伸感激之誠云云, 則諸勅使聞之, 必嘉其誠款, 歸報皇帝國王之前, 必須啓知此事, 雖夜半, 速爲來報云. 此是前日所無之事, 不可創開, 而亦非難從之請, 令廟堂速爲定奪, 以爲回報之地. 傳曰, 依啓. 備局謄錄." 『승정원일기』는 국사편찬위원회 한국사데이터베이스 『승정원일기』(http://sjw.history.go.kr)의 자료이며 이하 동일하다.

96 『조선왕조실록』 세종 28권, 7년(1425 을사 / 명 홍희 1) 5월 14일(계미) 5번째 기사 : "對馬州左衛門大郎使人獻土物, 仍求虎皮席子, 兼報日本國皇帝國王薨逝, 回賜正布五十匹." 한국사데이터베이스(http://sillok.history.go.kr)는 이 문장을 "대마주의 좌위문 대랑이 토산물을 바치다. 일본 국왕이 죽어 정포를 주다"라고 요약했다. 『조선왕조실록』은 국사편찬위원회 한국사데이터베이스 『조선왕조실록』(http://sillok.history.go.kr)의 자료이며 이하 동일하다.

97 물론 이러한 '존대'는 칭제하는 이웃 나라에 대한 외교적 관례 이상의 것은 아닐 수도 있다. 그러나 '왕'을 칭하는 나라에 대해서와는 달리 특별히 '제국'의 칭호로 불러 주었다는 것은 존대의 의미를 내포했음은 분명하다.

정한다. 곧 논의하겠지만, 중국과의 외교문서에서 제국은 정치적 위계뿐만 아니라 문명적 위계를 상정한 개념이었다. 하지만 한일 관계에서는 달랐다. 6세기의 백제는 일본의 지배자에게 보내는 외교문서에서도 자신을 '신臣'으로 낮추는, 언뜻 정치적 신속으로 해석될 수도 있는 용어를 썼다. 그러나 문명의 도덕적 위계에서는 일본을 그 중심으로 인정하기는커녕 반대로 일본이 수용해야 할 도덕문명에 대해 지도 혹은 설교하는 내용을 담고 있다. 이것은 일본에 대해 백제가 사용한 '제국'에 담긴 질서표상은 문명적 위계를 배제한 정치적 위계만을 내포한 것임을 말해 준다. 백제가 자기중심의 군사적 동맹을 경영할 목적으로 이웃 나라의 대국의례를 존중하여 선택한 외교용어였음을 뜻한다. 동시에 분명한 것은 제국은 백제왕의 칭신 사실과 더불어 정치적 위계를 내포한 것이며, 그런 의미에서 일본의 자기중심적인 비대칭적 외교 의례 요구를 백제가 수용했음을 말해 준다.[98] 이것은 물론 『일본서기』의 관련 기록이 훗날 일본의 사관들에 의한 윤색이나 변조가 아니라는 것을 전제한다.

『동문선』과 대중국 외교 개념, 제국

위에서 논의한바 『일본서기』에 기록된 백제 성왕의 '제국' 개념 사용례에 대한 저자 나름의 해석은, 요시무라 다다스케를 비롯한 일본 학자들이 이 일본 역사서에 쓰인 제국 개념을 '귀국' 정도의 외교적인 표현으로 간주하는 것을 넘어 개념사적 의미를 좀 더 적극적으로 해석해 보고자 한 것이다. 고대 동아시아에서 다른 용례를 발견할 수 없는 경우에도 그러한 해석이 가능하지 않겠는가 하는 의견을 제시한 것은 2011년 3월 발표한 논문에서였

98 6세기 중엽은 일본이 정식 칭제하기 전이다. 일본의 칭제 문제에 연관하여 백제의 '제국' 개념을 재론한 필자의 다음 논문을 참조. 이삼성(2014), 「제국 개념의 동아시아적 기원 재고 : 황국과 천조, 그리고 가외천황과 제국」, 『국제정치논총』 제54집 제4호.

다. 이 논문 발표 직후 한국고전종합DB의 검색을 통해 저자는 고대 한국인이 제국의 개념을 사용한 두 번째 용례를 찾을 수 있었다. 2011년 5월 발표한 다른 논문에 이 용례를 추가함으로써 제국 개념의 고대적 기원을 새롭게 고찰할 수 있었다.[99]

『동문선東文選』은 15세기 말에 서거정徐居正, 노사신盧思愼, 강희맹姜希孟 등이 성종의 명을 받아 편찬한 한국의 역대 시문선집이다. 이 문헌의 권33에 신라가 중국에 올리는 표문 「표전 사사위표表箋 謝嗣位表」가 실려 있다.[100]

"신이 엎드려 외람히 번국을 다스리는 서리로서 황조皇朝에 달려가 뵈옵지 못하나, 성은을 바라 황공한 마음을 이기지 못하나이다臣伏限權叨蕃寄, 莫能奔詣行朝, 無任望恩, 兢懼之至"라는 말로 끝맺는 이 표문은 최치원이 작성한 것이다. 효공왕孝恭王, 재위 897~912이 진성여왕眞聖女王, 재위 887~879의 뒤를 이어 왕위를 잇도록 성은을 바란다는 내용이다. 이 표문에서 효공왕은 숙모인 진성여왕 탄坦이 열 번 넘게 자신에게 양위의 유시諭示를 내리매 세 번에 걸쳐 사양하자, 숙모 탄이 울면서 다음과 같이 말했다고 밝혔다.

> 생각건대 이 나라 일경一境은 다른 삼방三方과는 다르다. 왜냐하면 본국이 복장을 고치고 정삭을 받들어, 우러러 황제 나라의 명을 준수하고改服章 奉正朔 仰遵帝國, 굽어 여러 제후의 번국을 화평하게 하는 터이니, 그러므로 옥황玉皇께서 선조先祖에게 시詩를 내리셔 이르기를, '예의는 너희 나라가 으뜸이요, 시서를 집마다 마련해 두었다' 하였고, 또 저번에 황화皇華(황제의 칙사) 원계방元季方이 와서 계림鷄林의 정사政事를 기록한 시에 말하기를 '다만 시서詩書의 가르침이 아름다울 뿐 일찍 병화兵火의 시끄러움이 없으니 옛 어진 제후들의 고요한 다스림을 여기에서 보리로다' 하였는데, 지금은 군읍郡邑이 모두 적굴賊窟이 되었고 산천이 모두 전

99 이삼성(2011c), 「'제국' 개념과 근대 한국 : 개념의 역수입, 활용, 해체, 그리고 포섭과 저항」, 『정치사상연구』 제17집 제1호.

100 『동문선』 권33, 「표전 : 사사위표(表箋 : 謝嗣位表)」(한국고전종합DB http://db.itkc.or.kr).

장戰場이니, 어찌 하늘의 재앙이 우리 해동海東에만 흘러드는 것이랴. 모두 내가 몽매한 탓으로 이 도둑들을 부른 것이니, 죄가 주륙誅戮을 받아 마땅하고 이치상 사직해야 하겠다. 바라건대 일국으로 하여금 사양지심이 일어나게 함은 오직 두 사람이 마음을 같이함에 있으니 이 일을 추진하여 나갈 것이요, 사양하여 안 받음을 본받지 말라.[101]

『일본서기』의 기록과 『동문선』에 실린 이 표문은 백제와 통일신라라는 고대국가 시절의 한국인이 중국 또는 일본을 가리켜 '황제의 나라'라는 뜻으로 제국의 개념을 사용했음을 말해 준다. 둘 모두 한반도의 국가가 일본 혹은 중국을 상대로 한 공식 외교문서에서 사용한 것이다.

고대 한국인, 특히 통일신라인은 왜 굳이 제국이라는 개념을 사용했을까. 효공왕을 위하여 대중국 외교문서를 작성한 최치원은 857년에 태어나 일찍이 중국 당나라에 유학하여 18세의 나이로 빈공과賓貢科에 합격한 후 그곳에서 오랜 시간 활동한 인물이다. 중국에 체류한 기간이 17년에 이른다. 879년 황소黃巢가 일으킨 농민반란 시기에 크게 활약하여 882년에는 당 황제로부터 자금어대紫金魚袋를 하사받았다. 887년 귀국하여 말기 신라의 진성여왕과 효공왕 시기에 외교문서를 작성하는 일 등을 맡았다. 즉 중원의 중심부 국가가 채용한 자기표상 및 질서표상의 개념들에 누구보다 익숙했을 인물이다. 그럼에도 그는 왜 대중국 외교문서에 황국이 아닌 제국이라는 생경한 표현을 사용하였을까.

전통 시대 중국은 제국이라는 용어를 사용한 흔적이 전혀 남아 있지 않다는 것이 동양학계의 통설이다. 그러므로 중국인들이 제국 개념을 사용해서 최치원이 이를 배웠을 가능성은 일단 배제할 수밖에 없다. 남은 가능성은

101 이 문헌의 한문 원문은 조선고서간행회가 묶은 『조선군서대계속속 제9집 동문선 2』의 영인본(1994, 다운샘)에서 재확인하였다. '제국'이 등장하는 해당 구절은 이 영인본 자료의 170쪽에 있다.

백제 성왕의 경우에서 시사되는 것처럼 한반도의 국가들이 주변의 칭제한 나라들을 외교문서에서 제국으로 일컫는 오랜 관행을 최치원도 따랐을 가능성이다. 외교문서에서 상대국인 중국이 자기표상을 위해 사용하는 황국을 쓰지 않고 제국을 쓰는 행위는 주변부에 속한 자신의 시각에서 중심부를 호명하는 다분히 의식적인 자세를 내포한다고 볼 수 있다.

중심부가 주체로 사용하는 개념 대신 주변부 스스로 주체가 되어 만들어낸 개념을 선택하는 것은, 천하 질서 안에서 중심부 지배자의 통치 영역을 상대화하고 이로써 자신의 자율적 영역을 암시하는 개념적 행위라고 볼 수 있지 않을까. 이를테면 천하 질서 안에서 중심부와 주변부의 관계를 표상함에 있어서 '자신의 위치에서 상대에 대한 재개념화'라는 의의가 내포되어 있다고 생각한다.

조선 시대 시문과 제국 개념의 흔적

근대 이전 전통 시대에 한국인이 공식 사서나 중국을 상대로 한 외교문서에서 제국이라는 개념을 사용한 흔적은 고대에 속하는 위의 두 사례를 제외하면 더 이상 찾을 수 없다. 국사편찬위원회가 구축한 한국사데이터베이스는 고려 시대 정사인 『고려사高麗史』의 디지털 데이터베이스를 포함한다.[102] 이것을 검색하면 '제국'은 일체 등장하지 않는다. 역시 디지털 데이터베이스화된 조선 시대의 공식 역사 기록인 『조선왕조실록』과 『승정원일기』에도 강화도조약을 전후한 시기 이전에는 등장하지 않는다. 전통 시대 한국인은 중국을 가리켜 '중국中國', '황국皇國', '상국上國' 등의 개념으로 지칭했다.[103] 다만 몇몇 문인의 개인 문집에 실려 있는 시에 '제국'이 시어로 사용된 예를

102 한국사데이터베이스 http://db.history.go.kr/KOREA.
103 이삼성(2011a), 앞의 논문, p.20.

볼 수 있는데, 필자가 그간 확인한 바로는 두 편의 시였다.

하나는 16세기 조선의 문신이자 학자인 백담 구봉령柏潭 具鳳齡, 1526~1586이 쓴 「좌윤 정언지가 사은사 겸 진하사로 연경에 사행 가는 것을 전송하다送鄭左尹彦智以謝恩兼進賀使朝燕」라는 시이다.[104]

都門朔吹掃飛塵。
一闋驪駒去住人。
遼薊山河窮道路。
幽燕宮闕上星辰。
歌飜小海千年曲。
頌獻蟠桃萬壽春。
多少使華朝帝國。
獨君遭際慶重新。

104 『栢潭先生續集卷之三』, 1670년 간행. 한국고전번역원은 이 문헌의 원문 이미지도 제시하고 있다. 그 원문 이미지에서 이 시의 내용의 정확성을 확인하였다[『柏潭集 續集 卷三』 원문 이미지, 한국고전번역원, pp.219~220(한국고전종합DB http://db.itkc.or.kr)]. 이 시의 대강의 뜻은 다음과 같다(시의 해석은 한시 전공 학자의 도움을 받았으나, 그분의 정중한 거절로 여기에 이름 밝히는 것은 생략한다).

送鄭左尹彦智以謝恩兼進賀使朝燕 좌윤 정언지가 사은사 겸 진하사로 연경에 사행 가는 것을 전송하다

都門朔吹掃飛塵。 도성문의 겨울바람은 먼지를 쓸어 올리고
一闋驪駒去住人。 한 곡조 송별의 노래 끝나니 주인은 떠나가네
遼薊山河窮道路。 계 땅의 산하는 아득하고 길은 멀기만 한데
幽燕宮闕上星辰。 그윽한 천자의 궁궐에서 임금은 별처럼 빛나네
歌飜小海千年曲。 노래하기로는 소해의 천년곡을 부르고
頌獻蟠桃萬壽春。 송축하기로는 선도 만수춘을 지어 바치네
多少使華朝帝國。 얼마나 많은 사절이 제국에 조빙하였던가
獨君遭際慶重新。 다만 그대만이 좋은 때를 만나 새해를 거듭 축하하는구나

이 시의 작자는 “얼마나 많은 사절이 제국에 조빙하였던가多少使華朝帝國” 라고 읊고 있다.

또 다른 하나는 17세기 말에서 18세기 초에 걸친 시기를 살았던 조선 문인 곤륜 최창대昆侖 崔昌大, 1669~1720의 「봄날 성곽에 오르니春日登城隅」라는 시이다.[105]

繫馬春城暮。

風花靜渺然。

山河秦帝國。

人物永和年。

駟馬多傾覆。

中林有醉眠。

由來曾點樂。

琴瑟古壇邊。

105 『昆侖集卷之二』, 1725년 간행. 한국고전번역원은 이 문헌의 원문 이미지도 제시하고 있다. 이 시의 내용은 그 원문 이미지에서도 정확하게 일치하였다. 『昆侖集 券二』 원문 이미지, 한국고전번역원, p.35(한국고전종합DB http://db.itkc.or.kr). 한림과학원 이행훈 교수의 도움을 받아 이 시의 뜻을 옮겨 보았다.

春日登城隅　봄날 성곽에 오르니

繫馬春城暮。말을 묶고 성곽에 오르니 봄날은 저물고
風花靜渺然。바람에 날리는 꽃은 고요하고 묘연하다
山河秦帝國。산하는 진제국인데
人物永和年。사람들은 영화의 세월을 살았네
駟馬多傾覆。수레는 모두 엎어지고
中林有醉眠。수풀 속에 취해 잠들었네
由來曾點樂。증점*의 풍류련가
琴瑟古壇邊。거문고 소리만 제단 가에 아득하네
(* 증점은 공자의 제자)

이 시에서 작자는 "산하는 모두 진제국인데山河秦帝國" 라고 읊었다. 여기에서 '진제국'은 분명 중국을 가리킨다고 판단된다.

『조선왕조실록』을 포함해서 조선 시대 공식 역사서들에서는 '황제국皇帝國' 이라는 표현도 근대 이전에는 거의 찾아볼 수 없다. 1897년 조선의 칭제 건원을 둘러싼 조정의 논란 중에 그 용어가 비로소 등장한다.[106] 다만 『조선왕조실록』이 아닌 문집에서는 황제국이라는 개념이 전통 시대에 몇 차례 등장한다. 필자가 확인한 것으로는 두 건이 있다. 『송자대전宋子大全』에 한 차례,[107] 1830년대의 문헌인 『연원직지燕轅直指』에 한 차례이다.[108] 이들 문헌은 근대 이전 한국에서 황제국의 개념이 존재했음을 말해 준다. 또한 모두 중국을

106 『조선왕조실록』 고종 36권, 34년(1897 정유/대한 광무1) 10월 3일(양력) 1번째 기사 : "我國廟制, 功祖德崇, 自是天子家大禮, 自主以後, 凡所儀文, 無非皇帝國所稱."

107 『송자대전(宋子大全)』은 1717년 숙종이 명하여 송시열의 문집인 『우암집(尤庵集)』 등을 엮어 1787년 간행되었다. 『송자대전』 권213에 실린 「포수 이사룡전(砲手李士龍傳)」은 다음과 같이 쓰고 있다. "이사룡(李士龍)은 성주인(星州人)인데, 양정(良丁)으로 병적(兵籍)에 예속되었다. 숭정 무인년(1638, 인조 16)에 청로(淸虜)가 황명(皇明)을 침범하면서 우리에게 위협하여 원병(援兵)을 요구하자, 훈국(訓局)에서 정예(精銳)한 군대를 별도로 보낼 때 이사룡이 여기에 참여하였다. 처음 주(州)에 이르러서 묵묵히 점검을 받았는데, 떠날 때에 성주 목사(星州牧使)가 친히 호궤(犒饋 : 군사에게 음식을 주어 위로함)하여 보내 주면서 주식(酒食)을 매우 훌륭하게 대접하였으나 사룡은 먹지 않고 말하기를, '듣건대 우리를 시켜 노(虜)를 도와서 황제국을 치게 한다 하니 내가 어찌 차마 이것을 먹겠습니까(聞以我等助虜攻皇帝國. 我何忍食此). 내 마음은 벌써 정해진 바가 있습니다' 하고는, 인하여 뜰 아래에서 곧장 목사의 자리에까지 올라와 누웠다 일어났다 하기도 하고 두 다리를 길게 뻗고 앉기도 하였지만, 목사는 그를 내버려 두고 나무라지 않았다"(한국고전종합DB http://db.itkc.or.kr).

108 『연원직지(燕轅直指)』는 1832년(순조 32) 10월 동지사 겸 사은사 서경보(徐耕輔)의 서장관 김경선(金景善)이 베이징에 갔다가 이듬해 3월 귀국할 때까지의 견문을 기록한 내용이다. 이 문헌의 제1권 「출강록(出疆錄)」에 실린 「부 영길리국 표선기(附 英吉利國漂船記)」는 1832년(임진) 7월 영국 배가 홍주 불모도(洪州 不毛島) 뒷바다에 표류해 오자, 이에 대해 충청 감사가 올린 장계를 인용하고 있다. 여기에 조선 관리가 영국 선원과 문답한 내용이 있다. 홍주 목사 등이 "너희 나라에서도 대청을 아는가?(問爾國知大淸乎)"라고 묻자, 영국 선원은 "북경 황제국이라고 합니다(答北京皇帝國)"라고 답한다. 또 "해마다 서로 통상하며 또한 가져다 바치는 것이 있는가?(問年年相通. 亦有貢獻否)"라고 묻자, 선원은 "청나라 사람들이 우리나라에 오고 우리나라 사람들이 대청에 가 교역하는데, 두 나라가 고루 크고 세력이 같으므로 진공하지 않습니다(答大淸人到我國. 我國人到大淸交易. 兩國均大. 均權勢. 不進貢)"라고 답했다 하였다(한국고전종합DB http://db.itkc.or.kr).

가리킨 것임을 알 수 있다. 그러나 정확하게 제국이라고 한 것은 아니다.

그렇다면 동양 전체에서 근대 이전의 외교문서에서 정확하게 '제국'이라는 용어가 쓰인 용례로 필자가 지금까지 확인할 수 있었던 것은 단 두 차례였으며, 그 외의 시문에서 사용된 것은 조선 시대에 적어도 두 건의 문헌을 확인할 수 있었다. 즉 고대 한반도에서는 주로 국가의 외교문서에서 제국의 용어가 사용되었고, 이후에는 조선 시대에 시문의 형태로 제국이라는 개념이 '황제의 나라'로서의 중국을 가리키는 개념으로 쓰인 것을 알 수 있다.

시문의 형태로는 최소한 두 건을 확인할 수 있었다는 사실은 어떻게 해석할 것인가. 필자의 판단으로는, 조선 시대 지식인 사이에 황제의 나라 중국을 가리키는 의미로 제국이라는 개념이 널리 인식되고 있었고 또 종종 사용되었음을 말해 준다. 필자가 검색한 한국고전종합DB가 모든 고전 문헌을 망라한 것은 아니다. 또한 많은 문헌이 현존하지 않는다는 사실을 감안해야 한다. 그렇다면 실제 제국은 조선 시대에 공식 사서나 외교문서의 형태는 아니라도 지식인들의 시문에서 '희귀하지만 여전히 살아 있는' 개념이었다고 할 수 있을 것이다.

나는 앞의 논의에서 조선의 공식 역사서에서 '황제국왕'이라는 개념이 사용된 것과 관련지어 논의하면서, 제국은 당시 한반도의 국가가 중국 중심의 질서에서 '중국 이외의 대국을 자처하는 나라에 대해 고안한 상대화된 존대어'였을 가능성이 있다는 의견을 제시했다. 그런데 통일신라가 최치원이 작성한 대중국 외교문서 속에서 제국의 개념을 사용했음을 추가로 고려한다면, 당시 고대 한국인에게 제국이란 칭제한 이웃 나라에 대한 존대어라는 보다 보편적 의미를 가진 개념어로서 존재했을 가능성이 크다고 보는 것이 타당할 것이라는 판단도 제시했다.

통일신라의 지배자들이 대중국 외교문서에서 제국 용어를 사용한 이래, 고려 시대나 조선 시대에 한반도의 국가가 외교문서에서 중국을 일컬어 제국이라 칭한 일은 없다. 그러나 조선 시대의 지식인들이 시문에서 중국을 일컬어 제국이라 한 사례들은 확인할 수 있었다. 이 사실로부터 우리는 통일신라 이후 한국인의 개념 지평에서 제국의 위상에 대해 다음과 같은 두 가지 가설을 상정할 수 있다고 본다. 하나는 고려나 조선의 지배자들이 중국에 보내는 외교문서 대부분은 오늘날 전해지지 않는다는 점을 감안하면, 실제로는 외교문서에서 제국 용어를 드물게나마 계속 사용했을 가능성이다. 다른 하나는 중국이 스스로 제국으로 불리는 것을 선호하지 않는다는 사실로 말미암아 고려나 조선의 외교문서에서는 그 개념을 사용하지 않았으며, 다만 일부 지식인에 의해 시문에서만 사용되었을 가능성이다.

필자는 이 두 가능성 중 후자에 더 무게를 두고 싶다. 중국이 선호하지 않음에 따라 더 이상 제국은 천자의 나라 중국과 한반도의 국가들 사이에 '우호적 소통'의 개념으로서 지속되지 못했으며, 오로지 일부 지식인의 시문 속에서만 살아남았을 가능성이 높다고 생각된다. 이를 전제로 두 가지를 이야기할 수 있다고 생각된다. 첫째, 통일신라 이후에도 한반도의 개념 지평에서 제국은 살아남았다. 둘째, 제국은 전통 시대 국제 질서의 중심과 주변 사이의 공식 외교문서에서는 효과적 소통의 개념으로서 인정받지 못했다. 그래서 공식 역사서나 외교문서에서 이 개념은 사라졌다.

그럼 이 지점에서 해명되어야 할 것은 전통 시대 중국 그리고 일본은 왜 제국의 개념을 채택하지 않았는가 하는 것이다.

한중 간에 제국은 왜 소통 개념이 되지 못했는가

일본 역사서에 백제왕이 보낸 외교문서 기록이라는 형태로, 그리고 통일신라인의 대중국 외교문서를 통해 제국 개념은 고대 동아시아에 유통되고 있었음은 엄연한 사실이다. 그러나 고대 동아시아에서 이 개념은 한반도의 국가들에 의하여 일본 혹은 중국을 향해 일방적으로 사용된 것으로 판단할 수밖에 없다. 또 그 이후의 한국인은 고려 시대에도 조선 시대에도 외교문서 혹은 공식 역사 기록에서 제국 개념을 사용한 흔적이 없다. 다만 지식인들의 시문에 드물게 등장할 뿐이다. 대외적으로 일방적인 개념 사용의 흔적조차 없으며, 자신의 역사를 기록하는 데에서도 그 개념을 사용한 흔적이 없는 것이다.

즉 고대에는 한반도인이 이 개념을 창안하여 주변국을 상대로 제국 개념을 채용했다. 하지만 그것은 일방적인 개념으로 그쳤다. 동아시아의 국제적 공간에서 그 개념은 상호 소통 기능을 확보하지 못했던 것이다. 왜 그러했는가. 전통 시대 동아시아에서 이 개념의 창안 주체가 한반도인이며, 사용 빈도가 희소하고 또한 일방적 성격을 가졌다는 사실은 그것 자체로서 해명되어야 할 중요한 개념사적 현상이 아닐 수 없다.

이를 해명하기 위해서는 전통 시대 동양에서 칭제한 지배자들이 선호하는 질서표상 개념과 자기표상 개념은 무엇이었는가를 명확히 해야 한다. 전통 시대의 질서표상 개념은 질서의 중심과 주변의 위계를 담아 국제 질서를 호명하는 용어이다. 전통 시대 동양에서 중원의 지배자들이 가장 선호한 질서표상의 개념은 '천하'였다. 칭제한 지배자는 자신을 중심에 둔 지배 영역 전체를 천하로 칭하기를 즐겼다. 한편 그 천하 질서 안에서 중심부 국가나 주변부 국가가 자신의 위치를 명확하게 가리키기 위해 사용하는 용어가 자기표상 개념이다. 중국의 지배자들이 천하 질서의 중심에 있는 자신의 위치를 표명하기 위해 채택한 대표적인 자기표상 개념은 '중국中國'이었고, 거기에 지배자의 절대권위 관념을 추가한 자기표상 개념이 천조 혹은 황조였다. 중국과 황국은 곧 질서의 중심과 주변의 위계를 담은 개념들이라는 점에서 질서표상 또한 담고 있었다.

동양의 전통적 개념체계에서 황제는 천하의 주인이었다. 황제의 직접적인 통치 영역이 황국이라면, 황국과 그것을 중심으로 동심원적 질서를 구성하는 세계 전체가 천하였다. 천하라는 개념의 시원은 중국 유가의 고전 가운데에서 가장 오랜 것으로 존중되는 『시경』과 『서경』을 비롯한 선진先秦

시대의 고전 문헌들에서 찾을 수 있다. 우선 '천지하天之下'라는 말에서 시작된 것으로 파악된다. 『시경』에는 "溥天之下또는 敷天之下"라는 구절이 등장하고, 『서경』의 「익직 편益稷篇」에는 "帝光天之下"라는 표현도 있다. '하늘 아래의 온 세계'를 뜻한다.[109] 정확하게 천하라는 단어가 처음 등장하는 것 역시 위의 두 문헌이다. 『시경』에는 한 차례, 『서경』에는 열아홉 차례 나타난다.[110] 또한 전해종에 따르면, 천하가 일반화되기 전에는 사방四方 또는 사국四國이 중국이라는 개념과 함께 훗날의 천하를 가리키는 개념으로 사용되었다. "사방의 중심은 중방中方 또는 중읍中邑이며, 이것은 곧 중국이었다."[111] 그러한 의미에서 사방과 중국이 개념적으로 함께 묶여 처음 나타나는 예도 『시경』이다. 이 고전의 「생민 · 민노 편生民 · 民勞篇」에 "惠此中國 以綏四方"이라는 표현이 그것이다.[112]

여기에서 중국이라는 개념은 처음에는 사방을 포괄하는 넓은 의미가 아니었다. 그러나 장차 중국은 그러한 좁은 의미의 중국과 함께 사방이 결합하여 '광의의 중국'이라는 의미로 진화한다고 전해종은 해석한다. 즉 광의의 중국은 사방을 포함하는 것인데, 이러한 중국의 외곽에 사이四夷가 위치하는 것이 된다. 다만 전해종은 사방과 사이의 구분이 언제나 분명하지는 않았다고 말한다.[113] 우리의 분석 대상인 천하에 사방을 포함하는 광의의

109 전해종(2000), 『동아시아사의 비교와 교류』, 지식산업사, p.28. 그러나 선진 시대의 천하관은 '하나의 한정된 천하'를 가리킨 것이라는 해석도 있다. 감회진(甘懷眞, 대만대학교 교수)은 말한다. "중국인이 인식하고 있는 세계 중에서 부분적인 지역을 '천하'라고 여겼다. 다시 말하자면 그 시대의 중국인은 많은 토지와 인민이 '천하'의 밖에 있다는 것을 분명하게 인식하고 있었다. 그래서 '천하'가 전 세계를 포함하기를 바라기도 했다. 그러나 고대 중국 통치자들은 이 희망 사항을 현실적으로 생각하지는 않았다. 중국 통치자의 이상은 중국 천자를 중심으로 하는 하나의 문명 세계를 건설하는 것이며, 그 매개가 천자에게 칭신(稱臣)하는 것이다"[甘懷眞(2003), 「이른바 '동아시아 세계'에 대한 재고찰 : 중국과 백제 관계를 중심으로」, 충남대학교 백제연구소 편, 『고대 동아세아와 백제』, 서경, pp.279~280].

110 전해종(2000), 앞의 책, p.29.

111 전해종(2000), 앞의 책, p.30.

112 전해종(2000), 앞의 책, p.30. 원문에서 綏는 '편안하게 할 수.'

113 전해종(2000), 앞의 책, p.31.

중국 개념이 포함되는 것은 당연하다. 문제는 사이도 그 천하에 포함되느냐 하는 것이다. 『서경』이나 『춘추좌씨전』에 등장하는 천하의 개념에서는 사이가 제외되었으나, 전한 효문제前漢 孝文帝의 「견흉노서遣匈奴書」에 등장하는 천하 개념은 사이마저 포괄하는 것으로 분석된다. 이를 두고 전해종은 "사이가 천하에 포함되기도 하고 제외되기도 하는 것은 중국인의 동류의식이 강한가, 또는 이류異流의식이 강한가에 따른 것"이라고 해석한다.[114]

거자오광葛兆光은 중국인에게 천하란 "나를 중심으로 삼는 거대한 공간"이었다고 정의한다.[115] 그는 춘추전국 시대에 남북의 오랑캐에 대응하는 '중국' 개념이 형성되었다고 보았다. 그에 따르면 중국과 다른 나라 사이의 지리적 경계선은 문명의 전파와 수축 정도에 따라 끊임없이 변했다. 그래서 옛 중국인의 중국 개념은 언제나 문명과 관련된 개념이었지, 명확한 국경선을 지닌 정치적 · 지리적 관념은 아니었다.[116] 당나라 시대까지 그러하였다고 거자오광은 말한다. 그러나 중국인의 중국 개념은 당나라 중엽에 이르러 변하기 시작하고, 송나라에 이르면 더욱 근본적인 변화가 일어난다. 동아시아에서 송나라 때부터 "중국 왕조 중심의 국제 질서가 흔들리기 시작했"기 때문이다. 거란의 요遼와 여진의 금金에 의해 부단히 압박을 받으면서 중국의 "민족과 국가에 명확한 경계가 그어졌고 천하는 중국으로 축소되었으며 오랑캐는 대등한 상대가 되었다." 이후 중국의 엘리트 지식인들은 '중국송 왕조'의 정통성과 '문명한족문화'의 합리성을 증명하려 했으며, 그런 관념이 바로 근세 중국 민족주의사상의 먼 기원이 된 것이라고 거자오광은 주장한다.[117]

송대의 주자학이 더욱 이론화시킨 화이론적 세계관은 거자오광의 관점에

114 전해종(2000), 앞의 책, p.31.
115 거자오광(2012), 『이 중국에 居하라(宅茲中國)』, 이원석 옮김, 글항아리, p.57.
116 거자오광(2012), 앞의 책, p.57.
117 거자오광(2012), 앞의 책, p.59, p.62, p.78.

서는 현실에서 천하가 중국으로 축소된 것에 대한 민족주의적 자각과 사상적 대응에 다름 아니었다는 이야기이다. 그러나 성리학을 적극 받아들인 사대부가 지배계급으로 등장한 조선의 세계관에서도 그러했지만, 중국의 지배자가 말하는 천하는 적어도 '관념의 세계와 선언적 의미'에서는 중국을 중심에 둔 세계 전체를 가리킨 것이었다.

중국 관념사 연구의 새로운 장을 연 것으로 평가되는 진관타오金觀濤 등은 천하 개념의 특징으로 세 가지를 들었다. 첫째, 천하는 세계 전체를 뜻한다. 둘째, 천하는 도덕적 고저에 따라 구분된 등급 질서를 내포한 개념이다. 셋째, 천하라는 개념은 하나의 도덕공동체를 가리키는 용어인 탓으로 국가주권의 개념이 들어 있지 않으며, 천하의 주권은 이 도덕공동체의 최고영수인 황제가 행사하는 권력과 불가분하였다.[118] 고대 중국 이래 '만국萬國'이라는 용어가 존재했으며, 근대에 들어 그 사용 빈도가 증가하기에 이른다.[119] 하지만 19세기 말에야 중국인들의 천하관에 근본적 전환이 일어난다. 1895년 청일전쟁에서의 패배로 중국의 천하관 또는 만국관이 중화주의적인 중국 중심으로부터 탈중심화 현상을 보인다.[120] 20세기에 들어 비로소 민족국가

118 金觀濤 · 劉淸峰(2008), 『觀念史 研究 : 中國現代重要政治術語的形成』, 當代中國文化研究中心 ; 진관타오 · 류칭펑(2010), 『관념사란 무엇인가 2 관념의 변천과 용어』, 양일모 · 송인재 · 한지은 · 강중기 · 이상돈 옮김, 푸른역사, pp.208~230.

119 '만국(萬國)'이라는 개념은 고대 중국에 이미 존재했다. 주대(周代)에는 '봉건제후'를 가리킬 때 사용되었고, 원대의 문헌에서는 '중국을 넘어 외국을 가리키는' 용어로 쓰이기 시작한다. 명대 초기 정화(鄭和, 1371~1433)가 서양으로 항행해 나가고, 명 말에 이르러는 서양의 선교사들이 중국에 오면서 만국은 명확하게 '세계 각국'을 가리키는 용어로 된다. 마테오 리치가 중국 베이징에 와서 이른바 「만국전도(萬國全圖)」를 만들어 천하에 오대주가 있다고 주장하기에 이른다. 이 세계 전도에서 중국은 만국 중의 하나를 가리킬 뿐이었다. 하지만 이 만국 지도는 중국의 천하관에 이렇다 할 충격을 주지는 못한 것으로 평가된다. 청대에 이르러서도 관헌들이 작성한 문서에는 만국이라는 용어는 거의 등장하지 않았다. 1900년에 이르기까지 중국인의 문헌에서 '천하'는 수없이 사용되지만, '만국'은 매우 제한적으로 사용되었고, 1870년대 이래 다소 그 사용 빈도가 증가했을 뿐이다[진관타오 · 류칭펑(2010), 앞의 책, pp.234~236].

120 진관타오 등은 이렇게 말한다. "청일전쟁의 패배는 한편에서는 동아시아에 잔존한 천하 질서의 철저

관념과 민족주의가 형성되면서 '세계'가 '천하'와 '만국'의 개념들을 대체한다.[121] 다른 말로 하면, 19세기에 이르기까지 중국에서 천하는 황제가 최고 영수로서 다스리는 세계 개념의 역할을 담당했던 것이다.

중국에서 중국 중심의 천하관이 붕괴했을 때, 중국은 더 이상 제국이 아니었다. 만국의 하나일 뿐이었다. 나아가 일개 민족국가로서의 운명을 걱정하는 처지로 전락한다. 그러나 고대에서 근대에 이르는 2천여 년간 중국의 개념적 지평에서 '천하'는 '황제의 지배가 미치는 전 영역'이라는 의미를 담은 핵심적인 질서표상이자 자기표상 개념의 위상을 내내 점하고 있었다.

한편 한반도 지역의 지배자들이 자신의 영역을 천하라는 개념으로 전혀 표현하지 않았던 것은 아니다. 노태돈은 고구려인들이 자신을 천하의 중심에 두는 정치적 공간 개념을 갖고 있었던 것으로 분석한다. 광개토왕 시기에 북부여 지구의 지방관으로서 중등 귀족 신분이었던 모두루牟頭婁의 묘비석은 집안 국내성集安國內城에 위치해 있었다. 거기에 새겨진 모두루묘지牟頭婁墓誌에는 "河泊之孫日月之子鄒牟聖王元出北夫余 天下四方知此國郡最聖"이라는 글귀가 있다. 노태돈은 이를 들어서, 5세기 전기 고구려의 지배층이 고구려 국가를 중심에 둔 '사방의 세계'를 천하로 일컬었다고 분석한다.[122] 그는 또한 광개토왕릉비의 첫 부분이 "惟昔始祖鄒牟王之創基也出自北夫餘天帝之子 母河伯女郎 剖卵降世 生而有聖德"으로 시작하는 것으로 읽고,[123]

한 붕괴를 의미하며, 또한 유학의 경세치용에 의거하여 부국강병을 실현하고 세계 민족국가의 반열에 오르려는 목적의 허망함이 입증된 것이었다. …화하중심주의(華夏中心主義)가 이로부터 해체된 것이다"[진관타오 · 류칭펑(2010), 앞의 책, pp.246~247].

121 진관타오 · 류칭펑(2010), 앞의 책, p.251.

122 盧泰敦(2006), 「從公元五世紀的金石文看高句麗人的天下觀」, 韓國高句麗研究財團 編, 『韓國高句麗史研究論文集』, 中國延邊大學 譯, 高句麗研究財團, p.227.

123 현재의 중국 지린성 지안현 태왕향 구화리 대비가(中國 吉林省 集安縣 太王鄉 九華里 大碑街)에 위치한 광개토왕릉비는 414년에 세워진 것으로, 국사편찬위원회 한국사데이터베이스(http://db.history.go.kr)에 따르면 비문의 첫 부분은 다음과 같다 : "惟昔始祖鄒牟王之創基也出自北夫餘天帝之子母河伯女郎剖卵降出生子有聖□□□□□□命駕巡車南下路由夫餘奄利大水王臨津言曰我是

여기에 언급된 천제天帝는 천하 만물을 주재하는 절대적 존재, 즉 천신天神을 의미하며 황천皇天과 동일한 것이라고 해석했다. 고구려의 추모왕朱蒙은 그러한 상천上天의 아들을 자임한 것이며, 그것은 앞에서의 모두루묘지에서 추모왕을 '日月之子'로 칭한 것과 상통한다고 보았다.[124]

그러나 노태돈이 지적한 바와 같이, 고구려인이 자신들을 천손국天孫國으로 불렀다는 사실을[125] 제외하고는 백제와 신라 그리고 통일신라 이래 한국 역사에서 한반도 국가의 지배자들이 자신을 천하를 지배하는 천자로 인식했다는 기록은 존재하지 않는 것이 사실이다.[126] 또한 호태왕비를 세운 장본인인 장수왕長壽王, 재위 412~491 자신이 435년 중국 북위北魏, 386~534로부터 책봉을 받았으며, 그가 받은 관작은 '도독요해제사군, 정동장군, 영호동이중랑장, 요동군개국공, 고구려왕都督遼海諸事軍, 征東將軍, 領護東夷中郎將, 遼東郡開國公, 高句麗王'이었다.[127]

요컨대 자신의 지배 영역으로서의 천하에 대한 의식이라든가 천자의 의식은 한반도의 전통 시대 전반에 걸쳐 생소한 것이었다. 즉 천하는 세계의 중심과 주변의 관계를 포함한 질서를 포괄적으로 가리키는 개념으로서 중국인에 의하여 애용되었다. 한편 칭제한 지배자들은 자신을 중심에 둔 세계 전 영역을 표상하는 천하 개념 외에, 그 천하 질서 안에서 주변부와 구별되

皇天之子母河伯女郎鄒牟王爲我連鼈浮龜應聲卽爲連鼈浮龜然後造渡於沸流谷忽本西城山上而建都焉不樂世位因遣黃龍來下迎王王於忽本東崗黃龍負昇天顧命世子儒留王以道興治大朱留王紹承基業遝至十七世孫國崗上廣開土境平安好太王二九登祚號爲永樂大王恩澤□于皇天威武橫被四海掃除□□庶寧其業國富民殷五穀豊熟昊天不…"(朴時亨의 廣開土王陵碑).

124 盧泰敦(2006), 앞의 논문, p.228.

125 盧泰敦(2006), 앞의 논문, p.255.

126 『삼국유사』에는 알에서 태어난 신라 시조 혁거세를 두고 사람들이 "이제 천자가 내려왔으니(今天子已降)"라고 한 부분이 있다[일연(2006), 앞의 책, p.89, p.476]. 그러나 정사라고 할 『삼국사기』는 혁거세의 출생을 사람들이 '신이(神異)'하게 여겼다고 했을 뿐, 그를 천자로 보았다는 이야기는 없다[김부식(1998), 앞의 책, pp.63~64].

127 甘懷眞(2003), 앞의 글, p.272.

는 중심부의 자신을 가리키는 자기표상의 개념을 필요로 하였다. 중국은 물론 그러한 개념의 하나였다. 그러나 그 안에서 지배자가 가진 절대 권위를 함께 표상하는 데에는 황국이 매우 적절하다고 판단했던 것으로 보인다.

중국의 관리들이 다른 나라에 보내는 외교문서에서 스스로를 황국이라 칭한 예는 조선 시대와 고려 시대 한국의 역사 기록에도 남아 있다. 임진왜란 기간에 명나라 관리 유원외劉員外가 조선 국왕에게 보낸 문서가 한 예이다. 그는 이렇게 말했다. "보내온 왕의 자문咨文을 보니, 오로지 우리 황국皇國에 충성하고 그대의 선왕에게 효도하여 기업을 보전保全하려는 뜻이 마치 꺼진 불을 다시 일으키고 마른 나무에 새싹이 돋게 하려는 듯 보였습니다. 몸을 돌보지 않고 온갖 고난을 무릅쓰며 『춘추』의 원수를 갚는 의미를 밝혔으니, 왕의 기개氣槪는 사람들을 진경振驚시킬 만합니다."[128] 또한 『고려사』를 보면, 1216년 금나라 동경총관부가 고려에 전달한 성지聖旨에서 자국을 황국이라 칭하고 있다.[129]

이처럼 칭제한 지배자들은 이미 애용하는 질서표상과 자기표상의 개념을 확보하고 있었다. 우선 중심과 주변부를 모두 포괄하면서 둘 사이의 동심원적인 도덕적 위계를 내포한 질서표상 개념으로서 '천하'가 있었다. 그 포괄적인 질서체계 안에서 주변부와 구별되는 중심부를 가리키는 자기표상의 개념으로서 '중국'이 있었다. 또한 중국이라는 중심부의 지배자의 절대 권위를 강조하는 특정한 자기표상 개념으로서 천조 혹은 황조가 이미 존재

128 『조선왕조실록』 선조 권40, 26년(1593 계사 / 명 만력 21년) 7월 14일(병인) 8번째 기사, 「유원외가 군량 확보, 왕의 와신 상담을 요구하는 자문을 보내오다」 : "王咨來, 亶乎忠于我皇國, 孝于爾先王, 以保載有基, 若灰復燃, 若木復蘖. 毖于艱難, 不恤厥躬, 明于春秋報仇之義, 王之氣振矣."

129 『고려사』 권22, 고종 3년(1216) 윤 7월 5일(병무), 북계병마사(北界兵馬使) : "丙戌. 北界兵馬使奏. 金東京總管府. 奉聖旨移牒. 略曰. 昔有韃靼. 恃兇入京. 已與大軍. 年前講好. 去訖而後. 契丹嘯聚. 蠹耗邊方. 殺戮我生靈. 焚燒我倉廩. 致皇天之厭穢. 斂衆怨以同歸. 脅從者倒戈而攻. 同謀者. 傾軍而服. 旣人心之戴舊. 全遼海以如初. 唯叛賊萬奴. 棄一方之重委. 忘皇國之大恩…" (한국사데이터베이스 http://db.history.go.kr).

했던 것이다.

여기에서 유의할 점이 몇 가지 있다. 천하는 주로 질서표상의 기능을 갖는다. 그러나 중국과 황국은 중심부 국가의 위치에서는 자기표상의 개념인 동시에 질서표상의 개념이다. 중심에 있는 자기와 주변부의 지배자들 사이의 위계 관념을 내포하기 때문이다. 한편 제국은 주변부 국가의 위치에서는 자기표상의 개념이 아니다. 칭제한 중국의 지배자가 질서에서 갖는 중심성을 주변자의 관점에서 인정해 줌을 표명하는 질서표상의 개념이다.

요컨대 중국의 지배자들은 자신의 관점에서 세계에 대한 질서표상과 그 안에서 자기표상을 위해 스스로 애용하는 개념들을 이미 갖고 있었다. 따라서 주변부 국가의 지배자가 제국이라는 새로운 개념으로 자신을 지칭했을 때, 생경한 이질감을 느꼈을 것이다. 그뿐만 아니라 주변부가 주체가 되어 중심에 있는 자신을 가리켜 창안하고 사용한 개념에 경계심을 표현했을 가능성이 있다.

더구나 백제왕이 일본을 가리켜 제국으로 칭한 『일본서기』를 중국의 지식인들이 일찍이 인지하고 있었다면, 중국의 지배자들은 자신의 나라 역시 '제국'으로 칭해지는 것에 더욱 깊은 경계심과 불만을 가졌을 것이다. 중심과 주변의 관계를 인정한 질서표상의 개념으로서가 아니라 '칭제한 국가에 대한 일반적인 외교적 존대'의 개념에 불과한 것을 중국 자신에게 적용하는 것은 매우 부적절하다고 느꼈을 것이다. 그로 말미암아 제국은 동아시아 국가 사이의 상호 소통 가능한 개념으로서 성립할 수 없었고, 창안자 자신의 주변부 사회에서조차 지속적인 존립이 어려웠을 것이다.

한일 간에 제국은 왜 더 소통되지 못했는가

통일신라의 효공왕이 대중국 외교문서에서 사용한 제국과 백제 성왕이 일본 천황에게 보낸 외교문서에서 사용한 제국 개념은 공통점과 함께 차이가 있다는 것을 지적해 둘 필요가 있다. 앞에서 중국과 관련하여 지적하였듯이, 백제 성왕이 일본을 제국으로 일컬었을 때 이 용어는 기본적으로 '칭제한 이웃 나라에 대한 외교적 존대어'였지, 백제 자신과 일본 사이에 주변과 중심의 관계를 인정하는 실질적인 질서표상의 의미는 아니었다. 신라 효공왕이 중국을 가리켜 제국이라 표현한 외교문서는 중국 황제에게 자신의 왕위 책봉을 주청하는 내용으로서, 명백한 질서표상의 문맥을 담고 있었다. 이와 달리 성왕이 제국 개념을 사용한 대일본 외교문서는 그가 일본의 지배자에게 불교라는 고도의 종교 문물을 수용할 것을 권고하는 내용이었다. 이 외교문서에서 한반도 국가의 지배자는 일본에 대한 문명의 전파자를 자임하는 분위기가 역력하였다.

그처럼 제국 개념은 한반도의 국가와 일본 사이에 중심과 주변을 상정하는 질서표상의 개념이 아니었다. 다만 '대국의례를 원하는 나라에 대한 외교적 존대어'로서 한국과 일본 사이에 상호 소통 가능한 개념으로 일정 기간 존재했다고 말할 수 있다. 백제 성왕의 대일본 외교문서의 용례가 유일하지만 그 증거이다. 문제는 일본의 역사서에도 한반도 국가들의 역사서에도 그 유일한 용례를 제외하고는, 그로부터 근대에 이르기까지의 1300년 동안 일본과 한국의 국가들 사이에 제국 개념이 외교적 용어로 사용된 흔적이 없다는 사실이다. 그 이유는 크게 보아 세 가지로 생각된다. 하나는 고대 일본인의 세계 인식과 자기 인식이다. 다른 하나는 일본 정치권력의 시대적 변화다. 마지막 하나는 동아시아 국제 질서에서 국가들의 '칭제'를 바라보는 인식이 칭제 다원주의에서 칭제 일원주의로 옮아간 것, 즉 일원론적인 중화주의적 세계관의 심화였다.

첫째, 고대로부터 일본의 지배자들이 취하고 있던 소천하주의적 자기인식이다. 일본의 지배자들이 자신의 지배 영역을 중국을 따라서 천하로 인식했다는 뜻이다. 아시아 대륙에 분명 커다란 천하가 존재함을 전제하는 것이므로, 일본이 스스로의 영역을 가리켜 말한 것은 일종의 소천하였다고 할 수 있겠다. 소천하의 질서 안에서 일본의 지배자들은 중국을 따라서 황국을 자임하였다. 이 개념들에 의지하여 중국이 제국 개념을 배척하였듯이, 일본 역시 그 용어에 매력을 느끼지 않았음이 분명하다.

일본이 천황의 지배 영역을 천하라는 개념에 기대어 사유한 사실은 고대 일본의 역사서부터 명백하다. 『일본서기』와 『속일본기』 그리고 『일본후기』 같은 고대 일본 역사서에 천하는 매우 자주 등장한다. 『일본서기』의 583년 기록에는 백제와 관련이 있는 인물인 일라日羅가 천황에게 전하는 충고가 실려 있다. "천황이 천하를 다스리는 바의 정치는 반드시 백성을 보호하고 기르는 데 있습니다天皇所以治天下政 要須護養黎民."[130] 또한 같은 문헌의 674년 기록에는 일본 천황이 탐라 사신에게 조를 내려 이렇게 말한다. "천황이 새로이 천하를 평정하고 처음 즉위하였다天皇新平天下 初之即位. 이로 말미암아 축하하는 사신 이외에는 부르지 않는 것은 너희들이 직접 본 바이다. 또 날씨가 춥고 물결이 험해지니 오래도록 머물러 있으면 도리어 너희들의 근심이 될 것이다. 그러므로 빨리 돌아가라." 그리고 "국왕과 사신 구마예久麻藝 등에게 처음으로 작위를 주었다."[131] 또 같은 문헌의 650년 기록에는 천황이 사문沙門들에게 조언을 듣고자 물으니, 그들의 대답이 다음과 같았다고 하였다. "천하에 사면령을 내리시어 민심을 기쁘게 하십시오宜赦天下 使悅民心."[132] 한편 『일본후기』의 799년 기록에는 천황이 칙서를 내려 다음과 같이 지시한 것으로 되어 있다. "천하 신민의 씨족은 많은데, 어떤 것은 근원은 같으면서 따로 갈라져 나오고 또는 근본은 다르나 성姓은 같은 것이 있다. 족보에 의거한다 해도 바꾼 지가 많이 경과하였고 호적을 조사해 보아도 근본과

130 『일본서기』 권20 渟中倉太珠敷天皇 敏達天皇 12년(583) : "日羅의 파견. 日羅의 죽음."

131 『일본서기』 권29 天渟中原瀛眞人天皇 下 天武天皇 2년 가을 8월(674년 음 8월 25일) : "新羅의 賀騰極使 金承元 등의 入京. 耽羅王子 久麻藝 등에게 爵位를 줌."

132 『일본서기』 권25 天萬豐日天皇 孝德天皇 白雉元年 2월(650년 음 2월 9일) : "白雉에 대해 百濟君 등에게 물음. 高麗의 白鹿薗寺."

줄기를 판별하기가 어려우니 마땅히 천하에 널리 알려 본래의 계장系帳을 바치게 하라. 삼한三韓의 여러 이방인異邦人들도 같이 하라."[133]

이로써 고대 일본의 개념적 지평에서도 중국을 모방하여 천하라는 개념을 통해 '천황의 나라' 내지는 '천황이 다스리는 영역'을 표상한 것을 알 수 있다. 일본의 역사가들은 7세기 초 일본의 지배 세력이 높은 자기의식을 갖고 자신과 중국 왕조를 상대화하여 서로 대등하게 보았다고 해석해 왔다. 대표적인 예로 608년 왜왕이 견수사를 통해 수나라 황제에게 보낸 국서가 "동쪽 나라 천황이 서쪽 나라 황제에게 문안드린다東天皇敬白西皇帝"라는 말로 시작한다는 점을 주목했다.[134] 스이코천황推古天皇 16년이던 그해 8월 『일본서기』의 기록에 따르면, 수의 사신 배세청裴世清이 가져온 중국의 국서는 "황제는 왜황에 인사를 보낸다皇帝問倭皇"로 시작한다.[135] 같은 해 9월 일본의 대사大使로서 배세청을 따라 수나라에 간 오노노이모코노오미小野妹子臣가 들고 간 국서에서 왜왕은 자신을 '동의 천황'으로 자존했던 것이다.[136] 일본의 지배자가 자신의 영역을 중국을 본떠 천하로 부른 것은, 중국의 천하 개념을 상대화하여 대등한 지배 영역 개념을 채용한 증거로 볼 수 있다.[137] 스스

133 "天下臣民 氏族已衆 或源同流別 或宗異姓同 欲據譜牒 多經改易 至檢籍帳 難辨本枝 宜布告天下 令進本系帳 三韓諸蕃亦同." 『일본후기』 권8 皇統彌照天皇 桓武天皇 延曆18년 12월(799년 음 12월 29일) : "三韓諸蕃을 포함해서 氏族의 本系帳을 제출하라는 勅書"(국사편찬위원회 한국사데이터베이스 http://db.history.go.kr).

134 原秀三郎(1984), 앞의 글, pp.26~28 ; 이삼성(2009a), 『동아시아의 전쟁과 평화 1 전통 시대 동아시아 2천 년과 한반도』, 한길사, p.426.

135 전용신은 실제 수나라의 국서에는 '왜황'이 아닌 '왜왕'으로 표현되었을 것이라고 추정한다. 『일본서기』는 수를 대당(大唐)으로 표기하고 있다[전용신 옮김(1989), 앞의 책, pp.388~389].

136 전용신 옮김(1989), 앞의 책, p.390.

137 이와 관련해 흥미롭게 생각되는 것은 애스턴의 영역본이 『일본서기』의 원문에 나타나는 '천하(天下)'라는 용어를 'Empire'로 번역하고 있는 점이다. 예를 들면, "대저 우리나라에서 천하의 왕이 된 자(夫我國家之王天下者)"[전용신 옮김(1989), 앞의 책, p.307]를 애스턴은 "all the sovereigns of this country who rule the Empire"[Aston, W. G.(1972), 앞의 책, p.28]라고 번역했다. 애스턴도 고대 일본에서 '천하'가 오늘날의 의미에서의 '제국'에 가까운 개념으로 쓰인 것으로 해석했음을 말해 준다.

로를 중국의 황제에 비견하는 천황으로 호칭한 것과 같은 개념사적 지평에 있는 현상이라고 하겠다.

일본의 지배자들이 자신의 영역 안에서 소천하주의적 관념을 가졌던 것은 아시아 대륙에서 지리적으로 격절隔絕된 일본의 지정학적 환경이 일차적인 근본 조건이었을 것이다. 어떻든 일본의 소천하 의식은 백제가 창안한 개념 제국이 한국과 일본 사이에 지속적 소통 수단이 될 수 없었던 일본 쪽의 이유였다고 생각된다.

둘째, 한반도의 국가들이 '황제의 나라'라는 외교적 존대어를 일본을 향해 더 이상 사용하지 않게 된 또 하나의 중대한 이유는 일본 정치권력의 변질이라는 역사적 변화였다고 생각된다. 백제 성왕이 '제국'이라는 존대어로 일본을 지칭한 날로부터 머지않아 한반도에는 통일국가가 들어선다. 이후 한반도에서는 분열의 시기는 짧았고 중앙집권적인 통일 왕조들이 지배하였다. 반면에 일본의 내부 정치적 통일성은 서서히 쇠퇴하고 일본 정치체 안에서 천황의 위치는 허물어져 간다. 윌리엄 패리스는 750~1250년 기간 일본 정치 질서의 큰 흐름을 세 가지로 요약한 바 있다. 파편화fragmentation, 다원화pluralism, 지역주의regionalism가 그것이다. 일본 정치에 구심력이 아닌 원심력이 강하게 작용한 시기였다.[138]

그 결과 고려 시대에 일본은 '왜구의 나라'에 불과했고, 원나라가 한반도를 지배한 시기에 고려는 여몽연합군을 구성하여 일본 원정에 나서기도 하는 적대적 관계였다. 한반도에서 조선 왕조의 개창과 함께 일본에서는 무로마치 막부室町幕府가 구축되면서 정치권력 통합의 기운이 일었지만, 1백 년을 못 채운 1467년 오닌의 난이 일어난다. 이후 일본은 1세기에 걸친 전국시대의 혼란에서 헤어나지 못한다. 일본의 이러한 역사적 현실은 하우봉이

138 Farris, William Wayne(1995), *Heavenly Warriors : The Evolution of Japan's Military, 500-1300*, Harvard University Press, p.379 ; 이삼성(2009a), 앞의 책, p.443.

지적한 조선 왕조 시대 한국인의 일본소국관小國觀의 배경이 된다.[139] 오다 노부나가와 도요토미 히데요시에 의해 통일이 이루어지지만, 그것은 일본이 '왜란'으로 불린 침략전쟁의 원흉이 되는 서막일 뿐이었다.

이처럼 일본은 중세 시기 내내 정치권력이 파편화된 가운데 천황의 권위는 땅에 떨어져 있었다. 조선 중종 20년인 1525년 처음 간행된 『용재총화慵齋叢話』는 당시 일본 천황의 존재에 대한 한국인의 인식을 여실히 보여 준다. 이 문헌은 일본에는 황제와 국왕이 따로 있는데, 황제는 궁중 깊숙이 유폐되어 있어 제사지내는 것 외에는 하는 일이 없다고 설명했다. 여기에서 국왕이라 함은 쇼군을 가리킨 것이다. 이 문헌은 또 "세인이 말하기를 왜 황제는 권력은 없으나 존귀한 자라 이른다"고 하였다. 또한 국정은 '국왕'이 전단하며, 대신들은 저마다 병사를 거느리고 할거하는 상태라고 묘사하였다.[140] 한국이 일본과 정상적인 외교 관계를 맺었다 하더라도 그런 상태에서는 한국의 지배자가 외교적 용어로나마 일본을 황제의 나라로 예우할 현실적 근거를 찾기 어려웠을 것이다.

셋째, 14세기 이후의 동아시아는 송나라 주희朱熹가 세운 성리학이 그 정신 풍토를 지배한다. 성리학을 적극 받아들인 한국의 신진 사대부 세력은 고려 말 이래 조선 시대 전 기간에 걸쳐 성리학이 담고 있던 중화주의적 화이관을 숭상한다. 중화주의는 그 이전부터 존재했지만, 성리학적 토대와 그것을 받아들인 사대부 세력에 의해 한국의 본격적인 지배 이데올로기가 되

139 河宇鳳(2008), 『朝鮮王朝時代の世界觀と日本認識』, 明石書店, pp.34~35 ; 이삼성(2009a), 앞의 책, p.442.

140 『용재총화』 권10 : "日本國有皇帝。有國王°皇帝深閉宮中。一無所爲。但朝夕拜天拜日而已。世人謂無權而尊者。謂之倭皇帝。國王專主國政而聽斷。然有大臣。各擁兵分據地面。有時謀叛拒命。王不能制之。如左右武衛殿京極殿畠山殿細川殿大內殿少二殿之類甚多。皇帝國王之子。惟長子娶妻繼胤。其餘皆爲僧尼。以其尊重而不得與下人爲婚也。其國皆在海中。境土甚廣。如九州一歧州對馬州。皆島嶼而地亦大也。其國俗。男女皆衣斑爛之衣。其形無別。女則鬐髮被肩。男則爲僧者剃髮…"(한국고전종합DB http://db.itkc.or.kr).

는 것이다.

백제 성왕이 일본의 칭제를 인정하고 그에 맞는 외교적 용어를 선택한 것은 그의 시대 동아시아 세계가 자주 다핵적 분열의 공간이었다는 사실, 그리고 일원론적 중화주의보다는 칭제 다원주의가 어느 정도 통했던 역사적 시기에 속했음을 말한다. 14세기 이후의 동아시아 질서는 더 이상 다핵적 분열의 공간이 아니었다. 권력의 집중도가 높아지는 역사적 단계로 진입했다. 이와 함께 성리학에 바탕을 둔 일원론적 중화주의, 즉 오직 하나의 중심만을 인정하는 이데올로기가 한국 지배층의 세계 인식을 지배하게 된다. 이로써 하우봉이 말한 일본이적관夷狄觀도[141] 더 깊게 뿌리를 내렸다. 이런 조건에서는 만일 한국이 일본과 정상적 외교 관계를 가졌다 하더라도 일본의 칭제를 자연스럽게 인정하기는 어려웠을 것이며, 제국이 일본과 한국 사이에 외교 용어로 소통되는 일도 없었을 것이다.

141 河宇鳳(2008), 앞의 책, pp.35~36 ; 이삼성(2009a), 앞의 책, p.442.

3. 근세 말 일본에서 번역어 제국의 등장과 그 서양적 기원

요시무라 다다스케에 따르면, 근세 이래 동양에서 '제국'이라는 단어는 단바丹波 · 후쿠치야마福知山의 번주였던 구쓰키 마사쓰나朽木昌綱, 1750~1802가 1789년에 집필한 『태서여지도설泰西輿地圖說』에서 처음 등장한다.[142] 구쓰키 마사쓰나와 함께 세계지리와 지도 연구에 이름이 높았던 야마무라 사이스케가 뒤이어 1802년에 집필한 『정정증역 채람이언訂正增譯 采覽異言』과 다음 해에 쓴 『대서요록』에서 그 개념을 사용했다. 특히 야마무라 사이스케의 『대서요록』은 세계의 나라들을 제국과 왕국 등으로 구분한 일람표를 제시하였다. 여기에서 제국은 제帝가 다스리는 나라를, 왕국은 왕王이 다스리는 나라를 가리켰다. 구쓰키 마사쓰나와 야마무라 사이스케는 당대의 난학자 오쓰키 겐타쿠大槻玄澤, 1757~1827와 인연이 있는 사람들이다. 오쓰키는 네덜

142 吉村忠典(2003), 앞의 책, p.62.

란드어 입문서인 『난학계제蘭學階梯』를 저술했다. 구쓰키와 야마무라는 네덜란드어의 keizerrijk케이젤레이크라는 단어를 帝國으로 번역했는데, 독일어로는 Kaiserreich카이저라이히에 해당했다.[143]

네덜란드어를 일본어로 옮긴 일본 최초의 난화사전蘭和辭典은 이나무라 산파쿠稻村三伯가 편하여 1796년에 간행한 『하루마와게波留麻和解』였다. 구쓰키 마사쓰나의 『태서여지도설』에 이미 네덜란드어 keizerrijk가 帝國으로 번역되어 있었지만, 이 난화사전은 간행 당시는 keizerrijk를 '帝王の國제왕의 나라'으로 번역했다. 『하루마와게』를 후지바야시 후잔藤林普山이 간략하게 줄여서 1810년 『얏켄譯鍵』이라는 책으로 출간했는데, 이때는 '제국'으로 바뀌었다.[144] 케이젤레이크의 번역어가 제국으로 통일되어 간 추세를 반영한 것으로 볼 수 있다.

이후 일본에서 제국이라는 단어가 보급되면서 영어로는 엠파이어empire를 뜻하는 것으로 통하게 되었다. 요시무라 다다스케에 따르면, 영어의 엠파이어를 네덜란드어의 케이젤레이크와 동일하게 제국으로 번역하게 된 중요한 계기는 1814년 간행된 『앙겔리아어림대성諳厄利亞語林大成』모토키 마사히데本木正榮 편이었다. 이 어휘사전의 편자가 참고한 것은 W. 시웰W. Sewel이 편집한 『영란사전英蘭辭典』으로 추정된다.[145] 이 사전은 영어의 엠파이어가 네덜란드어로는 세 가지 의미를 가진 것으로 번역했다. ① het RykRijk, ② Kaizerryk Keizerrijk, ③ heerschappy heerschappij가 그것인데 각각 독일어로는 ① das Reich, ② Kaiserreich, ③ Herrschaft와 일치했다. 당시에 존재한 일본어 개념으로 그 세 의미는 각각 ① 국國, ② 제국帝國, ③ 지배支配에 해당했다. 네덜란드어의 케이젤레이크는 당시 이미 일본어로 제국으로 번역되어 있었으

143 山本有造(2003), 앞의 책, p.39.

144 吉村忠典(2003), 앞의 책, pp.43~44.

145 Sewel, W.(1735), *A Large Dictionary English and Dutch*, in Two Parts, Jacob ter Beek ; 吉村忠典(2003), 앞의 책, p.45.

므로, 자연스럽게 영어의 empire를 마찬가지로 帝國으로 옮겼을 것이라고 요시무라는 추론한다.[146] 오늘날 일본의 대표적인 『역사학사전』은 제국이라는 단어 밑에 영어 empire를 부기하고 있다.[147]

네덜란드어로 케이제르keijzer는 독일어의 카이저Kaiser, 러시아어의 차르царь와 함께 라틴어의 카이사르caesar에서 유래하는 게르만어에 기초한 것이다. 카이사르는 왕을 뜻하는 쾨니히König를 넘어서는 지고의 존재를 가리킨다. 구쓰키와 야마무라가 케이제르를 왕이 아닌 '제帝'로 번역한 이유로 해석된다. 네덜란드어에서 레이크rijk는 독일어의 라이히Reich에 해당한다. 독일어에서 라이히는 슈타트Staat나 란트Land와 같이 국國이나 영방領邦이라는 단위의 상위에 있는 더 큰 통합적 정치체를 가리킨다. 신성로마제국은 독어로는 Heiliges Römanisches Reich였고, 라틴어 명칭은 Sacrum Romanum Imperium이었다.[148]

외르크 피시Jörg Fish에 따르면, 임페리움은 '명령하다'라는 뜻을 가진 동사 '임페레impere'에서 파생된 것이다. 이 단어는 로마 공화정 초기부터 국법에 관해 사용된 전문 용어였으며, 비전문적 의미는 '명령' 또는 '지시'를 뜻했다. 최고위 공무원의 공권력을 의미한 것으로, 처음에는 군 통수권에 제한되어 사용되다가 나중에는 더 포괄적인 의미를 갖게 되었고, 곧 이론상으로는 '무제한적인 공권력'을 일컫는 총괄적인 개념이 되었다.[149]

영어의 엠프러emperor는 라틴어의 임페라토르imperator에서 온 말이다. 임페라토르는 원래 통수권을 가진 최고위 직책을 가리켰으나, 나중에 야전사

146 吉村忠典(2003), 앞의 책, pp.44~46.

147 尾形勇 · 加藤友康 · 岸本美緒 · 黑田日出男 等 編(2005), 『歷史學辭典(Encyclopedia of Historiography) 12 王と國家』, 黑田日出男 責任編集, 弘文堂, p.480.

148 신성로마제국(Holy Roman Empire)은 독일에서 중세 시기인 962년 오토 1세가 황제로 즉위하면서 시작되어 근대 초기까지 존재했다. 그것이 공식적으로 사라진 것은 나폴레옹전쟁 기간인 1806년이다. 전성기에는 독일과 함께 이탈리아 왕국 등이 통치 영역에 포함되었다.

149 외르크 피시(2010), 앞의 글, p.14.

령관에 대한 명예 칭호로 변했다.[150] 스티븐 호위Stephen Howe에 따르면, 임페라토르가 로마에서 원래 가진 뜻은 승리한 장군a victorius general이었다. 시간이 흐르면서 최고지배자a supreme magistrate를 의미하게 된다. 하지만 그 단어가 원래 지녔던 군사적 영웅을 가리키는 뉘앙스는 로마 시대 내내 남아 있었다.[151]

로마의 초대 엠프러는 그전 역사에서 어떤 지배자도 갖지 않았던 새로운 명칭을 채택했다. '로마의 제1인자'라는 뜻을 가진 프린켑스princeps와 함께 임페라토르가 그것이었다. 그는 동시에 '존엄한 자the revered one'라는 뜻을 가진 아우구스투스Augustus라는 칭호를 채택하였으며, 그의 가문명이었던 카이사르를 또한 자신의 지배자로서의 위치를 가리키는 칭호로 전용한다.[152] 카이사르 아우구스투스Caesar Augustus, 재위 BC 27~AD 14가 바로 그다.

카이사르 아우구스투스는 가이우스 율리우스 카이사르Gaius Julius Caesar, BC 100~BC 44의 누이의 손자로, 그의 원래 이름은 옥타비아누스Octavianus였다. 율리우스 카이사르는 죽기 몇 달 전에 작성한 유언장에서 옥타비아누스를 공식적인 양자로 지정하여 주 상속자로 삼았다. 그렇게 해서 18세의 가이우스 율리우스 카이사르 옥타비아누스가 등장하였다.[153] 기원전 44년 마르쿠스 브루투스Marcus Brutus가 이끄는 일단의 원로원 의원들에게 카이사르가 피살된 후, 로마는 일련의 내전 상황에 돌입한다. 내전의 최종 승리자로 떠오른 것은 옥타비아누스였다. 그가 전제권을 가지면서 로마제국imperium Romanum이 성립한다. 기원전 27년 로마 원로원은 그에게 아우구스투스의 칭호를 부여했다. 이에 따라 옥타비아누스의 정식 칭호는 임페라토르 카이사르 아우

150 외르크 피시(2010), 앞의 글, p.14.
151 Howe, Stephen(2002), 앞의 책, p.13.
152 Woolf, Greg(2001), 앞의 글, p.313.
153 Goldsworthy, Adrian(2008), *Caesar : Life of a Colossus*, Yale University Press, pp.497~498, p.511.

구스투스가 된다.[154] 이로써 임페라토르는 군사적 승리자의 의미를 넘어 전제적인 최고지배자라는 의미를 갖게 되었다.

율리우스 카이사르의 가문 이름이었던 카이사르가 임페라토르와 마찬가지로 전제권을 가진 지배자의 칭호로 통하게 된 것 역시 아우구스투스 시대가 그 전기였다. 카이사르는 곧 고유명사적인 의미를 넘어 임페라토르 자체를 가리키는 하나의 보통명사가 된 것이다. 임페리움의 영어가 엠파이어인 것과 달리, 독일어와 네덜란드어에서는 각각 카이저라이히와 케이젤레이크라는 단어들이 채용된 것은 로마 자체에서 카이사르가 한 가문의 고유 명칭을 넘어서서 임페라토르와 같은 의미를 가진 보통명사로 쓰이게 되었던 사실에서 비롯하였다.

이제 임페리움은 임페라토르 내지는 카이사르가 지배하는 영역에 다름 아니었다. 라틴어에서 임페리움이 원래 가졌던 말뜻에 가장 가까운 현대 영어 단어는 sovereignty주권 내지는 rule지배이라고 한다. 로마인에게 임페리움이 담고 있는 구체적인 의미 두 가지는 전쟁을 수행하는 능력과 법을 만들고 집행하는 권력이었다.[155] 그래서 외르크 피시에 따르면, 임페리움은 처음에는 '사람에 대한 명령권'을 뜻했고, 나중에는 '해당 지역에 대한 명령권'으로 의미가 확장되었다. 그리고 마침내 '지배하는 지역 자체'가 된다. 곧 로마 지배자의 명령이 통하는 영역이 로마제국이었다. 이러한 의미에서 로마제국이라는 개념이 성립한 것은 로마의 역사가이자 정치가인 살루스티우스Sallustius, BC 86~BC 35의 기록으로 증명할 수 있다.[156] 스티븐 호위도 마찬가지로 임페리움이 오늘날 우리가 이해하는 엠파이어의 의미, 즉 '지배자들의 원래 영역을 넘어선 광역의 영토에 대한 지배'를 뜻하게 되는 것은

154 Everitt, Anthony(2007), *Augustus : The Life of Rome's First Emperor*, Random House.
155 Howe, Stephen(2002), 앞의 책, p.13.
156 외르크 피시(2010), 앞의 글, p.15.

로마 공화정 말기late Republican Rome에 들어서였다고 말한다.[157] 그것은 카이사르가 등장한 시기와 대체로 일치한다. 그래서 일본의 한 역사학사전은 "로마는 그 판도가 넓다는 것만으로서가 아니라 황제의 출현에 의해서 제국이 되었다"고 적었다.[158]

피시는 키케로Marcus Tullius Cecero, BC 106~BC 43의 언술에 나타나는 임페리움의 개념은 이미 '전 세계 지배'라는 '팽창적 요소'를 강하게 내포하였다고 말한다. 폼페이우스의 정복 활동과 관련해서 키케로는 이렇게 말했다. "그는 땅과 바다에서 벌어지는 모든 전쟁을 통해 전 세계의 땅끝 경계로 로마 인민의 지배를 확정지을 수도 있었다."[159] 그러나 로마 시대의 임페리움 개념은 '황제나 왕의 지배권 및 그 지배권이 미치는 영역'이라는 뜻으로 쓰였지만, '사법권을 가진 공권력'이라는 의미로도 계속 쓰였다. 임페리움의 개념에서 공권력이라는 의미가 탈락하고 '황제나 왕의 지배(권) 및 황제나 왕에 종속되어 있는 제국Reich'이라는 의미로 한정되어 정착된 것은 중세에 이르러서였다.[160]

근대에 들어서 임페리움 개념의 의미상 특징으로 피시는 다음 몇 가지를 주목한다. 첫째, 임페리움은 특별한 신성과 위엄을 가진 제국이라는 의미를 계속 가졌다. 둘째, 광역적인 영토 확장이라는 요소가 과거에 비해 더욱 중요한 의미로 되었다. 19세기의 문헌들은 특히 이 개념이 내포한 '팽창적 경향'을 더욱 강조했다. 1882년 알브레히트 유스트Albrecht Just는 그의 논고에서 '황제권'의 개념을 이렇게 설명하였다. "왕권의 상승, 엄격한 단일국가의 경계를 넘어서는 왕권의 확장, 세계 패권과 일종의 국제법적 헤게모니를 추구하는 성향 등에 대한 사유는 역사적으로 항상 황제권이라는 개념과 결합

157 Howe, Stephen(2002), 앞의 책, p.13.
158 尾形勇 · 加藤友康 · 岸本美緒 · 黑田日出男 等 編(2005), 앞의 책, p.481.
159 외르크 피시(2010), 앞의 글, p.15.
160 외르크 피시(2010), 앞의 글, p.16.

된다." 그는 또한 "진정한 황제권"은 "단일국가의 충만한 힘이 외부로 나아가서 팽창된 결과"라고 말하면서, 그것은 "정복을 통해 외적으로 거대해지려는 충동"을 품고 있다고 지적했다.[161] 임페리움이 내포한 팽창 지향의 성격 또는 광역 지배의 현상을 부각한 것이다. 그러나 동시에 유의할 것은 외르크 피시가 지적하고 있듯이, 근대 이후의 임페리움 개념은 "다른 임페리움들이 동시에 존재한다는 사실"을 반영하면서 '상대화'가 이루어졌다는 점이다.[162]

임페리움을 광역적 지배라는 뜻으로만 보면, 로마는 카이사르가 제정帝政을 확립하기 이전 공화정 시기에도 이미 제국이었다. 그러므로 공화정 시대의 로마인 역시 자랑스럽게 로마 인민의 임페리움Imperium populi Romani을 외쳤다. 그러나 아우구스투스의 시대부터 그것은 로마제국으로 전환된 것이다. 둘 다 '오랜 역사 속에서 구축된 세계적 지배령world-wide dominion'을 의미했다. 그러나 공화정 시대의 임페리움은 '인민에 의한 지배'라는 의미를 강조한 것이었던 데 비해, 아우구스투스 이후의 로마제국은 일반 시민이 존숭해야 하는, 그 영역을 지배하는 한 인격체의 고귀한 권위를 담은 실체로 바뀐 것이다.[163] 카이사르 아우구스투스를 거치면서 로마는 광역적 지배 영역을 건설했다는 의미에서뿐만 아니라 세속적 차원의 절대 권력을 행사하는 권위자에 의해 지배되는 정치체라는 의미에서도 제국이 되었고, 임페라토르의 개념 역시 군사적 영웅의 수준을 넘어서서 절대 권력을 행사하는 세속적 최고권위체의 의미를 확고히 갖게 된 것이다.

리처드 코브너Richard Koebner의 지적에서 확인할 수 있듯이 로마 시대에도 임페리움 개념은 공화정체제와 일정한 기간 양립하였다. 따라서 서양에서

161 외르크 피시(2010), 앞의 글, pp.19~20.
162 외르크 피시(2010), 앞의 글, p.19.
163 Koebner, Richard(1961), *Empire*, Cambridge University Press, p.11.

임페리움 용어는 전제적 황제권 자체에서 비롯한 것은 아니었다고 해야 한다. 그러나 임페리움이 '광역적 지배 영역'을 뜻하는 개념으로 정착되기에 이른 것과 전제적 황제 권력이 확립된 것이, 크게 보아 비슷한 시기에 진행된 것 또한 사실이다. 이후 두 현상이 현실에서도 개념에서도 불가분한 것으로 고착되어 갔다고 할 수 있다. 그 결과, 임페리움은 곧 강력한 최고권력자가 다스리는 광역적 지배 영역을 가리키는 개념으로 정착한 것이라고 할 수 있다.

게오르크 옐리네크Georg Jellinek는 로마에서 최고권력자가 임페라토르의 명칭을 띠고 등장한 것을 서양정치사의 중요한 사태로 파악했다. 그것은 무엇보다 국가권력이 군주에게 집중된 것을 뜻했다. "서양 세계에서 국가권력의 실력과 범위를 들어 하나의 인격에 체화한다는 것을 행한 것한 인간에 체현된다는 것-인용자은 로마제국이 처음이며, 후세에서의 군주 권력의 집중은 모두 이러한 로마의 모범의 영향 아래 행해진 것이다."[164]

옐리네크에 따르면, 엠프러를 정점으로 한 로마 국가의 권력 구조는 중세와 르네상스를 거쳐 근대국가 내적 구조의 역사적 전거가 되었다. 그 기본원리는 '로마국가는 당초부터 철저한 내적인 통일체'라는 것이었다. 그 말의 뜻은 "국가의 기관은 다양하더라도 국가의 전능한 권력, 즉 임페리움imperium·마이에스타스maiestas는 다만 하나의 기관이 장악해야 하며, 다른 모든 것은 단지 수권授權된 권리를 가질 뿐이라는 사상"을 의미했다.[165] 로마 국가를 하나의 내적 통일체로 만드는 것은 이 국가의 전능한 권력이 하나의 권력기관, 즉 엠프러에게 집중되고 다른 모든 권력은 그로부터 비롯한다는 이야기였다. 옐리네크에 따르면, 이러한 권력 구조를 탄생시킨 사상적 매개의 내용은 "본래 국민이 갖고 있는 권리가 대권법Lex Regia에 의해서 엠

164 게오르크 옐리네크(2005), 『일반 국가학』, 김효전 옮김, 법문사, p.255.
165 게오르크 옐리네크(2005), 앞의 책, p.255.

프러에게 양여된 것이며, 따라서 그는 궁극적으로 국민 전체를 그 일원으로 대표한다" 는 것이었다.[166] 여기에서의 강조점은 엠프러의 권력이 본래 국민으로부터 나온다는 사유 못지않게, 엠프러야말로 유일하게 국민 전체를 대표하는 국가기관으로 간주된다는 점이다. 엠프러 한 사람에게 국가권력 전체가 집중되는 것을 정당화하는 이념이었다.

우리는 흔히 최고권력을 가진 한 사람에게 모든 국가권력이 집중되는 것을 '제왕적' 체제라고 말한다. 로마에서 처음 성립한 이 같은 제왕적 국가권력 구조와 이를 뒷받침하는 로마의 사상은 게오르크 옐리네크에 따르면 주석자glossator나 프랑스 국왕의 어용법학자legist를 통해 이미 중세 후기에 유력한 정치사상의 힘이 된다. 또한 르네상스를 계기로 하여 로마의 국가사상은 근대 국가사상의 모범이 되기에 이른다. 그래서 근대적 국가 세계 전반에 직접적인 영향을 준 고대국가 형식은 헬레니즘 시대의 국가가 아니라 로마의 국가 형식이었다고 옐리네크는 파악했다.[167]

166 게오르크 옐리네크(2005), 앞의 책, p.255.
167 게오르크 옐리네크(2005), 앞의 책, p.256.

4. 고대 중국에서 帝 개념의 형성과 변화

상조의 제

중국 정치사상사에서 제帝의 개념이 등장하는 것은 일반적으로 하夏 · 상商(또는 은殷) · 주周 상삼대上三代 가운데 상조商朝 때의 일로 파악된다. 펑유란馮友蘭, 1895~1990은 『시경』의 「상송 편商頌篇」에 나오는 "有娀方將, 帝立子生商"이라는 구절을 주목한다.

펑유란에 따르면, 상대 사회는 노예와 귀족으로 이원화된 계급사회였으며, 귀족계급은 이른바 상제上帝를 자신들의 조상祖先이라고 주장했다. 또한 그들은 항상 상제의 보호와 도움保佑을 받는다고 주장했다. 그들은 국가와 왕의 행동의 중요 사안들과 관련하여, '복卜'이라는 방법을 이용하여 그들의 상제를 향해 보호와 도움을 기원하고 청구했다. 당시 왕과 귀족들이 복이라는 방법을 동원한 것은 그것을 통해서 자신들이 상제의 지시를 받아 행동하는 것으로 자임함으로써 노예 집단의 보다 완전한 복종을 확보하려는 것이

었다고 평유란은 해석하였다.[168]

주목할 것은 이 역사적 단계에서는 왕이 아직 제를 자칭하지는 않았다는 사실이다. 평유란의 해석은 상대 사회에서 상제가 갖는 의미에 대한 유물사관적 해석이라고 할 수 있다. 그 사회에서 상제의 개념이나 관념이 신앙이나 철학으로서 갖는 의미 자체보다는 그것이 지배계급을 위해 수행한 이데올로기적 기능을 주로 부각시킨 해석이라는 의미에서 그렇다.

보다 일반적인 해석은 상 시대 중국인 일반의 종교관이나 우주론이라는 맥락에서 제의 의미를 파악하는 것이다. 『예기禮記』는 『시경』·『역경』·『서경』·『춘추』와 더불어 오경의 하나로서, 주周 말에서 한대에 이르기까지의 고례古禮에 대한 유학자들의 설을 모은 것이다. 이 문헌에 상 시대 중국인의 종교관에 대한 언급이 있다. "은殷(商)인들은 신神을 존숭하여 모든 백성이 신을 섬겼는데, 귀鬼(조상신)를 섬기는 것을 먼저 하고, 예禮를 그 뒤로 하였다."[169]

상대 중국인의 종교관은 1950년대에 하남성 안양의 은허殷墟에서 발견된 10만 내지 17만여 개의 갑골편甲骨片(龜甲과 獸骨)을 통해 더 잘 알려진다. 갑골편에 새겨진 점복占卜의 내용은 제사에 관한 것이 단연 으뜸이다. 당시 중국인이 신을 섬기고 신의 뜻을 파악하는 일을 얼마나 중시하였는가를 증언하는 것으로 해석된다.[170] 윤내현에 따르면, 갑골문에 나타난 상대의 신은 크게 셋이었다. 제, 조상신 그리고 자연신이 그것이다. 이 가운데 제는 상족의 수호신으로서, 모든 신 중에서 최고신이었다. 제는 상제로도 불렸다. 천상의 높은 곳에 제가 존재한다는 관념을 나타낸 것으로 해석된다. 그러나 상대의 중국인이 천天 자체를 숭배한 기록은 갑골문에서는 찾을 수 없다고 한다. 갑골문자에 천이라는 글자가 있기는 하나, 지명 등에 사용되었을 뿐 숭

168 馮友蘭(1982), 『中國哲學史新編』 1980年 修訂本, 人民出版社, p.61.

169 『禮記』 卷17, 「表記」; 윤내현(1988), 「천하사상의 시원」, 윤내현 외, 『중국의 천하사상』, 민음사, pp.12~13.

170 윤내현(1988), 앞의 글, p.13.

배의 대상인 신의 이름을 나타내는 경우는 없다는 것이다.[171]

상대 중국인에게 조상신은 제와 달리 지하에 존재한 것으로 생각되었다. 조상신은 구체적으로 상나라 왕실의 선왕先王과 선비先妣, 그리고 상조 건립 이전의 조상을 가리키는 선공先公으로 이루어져 있었다. 갑골문에서는 선왕을 나타내는 조을祖乙을 하을下乙이라고 하였다. 조상신을 제와 달리 지하에 있는 것으로 생각했음을 보여 주는 근거로 추정된다.[172] 한편 자연물을 신격화한 자연신의 대표적인 것으로는 황하黃河를 신격화한 하신河神이 있었다.[173]

어떻든 상대의 중국인에게는 제가 모든 종류의 신 중 최고신의 위치에 있었다. 인간 만사와 함께 자연현상까지 관장하는 것으로 인식되었다. 제는 왕의 운명도 좌우하는 절대자였다. 갑골문 복사卜辭 중에는 "제께서는 왕을 보호하지 않으시렵니까?" 라고 묻는 것이 있다. "묻습니다. 왕에게 상서로움을 내리지 않으시렵니까?" 라고 묻는 것도 있다.[174]

서주 시대의 천과 제

주족周族이 상나라를 무너뜨려 성립한 서주西周 시대에 중국인이 최고신으로 숭배한 것은 더 이상 제가 아니었다. 천이 제를 대신하였다. 제가 상족의 수호신이었다면, 주족의 수호신은 천이었다. 그리스의 최고신이 제우스였던 데 비해 로마제국의 수호신은 유피테르였던 것과 같은 맥락이었다고 윤내현은 비유한다. 상을 멸하고 주 왕조가 지상에 성립된 것은 천명에 의한

171 平岡武夫(1983), 『經書の成立』, 創文社, p.174 ; 윤내현(1988), 앞의 글, p.13.
172 윤내현(1988), 앞의 글, p.14.
173 島邦男(1975), 『殷墟卜辭硏究』, 波古書院, p.195 ; 윤내현(1988), 앞의 글, p.14.
174 羅振玉(1959), 『殷墟書契前編』 下卷, 藝文印書館, 24葉 12片 ; 윤내현(1988), 앞의 글, pp.14~15.

것이라는 논리가 따랐다.[175]

그러나 상족의 수호신을 나타내는 제의 지위가 완전히 몰락한 것은 아니었다. 상족이 주족에 복속된 것은 천명일 뿐 아니라 상족의 수호신인 제의 명이기도 하다는 논리였다. 제의 옆에는 주족의 조상신인 문왕文王의 혼령이 함께 있는 것으로 믿었다. 그래서 천을 새로운 정점으로 삼은 가운데 상족의 수호신인 제와 주족의 조상신인 문왕의 혼령이 그 밑에 정렬하는 새로운 신의 계보가 서주 시대에 성립하였다.[176]

문자학文字學에 따르면, 천天은 원래 사람의 머리를 가리키는 것이었다. 이 글자는 시간이 흐르면서 위를 뜻하는 상上, 크다는 뜻의 대大를 포함하게 된다. 펑위馮寓에 따르면, 상나라 시대의 갑골문에 나타나는 천이라는 글자는 그처럼 형용적인 의미로서 상 자나 대 자와 통용될 수 있었다. 당시 하늘은 아직 신으로도 자연으로도 인식되지 않았다. 따라서 천은 인간과 철학적 관계를 구성하는 존재가 아니었다.[177]

천이 인人과 철학적 관계를 개념으로 맨 처음 등장하는 것은 서주 시대 초기의 문헌인 『서경』의 「대고 편大誥篇」에서이다. "나는 감히 하늘이 내린 위엄을 행사하지 않을 수 없다. 문왕께서 나에게 물려준 보배로운 거북으로 점을 쳐 하늘의 뜻을 헤아려 보았더니, 하늘은 우리에게 다음과 같이 명을 내렸다. '서쪽 땅에 큰 재난이 있을 것이다. 서쪽 땅에 사는 사람들은 안정하지 못할 것이다. … 하늘은 또 앞의 문왕에게 복을 주었다.'"[178]

이제 비로소 천은 인격화된 최고신을 의미하게 된 것이다. 펑위에 따르면, 이 인용문에서 인간은 일반적인 모든 인간을 가리키는 것이 아니라 지

175 윤내현(1988), 앞의 글, p.25.
176 윤내현(1988), 앞의 글, pp.25~26.
177 펑위(1993), 『천인관계론』, 김갑수 옮김, 신지서원, pp.32~33.
178 『書經』「大誥篇」: "予不敢閉于天降威, 用寧王遺我大寶龜, 紹天明, 即命曰, 有大難于西土, 西土人亦不靜… 天亦惟休于前寧人" ; 펑위(1993), 앞의 책, p.33.

배계급 내지는 지배자를 가리킨다. 결국 천상의 최고신과 인간 세계의 지배자 사이에 철학적 관계가 성립된 것이다.[179] 이렇게 서주의 지배자들은 하늘을 추상적인 인격신으로 개념화하면서 자신들의 최고신으로서 제를 대신하기에 이르렀다. 서주 시대 중국인의 정신세계에서 천과 제가 서 있는 위치는 『시경』과 『서경』, 그리고 청동기의 명문銘文 등에서 파악된다. 『시경』의 경우, 최고신의 개념으로서 천이 쓰이는 횟수는 모두 140회라고 분석된다. 천이 118회, 천자天子가 22회 등장한다. 제나 상제가 최고신의 개념으로 등장하는 경우는 43회이다. 『서경』 안 서주 시대 기록의 경우, 천이 최고신 개념으로 116회 등장하는 데 비해 제나 상제가 최고신으로 언급되는 경우는 25회이다.[180] 최고신으로서 제나 상제가 언급된 경우는 "상족 또는 상 시대의 최고신을 지칭할 필요가 있거나 무의식 가운데 종래의 관습이 계승되었기 때문"으로 추정된다.[181]

요컨대 상 시대의 숭제사상崇帝思想에 비하여 주 시대 이래는 경천사상敬天思想의 시대가 된 것이다. 중국인에게 최고신이 천으로 바뀌면서 천하와 천자라는 개념도 서주 시대에 성립하였다. "넓은 의미로는 우주, 좁은 의미로는 인간 사회"가 천하로 불리게 되었다. 또 주나라 왕은 천의 뜻을 받들어 인간 사회를 통치하는 것이라는 인식에서 천의 아들이라는 의미인 천자를 자임하고 또 그렇게 불렸다.[182]

여기에서 주목해야 할 것은 최고신과 왕 사이의 관계에 대한 개념적 변화이다. 상대商代에는 현실의 최고권력자인 왕이라 하더라도 그와 최고신 제

179 펑위(1993), 앞의 책, p.33.
180 Creel, Herrlee G.(1970), "The Origin of the Deity Tien," *The Origins of Statecraft in China : The Western Chou Empire*, University of Chicago Press, pp.494~495 ; 윤내현(1988), 앞의 글, p.26.
181 윤내현(1988), 앞의 글, p.26.
182 윤내현(1988), 앞의 글, pp.34~35.

사이에 직접적인 혈연관계를 지칭하는 메타포를 담은 개념, 이를테면 '제자帝子'라는 개념이 나타나지 않았다. 반면 서주 시대에 들어서 최고신이 천으로 바뀜과 동시에, 현실의 최고지배자는 그 최고신과 직접적인 혈연관계의 메타포를 담은 '천자'라는 개념이 등장했다. 그것은 상나라 시대에 비해 주의 최고권력자가 수많은 제후국을 거느리며 확립하게 된 전제적 권력과 관련이 있을 것이다.[183]

그럼에도 아울러 염두에 두어야 할 것은 현실의 최고권력자가 천의 아들을 자칭했을지언정 천 또는 제 자체를 자임하지는 않았다는 점이다. 이 점은 훗날 진시황이 스스로를 제라고 칭하게 된 것과는 분명 차이가 있다고 해야 할 것이다.

전국 시대에 제의 의미 변용

앞에서 본 것처럼 특히 상대에 제는 상제를 의미한 가운데 인격을 갖지 않은 절대신으로서 우주 만물의 주재자였다. 제의 이 같은 용법은 주대周代 이후에도 한편으로 존속했다. 그러나 동시에 제를 인격신人格神의 칭호로 삼는 용법이 등장하였다. 니시지마 사다오는 이를 두고 아마도 왕실의 선왕, 그중에서도 특히 숭배한 시조신에게 제의 지위를 부여하기에 이른 것으로 해석한다. 이처럼 시조신이 제로 불리게 되면서 전설 속의 상고 시대 성왕聖王들도 제곡帝嚳 · 제요帝堯 · 제순帝舜과 같이 제호帝號를 붙여 부르게 된 것

183 고도로 추상화된 신의 존재에 대한 인간의 인식은 국가의 발생, 그리고 그 체제의 강화와 깊은 관련이 있다는 의견은 주목할 만하다. 나카자와 신이치(中澤新一)는, "왕과 국가의 발생은 인류가 만든 사회에 회복 불가능한 결정적인 변화를 초래했다. 유일신으로서의 신의 발생에 대해서도 같은 표현을 할 수 있다. 스피리트들의 그룹으로부터 신 하나가 이탈에 성공함으로써, 인류의 사고에도 역시 회복 불가능한 결정적인 변화가 일어난다. 게다가 이 두 프로세스, 즉 국가의 발생과 신의 발명은 내면에서 서로 깊이 연결되어 있다"[나카자와 신이치(2005), 『신의 발명 : 인류의 지(知)와 종교의 기원』, 김옥희 옮김, 동아시아, p.22].

이라고 니시지마는 이해한다. 이러한 새로운 용법이 전국 시대에 정착된 오행사상五行思想과 결합하여 오제설화로 체계화되었다는 것이다. 이로써 제는 단순히 비인격신인 상제만 의미하지 않고, 인격을 가진 성왕의 호칭으로도 된 것이다.[184]

이처럼 주대에 이르러 제가 인간계의 성왕들을 일컫는 칭호로도 쓰이게 되었지만, 이때 제로 불리는 성왕들은 어디까지나 현세의 군주를 가리키는 것은 아니었다. 그런데 시간이 흐르면서 변화의 조짐이 나타난다. 『전국책戰國策』의 기록들을 보면, 진시황제 이전의 전국 시대에 일시적으로 현세의 군주들이 제를 칭하는 일이 있었다. 기원전 288년 진秦과 제齊나라가 화북지방을 거의 양분하게 되었을 때, 진나라의 소양왕昭襄王은 서제西帝, 그리고 제나라의 민왕湣王은 동제東帝를 칭했다.[185] 그러나 이들 칭호는 제가 연燕나라에 패하면서 수년 만에 사라졌다. 그로부터 30년 후인 기원전 258년 진나라가 조趙나라 감단邯鄲을 포위했을 때, 한韓 · 위魏 · 조 등 세 나라는 진나라 왕을 '제'라 불러 위기를 모면한 일이 있다. 하지만 곧 제나라 사람 노중연魯仲連이 이의를 제기하여 취소되었다.[186] 어떻든 전국 시대에 들어서서는 제는 상제 그리고 옛 성왕들에 대한 칭호로서뿐만 아니라 현세의 군주의 칭호가 될 수 있는 가능성을 예시한 것이다. 어떤 군주의 권위가 그 왕국을 넘어 다른 나라까지 미치게 되었을 때, 제호를 적용하자는 의론이 일게 되었다는 사실은 주목할 변화이다.[187] 일개 왕보다 현저하게 우월한 현세의 군주에게 신격성을 부여하는 '황제'라는 칭호가 등장할 수 있는 개념적 준비가 갖추어져 간 것이라 할 수 있다.

타의 추종을 불허하는 권위를 갖게 된 현세의 군주에게 제호를 부여하는

184 西嶋定生(1983), 앞의 책, p.56.

185 『戰國策』「齊策四」; 西嶋定生(1983), 앞의 책, p.56.

186 『戰國策』「趙第四」; 西嶋定生(1983), 앞의 책, p.56.

187 西嶋定生(1983), 앞의 책, p.56.

움직임은 서주 시대와 전국 시대를 거치면서 전개된 두 가지 변화와 관련이 있지 않을까 생각된다. 첫째, 서주 시대 이래 제는 우주 만물을 주재하는 절대자의 개념적 지위를 천에 넘겨주었다. 제는 여전히 신격성을 띤 개념으로 남기는 했지만, 이제 천과 인간계 사이의 중간적 위치에 가까워진 것으로 볼 수 있었다. 둘째, 저마다 전제 권력을 행사하는 국왕들보다 더욱 광역적인 지배 권력을 확보한 군주가 전국 시대 말기에 등장하기 시작했다. 이에 따라 기존의 왕들과 층위를 달리하는 권위를 가진 지배자는 자신의 권위에 대한 그리고 그러한 자신과 절대자의 관계에 대한 새로운 언술, 새로운 개념적 요구를 갖게 된 것이다.

일본 학계에서는 중국 고대 시기를 통틀어 '제'와 '천'의 개념적 차이 혹은 동일성 문제에 대해 대체로 두 가지 해석을 제기한 것으로 보인다. 하나는 그 둘 다 최고의 지상성至上性을 가리킨다는 점에서 실질적으로 동일하다는 해석인데, 일반적으로 통용되는 관점이다. 다른 하나는 히라오카 다케오平岡武夫, 1909~1995가 제시한 해석으로 제와 천 사이에는 무시할 수 없는 차이가 있다는 것이다. 그에 따르면 제는 주로 왕가의 조상신을 가리킨 것이었고, 천은 그와 달리 초씨족적超氏族的인 보편적 이념에 의해 성립한 개념이었다.[188] 아카쓰카 기요시赤塚忠는 히라오카가 제를 고대 왕가의 조상신으로 본 것을 비판했다. 아카쓰카 기요시는 은 시대에 어떤 외적의 침입을 두고, 이를 " '제'가 은나라에 내린 재앙일 것" 이라고 해석한 복사 사료를 주목했다. 그에 따르면, 이때의 제는 단순히 은 왕가의 조상신 정도가 아니라 은나라를 초월한 최고신을 가리킨 것이었다.[189] 반면에 히라이시 나오아키平石直昭는 제가 은나라에 재앙을 내릴 수 있는 지상성을 가진 존재였다고 해서 곧

188 히라이시 나오아키(2013), 『한 단어 사전 천』, 한림대학교 한림과학원 기획, 이승률 옮김, 푸른역사, pp.24~25.

189 赤塚忠(1977), 『中國古代の宗教と文化 : 殷王朝の祭祀』, 角川書閣, p.489, p.533 ; 히라이시 나오아키(2013), 앞의 책, p.25.

제와 천이 동질적 개념이었다고 볼 수는 없다고 주장했다. 히라이시는 제, 천, 그리고 히라오카가 말하는 의미의 조상신을 각각 분리해서 이해할 필요가 있다고 보았다.[190]

필자는 앞에서 윤내현을 참고하여, 제는 상족의 수호신으로서 모든 신 중 최고신이었고 상제로도 불렸으며, 이는 천상의 높은 곳에 제가 존재한다는 관념을 나타낸다는 해석을 취하였다. 윤내현은 제를 조상신이나 자연신과 분리하여 독립적 의미를 가진 개념이었다고 보았다. 제가 적어도 그 출발점에서는 상족의 조상신을 의미했다는 펑유란의 해석을 받아들인다 하더라도, 그 개념이 단지 거기에 머물러 있었다고 단정할 수는 없다. 많은 개념은 유기체처럼 시대적 환경에 따라 변화하면서 다의성을 띠게 되었다. 그런 점에서 제를 단순히 특정 씨족의 조상신으로 한정하는 것은 무리가 있고, 히라오카가 주장하듯이 훗날 보다 보편적인 이념으로서의 기원을 가진 천과 동질적인 개념이었다고 보는 것 또한 적절하지 않아 보인다. 주목할 것은 제 개념이 시대적으로 변용되고 천의 개념과 만나면서 상대화되어 가는 양상이라고 생각한다.

통일 제국 진과 황제 칭호의 성립

『사기본기』의 「진시황본기」 26년조는 '황제皇帝'라는 칭호가 출현하게 된 사정을 가장 상세하게 기록했다.[191] 이 기록에 따르면 그 과정은 진시황이 대신들에게 이렇게 지시하면서 시작된다. "과인이 보잘것없는 몸이지만 군대를 일으켜 격렬한 난을 토벌하자, 조상의 혼령이 돌보아 주어 여섯 나라의 왕이 모두 자신의 죄를 승복하니 천하가 크게 안정되었다. 이제 호칭을

190 히라이시 나오아키(2013), 앞의 책, p.25.
191 西嶋定生(1983), 앞의 책, p.52.

바꾸지 않는다면 이룬 공적에 걸맞지 않게 후세에 전해질 것이다. 그대들은 천자天子의 호칭을 논의하라."[192]

이에 승상 관綰(왕관), 어사대부 겁劫(풍겁), 정위廷尉 사斯(이사) 등이 모두 아뢰었다. "옛날에 오제五帝는 땅이 사방 1천 리였는데, 그 바깥의 후복侯服 · 이복夷服의 제후들 가운데 어떤 자는 조회朝會에 들기도 하고 어떤 자는 들지 않았으나, 천자는 그들을 통제할 수 없었습니다. 지금 폐하는 의로운 군대를 일으키시어 남아 있는 적을 베고 천하를 평정하여 전국海內에 군현郡縣을 만들고 법령을 통일시키셨으니, 아주 오랜 옛날 이래로 일찍이 없었던 일로 오제라 할지라도 미치지 못하는 것입니다. 신들이 삼가 박사博士들과 함께 의논하니, '고대에는 천황天皇이 있고 지황地皇이 있고 태황泰皇이 있었는데, 태황이 가장 존귀했다'고 했습니다.[193] 신들이 죽기를 무릅쓰고 존칭을 올리니, 왕은 태황이라 하고, 명命을 '제制'로 하고, 영令을 '조詔'라 하며, 천자가 스스로를 부를 때는 '짐朕'이라 하십시오." 그러자 진나라 왕이 말했다. "'태泰' 자를 없애고 '황皇' 자를 내버려 두며, 상고 시대의 '제'라는 호칭을 받아들여 '황제皇帝'라고 부를 것이다. 다른 것은 의논한 바대로 하라."[194]

니시지마 사다오는 이 기록에서, 진시황이 황제를 칭하게 된 가장 중요한 배경으로서 신하들이 '진왕의 홍업鴻業은 옛날 오제도 미칠 수 없는, 고금에 미증유의 것이므로 그것에 걸맞은 존호로서' 태황이라는 명칭을 건의한 것

192 사마천(2005), 『사기본기(史記本紀)』, 「진시황본기」, 김원중 옮김, 을유문화사, p.208.

193 천황, 지황, 태황은 각각 복희씨(伏羲氏), 신농씨(神農氏), 여와씨(女媧氏)를 가리킨다. 설화에 따르면, 삼황(三皇)으로 불리는 이들 중에서 복희씨는 사람들에게 물고기 잡는 법을 전수해 주었고, 신농씨는 농사법을 전해주었다. 여와씨는 우주와 세상을 재건한 여와보천신화(女媧補天神話)의 주인공이다. 여와신화에 대해서는, 육완정(2003), 「여와신화 : 우주와 생명의 아르케」, 동아시아고대학회 편, 『동아시아 여성신화』, 집문당, pp.13~47 참조. 복희와 여와에 대한 중국인들의 인식의 역사적 굴절에 대해서는, 김선자(2003), 「도상해석학적 관점에서 본 한대의 화상석 : 복희와 여와의 도상을 중심으로」, 동아시아고대학회 편, 『동아시아 여성신화』, 집문당, pp.49~92.

194 사마천(2005), 앞의 책, pp.208~209.

에 주목한다. 오제와 서주 시대의 천자조차 능력에 한계가 있었으나, 진왕의 업적은 그것을 넘어선다는 점을 보여 주기 위해 존호를 새롭게 선정하려 했다. 또한 그 선정의 기준으로 천황 · 지황 · 태황이라는, 인간계를 초월한 신령들 중에서 최고신인 태황이라는 칭호를 가장 적절한 것으로 보고, 이를 참고해 결정한 것이다.[195]

황제의 어원에 대한 해석

『사기본기』에서 사마천의 중국사 서술의 제1장은 「오제본기五帝本紀」이다. 그가 말하는 오제 중에서 첫 번째 제는 황제黃帝인데, 이는 유웅씨有熊氏 부락의 우두머리인 소전少典의 자손으로 서술된다. 황제는 중국 신화에서 오방五方의 신 가운데 중앙을 다스리는 상제이다. 그는 고대 중국의 불의 신 염제炎帝가 제후들을 공격하자, 이를 물리쳐 제후들을 구하고 천하를 평정한다. 제후들이 그를 천자로 삼고 신농씨를 대신하였다고 적고 있다.[196]

사마천이 서술하는 두 번째 제는 황제의 손자라는 전욱제顓頊帝인데, 전욱제는 북방 · 겨울 그리고 오행상의 수水를 관장하는 신으로 통한다. 전욱제에 대해 사마천은 곡식을 기르고 예의를 제정하였으며 제사를 정비한 존재로 묘사한다. 이어서 제위에 오른 이는 전욱제의 사촌의 아들인 제곡帝嚳이다. 제곡은 "하늘의 뜻을 따랐고, 백성의 절실함을 알았다. …해와 달의 운행을 관찰해서 지고 뜨면 맞이하거나 전송하였고, 귀신을 밝혀서 그들을 공손히 섬겼다."[197] 사마천은 이어서 요堯와 순舜에 대해 서술한다. 이들 다섯이 오제를 구성하는 것이다.

195 西嶋定生(1983), 앞의 책, pp.53~54.
196 사마천(2005), 앞의 책, p.33.
197 사마천(2005), 앞의 책, p.38.

니시지마 사다오에 따르면, 황皇이라는 글자는 원래 금문金文에서 지상에 태양의 광휘가 내리는 모습을 나타낸 것이었다. 신성神性을 띠는 수준으로 '빛나는' 내지는 '위대한'의 의미를 갖는 형용적인 문자였다. 그러므로 '황제皇帝'라고 하면 '위대한 제'라는 의미를 가진다. 황제라는 말은 진시황이 황제 칭호를 택하기 전에 이미 금문金文에 나타나는 경우가 있었다. 하, 상, 주 상삼대의 역사를 기록한 주대의 역사 기록으로서 훗날 진시황의 분서갱유로 원본이 사라진 것으로 알려진『상서尙書』에서도 사용된 바 있다. 이런 기록에서 황제의 의미는 황천상제皇天上帝, 즉 황황煌煌한 상제로서 '위대한 우주의 절대신으로서의 상제'를 가리킨다. 결국 황제는 우주를 주재하는 상제 자체를 의미한다는 해석이다.[198]

그러나 니시지마의 해석에는 다소 무리가 있다. 앞에서 헐리 크릴Herlee G. Creel의 연구를 빌려 윤내현이 설명한 바와 같이, 서주 시대 이래 중국인의 우주관에서 제는 천에게 절대자의 위치를 넘겨주었다. 상제의 의미도 그런 점에서는 천에 비하여 인간계에 한 차원 가까운 자리로 옮아갔다고 할 수 있다.[199] 훗날 중화 통일 제국의 군주들은 스스로를 황제로 함과 동시에 천자, 곧 '하늘의 아들'을 자칭하는 전통을 줄곧 지켰다. 그것은 황제가 우주의 절대자와 지극히 친밀한 존재임을 천명하되, 절대자로서의 천 자체를 자임하지는 않았다는 것을 시사한다. 그런 점들에서 볼 때, 진시황대에 채택된 황제라는 개념이 '우주를 주재하는 상제 자체'였다는,[200] 결국 절대자의 지위를 그대로 의미하는 칭호였다고 보는 니시지마의 해석에는 지나친 점

198 西嶋定生(1983), 앞의 책, p.57.

199 천제(天帝) 개념에서 보듯이 천과 제가 결합한 개념도 존재했다. 상제와 천제 모두 우주와 인간계를 주관하는 절대자적 존재를 가리키는 것이었다. 다만 다분히 인격화된 절대자에 대한 사유를 나타낸 것이었다고 보인다. 절대자를 가리키되 인간화될 수 있는 존재라고 할 요소가 '제(帝)'에 함유되어 있었던 것이라고 생각된다.

200 西嶋定生(1983), 앞의 책, p.57.

이 있다. 오제에 대한 사마천의 서술은 서주 시대와 춘추전국 시대의 관념을 계승하여 정리한 것이라고 할 수 있다. 그런데 여기에서 오제는 그들 자신이 제사를 지내고 귀신을 섬기는 존재였다. 사마천이 서술하듯이, 황제黃帝를 비롯하여 제로 칭해진 존재들 자신도 '천지의 규율에 순응'하는 존재였다.[201]

또 유의할 점은 사마천이 묘사한 황제黃帝는 오제 중에서도 정복 군주로서의 면모를 가장 분명히 갖고 있는 인물이었다는 점이다. "헌원軒轅(黃帝의 이름)의 시대에는 신농씨의 후대 (자손의) 세력이 기울었다. 제후들은 서로 침략하고 공격하여 백관百官을 잔혹하게 살해하였으나, 신농씨는 이들을 정벌할 수 없었다. 그래서 헌원이 방패와 창을 다루는 사용법을 익혀 조공을 바치지 않는 제후들을 정벌하자, 제후들이 모두 와서 복종했다."[202] 그러나 불의 신 염제와 그의 자손으로서 전쟁의 신으로 통하는 치우蚩尤의 도전을 받는다. 황제黃帝는 곧 '덕을 닦고 군대를 정돈'하여 그들을 물리친다. 이어 제후들로부터 '천자'로 추대받는다. 황제黃帝는 그후에도 복종하지 않는 제후들을 정벌하고 평정하는 사업을 벌인 군주로 묘사된다. "천하에 따르지 않는 자가 있으면 황제는 쫓아가서 그들을 정벌하고 평정되면 떠나갔으며, 산을 개간하여 길을 뚫느라 일찍이 편하게 지낸 적이 없었다."[203] 사마천은 무력으로 천하를 관리하느라 여념이 없는 황제의 모습을 또한 이렇게 묘사하였다. "황제黃帝는 항상 이곳저곳 옮겨 다녀 일정한 거처가 없었으므로, 머무는 곳마다 군영을 지어서 방어하였다."[204]

한마디로 요약하면 사마천의 「오제본기」에서 인간계에서 처음으로 제의 칭호를 얻은 황제黃帝는 혼란한 천하를 무력으로 평정하여 새로운 시대를

201 사마천(2005), 앞의 책, p.35.
202 사마천(2005), 앞의 책, pp.32~33.
203 사마천(2005), 앞의 책, pp.33~34.
204 사마천(2005), 앞의 책, p.34.

개창한 제왕이었다. 사마천의 『사기본기』가 집필된 것은 기원전 2세기 말로 알려져 있다. 진시황이 스스로를 황제皇帝라 칭한 사건이 일어난 후의 일이다. 그러나 '오제'설화 자체는 니시지마 사다오가 지적했듯이 진시황 이전인 전국 시대에 이미 체계화된 모습으로 존재하였다. 그렇다면 진시황과 그 신하들은 오제설화 중에서 사마천이 서술하고 있는 것과 같이 광역적 지배를 확립하여 새로운 천하를 구축한 정복 군주로서의 업적을 가장 염두에 두고 황제 개념을 선택한 것일 가능성이 크다.

부차적인 점이지만 또한 고려해 볼 점은, '황皇'의 어원과 사마천의 「오제본기」의 첫 제인 황제黃帝의 '황黃' 사이의 상관성이다. 니시지마 사다오가 '황皇'의 어원을 '지상에 태양의 광휘가 내리는 모습'을 형용한 데에서 찾았음은 앞에서 언급한 바와 같다. 태양의 광휘는 흔히 색상으로서는 황금색으로 표현되는 경향이 있었다. 그래서 이 색상은 중국에서 전통적으로 제왕의 복색과도 관련이 깊었다. 그렇다면 고대 중국인이 그들에게 지극히 존귀한 존재를 형상화할 때 황黃과 황皇·煌은 이미지상에서 상관성 내지 상통성이 있었으리라 생각된다.

'황황후제皇皇后帝'라는 개념은 앞에서 지적했듯 『상서』에 있다고 니시지마가 언급했지만, 그 개념은 『논어』의 마지막 장인 「요왈 편堯曰篇」에도 나타난다. 주자의 주석에 따르면, 이 단어가 포함된 문장은 탕왕湯王이 하나라의 걸왕桀王을 추방하고 상나라를 세운 후 제후들에게 이른 말이다. 주자는 그 문장을 가리켜 "『상서』의 「탕고」 부분의 말을 인용한 것此, 引商書湯誥之辭"이며, "『상서』의 문장과 대동소이하다與書文大同小異"고 하였다.[205]

이 문장이 원래 실려 있었다는 『상서商書』란 무엇인가. 이것은 『상서尙書』로도 불리는 『서경』의 「상商나라 편」 역사를 말한다. 이 모든 것을 포괄하

205 주희(2008b), 『논어집주 2』, 박헌순 역주, 한길사, pp.593~594.

는 『서경』은 공자가 채집해 엮은 역사서로 알려져 있다. 훗날 진시황의 분서갱유로 원본이 소실되어 후인들에 의해 재구성된 것이라고 한다.[206] 그것이 원래 공자 시대에 구성된 역사서라고 전제한다면, 위의 황황후제라는 표현 역시 그 시대에 상제를 가리키는 용어로 쓰였다고 가정할 수 있다. 그렇다면 그 표현은 진시황 시대에 앞서 상제를 지칭하는 용어로 이미 쓰이고 있었다는 이야기가 된다. 진시황과 그 신하들이 『서경』에 나타나고 『논어』에 인용되었던 황황후제라는 표현에서 '황제皇帝'라는 용어를 만들어 냈을 가능성은 충분히 있다.

그러나 아마 가장 소박하면서도 무시할 수 없는 가능성은 '삼황오제三皇五帝'라는 개념 자체와의 연관성일 것이다. 앞에서 언급한 바와 같이 삼황오제의 설화는 전국 시대에 이미 정립되어 존재했다. 그렇다면 삼황의 '황'과 오제의 '제'를 단순 결합하여 '황제'의 개념을 만들었을 가능성을 배제할 수 없는 것이다.

오제는 인격화된 성왕聖王의 모습으로 그려지고는 있지만, 어디까지나 현세의 군주는 아니었다. 현세의 군주인 진시황이 이들 오제의 존호尊號를 빌려 오기에 이르는 것은 그 자체로 오제가 갖는 신성성神聖性을 전유 또는 자임하려 한 것이 분명하다. 그런가 하면 황과 제는 분명 신성神性을 담은 글자들이었지만, 전국 시대 중국인의 사유에서 우주의 주재자 내지 절대자의 의미는 천에 넘겨지고 제는 천과 인간 사이의 중간에 위치한 개념으로서 상대적인 세속화의 길을 걷고 있었던 점도 유의할 필요가 있다. 이를테면 신의 인격화와 인간계 정치권력의 신격화가 만나는 지점이 개념화된 것이 '제'였다고 생각할 수 있다. 정복 군주 진시황이 황제를 칭한 배경을 이해할 때, 그 같은 정신사적 변화 또한 주목해야 할 것이다.

206 사마천(2005), 앞의 책, p.57의 역주.

고대 중국 정치체의 진화와 황제 개념 성립의 의의

진시황제의 성립과 함께 군주가 지배 영역 대부분을 제후들에게 나누어 주는 정치 질서인 봉건제는 폐기되었다. 지배 영역 전체를 황제가 직접 규율하는 군현제로 대체한 것이다. 이로써 황제의 출현은 동아시아 역사에서 비로소 중앙집권적 군주국가가 등장한 것을 의미한다.[207] 진시황이 제를 자칭함과 함께 군현제라는 황제 직할의 통치체제를 구축하면서, 훗날 우리가 '제국'이라고 부르는 것의 최초의 정치체가 중국에 탄생했다고 보는 것은 오늘날 중국의 역사가들도 마찬가지이다. 우리가 제국의 핵심적인 내용으로 첫째 지배자가 제를 칭하는 것, 둘째 광역적인 지배체제를 구축한 것으로 요약할 때, 진시황은 그 두 가지 요소를 중국 역사에서 최초로 함께 관철한 인물이다.

진시황 이후 중국의 제국 질서가 그 이전과 구분되는 점은 두 가지로 요약할 수 있다.

첫째, 황제체제는 중앙집권적 정치권력 구조이다. 그러나 진시황 이전 서주 시대와 춘추전국 시대 중국의 권력 구조는 봉건체제였다. 이중톈易中天은 그것을 방국邦國 제도라고 말한다. 방국이란, "서주 봉건시대부터 춘추전국 시기까지 시행된 특수한 국가 제도로서 중국 민족국가 형태의 초기 단계"라고 정의한다.[208] 당시 중국 대륙에는 크고 작은 수많은 제후국이 봉국封國이라는 이름으로 존재했다. 그들은 저마다 실질적인 독립을 유지하면서 상호 교류하는 가운데, 공동으로 그들 중 하나를 명목상의 천하공주天下共主로 추대하여 받들었다. 그 천하공주를 중심으로 천하를 하나로 모은 것이었다. 이것을 방국 제도라고 한다. 기본적으로 봉건체제였다.

207 西嶋定生(1983), 앞의 책, pp.405~406.

208 이중톈(2008), 『이중톈 제국을 말하다 : 중국 제국 시스템의 형성에서 몰락까지, 거대 중국의 정치제도 비판』, 심규호 옮김, 에버리치홀딩스, p.52.

봉건체제의 특징은 천하에 오직 한 명의 천자를 두되, 방국들마다 각기 사실상 주권을 가진 군주 즉 국군國君이 있다는 것이다.[209] 이 방국 군주들은 명목상으로는 천자로부터 하사받은 지위이지만, 그들의 영토는 전쟁을 통해 스스로 얻은 것이 많았다. 그들 중 힘 있는 자가 전쟁을 일으켜 영토를 확장하면, 천자인 주의 왕에게 일정한 절차를 밟아 보고하면 그만이었다.[210] 봉건제, 즉 방국체제에서는 "왕에서 시작하여 공公, 후侯, 백, 자, 남, 심지어 경卿이나 대부大夫에 이르기까지 각기 자신의 영지와 특권을 소유하고 있다. 가장 직급이 낮은 귀족인 사士 역시 상대적으로 독립된 인격을 지니고 제후 사이를 오갈 수 있었다."[211]

진시황이 칭제하면서 확립한 군현제는 그러한 방국체제와 달리 황제의 친정체제였다. 방국체제에서의 주 천자는 명의상 천하의 주인일 뿐이었지만, 진 황제는 실질적인 천하의 주인이었다.[212] "천하의 신민은 여서黎庶(일반 백성)에서 관원에 이르기까지 황제의 명을 받들지 않으면 안 된다. 진퇴와 흥폐興廢는 모두 황제 한 사람을 통해 결정되고, 상벌과 장부臧否(선악을 분별하고 판단하는 일) 역시 오로지 황제에게 달려 있다. 생사여탈 또한 황제의 한마디가 중천금이다. 심지어 천둥과 벼락, 비나 이슬조차 모두 황제의 은혜가 아닐 수 없다."[213] 방국 제도 아래에서는 가장 존귀한 자인 지존至尊과 가장 강한 자인 지강至强, 즉 패覇가 따로 있었다. 춘추전국 시대에 주의 천자는 존귀하지만 패는 지극히 막강했다. 이에 비해 황제체제는 지존과 패가 하나의 존재에 통일된 것을 의미했다.[214] 이를테면 사마천의 『사기본기』에 기술된 오

209 이중톈(2008), 앞의 책, p.52.
210 이중톈(2008), 앞의 책, p.53.
211 이중톈(2008), 앞의 책, p.101.
212 이중톈(2008), 앞의 책, p.100.
213 이중톈(2008), 앞의 책, pp.101~102.
214 이중톈(2008), 앞의 책, p.102.

제 중에서 정복 군주로서의 면모를 특히 강하게 가짐으로써 지존과 지강을 한 몸에 지녔던 것으로 보이는 황제黃帝가 중국의 현실 역사에서는 진시황 속에서 최초로 실현된 것이다.

앞에서 로마에서의 황제 권력의 등장이 서양정치사에서 갖는 의미에 대해 게오르크 옐리네크의 해석을 주목했다. 그에 따르면 로마에서 황제의 등장은, 국가의 전능한 권력을 뜻하는 임페리움과 마이에스타스는 다만 하나의 기관이 장악해야 하며 다른 모든 것은 단지 수권된 권리를 가질 뿐이라는 사상과 그에 기초한 권력 구조의 출현을 표상하는 것이었다.[215] '엠프러'로 불리는 최고권력자의 등장을 통해 로마 국가는 하나의 내적 통일체로 되고, 국가의 전능한 권력이 황제라는 하나의 권력 기관에 집중되며 다른 모든 권력은 그로부터 나오게 되었던 것처럼 동양에서도 진시'황제'의 등장과 더불어 모든 권력의 집중과 수렴이 제도화되기에 이른 것이다.

둘째, 광역적 지배체제의 실질성이라는 차원에서 진시황 이래의 중국 군현체제는 그 이전의 방국체제와 구분되었다. 주의 천자도 광역적 지배를 달성했다고 할지 모른다. 그러나 천자 자신의 직할 영역은 매우 한정된 것이었다. 그러한 질서로는 중국 이외의 다른 이민족들의 영역에 대한 광범한 지배 영역을 확립하는 것은 쉽지 않았다. 중국의 통일국가가 주변 지역들에 실질적이고 광범한 지배적 영향력을 행사하게 되는 것이 중국 자체 안에서 중앙집권적인 황제체제가 성립된 이후의 일이라는 점은 그런 면에서 시사하는 바가 크다고 할 것이다.

215 게오르크 옐리네크(2005), 앞의 책, p.255.

5. 전통 시대 동양에서 國과 그 개념적 범위

야마모토 유조는 구쓰기 마사쓰나와 야마무라 사이스케가 네덜란드어의 케이젤레이크를 번역할 때, '레이크'의 번역어로 '국國'보다 한 차원 높은 단위를 가리키는 한자어를 찾아야 했으나, 결국 마땅한 글자를 찾지 못하여 국이라는 단어를 선택했을 것이라고 해석한다. 야마모토 유조는 이렇게 평한다. "물론 오역은 아니다. 그러나 엄밀히 말하면 한자의 원래 뜻으로 보면 좀 어딘가 기묘한 일본풍和臭이 흐르는 번역어로 되었다고 하지 않을 수 없다."[216]

오늘의 관점에서 보면, '제역帝域'이나 '제권帝圈'으로 번역하는 것이 더 자연스러울 수 있었을 것이라고 야마모토는 말한다. '역'이나 '권'은 '국'보다 넓은 범위의 영역을 포함하는 정치체를 가리키기에 더 적당하다는 이유에서다. 야마모토 개인의 느낌으로는 제역이 특히 더 잘 어울리는 역어였을

216 山本有造(2003), 앞의 책, p.40.

것이라고 했다.[217]

야마모토 유조의 지적처럼, 국은 서주 시대의 제후국들과 춘추전국 시대에 난립했던 나라들을 이르는 개념이었다는 점에서 황제가 다스리는 광역적 지배권을 지칭하기에는 부족한 점이 있다는 말은 일견 타당해 보인다. 그러나 중국 역사를 돌이켜 보면 제국을 건설한 왕조들도 자신들의 국호에 국 자를 사용했다. 중국 역사상 가장 광대한 영역에 대한 지배권을 확립하게 되는 청의 경우를 보자. 청은 명나라를 멸망시키고 중화제국을 건설하기 전에 스스로를 대청국大淸國이라 일컬었다. 병자호란이 진행 중이던 1637년 1월 청 태종 홍타이지皇太極는 조선 국왕 인조에게 귀순을 종용하는 글을 보낸다. 외교문서인 이 글에서 홍타이지는 자신을 '대청국의 관온인성황제寬溫仁聖皇帝'로 칭하면서 "조선의 관리와 백성들에게 고유誥諭한다"고 말한다."[218] 1644년 명을 멸하여 중국을 차지한 후 청나라가 조선에 보낸 외교문서에서도 그들은 자국을 대청국이라 하였다.[219]

1637년 정월 남한산성에 칩거한 인조가 청의 황제 홍타이지에게 항복하면서 자신의 안전을 보장해 줄 것을 요청하는 문서를 보낸다. 여기에서 인조는 청을 일컬어 '대청국大淸國'이라 했다. 같은 편지에서 인조는 청 황제가 인조에게 이전에 보낸 메시지를 인용하는데, 그 메시지에서 홍타이지는 인조가 성을 나와 항복하면 그에게 조선의 '전국全國'을 회복시켜 주겠다고 말한다. 즉 조선의 나라 전체를 인조에게 돌려주겠다는 약속이었다. 이홍주·김신국·최명길 등을 보내 인조가 홍타이지에게 전달한 메시지는 다음과 같다.

217 山本有造(2003), 앞의 책, p.40.

218 『조선왕조실록』 인조 34권, 15년(1637 정축/명 숭정 10) 1월 2일(임인) 2번째 기사 : "大淸國寬溫仁聖皇帝, 誥諭朝鮮官民人等."

219 『조선왕조실록』 인조 45권, 22년(1644 갑신/명 숭정 17) 12월 4일(무오) 1번째 기사 : "大淸國攝政親王令旨, 諭高麗原任摠兵林慶業."

조선 국왕 신 성휘姓諱는 삼가 대청국 관온 인성 황제 폐하께 글을 올립니다. 신이 이달 20일에 성지聖旨를 받들건대 "지금 그대가 외로운 성을 고달프게 지키며 짐이 절실히 책망하는 조서詔를 보고 바야흐로 죄를 뉘우칠 줄 아니, 짐이 넓은 도량을 베풀어 그대가 스스로 새로워지도록 허락하고, 그대가 성에서 나와 짐을 대면하도록 명한다. 이는 한편으로는 그대가 진심으로 기뻐하며 복종하는지 확인하는 것이며, 한편으로는 그대에게 은혜를 베풀고 전국全國을 회복시켜 줌으로써 회군한 뒤에 천하에 인애와 신의를 보이려고 함이다"…. 삼가 원하건대 성자聖慈께서는 진심에서 나오는 정성을 굽어 살피시어 조지詔旨를 분명하게 내려 신이 안심하고 귀순할 수 있는 길을 열어 주소서.

이 문서를 보면, 이제 속방이 된 조선의 왕도 청을 '국'이라는 개념으로 칭했을 뿐 아니라 청 황제가 또한 조선 왕의 지배 영역에 '국'이라는 개념을 적용한 사실을 알 수 있다. 중국을 명조가 지배할 때에나 청조가 지배할 때에나 조선 조정에서 중화제국을 지칭할 경우 중국中國, 대국大國 그리고 상국上國 등과 같이 국 자로 표현된 용어들을 사용했다. 『조선왕조실록』에 '중국'이라는 단어가 나오는 기사는 2만 2900여 건, '대국'으로 칭한 기사는 300여 건, 그리고 '상국'이라고 표현한 기사는 4300여 건에 달한다. 한편 『일본서기』에서도 일본 스스로 천자의 나라로 인정한 중국에 대해서 '대당大唐'이라는 표현과 함께 '당국唐國'이라는 호칭을 사용하였다.[221]

이것은 곧 전통 시대 동아시아 세계에서 중화제국을 가리킬 때 '국'이라는 개념이 자연스럽게 쓰였음을 말한다. 그만큼 국이라는 글자는 중국의 지

220 『조선왕조실록』 인조 34권, 15년(1637 정축/명 숭정 10) 1월 27일(정묘) 2번째 기사 : "朝鮮國王臣姓諱, 謹上書于大 淸 國寬溫仁聖皇帝陛下。臣於本月二十日, 欽奉聖旨 : '今爾困守孤城, 見朕手詔切責, 方知悔罪。朕開宏度, 許爾自新, 命爾出城面朕前, 一則見爾誠心悅服 ; 一則樹恩於爾, 復以全國, 旋師後示仁信於天下耳…' 伏願聖慈, 俯鑑血忱, 明降詔旨, 以開臣安心歸命之路."

221 전용신 옮김(1989), 앞의 책, pp.467~468.

배 영역이 클 때나 작을 때나 그것을 탄력성 있게 포괄할 수 있는 충분히 광역적인 개념일 수 있었던 것이다. 1850년대에서 1860년대 전반에 걸쳐 흥기한 태평천국太平天國의 경우에서도 국은 '영역의 대소를 초월한 어떤 큰 세계'를 지칭할 수 있었음을 보여 준다.

전통 시대 중국에서 국가國家라는 개념은 그것이 가리키는 영역의 크기에서는 천하라는 개념과 사실상 같은 용어였으며, 그 차별성은 오직 도덕적 함의에서였다고 진관타오는 지적한다. 그는 "중국 전통 사회에서 '천하'와 '국가'는 모두 상용어로 의미도 서로 유사하다"고 전제한다. 그리고 고염무顧炎武의 말을 빌려 두 개념 간의 차이를 이렇게 말한다. "고염무는 '국가'와 '천하'의 차이를 명청 교체기에 내놓은 '망국亡國'과 '망천하亡天下'의 논변에서 매우 분명하게 말했다. '망국이 있고 망천하가 있다. 망국과 망천하는 어떻게 구별되는가? 성姓을 바꾸어 호칭을 고치는 것이 망국이요, 인의仁義가 꽉 막혀 짐승을 몰아서 사람을 잡아먹게 하거나 사람이 서로 먹는 것을 망천하라 한다.' 곧 망국은 어떤 성의 조정이 멸망하는 것을 가리키지만, 망천하는 도덕 질서가 완전히 없는 것을 의미하며, '천하'는 비교적 추상화된 것으로 도덕 질서를 더욱 강조한다."[222]

다만 국가라는 개념이 천하와 동급으로 쓰이느냐 여부는 그 개념의 사용자들이 중국 중심의 천하 질서에서 처해 있는 위치에 따라 달랐다. 전통 시대 한반도의 국가들도 자신을 국가라고 하였다. 심지어 '국가 이해國家利害'라는 개념도 있었다.[223] 이는 서양에서의 근현대적 용어인 '국가 이익national interest'에 해당하는 개념이라고 볼 수 있겠다. 그렇다고 해서 고려나 조선의 지배자들이 자신의 이러한 국가 영역을 곧 천하와 등치시킨 것은 아니었다.

222 진관타오 · 류칭펑(2010), 앞의 책, p.228 ; 이삼성(2011a), 앞의 논문, p.21.

223 『고려사』 권85 지 권제39 형법 이 금령 : "…七月. 都評議使司上書曰. 凡國家利害軍機重務及告發奸狀者. 須要明注日月. 指陳實事. 其暗投匿名書及造言興謗. 攪亂國政者. 令憲府法司嚴加體察. 敗露被劾者. 無問宗親貴戚. 不待啓聞…."

하지만 적어도 중국에서는 자신들의 국은 천하와 등치될 수 있는 광역적 개념일 수 있었다.

야마모토 유조가 국國보다는 역域이나 권圈이 더 적절했을 것이라고 한 것 또한 동의하기 어렵다. 제역이나 제권이라고 하면, '황제의 나라의 영향력이 미치는 범위' 또는 '황제 통치의 영향권'이라는 의미에 가깝다. 그것은 '황제가 다스리는 직접적인 통치 영역'이라는 것과 반드시 일치하는 것이 아니다. 오늘날 '제국'이라는 개념에는 그 두 가지 의미가 혼재되어 있다고 할 수 있지만, 일차적인 의미는 후자, 즉 황제가 다스리는 직접적인 통치 영역에 한정할 필요가 있어 보인다. 그러한 의미에서는 제국이 오히려 제역이나 제권보다 한층 적절한 역어라고 할 수 있지 않을까 생각된다.

Part 2

동서양의 정치 전통에서 제와 천 : 성속의 연속과 분리

1. Emperor와 帝 : 동서양에서 정치적 최고권위의 차별성

한자어 제국의 개념에서 '제帝'는 핵심 의미소이다. 그 서양적 어원과 함께 한자어의 동양적 출현의 계보에 대해서는 Part 1에서 살펴보았다. 번역은 동일한 의미를 담은 단어로 옮겨지는 것을 가정한다. 그러나 번역된 한자 단어를 이루는 핵심 의미소들이 동양의 정치 전통적 개념 속에 이미 존재하는 것일 때, 그 번역은 서양어에 함축된 의미들과 상당 부분 차이를 가질 수 있다. 라틴어 imperator나 영어 emperor 같은 서양어에 함축된 정치적 권위의 성격과 전통 시대 동아시아에서 제가 내포하고 있던 권위의 성격은 반드시 동일한 것이 아니다. 의미의 근사성에도 불구하고 어떤 본질적인 차이가 있다면, 그 차이를 해명하는 것은 제를 핵심 의미소로 하여 구성된 제국 개념의 분석에 중요한 부분이 된다. 그래서 Part 2에서는 제로 지칭되는 정치적 권위가 동서양의 정치 전통에서 어떤 동일성과 차별성을 내포하는가를, 특히 정치권력과 신성성의 관계에 초점을 맞추어 해명해 보고자 한다.

절대주의적 전제권을 확립한 지배자가 역사에 등장한 것은 동양에서는 기원전 3세기 말, 서양에서는 기원전 1세기 말의 일이다. 중국에서 황제를 칭한 진시황의 등장, 그리고 로마에서 임페라토르 카이사르 아우구스투스의 등장이 그것이다. 둘 다 세속에서의 전제권을 확립한 황제였고, 또한 제국이라는 광역적인 지배 영역을 구축했지만, 그들이 누린 권위의 성격은 반드시 같지는 않았다.

앞에서 논의한 바와 같이 로마 황제 임페라토르imperator의 원래 의미는 '야전사령관' 내지 '승리한 장군'과 같이 군사적 영웅을 가리키는 세속적 의미가 강했다. 시간이 흐르면서 '최고지배자'를 의미하게 되고, 곧 절대 권력을 가진 지배자를 의미하는 정치적인 의미 확장이 일어난다. 그러나 서양의 임페라토르는 정신적 영역의 신성한 권위까지 자임하기에 이르지는 않았다. 세속적 정치권력의 정점에 있는 자가 동시에 세속에서 천명天命을 대행하는 자인 것은 동양의 정치 전통에서였다.

아우구스투스 이래 로마의 황제는 모든 인간 위에 군림하는 전제적 권력자였지만 감히 신성divinity을 자임하지는 않았다. 서양의 정치 전통에서는 현실 권력의 최고봉에 있는 자라도 동시에 신의 대리인 역할을 떠맡는 일은 없거나 드문 예외에 불과했다. 반면에 진시황의 권위는 현실 권력에서 '지강至强'이었을 뿐 아니라 우주의 절대적 주재신으로 간주되는 천天이라는 추상적 존재와 그의 의지를 현실에서 대행하는 이를테면 '지존至尊'의 권위도 내포하는 것이었다. 진시황이 선택한 '황제'라는 개념 자체가 지상에서 유일하게 신성을 전유하는 권력자의 자기인식을 담고 있었다.

이것은 동서양의 정치 전통에서 무시할 수 없는 차이의 하나이다. 이른바 속권俗權 · temporal power과 신권神權 · spiritual power의 미분화 내지는 중첩overlapping 현상은 서양과 달리 동양에서는 1945년 일본제국이 몰락하기까지 지속되면서 동양적 정치 전통의 특성을 표상하였다. 근대 일본의 문명이 드러낸 근대성modernity의 기묘한 한계로 보이는 것 역시 동양의 정치 전통에 내재해 있던 최고권위의 미분화 현상의 '근대적 지속'과 무관하지 않은 면이 있을 것이다.

제로 표상되는 지상 최고 정치권력자의 권위가 동서양의 정치 전통에서 보인 내면적 차별성이 어떻게 존재하였는가를 살펴보는 것은 제국의 핵심 의미소로서의 제에 대한 공시적 및 통시적인 개념사적 분석이 됨과 동시에, 전통 시대를 넘어 근대 동아시아의 정치 현상을 이해하는 데 있어서도 중요한 단서의 하나를 제공할 수 있다.

2. 로마에서 최고권위의 이원성 : 제와 천의 분리

서양의 정치 전통에서 절대적 전제의 확립기에도 세속적 정치권력이 여전히 정신적 권위를 자임하지 못하였던 것은 로마 시대부터임이 분명하다. 게오르크 옐리네크는 그의 국가학에서 로마 국가의 최고권력자인 황제의 권능이 정신적인 영역까지 포함한 무한대가 아니었으며, 세속적인 영역에서도 국가와 개인의 관계에서 일정한 제한성이 있다는 것을 분명히 하였다. 그것은 무엇보다도 황제의 권위가 궁극적으로 어디에서 비롯되는가 하는 문제였다. 옐리네크에 따르면, 로마의 국가사상은 세속적 절대 권력의 기원을 세속성 자체에서 찾았다. "본래 국민이 가지고 있는 권리가 대권법Lex Regia에 의해 황제에게 양여된 것이며, 따라서 그는 궁극적으로 국민 전체를 그 일원으로 대표한다는 사상이다."[224]

이것은 로마의 국가권력이 황제 한 사람에게 집중된 것을 이념적으로 정

244 게오르크 옐리네크(2005), 앞의 책, p.255.

당화하는 근거였지만, 황제 권력의 궁극적 근거를 신적 영역이 아닌 세속성에 둔 것을 보여 주는 것이기도 하였다. 로마제국의 정치사상이 황제의 권위를 신에게 위임받은 것으로 주장하지 않고, 원래 국민에게 있는 권력을 황제가 양여 받은 것으로 보았다는 사실은 매우 중요하다. 이를테면 인민주권론의 원시적 요소가 담겨 있다고 말할 수 있다.

로마가 공화정이 아닌 제정으로 이행한 후에도 국가 최고권력자의 권위의 출처에 대한 로마인의 사상은 중요한 유산으로 남았다. 공화정 시대 로마의 정치사상을 대표한다고 볼 수 있는 키케로Marcus Tullius Cicero, BC 106~BC 43의 『국가론』에서, 그의 대변자 격인 스키피오는 로마 국가에서 왕권의 근거에 대해 이렇게 말한다.

> 이들최선량들로 구성된 로물루스의 원로원은 그의 죽음 이후에 왕이 없이 국가를 통치하려고 시도했을 때, 인민은 그렇게 하지 않았고, 로물루스의 죽음을 애도해서 후에 왕을 계속 요구했습니다. 저 제일 시민들은 현명하게 그때에 새롭고 다른 민족들에게서는 들어 보지 못한 간왕間王(로물루스 사후에 원로원 의원이 5일씩 돌아가면서 통치한 것)을 도입할 생각을 했는데, 이는 분명한 왕이 선포될 때까지 나라에 왕이 없도록 할 뿐 아니라, 한 사람이 오랫동안 왕위에 있지 않도록 하자는 것이었습니다. 이때에 어떤 사람도 권력에 집착해 대권을 놓는 데 좀 더 더디거나 대권을 잡는 데에 좀 더 강고하게 되는 일은 일어나지 않았던 것입니다. 그럼에도 사실 그 당시에 저 새로운 인민은 라케다이몬의 리쿠르고스가 간과했던 것을 보았습니다. 리쿠르고스는 왕위의 결정 문제가 자신의 권한 안에 있을 수 있었다면 왕이 선발될 것이 아니라 헤라클레스의 씨족에서 태어난 자라면 어느 누구도 왕으로 간주되어야 한다고 생각했습니다. 반면 그때에도 우리의 저 촌 사람들은 왕에 합당한 덕과 지혜는 물려받는 것이 아니라 획득되어야 하는 것으로 보았던 것입니다.[225]

225 마르쿠스 툴리우스 키케로(2007), 『국가론』, 김창성 옮김, 한길사, p.173.

헤라클레스는 그리스신화에 등장하는 일종의 영웅신이다. 신들인 제우스와 알크메네 사이에서 태어난 아들인 헤라클레스는 그 신분에서 신적 존재이다. 위의 인용문에서 키케로가 말하고 있는 요점은, 로마인에게 왕권은 헤라클레스 같은 신적 권위에서 비롯된 것이 아니라 인간으로서 왕에 합당한 덕과 지혜의 획득을 정당성의 근거로 간주했다는 사실이다. 이러한 사상적 전통은 제정기의 로마에서 최고권력자의 권위의 신성화를 막은 한 요인이었을 것이다.

비록 "정치상의 자유 영역에 대한 명료한 권리 의식은 그리스인과 마찬가지로 로마인에게도 결여되어" 있었지만,[226] 로마제국에서는 입법자의 권력이라 하더라도 개인을 향해서는 제한된다는 관념의 흔적은 또 있다. 로마제국의 정치사상에서 정치적 최고권력도 미칠 수 없는 국민의 권리와 관련된 또 하나의 중요한 개념이 국가와 황제의 공적인 힘에 대하여 가족과 가장家長의 사적인 힘을 구별한 것이었다. 이에 근거하여 공법과 사법의 영역이 구분되었다.[227]

요컨대 로마제국에서 황제는 서양사에서 최초로 군주 권력 집중의 현상을 표상하지만, 그의 권력은 적어도 사상적 원칙에서 국민이라는 존재에 근거한 것이었지 신적 권위에 의존하는 것이 아니었다. 로마제국의 국가와 법에 관한 사상에서 국민과 개인, 그리고 사적 영역에 대한 개념이 갖는 의미를 옐리네크는 다음과 같이 요약했다. "로마인은 개인을 국가 속에 해소시키려고는 하지 않고 오히려 반대로 전체 국가 질서를 개인에게 봉사하게끔 만들어진 것으로 본다. 거의 2천 년 후의 로크와 마찬가지로, 키케로는 재산 제도를 가지고 정치적 생활 전체 속의 가장 중요한 주제라고 본다. 로마가 세계 지배에 애쓴 것에 대해서도, 사적 이익을 우선하는 개인적 이기주

226 게오르크 옐리네크(2005), 앞의 책, p.257.
227 게오르크 옐리네크(2005), 앞의 책, p.256.

의가 크게 공헌하고 있었다. 그리하여 개인이 전체에 복종하는 것은 개인을 위해서 충분히 보상되어 있었다."[228]

옐리네크가 지적하고 있듯이, 그러한 사상적 내포와 관념에도 불구하고 로마제국하에서 원수정과 황제정이 전개되면서 개인의 공권公權은 최소한도로 축소된다. 마침내 시민의 실체는 거의 사권私權 능력에만 한정되기에 이른다. 기독교가 유일한 국교로 된 이후에는 종교 영역에서 과거에 존재했던 자유마저 완전히 부정되기에 이른다.[229] 그러나 공화정 시대에 일반화되고 제정 시대에 그 사상의 유산이 지속된, 지상 최고권력의 역사적 기원에 대한 비신성화적 사유와 인민적 기원의 관념은 속권과 신권의 중첩을 저지하는 기반의 하나가 된다. 더욱이 황제권과 교회 권력의 병립은 속권의 신성화를 억지하는 강력한 제도적 장치로 작용한다.

228 게오르크 옐리네크(2005), 앞의 책, pp.256~257.
229 게오르크 옐리네크(2005), 앞의 책, p.258.

3. 인간의 나라와 신의 나라

로마에서 임페라토르의 원래 어의語義는 '군사적 영웅'이었으며, 그 개념의 흔적은 오래 지속되었다. 이 사실은 임페라토르가 종교적 차원을 포함한 정신적 최고권위와 근본적으로는 분리되어 있었다는 것과 깊은 관계가 있다. 로마제국은 곧 기독교를 국가적 신앙으로 받아들인다. 그 신을 대변하는 지상의 최고권위는 황제와 별개의 존재였다. 교황敎皇으로 번역되기에 이르는 파파papa와 국가권력의 최고 정점으로서의 황제의 권위는 분리된 채 병존한다.

콘스탄티누스 대제Caesar Constantinus Augustus, 재위 306~337의 전임자인 디오클레티아누스 황제Caesar Valerius Diocletianus, 재위 284~305는 기독교를 가혹하게 탄압했다. 하지만 콘스탄티누스는 313년 밀라노칙령Edict of Milan을 반포하여 로마제국 전체에 걸쳐 종교적 관용을 선언한다.[230] 이후 현실 세계의 최고권

230 콘스탄티누스가 기독교를 수용한 계기는 312년 로마제국 내부의 패권을 두고 로마 부근에서 벌어진

위를 가진 황제와 현세에서 신의 권위를 대표하는 교황의 존재라는 이원화된 권위 구조는 각각 인간 세계City of Man와 신의 나라City of God를 구분한 성 아우렐리아 아우구스티누스Sanctus Aurelius Augustinus, 354~430의 논리로 정식화된다. 인간의 나라와 신의 나라의 구분은 곧 종교와 정치의 분리였고, 그것은 종교적 권위와 세속적 정치권력의 이원성을 명확히 한 것이었다.[231]

아우구스티누스에게 있어서 신의 나라는 그리스도의 신도와 진정한 신의 숭배자들의 공동체를 의미했다. 그것은 전적으로 신을 섬기는 인간들로 구성되며, 그 도시의 삶은 신의 말씀을 경건하게 온전히 지키는 것으로 채워지는 것이었다. 오직 그 도시 안에서만 정의가 존재한다. 신의 나라가 암시하는 완벽한 상태는 사후의 생에서만 이룩될 수 있기 때문에 그것은 '천상의 나라Heavenly City'라고도 불린다. 그러나 그리스도의 말씀을 지킴으로써 진실로 의로운 삶을 살 가능성이 있으므로 신의 나라는 여기 지상에도 존재한다. 그런 점에서 사유와 언어 속에서만 존재하는 플라톤의 '이상 국가The Ideal State'와 다른 개념이다.[232] 아우구스티누스가 말하는 인간의 나라, 즉 지

밀비우스 다리의 전투와 관련이 깊다. 로마제국에서 가장 가난하고 인구가 적은 지역이었던 골(Gaul)과 영국(Britain)을 관할하고 있던 콘스탄티누스는 알프스산맥을 넘어 로마로 진격하여 이 전쟁에서 승리해 로마제국의 운명을 장악한다. 이 전투를 앞두고 콘스탄티누스가 기독교로 개종한 것이 승리의 원인이었다는 인식이 그의 치세에 이루어진 기독교 국교화의 배경이라고 알려져 있다. 콘스탄티누스는 황제 즉위 초기부터 기독교회를 제국 지배의 기둥으로 삼았다. 그 자신이 교회의 통일성 보존이라는 과제를 신으로부터 위임받았다고 믿었다. 그는 교회를 돕기 위해서 주교들에게 특권을 부여하기도 했다. 그러나 그는 자신이 교회를 대표한다고 자임하지는 않았다. 다만 로마제국 안에 있는 비기독교인들(non-Christian population of the empire)에 대해서는 스스로 교회의 대표자로 행동하려 했다. 그는 스스로를 '교회 밖에 있는 사람들을 위한 주교(bishop of those outside the church)'라고 불렀다. 콘스탄티누스가 당시 그렇게 행동할 수 있었던 것은 기독교회 자체가 아직 교리를 규정하는 보편적인 권위체제를 충분히 발전시키지 못한 상태였기 때문이다[Cantor, Norman F.(1994), *The Civilization of the Middle Ages*, Harper Perennial, pp.48~50].

231 Fortin, Ernest L.(1981), "St. Augustine," Leo Strauss and Joseph Cropsey, eds., *History of Political Philosophy*, Second Edition, University of Chicago Press, pp.170~173.

232 플라톤의 '이상 국가'에 관해서는 Plato(1945), *The Republic of Plato*, translated and with Notes

상의 도시earthly city는 그와 달리 자기애self-love가 지배하는 곳이며, 성경에서 '육신flesh'이라고 말하는 것에 따라 인간의 삶이 이루어지는 도시를 가리킨다.[233]

아우구스티누스의 이분법적 사유는 역사상 가장 위대한 정치체로 통하던 로마에 대한 평가에서도 분명히 표현된다. 키케로Marcus Tullius Cicero, BC 106~BC 43는 공화정 시대의 옛 로마를 이상화하여 그 영광을 과장했다. 아우구스티누스는 정반대로 로마사 전체에서 그 죄악을 주목했다. 그에 따르면, 로마의 죄악은 다른 민족을 다룬 방식에서 특히 명확했다. 로마 안에 내적 정의internal justice가 존재하지 않았기에 대외적 정의external justice가 존재하지 않았다. 자기 자신과 평화를 이룰 수 없는 도시가 주변의 이웃과 평화를 이룰 수 없기 때문이라고 했다. 아우구스티누스는 더 나아가 이 세속의 왕국들은 모두 거대한 절도범gigantic larcenies에 불과했으며, 보통의 강도들과 다른 점은 탐욕의 부재가 아니라 그들이 저지르는 죄악의 규모와 면죄에 있을 뿐이라고 주장했다.[234] 결국 아우구스티누스의 '두 도시' 이야기는 세속 권력에 대한 극적인 도덕적 차별화, 정신적 권위의 철저한 박탈에 다름 아니었다.

버트런드 러셀에 따르면, 아우구스티누스의 철학이 서양의 철학과 정치사상에 남긴 결정적 유산은 국가와 교회의 분리였다. 또한 세속 권력으로서의 국가가 신의 나라에 참여할 수 있는 유일한 길은 모든 종교적인 문제에 대해서는 교회에 복종하는 것이라는 관념이었다. 러셀은 이 원칙이 아우구스티누스 이래 서양 기독교회의 기본 독트린이었다고 말한다. 중세 전체를 통해 교황의 권력이 증대되는 과정에서, 그리고 교황과 황제의 권력투쟁이

by Francis MacDonald Cornford, Oxford University Press, p.265 참조.

233 Fortin, Ernest L.(1981), 앞의 글, p.170.

234 Fortin, Ernest L.(1981), 앞의 글, p.164.

전개되는 과정에서 아우구스티누스의 이분법은 교회의 입장을 뒷받침하는 이론적 정당화의 기틀이었다.[235]

235 Russell, Bertrand(1961), *History of Western Philosophy : And its Connection with Political and Social Circumstances from the Earliest Times to the Present Day*, George Allen & Unwin, p.360. 러셀은 중세에 기독교회가 지상에 신의 나라를 건설할 수 있었던 것은 그 시대 중세 서양의 황제와 군주들이 허약했기 때문이라고 보았다. 반면 동양에서는 황제가 강력했기 때문에 서양에서와 같은 사태 발전이 없었다고 지적했다[Russell, Bertrand(1961), 앞의 책, p.360].

4. 중세 및 근세 유럽에서 제 : 정신적 권위와 세속적 권위의 교차와 분리

최초의 교황papa으로 통하는 사람은 성 베드로Sanctus Petrus다. 로마는 서기 67년에 사망한 것으로 추정되는 성 베드로와 사도 바오로Paul the Apostle가 순교한 곳이다. 이 도시의 한가운데에 위치한 바티칸의 국가원수이기도 한 교황은 중세에는 유럽 전반에서 세속적 권력도 함께 행사했다. 교회는 많은 세속적 문제에 대해서도 왕들과 권한 및 이익을 다투었다. 근세에 들어 점차 세속적 권력은 포기하고 정신적인 권위에 집중한다.

어떤 경우에나 분명한 것은 서양의 정신사와 정치사에서 세속적 정치권력의 정점에 있는 존재는 신의 권위를 등에 업은 교회와 교황에 의해서 그 권위가 제한되어 있었다는 점이다.[236] 그것은 시대와 경우에 따라 그들의

236 중세에 교황의 주도 아래 신성로마제국이 탄생한 이후, 비잔티움제국 황제, 교황 그리고 신성로마제국 황제 등 삼자는 '보편성'에 대한 지배권을 놓고 갈등하고 투쟁하였다. 황제들은 보편성을 '제국'에 두고 그에 대한 최고지배권을 주장하였으며, 교황은 보편성을 '교회'의 영역으로 보고 그에 대한 최

세속적 권력 자체마저 교황에 의해 제한을 받았다는 뜻이기도 하지만, 무엇보다 현실의 세속적 최고권력자가 정신적 권위까지 동시에 전유하지는 못했다는 것을 말한다. 속권의 정점을 뜻하는 제帝와 신성神聖의 영역인 천天은 서양정치사에서 분리되어 있었던 것이다.

중세 초기 유럽에서 왕이나 황제는 교황의 신권에 대해서는 물론이고 심지어 세속적 법 위에 군림하는 존재도 아니었다. 왕에 대해 불만을 가진 자가 있으면 그와 왕 사이에 시시비비를 가리는 법정이 열렸으며, 법정의 판정은 왕에게도 적용되었다. 나중에는 의회parliaments가 왕권을 제한하는 기능을 맡는다. 이에 비하면 로마 시대의 황제 개념은 법 위에 존재하는 것이고, 황제를 즐겁게 하는 것이 법이라는 관념을 담고 있었다. 하지만 역시 세속적 권력의 한계 안에서였다. 중세 서양의 왕들은 인민의 의견을 듣지 않고 법을 만들고 선포할 수 있는 권한이 있다고 간주되지 않았다. 자연법 내지는 신의 법에 의해 왕권은 제한된다는 관념이 지배적이었다.[237] 말하자면 이 시기 신권의 개념은 속권에 신성성을 부여하는 배경으로서가 아니라 속권의 범위와 정당성을 제약하는 것으로서 의미가 컸던 셈이다. 13세기는 일반적으로 중세문명의 전성기로 통하지만, 그때 이미 서양의 군주들은 대의체제a system of representation로의 이행을 시작하고 있었다.[238] 훗날 절대주의absolutism 이론가들은 영국 의회를 '반동적reactionary'인 제도라고 비난했는데, 그들이 말한 이유는 중세의 유물이라는 것이었다.[239]

중세 초기에는 유럽에서도 신권과 속권의 구분은 모호하였다고 지적된

고권위를 주장하였다[이경구(2007), 「신성로마제국의 성격 : 교황권과 황제권의 관계를 중심으로」, 『서양사연구』 제37집, pp.5~31].

237 Plamenatz, John(1963), *Man and Society : A Critical Examination of Some Important Social and Political Theories From Machiavelli to Marx*, Longman, pp.158~159.

238 Morrall, John B.(1958), *Political Thought in Medieval Times*, Harper Torchbooks, p.60.

239 Nolte, Ernst(1965), *Three Faces of Fascism : Action Française, Italian Fascism, National Socialism*, translated from the German by Leila Vennewitz, New American Library, p.66.

다. 상호 개입이 별 마찰 없이 이루어지고는 했다. 두 영역을 명확하게 구분하려는 진지한 노력이 있었던 것도 아니다. 나중에야 보다 분명한 구분이 정의되기에 이른다. 그와 함께 서로 간의 갈등이 빈발한다. 그 둘 사이 경계의 모호성은 결코 세속적 권력자에게 유리한 것이 아니었다. 오히려 교회가 속권을 제한하는 빌미로 주로 작용했다. 대체로 14세기까지는 교회의 신권이 공세적인 입장에 있었다.[240] 교회는 신권과 속권 모두 신의 섭리에 의해 존재하는 것임both Powers are divinely instituted을 전제했다. 교회의 입장에서는 신의 섭리와 무관하게 독립적으로 존재하는 속권의 영역을 상정할 수 없었다. 다만 교회가 갖는 신권이 속권에 대해 우월하며, 속권은 신권에 종속된다는 것이 교회의 주장이었다. 속권 역시 신의 섭리에 의한 것이되, 교회를 통해서만 그 보유자에게 오는 것이라고 했다. 교회 자신이 속권을 행사하지는 않으나, 그것이 올바로 행사되는지를 감독할 권리와 의무를 교회가 갖고 있다고 주장했다. 그것은 왕을 파문破門 · excommunication하는 권한이었다.[241] 13세기 중엽 교황 인노켄티우스Innocentius, 재위 1243~1254는 "교회 밖에서는 어떤 권한도 신으로부터 수임되지 않는다"고 선언했다.[242]

교황이 정신의 영역에서뿐 아니라 세속에 대한 권력을 주장하는 논리, 즉 (세속에 대한 교회의) 직할권 논리theory of direct power는 14세기 초 세속 왕권과의 정면 충돌로 나아갔다. 결국 프랑스인 교황 클레멘스Clemens V, 재위 1305~1314 때 교황의 거주지는 프랑스 국왕의 영토인 아비뇽으로 옮겨져 1378년까지 그곳에 머물게 된다.[243] 교황의 세속 권력 개입은 그것으로 종식을 고했다. 그러나 중세에 펼쳐진 그 같은 싸움의 진정한 유산은 기독교라는 종교 수장의 정신적 권위가 지상의 세계에서 가질 수 있었던 권위, 그리고 정

240 Plamenatz, John(1963), 앞의 책, p.159.
241 Plamenatz, John(1963), 앞의 책, p.160.
242 Morrall, John B.(1958), 앞의 책, p.85.
243 Morrall, John B.(1958), 앞의 책, p.85.

신적 영역에서 속권이 갖는 권위의 왜소성에 관한 것이었다.

16세기에 종교개혁의 선봉에 선 독일인 마르틴 루터Martin Luther, 1483~1546도 '두 왕국two kingdoms'을 말했다. 현세의 왕국the kingdom of this world과 신의 왕국the kingdom of God을 구분한 것이었다. 다만 중세 가톨릭의 교권주의자들papalists이 '두 도시'를 말할 때와 달리, 루터가 말하는 신의 왕국은 순전히 내면적이고 정신적인 세계만을 가리켰다. 그리스도가 남긴 산상수훈Sermon on the Mount은 기독교인 내부의 관계에만 적용되는 것이며, 속권의 행사에 대한 지침은 아니라고 하였다. "세상은 기도문rosary으로 다스려지는 것이 아니다"는 것이 루터의 신념이었다.[244] 이것은 교황의 관할권을 기독교인만이 아니라 이교도들에게도 확장했던 중세의 교황 인노켄티우스의 주장과는 다른 것이었다.[245]

루터의 새로운 종교는 그처럼 신의 왕국을 정신적인 영역에 엄격하게 한정하고, 세속적 질서에 대한 종교적 관여나 도전을 배제했다. 그는 사람들에게 지상의 고통스러운 삶의 조건을 수용하라고 가르쳤다. 그는 인간 사회의 불평등이 필연이라 믿었으며 농노제serfdom를 변호했다. 농노제 철폐를 주장하는 사람들을 향해 강도질robbery을 옹호한다고 비난했다. 루터는 심지어 이교도 터키인의 노예가 된 기독교인에 대해서도 그들의 사회적 조건을 받아들이라고 말했다. 프랑스인 칼뱅John Calvin, 1509~1564이 제시한 프로테스탄트 교리도 마찬가지였다. 두 왕국을 엄격히 분리한 가운데 "정신적 자유는 세속적 예종隷從 · civil bondage과 완전히 양립할 수 있다"고 설교했다.[246]

루터와 칼뱅의 '두 왕국' 교리는 근대에 들어서면서 교회 세력이 약화되고 세속 왕권이 강화되어 간 추세를 반영했다. 그럼에도 불구하고 마르틴

244 Arblaster, Anthony(1984), *The Rise and Fall of Western Liberalism*, Basil Blackwell, p.109.
245 Morrall, John B.(1958), 앞의 책, p.84.
246 Arblaster, Anthony(1984), 앞의 책, pp.108~109.

루터도 칼뱅도 정신적 영역에서 신의 왕국은 절대적 권위를 가진다는 점은 명확히 했다. 칼뱅은 "인간에 대한 순종은 신에 대한 순종에 절대 우선할 수 없다"고 밝혔다. 이 언명은 짧지만, 이후 프로테스탄티즘의 역사에서 갖는 중요성은 지대한 것이었다.[247]

이후 세속의 영역에서 교권이 쇠퇴하고 왕권이 강화되어 가는 가운데 17세기 서양정치사상에서 번성했던 왕권신수설王權神授說은 어떻게 해석되어야 하는가. 존 플라메나츠에 따르면, "왕의 권위는 신으로부터 온 것이기에 절대적인 것이다"라는 독트린은 그 중요성에도 불구하고 대단히 단명하였다. 그 이유는 이 주장을 뒷받침하는 데 사용된 주장들이 대단히 취약했기 때문이 아니라 그것을 매력적으로 만들었던 상황이 오래 지속되지 않았기 때문이다.[248]

신수권神授權을 주장하는 황제와 왕들은 그들의 속권이 교회와 교황의 권력처럼 신으로부터 직접 오는 것이라고 주장했다. 그러나 유의할 점은 이때 속세의 왕들이 주장한 속권의 신수설은 교회 신권에 대한 속권의 종속성을 부인하기 위한 것이었을 뿐, 왕권이 전적으로 신으로부터 온 것이라는 주장은 아니었다. 왕권이 관습에 의한 세습권과 함께 인민으로부터 오는 것이라는 관념 또한 부정하지 않았다.[249] 16세기와 17세기 초에 등장하는 계약 이론은 논리적으로나 역사적으로 근거가 있는 것은 아니었지만, 지배자의 권위는 신의 의지나 관습뿐만이 아니라 인민의 이익과 권리를 보호하는 역할에서 비롯된다는 주장을 뒷받침하는 데 효과적으로 동원되는 주장이었다.[250] 그래서 왕이 주권자主權者 · sovereign임을 주장한 장 보댕Jean Bodin, 1530~1596조차 왕권이 자연법이나 신의 법 위에 존재하므로 인민은 그에 저항할 권리가

247 Arblaster, Anthony(1984), 앞의 책, p.109.
248 Plamenatz, John(1963), 앞의 책, p.155.
249 Plamenatz, John(1963), 앞의 책, pp.160~161.
250 Plamenatz, John(1963), 앞의 책, pp.163~164.

없다는 식의 주장을 하지는 않았다.[251] 유럽 역사에서 세속적 권력이 최고조에 달했던 절대주의 시대 프랑스의 앙시앵 레짐ancien régime에서도 국가와 교회는 긴밀히 연결된 것이면서도 한편으로는 엄연히 분리된 실체들로 존재했다.[252] 에른스트 놀테Ernst Nolte, 1923~가 지적한 바와 같이 이 시기에 '독수리의 두 머리two heads of the eagle'를 재통합할 것을 주장한 것은 앙시앵 레짐의 수호자들이 아니라 계몽사상가 중에서도 구질서와 가장 거리가 먼 사상가였던 장 자크 루소Jean Jacques Rousseau, 1712~1778였다.[253]

플라메나츠에 따르면, 신수권에 바탕한 절대군주제의 독트린doctrine of absolute monarchy by divine right은 종교전쟁과 내전이 프랑스와 영국에 혼란과 무질서를 가져오면서 이 상황을 극복하려는 움직임 가운데 비롯되었다. 이 혼란한 사태가 종식되면서 그 독트린 또한 힘을 상실한다. 프랑스에서 좀 오래 지탱되었을 뿐 영국에서는 일찍 사라졌다. 필머Robert Filmer, 자크베니뉴 보쉬에Jacques-Bénigne Bossuet, 장 보댕Jean Bodin, 토머스 홉스Thomas Hobbes 그리고 블레즈 파스칼Blaise Pascal 등 근대 초기 서양에서 절대군주제를 주창한 사상

251 Plamenatz, John(1963), 앞의 책, pp.158~159.

252 Nolte, Ernst(1965), 앞의 책, p.59.

253 Nolte, Ernst(1965), 앞의 책, p.54, p.59. 놀테는 계몽주의 시대에 속권과 신권의 재통합을 역설한 사상가로 루소와 함께 홉스를 들었다. 놀테는 이들 사상의 그 같은 측면이 '세속적 신정정치(a secularized theocracy)', 즉 '전체주의(totalitarianism)'로 나아갈 수 있는 사상적 단초가 되었다고 말한다[Nolte, Ernst(1965), 앞의 책, p.59]. 놀테가 인용한 '독수리의 두 머리를 재통합'할 것에 관한 루소의 주장은, Jean Jacques Rousseau, *Du Contrat Social*, Livre IV, "Chapt VIII Oeuvres Choisies," p.330. 이런 맥락에서 놀테가 루소와 같은 '정치적 리버럴'들보다 훗날 지식인들로부터 반동적 사상가로 비난받은 오귀스트 콩트(Auguste Comte) 같은 인물을 사상 최초의 진정한 비판적 리버럴(the first critical liberal)이라고 지적한 것은 시사적이다. 콩트는 의회 제도를 비판하고 정신적 권위(spiritual power)의 독립성을 강조했다. 신정정치(theocracy)에 대한 반테제는 정신적 권위의 독자성을 강조하는 사유이다. 그런데 마르크스를 포함한 지식인 계급은 자주 자신들의 철학과 역사관이 유일한 진리임을 주장하며 전체주의적 내지 사제적(司祭的 · ecclesiastical) 경향을 보였다. 이들과 달리 콩트는 정신적 권위의 독립성을 강조함으로써 '서양문명의 가장 소중한 업적'인 '성과 속의 구분(the distinction between the spiritual and the temporal)'을 보존하는 데 기여했다고 놀테는 해석한다[Nolte, Ernst (1965), 앞의 책, p.63].

가들의 공통된 동기는 무정부 상태에 대한 공포였다.[254]

마루야마 마사오丸山眞男, 1914~1996는 근대 일본의 초국가주의ultra-nationalism를 논하는 가운데 서양과 일본의 정치 전통의 근본적 차이를 '최고권위의 이원성' 여부에서 찾았다. 그가 파악한 일본 초국가주의의 핵심은 일본 국민의 내면적인 정신적 · 도덕적 의식의 세계가 국가 정치권력의 지배 영역에서 분리된 독자성을 발전시키지 못했다는 사실이다. 반면에 그는 카를 슈미트Carl Schmitt의 말을 빌려 근대 유럽의 절대주의 국가는 진리나 도덕과 같은 인간의 내용적 가치에 대해서는 중립적인 입장을 견지하는 중성국가中性國家였다고 이해했다. 즉 서양의 국가는 진리와 도덕에 대한 가치판단은 교회와 같은 사회집단이나 개인의 양심에 맡기고, 국가주권의 기초는 그러한 내용적 가치를 배제한 순수하게 형식적인 법 기구 위에 두었다는 것이다. 오랜 종교전쟁 가운데에서 성장한 유럽의 근대국가는 교회로 하여금 신앙의 정치적 관철을 포기하게 하는 대신 국가 자신은 지배의 내용적 정당성을 독점하려는 욕심을 포기하고 지배 근거를 '공적인 질서의 보지保持라는 외면적인 것'으로 이행했다.[255]

스티븐 호위는 유럽의 중세 말에서 근세에 황제emperor와 제국empire의 개념은 지배하는 영역의 광역적 규모size에 덧붙여 두 가지 의미를 더 갖게 된다고 파악했다. 하나는 절대적 주권absolute sovereignty의 관념이었다. 1530년대에 영국의 헨리 3세는 자신의 영역을 '엠파이어'라고 선언했다. 그 주된 취지는 영국의 지배자인 자신이 당시 영국에 영향력을 갖고 있던 합스부르크 왕가와 교황에게 충성을 바칠 필요가 없으며, 그들로부터 어떤 간섭도 용인하지 않겠다는 의사를 명확히 하는 데 있었다.[256] 결국 근세 유럽의 주

254 Plamenatz, John(1963), 앞의 책, pp.168~175, p.207.
255 마루야마 마사오(1997), 『현대정치의 사상과 행동』, 김석근 옮김, 한길사, pp.47~48.
256 Howe, Stephen(2002), 앞의 책, p.13.

권 개념은 교권敎權으로부터 세속적 정치권력의 독립 선언이라는 의미를 함축하였고, 세속의 권력자들이 자임한 '황제' 개념은 그 욕망의 표현이었다.

로마제국 이래 서양에서는 임페라토르도 엠프러도 그리고 카이저도 세속적 권력의 최고 정점에 있었을 뿐, 천天의 권위를 직접적이고 배타적으로 대변하며 그를 현실에서 대신하는 정신적 최고권위를 주장할 수는 없었다. 그러므로 같은 제로 번역되기는 하지만, 동양의 전제군주인 제와 서양의 제는 내면상 유념해야 할 개념적 차이를 안고 있었다. 어떤 의미에서 동양의 정치사상사에서 현세의 군주가 제를 칭하게 되는 것은 그 단어가 지닌 신성성과 초월성을 세속 권력이 자임하려는 욕망의 표현이었다. 한편 유럽에서 중세와 근세에 세속적 군주가 엠프러를 칭하는 경우는 중세에 강화되었던 교회와 교황이라는 정신적 권위로부터 세속적 영역의 자율성을 확보하려는 욕구가 그 주요한 동기의 하나였다.

5. 근대 유럽의 정치혁명과 제의 개념적 분열 : 제국과 황제의 분리

근세 말 근대 초 유럽에서 내전이 빈발하는 상황 속에서 근왕주의자들은 무정부 상태의 혼란을 넘어서기 위한 방편으로 왕권신수설을 주창했다. 하지만 근대 유럽은 상공업 자본주의의 발전과 함께 성장한 부르주아계급이 절대주의와 대결하면서 정치혁명을 겪는다. 서양의 근대는 제국의 건설과 확장의 과정이기도 했지만, 동시에 부르주아에 의한 군주 권력의 입헌적 제한이 확립되는 과정이기도 했던 것이다. 그 결과, 가장 넓고 강력한 제국의 건설자인 영국은 절대군주제를 가장 먼저 넘어서게 된다. 왕은 점차 상징적 권위로 남는 입헌군주제의 길을 걷는다.

서양 근대문명의 요체는 산업혁명과 식민주의 그리고 정치혁명의 세 가지로 요약할 수 있다.[257] 식민주의는 곧 제국의 건설을 의미했지만, 정치혁

257 이삼성(2009b), 『동아시아의 전쟁과 평화 2 : 근대 동아시아와 말기 조선의 시대 구분과 역사인식』, 한길사, pp.29~33.

명은 군주의 절대 권력의 붕괴를 초래했다. 그럼으로써 제국과 황제의 개념적 분리를 수반했다. 또한 산업혁명과 정치혁명의 국가별 시차時差가 그 분리의 시차를 초래한 결과, 근대 유럽에서 '제국'이 황제 권력과 결합한 채 있는 나라가 있는가 하면 그 분리가 선명한 나라도 있었다. 독일과 합스부르크 제국 그리고 러시아가 전자라면, 영국은 후자였다. 프랑스는 절대주의가 한때 강고했지만, 곧 일련의 시민혁명을 겪으면서 제국과 황제권의 연계가 상실되거나 불연속적인 상태로 된다. 미국은 장차 제국을 건설하지만, 이 나라의 독립은 그 자체가 민주적 정치혁명이었기에 처음부터 황제 권력은 존립할 기반이 없었다.[258]

이것은 고대에서 근대에 이르는 서양의 정치 전통에서 성과 속의 분리를 위한 이중적 장치가 마련되기에 이른 것을 뜻했다. 첫째, 세속적 권력은 그것이 아무리 절대적 권력이라 하더라도 교권 혹은 신권과의 경쟁이나 견제 속에 존재하였다. 둘째, 서양의 정치권력이 자신의 속권에 대한 교권의 속박을 깨뜨리고 절대주의를 향해 나아간 근대적 질주는 몇몇 나라에서는 지속성을 누렸으나, 장차 근현대 서양문명의 중추가 되는 세 나라, 즉 영국 · 미국 · 프랑스에서의 속권은 일찍부터 새로운 속박에 놓였다.[259] 자연법 논리를 바탕에 둔 인민주권이라는 또 다른 세속적 신화로 말미암아 현실의 정치권력은 정신적 권위를 함께 누리는 것이 좌절되었다.

그 결과, 대영제국의 경우처럼 지배 영역에서는 광역성을 구축한 제국이라 하더라도 국내 정치에서 세속적 정치권력이 신성을 자임하기는 더욱 어려워졌다. 그것은 국제 관계에도 영향을 미쳤다. 독일이나 러시아와 같이

258 Anderson, Perry(1979), *Lineages of The Absolutist State*, Verso, pp.85~142 ; Moore Jr., Barrington(1966), *Social Origins of Dictatorship and Democracy : Lord and Peasant in the Making of the Modern World*, Beacon Press, pp.129~153 ; 이삼성(2009b), 앞의 책, pp.116~140.

259 이삼성(2009b), 앞의 책, pp.111~152.

지배자가 황제emperor를 칭하는 국가와 영국이나 공화정 시대의 프랑스 그리고 공화국인 미국의 경우처럼 칭제稱帝 자체가 불가능한 나라들 사이에 지배자의 대외적 권위의 차별성이 인정될 수 없게 되었다. 동시에 여전히 칭제하는 국가의 지배자들이 자국 안에서 이른바 신민臣民을 상대로 정신적 권위나 신성성을 내세우는 것은 원천적으로 불가능해졌다. 국력이 동등하거나 더 강한 나라의 정치권력이 더욱 세속화됨에 따라 주변 황제국의 내면적인 정치 권위 역시 영향을 받을 수밖에 없었기 때문이다.

19세기에 동양에 번역 · 소개된 국제법 저서들이 칭제 문제를 해석하는 양상에는 차이가 있었다. 칭제한 나라의 국제법 학자는 '황제'와 '왕'을 엄격히 구별하려는 경향이 있었다. 스위스 출신 독일 국제법학자인 요한 블룬칠리Johann Caspar Bluntschli, 1808~1881의 『공법회통公法會通』이 그러했다. 반면에 영미 계통의 학자인 헨리 휘턴Henry Wheaton, 1785~1848의 저서인 『만국공법萬國公法』은 칭제 여부에 이렇다 할 의미를 부여하지 않는다. 그만큼 약소국 왕의 칭제에도 관용적인 해석을 제시하였다.[260] 동아시아의 경우는 달랐다. 중화 질서의 궤도 안에서는 오직 중국의 군주만이 칭제하고, 그의 조정만을 '천조天朝'라고 하여 더 강한 신성을 자임할 수 있었다. 동양에서 그 전통은 19세기까지 이어졌다. 서양에서는 주요 국가 내부에서 정치혁명이 일어난 반면, 동양에서는 그렇지 않았던 것이 가져온 차이였다.

260 Wheaton, Henry(2002), *Elements of International Law : With a Sketch of the History of the Science*, Lawbook Exchange, Ltd.(originally published in Philadelphia : Carey, Lea & Blanchard, 1836), pp.133~134 ; 이삼성(2011c), 앞의 논문 참조.

6. 중국의 전통 유학에서 천과 제 그리고 속권과 신권의 통일성

고대 유학에서의 천인관계론과 그 유산

하夏 · 상商(또는 殷) · 주周로 일컬어지는 중국 역사의 상삼대에서 상대의 최고신의 개념은 '제帝'였던 반면, 주대의 최고신은 '천天'이었다. 상대의 지배자들은 상제上帝를 숭배하였다. 그들의 갑골문에서 세속의 지배자들과 상제는 복卜이라는 행위를 통해 우주의 주재자가 세속의 왕에게 명을 내리는 관계였다. 즉 왕은 복을 통해 상제의 명을 대행하였다. 여기에서 이미 동양에서의 정치권력은 종교적 권위를 독점하는 위치에 있었다고 할 수 있다.

주대에 이르러 제는 천에 최고 절대신의 자리를 내주게 된다. 천은 우주 자연의 절대자인 동시에 인간 세계 만사의 주재자이다. 주의 지배자는 '천자天子'를 자임함으로써, 우주 자연의 절대자와 자신 사이에 혈연관계의 메타포를 담은 관계를 설정하였다. 이 시대에 세속의 지배자가 우주의 주재자인 천의 명을 받들어 인간 세계를 다스린다는 관념은 서주 시대 초기 문헌인 『서경』에서 먼저 나타난다. 이는 앞에서 평위가 인용한 문장에서 확인한

바와 같다.[261]

주대에 제는 비록 천에 절대신의 자리를 내주었으나, 신성神聖을 박탈당한 개념으로 전락하지는 않았다. 사마천의 『사기』에 서술되어 있는 삼황오제三皇五帝의 신화는 춘추전국 시대에 체계화된 것이다. 춘추전국 시대에도 제는 여전히 신성성을 내포하였고, 세속의 군주가 함부로 자임할 수 있는 칭호가 아니었다. 전국칠웅의 하나인 진나라 왕이 천하를 통일하여 전국 시대를 종식시킨 후, 봉건제를 폐기하고 군현제를 채택하여 천하에 대한 중앙집권적 전제권을 확립했다. 그 연후에 비로소 중국 역사에 제를 칭하는 현실 권력이 등장한다. 진시황이 바로 그였다. 그가 황제를 자신의 존호로 채택하는 과정은 사마천의 『사기』에 그려져 있다.[262]

여기에서 우리는 동양에서 현실 정치의 지배자가 제를 자임했을 때 신성성도 함께 자임한 것임을 확인할 수 있다. 주의 천자는 자신을 신의 아들로 개념화함으로써 신성을 자임했다면, 진시황은 신과의 혈연이라는 메타포를 생략하고 스스로 제 자체를 칭했다. 신성의 자임이라는 점에서 한 걸음 더 나아간 것으로도 볼 수 있다. 동양의 정치 현상에서 이렇게 진행된 속권과 신권의 중첩, 즉 절대적 군권君權은 하늘이라는 신적 권위로부터 위임받은 것이라는 동양의 정치권력 인식은 한제국에 이르러 동중서董仲舒, BC 179~BC 104년에 의한 천인우주론天人宇宙論으로 이론적 정식화에 이른다.

"오직 천자만이 하늘로부터 명을 받으며, 천하는 천자로부터 명을 받는다"라든가[263] "왕도의 삼강三綱은 하늘에서 구할 수 있다"고 하는 사고들이 그러하였다. 리쩌허우李澤厚는 "동중서와 그의 추종자들은 어떤 자연현상, 예를 들면 일식, 지진, 수제, 가뭄, 동식물의 이상 현상 등을 군주에 대한 하

261 펑위(1993), 앞의 책, p.33.

262 사마천(2005), 『사기본기』, 「진시황분기」, pp.208~209.

263 董仲舒, 『春秋繁露』, 「爲人者天」, 「基義」; 리쩌허우(2005), 『중국고대사상사론』, 정병석 옮김, 한길사, p.311.

늘의 경고로 해석"했다고 지적하고, 그러한 사상적 태도는 동중서 시대에 그치지 않고 "후세에도 불변하는 법칙이 되었다"고 평했다. 그에 따르면, 동중서가 이러한 사상체계를 만들어 내고 후세 동양의 지배자와 지식인들이 그것을 영속화한 이유는 "주로 그것을 통해서 군주의 전제 권력과 사회의 통치 질서를 확고히 하려고 했기 때문"이다.[264]

사실 동중서가 천인우주론을 발명했다고 할 수는 없다. 주대의 천자 개념, 그리고 진시황 이래의 황제 개념이 내포하였던, 현실의 권력자가 천명의 수행자이거나 자신이 곧 신성을 지닌다는 개념을 동중서가 다만 유교적 논리체계 속에서 이론화한 것이었다고 보아야 할 것이다.

중국에서 유교는 전한前漢의 무제武帝, 재위 BC 141~BC 87 때에 관학官學으로서 배타적인 지위를 차지한다. 이후 다소간의 성쇠는 있었어도 유교는 언제나 새 왕조에 의해 '국교國敎적 권위'를 보증받았다.[265] 중국에서 유교가 민중 전체에게 유일한 종교로 강요된 것은 아니었다는 점에서 '유교의 국교화'라는 표현은 부적절하다는 비판적인 논의가 제기된다. 다만 그 경우에도 한나라 이래 중국의 역대 왕조들에게 유교가 지배 이데올로기로 존재했다는 사실은 부정되지 않는다.[266] 그래서 마루야마 마사오의 다음과 같은 지적은 대체로 적절해 보인다. "청나라에 이르기까지 유교에 대항할 만한 사상체계는 끝내 나타나지 않았다. 종교사상을 제외한다면 중국 학계에 있어서의 사상적인 전개는 유교 내부에서만 일어났다고 해도 좋을 것이다. 중국제국과 마찬가지로 중국 학계도 참된 사상적 대립을 경험하지 못했다."[267] 최근세에 국제적 압력 속에서 중국사에 점차 근대성과 시민성이 침투함에 따

264 리쩌허우(2005), 앞의 책, p.311.

265 마루야마 마사오(1995), 『일본정치사상사연구』, 김석근 옮김, 통나무, pp.108~109.

266 이용주(2006), 「유교 '국교화'에 대한 의문 : 중국 종교사 이해를 위한 문제 제기」, 서울대학교 종교문제연구소 편, 『종교와 역사』, 서울대학교출판부, pp.601~631

267 마루야마 마사오(1995), 앞의 책, p.109.

라 쑨원孫文, 1866~1925의 삼민주의가 나타났을 때, 유교는 비로소 자신과 완전히 계통을 달리하는 사회사상과 만나게 된다고 마루야마는 지적했다. 그만큼 동중서가 체계화한 천인우주론적 관념은 중국 정치에서 항상 국교로 남은 유교의 생명력과 함께 중국 사회 지배이념의 일부로 남게 된다고 할 수 있다.

동중서가 체계화한 천인우주론적 관념에서는 천자, 즉 지상의 최고권력자는 천의天意에 감응하여 천하를 다스린다. 이것은 리쩌허우가 말했듯이 천이라는 우주와 자연법칙에 천자도 제약받는 것을 전제했다. 그러나 동시에 지상의 권력자가 천의 지위와 천의를 대신함을 명확히 하는 것이기도 하였다. 이런 사상적 구조에서는 역시 리쩌허우의 지적처럼 별도의 '초월적인 주재신主宰神'이 필요하지 않았다.[268] 결국 천인우주론의 사유체계는 현실 세계 최고권력자의 의지와 행동을 천의와 동일시하는 가운데, 종교의 역할을 적어도 부분적으로 대신하는 것이었다.

앞에서 근대 초기 유럽에서 장 보댕 등이 왕권신수설을 주장하는 경우에도 지배자의 전제에 대한 인민의 저항권은 부인하지 않았음을 지적했다. 동양의 유학에서도 맹자의 역성혁명易姓革命의 개념을 떠올린다면, 전제적인 속권에 대한 인민의 저항권은 동서양 모두에서 인정되었다고 할 수 있다. 다만 중요한 차이가 있다. 서양의 경우에는 교회의 신권이 속권에 대한 일종의 상설법정 '기관'으로서 존재한 셈이다. 이에 비해 동양의 역성혁명론은 논리로만 존재했지 그것을 뒷받침할 상설법정은 현실에 존재하지 않았다고 할 수 있다.

주자학에서의 천인관계론天人關係論은 '주자학적 질서관'의 특징이며, 이것은 "인간은 봉건적인 상하 질서를 자연의 질서처럼 주어진所與 것으로 받

268 리쩌허우(2005), 앞의 책, pp.311~312, p.327.

아들여 운명적으로 여기에 순종할 수밖에 없다"는 관념이라는 것이 일반적 인식이다. 이러한 해석의 근거는 "주자학에서 자연법칙인 이天=理가 동시에 도덕 본성으로서 인간에 내재하면서性=理, 사회질서의 원리五常=理로 발휘된다는 점에 기초한다"고 미조구치 유조溝口雄三는 정리한다.[269] 미조구치 본인은 그러한 일반적 인식에 기초해 주자학적 천인관계론을 고정적이고 불변적인 사유로 전제하는 것을 비판한다. 미조구치 유조가 잘 상기시키듯이, 특히 북송北宋의 주자학 이래 천은 적어도 상이한 세 가지 의미를 내포한 것이었다. 주자는 천의 내용을 셋으로 나누었다. 주재적 천主宰的 天, 자연적 천自然的 天, 이법적 천理法的 天이 그것이다. 첫 번째의 주재적 천만이 초월자 또는 절대자를 내포하는 것이며, 자연적 천과 이법적 천은 초월이나 절대라는 개념으로는 포괄할 수 없다.[270] 따라서 동양사상에서의 천을 오로지 '초월자' 또는 '절대자'로 직결시키는 것은 안일한 해석일 수 있다.[271]

그러나 그러한 구분이 곧 현실 권력의 신성화, 즉 성속의 연속성을 가정하는 유학적 논리 구조를 해체하는 데 크게 도움이 되는 것은 아니다. 천자가 천명을 받아 천하를 지배한다고 할 때, 그 천명은 주재적 천을 가리킬 개연성이 높다. 자연적 천은 물론 아니다. 이법적 천을 가리킬 수도 있지만, 그때의 이理는 주재적 천의 합리적 속성을 가리킴으로써 둘 사이의 구분이 모호할 수도 있다. 주재적 천의 의미로든 이법적 천의 의미로든 그때의 천은 초월자 내지 절대자의 개념과 분리되기 쉽지 않다. 마루야마 마사오가 지적했듯이 일본의 주자학에서 천도는 이법적 천에 가깝지만, 천명은 인격성을 띠는 개념에 가까운 것으로 이해되었다.[272] 그러나 천도와 천명은 상

269 미조구치 유조(2001), 「중국 근세의 사상 세계」, 미조구치 유조 외, 『중국의 예치 시스템 : 주희에서 등소평까지』, 동국대학교 동양사연구실 옮김, 청계, pp.56~57.

270 미조구치 유조(2001), 앞의 글, p.59.

271 미조구치 유조(2001), 앞의 글, pp.56~57.

272 마루야마 마사오(1995), 앞의 글, p.284.

호 연결된 개념이다. 그러므로 서로 분리되어 사유되기 어려운 것 또한 사실이다.

'정관의 치貞觀之治'로 잘 알려진 당나라 태종 시기의 일을 기록한 『정관정요貞觀政要』에는 위징魏徵의 상소문이 실려 있다. "예로부터 하도河圖를 얻어 천명天命을 받고 나라의 대업을 열어 천자의 자리에 오르면 예악 제도를 굳건히 하고 법률 조문의 시행을 추진하고 다방면의 뛰어난 인재를 부리며 존귀한 제왕의 자리에 앉아 천하를 다스리던 군주는…",[273] 이때 천자에게 대업의 명을 내리는 천은 주재적 천을 가리킨다고 할 수 있다.

1441년 조선 세종 23년에 명 황제는 봉천전奉天殿을 짓고 이를 기념하여 천하의 죄인을 사赦하는 조서를 내린다. 조선의 세종은 그에 부응하여 나라境內에 사유령赦宥令을 내린다. 세종은 그의 사문赦文에서 "공경히 (명 황제의) 조서를 받으니" 그 내용이 다음과 같았다고 하였다. "짐朕이 적은 덕으로 공경히 천명을 받들어 조종祖宗의 대통大統을 잇고 천하를 주재하니, 밤낮으로 생각하매, 나라를 창건함이 오직 어렵고 이어서 지키기가 쉽지 아니하다."[274] 명 황제의 조서에 등장하는 봉천전과 함께 '천명'의 천은 모두 주자가 주재적 천으로 분류한 개념에 해당한다. 받들고 두려워해야 할 대상으로서의 천인 것이다.[275]

학문으로서의 중국 유학에서의 '천'에는 주희가 말하는 이법적 천의 개념과 함께 주재적 천의 개념이 잔존한다. 그러나 천 개념에서 그 중심은 다분히 이법적 천의 개념이 압도하는 흐름을 띤다. 그것은 곧 유학의 천 개념의

273 오긍(2010), 『정관정요』, 김원중 옮김, 글항아리, p.36.

274 『조선왕조실록』 세종 94권, 23년(1441 신유/명 정통 6) 윤 11월 20일(계미) 1번째 기사 : "朕以菲德, 祗膺天命, 嗣祖宗大統, 主宰天下. 夙夜思念, 開創惟艱, 繼承非易."

275 조선 개국 과정에서 그 주도 세력이 언급한 '천명(天命)'은 자신들의 개국을 정당화하기 위해 동원된 정치적 수사였다는 인식도 필요하다. 그런데 여기에서 중요한 것은 건국 주도 세력이 그러한 개념을 통해 스스로를 정당화할 필요를 느끼고 또한 실제로 그렇게 정당화되었다는 사실이며, 이때의 천명은 '주재적 천'의 내용으로 해석될 수 있다는 점이다.

합리주의화 과정이었다. 그처럼 학문으로서의 유학의 천 개념에서는 이법적 천이 중심적 위치를 차지하게 되어 간 것이다. 그러나 지배자들이 천자를 자칭하고 자신의 지배가 천명에 의한 것임을 자임할 때, 그때의 천도 역시 이법적 천만을 말한다고 하기는 어렵다. 다분히 주재적 천의 개념을 앞세운 것일 터이다. 지배자들이 자신의 지배를 천명과 등치시킬 때, 그들이 말하는 천명이 이법적 천을 가리키는 것이었다 하더라도 그때의 이법적 천은 사실상 주재적 천과 혼효된 개념이었다.

중국에서 주재적 천, 이법적 천, 자연적 천을 하나로 수렴하면서 그 총체적 권위를 지상의 최고 정치권력이 전유하는 현상을 압축적으로 표상하는 것이 있다. 그것은 바로 역曆이다. 전통 시대 전체에 걸쳐 중국의 천문학이 개발하고 중국 왕조들이 채택한 역은 달의 주기에 맞춘 월력月曆 · lunar calendar을 주로 한 것이다. 거기에 춘분과 추분, 하지와 동지 같은 태양의 주기에 맞춘 일력日曆 · solar calendar을 부분적으로 보완한 것이었다. 중국은 20세기 이전까지 그런 달력을 유지했다.[276]

농경에 적합한 것은 일력이다. 월력은 축제와 종교적 행사에 적합하다. 중국의 천문학은 기원전에 이미 그리스의 천문학과 마찬가지로 순수한 일력을 개발할 능력을 갖추고 있었다. 하지만 일부러 두 기능을 모두 충족시키는 역을 선택한 것으로 해석된다. 중국 천문학은 더욱 정확한 역을 개발하고 개선해 나갈 능력 또한 갖고 있었다. 그럼에도 역을 교체하는 기준은 천문과학적 정확성이 아니라 정치적인 요소였다. 역의 교체는 곧 왕조의 교체를 뜻할 수 있는 혁명적인 일이었다. 왕조 안에서 역을 교체할 때에도 역의 정확성을 기하기 위해서가 아니라 정치적 이유로 그렇게 했다. 그래서

276 Eberhard, Wolfram(1957), "The Politcal Function of Astronomy and Astronomers in Han China," John K. Fairbank, ed., *Chinese Thought & Institutions*, University of Chicago Press, p.63.

때로는 역의 정확성이 오히려 후퇴한 경우도 있었다. 중국에서 천문학자들의 일차적인 관심은 역의 정확성이 아닌 정치적 의미였던 것이다.[277]

바로 여기에서 우주 자연의 운동과 같은 자연적 천, 이법적 천 그리고 주재적 천의 통일적 개념으로서의 '천'을 정치권력이 전유하고, 그러한 통일적 권위와의 독점적 교감을 자임하는 최고권력자의 인식과 행동을 감지할 수 있다. 이에 반해 16세기에 서양에서 달력을 교체할 때, 그 주체가 교회였다는 사실은 매우 시사적이다.[278]

중국 유학에서 천 개념의 합리화 과정과 제의 인격신적 기능

공자孔子는 춘추 시대 말기를 살았다. 유학을 대표하는 텍스트인 사서삼경에[279] 나타나는 우주 만물의 주재자 개념을 보면,[280] 『중용』과 『논어』에서는 천天의 개념이 앞서고, 『대학』에서는 상제 개념이 두드러진다. 전체적으로는 유가의 경전들에서도 천 개념이 지배적이 되었다고 할 수 있다.

이들 텍스트에서 천은 곧 성性이요, 도道와도 통하는 것으로 되어 있다. 천은 우주 만물의 주재자이지만, 무원칙하거나 변덕스러운 인격적 존재가

277 Eberhard, Wolfram(1957), 앞의 글, pp.63~66.

278 서양에서 사용한 달력은 물론 일력이며, 16세기 중엽까지는 율리우스 카이사르가 제정한 율리우스력이었다. 그러나 1582년 교황 그레고리우스 13세가 정확성을 높이기 위해 개정한 그레고리력을 공표했고, 가톨릭계 국가들은 곧 수용했다. 개신교 국가들의 수용이 늦어졌으나, 결국 독일은 1700년, 영국은 1752년 그리고 스웨덴은 1753년에 그레고리력을 채택한다[황대현(2007), 「시간을 둘러싼 투쟁 : 1583~84년 아우크스부르크시의 달력분쟁을 중심으로」, 『서양사연구』 제37집, p.70].

279 사서는 『대학(大學)』·『중용(中庸)』·『맹자(孟子)』·『논어(論語)』이고, 삼경은 『시경(詩經)』·『서경[書經·또는 상서(尙書)]』 및 『역경(易經)』이다.

280 『대학』도 그렇지만 『중용』 역시 저작자에 대해 논란이 많다. 오래된 정설은 주자가 확립한 설로서, 공자의 손자이자 증자에게서 배운 자사(子思, BC 483~BC 402)가 그 작자라는 것이다. 그러나 청나라 시대 고증학(考證學) 연구들은 그 정설에 이의를 제기했다. 자사의 후인들이 진한(秦漢) 시대에 저작했다는 설도 있고, 자사가 지은 것을 바탕으로 후인들이 상당한 시간에 걸쳐 가필하여 이루어졌다는 설도 있다[김석진·신성수(2004), 『대산 중용 강의』, 한길사, pp.14~15].

아니라 우주 만물의 일정한 표준으로서의 성 또는 도라는 원리 · 원칙을 따라 주재한다는 뜻이 된다. 그러한 원칙은 불가해하여 신비로 가득한 것이 아니라 군자의 합리적 이성으로 판단 가능한 것이다. 그만큼 인간의 고도한 이성과 합치하는 것이 된다. 그런 의미에서 유학에서의 천 개념은 주재적 천과 이법적 천의 경계가 모호해져 있었다. 그것은 주재적 천, 즉 초월자의 성격이 합리주의적으로 사고된 경향을 시사한다.

『중용』의 제1장은 바로 '천'의 개념에서 시작한다. "하늘이 명하신 것을 성이라 하고, 성을 따르는 것을 도라 이르며, 도를 닦음을 교라 이른다天命之謂性, 率性之謂道, 修道之謂敎"고 하였다.[281] 우주 만상의 주재자로서 천이 명확하게 자리 잡고 있는 가운데, 천명=성=도의 형태로 세 개념이 긴밀하게 연결되어 있다. 또한 『중용』에 등장하는 천의 개념으로서 가장 잘 알려진 것은 "성이라는 것은 하늘의 도요, 성 하려는 것은 사람의 도이니誠者 天之道也, 誠之者人之道也"라는 구절이다.[282] 『중용』에서 천의 도天之道는 때로는 천지의 도라는 문구로 나타나기도 한다. "천지의 도天地之道는 가히 한마디 말로 다할 수 있으니, 그 물건 됨이 의심치 않느니라. 곧 그 물건을 생함이 헤아리지 못하느니라."[283] 우주 만물을 창조하고 관장하는 형이상학적 존재가 천 또는 천지와 도라는 개념과 결합해 표현된 것이다. 곧 이어서 『중용』은 이렇게 말하고 있다. "천지의 도는 넓고 두텁고 높고 밝고 멀고 오래 하느니라天地之道 博也厚也高也明也悠也久也."[284]

일반적으로 공자는 우주 만물을 창조하고 관장하는 형이상학적 존재에 대한 담론을 즐겨 하지 않았다고 평가된다. '천'이나 '천도'의 개념뿐만 아니라 '성性'에 대해서도 언급하되 설명은 하지 않았다. 『논어』의 「공치장

281 김석진 · 신성수(2004), 앞의 책, p.59.
282 김석진 · 신성수(2004), 앞의 책, p.233.
283 김석진 · 신성수(2004), 앞의 책, p.278.
284 김석진 · 신성수(2004), 앞의 책, p.279.

편公冶長篇」에는 이런 문장이 나온다. "선생님이 성과 천도에 대해 말씀하신 것은 들을 수가 없었다夫子之言性與天道, 不可得而聞也." 중국의 한 학자는 이를 인용하며 다음과 같이 말한다. "공자는 천명天命을 승인하고 지명知命을 강조하였다. 그러나 천과 명 등에 대하여 결코 깊게 연구해 간 것은 없었다. 이 점은 모두 나중의 유가가 해결해야 하고 발휘해야 하는 문제로 남겨졌다."[285]

그렇다면 유가, 특히 훗날의 성리학性理學에서 매우 중요한 철학적 의의를 갖게 되는 '성性'이라는 개념과 함께 '천도天道'라는 용어의 형태로 형이상학적 의미를 갖는 천 개념이 『중용』에 자주 등장하는 까닭은 무엇인가? 한국의 유학자 다산 정약용茶山 丁若鏞, 1762~1836은 이렇게 설명했다. "자사子思가 공자의 제자들도 쉽게 들을 수 없었던 성性과 천도에 대한 공자의 말씀을 『중용』에서 소개하고 있는 것은, 공자의 문인門人들이 공자의 위의威儀나 동작을 보는 정도를 넘어서 자사는 가학家學의 근본을 두고 종통宗統을 이어서 공자의 정밀하고 온축된 깊은 뜻을 얻어 알 수 있었기 때문"이다.[286] 한편 정약용의 시대에 비해 1백 년 앞서서 일본의 고학자古學者 오규 소라이荻生徂徠, 1666~1728는 그 이유를 다르게 설명했다. 노장老莊의 사상으로 인해 천과 성의 개념들이 어지럽혀지는 상황을 겪은 자사는 성인의 도를 지키기 위해 성인이 좀처럼 말씀하지 않았던 천과 성을 말하지 않을 수 없었던 것이라 했다.[287]

『논어』에는 우주의 보편적 진리를 표상하는 것으로 천의 개념이 더욱 자주 등장한다.[288] 주자의 주석에서 나타나는 바와 같은 관념론적 해석으로

285 전손(2009), 『선진유학』, 백종석 옮김, 학고방, p.129.

286 금장태(2004), 『도와 덕 : 다산과 오규 소라이의 「중용」·「대학」 해석』, 이끌리오, p.51.

287 금장태(2004), 앞의 책, p.51.

288 『논어』에서 가장 처음 '천'이 등장하는 것은 우리에게 익숙한 "오십이지천명(五十而知天命)"이라는 구절 안에서이다. 주자는 이 구절의 '천명'은 "천도(天道)가 유행하여 사물에 부여된 것"으로서, "사물이 응당 그러하게 된 까닭"이라는 뜻이라고 주석했다. 그리고 "이것을 알면 아는 것이 그 정미로움을 지극히 하여, 불혹은 또 말할 것이 없을 것이다"라고 하였다[주희(2008a), 『논어집주 1』, 한길사,

볼 때, 공자의 천은 인격신적 요소가 더욱 희박하였다. 전손은 "공자는 천명天命을 중시하였는데, 도리어 귀신鬼神은 이야기하지 않았다"고 말한다. 그는 "공자께서는 괴이한 일, 힘으로 하는 일, 어지러운 일, 귀신에 관한 일은 말씀하지 않으셨다子不語怪力亂神"는 『논어』의 말을 인용한다. 전손은 또한 『논어』에 "백성이 지켜야 할 의로움에 힘쓰고, 귀신을 공경하되 멀리할 수 있으면 지혜롭다 할 수 있을 것이다務民之義, 敬鬼神而遠之, 可謂知矣"라고 한 말을 주목한다.[289]

이런 맥락에서도 공자가 말하는 '천'은 인격신적 초월자와는 거리가 있었으며, 도리어 노장사상에서 말하는 도에 가까운 추상화된 개념이었다. 한편 공자 역시 도라는 표현을 즐겨 썼는데, 다만 노장사상에서와 같이 형이상학적 존재를 가리키기보다는 어떤 도덕적 원리 같은 것을 가리킨다. 『논어』의 「태백 편泰伯篇」에서 공자는 이렇게 말한다. "위태로운 나라에는 들어가지 아니하고, 어지러운 나라에는 살지 아니하며, 천하에 도가 있으면 나오고, 도가 없으면 숨는다天下有道則見, 無道則隱."[290]

주희의 해석을 따르더라도, 공자는 매우 추상적이고 보편적인 이치로서의 형이상학적 원리라는 의미로 천 개념을 사용하고 있다. 그 천을 인간의 이성으로 이해하고 판단할 수 있는 합리적 원리들을 가리킨 것으로 볼 수

p.87]. 공자는 또 "하늘이 이미 나에게 이러한 덕을 부여하였으니, 환퇴가 나를 어찌겠는가(天生德於予, 桓魋其如予何)"라고 하였다. 주희(2008a), 앞의 책, pp.442~443. 공자는 또한 "군자는 세 가지 경외함이 있다. 천명을 경외하며, 대인을 경외하며, 성인의 말씀을 경외한다(君子有三畏, 畏天命, 畏大人, 畏聖人之言)"고 하였다[주희(2008a), 앞의 책, p.427]. 인간이 공경할 지고한 존재를 천으로 설정한 것을 잘 드러내는 문장이라고 할 것이다. 공자는 "하늘이 무어 말하는 게 있더냐? 사시가 운행하고 백물이 살아간다. 하늘이 무어 말하는 게 있더냐?(天何言哉, 四時行焉, 百物生焉, 天何言哉)"라고 했다. 이에 대한 주자의 주석을 보면, 여기에서 공자가 말하는 천은 천리(天理)를 가리킨다. 주자는 "사시가 운행하며 백물이 성장하는 것은 천리가 발현하여 유행하는 실제가 아닌 것이 없으니, 말을 기다리지 않고도 볼 수가 있다"고 해석한다[주희(2008a), 앞의 책, p.489].

289 전손(2009), 앞의 책, pp.129~130.

290 주희(2008a), 앞의 책, p.496.

있는 '도'와 직결시켰다. 이처럼 유학의 고전 텍스트에서 이미 주재적 천과 이법적 천 사이의 긴밀한 논리적 상호 규정의 관계가 명확하였다. 그 둘 사이의 내밀한 상호 관계는 주재적 천 개념의 합리화를 의미했으며, 천명이 의미하는 바의 합리화이기도 하였다. 유학적 이성이 도라고 판단하는 기준에 맞게 정치 지배자가 행동하면, 천명이 그 정치권력자에게 돌아오고, 그렇지 않고 도에 어긋나게 행동하면 천명은 저절로 떠나 버린다天命自去고 할 때, 그 천명은 주재적 천인 동시에 이법적 천이라고 할 수 있다. 주재적 천과 이법적 천이 하나로 융해되어 있다. 그러한 융해 속에서 유학적인 의미의 주재적 천은 인격신적 성질을 박제당한다.

하지만 다른 한편으로 이들 고전의 세계는 인격신적 존재로서 '상제'가 설 자리를 마련해 두었다. 『대학』에 이렇게 쓰여 있다. "『시경』에 이르기를, '은나라가 백성을 잃지 않았을 때는 능히 상제에 대할 수 있었으니, 마땅히 은나라를 거울삼을지어다. 큰 명은 쉽지 않다' 하니, 무리를 얻으면 나라를 얻고, 무리를 잃으면 나라를 잃음을 말한 것이니라詩云 殷之未喪師 克配上帝 儀監于殷, 峻命不易, 道得衆則得國 失衆則失國"는 문장이 그것이다.[291] 김석진은 '극배상제克配上帝'를 이렇게 풀이했다. "극배상제, 즉 상제에 대한다는 것은 천자天子의 위치에 올라 홀로 하늘의 상제를 마주 대하고 그 명을 받아 천하 만민을 치교治敎하는 것입니다."[292] 『중용』에도 『대학』에서와 마찬가지로 상제가 최고신의 개념으로 동시에 등장하는 경우가 있다. "교제郊祭와 사제社祭의 예는 상제上帝를 섬기는 것이요, 종묘의 예는 그 선조를 제사 지내는 것이니, 교제 · 사제의 예와 체제禘祭 · 상제嘗祭의 뜻에 밝으면 나라를 다스림은 그 손바닥을 보는 것과 같다"고 했다.[293] 김석진 등은 이 부분을 주석하

291 김석진(2000), 『대산 대학 강의』, 한길사, pp.175~176.
292 김석진(2000), 앞의 책, p.176.
293 김석진 · 신성수(2004), 앞의 책, p.189.

기를, "교제는 하늘에 제사하는 것이고, 사제는 토지신에게 제사하는 것이니 다 상제를 섬기는 일이다. 이에 비해 종묘의 예는 그 선조를 제사 지내는 일이다"라고 하였다.[294]

『논어』에는 '황황후제皇皇后帝'라는 개념이 등장한다. 공자 자신의 언설이라는 형태로는 아니다. 다만 그 마지막 장인 「요왈 편堯曰篇」에서 탕왕湯王이 했다는 말을 소개하는 방식으로 나타난다. 탕왕은 기원전 18세기경 하나라를 멸망시키고 상, 즉 은나라를 세운 인물이다. 주자의 주석朱注에서 그 용어는 '상제上帝'로 번역되었다. "나 소자 이履는 감히 검은 수소를 희생으로 써서 감히 크고 크신 상제님께 환히 고하나이다. 죄 있는 자는 감히 용서하지 않겠으며, 상제님皇皇后帝의 신하는 가리지 않겠습니다. 검열하는 일은 상제님의 마음에 달렸습니다予小子履, 敢用玄牡, 敢昭告于皇皇后帝, 有罪不敢赦, 帝臣不蔽, 簡在帝心."[295] 이 부분은 훗날 진시황이 자신의 칭호를 '황제'로 하는 데 중요한 전거가 된 것으로 보인다.[296]

주대에 이르러 초월자 내지 절대자의 지위를 '제' 대신 '천'이 차지하였다고 하지만, 선진유학의 텍스트에서 여전히 상제가 인격신적 초월자의 지위를 갖고 있음은 그런 맥락에서 유의할 필요가 있다.[297] 결국 춘추전국 시대 유가의 학술 속에서 우주 만물의 근본이자 그 주재자로서의 천의 개념은 더욱 추상적인 보편적 진리라는 의미로 형이상학화된다. 상제는 뒷자리로 밀려나되, 초월적 주재자의 개념이 이법적 천과 분리될 수 없는 방식으로 합리화됨으로써 더욱 뚜렷해지는 인격신의 공백을 대신한다. 어떤 의미에

294 김석진 · 신성수(2004), 앞의 책, p.189.

295 주희(2008a), 앞의 책, p.593.

296 이삼성(2011a), 앞의 논문.

297 훗날 조선에서 다산 정약용은 서학 천주교의 신의 개념을 수용하면서 그것을 고전 유학의 상제 개념과 일치시킨다. 그것은 첫째 유학에서의 '우주의 주재적 초월자'로서의 천의 개념이 합리주의적 형이상학화하여 초월적이되 인격신적 성격이 박제된 현상, 둘째 초월적이되 인격신적 존재로서의 상제 개념의 잔류, 이 두 가지 개념사적 현상에 바탕을 두었다 할 것이다.

서는 인간 세계의 권력자가 제라는 개념을 전유할 수 있는 사상적 준비가 마련되어 간 것으로도 볼 수 있다.

서주 시대에 보편화된 우주의 주재자로서의 천을 추상화하고 인격신적 요소를 담은 상제 개념을 주변화시킴으로써 중국사상사는 일종의 합리주의 단계로 접어든다. 아마도 이러한 성격이 주자가 정립한 성리학적 유학의 체계에서 천이나 이 또는 성의 개념들이 금장태가 '본체론적 관념론'이라고 말한[298] 박제된 개념으로 정리될 수 있는 근거가 되었다고 할 수 있을 것이다.

주희는 유학사상의 천 개념에서 주재적 천과 이법적 천을 구분한 가운데 이법적 천을 위주로 했다. 천의 개념에 주재적 천의 개념의 흔적은 남겨 두되, 사실상 인격신적 주재신의 개념이 설 자리는 배제했다. 그가 '이理 개념의 집대성자'였던 사실과 무관하지 않다. 장리웬張立文이 지적하듯이 중국 전통 사상에서 '이'라는 범주는 전국 시대에 구체 개념에서 벗어나 철학 범주의 차원에 진입하여 객관 사물을 반영하는 가장 일반적인 개념으로 된다. 공자는 유학의 창시자이지만 그의 『논어』에도, 도가의 경전인 『노자』에도 이理 개념은 등장하지 않았다. 유가의 2세대인 맹자와 순자 그리고 도가의 2세대인 장자에 이르러 비로소 '이'가 언급된다. 이는 장차 유가의 윤리 도덕 개념을 요지로 삼고 도가의 만물화생, 우주생성론 그리고 불교의 사변철학을 융합하여 하나의 광대한 철학적 개념으로 발전한다. 이렇게 하여 이른바 이학理學이 구성되어 발전한다. 이 과정을 통해 "이理 범주는 중국 고유의 조리, 규율, 의리, 예리, 심성의 이 등에다 불교의 '유식의 이'와 '이사무애관理事無碍觀'의 사상을 흡수하여 중국철학의 논리 구조에서 최고 범주가 되었다."[299]

298 금장태(2009), 『귀신과 제사 : 유교의 종교적 세계』, 제이앤씨, pp.51~52.

299 장입문(張立文) 주편(2004), 『이의 철학』, 안유경 옮김, 예문서원, pp.30~32. '이사무애관'이란 "만리(萬理)는 일리(一理)로 돌아가고, 일리는 만리를 통해 드러난다"는 뜻이다[장입문(張立文) 주편(2004), 앞의 책, p.32].

결국 주대에 이르러 제를 대신하여 초월적 주재신의 자리에 들어섰던 천의 개념은 이의 개념과 융합하면서 합리주의적 형이상학화의 과정을 밟았다. 물론 앞에서 논의한 바와 같이 이미 천을 말하되, 합리적 성격을 띤 원리로서 이해하는 경향이 강했던 것 그리고 인격신적 초월자에 대해 말하기를 삼갔던 선진유학 시대의 공자에게 이미 내재했던 태도를 본격화한 것이라고 할 수 있다. "이理는 천天의 본체이고 명命은 이理의 작용이다"라고 한 주희의 관점은 그것을 압축하여 드러낸다.[300]

한편에서는 그럴수록 중국 유학에서 인격성을 띤 신성성의 담지자는 상제의 '제'에게 맡겨지는 철학적 · 종교적 개념 현상이 깊어졌을 것이라고 생각된다. 이러한 철학적 상황은 동양의 세속 권력의 정점에 있는 지배자들, 특히 스스로를 '천하의 지배자'로 여긴 전통 시대 중국과 일본의 지배자들이 자임한 제에 성속의 구분이 모호한 현상, 즉 속권과 정신적 권위가 혼효되어 내재하는 개념적 현상으로도 연결되지 않았을까 생각된다.[301]

300 장입문(張立文) 주편(2004), 앞의 책, p.230.

301 중국의 지배자가 자신의 지배 영역을 '천하'로 불렀음은 주지하는 바이며, 일본의 지배자도 중국을 모방하여 자신의 지배 영역을 '천하'로 불렀다[이삼성(2011a), 앞의 논문, pp.25~28].

7. 일본의 전통적 정치권력 개념과 성속의 경계넘기

720년에 완성된 것으로 알려진 『일본서기』는 천황天皇의 기원을 신들의 세계에서 찾았다. 이 역사서의 권1과 권2의 제목은 모두 「신대神代」이다. 권3에 이르러 제1대 천황인 진무천황神武天皇에 대한 기록이 시작된다. 진무천황의 정식 명칭은 간야마토이와레히코노 스메라미코토神日本磐余彦天皇로서, 앞선 신대의 계보의 끝에 있는 자의 넷째 아들이라고 한다. 그의 어머니인 다마요리히메玉依姬는 '해신海神의 작은딸'이라고 기록되어 있다.[302] 이 역사서는 제40대 지토천황持統天皇까지 기록하고 있다.

천황의 조상이라는 아마테라스오미카미天照大神를 모시는 곳이 이세伊勢의 대신궁大神宮이다. 일본에서 천황은 처음부터 세속 군주로서의 기능과 신관神官의 기능을 함께 갖고 있던 존재로 추정되고 있다. 천황족이 주요 씨족의

302 전용신 옮김(1989), 앞의 책, pp.1~65.

정치적 통합을 주도해 이룸에 따라 여러 씨족의 신과 신화가 천황가를 중심으로 통합된다.[303] 천황의 권력이 강화되면서 그 정치권력의 근원을 신적인 세계에서 찾아 신성화하여 공식 역사서에까지 기록하기에 이른다.

메이지유신 이전 전통 시대 일본에서 천황이 실질적 최고권력자였던 기간은 역사 전체로 보면 길지 않다. 천황이 실제 집정왕執政王이었던 경우는 덴무天武, 재위 673~686, 지토持統, 재위 686~697, 고다이고後醍醐, 재위 1318~1339 세 천황뿐이며, 나머지는 괴뢰 즉 허수아비에 불과했다는 평가도 있다.[304] 고다이고천황의 경우, 북조와 남조로 두 천황이 존재하는 사태 속에 있었기에 그 역시 항상 유일한 집정왕은 아니었다고 할 수 있으므로, 이 극단적인 해석에 따르면 실제 실권을 행사한 천황은 둘밖에 없었다는 이야기가 된다. 그러나 이마타니 아키라今谷明는 비록 대신 등이 실권을 장악하고 있는 경우라 하더라도 명목상의 주권자는 언제나 천황 한 사람에게 있었으며, 11세기 이후에 가서야 명목상 왕권의 소재가 복잡해진다고 지적한다. 1086년에 이르러 상황上皇으로 불리는 자가 발행하는 인젠院宣이라는 문서가 천황이 발행하는 린지綸旨를 대체하여 최고의 문서로 되는 변화가 있었다. 이때 천황은 '국왕 견습생'에 불과했다. 1185년 무가에 의해 가마쿠라 막부鎌倉幕府가 세워지면서 천황은 또한 허수아비로 남는다.[305]

주목할 점은 천황을 대체하여 실제 집정왕이 된 무가의 최고권력자도 천황의 권위를 빌려 자신의 신격화를 도모하는 전통이다. 특히 오다 노부나가織田信長, 1534~1582, 도요토미 히데요시豊臣秀吉, 1537~1598, 도쿠가와 이에야스德川家康, 1542~1616가 그러하였다. 오다는 생전에 자신의 신격화를 추진했다. 아즈치성安土城 안에 소켄지摠見寺를 건립하여 덴슈카쿠天守閣 밑에 거대한 돌

303 민두기 편저(1976), 앞의 책, pp.20~21.
304 今谷明(1993), 『武家と天皇』, 岩波書店, p.10.
305 今谷明(1993), 앞의 책, pp.10~11.

을 묻고, 그것을 자신의 신체身體로 간주하여 숭배하도록 강제하였다. 이때 오다는 천황의 칙허勅許를 받아서 그렇게 한 것이 아니었으며, 그 자신 독자의 발상에 의한 것이었다. 도요토미 히데요시의 경우는 사후 신격화가 추진되었고, 천황으로부터 도요쿠니다이묘진豊國大明神이라는 신위신호神位神號를 칙허로 받았다.[306]

도쿠가와 이에야스 또한 자신의 사후 신격화를 염두에 두고 치밀하게 준비했다. 신격화의 차원에서 오다 노부나가의 자기 신격화 시도는 참담한 실패작으로 끝났다. 히데요시의 경우는 이에야스가 공포를 느낄 정도로 대단히 성공적이었다. 이에야스는 천황의 칙허를 받아 내느냐 여부가 성공과 실패를 좌우한다고 판단하여 측근에게 자신의 사후 신격화를 위해 천황의 칙허를 반드시 받아 내라는 유지를 남겼다. 결국 이에야스는 사후에 천황의 칙허를 받아 도쇼다이곤겐東照大權現이라는 신호를 얻어 신격화된다.[307] 천황에서 막부 쇼군將軍에 이르기까지 전통 시대 일본의 최고권력자들에게 속권과 신권의 일체화를 지향하는 자세가 나타나는 것은 일본 고유의 신도神道와 무관하지 않을 것이다. 그러나 중국의 천자 내지는 황제와 같이 천하의 지배자를 자처하는 동양의 최고 정치권력자들이 속권의 신격화를 추구한 양상의 일본적 표현이라고도 할 수 있다.

이마타니 아키라에 따르면, 도쿠가와 이에야스는 자신의 사후 신격화를 구상하는 과정에서 천황이 실질 권력은 없으면서도 막강한 종교적 권위를 갖고 있음을 실감했다. 신호를 부여하는 칙허의 형태로 천황의 권위를 빌리지 않고는 쇼군 자신의 신격화가 성공할 수 없었던 것이다. 막부는 안정된 세습적 지배 권력을 정립하기 위해서는 천황의 종교적 권위를 약화시킬 필요를 절감했다.[308] 이에야스 사후 도쿠가와 막부가 추진한 것은 두 가지였

306 今谷明(1993), 앞의 책, p.161.
307 今谷明(1993), 앞의 책, pp.158~159, p.161.
308 今谷明(1993), 앞의 책, pp.161~162.

다. 그 하나는 제사권祭祀權 투쟁이었다. 전통적으로 일본의 다이묘大名들은 실재했던 것으로 추정되는 최고最古의 천황인 제15대 오진천황의 신위인 야하타노카미八幡神를 제사 지냈다. 오다 노부나가와 도요토미 히데요시는 물론이고 14세기에 막부를 개창한 아시카가씨足利氏도 그 신위를 제사 지냈다. 그러나 도쿠가와 막부는 전국 다이묘들에게 야하타노카미가 아닌 이에야스의 신위를 모신 도쇼구東照宮를 설치하여 제사 지내도록 강제하였다. 기록된 것만 해도 천황이 소재한 교토를 포함하여 전국 40개소에 도쇼구가 설치되었다. 이마타니는 이를 두고 '도쿠가와씨의 왕권신화王權神話' 구축 작업이라고 말한다.[309]

도쿠가와 막부가 추진한 또 하나의 종교 대책은 유교이념을 사실상 국교화하는 것이었다. 천황이 막강한 권위를 갖고 있는 신도적인 종교체계를 유교적 형이상학으로 제압하려는 의도를 담고 있었다. 주희에 의해 강화된 유학의 형이상학체계가 고려 말 이래 한반도에서도 불교와 도교를 제압하기 위한 지배이념으로 채택되고 활용된다. 같은 상황이 일본에서는 약 2세기 후 도쿠가와 막부하에서 본격화한 것이다. 일본에 유교가 전래된 것은 4세기 말엽 오진천황 16년 백제의 왕인王仁이 『논어』와 『천자문』을 갖고 왔을 때라고 한다. 유교의 전래 자체는 그처럼 오래된 일이다. 이후 일본의 문화와 사회에서 유교가 얼마나 영향을 미쳤는가에 대해서는 견해가 극단적으로 갈린다. 그러나 근세인 도쿠가와 시대가 유교의 전성기라는 데에는 이론이 없다.[310]

마루야마 마사오는 그렇게 된 이유를, "도쿠가와 봉건사회의 사회적 내지 정치적 구성이 유교의 전제가 되는 중국제국의 구성에 유형상으로 대비될 수 있었기 때문, 다시 말해 유교 이론이 가장 적용되기 쉬운 상태에 놓여

309 今谷明(1993), 앞의 책, pp.160~167.
310 마루야마 마사오(1995), 앞의 책, pp.109~110.

있었기 때문"이라고 설명한다. 그는 동시에 "근세 초기에 유교가 그 이전의 유교에 비해 사상적으로 혁신되었기 때문"이기도 하다고 덧붙인다.[311] 이에야스 자신이 『맹자』를 애독했으며, "무릇 천하의 주인이 되고자 하는 사람은 사서四書의 이치에 통하지 않으면 안 된다. 사서 모두를 공부하는 것이 불가능하다면 『맹자』 한 권이라도 철저하게 읽어야 한다"고 말한 것으로 전해진다.[312]

마루야마 마사오의 이 같은 인식은 논란의 대상인 것이 사실이다. 예컨대 미야지마 히로시宮嶋博史는 "도쿠가와 시대에 와서 일본에서도 주자학이 체제 이념으로서 수용되었다고 이해하는 경우가 있지만 그것은 잘못된 것"이라고 주장한다. 왜냐하면 "도쿠가와 정권은 어디까지나 무사의 정권이었으며 조선 시대와 같이 과거를 통해서 유학자가 정치를 담당하는 그러한 체제와는 전혀 달랐"기 때문이라 하였다.[313] 그는 "주자학 자체는 벌써 13~14세기에 걸쳐 일본에도 알려져 있었지만, 그것이 일본의 사상계에 큰 영향을 주지는 않았고 하물며 중국이나 한국과 같이 주자학적 이념에 의거하는 국가체제를 만들려고 하는 움직임은 전혀 존재하지 않았던 것"이라고 말한다.[314] 허먼 옴스Herman Ooms의 연구에 기반한 미야지마 히로시의 이 같은 주장은 한편으로는 마루야마 마사오의 인식과 근본적인 차이를 가진 것처럼 보인다.[315] 미야지마가 시도하고 있는 바와 같이 중국 및 한국 등 다른 동아

311 마루야마 마사오(1995), 앞의 책, p.110.

312 마루야마 마사오(1995), 앞의 책, p.120.

313 미야지마 히로시(2013), 『나의 한국사 공부 : 한국사의 새로운 이해를 찾아서』, 너머북스, pp.264~265.

314 미야지마 히로시(2013), 앞의 책, p.408. 미야지마는 이러한 인식을 근거로 하여, "송대에 시작된 동아시아의 큰 역사적 변동의 영향권에 일본이 들지 못했던 것"을 나타낸다고 파악하고, 이 점은 동아시아의 다른 국가들에 비해 일본 근세사의 부정적 측면을 함축한다고 주장한다. 즉 "무사 정권의 장기 지속과 거기에 동반한 내란의 빈발, 왜구나 임진왜란과 같은 대외 침략의 움직임"이 그와 관련되어 있다는 것이다[미야지마 히로시(2013), 앞의 책, p.409].

315 미야지마는 "주자학이 결코 도쿠가와 정권의 지배 사상이 아니었다"는 명제를 뒷받침하는 주요 근거

시아 사회들과의 비교역사적 관점에서는 특히 그럴 수 있다.

그러나 마루야마 마사오가 주목한 것은 일본사 전체의 흐름 속에서 적어도 상대적으로 도쿠가와 막부 시대 국가권력이 유교를 적극적으로 체제이념의 일환으로 이끌어 들이고자 노력했다는 점이다. 말하자면 비교의 잣대를 이웃 나라들과의 수평적 비교에 두느냐, 혹은 일본사 자체 안에서의 수직적 흐름의 상대적 굴곡을 주목하느냐에 따라 논점이 달라질 수 있다고 하겠다. 미야지마 히로시가 강조하고 있는 바대로 동아시아 전체의 맥락에서는 매우 제한적인 것이었지만, 일본사 자체의 맥락 안에서는 도쿠가와 시대에 국가권력과 유교의 관계에 주목할 만한 변화가 있었다는 사실은 중요하다. 그것은 형이상학화된 유교적 이념에 의지하여 국가권력과 신성의 일치를 전제하고 지향하는 점에서 동아시아가 공유했던 특징을 재확인해 주는 바가 있는 것이기 때문이다.

히라이시 나오아키는 이러한 상황을 유교의 본질적 성격의 하나인 정교일치政教一致가 일본에서 도쿠가와 시대 정치 전통에 투영된 방식이라는 관점에서 이해한다. 명나라 태조가 백성을 교화시킬 목적으로 『육유六諭』를 반포한 것은, 히라이시에 따르면 유교적 정교일치 전통의 전형적 표현이었다. 그 내용은 부모에 대한 효와 순종을 강조하고 '나쁜 짓을 하지 말라'는 등의 도덕적 명제들이었다. 히라이시 나오아키가 말하듯 중국 위정자들의 이 같은 역할은 유교적 사유와 직결된다. 『맹자』「양혜왕 편梁惠王篇」에서 "하늘이 백성을 내리셨을 때 임금을 세우고 스승을 세웠다"고 했다. 백성을 군주 곧 정치적 지배자에 의한 도덕적 교화의 대상으로 삼는 수동적 인민상人民像과 함께, 군주를 백성에 대해 정치를 행할 뿐 아니라 도덕적 규율을 책

로 허먼 옴스의 연구를 제시한다. ヘルマン・オームス(1990), 『徳川イデオロギー』, 黒住眞・清水正之・豊澤一・賴住光子 譯, ぺりかん社. 옴스의 연구의 최신판은 Ooms, Herman(1998), *Tokugawa Ideology : Early Constructs, 1570~1680*, University of Michigan Press.

임지는 존재로 위치 지운 사고에서 비롯한다. 그 점에서 맹자는 "백성은 따르게 할 수는 있지만 알게 할 수는 없다"고 한 공자의 전통을 잇는다. 히라이시 나오아키가 지적한 대로 공자와 맹자의 민본주의가 민주주의일 수 없는 이유가 여기에 있었다.[316]

근세 일본에서도 도쿠가와 막부의 8대 쇼군 도쿠가와 요시무네德川吉宗, 재위 1716~1745가 1722년 명 태조의 『육유』를 해설한 『육유연의六諭衍義』를 일본어로 번역하게 하고 그 요점을 뽑은 『육유연의대의六諭衍義大意』를 교부한 것 역시 그러한 유교의 정교일치적 전통 안에 있는 것이라고 히라이시는 말한다.[317] 그러나 여기에 덧붙여야 할 점이 있다. 도쿠가와 막부 최고위정자가 스스로 인민에 대한 도덕적 가치의 교부자로 자처한 것은 히라이시 나오마키가 지적하고 마루야마 마사오가 주목한 것과 같이 유교적 정교일치의 모방일 뿐 아니라, 고대로부터 일본 자신에 존재했던 최고 정치적 권위와 도덕적 최고권위의 일체성을 내포한 정치적 · 정신적 전통의 연장선에 있는 것이기도 했다는 점이다.[318]

도쿠가와 막부는 이에야스를 신격화한 도쇼다이곤겐으로 천황의 종교적 권위를 대신하고 유학적 형이상학으로 이를 보완하고자 했다. 그러나 궁극적으로 도쿠가와 막부가 의도한 방향으로 자신들의 속권을 신성화하는 데 성공했다고 하기는 어렵다. 신도가 주자학적 형이상학을 통해 자신의 이론적 근거를 강화하는 경향을 보였기 때문이다. 마루야마 마사오에 따르면, 주자학은 이理를 우주 만물에 내재하는 동시에 그 개체들에 가치를 부여해 주는 궁극적인 실체로 보는 범신론 내지는 범심론汎心論의 성격을 띠고 있었다.

316 히라이시 나오아키(2012), 앞의 책, pp.55~57.

317 히라이시 나오아키(2012), 앞의 책, p.57.

318 히라이시 나오아키는 메이지유신 이후 천황에 의해 공포된 「교육칙어」, '가족국가론' 등을 유교적 정교일치 전통의 표현으로 해석한다. 이에 대해서도 역시 필자는 그러한 유교적 사유와 함께 일본 고대로부터의 정치 전통에 내재한 성속의 미분화 현상을 함께 고려해야 한다고 생각한다.

신도는 주자학과 쉽게 결합하면서 범신론적 성격을 강화하게 된다. 『일본서기』에서 천황들의 조상으로 그려지는 신의 하나인 구니토코타치노미코토國常立尊가 존재하는 방식을 신도적 일본 국학國學의 주요 이론가였던 요시카와 고레타리吉川惟足가 설명하는 방식이 이러했다. "그 몸체를 찾아보려고 하면 아무런 실체도 없다. 그렇지만 그것으로 인해 형체를 이루게 되는 걸 보면, 형체는 없지만 모든 사물을 이루고 있다. 이것이 바로 구니토코타치노미코토로서, 작은 먼지 속에도 그 영혼이 깃들어 있지 않음이 없다." 마루야마는 여기에서 인격신적 요소가 비인격적인 이와 연속적으로 파악되고 있음을 주목했다.[319]

그런가 하면 마루야마 마사오가 일본 국학의 완성자로 지목하는 모토오리 노리나가本居宣長, 1730~1801는, 중국의 신神은 "기껏해야 공허한 이理뿐이어서 확실히 그런 것이 존재하는 것이 아니다"라고 했다. 반면에 '황국皇國의 신'은 현존하는 천황의 '황조皇朝'이시므로 "공허한 이를 말하는 그런 부류가 아니다"라고 주장한다. 마루야마는 모토오리 노리나가가 일본의 신을 주자학적인 '추상적 · 관념적 신 개념'에 철저히 대립시킨 것이라고 파악했다.[320] 일본의 국학적 사유에서 주자학적 유교이념이 내포하고 있던 합리주의가 분해된 과정이라고 마루야마는 이해한다. 하늘의 법칙성을 가리키는 천도天道의 개념이 일본의 사유에서는 뒤로 밀렸다. 그 대신 상대적으로 구체적 인격성을 띤 개념인 천명天命이 전면으로 나선다.[321] 그렇다고 천명 개념을 깊이 있게 전개한 것은 아니었다. 다만 주자학적인 이의 존재를 부정한 가운데 천도나 천명의 개념이 내포한 가치성은 성인이라는 인격성에

319 마루야마 마사오(1995), 앞의 책, p.282.

320 마루야마 마사오(1995), 앞의 책, p.270, p.284.

321 전국 시대 이래 일본의 천도(天道)는 주자학적 이념과는 구별되는 무사적 에토스를 담은 초월적 존재로서 강하게 의식된 것이라는 평가도, 어떤 의미에서는 일본사상사의 그 같은 성격과 무관하지 않게 생각된다.

귀속된다. 그럼으로써 이토 진사이伊藤仁齊, 1627~1705와 오규 소라이의 학문에서 모두 '인격적인 천天'이 '비인격적인 이理'를 구축驅逐해 버리는 결과를 낳게 된다고 마루야마는 해석했다.[322]

그렇다면 근세 일본의 정치사상에서 유교가 수행한 역할은 중층적이었다. 한편으로는 일정한 정도 천황의 종교적 권위를 대신하는 천명의 논리로서 유교를 진흥시킨 당사자인 도쿠가와 막부의 속권에 대해 형이상학적 권위를 제공하는 역할을 하였다. 동시에 다른 한편으로 신도와 결합하면서 천황과 조상신들의 범신론적 편재의 이념을 보강하는 역할을 하였다. 그럼으로써 유학은 천황의 정신적 권위와 공존하는 철학체계가 되었다. 나아가 일본이 근대로 진입하는 과정에서 천황의 속권을 복원시키고 그 신권을 더욱 제고하는 철학적 · 종교적 바탕의 하나로 작용하였다고 할 수 있다.

그런가 하면 이토 진사이와 오규 소라이의 유학에서처럼 주자학적 형이상학에서 초월적 존재의 비인격성을 약화시키고 인격성을 강화함으로써, 현실의 최고 정치권력자라는 인격적 존재가 형이상학적 신성의 개념과 공존할 수 있는 여지를 넓혔다고도 할 수 있다. 마루야마 마사오의 일본 정치사상사 해석에 따르면, '이법적 천'의 개념은 자연에 가까운 것인 반면에 초월자의 인격성을 강조하는 경향은 작위作爲를 중시한 것으로서, 근대 사상으로 전환하는 데 필수적인 계단이다.[323] 그러나 그처럼 신성神聖의 인격적 성격을 긍정하는 것은 세속적 권력의 인격적 체현자천황 또는 쇼군와 그가 가진 속권을 신성화하는 데 우호적인 사상적 조건이 된다. 그런 점에서 근세

322 마루야마 마사오(1995), 앞의 책, p.284.

323 마루야마에 따르면, 예컨대 오규 소라이의 학문이 '주체적 작위'의 이념을 도입한 원래의 목적은 봉건사회를 흔들리지 않는 기초 위에 재정립하기 위한 것이었지만, 그 이념을 가장 전형적으로 계승한 안도 쇼에키(安藤昌益)와 모토오리 노리나가의 사상체계에서는 모두 "봉건사회가 하늘과 땅과 더불어 변하지 않으며, 또 인간성과 더불어 영원하다는 사상적 근거"가 상실된다[마루야마 마사오(1995), 앞의 책, pp.411~412].

일본의 주자학적 변용은 절대주의 권력의 극복이 아니라 천황을 정점으로 하는 절대주의 국가권력의 신성화의 길을 걸어간 일본적 근대에 어울리는 종류의 '작위'에 우호적인 정치사상적 조건이 되어 주었다고 할 수 있겠다.

나카자와 신이치中澤新一는 "일본문화와 신화적 사고는 도저히 분리가 불가능할 정도로 밀접한 관계를 유지하며 전개되어 왔다"고 말한다. "천황제와 같은 정치제도만이 아니라 예술 · 문화의 광범위한 영역에서 신화적 사고의 활발한 활동"을 찾아볼 수 있으며, 이런 경향은 오늘날까지 계속되고 있다는 것이다. 나카자와는 애니메이션이나 게임 산업에서 일본이 높은 국제적 평가를 받고 있는 점을 그 증거로 들었다. "서구의 여러 나라에서는 근대의 성립 과정에서 말살되거나 억압당해 왔던 신화적 사고가 특수한 발전을 이룬 일본의 근대문화 속에서는 강인한 생명력을 유지하고 있으며, 그것이 가상문화假想文化 속에서 대활약을 하고 있는 것"이라고 했다.[324]

다만 나카자와는 그 긍정적인 면과 함께 부정적인 시사점을 지적한다. 그는 우선 "일본인만큼 근대사회를 훌륭하게 수용하면서도 거기에 신화적 사고까지 멋지게 접목시켜서 남긴 민족은 그다지 많지 않을 것"이라면서, "일본인은 신화적 사고가 과연 무엇인지 만져서 알 수 있을 정도로 생생한 감각을 아직 보존하고 있다"고 하였다. 문제는 그 정도로 일본의 근대화는 철저하지 못했으며, 바로 그 때문에 일본에서는 신화적 사고가 근대의 사고에 의해 소멸되지 않은 독특한 현대문명의 한 형태를 이루어 왔음을 뜻한다는 것이다. 나카자와 신이치의 관점에서, 신화적 사고는 어린이의 사고법과 깊은 관계가 있다. 따라서 근대 이후의 일본문화는 '고도의 기술과 어린이 수준에 머물러 있는 정신의 결합'에 의해 만들어지고 있다는 비판을 받기도 한다는 것이다.[325]

324 나카자와 신이치(2008), 『신화, 인류 최고의 철학』, 김옥희 옮김, 동아시아, p.214.
325 나카자와 신이치(2008), 앞의 책, pp.215~216.

신화적 사고의 특징은 곧 성聖과 속俗 사이의 간격이 짧아 그 사이에 연속성이 강하다는 것이라고 할 수 있다. 근대 일본의 정치사상은 서양적 근대의 그것과 정반대의 길을 걸었다. 성속을 넘나드는 방식으로 정치권력의 신화화를 꾀함으로써 서양적 근대가 걸어온 길을 거꾸로 되짚어 걸어갔다. 같은 동양권 안에서도 중국과 한국이 주자학적 형이상학 속에서 '이법적 천'을 중심으로 성속의 연속성을 사유했던 데 비해, 일본의 정치사상은 적어도 상대적으로 이법적 천을 부정하고 인격성을 매개로 성과 속 사이의 연속적 사유를 보존했다. 일본 유학의 다양성을 의식한다면 지나친 단순화라고도 하겠지만, 천황이라는 신성화된 인격을 그릇으로 하여 절대주의 국가체제를 확립할 수 있었던 근대 일본에게 그러한 일본사상사의 고유성은 적지 않게 작용했다고 할 수 있지 않을까. 심지어 전후에도 이른바 '상징천황제'의 형태로 신화와 인격이 결합한 정치신화적 형식이 지속되고 있다는 점도 유의할 필요가 있어 보인다.

근대 일본에서 천황이 갖게 된 권위의 본질을 도야마 시게키遠山茂樹는 적절하게 요약하였다. "전전戰前의 천황제에 있어서는 「대일본제국헌법」에 의해서, 천황은 정치권력의 일체를 장악한 최고의 권력자일 뿐만 아니라 「교육칙어教育勅語」가 보여 주듯이 도덕적 가치의 유일한 결정자이자 그 체현자였다. 말하자면 천황은 국민의 생활을 지배하는 정치군주인 동시에 국민의 도덕을 지배하는 정신군주이며, 그 권력과 권위는 '천양무궁天壤無窮의 신칙神勅'에서 비롯되는 일본 국가의 역사에서 유래하는 것이라고 설명되었다."[326]

1935년 5월 12일자 윤치호尹致昊, 1865~1945의 일기는 성속이 하나의 연속선상에 있는 근대 일본의 정치권력, 식민지인의 일상 속에까지 파고든 신성화

326 遠山茂樹(2001), 『戰後の歷史學と歷史意識』, 岩波書店, p.5.

된 속권의 초상을 그려 보인다. "경복궁 경회루에서 열린 경성재향군인회 종로지부 연례 모임에 참석했다. …천황의 칙어를 봉독奉讀하는 데 30분 가까이 허비했다. 그런데 학교나 군대에서 천황의 칙어는 신의 말일 뿐 아니라 그 자체가 신으로 섬겨진다. 모든 학교는 천황의 칙어를 교장실 벽에 걸려 있는 상자에 넣어 간수한다고 한다. 칙어가 너무 신성한 나머지 금고 안에는 넣을 수 없나 보다."[327]

327 윤치호(2001), 『윤치호 일기, 1916~1943 : 한 지식인의 내면세계를 통해 본 식민지 시기』, 김상태 편역, 역사비평사, p.345.

8. 전통 시대 한국 정치사상에서 천인관계론의 양상

한반도의 정치사상에서 지배자의 신성神聖을 선언하는 것 또는 속권俗權과 신권神權의 통일성을 담은 관념은 한국 정치사상의 시원始原이라고 할 수 있을 단군신화에서 명확하게 나타난다. 단군의 탄생은 신의 세계에서 내려온 신시의 지배자 환웅과 지상의 웅녀의 결합에 의해 이루어진다.[328]

로마의 건국자인 쌍둥이 형제 로물루스와 레무스Romulus and Remus도 인간인 레아 실비아Rhea Silvia가 군신軍神 마르스Mars 혹은 반신반인半神半人의 존재 헤르쿨레스Hercules와 결합하여 낳은 아이들이다. 고대국가들의 건국신화가 대개 이처럼 속과 성의 결합이라는 얼개를 공통적으로 갖고 있음은 주지하는 바이다. 문제는 그후의 정치사상이 세속적 정치권력의 신성성을 어떠한 형태로 그리고 얼마만큼 지속적이고 일관되게 유지했느냐 하는 점이다.

328 일연(2002), 『삼국유사』, 김원중 옮김, 을유문화사, pp.35~38.

한국의 정치사상에서 성속의 연속성에 대한 관념은 삼국 시대에 받아들여지고 통일신라 시기에 더욱 발전한 유교적 정치이념을 바탕으로 하여 정식화된다.[329] 신라에서 유교사상이 확고하게 뿌리내린 계기는 536년 법흥왕法興王 23년 때의 일로 파악되고 있다. 중국식 군현제를 포함한 율령의 반포와 함께 유교식 연호를 시행하고 순장제도를 금지한 조치 등이 그러했다.[330] 통일신라는 특히 8세기 이후 유교를 매개로 중국문화의 영향이 빠른 속도로 증대했다. 입당유학入唐留學이 '시대의 조류'로 자리 잡은 것도 이 무렵이었다.[331] 강수强首, ?~692는 삼국통일을 전후한 시기에 도당유학자의 선두로서 대당외교對唐外交에서 중심 역할을 하여 문무왕이 크게 칭송한 사람이다. 그는 문장과 도의道義를 겸비한 통일신라 초기의 거유巨儒로 추앙받았다. 한국유학사에서 처음으로 '불교에 대한 유학의 우위'를 명백히 강조한 인물로 기록된다. 이어 고승 원효의 아들 설총薛聰은 자신이 정리 · 집성한 이두吏讀로 유교 경전을 교수했다. 이로써 한국 유학 발전에 큰 역할을 한 인물로 꼽힌다.[332]

이처럼 신라 지배층이 통치이념으로 삼은 유교사상의 천인관의 요체가

329 한국에 중국유학이 전래된 시기를 이기백은 고구려에 태학이 설립된 시기(소수림왕)로 잡는다. 김충렬은 기원전 4세기에 이미 유교가 보급되기 시작한 것으로 보되 유학의 수용은 삼한 시대의 일로 보며, "이 경우에도 그 전개는 삼국 시대로 접어들어서야 뚜렷해진다"고 하였다. 박충석은 대체로 이들의 의견을 수용하고 있다[박충석(2010), 『한국정치사상사』(제2판), 삼영사, pp.195~196].

330 최영성(2003), 「삼국 시대의 철학사상」, 한국철학사연구회 엮음, 『한국철학사상사』, 심산, p.59.

331 한반도인의 도당유학은 삼국 시대인 7세기 중엽부터 활발했다. 선덕여왕(재위 632~647) 시기에 이미 왕이 나서서 도당유학을 장려한 기록이 있다. 『삼국사기』 선덕왕 9년의 기록은 다음과 같다. "여름 5월에 왕이 자제들을 당에 보내 국학(國學)에 들이기를 청하였다. 이때 당 태종이 천하의 유명한 유학자들을 크게 불러들여 학관(學官)을 삼아 자주 국자감(國子監)에 행차하여 그들로 하여금 강론하게 하고, 학생 가운데 『예기(禮記)』나 『춘추좌씨전(春秋左氏傳)』 가운데 한 가지 이상에 능통한 이는 모두 관직에 임명될 수 있게 했으며, 학사(學舍) 1천2백여 칸을 증축하고 학생을 증원해 3천2백60명을 채웠다. 이리하여 사방에서 공부하는 이들이 구름처럼 수도에 모여들었다. 이어 고구려, 백제, 고창(高昌), 토번(吐蕃)에서도 자제들을 보내 입학시켰다"[김부식(1998), 앞의 책, pp.141~142].

332 최영성(2003), 앞의 책, pp.67~70.

어떠했는가는 진흥왕의 경우에 잘 드러난다. 진흥왕은 말년에 삭발 출가하여 스스로 법운法雲이라는 법호를 지은 불교도였다. 그러나 신라에서 처음으로 『국사國史』를 수찬하게 하였고,[333] 또한 처음으로 왕도정치를 전면에 내세우면서 정치이념으로서 유교사상을 매우 중시했다. 특히 그가 세운 순수비巡狩碑들 가운데 황초령비黃草嶺碑와 마운령비磨雲嶺碑에는 "진흥왕 자신의 즉위가 하늘의 뜻에 의한 것인 만큼 나라를 다스림에 있어 천도에 어긋나지 않도록 끊임없이 노력하겠노라고 다짐" 하는 내용이 들어 있다.[334]

『고려사절요高麗史節要』는 태조가 즉위한 지 얼마 안 되어 개국공신의 하나인 마군장군 환선길馬軍將軍 桓宣吉이 반역을 도모하매, 태조가 그를 꾸짖어 말한 내용을 기록했다. "짐이 비록 너희의 힘으로 임금이 되었지마는 어찌 천명天命이 아니었겠는가. 천명이 이미 정해졌는데 네가 감히 이럴 수 있느냐."[335] 왕권과 천명의 관계를 강조한 고려 태조의 정치적 관념이 담겨 있다고 할 수 있는 대목이다.

진흥왕의 사례에서도 보이는 유교와 불교의 혼효와 공존은 고려 성종成宗, 재위 981~997 초년의 원로대신 최승로崔承老의 언술에서 적극적으로 정당화되었다. 그의 「시무 28조」는 유교 정신에 입각한 헌책獻策이었다. 하지만 그는 유儒·불佛·도道 삼교는 각기 소업所業이 있으므로 그것을 혼동하여 다른 것을 없애고 하나로 만들어서는 안 된다고 하였다. 그는 말하기를, "불교는 수신하는 근본이며, 유교는 나라를 다스리는 근본이다. 수신은 내세를 위한 바탕이 되며, 나라를 다스림은 금일의 임무" 라고 정리했다.[336] 결국 고려 말 주자학이 도입되기 전 한국에 있어서 유학은 "흔히 윤리나 정치 원리

333 김부식(1998), 앞의 책, p.123.

334 최영성(2003), 앞의 책, pp.59~60.

335 『고려사절요』 권1, 태조 신성대왕 무인 원년(918), 후량(後梁) 말제 정명(貞明) 4년 · 거란 태조 신책(神冊) 3년(한국고전종합DB http://db.itkc.or.kr).

336 이동준(2007), 『16세기 한국 성리학파의 철학사상과 역사의식』, 심산, p.63.

로서 이른바 수신, 제가, 치국, 평천하의 세간적인 도道"로 이해되었다. "인생에 있어서 형이상학적인 요구는 노장의 자연주의와 불교의 심성철학에서 구하였고, 신앙적으로도 불교에 귀의할 수밖에 없었다."[337]

그러나 고려 말 주자학으로 새롭게 집대성된 새로운 유학은 깊은 형이상학적 체계를 갖추었다. 그로써 불교나 도교의 형이상학을 대체하여 종교적 역할까지 자임하는 경향을 강하게 띤다. 이후 한국의 유학은 불교 및 도교와의 공존을 거부하고 배타적인 형이상학적 지위를 추구한다.[338] 이와 함께 과거에는 불교나 도교적인 형이상학 또는 그것들이 제시한 인격신적인 초월자들에게 맡겨졌던 주재적 천과 이법적 천의 권위를 정치 지배자들이 유교적인 천명의 개념에 담아 전유하기에 이른다.

1392년 7월 17일 『태조실록』의 첫 기사는 "태조가 수창궁壽昌宮에서 왕위에 올랐다"로 시작한다. 배극렴裵克廉 등이 태조에게 왕위에 오르기를 권고하는 명분으로 고려의 권신들에 대해 '하늘이 견책譴責하는 뜻'을 거론한다. 이어서 "마땅히 왕위에 올라서 신神과 사람의 기대에 부응하소서"라고 말한다. 태조는 거절하면서 "예부터 제왕帝王의 일어남은 천명天命이 있지 않으면 되지 않는다. 나는 실로 덕德이 없는 사람인데 어찌 감히 이를 감당하겠는가?"라고 했다. 그러나 대소 신료들이 물러나지 않으면서 왕위에 오르기를 권고함이 더욱 간절하니, 이날에 이르러 태조가 마지못하여 수창궁으로 거동하게 되었다고 기록하였다.[339] 태조는 열하루 후에 '즉위 교지'를 내

337 이동준(2007), 앞의 책, p.69.

338 이동준에 따르면, 성리학은 "근본 유학사상 속에 들어 있는 형이상학적 요소를 철학적으로 전개하여 새로운 이론체계를 수립"하였다. 이로써 사람들의 형이상학적 요구를 충족시켜 주었다. 또한 "이기심성론(理氣心性論)을 통하여 현실과 진리를 연결한 논리를 정밀하게 전개함으로써 현실에서 타락하거나 현실의 책임을 외면하는 것으로 판단되던 도교와 불교를 비판"하였다. 이를 기반으로 성리학은 민생을 근본으로 한다는 유학의 이념을 구현하고 신질서를 세운다는 현실 개조의 이데올로기로 나설 수 있게 되었다[이동준(2007), 앞의 책, p.69].

339 『조선왕조실록』 태조 1권, 1년(1392 임신/명 홍무 25) 7월 17일(병신) 1번째 기사 : "…太祖卽位于壽

려 말했다. "왕은 이르노라. 하늘이 많은 백성을 낳아서 군장을 세워, 이를 길러 서로 살게 하고, 이를 다스려 서로 편안하게 한다. 그러므로 군도가 득실이 있게 되어, 인심이 복종과 배반함이 있게 되고, 천명의 떠나가고 머물러 있음이 매였으니, 이것은 이치의 떳떳함이다天生蒸民, 立之君長, 養之以相生, 治之以相安. 故君道有得失, 而人心有向背, 天命之去就係焉, 此理之常也."[340] 태조의 조선 개국과 즉위 과정에서 '천명'의 담론을 잘 드러내는 대목이다.

『삼봉집』에서 정도전鄭道傳은 『주역』의 괘卦의 오효五爻에 대해 정자程子가 지은 『전傳』의 설명을 편집해 옮겼다. "하늘은 만물의 조가 되고 임금은 만방의 종이 되는 것으로서, 건도가 만물 위에 뛰어나매, 오만 가지 것이 잘 되어 가고, 군도가 임금의 자리에 존대하게 임하매, 사해가 따르게 되는 것이니, 임금 된 분이 천도를 본받아 하면 만국이 모두 편안하게 되는 것이다天爲萬物之祖. 王爲萬邦之宗. 乾道首出庶物而萬彙亨. 君道尊臨天位而四海從. 王者體天之道. 則萬國咸寧也."[341] 우주 만물의 주재자로서 '천'이 설정되고, 그 주재적 천은 '천도天道'를 매개로 하여 제왕의 속권으로 연결된다. 제왕이 그 천도를 따라 하는 한 인간 사회에 대한 그의 지배는 주재적 천의 뜻에 의해 정당화되는 구조를 띤다. 여기에서도 주재적 천과 이법적 천이 천도라는 개념을 매개로 하여 거의 일체화되고 있다.

왕권은 천을 대신하여 지상의 만물을 다스리는 것이라는 인식에는 두 가지 면에서 천인관계론이 담겨 있다. 하나는 천의 의지와 인간사의 연속성을 전제한다는 것이다. 다른 하나는 천도에 따르는 지배자의 권력은 곧 천의 대리자라는 이념이다. 천과 인간 사이의 매개 권력이 서양에서는 교권과 속

昌宮. …上天譴告, 星文屢變, 妖孼迭作. …惟軍國之務, 至煩至重, 不可一日而無統, 宜即王位, 以副神人之望. … 太祖固拒之曰 : "自古王者之興, 非有天命不可. 余實否德, 何敢當之!""

340 『조선왕조실록』 태조 1권, 1년(1392 임신/명 홍무 25) 7월 28일(정미) 3번째 기사.

341 『삼봉집』 제12권 「경제문감」 별집 하(한국고전종합DB http://db.itkc.or.kr).

권으로 이분화되어 있거나 경쟁하는 관계에 있었다면, 동양에서는 대체로 정치권력의 최고 정점에 있는 자가 이를 독점하였다. 불교와 도교 같은 종교가 경쟁하는 이념으로 작용한 측면을 부정할 수는 없다. 그러나 동양의 정치권력은 일찍이 천의 이념을 근거로 그리고 곧 형이상학적 체계를 갖춘 유교적 천인우주론을 바탕으로 하여 그러한 매개 권력의 이념화에서 다분히 배타적인 독점적 위치를 차지했던 것이다. 세종이 "임금의 직책은 하늘을 대신하여 만물을 다스리는 것人君之職 代天理物"[342]이라고 한 말은 물론이거니와, 정조가 보민론保民論을 펴면서 "하늘이 임금의 자리를 만든 것은 그 민생을 보안하기 위한 것"[343]이라고 말한 바 역시 기본적으로 같은 천인우주관 논리의 맥락에서 이해할 수 있다.

조선의 천인우주관은 한편으로 중국의 그것과 다른 차이점도 없지 않았다. 중화주의적 논리 구조로 인해 조선의 왕과 천 사이의 매개 권력에 중국 황제의 매개라는 중층성이 자리 잡고 있었던 것이다. 조선조 한국의 지배적 정치사상이 된 주자학적 관점에서 더욱 정식화된 중화주의적 천하 질서에서는 중국 명나라는 천조天朝를 의미했고, 그것은 조선에게는 '부모'와 같은 존재였다. 『송자대전』의 송시열은 "천조는 우리나라에 있어서 바로 부모이며天朝(=明)之於我國 乃父母也, 노적奴賊은 우리나라에 있어서 곧 부모의 원수이다"라고 했다.[344] 초기 중화주의론자로 꼽히는 정온은 세계 질서 속의 한국의 위치와 관련해 중국이 기자箕子를 조선 왕에 책봉했다는 중국의 기록을 소중화주의적으로 재해석하는 가운데, "천이 동토(조선)에 도를 행하고자天欲其行道於東土 이성異姓을 섬기지 않는 충忠이 있는데도 무왕武王이 조선에 봉하는 것을 받게 하였으니, 봉한 것은 무왕이 봉한 것이 아니라 천이 봉한 것이

342 박현모(2011), 「재판 판결로 본 영조의 백성관 연구」, 『한국정치연구』 제20권 제1호, p.39.
343 박현모(2011), 앞의 논문, p.38.
344 박충석(2010), 앞의 책, p.294.

며天封之也, 받은 것은 기자가 받은 것이 아니라 천이 받게 한 것이다天受之也" 라고 주장했다.[345]

이들 조선의 중화주의자 내지는 소중화주의자의 언술에서 인간 사회의 정치권력을 관할하는 존재로 등장하는 천은 모두 주자가 말한 세 개념의 천 중 주재적 천에 해당한다고 보아야 할 것이다. 다만 거기에 이법적 천의 관념 또한 혼효되어 있다고 해도 틀린 말은 아니다. 요컨대 한국의 정치사상에서 근대가 시작되기 전까지 지배적인 흐름은 역시 속권과 신권의 연속성을 전제하는 천인일체론이었다. 여전히 "자연 세계와 인간 사회가 동일한 법칙에 의해 운영되는 것이 정치적 이상이라는 성리학의 논리"가 지배하였다. 18세기 말의 군주인 정조 역시 그 개념에 기대어 왕의 위상을 재정립하고자 했다.[346]

조선 주자학의 천인관계론의 성격을 박학래는 이렇게 정리했다. "전체적으로 조선 성리학의 천에 대한 이해는 이법천관을 적극 수용하면서도 주재천의 의미를 탈색시키지 않고, 인간의 도덕적 실천의 기초를 확립하는 면모를 보인다. 천인합일의 존재론적 기반으로서 천과 인의 원리적 동일성을 제시하고, 실천의 당위성을 강조하면서 천의 종교적 측면을 보유하는 특성을 드러내었다."[347]

345 박충석(2010), 앞의 책, p.296.

346 소진형(2010), 「정조에 있어서 왕의 위상과 의미 : '만천명월주인옹자서'에 나타난 이일분수의 개념 변화를 중심으로」, 『동양정치사상사』 제9권 제2호, pp.103～120.

347 박학래(2002), 「天人之際 : 인간 삶의 지표와 이상」, 한국사상사연구회 엮음, 『조선 유학의 개념들』, 예문서원, p.165.

9. 19세기 한국에서 천인관계 관념의 연속과 단절 : 정약용과 유길준

한국의 정치사상이 전근대에서 근대로 언제 이행했는가를 판단하는 기준 · 경계넘기의 표지를 따진다면, 그 첫 번째는 아마도 천인우주론적 세계관 즉 천상의 최고권위와 지상의 세속적 최고권위 사이의 연속성을 전제하는 관념을 한국의 정치사상이 언제 넘어섰는가를 파악하는 일이다.

많은 사람은 실학자들을 우선 떠올릴 것이다.[348] 특히 정약용을 첫 번째 후보로 올리는 사람이 많을 것이다. 실제 정약용을 비롯한 조선 후기 실학자들은 "군주란 과연 누구인가"라는 질문을 제기했다.[349] 정약용은 군주란

348 실학이 조선 후기 '신학풍'으로서 공유하는 공통점과 함께 조선 성리학체계로부터의 독자성 여부 그리고 다양한 '실학자들' 사이의 내적 공통분모의 모호성은 끊임없는 논란의 대상으로 남아 있다. 조성산에 따르면, 그러한 논란과 그에 따른 한계에도 불구하고 그동안 실학 개념이 계속해서 사용될 수 있었던 것은, "조선 후기 지식인들 사이에서 이전과는 다른 어떠한 '시대정신'이 존재했고, 이를 포괄적으로 부르기 위하여 '실학'이라는 말을 대체할 적당한 용어를 찾기 어려웠던 이유가 있었다" [조성산(2011), 「실학 개념 논쟁과 그 귀결」, 『한국사 시민강좌』 제48집, 일조각, p.34].

349 신복룡(2009), 「후기 실학자들이 꿈꾼 정치 : 그들은 진실로 민중을 사랑했는가?」, 『기획학술회의

"군중의 추대에 의해 형성된 것이며, 그렇기 때문에 군중이 추대하지 않는다면 그 자리에 있을 수 없다"고 하였다.[350] 이를 두고 신복룡은 다음과 같이 평했다. "이러한 논의가 현대적 개념의 인민주권설로 해석될 수는 없는 것이기는 하지만 군주신의설君主神意說이나 군주세습설을 암묵적으로 부인하고 있다는 점에서 그 당시로서는 파격적이었고, 또 그만큼 위험시될 수도 있었다."[351] 한편 안외순이 파악한 바에 따르면, 또 다른 실학자인 최한기崔漢綺, 1803~1877는 "최고통치자의 지위가 인민의 추대에 의해서 임명되는 것이 가능하다는 사실과 세습되더라도 능력 위주의 계승이 가능하다는 점을 알고 있었다."[352]

정약용과 최한기의 그 같은 인식은 한국에서의 최고권력자인 왕의 권위가 하늘이 내린 '천명'과 관련되어 있다는 '천인우주론'의 시점에서 탈각하여 근대적 사유로 얼마만큼 다가간 것일까. 천자天子의 경우도 민중이 추대해야 그 자리에 서게 되는 것이라는 정약용의 언명은, 민民의 지지가 있어야 천자가 성립하고 존립할 수 있다는 이야기로서 얼핏 왕권신수설을 부정하는 것처럼 보인다. 그런데 한 인간이 민의 지지를 얻어 천자의 지위에 오른 것이 하늘의 뜻과 무슨 관계가 있느냐는 물음이 제기되었을 때, 정약용의 답변은 과연 어떠했을지 의문이다. 최한기의 경우, 최고통치자가 인민의 추대에 의해서 결정되기도 한다는 서양의 역사적 경험에 대한 인식을 나타내는 것에 머무르고 있다면, 그 역시 전통적인 천인우주론에 대한 보편적 부정을 선언한 것과는 거리가 있다.

"동서고금의 좋은 삶과 정치"』, 한국정치사상학회, p.171.

350 丁若鏞, 『與猶堂全書』 권10 『湯論』; "天子者 衆推之而成者也 夫衆推之而成 亦衆不推之而不成." 신복룡(2009), 앞의 논문, p.171에서 재인용.

351 신복룡(2009), 앞의 논문, p.171.

352 안외순(1999), 「조선 유학자의 민주주의에 대한 인식 : 최한기의 정치사상을 중심으로」, 한국정치외교사학회 월례학회 발표 논문, p.61. 신복룡(2009), 앞의 논문, p.175에서 재인용.

정약용은 주자학적으로 이해된 유가의 태극론과 이학理學에서 논의되는 것과 같은 형이상학적 존재론을 거부했다. 학자들이 그의 철학을 '탈주자학'적 범주에 넣는 이유의 하나이다. 그는 대신 서양 기독교의 인격신적 사유를 수용했다. 정약용이 접한 『천주실의天主實義』는 1583년 중국 명나라에 들어온 마테오 리치Matteo Ricci, 1552~1610가 1595년에 출간한 책이다. 당시 중국 주류 지식인 사회가 천주교를 받아들이도록 하기 위해 '합리적 논증'을 통해 기독교 교리를 소개한 것이었다.[353] 정약용은 이익의 제자들로부터 서학을 접할 기회를 가져 형 정약전, 정약종과 함께 기독교사상에 깊이 경도되었다. 그러나 이 문제로 인해 형제들이 사사賜死되거나 유배되는 상황에 처하면서 정약용은 그의 시대 조선 사회에서는 기독교가 현실적인 가르침이 될 수 없다고 판단했다. 그래서 전통적인 유교사상의 토대 위에 기독교적 신관의 장점을 수용한 형태로 자신의 철학을 구성하게 된다.[354]

정약용은 천의 개념을 둘로 구분했다. 하나는 '자연계의 사물로 가시적이고 형체가 있는 머리 위의 푸른 하늘'인 창창유형지천蒼蒼有形之天이다. 도덕성이 완전히 배제된 물리적 자연을 가리킨 것이다. 다른 하나는 '자연계를 초월하는 형이상학적 존재'로서의 영명주재지천靈明主宰之天이다. 정약용은 둘 중에서 천의 본질적 의미를 주재지천에서 찾고 그것이 곧 상제라고 파악했다.[355] 말하자면 주희가 이법적 천이라고 한 것은 아예 배제하고, 주재적 천의 개념을 중시한 가운데 그것을 인격성을 띤 초월자 개념인 상제로 연결한 것이다.

정약용은 "오직 인간만이 상천, 즉 상제로부터 영명함을 부여받아 만물

353 백민정(2007), 『정약용의 철학 : 주희와 마테오리치를 넘어 새로운 세계로』, 이학사, p.53.

354 김현(2002), 「귀신 : 자연철학에서 추구한 종교성」, 한국사상사연구회 엮음, 『조선 유학의 개념들』, 예문서원, p.111.

355 박학래(2002), 앞의 책, pp.161~162.

을 다스리고 향유할 수 있다"고 주장하였다.[356] 기독교에 내재된 '신과 인간' 중심의 우주론의 영향을 받은 것이었다. 정약용은 "초월적 존재인 천天이 도심道心을 통해 인간에게 순간순간 명령하는 사실을 강조하였다"고 금장태는 말한다. 그가 "주자 성리학의 관념적 세계를 벗어나면서도 정감적 심성의 근원을 중시"한 사실을 나타내는 것으로 금장태는 해석했다.[357] 정약용의 천과 상제 개념은 곧 귀신 개념과도 연관되었다. 그가 받아들인 귀신 개념은 "상고 시대부터 제사의 대상이 되어 온 귀신, 그중에서도 자연의 신인 천신天神으로서의 상제"였다. 죽은 사람의 혼령인 인귀人鬼에 관한 고경의 기록들은 신뢰하지 않은 반면, 천신으로서의 귀신을 자신의 상제 개념과 연관된 주요 개념으로 수용하였다. 그는 『중용』 16장의 내용을 근거로, 상제는 천자가 세상 사람 모두를 대신하여 제사를 지내는 대상이라고 파악했다.[358]

결국 19세기 전반 조선의 실학을 대표한 정약용의 사상도 크게 보아 천인우주론적 관념을 벗어나지 않았다. 그는 상제上帝를 우주 만물의 최종적인 존재론적 근거로 이해했을 뿐 아니라 상제의 신하들인 백신百神이 하늘과 땅, 산과 강 같은 자연물을 다스리는 동시에 이 신하들을 통해 명령을 내림으로써 세상을 경영한다고 보았다.[359] 이런 사유 구조에서 군권君權은 상제와 그의 신하들에 의하여 결정된다. 그렇다면 만민에 대한 왕의 권력은 상제와 그 신하들로부터 수임된 것에 다름 아니다. 결국 동중서의 천인우주론의 사상적 틀에서 벗어난 것이 아니다.

정약용은 주자학적인 이법적 천의 관념은 폐기했지만 주재적 천의 관념을 상제 개념의 형태로 수용함으로써, 유학적인 천리와 천도의 개념을 다른 형식으로 긍정했다고 할 수 있다. 전통적인 유학의 천인우주론적 발상을 답

356 백민정(2007), 앞의 책, p.103.
357 금장태(2004), 앞의 책, p.52.
358 김현(2002), 앞의 논문, pp.112~113.
359 백민정(2007), 앞의 책, pp.86~87.

습한 측면이 있다. 정약용의 사유에 담긴 이러한 측면은 군주를 정점으로 한 인간 사회의 질서와 신성한 초월자 사이의 관계에 대한 그의 정치사상에 어떤 형태로든 연결될 수밖에 없었다.

정약용이 천자도 민의 추대로 그 지위가 성립하는 것이라고 했을 때, 민의 지지와 결정이 하늘의 뜻과 무관하게 민 자체의 의지와 선호를 의미하는 근대적 의미를 가진 것이었다고 판단하기 어렵게 하는 또 하나의 근거가 있다. 정약용은 탐관오리의 수탈에 시달리는 민중의 고통을 주목하였지만, 민에 대한 그의 관념은 지극히 전근대적 수준에 머물러 있었다. 신복룡이 주목한 바와 같이, 후기 실학자들은 "국가의 기본적인 신분제身分制를 해체시킬 의지를 가지고 있지 않았다." 그들은 조선의 노예제도 폐지를 주장하기는커녕 오히려 그것이 과거보다 약해져 사대부들의 권력이 감소했다고 보고 이를 한탄하며 비판했다. 정약용은 다음과 같이 말했다. "대개 노비법이 변한 이후로 민속이 크게 변하였는데, 이것은 국가의 이익이 안 되는 것이다. …국가가 의지하는 바는 사족士族인데, 그 사족이 권세를 잃은 것이 이와 같다. 혹시 국가에 급한 일이 생겨 약한 백성小民들이 무리지어 난을 일으킨다면 누가 이를 능히 막을 것인가. 이로 보건대, 노비의 법은 좋게 변한 것이 아니다."[360] 19세기 초 한국의 정약용이 전통 사상의 개혁자였음에도 노비제도의 옹호자였던 사실은 어쩌면 16세기 초 서양에서의 루터에 비유될 수 있을지도 모른다.[361]

2002년의 연구에서 이영훈은 정약용의 실학을 '서학 및 일본 유학과의 교배 속에서 탄생한 혼혈종'이라고 규정하면서, 조선의 사유체계는 다산 실학에 이르러 도덕 및 윤리가 정치 및 법령과 분리되고, 사회와 국가가 분리되기에 이르렀다고 평가했다. 그러한 분리가 '인간사유의 발달사에서 보편적

360 丁若鏞, 『牧民心書』 권4 「禮典六條」 '辨等.' 신복룡(2009), 앞의 논문, p.176에서 재인용.

361 Arblaster, Anthony(1984), 앞의 책, p.108 참조.

으로 발견할 수 있는 근대성의 핵심 요소'라고 이영훈은 지적했다.[362] 그러나 이 글에서 살펴본 대로 다산이 다분히 전통적인 천인우주론적 사유체계에서 벗어난 것이 아니라 오히려 연속성이 강하다면, 다산의 사상에서 도덕과 정치가 분리되어 있었다고 말하기 어려워진다. 이 맥락에서 김태영의 지적은 적절하다. "농민은 자기 군현 안에서만 농사를 지을 수 있고, 상공인은 주거 군현의 읍성邑城 안에서만 영업하도록 한다는 다산 실학에서, 과연 사회와 국가는 분리되고 있었다고 할 수 있는가. 더구나 '도덕과 정치의 분리'와 같은 이른바 '근대성'을 기준삼아 말한다면, 다산은 그보다 2백 년 전에 살았던 마키아벨리에도 까마득히 못 미치는, 치명적으로 낙후한 '실학' 탐구에 애쓰고 있었던 셈이 된다."[363]

정약용을 비롯한 실학자들은 민중에 대해 연민을 갖기는 했으나, 조선 지배층의 전통적인 우민愚民의 논리를 벗어나지 않았다. 실제 정약용은 『경세유표經世遺表』에서 "정부에서 큰 정치를 행하면서 먼저 일반 백성과 꾀할 것은 아니다"라고 말했다. 『목민심서牧民心書』에서는 "세상에는 백성보다 더 어리석은 자가 없기 때문에 그들은 농사나 지을 수밖에 없다"고 주장했다. 이는 "평민은 정치를 말하지 않는다庶人不議"는 『논어』 속 공자의 사고방식의 연장선에 있는 것이라고 신복룡은 지적한다.[364] 이에 비추어 볼 때, 천자의 지위가 민의 추대에서 나오는 것이라는 정약용의 말은, 옳고 그름을 분간할 능력이 없는 민중을 다스리기 위해 천명이 천자를 만든다는 논리의 한 변용에 불과하였다.

그에 비하면 유길준이 1890년대의 저술에서 제기한 신교설神敎說 비판의 내용은, 상제로 표상된 신적 권위와 인간 세계의 정치권력 사이의 철학적

362 이영훈(2002), 「18~19세기 소농사회와 실학 : 실학 재평가」, 『한국실학연구』 제4호.
363 김태영(2011), 「실학연구의 어제와 오늘」, 『한국사 시민강좌』 제48집, 일조각, p.18.
364 신복룡(2009), 앞의 논문, p.177.

관계를 명확하게 절단한 선언이었다. 유길준은 그의『정치학』에서 '국가의 목적'에 대한 여러 이론을 소개하면서, 그 두 번째로 신교설을 언급한다. 그가 말한 신교설이란 왕권신수설을 가리킨다. 이를 거론하는 가운데 그는 상제를 신과 동의어로 사용했다. "신교설에서의 국가의 목적은 상제上帝의 의지에 따르는 데 있다고 한다. 국가가 신민을 통할하는 것은 상제가 인생을 통할하는 것같이 하면 된다는 것이다. 이 설은 중세의 암흑시대에 종교가들이 주창한 것이다. 지금도 종교상으로는 여전히 신의 의지를 본받은 것이 옳다 하여 많이 믿고 있으나, 정치적으로는 신의神意를 본받는 황당무계한 오류에 빠지는 자가 없다."[365]

유길준은 신교설 비판에 이어 이렇게 덧붙였다. "원래 이 학설은 군주를 상제에 비유한 것부터 표준을 아주 잘못한 것이다. 왜냐하면 상제는 상상으로 미루어서 전지전능하기 때문이다. 그러나 군주는 그렇지 못하고 과실, 오류를 면할 수 없는 보통의 인간인 것이다. 인간을 신에 비유하고, 나아가 신과 같이 무한한 통어권을 부여코자 하는 것은 논리의 출발부터 잘못임은 물론이다."

유길준의 이 관점은 구한말 한국 지식인 사회에 실제 영향력이 있었던『서유견문西遊見聞』에도 명확히 표현되어 있다. "사람이 사람답게 사는 이치는 천자天子로부터 서민에 이르기까지 털끝만큼의 차이도 없다. …사람이 하늘과 땅 사이에 태어나 저마다 사람이 되는 이치를 본다면, 사람 위에도 사람이 없고, 사람 아래에도 사람이 없다. 천자도 사람이고, 서민도 또한 사람인 것이다. 천자라고 하거나 서민이라고 하는 것은 다 인간 세상의 법률이나 (인륜이라고 하는) 커다란 벼리를 가지고 지위를 구별한 것이다. 이에 비추어 차례를 만들었으므로 지위에 등분이 생기고, 저마다 차지한 정도에

365 유길준(1998),『정치학』, 한석태 역주, 경남대학교출판부, p.120.

따라 칭호도 붙게 되었으니, 높고 귀하며 낮고 천한 계급이 처음 나뉘게 된 것이다."[366]

유길준은 『정치학』에서는 군주가 그 권력을 상제, 즉 신에게 위임받은 것이 아님을 역설한 것이다. 『서유견문』에서는 천자, 즉 최고의 군주도 사람이지 신이 아니며, 그의 지위를 하늘이 만든 것이 아니라 사람의 제도, 즉 인륜이 만들어 낸 구별에 불과함을 역설했다. 후자의 경우는 특히 후쿠자와 유키치福澤諭吉, 1835~1901의 『학문을 권함學問のすゝめ』 제1장의 첫 구절을 떠올리게 한다. 후쿠자와는 「하늘이 준 인권」이라는 제목 아래, "하늘은 사람 위에 사람을 두지 않고 사람 아래에 사람을 두지 않는다"라는 서양의 격언을 인용하면서 시작한다. 이어서 그 말은 "하느님이 인간을 창조하실 때에는 누구에게나 모두 평등한 권리를 주셨다. 따라서 태어날 때부터 귀천이나 상하의 차별이 있는 것이 아니다"라는 뜻이라고 후쿠자와는 풀이한다.[367]

그처럼 비록 후쿠자와 유키치를 비롯한 일본 지식인의 담론과 서양 번역서들을 통해 취득한 자료들로 구성된 것이지만, 유길준의 언술은 매우 새로운 것이었다. 전통적 유학에서는 '천'이라는 개념으로, 정약용의 이를테면 '개량 유학'에서는 '상제'라는 개념으로, 초월자와 세속 지배자의 권력 사이에 연속성을 전제하였던 사상적 기조를 청산한 서술이었던 것이다.

그렇다고 당시 조선의 현실 권력 자체가 신념에서든 정치적 수사에서든 천인우주론적 지배이념에서 온전히 탈피했던 것은 아니다. 1897년 칭제 과정에서 그것을 정당화하기 위해 조선 조정 안팎에서 전개된 담론은 전통적 정치관의 지속성을 말해 준다.[368] 하지만 적어도 지적 담론의 차원에서 유길준의 『정치학』은 형이상학적 천인관계론을 담은 일종의 정치신학으로부

366 유길준(2004), 『서유견문 : 조선 지식인 유길준, 서양을 번역하다』, 허경진 옮김, 서해문집, pp.137~138.

367 후쿠자와 유키치(1993), 『학문을 권함』, 엄창준 · 김경신 옮김, 지안사, p.19.

368 이삼성(2011c), 앞의 논문 참조.

터, 정치권력과 천상의 권위의 단절을 전제한 근대적 정치 담론으로의 첫걸음이었다고 할 수 있다. 한편 유길준에게 이러한 근대적 군권 인식을 불어넣는 데 중요한 계기를 제공한, 후쿠자와 유키치를 위시한 일본 근대의 사상가들 자신은 신적 권위와 현실의 정치권력을 재통합하는 특수한 형태의 질서인 천황제 국권주의를 향해 줄달음쳐 가게 된다.[369] 이는 전통적인 동양의 천인우주론의 한 형태로의 퇴행을 의미한 것으로, 하나의 아이러니였다고 할 수 있다.

369 후쿠자와 유키치의 사상적 궤적에 대해서는 安川壽之輔(2000), 『福澤諭吉のアジア認識』, 高文硏, pp.73~76.

10. 제와 문명 그리고 민주주의

정치권력의 권위가 누린 범위와 영역에 관해 고대에서 근대에 이르는 시기 동서양에서 최고 정치권력에 부여된 권위의 성격과 범위에 어떤 중요한 차이가 있는지를 살펴보았다. 이 글의 논의에 따르면, 동서양의 정치 전통에는 무시할 수 없는 차이가 있었다.

서양의 경우, 정치권력의 권위는 지상의 왕국에 머물러 종교적인 신성의 영역에까지 연장되지는 않았다. 로마의 황제 권력은 전제적이기는 했으나, 키케로의 언술에 나타나는 것처럼 그 기원에 대한 사유는 공화정 시대의 전통과 연속성을 갖고 있었다. 또한 머지않아 교회라는 지상의 제도적 기관이 인간의 정신 영역에 대한 권위를 관할하였으며, 황제권은 지상의 왕국에서의 보편 권력을 자임하는 데 그쳤다. 중세에 이르러 정치권력은 정신 영역에 대한 권위가 배제되었을 뿐 아니라 세속 영역에서도 교회와 권력을 분점해야 했다. 근대 초기 절대주의 시대의 한때 왕권신수설이 유행하였으나, 그 수명은 길지 못했다.

절대주의 시대에도 가톨릭은 가톨릭대로 그리고 루터와 칼뱅의 개신 기독교는 그 나름으로 '두 개의 왕국'론을 전개했다. 이를 기초로 정신 영역에 대한 세속 권력의 권위의 한계를 날카롭게 정의하였다. 더욱이 근대 서양에서는 현실 권력의 제국적 팽창 과정의 중심에 선 국가들일수록 정치권력의 한계를 명확히 하는 정치혁명이 전개된다. 서양의 정치권력은 교권과의 병립으로 그 정신적 권위가 근본적 한계 안에 놓였을 뿐만 아니라 자연법적 권위에 기초한 인민주권주의에 의해 그 속권의 내용에서도 제한을 받는다. 그러므로 로마 시대에서 근대에 걸친 서양의 정치 전통에서 성속聖俗은 연속보다는 불연속과 단절이 우세했다고 할 수 있다.

동양의 정치 전통은 서양의 그것과 다분히 대조적이었다. 동양에서는 지배자의 권위 관념에서 성속의 연속성이 우세하였다. 현실의 지배자는 신성한 초월자를 대리하여 인간 사회를 다스리는 존재임을 일찍부터 자처하였다. 이러한 상고적 천인 관계 개념은 유학과 결합하면서 형이상학적 체계를 갖춘 천인우주론으로 정식화된다. 북송 시대 주희가 이理의 철학을 집대성하면서 유교적 천인관계론은 더욱 이법적 천 중심의 체계를 갖추게 된다. 그로써 공자의 언술에 이미 담겨 있던 천의 개념의 합리화 과정이 심화된다. 주재적 천 개념과 이법적 천 개념이 철학적으로 일체화되는 방식으로 또는 그 둘이 병렬하는 방식으로 제왕의 권위는 그렇게 사유된 '천'의 신성성을 전유하고, 그것에 감응하여 지상 세계를 지배하는 것임을 자임하고 또 그렇게 정당화되었다.

서양의 정치사상에서는 물론이고 동양의 유학적 정치 이론에서도 전제적 왕권에 대한 인민의 저항권이 사유되었다. 맹자의 역성혁명론이 그러하였다. 그러나 여기에도 동서양의 차이는 있었다. 세속 권력의 일탈에 대한 법정이 서양에서는 교회 권력과 그 정신적 권위라는 형태로 상설 제도로서 존재했다고 할 수 있다. 또한 중세 시기부터 의회가 존재하여 제왕의 권위는 현실적인 제도적 한계 속에 존재했다. 반면에 동양에서 인민의 저항권은 추상적인 논리 속에 존재하였을 뿐, 왕과 국가권력 바깥에 제도화된 상설 법정의 형태로 뒷받침되지는 않았다. 불교와 도교가 독립적인 종교적 권위로서 유교와 경쟁 관계에 있기는 하였으나, 이법적 천과 주재적 천의 개념을 바탕으로 한 유교적 형이상학체계가 국교적 지위를 차지한 상태는 약 2천 년에 걸쳐 큰 변함이 없었다. 동양의 정치사에서 역曆이 과학적 성격 못지않게 갖고 있던 정치적 성격은 '천天'의 세 가지 차원, 즉, 자연적 · 이법적 그리고 주재적 천 모두에 대해 지상의 정치권력이 동일시를 지향하였던 천인우주론적 논리를 보다 구체적으로 표상해 준다.

일본에서의 정치권력 또한 신도의 형태로 또는 유교적 형이상학의 형태로 천인우주론적 개념이 지배하였고, 신화적인 형태로 성속의 연속성이 강하였다. 무가의 지배자들도 천황가와 마찬가지로 자신들의 신격화에 집착하였다. 도쿠가와 막부는 한편으로는 '제사권 투쟁'을 통하여 천황의 종교적 권위에 대응하는 자기 신격화를 추구했고, 다른 한편으로는 유교의 천인우주론적 형이상학을 끌어들임으로써 성속의 구별을 초월하고자 하였다. 도쿠가와 막부하의 주자학은 한편으로는 도쿠가와 권력의 천인우주론적 합리화에 기여하면서도, 다른 한편으로는 신도적 국학과 결합하여 적어도 부분적으로 천황의 신성 개념을 강화하는 논리로 작용한다. 이로써 신성성을 인격에 체화體化하는 절대주의 국가의 구성이라는 일본적 근대 정치를 준비하는 데 기여한다.

한국에서도 단군신화에서 시작되는 정치권력에서의 성속의 경계넘기는 기본적으로 19세기까지 지속되었다. 특히 고려 말 도입된 주자학적 세계관에 근거하여 현실의 지배자는 '천명' 혹은 '천도'에 따라 인간 세계를 다스리는 것으로 사유되었다. 그 천명은 이법적 천이기도 하고 주재적 천이기도 하며, 또한 그 둘 모두를 내포하는 것일 수 있었다. 다만 중화주의적 세계관으로 인해 천과 조선 지배자의 관계는 중국 황제가 매개하기도 하는 등의 중층적 성격을 띠었다. 조선의 국왕도 천명과 천도에 따른 통치를 자임하지만, 중국 황제만을 '천조天朝'로 칭하는 논리적 구조가 그러하였다.

정치적 권위의 본질에 대한 전통적 사유의 지속성을 보여 주는 사상가의 예로 19세기 초 개혁적인 유학 이론가였던 정약용의 사상을 논의하였다. 그는 주자학이 강조하는 이법적 천 대신 전통 유학 안에 기왕에 잔존하여 있던 상제 개념을 취하여 나름의 천인우주론을 전개했다. 결국 그도 성속의 연속성을 전제한 천인우주론적 관념체계 안에 머물러 그 안에서 천과 군주 그리고 민 사이의 관계를 사유하였다. 한국의 정치사상이 성속의 연속성을 전제하는 전통적인 사유로부터 명확하게 이탈하는 언술의 단초는 유길준의 정치학에서 비로소 찾아볼 수 있다. 넓은 의미의 정치신학 담론에서 '근대적' 정치학으로 옮겨 가는 첫걸음이었다고 생각된다.

동양의 '제'에 담긴 정교일치政敎一致, 즉 정치와 윤리 도덕 · 종교의 일체화는 서양의 엠프러가 보이는 정교분리의 전통에 비하여 훗날 민주주의의 발전에 어떤 차이를 가져왔는가. 이 물음은 지난 한 세기에 걸쳐서 동양의 지식인들이 고통스럽게 직면한, 동양의 정치 전통 속에서 민주적 원리를 발견할 수 있는가 하는 근본적인 문제와도 직결된다. 1930년대에 본격화해 패전에 이르기까지의 일본이 보인 파시즘체제, 이른바 대약진운동과 문화혁명 시대의 중국과 현대 북한, 그리고 1970년대 후반 캄보디아가 보여 준 20세기 동아시아의 전체주의적인 역사적 경험에서 많은 사람은 직관적으로 이른바 '동양적 전제'의 그림자를 본다. 그러나 전체주의는 동양의 전유물이 아니라 오히려 이탈리아와 독일 그리고 스탈린 치하의 소련 등 주로 20세기 전반기 서양의 정치 전통에 뿌리를 둔 것이라는 점을 부정할 수 없다. 그러므로 전체주의를 정교일치의 정치 전통과 더 친화적이라고 단정하는 것은 성급하고 위험한 일일 수 있다. 다만 전체주의도 민주주의도 서양의 그것은 서양의 정치 전통에서 유래하는 존재 양식을 드러낼 수 있고, 동양의 그것은 동양적 정치 전통과 모종의 연관을 갖는 형태를 띨 수 있다고 말할 수 있을 것이다.

필자의 개인적인 의견을 말한다면, 20세기에 서양과 동양이 저마다의 방식으로 겪은 전체주의적 경험의 역사적 뿌리는 무조건 먼 과거에서 찾기보다는 동서양 모두의 전통 속에 각자의 방식으로 존재했던 유토피안주의가 20세기에 본격화된 형태의 관료주의와 각종 이데올로기적 자원들, 그리고 대중 동원의 정치와 결합함으로써 탄생하고 발전한 것이라는 데에서 실마리를 찾는 것이 더 유효할 것이라고 생각한다. 과거의 역사적 전통은 물론 전체주의의 존재 형식과 깊이에 영향을 미칠 수는 있을 것이다. 그런 의미에서 나는 오늘의 중국 지식인 중 문화혁명의 정치에 대해 특히 치열한 반성을 제기해 온 첸리췬錢理群이 그의 저서 『저우 씨 형제 이야기話說周氏兄弟』에서 유토피안주의에 관해 말한 것을 의미심장하게 생각한다. "유토피아의 이상을 추구하지 않으면 아주 쉽게 현실에 만족하게 되고 변화의 동력을 상실하게 된다. 그러나 그것을 현실 속으로 옮겨 와서 차안화此岸化하면 오히려 유토피아와는 반대의 길로 들어서게 된다. …이 세기 최대의 교훈은 바로 피안과 차안의 경계선을 망각했다는 것이다."[370]

제帝 개념의 본고장인 중국이 걸어온 지난 30년의 사상적 역정은 동양적 전통에서 '민주'는 무엇인가에 대한 사유의 양극을 보여 준다. 1970년대 말에 시작된 중국의 개혁 · 개방의 추동력의 근저에는 문화혁명 속에서 특히 중국의 지식인들이 겪었던 정치적 광포에 대한 참혹한 절망과 치열한 반성이 있었다. 이로 인해 1980년대 중국을 사로잡은 사상 조류의 본질은 쉬지린許紀霖에 따르면, "5 · 4 이후의 제2차 사상 계몽"이었다. 그것은 "공산주의적 초월 세계로부터 철학 · 인류학적 의미의 보편이성으로 회귀"하는 것

370 첸리췬(2012), 『내 정신의 자서전 : 나에게 묻는다, 지식인이란 무엇인가』, 김영문 옮김, 글항아리, p.64. 첸리췬은 또 "유토피아 이상의 합리성과 매력은 의심할 바 없지만, 그것을 실현하기 위한 노력과 분투 과정에서 피비린내 나는 전제주의로 변했다"고 지적하고, "천당이 현실이 되자 그것은 바로 지옥이었다. 이것이 20세기 역사가 우리에게 내린 최대의 징벌이었다"고 말한다[첸리췬(2012), 앞의 책, pp.63~64].

이었고, "중국의 특수한 길로부터 서양 중심의 보편사로" 돌아간 것을 의미했다. 이 시점에서 '중국의 특수한 역사적 · 문화적 전통'은 '소극적 자산negative assets', 즉 "보편사로 가는 과정에서 반드시 극복되어야 할 대상"으로 간주된다.[371]

문화혁명에서 경험한 극단의 정치와 중국의 역사 전통 사이의 관계에 대한 1980년대 중국 사상계의 인식은 문화혁명 시대 중국의 전체주의 경험에 대한 반작용이라는 성격이 컸고, 그만큼 '반전통'의 경향을 강하게 띠었던 것이다. 쑤샤오캉蘇曉康과 왕루샹王魯湘이 제작해 1988년 방영된 다큐멘터리 「허상河殤 · River Elegy」은 '중국문화반사록中國文化反思錄'이라는 부제가 상징하듯 중국 전통문화에 대한 명확한 부정과 서양문명에 대한 적극적 이해를 지향한 것이었다. 그 내용에 따르면, 중화문명은 황색문명이고 대륙문명이며 봉건 전제를 상징한다. 반면에 서양문명은 해양문명을 뜻하는 남색문명으로서 민주와 자유를 표상하는 것이었다. 용과 황하, 그리고 만리장성으로 상징되는 중국문화를 극복하고 과학과 민주와 남색으로 상징되는 해양문화를 통해 중국을 재창조해야 한다는 강렬한 메시지를 담았다.[372]

중국이 진정으로 현대화를 달성하기 위해서는 서양문명으로부터 길을 찾아야 한다는 메시지로서, 개혁 · 개방 10년이 빚어낸 열린 공간 속에서 가능해진 중국 지식인 사회의 자기비판이었다. 덩샤오핑 등 당시 중국 국가권력 지도부가 내세운 중국 특색의 사회주의론이 현대판 중체서용론이라면, 다큐멘터리 「허상」을 통해 중국 지식인의 상당수는 서체중용西體中用의 논리로 대응한 셈이다. 이러한 반전통과 서구 학습 지향은 이듬해 5~6월 톈안먼광장을 가득 메운 젊은이들의 시대정신이기도 하였다.

371 쉬지린(2013), 『왜 다시 계몽이 필요한가 : 현대 지식인의 사상적 부활』, 송인재 옮김, 글항아리, p.476.

372 조경란(2013), 『현대 중국 지식인 지도 : 신좌파 · 자유주의 · 신유가』, 글항아리, pp.255~256.

1980년대의 특징이었던 사상적 백화제방과 과감한 전통 비판은 1989년 6월 톈안먼사건을 분수령으로 일단락된다. 이후 중국 사상계는 보수화의 길을 걸었다. 그것은 곧 중국 사상계가 반전통과 일정하게 선을 긋고 '문화보수주의'로 불리는 전통 긍정의 태도로 상당 부분 반전하는 것을 의미했다.[373] 톈안먼의 비극적 결과가 환기시킨 현실 자각과 이른바 문화열이 초래한 냉각 효과이기도 했다. 중국 국가권력의 대응과 정치공동체 자체의 불안정에 대한 대다수 지식인의 본능적 경계심이 함께 작용했다. 더욱이 냉전 해체와 공산권의 붕괴, 1990~1991년의 걸프전쟁이 다시 부각시킨 미국의 유일적인 군사적 패권과 그것을 등에 업고 가속화된 글로벌리제이션의 물결이 미친 충격도 간과할 수 없다. 안팎의 격변과 도전은 하나의 독자적인 정치공동체와 문화공동체로서 중국의 지식인들에게 강한 정체성 위기의식을 압박했을 것이다.

세계화의 급속한 진전과 철저한 상업화의 물결은 세계 지식인 사회에서 그에 대한 반작용으로 자본주의를 포함한 서양적 근대 자체 그리고 서구중심주의와 오리엔탈리즘에 대한 비판, 그리고 포스트 식민주의 담론의 확산과 유행을 수반했다. 중국도 예외가 아니었다.[374] 글로벌리제이션에 근본적으로 양가적 태도를 가진 이러한 사조들은 각 지역과 사회에 잠재한 각양각색의 내셔널리즘과 결합하면서 저마다 자기 전통에 대한 비판적 긍정의 담론 또한 발전시켰다. 1990년대 중국 사상계의 변화는 이러한 세계 지성사적 맥락과도 일정한 관련이 있다. 중국 사상계 안에서 글로벌리제이션을 경계하고

373 조경란(2013), 앞의 책, p.259.

374 1990년대 전반기에 잡지 『독서』는 새로운 사상과 새로운 이론을 많이 소개하였는데, 대표적인 것에 오리엔탈리즘 비판과 포스트식민주의(post-colonialism) 등의 사조가 있었다고 왕후이(汪暉, 1959~)는 밝힌다[왕후이(2006), 「신비판 정신」, 왕후이 외, 『고뇌하는 중국 : 현대 중국 지식인의 담론과 중국 현실』, 장영석 · 안치영 옮김, 길, p.79]. 이 책의 원문은 영어본이다[Wang, Chaohua, ed.(2003), *One China, Many Paths*, Verso].

비판하는 신좌파의 조류가 민족주의와 문화보수주의적 경향과 상대적으로 친화성을 가지며 한데 어울릴 수 있는 것은 그런 조건 속에서라고 할 수 있다.[375]

신좌파로 불리는 지식인 그룹을 포함한 이들의 키워드는 '현대성modernity'에 대한 비판이며, 현실에서 그들의 구체적 비판 대상은 "서구에서 형성된 현대성을 보편적인 진리로 가정"하고 "현대성에 대한 어떤 성찰도 거부"하는 '중국의 자유주의자'이다.[376] 이들은 또한 민족 논의와 민족주의에 대한 비판적 인식을 공유하지만, 그 실질적 내용은 다분히 비판적 긍정에 가깝다.[377] 왕후이는 그가 비판 대상으로 삼는 자유주의자의 주요 특징을 '중국 전통문화에 대한 부정적 태도'에서 찾는다. 중국 자유주의자의 "사상적 자원의 절대 다수는 서구의 것"이라는 사실에서 그들의 사상적 빈곤의 원인을 찾는 것이다.[378] 이 역시 중국 지식인 상당수가 그들의 사상적 자원을 서구의 전통과 사상에서 찾기보다 적어도 부분적으로 중국의 역사와 문화 전통에 대한 긍정적 재인식에서 찾아야 한다는 문제의식을 갖고 있음을 말해 준다.

375 2008년 10월에 창간된 중국의 격월간지 『문화종횡』은 "문화보수주의, 민족주의, 신좌파 입장에 있는 학자들"의 글을 주로 싣고 있다. 조경란(2013), 앞의 책, p.269.

376 왕후이 외(2006), 『고뇌하는 중국 : 현대 중국 지식인의 담론과 중국 현실』, 장영석 · 안치영 옮김, 길, p.104.

377 1999년 2월 미국 하버드대학교에서 왕단(王丹) · 리민치(李民騏) · 왕차오화(王超華) 등이 참여한 가운데 열린 원탁 토론에서, 왕단은 오늘날 많은 국제적 난제가 민족들이 저마다 독립을 요구하는 민족 문제에서 비롯된다는 점을 근거로 민족주의는 중국의 발전에 잠재적 위험 요소가 되기 쉽다고 경계했다. 반면에 왕차오화는 오늘날 중국에서 중대한 문제는 경제 영역에서 국가권력이나 다국적기업의 독점적 역할을 어떻게 통제할 것인가 하는 데에 있다고 전제하고, 그런 점에서 "(중국) 국내에서 민족주의가 완전히 부정적이지는 않다"고 주장했다[왕단 · 리민치 · 왕차오화(2007), 「원탁 토론 — 중국의 앞날」, 왕후이 외, 『고뇌하는 중국 : 현대 중국 지식인의 담론과 중국 현실』, pp.490~491]. 왕후이 역시 중국의 시장과 그 안에서 국가의 역할에 대해 비판하면서도, "중국이 세계 시스템에서 무역 대국으로 경쟁에 참여할 수 있도록 만드는 그(국가의) 기능은 사라지지 않았다는 점도 살펴보아야 한다"고 말함으로써, 글로벌화된 세계 속에서 중국 국가의 민족주의적 역할에 대한 비판적 긍정을 표출했다[왕후이 외(2006), 앞의 책, pp.105~106].

378 왕후이는 신좌파 지식인 역시 같은 문제를 안고 있다고 비판하되, 일부 소수 학자가 이 문제에 대해 진지하게 성찰하기 시작했다고 긍정적으로 평가했다[왕후이 외(2006), 앞의 책, pp.106~107].

그런 의미에서 1980년대와 1990년대 중국 사상계가 전통문명에 가졌던 시각의 차이에 대한 쉬지린의 지적은 의미심장한 데가 있다.[379] 그는 1980년대 중국의 개혁이란, "'세계'로 나아가기 위해 '탈중국화'에 대한 환상을 품고 근대화에 방해가 되는 전통의 갖가지 장벽을 넘었다"는 데 있었다고 보았다. 이것은 그 시대의 계몽이 칸트 식 추상적 이념 혹은 이성의 형이상학 같은 성격을 띠었음을 의미했다. 반면 1990년대 중국에서는 그처럼 형이상학이었던 계몽이 세상 속으로 떨어져서 "중국의 구체적인 역사적 맥락과 현실적 조건으로 환원되면서 부득이하게 '재중국화'했다"는 것이다. 이러한 사상사적 전환을 쉬지린은 1990년대 중국 사상계에 도입된 각종 포스트모던 사조들의 영향을 중요한 분기점의 하나로 삼아 설명한다. 1980년대 중국 지식인들이 추구한 계몽은 서양의 근대적 이성을 전거로 성립한 것이었는데, 포스트모더니즘의 강렬한 저항과 공격에 직면하여 보편주의적 가치 개념이 흔들렸다는 것이다. 그후 중국 지식인들에게 남은 것은 상대주의와 허무주의라는 정신적 폐허였다. 보편주의가 상실된 곳에 커다란 정신적 공백이 생겼다. 그 공백을 메운 것이 '중국적 가치'와 '중국 모델' 그리고 '중국의 주체성'과 같은 서사들이었다. 이로써 중국의 역사와 전통문화를 재인식하려는 역사주의 사조가 보편주의를 대신하여 21세기 초 중국 사상계에 웅장한 모습으로 등장한 것이라고 쉬지린은 묘사했다.[380]

2000년대 중국 사상계의 주요 지식인들이 중국의 전통문명에 취한 태도는 쉬지린이 '역사주의'라고 이름 붙인 사조의 한 단계 업그레이드된 형태로 이해된다. 쉬지린은 그 대표적인 표현을 간양甘陽과 장쉬둥張旭東에서 찾는다.[381] 간양은 2003년 말 중국이 민족국가에서 '문명국가'로 나아가야 한

379 쉬지린(2013), 앞의 책, p.480.
380 쉬지린(2013), 앞의 책, p.480.
381 쉬지린(2013), 앞의 책, pp.500~501.

다는 주장을 제기한다.[382] 그가 말한 문명은 '탈서양화한 중국문명'을 가리키는 것이었다. 근대화를 서양화와 명확히 구별하면서 중국 자신의 '유구한 문명의 역사'를 전거로 하는 "문명적 욕망"을 이야기하기에 이르렀다. 한편 장쉬둥은 '전 지구적 시야에서의 중국적 가치'라는 개념을 제기함으로써 중국적 가치와 보편적 가치를 동일시하는 언술을 드러낸다. "보편적 가치는 서양의 전리품이 아니기 때문에" 중국적 가치는 필연적으로 '세계 주류 문명'의 구성 요소를 이룬다는 것이었다. 결국 쉬지린에 따르면, 1990년대 문화보수주의에서 중국문명의 부흥은 단지 민족문화의 특수성을 지킨다는 방어적 성격이 강했지만, 중국의 본격적 부상을 시대적 배경으로 갖게 된 2000년대 중국의 사상계에서 중국문명 담론은 "서양과 보편성을 쟁탈하는 강렬한 문명적 욕망"을 담기에 이른 것이다.

근대 이래 민주주의는 동서양을 막론하고 인류문명의 보편적 가치의 핵심으로 이해되어 왔다. 향후 중국을 비롯한 동아시아의 지식인 사회는 동양의 전통 자체 안에서 민주주의의 기원을 찾아내고자 더 큰 노력을 기울이게 될 것이다. 위에서 살펴본 지난 30년간 중국 사상계의 동향에 비추어 그것을 짐작할 수 있다. 진정한 민주주의가 무엇인가를 정의하는 것 자체도 다양한 각도에서 재검토를 요구받게 될지 모른다.

그래도 분명한 것은 1990년대에 중국 사상계에서 발흥하기 시작한 문화보수주의도 어떻든 1980년대에 꽃피운 반전통의 홍역과 1990년대에 본격

382 간양의 '문명국가'론은 세계 지식인 사회에 큰 영향을 미친다. 그 개념을 영어권에 유포시킨 대표적인 인물은 마틴 자크이다. 그는 civilization state의 개념을 매우 중요하게 받아들였다[Jacques, Martin(2009), *When China Rules the World : The End of the Western World and the Birth of a New Global Order*, Penguin, 특히 "Chapter 7 A Civilization State," pp.194~232]. 피터 카첸스타인은 미래 국제 질서에서 '문명'이라는 개념이 갖게 될 중요성을 중국의 부상을 배경으로 강조하기 시작한 대표적인 학자이다[Katzenstein, Peter J., ed.(2010), *Civilizations in World Politics : Plural and Pluralist Perspectives*, Routledge, 2010 ; Katzenstein, Peter J., ed.(2012), *Sinicization and the Rise of China : Civilizational Processes beyond East and West*, Routledge].

화된 세계화의 세례를 거친 형태의 것일 수밖에 없다는 점이다. 문화보수주의 경향의 지식인에서도 자유주의적 지식인들의 논리에서도 글로벌리제이션을 주도하는 서양문명과 중국 전통문화에 대한 비판과 긍정이 복잡하게 혼효되어 있음을 본다. 한 예로 1990년대에 민족주의와는 일정하게 거리를 둔 것으로 평가되는 자유주의 지식인 리선즈李愼之의 관점을 주목할 만하다. 그는 중국의 근대화는 세계화를 목적으로 해야 한다고 말했다. 이른바 '글로벌화'의 보편적 규칙을 체體로 하고 중국적 특색을 용用으로 해야 한다고 주장했다. 단순화하면 서체중용의 시각인 것이다. 그러나 리선즈는 동시에 서양이 주도해 온 인류문명이 위기에 봉착했다고 지적하면서 그 위기를 극복할 해법은 중국의 전통문명에서 찾을 수 있다고 주장했다. 그가 말한 해법은 다름 아닌 '천인합일'사상이었다.[383]

중국의 해외파 신유학자의 한 명으로 통하는 위잉스余英時도 중국의 문화 전통 안에서 민주주의의 원리를 찾고자 했다. 그는 중국의 사상적 전통이 민주주의에 유리하다고 말하지는 않았다. 오히려 "동양인들이 민주주의 제도를 세우려면 반드시 먼저 정치를 인륜 질서 속에서 분리해 내야만 한다는 것이 우리 분석의 최종 결론"이라고 밝혔다.[384] 그러면서도 위잉스는 동양의 유가 전통에서 "민주주의를 낙관할 수 있는 이유"를 찾으려 노력했다. 그는 "모든 사람은 요순이 될 수 있다人皆可以爲堯舜"라고 한 맹자의 말에서 만인 평등 의식의 사상적 기원을 찾고, "자기 자신부터 인하게 되는爲仁由己" 것으로부터 학문과 정치를 논한다는 공자의 말에서 "자유 전통"을 발견한다.[385]

살펴본 바와 같이 동양적 천인관계론을 포함하여 중국의 정치 전통 안의

383 李愼之(1994), 「辨同異, 合東西」, 『東方』 第3期 ; 李愼之(1994), 「全球化與中國文化」, 『太平洋雜誌』 第2期. 조경란(2013), 앞의 책, pp.266~267에서 재인용.

384 위잉스(2007), 『동양적 가치의 재발견』, 김병환 옮김, 동아시아, p.127. 이 책의 중국어 원본은 『從價値系統看中國文化的現代意義』로 1989년에 출간되었다.

385 위잉스(2007), 앞의 책, p.128.

사상적 · 문화적 요소들에 대한 평가는 중국 사상계 안에서 1980년대 이래 반전통과 전통 긍정의 반전을 거치면서 착종되어 있다. 어떻든 중국의 사상계 안에는 굳이 신유가新儒家가 아니더라도 중국의 사상 전통의 일부인 천인합일론을 민주주의를 포함한 인류문명의 발전에 진보적이거나 긍정적인 요소로 파악하려는 집요한 흐름이 있음을 확인할 수 있다.

그 다른 극단에 새뮤얼 헌팅턴Samuel Huntington의 관점이 있다. 헌팅턴 역시 정신적 권위와 세속적 권위, 즉 성과 속의 일체성 혹은 분리가 동서양문명의 중요한 구분점이라는 지적을 한 바 있다. 문제는 헌팅턴이 그러한 문화적 차이가 서양의 민주주의문명과 동양의 전제적 문명의 차별화를 결정한 요인의 중요한 하나라고 믿는다는 사실이다. 그러한 문화 전통적 차이를 근거로 하여 헌팅턴은 진정한 민주정치는 서양the West에서만 가능한 질서이고 비서양the Rest에서는 자랄 수 없으며, 혹 자란다 하더라도 일시적이거나 불안정할 수밖에 없다고 단언한다.[386] 그로써 그의 분석은 의미 있는 학문적 담론의 범위를 넘어 오리엔탈리즘적인 이데올로기의 영역에 들어선다.

정신적 권위와 세속적 권위의 분리가 민주정치의 성장에 더 유리한 환경을 조성하는 것은 부인할 필요가 없다. 하지만 그것만으로 민주주의의 성장 여부가 결정되지는 않는다. 서양의 역사에 비추어 볼 때에도 두 권위 사이의 분리 자체가 곧 민주주의와 직결되는 것이 아니었으며 충분조건은 더더욱 아니었다. 성속의 분리라는 정치문화적 전통의 한 가지 요소를 갖고 민주주의가 뿌리내릴 수 있는가 여부를 재단한다면 협애한 문화결정론이며 문명의 형이상학에 다름 아니다.[387]

386 Huntington, Samuel P.(1996), "The West : Unique, Not Universal," *Foreign Affairs*, November / December, pp.29~33.

387 나는 새뮤얼 헌팅턴의 문명충돌론 전반에 내재된 정치철학적 태도는 문화결정론적인 문명의 형이상학과 현실주의적 국제정치관을 묘하게 결합한 것으로 1990년대 미국 지식계를 풍미한 신보수주의와 깊은 친화성이 있다고 지적해 왔다. 헌팅턴의 문명충돌론의 이론적 성격과 그것이 내포한 현실적 위

동서양 모두에 대하여 민주정치가 성립할 수 있는 조건에 관한 학술적 담론은 크게 문화결정론과 비교역사적 사회구조 분석으로 대별할 수 있다.[388] 새뮤얼 헌팅턴의 관점은 문화 전통적 특성이 곧바로 정치적 민주주의가 뿌리내릴 수 있느냐 여부를 결정한다고 주장하는 점에서 서양 예외주의적 문화결정론에 속한다. 이에 비해 배링턴 무어와 페리 앤더슨 등의 연구는 문화 전통의 성격이 아니라 비교역사적 사회구조 분석을 통해 독재와 민주주의의 사회적 기원을 해명한다.[389]

동아시아의 제와 서구의 엠프러는 분명 각 문명에서 정신문화와 정치제도가 어떤 상호 연관성 속에서 존재했는가를 말해 준다. 단순화하면 정교일치의 사회 양식과 정교분리의 사회 양식의 차이이다. 정교일치든 정교분리든 그것이 처음에 탄생하고 발전할 때에는 모두 전제적 정치제도의 상이한 양식일 뿐이었다. 1천 수백 년이 지난 훗날 서양에서 민주적 정치제도가 발전하는 데 있어서 정교분리의 사회 양식은 다른 역사적 조건들과 결합하여 일정하게 긍정적인 역할을 한다. 위잉스가 인정한 것처럼 정치와 윤리의 분리, 여기 이 글에서의 표현을 따른다면 정치적 권위와 정신적·도덕적 권위의 분리는 서양에서 민주주의가 먼저 발전하는 데 도움이 되었던 것이 사실임을 부정할 수는 없다. 그러나 민주정치 발전의 조건을 논할 때 더 중요한 것은, 정치와 인륜 질서의 통합 혹은 분리라는 것 자체가 민주주의 발전 여부를 어떻게 결정했느냐가 아니라 그것이 다른 역사적·정치적 조건들과 어떻게 상호작용함으로써 정치제도 발전의 차별성을 빚어냈는가를 밝혀내는 일이다.

험성에 대한 저자의 상세한 비판적 논의는, 이삼성(2001), 『세계와 미국 : 20세기의 반성과 21세기의 전망』, 한길사, 특히 「제10장 문명의 형이상학과 패권의 지정학」, pp.765~813.

388 이삼성(2009b), 앞의 책, 특히 pp.140~152 참조.

389 Moore, Barrington, Jr.(1966), 앞의 책 ; Anderson, Perry(1979), 앞의 책 ; 이삼성(2009b), 앞의 책, pp.111~152.

다른 한편으로 나는 서양에서 정교분리의 문화가 일찍 발전하고 동양에서는 정교일체성의 사회 양식이 오래 지속되었다는 사실은 어디에서 비롯되는가 하는 근원의 문제는 그 자체로서 또 다른 차원의 고유하고 중요한 탐구 대상이라고 생각한다. 다만 이 글은 그 문제를 길게 논의할 자리가 아니므로 한 가지 의견만 적어 두기로 한다.

서양에서 엠프러라는 최고의 정치적 권위가 정신적 권위와 일찍이 일체가 되지 못한 이유는 궁극적으로는 초월적 절대자의 존재 양식, 그리고 그 초월자와 인간의 관계에 대한 개념, 결국 '종교성religiosity'에 관련한 사유 양식이나 깊이에 동서양적 차이가 있었다는 문제와 관련이 있다고 생각한다. 서양의 정신문화는 절대자의 초월성을 '절대화'시켰다. 그 초월자가 인간의 권위와 접속하여 속화됨으로써 진정한 초월성을 상실하는 것에 대한 강렬하고 집요한 거부가 존재했던 것이다.[390] 반면에 동양의 사유에서는 절대자의 초월성을 절대화시키려는 의식이 충분히 강하지 않았다고 생각된다. 절대자의 존재 방식을 인간을 중심으로 사유함에 따라 절대자의 초월성이 일정한 한계를 가질 수밖에 없었다는 뜻이다. 동양사상의 주요 요소로 지적되는 천인합일의 사유는 천에게 인간이 부여한 초월성의 제한성을 가리키는 것이기도 하다. 동양의 정신문화는 바로 그런 의미에서 근본적으로 인간중심주의humanism의 한 형태라고 할 수 있을 것이다.[391]

이러한 정신적 사유의 차별성은 훗날 민주주의라는 정치제도의 발전에

390 서양문명에서 절대자의 초월성의 절대화는 기독교(Christianity)가 로마제국에서 수용됨에 따른 것이다. 로마제국이 기독교를 수용한 것은 제국의 권력과 종교의 타협이라는 의미도 있으나, 그것을 통해 절대자의 초월성을 강조하는 종교 형태가 현실 역사에 뿌리내릴 수 있었던 것도 사실이다.

391 기독교적 교리의 핵심에 있는 인간의 원죄(原罪 · original sin) 개념은 인간과 절대자 사이의 근원적인 거리를 표상하는 지표이다. 유교나 불교에서는 그와 같은 인간의 원죄 관념은 찾기 어렵다. 기독교에서 인간이 죄를 사함을 받는 것은 신의 은총에 의거한다. 그러나 유교나 불교에서 인간이 군자나 성인이 되고 혹은 해탈의 경지에 다다르는 것—이 역시 동양적인 천인합일 사유의 한 측면이라 하겠지만—은 온전히 인간 자신의 노력과 깨달음에 달린 것이다.

일정한 우열을 초래하는 하나의 조건이 되었다고 할 수 있겠지만, 정신문화 자체의 본질에서는 차이의 문제이지 우열의 문제는 결코 아니다. 문제는 당시 인간 사회 내부의 권력 관계가 동서양 모두 전제적이었던 시대적 상황 속에서 그러한 사유 양식의 차이가 빚어낸 효과였다. 동양에서 절대자의 상대적 속화는 그 절대자의 표상의 일부가, 말하자면 '제'라는 형태로 전제적 최고권력과 결합하여 정교일체화의 현상을 빚어낸다. 반면 서양에서는 절대자의 초월성에 대한 절대적 강조로 인해서 절대자의 신성의 부분적 속화가 저지된다. 그 결과 서양에서는 최고권력자들의 끊임없는 자기신성화의 시도에도 불구하고 그들의 정치권력은 결코 절대자의 신성과 통합되지 못했다.

그처럼 서양에서는 절대자 중심의 사유가 발전하고 동양에서는 상대적으로 인간 중심의 사유가 발전하면서, 그 차이들은 현실 속에서 정치권력과 신적 권위의 관계에 영향을 미쳤을 것이다. 이 사실이 동양의 제와 서양의 엠프러 개념 사이에 존재하는 차별성과 내밀한 궁극적 관련을 맺고 있는 것은 아닐까 생각되는 것이다.

Part 3

제국 개념과 19세기 근대 일본

1. 근세 말의 번역된 제국

근세 말 이전의 동아시아에서 '제국' 개념의 용례로서 『일본서기』에 인용된 백제 성왕의 제국 언급은 일본 학자들에게는 개념사적 의의를 평가하기 힘든 '단일한 예외'일 뿐이었다. 백제 성왕뿐만 아니라 통일신라인도 중국에 대해 제국의 개념을 사용했다는 사실을 모르는 상태에서 그러한 취급은 신중한 판단 유보로 이해될 수도 있다. 그래서 요시무라 다다스케는 아오키 가즈오淸木和夫의 견해를 빌려 잠깐 언급할 뿐, 그것이 근대 일본에서 일반화된 제국 용어의 동양 내적인 개념사적 기원이라고는 보지 않았다. 그는 근대 일본에서 제국 개념의 기원을 이렇게 요약했다. "'제국'이라는 말은 간세이 원년寬政元年, 1789에 발행된 한 난학자의 저서에 비로소 나타나 시란도芝蘭堂를 거점으로 하여 다른 난학자들 사이에도 퍼져 나갔다. 곧 영어의 'empire'의 역어로도 전용轉用되어 널리 사용되기에 이른다."[392]

392 吉村忠典(2003), 앞의 책, p.50.

이어서 요시무라는 이렇게 단언한다. "'제국'이라는 말은 18세기 말의 일본에 홀연히 발생한 것이며, 그 발생에 근대 서구어가 관계되어 있다는 것이 대체로 명확하다. 즉 그것은 처음에 아마도 네덜란드어인 '케이젤레이크'의 직역으로서 나왔겠지만, 곧 모토키 마사히데本木正榮가 책임 편집한 사전에서 영어의 '엠파이어'의 역어가 되었다. 안세이安政, 1854~1860 무렵부터 난학을 대신해 영학英學이 성하게 되자, 제국은 그 내력을 망각하고 마치 본래부터 엠파이어의 역어였던 것처럼 생각되기에 이르렀다."[393]

야마모토 유조는 앞서 Part 1에서 언급한 바와 같이 구쓰키 마사쓰나 등이 '제'에 '국'이라는 글자를 선택해 붙인 것에 대해 부자연스럽다는 해석을 내렸지만, 제라는 역어에 대해서는 대체로 적절한 것으로 이해한다. 야마모토는 그 이유로 두 가지를 언급했다. 첫째, 에도江戸 시기 일본을 내왕한 네덜란드인들은 천황과 도쿠가와 쇼군을 모두 카이사르, 즉 황제로 불렀다는 점이다. 이들은 천황은 정신적인 카이사르, 쇼군은 세속적인 카이사르로 보았다. 이들에게 왕王을 뜻하는 독일어 쾨니히König에 해당하는 당시 일본의 권력자는 큰 다이묘大名들이었다. 천황과 쇼군은 이들보다 위에 군림하는 '왕들의 왕諸王の王'인 점을 고려하여 그들을 황제로 간주했을 것으로 야마모토 유조는 판단했다.[394]

둘째, 네덜란드인을 포함한 유럽인에게 에도 시대의 일본은 당시 독일 정치체와 유사하게 보였고, 따라서 일본 천황이나 쇼군을 당시 독일 지배자의 호칭인 카이저에 해당하는 것으로 보는 것은 자연스러운 일이었다고 해석한다. 독일에는 1806년까지 '독일 국민의 신성로마제국'이라는 명칭이 있었

393 吉村忠典(2003), 앞의 책, p.52. '제국' 개념의 근대적 번역 과정에 대한 요시무라의 연구에 대해서는 이삼성(2011a), 앞의 논문, pp.9~10. 이삼성(2011b), 「'제국' 개념과 19세기 근대 일본 : 근대 일본에서 '제국' 개념의 정립 과정과 그 기능」, 『국제정치논총』 제51집 제1호, pp.66~67에서 자세히 설명하였다.

394 山本有造(2003), 앞의 책, p.40.

고, 그로부터 당대의 유럽인은 모두 '국國'이나 '영방領邦'으로 번역될 수 있는 슈타트Staat나 란트Land들의 느슨한 연합체領邦聯合體를 연상했다. 이런 지식을 전제로 카이저를 제帝로 번역한 것은 자연스러운 일이었다는 것이 야마모토 유조의 생각이다. 이렇게 일본에서 재탄생한 개념 제국은 막말幕末 이래 네덜란드어의 케이젤레이크keizerrijk, 독어의 카이저라이히Kaiserreich, 영어의 엠파이어empire, 프랑스어의 앙피르empir 등 모두에 대한 번역어로서 정착했다.

요시무라 다다스케와 야마모토 유조는 근세 말 일본에서 번역어로서 탄생한 제국이 처음부터 '황제가 지배하는 나라'와 '식민지를 거느린 광역적 지배 국가'라는 두 의미의 혼재로 인해 복잡성을 띠었다는 점에 주목했다. 지배자의 칭제 현상과 그 통치자의 지배 영역의 광역성이라는 것이 반드시 일치하지는 않았으므로 의미상의 혼선이 따랐다는 것이다. 지배자가 황제로 불리지는 않았지만 광역 지배 국가였던 영국 같은 나라들 역시 엠파이어로 불렸기에 발생하는 문제이기도 했다.

요시무라에 따르면, 애당초 네덜란드어의 케이젤레이크에서 제국으로 번역될 때에는 '제왕의 나라', 즉 황제를 칭하는 지배자가 다스리는 나라를 명확히 의미했다. 반면에 영어의 엠파이어는 영국이나 근대 공화정하의 프랑스처럼 황제가 다스리지 않아도 식민지를 거느리는 광역적 지배 국가의 경우 그렇게 불릴 수 있는 개념이었다. 그런데 케이젤레이크의 직역 개념이던 제국이 황제의 지배를 전제로 하지 않는 영어의 엠파이어 개념과 동일시되면서, 개념의 혼선이 불가피했다고 요시무라 다다스케는 지적한다. 그는 이러한 혼선이 "일본인의 세계사 이해를 크게 혼란시켰다"고 주장하기도 했다.[395]

와다나베 가잔渡邊崋山은 1838년에 저술한 『격설혹문鴃舌或問』에서 '제국이

395 吉村忠典(2003), 앞의 책, p.52.

라 칭하는 것'으로 '러시아, 도이치, 지나, 터키, 마롯카, 일본'을 들었다. 오쓰키 겐타쿠가 1855년에 저술한 『원서기략遠西紀略』은 서양의 역사를 네 권으로 서술한 것이다. 그중 제1권이 『제국기帝國紀』로, 바빌로니아 · 페르시아 · 마케도니아 · 로마 그리고 러시아를 다루었다.[396] 와타나베의 경우, 제국은 '황제가 다스리는 나라'에 초점을 맞춘 개념이라고 할 수 있겠다. 이에 비해 오쓰키의 용법은 역사상 광역적 지배 영역을 건설한 국가들을 주로 거론한 것이다.

야마모토 유조 역시 요시무라 다다스케를 빌려 번역어로서의 제국이 처음부터 의미 혼재를 안고 있었음을 지적했다. 즉 제국이란 반드시 황제emperor라는 명칭으로 불리는 지배자가 다스리는 나라만을 가리키지 않으며, 지배자가 황제로 불리지 않더라도 해외 식민지를 거느리는 나라들에게 허용되는 용어였다는 점에 주목했다. 영국, 프랑스, 포르투갈, 에스파냐, 네덜란드 등이 모두 여기에 해당하는 경우였다.[397] 특히 영국은 지배자가 황제가 아닌 퀸queen으로 불리면서도 퀸이 거느린 해외 식민지들의 존재로 말미암아 엠파이어로 통했다. 결국 일본어의 제국은 한편으로 왕이 아닌 '제帝'로 불리는 지배자가 다스리는 나라를 가리킨 용어였던 동시에, 해외 영토를 거느린 나라들을 통칭하는 의미도 되었다. 두 가지 의미가 혼재된 용어로 시작된 것이다. 그런 의미 혼재가 영국의 엠파이어와 프랑스어의 앙피르도 마찬가지로 제국으로 번역하는 기초가 되었던 것이다. 동시에 그처럼 제국이라는 단어가 엠파이어와 앙피르에 대한 번역어로도 정착되면서 제국이 담은 그러한 의미 혼재는 더욱 확실해졌다고 할 수 있을 것이다.[398]

396 吉村忠典(2003), 앞의 책, pp.48~49.

397 山本有造(2003), 앞의 책, p.41.

398 오늘날 학자들은 통치자가 황제로 불리지 않는 중요한 제국들(important empires not ruled by an emperor)이 있었다는 사실을 당연하게 받아들인다. 그것을 "굳이 문제삼을 필요 없는 언어적 불일치(harmless linguistic anomaly)"로 간주한다. Finley, M. I.(1978), "The Fifth-Century Athenian

제국이라는 번역어에 담긴 의미 혼재의 원인을 설명하면서 요시무라 다다스케는 영어의 엠파이어는, 네덜란드어의 케이젤레이크나 독일어의 카이저라이히와 달리 전제적 황제 권력을 내포하지 않는 광역적 지배 국가라는 의미만 갖고 있을 뿐이라고 말했다. 얼핏 타당한 이야기로 들린다. 그러나 empire라는 영어의 개념 자체의 오랜 기원을 생각하면 오해의 여지가 있는 설명이다. 임페리움imperium과 임페라토르imperator라는 로마에서 기원한 용어들의 개념사적 전개에 대한 서양 학자들의 연구가 보여 주듯이, 임페리움은 로마 공화정 시기에서 황제(임페라토르 또는 카이사르)에 의한 제정으로 옮아가는 과도기적 기간에 광역적 지배령의 의미를 획득해 갔다. 이후 전제적 황제 권력의 확립과 함께 '전제적 지배권'을 뜻하게 된 임페라토르의 개념과 그 임페라토르가 지배하는 세계적 지배령을 뜻하게 된 임페리움의 개념적 관계는 불가분하게 되었다. 여기에서 유래한 영어의 엠파이어와 앰프러는 그처럼 깊은 개념적 · 역사적 연관성을 가졌다. 근대에 들어 영국은 절대주의 질서를 벗어남과 동시에 오히려 광대한 식민지를 거느리는 국가가 된다. 영국의 역사가 외면에서는 팽창을 향해 질주하지만, 그 내면에서는 절대주의를 극복해 가는 정치혁명의 과정이었다는 사실에 대해서는 Part 2에서 이미 논의한 바와 같다. 그럼으로써 황제권과 광역적 지배령 사이의 현실적 분리가 일어났다. 그러나 엠파이어라는 단어의 존재는 라틴어적 기원을 가지면서 그러한 분리 이전부터 존재했다고 할 때, 현실 역사의 변화로 인해 내면적인 의미의 굴곡을 겪으며 복합적이 되었을 뿐, 개념 자체가 '황제 권력'과 전혀 무관한 것이 되었다고 보기는 어렵다.

일본 난학자들이 네덜란드어와 영어에서 제국 개념을 취하는 18세기 말과 19세기에 걸쳐 영국은 정치혁명이 성숙해 갔지만, 사실 그 시기에도 영

Empire : A Balance-Sheet," F. D. A. Garnsey and C. R. Whittaker, eds., *Imperialism in the Ancient World*, Cambridge University Press, p.103.

국의 정체는 공식적으로는 왕정이었고, 왕의 권위는 여느 왕들과 달리 영국이 구축한 세계적 지배령에 걸쳐 강한 상징적 의미를 갖는 것이었다. 엠파이어의 개념에는 그 기원인 라틴어 임페리움에 내포되어 있는 전제적 국가권력의 의미가 여전히 중첩된 채 남았던 것도 유의해야 한다. 임페리움 및 엠파이어 개념과 황제권 사이의 관계가 근대 대영제국의 역사적 전개 양상으로 말미암아 모호해진 것은 분명 부인할 수 없지만, 그러한 모호성의 본질적 원인을 요시무라 다다스케처럼 네덜란드어 케이젤레이크와 영어의 엠파이어 사이의 차이로 환원시키는 것은 적절하지 않다.

어쨌든 19세기 전반 일본 지식인이 이해한 제국은 단순히 '황제의 나라'라는 의미로 쓰인 개념일 수도 있었고, 또한 '광역적 지배 국가'를 가리키기도 했다. 사실 이러한 의미들의 혼재 또는 공존은 서양의 개념사적 전개에서 이미 내재해 있었다. 근대 일본의 제국 개념의 전개에서도 사실상 그 초기인 19세기 전반부터 그러한 의미 혼재가 투영되어 있었던 것이다.

야마모토 유조는 메이지 시대에 일본제 번역어들이 동아시아에 전파되는 흐름을 타고 중국과 한국의 학자와 지식인들도 "'제국'이라는 표현에 이의를 제기하지 않고 그대로 따라서 사용한 것은 흥미로운 현상이 아닐 수 없다"고 덧붙인다.[399] 그러나 이 대목에서 우리는 다시 적어도 한반도에서는 그 개념이 고대에 이미 존재했다는 사실을 떠올리게 된다.

399 山本有造(2003), 앞의 책, p.41.

2. 막말과 메이지 초기 제국과 황국의 개념사적 위치

막말에서 메이지 초기 제국과 황국의 교차

제국이라는 개념이 그처럼 다소 혼란스러운 형태로 일본 지식인에게 수용된 이후, 그 개념은 언제 어떻게 일본의 국가정체성을 나타내는 정치적 개념으로서 본격적으로 등장하는가. 여기에서도 요시무라 다다스케의 설명은 우선 주목할 만하다.

근세 일본의 대조선 관계 외교문서에서는 '일본국대군日本國大君' 또는 어떤 경우에는 '국왕國王'이라는 용어가 사용되었다. 그러나 1850년대 중엽부터 막부가 일본을 지칭하는 말로 외교문서에 '제국일본帝國日本' 또는 '일본제국日本帝國'이라는 표현을 '일본국日本國'과 나란히 사용했다. 요시무라 다다스케가 일본 공식 외교문서에 제국이 처음 등장하는 것으로 파악한 것은 1854년 3월 일본 막부와 미국이 체결한 일미화친조약日美和親條約의 조약문이다.

영어본에는 일본의 공식 명칭을 'Empire of Japan'이라 하였고, 일어본에

는 '제국일본'이라 하였다.[400]

그러나 이러한 요시무라의 설명에는 단서가 필요한데, 이것은 근대 일본에서 제국 개념의 일반화 과정과 관련해 중요하다. 도쿠가와 막부의 마지막 쇼군은 도쿠가와 요시노부德川慶喜, 재직 1866~1867였다. 그는 1867년 11월 9일 스스로 실질적인 통치권을 천황에게 이양한다. 일본 역사 약 7백 년 만에 천황이 다시 정치 실권을 장악하게 된 대정봉환大政奉還이다. 그 대정봉환 직전 막부 쇼군이 조선 국왕에게 보내기 위해 작성한 한 친서親書의 초안이 남아 있다. 이 문서에서 쇼군은 자신을 '일본국 미나모토日本國源'라 일컬었다.[401] 요시무라 다다스케에 따르면, 일본 막부는 1850년대 중엽에 이미 '일본제국'을 공식적으로 내세웠고, 그것은 1854년의 일미화친조약 문서가 표징한다. 그러나 1867년에도 여전히 대조선 외교문서 작성에서 일본제국은 아직 공식화되지 않았음을 말해 주는 것으로 생각된다.

아마도 조선과의 전통적 외교 관례를 중시하는 한편, 새롭게 관계를 갖게 된 서양 국가들과의 관계에서는 제국일본이라는 개념을 적용한 것이라고 해석할 수 있겠다. 위의 조약문을 한문으로 옮긴 텍스트에서는 일본을 단지 '일본국'이라고 했다고 요시무라는 언급하고 있는데, 그 역시 동아시아적 맥락에서의 전통적 관행을 고려한 일본의 외교 용어 선택이었다고 추정할 수 있다. 바로 그런 맥락에서 우리는 이렇게 말할 수 있다. 제국은 일본 국가가 자신의 정체성을 규정하는 개념으로 처음 도입할 시기부터 우선 서양 국가들과의 관계에 적용한 '대외적 자기규정'의 성격이 강했다. 그리고 당시 일본의 자주독립에 현실적인 위협이었던 서양 국가들에게 일본의 자주성과 독립성을 각인시키기 위한 개념적 도구였다.

400 吉村忠典(2003), 앞의 책, p.49.

401 「히라야마 요시타다(平山敬忠)가 작성한 도쿠가와 요시노부(德川慶喜)의 친서 초안」(1867. 11 / 慶應 3년 10월), 「조선국어서간 일본국 미나모토 봉서(朝鮮國御書翰 日本國源 奉書)」, 근대한국외교문서편찬위원회(2009), 『근대한국외교문서 1 제너럴 셔먼호 사건 · 병인양요』, 동북아역사재단, p.211.

아울러 또 하나의 중요한 단서를 덧붙일 필요가 있다. 요시무라 다다스케에 따르면, 1850년대 중엽부터 일본 국가권력은 제국일본의 개념을 일상적으로 채택하였다고 믿게 만든다. 제한된 범위에서지만 필자가 검토한 문헌들에 기초할 때, 그러한 일반화는 지나친 것이다. 메이지 초기에는 아직 '일본제국'은 그렇게 일반적이지 않았으며, 특히 '황국皇國'이라는 개념과 각축을 벌이는 기간이 있었다. 1870년대 중엽에 가서야 비로소 일본의 대외적 국가정체성 표상으로서 제국 개념이 자리 잡아 가게 된 것으로 판단된다.[402]

막부 말기에 제국 개념을 대외적으로 채용하다가 메이지유신과 더불어 오히려 황국이라는 개념이 유통되었던 것은 아마도 천황이 새롭게 실질적인 통치권을 갖게 된 상황과 무관하지 않을 것이다. 요시무라 다다스케에 따르면, 도쿠가와 시대에 제는 쇼군을 가리키는 말이었다.[403] 그럴수록 대정봉환 이후의 일본 국가권력 안에서는 일본을 '제의 나라'가 아닌 '천황의 나라'임을 확인하고 강조하기 위해 황국이라는 개념을 유통시킬 필요가 제기되었을 것이라고 생각한다.

천황이 실권을 갖게 되는 대정봉환 이후 일본 조정 안팎에서 황국이라는 표현이 많이 쓰였던 정황은 병인양요 후 일본이 중재 역할을 자임하려는 과정에서 막부와 천황의 조정 사이에 오고 간 문서에서도 확인할 수 있다. 도쿠가와 요시노부가 중재 사절 파견을 허락해 줄 것을 조정에 요청하는 건의서는 조선을 일본에게 '입술과 이의 관계에 있는 나라脣齒之國'로 설명하면서 조선의 멸망은 곧 '황국의 큰 우환皇國之大患'이 될 것이라고 말하고

402 『조선왕조실록』의 한일 관계 기록에서 일본이 자신을 '제국'으로 칭한 첫 사례는 고종 13년(1876)에 등장한다. 조선 관리와의 문답에서 일본 군함 모슌호의 함장은 자국을 '대일본제국'으로 칭한다. 『조선왕조실록』 고종 13권, 13년(1876 병자/청 광서 2) 1월 4일(병신) 1번째 기사 : "我船是大日本帝國軍艦孟春艦." 또한 1884년 제물포조약이라는 공식 외교 협정에 서명한 일본 대표의 직함과 이름은 '일본제국 흠차변리공사 다케조에 신이치로(日本帝國欽差辨理公使 竹添進一郞)'였다[『조선왕조실록』 고종 21권, 21년(1884 갑신/청 광서 10) 8월 15일(병술) 2번째 기사].

403 吉村忠典(2003), 앞의 책, p.49.

있다.[404] 또한 대마도의 오시마 도모노조大島友之允가 일본 조정에 보내는 문서에서는 일본을 일컫는 황국이라는 용어가 세 차례 등장한다.[405]

1869년 2월 28일, 의정議定의 직에 있던 이와쿠라 도모미岩倉具視, 1825~1883가 당시 최고 관직 보상輔相을 맡은 산조 사네토미三條實美에게 제출한 「외교·회계·에조지개척의견서外交·會計·蝦夷地開拓意見書」는 "외국에 대한 일은 황국의 안위皇國安危에 연결된 일이므로"라고 시작한다.[406] 또 자국 일본을 가리켜 '우리 황국我ガ皇國'이라[407] 부르는 가운데, '우리 황국을 위한 지대장계至大長計'에 대해 논하였다.[408] 약 일곱 쪽 이내인 이 의견서에서 이와쿠라는 일본을 가리키는 것으로서 황국이라는 개념을 모두 17차례 사용했다. 반면에 제국이라는 개념은 한 차례도 쓰지 않았다. 메이지유신 초기에는 제국보다는 황국이라는 표현이 일반적이었음을 말해 준다. 1870년 7월 28일 야나기와라 사키미쓰柳原前光가 쓴 「조선논고朝鮮論稿」라는 두 쪽 정도의 짧은 글 안에서 황국이라는 단어를 다섯 차례 쓰고 있다. 그러나 여기에도 제국은 쓰이지 않았다.[409]

1870년대 중엽 이후 제국 개념의 부상

1870년대 중엽에 이르러 비로소 일본의 조야에서 제국이라는 용어가 국

404 「중재사절파견을 조정이 허락하도록 요청하는 건의서」(1867. 11. 20. 도쿠가와 요시노부 → 일본 조정), 근대한국외교문서편찬위원회(2009), 『근대한국외교문서 1 제너럴 셔먼호 사건 · 병인양요』, 동북아역사재단, p.213.

405 「중재사절파견 계획의 경위」(1867. 11. 20. 오시마 도모노조 → 산조 사네토미), 근대한국외교문서편찬위원회(2009), 『근대한국외교문서 1 제너럴 셔먼호 사건 · 병인양요』, 동북아역사재단, p.214. 이 문서에서 청나라를 가리키는 용어는 '중국(中國)'이다.

406 芝原拓自 · 猪飼隆明 · 池田正博 編(1988), 『日本近代思想大系 12 對外觀』, 岩波書店, p.5.

407 芝原拓自 · 猪飼隆明 · 池田正博 編(1988), 앞의 책, pp.7~10.

408 芝原拓自 · 猪飼隆明 · 池田正博 編(1988), 앞의 책, p.7.

409 芝原拓自 · 猪飼隆明 · 池田正博 編(1988), 앞의 책, pp.14~16.

가정체성을 나타내는 개념으로 많이 쓰이기 시작한 것으로 보인다. 근대 일본에서 대외 관계에 관련된 주요 의론들을 모은 『일본근대사상대계 12 대외관日本近代思想大系 12 對外觀』 안에서 유사有司와 관료들이 작성한 문헌 중 제국이 등장하는 최초의 문서는 1874년 2월 6일에 오쿠보 도시미치大久保利通와 오쿠마 시게노부大隈重信, 1838~1922가 쓴 「대만번지처분요략臺灣蕃地處分要略」이다. "우리의 번속藩屬인 류큐琉球 인민을 살해한 행위에 보복하는 것은 일본 제국 정부의 의무이며, 토번討蕃의 공리公利도 자玆에 대기大基를 얻는다"고 하였다.[410] 대만에 대한 군사적 행동을 정당화하기 위한 담론 속에서 일본을 '제국'으로 하는 정체성 개념이 함께하고 있다는 점은 유의할 만하다.

1875년 1월 11일 에노모토 다케아키榎本武揚가 작성한 「사할린 문제 · 조선 정책에 관한 의견서樺太問題 · 朝鮮政策につき意見書」에는 "황국의 성가聲價와 실리에 주의해서 그 목적을 달성하기 위해"라는 표현이 나온다.[411] 이 문건은 한반도에 대한 러시아의 남침에 대응하기 위해 미리 주의해야 할 두 가지 전략을 논의하면서, "첫째, 중국支那에 앞서서 우리가 조선을 훈도하여 우리와 교의交誼를 돈독히 하고, 힘써 우리 위덕威德을 조선 국내에 감향感響시키도록 하는 데 있다"고 하였다. 이 문건에서 황국이라는 표현은 대외적으로 일본의 위세와 성가를 떨쳐야 한다는 의지의 표현과 관계를 맺고 있다. 일본이라는 국가의 내적 정체성이든 대외적 정체성 표상에서든, 메이지 초기에는 아무래도 '황국'과 '제국'이 혼용되고 있던 사정을 드러내는 문건으로 볼 수 있겠다.

신문이라는 형태로 근대 일본에 등장한 언론의 글로 『일본근대사상대계 12 대외관』에 실린 가장 빠른 문헌은 1875년 9월 29일자 『조야신문朝野新聞』에 실린 것으로 한 독자가 쓴 「변혁을 논한다變革を論ず」라는 제목의 투서이

410 芝原拓自 · 猪飼隆明 · 池田正博 編(1988), 앞의 책, p.38.
411 芝原拓自 · 猪飼隆明 · 池田正博 編(1988), 앞의 책, p.42.

다. 정치 개혁이야말로 문명화의 원동력이라는 주장을 펼치고 있다.[412] 이 글에는 황국은 등장하지 않는 대신 일본제국은 두 차례 등장한다. 그 필자는 "금일 우리 일본제국의 개화 진보는 도度와 양量에서 이미 완우頑愚한 중국支那을 넘어서고 고루한 조선에 능가駕한다"고 주장하였다.

제한된 일별이지만, 1874~1875년경 일본의 조야에서 제국이라는 개념이 일반화되기 시작했으며, 1877~1882년 무렵에는 언론에서도 그러한 상대화된 제국 개념이 보편화하고 있었음을 알 수 있다. 세이난전쟁西南戰爭에서 메이지유신에 저항하는 불만사족들의 도전에 정부군이 진압을 사실상 완료한 1877년 5월 23일 『시즈오카신문靜岡新聞』은 "우리 동양제국我が東洋帝國에 있어서 사회의 면목을 일신할 호기회가 박두하고 있다"고 주장한다.[413] 서양에 영국과 프랑스, 독일 등 유수한 제국들이 있다면 동양에는 일본이라는 제국이 있다는 뉘앙스를 띠고 있다. 1879년 6월 27일과 28일 『요코하마 마이니치신문橫浜每日新聞』에 실린 「동양 제국의 형세東洋諸國の形勢」라는 글은 과거의 인도제국과 제국구주帝國歐洲를 언급하고, 이어서 제국의 외교와 장래를 논하고 있다.[414] 1882년 10월 8일 『내외정당사정內外政黨事情』이라는 매체에 실린 「외교를 논한다外交を論ず」는 터키제국, 하와이제국布哇帝國과 함께 일본제국을 논하면서 '우리 제국我帝國'과 '우리 제국 독립我帝國獨立'을 운운했다.[415]

412 芝原拓自 · 猪飼隆明 · 池田正博 編(1988), 앞의 책, pp.95~97.

413 牧原憲夫(2006), 『民權と憲法』, 岩波書店, p.i.

414 芝原拓自 · 猪飼隆明 · 池田正博 編(1988), 앞의 책, pp.140~145.

415 芝原拓自 · 猪飼隆明 · 池田正博 編(1988), 앞의 책, pp.170~184. 이 기사에서 하와이도 '제국'이라고 부른 용법에는 유의할 필요가 있다. 그것은 요시무라 다다스케가 19세기 일본에서 제국은 한동안 국가의 한 형태를 가리키는 개념이었다고 평한 것과 관련 있어 보인다[吉村忠典(2003), 앞의 책, pp.58~60]. 필자는 제국 개념이 보급되는 초기에 그 개념의 다의성 내지는 혼란이 있었다고 생각한다. 한편으로 단순히 '제'가 다스리는 나라라는 의미로서 왕국과 명확히 구분되지 않는 용법이 사회 일각에 있었으며, 다른 한편으로 제국으로 불리는 대표적인 강대국들의 이미지에 합당한 제국 개념 또한 특히 정치권력 안팎에 존재하였다는 점에서 일정한 다의성이 있었다는 뜻이다.

1880년대 제국 개념의 보편화

1880년대 중엽 이후 제국 개념은 일본 조야에서 일본의 자기정체성을 표현하는 용어로 더욱 보편화된다. 그것은 1886년 3월 1일 천황이 칙령으로 「제국대학령帝國大學令」을 공포하는 것과 때를 같이한다.[416] 1886년 11월 17~18일 『조야신문』에 「어찌 20여 인만의 불행이겠는가豈二十余人のみの不幸ならんや」라는 제목의 기사가 실렸다. 일본 근해에서 침몰한 영국 여객선 노먼턴호에서 영국 선원 27명은 전원 탈출했지만, 일본인 승객 전원은 익사하고 만 사건을 다룬 글이었다.[417] 이 사건은 고베神戶에 있던 영국영사관에 의한 영사재판에 회부되면서 영·일 간 초미의 관심사가 되었다. 이 글에는 영국과 일본의 외교 문제와 관련해 '일본제국'이라는 용어가 세 차례 등장하나, '황국'이라는 단어는 없다.

1887년 7월 9일 이노우에 가오루井上馨가 내각에 조약 개정 문제를 제출한 의견서인 「조약개정문제의견서條約改正問題意見書」는 약 20쪽에 달하는 긴 문건이다. 여기에도 황국이라는 단어는 등장하지 않는다. 대신 일본을 가리켜 '우리 제국' 또는 '우리 일본제국'으로 칭한 경우가 15차례에 걸쳐 등장한다.[418] 1890년 3월 당시 내각총리대신 야마가타 아리토모山縣有朋가 작성하여 각료들에게 회람시킨 「외교정략론外交政略論」은 러시아의 시베리아철도西伯利鐵道 추진을 계기로 이른바 주권선主權線과 이익선利益線의 개념을 제시한 문건이다.[419] 여기에서 야마가타는 "우리나라 이익선의 초점은 실로 조선에 있다"고 천명한다.[420] 이 논고는 서두에서 "나라의 독립과 유지진장維持振張

416 松本三之介 · 山室信一 編(1988), 『日本近代思想大系 10 學問と知識人』, 岩波書店, pp.227~229.
417 芝原拓自 · 猪飼隆明 · 池田正博 編(1988), 앞의 책, pp.236~241.
418 芝原拓自 · 猪飼隆明 · 池田正博 編(1988), 앞의 책, pp.60~79.
419 芝原拓自 · 猪飼隆明 · 池田正博 編(1988), 앞의 책, pp.81~86.
420 芝原拓自 · 猪飼隆明 · 池田正博 編(1988), 앞의 책, p.82.

하는 것은 우리의 공동 목적이며, 모든 제국 국민 된 자는 동심협력하여…" 라고 말했다. 이 문서에도 황국이라는 표현은 등장하지 않는다. 특히 대외관계에서 다른 국가들과의 관계를 염두에 두면서 일본 자신을 상대화하되 자존을 표현하는 용어로서 일본제국이라는 용어가 쓰이고 있었음을 말해준다.

제국과 황국의 개념적 기능 분화

제국 개념이 그처럼 보편화되는 추세에 있었지만, 황국의 용어가 사라진 것은 아니었다. 일본이 제국주의 세력으로 발돋움한 이후 오히려 황국신민皇國臣民의 용어와 담론이 넘쳐 나게 됨은 주지하는 사실이다. 황국은 여전히 제국이라는 개념과 함께 널리 유통된다. 다만 근대 일본에서 황국과 제국 개념 사이에 상대적인 용법의 분화가 이루어진 것으로 보인다. 전통 시대 중국적 세계 질서에서 황국은 그야말로 화이華夷를 포괄한 천하의 지배자로서 중국 황제의 위상을 천명하는 개념이었다. 그러나 "황제(또는 천황)는 곧 '천하'의 지배자"라는 등식이 더 이상 통하지 않는 근대 세계 질서에서 황국의 의미는 근본적으로 상대화될 수밖에 없었다.

그 점을 염두에 두고 비교한다면, 황국은 일본이라는 천황의 나라를 가리키는 일종의 고유명사적 성격이 강해진다. 이에 비해 제국은 메이지 초기에는 '대외적으로 자주독립적이고 당당한 대국大國'의 위상을 부각시키는 의미가 강했다고 보인다. 그런 가운데 원래 제국이라는 개념에 내재해 있던 팽창적 뉘앙스가 점차 강해져 가는 추세를 보인다고 할 수 있다. 말하자면, '황국'은 일본이라는 국가의 수직적 권위의 깊이를 강조하는 뜻이 강한 개념이었고, '제국'은 국제 질서의 장場, 특히 중국 및 서양 열강과의 관계에서 적어도 수평적 위상에 대한 의지 또는 열망을 담은 개념이었다. '황국'이 일본 국가 내의 내면적인 수직적 위계를 강조한 것이라면, '제국'은 국제 질서라는 지정학적 공간에서의 수평적 위계를 드러내는 개념으로 의미의 기능 분화가 이루어져 간 것이다.

1988년 이와나미서점岩波書店이 간행한 『일본근대사상대계』는 근대 초기 일본에서의 사상적 담론에서 중요했다고 평가되는 문헌들을 선별해 집대성한 전 24권(별권 포함)에 이르는 방대한 자료집이다. 이 시리즈에서 대외관계 문헌을 다룬 제12권 『대외관』에서는 제국이라는 개념이 압도적이다. 반면에 천황의 권위가 재건되고 강화되는 과정의 담론을 담은 문헌들을 모은 제2권 『천황과 화족天皇と華族』에서는 제국은 거의 찾아볼 수 없고, 주로 황국이 등장한다.[421] 이 부류의 문헌에서 '국체國體'의 개념이 많이 등장하는 것도 그와 무관하지 않아 보인다.[422]

이를테면 제국의 전성기 일본에서 상용되었던 사자성어 '황국신민'에서 보이듯이, 황국은 신민과 잘 조응하는 개념이었다. 제국 안에서의 천황과 인민, 군인 사이의 수직적 질서를 표상하는 대표적인 표현이었다.[423] 그에 비해 일본이라는 대외적 자기 명칭은 제국과 잘 조응하여 '일본제국' 또는 '제국일본'이라는 사자어구로 상용되었다. 황국과 제국은 서로 유사하면서도 동일한 실체의 내면과 그 밖을 각각 표상하면서 근대 일본의 개념체계에 공존하였던 것이다.

421 遠山茂樹 編(1988), 『日本近代思想大系 2 天皇と華族』, 岩波書店, p.8, p.50, p.163, pp.181~182, p.185.

422 황국 개념과 '국체' 개념이 상호 연관되어 자주 등장하는 대표적인 문헌의 하나는 1881년(메이지 14) 4월 25일자 『도쿄니치니치신문(東京日日新聞)』에 실린 「제왕론」이라는 제목의 사설이다[遠山茂樹 編(1988), 앞의 책, pp.180~183]. 1882년 1월 17일 『앵명잡지(嚶鳴雜誌)』 제37호에 실린 시마다 사부로(島田三郞)의 연설문 「근왕론(勤王論)」 또한 그러하다[遠山茂樹 編(1988), 앞의 책, pp.186~193]. 이와 관련해 또 하나의 시사적인 문헌은 1883년(메이지 16) 9월, 『요코하마마이니치신문』에 실린 일련의 사설들이다. 과거의 천황에 대한 언급까지 불경죄로 처벌하는 것의 문제점을 완곡하게 비판했다. 이 사설들에 '국체'와 '황국의 신민', '일본의 신민' 이라는 개념들이 함께 등장한다. 여기에서도 '제국' 용어는 쓰이지 않았다[遠山茂樹 編(1988), 앞의 책, pp.235~256. 특히 p.238, p.247, p.253 참조].

423 '제국신민(帝國臣民)'이라는 표현이 없는 것은 아니었지만, 비교적 덜 일반적인 표현이었다.

3. 제국 개념과 제국의 이념

'제국' 개념이 일본 지식인과 일반인의 언어생활에 깊이 침투한 상황은 한편으로 제국이라는 단어의 유통량과 그 쓰임새를 봄으로써 확인할 수 있다. 그러나 그 개념이 그토록 일반화되기에 이른 내면적 이유를 밝히는 데에는 그 같은 어휘 통계적 관찰만으로는 한계가 있다. 여기에서 일정한 담론 분석이 개념 분석에 소용이 되는 결합 지점이 성립한다. 제국이라는 용어를 자주 채용하지는 않지만, 우리가 '제국의 관념'이라고 말할 수 있는 논리를 담은 언술들이 등장할 때 그것을 주목함으로써, 그 사회에서 제국이라는 용어의 일상적 유통과 쓰임새의 양상과 배경을 더욱 잘 이해할 수 있다. 그러한 성격을 가진 새로운 언술로서 여기에서는 두 가지를 주목하려고 한다.

후쿠자와 유키치와 근대 일본의 제국 이념

근대국가 일본이 권력의 핵심부에서 천황이 절대권을 갖는 '제국헌법'을

구상하기 시작한 1870년대 말에서 1880년대 초에 걸친 시기, 일본의 존경받는 지식인 사이에서 '제국의 이념'이 성장하고 있었다고 생각된다. 후쿠자와 유키치의 사상적 전개가 바로 그 중심에 있었다. 후쿠자와는 '근대 일본 최대의 계몽사상가'이자, '일본 근대화의 길에 관한 총체적인 스승總體お師匠樣' 또는 '메이지 정부의 스승明治政府のお師匠樣'으로 불린다.[424] 일찍이 마루야마 마사오는 국제 관계의 본질에 대한 후쿠자와 유키치의 사상을 크게 두 단계로 구분했다. 1872년 2월 출간된 『학문을 권함』에 나타난 초기 계몽기의 후쿠자와는 자연법을 전제한 국가 평등관에 기초하고 있었다고 한다. 그러나 몇 년 후 후쿠자와의 국제사회관은 국가 이유國家理由 · raison d'État의 입장으로 근본적인 선회를 하였다고 보았다. 노골적인 약육강식의 논리를 좇아 '힘이 곧 정의'라는 주장으로 변화되었다는 것이다. 1875년 간행된 『문명론의 개략文明論之概略』이 그 전환의 과도기를 나타낸다고 보았다. 이러한 마루야마의 주장, 즉 후쿠자와 유키치의 국제 인식이 초기와 그후 사이에 근본적인 차이가 발생했다는 해석은 전후 일본 학계의 후쿠자와 이해에서 부동의 정설이다.[425]

한 걸음 더 나아가 후쿠자와의 국제 관계 사상은 아예 초기 계몽기 때부터 '만국공법과 국가 평등의 논리'보다는 '힘이 곧 정의라는 약육강식의 논리'가 우세했다는 해석도 제기되고 있다. 야스카와 주노스케安川壽之輔는 아시아 인식에 관련된 후쿠자와의 발언들 전체에서, 초기 계몽기의 경우에도 약육강식 논리가 만국공법 및 국가 평등의 논리보다 '10대 6의 비율'로 우세했다고 밝힌다. 이어 1877년 이후의 후쿠자와 — 중기의 후쿠자와, 청일전쟁기의 후쿠자와 그리고 최만년最晩年의 후쿠자와 — 는 만국공법과 국가 평등에 기초한 국제 관계 인식을 단 한 번도 주장한 일이 없음을 확인할 수

424 安川壽之輔(2000), 앞의 책, p.102, p.119, p.222.
425 安川壽之輔(2000), 앞의 책, pp.51~52.

있다고 지적한다.[426]

이런 관점에서 본다면, 후쿠자와 유키치가 1885년 3월에 발표한 「탈아론脫亞論」에서 "지나支那와 조선 이 두 나라는… 몇 년 지나지 않아 망국亡國이 되어 그 국토는 세계 문명제국文明諸國에게 분할되고 말리라는 것에는 한 점의 의심도 없다. …우리나라는 이웃 나라의 개명을 기다리며 함께 아세아를 흥하게 하고자 유예할 처지가 못 된다. 오직 저 대오를 벗어나 서양의 문명국과 진퇴를 함께하며, 저 지나와 조선을 대하는 법도도 이웃 나라라는 이유로 특별히 할 것이 아니라 바로 서양인이 그들을 대하는 방식을 따라서 처분함이 가할 뿐이다"라고 주장한 것은 구태여 사상의 전환이랄 것도 없는 것이었다.[427]

「탈아론」을 제창하기 이전인 1880년대 초부터 후쿠자와는 이미 아시아에 대한 팽창주의적 논리를 노골적으로 주장하고 있었다. 특히 1881년 10월에 발표한 『시사소언時事小言』은 내정과 외교에 대한 후쿠자와 유키치 보수사상 확립의 선언서로도 불린다. 대내적으로는 민권을 내세우는 정도正道 대신 권도權道를 따르는 국권주의國權主義를 분명히 하였다. 대외적인 국제관계론에서는 강병부국强兵富國 노선을 명확히 하였다. 만국공법은 기독교 국가들에만 적용되는 것이라고 규정하고 그것과의 결별을 선언했다. 중국을 포함한 아시아가 자력으로 문명화를 이룰 가능성을 부정한 가운데 일본의 '아시아맹주론'을 주창했다. 야스카와 주노스케는 이를 두고 훗날 "일본의 '대동아공영권'맹주론"의 선구적인 표명이었다고 지적한다.[428]

1881년 일본에 도착한 유길준이 만난 후쿠자와 유키치는 이미 개인주의적 자유민권론자가 아닌 현실주의적 국권론자國權論者였다고 유영익은 파악

426 安川壽之輔(2000), 앞의 책, p.53.
427 安川壽之輔(2000), 앞의 책, p.52, pp.282～283.
428 安川壽之輔(2000), 앞의 책, pp.222～223, pp.297～299.

했다.[429] 야스카와 주노스케의 시각에서 본다면, 그때 후쿠자와가 국권론자였을 뿐 아니라 대륙 팽창주의자였던 것은 하등 뜻밖의 일이 아니었다고 해야 한다. 후쿠자와가 제창한 일본동양맹주론은, 동양 삼국(한국 · 중국 · 일본)의 문명개화를 위해서는 아시아에서 가장 먼저 서구화와 자본주의화를 추진한 일본이 맹주가 되어야 한다는, 일본의 우월성을 앞세운 형태의 '아시아연대론'이었다.[430] 그의 일본동양맹주론은 일차적으로 조선에 대한 일본책임론으로 나아갔다. "조선은 작고 약한 나라이며 후진적이고 미개한 나라인 만큼" 일본이 조선을 개국 · 개화시킬 책임을 지고 있다는 논리였다.[431] 이것은 상황에 따라 한반도에 대한 일본의 무력 개입을 정당화하는 주장으로 이어졌다. 1882년 7월 조선에서 반일적 성격을 띤 임오군변壬午軍變이 일어나자, 후쿠자와는 조선에 대한 일본 정부의 군사 개입을 역설하였다.[432]

후쿠자와 유키치의 일본동양맹주론은 앞서 언급한 바대로 1885년 3월 그가 발표한 「탈아론」을 통해 한 걸음 더 나아갔다. 그리고 같은 해 8월 13일 그는 『시사신보時事新報』에 「조선 인민을 위하여 그 나라의 멸망을 축하한다朝鮮人民のために其國の滅亡を賀す」는 자극적인 제목을 단 사설을 싣는다.[433] 그의 「탈아론」은 단순히 일본이 아시아를 벗어나 서구 제국의 문명과 부강을 지

429 유영익(1992), 『한국근현대사론』, 일조각, p.122.

430 福澤諭吉(1970), 「朝鮮の交際を論ず」, 『福澤諭吉全集 8 時事新報論執 1』, 慶應義塾 編, 岩波書店, pp.412~414 ; 김봉렬(1998), 『유길준 개화사상의 연구』, 경남대학교출판부, p.38. 후쿠자와 유키치의 1881년 『시사소언』과 1882년 「조선과의 교제를 논함」에 대한 자세한 논평은 坂野潤治(1977), 『明治 · 思想の實像』, 創文社, pp.34~37.

431 김학준(2000), 『한말의 서양정치학 수용 연구 : 유길준 · 안국선 · 이승만을 중심으로』, 서울대학교출판부, p.16.

432 Hwang, In K.(1978), *The Korean Reform Movement of the 1880s : A Study of Transition in Inter-Asian Relations*, Cambridge, Schenkman Publishing Co., p.100 ; 김학준(2000), 앞의 책, p.16. 임오군변과 갑신정변 시기에 조선에 대한 일본의 개입주의 전략을 강변한 후쿠자와 유키치의 주장들에 대한 상세한 논평은, 安川壽之輔(2000), 앞의 책, pp.108~118 참조.

433 安川壽之輔(2000), 앞의 책, pp.114~115, pp.281~282.

향한다는 논리가 아니었다. 아시아 다른 나라들의 고루와 일본의 문명을 대치시키면서 둘 사이의 이질성을 강조했다. 일본은 중국 및 조선과 관련하여 "지리적 인접성이나 인종적 친근성이라는 감성에 기초한 아시아 연대감을 떨쳐 버리고 문명을 고수해야만 국제 경쟁에서 살아남을 수 있다"고 역설하였다.[434] 더욱이 아시아에 대한 서양의 제국주의 정책을 일본의 대아시아 정책의 지침으로 정당화하였다. 그것은 아시아 전반에 대한 멸시와 이 지역에 대한 식민주의적 비전을 문명사관文明史觀으로 합리화하는 그 유서 깊은 사유의 전형을 정립한 것이다.[435] 아시아에 대한 서양 제국주의를 일본 스스로 중국에 적용하는 것을 정당화한 후쿠자와 유키치의 논리는 말년까지 일관된다. 1898년 중국 분할中國分割에 일본도 참여할 것을 주창한 것이 한 예이다. 이때도 후쿠자와는 자신의 주장을 "문명국은 날로 진보하고, 고루한 나라古風の國는 스스로 무너진다"는 문명론으로 정당화했다.[436]

요컨대 메이지 초기 민권론 주창자들이 1880년대에 들어서는 제국일본의 비전을 확정한 것에 다름 아니었다고 해도 무방하다. 여기에서 덧붙일 것은 후쿠자와 유키치의 비판자들 역시 1880년대 초에는 제국일본의 개념에 익숙해져 있었다는 점이다. 요시오카 고키吉岡弘毅는 메이지 초기 정한론을 반대하면서 조선과의 외교를 담당한 인물이다. 그는 1881년 『시사소언』에 표명된 후쿠자와의 대외관을 두고 일본을 '약탈주의에 의한 강도국'으로 이끌어 갈 뿐이라고 비판했다. 1882년 기독교 기관지에 발표한 그 비판의 글에서 요시오카는 후쿠자와의 외교 전략은 "우리 일본제국을 강도국으로 변화시킬 것"이며, "우리 제국의 실리를 증가시키는 것이 될 수도 없다"고 논하였다.[437]

434 藤村道生(1973), 『日淸戰爭 : 東アジア近代史の轉換點』, 岩波書店, p.13.
435 安川壽之輔(2000), 앞의 책, pp.119~125, pp.152~154.
436 坂野潤治(1977), 앞의 책, pp.87~88.
437 安川壽之輔(2000), 앞의 책, p.102.

후쿠자와에게 일본동양맹주론과 뒤이은 탈아입구론脫亞入歐論이 제국일본의 건설을 향한 대외적 비전의 준비라고 한다면, 그 제국의 내면적 구조에 대해서는 국권론자로서의 태도를 분명히 하게 된다. 그에게 공익公益이란 곧 국익을 가리키는 것에 다름 아니었다. 이러한 후쿠자와의 국가주의는 그의 언론관에서 명확하게 드러난다. 그는, "일본이라는 국가의 기관으로서 움직이는 것이 일본의 일본인에 의한 신문의 최고의 사명이다"라고 생각했다.[438]

그러한 국가주의 내지 국권주의는 1894년 청일전쟁 시기에 들어서면서 후쿠자와 유키치가 군국주의에 대한 지지로 치닫는 사상적 기초였다. 이 무렵 그는 「일본 국민의 각오」라는 글에서, "우리의 목적은 오직 전쟁에 승리하는 것뿐, 전쟁에 승리하여 우리의 국권을 신장시키고, 우리 동포인 일본 국민이 세계를 떳떳하게 대하는 유쾌함까지 누릴 수 있다면, 내부의 어떠한 불평등과 부조리라도 이를 논할 틈이 없다"고 하였다. 이에나가 사부로家永三郎 등은 후쿠자와의 이 글을 두고, 일본 사상계에서 국권론과 민권론 사이의 균형이 결정적으로 붕괴하고 국권주의가 완전히 승리하였음을 상징하는 것으로 평가했다.[439] 사실상 1880년대에 완성된 국권주의의 승리는 곧 일본의 정치권력과 지식 지형 사이의 조응 상태를 반영하면서 '제국헌법'의 성립을 뒷받침하였고, 나아가 1890년대에 본격화되는 일본의 '제국 건설' 작업의 지성사적 · 사회사상사적 기반이 되었다고 할 수 있다.[440]

438 土屋禮子(2006), 「'帝國'日本の新聞學」, 山本武利 責任編輯, 『「帝國」日本の學知 4 メディアのなかの「帝國」』, 岩波書店, p.36.

439 家永三郎 編(1972), 『近代日本思想史講座』, 筑摩書房 ; 이에나가 사부로 · 이노 겐지(2006), 「근대사상의 탄생과 좌절」, 이에나가 사부로 엮음, 『근대 일본 사상사』, 연구공간 '수유+너머' 일본근대사상팀 옮김, 소명출판, p.97.

440 강상규는 『문명론의 개략』에서 보이는 근대 국제 관계의 본질에 대한 후쿠자와의 통찰은 "이후 '부국'과 '강병'으로 지나치게 경도되면서 일본을 침략적인 '제국'으로 질주하게 만든 사상적 기반을 제공하기에 이른다"고 평한다[강상규(2008), 『19세기 동아시아의 패러다임 변환과 한반도』, 논형, p.52].

이나가키 만지로와 제국의 지정학적 사유

1880년대 후쿠자와 유키치의 담론이 '제국의 이념'을 담고 있음으로써 일본 지성계의 개념적 지평이 '제국' 개념의 일상화와 긍정적 의미 확장을 대변하고 또한 그에 기여하고 있었다면, 1880년대 말 이래 일본인들의 지정학적 사유는 비록 제국일본의 용어를 사용하지는 않았지만 장차 제국일본의 영토적 · 지리적 경계의 개념적 확장을 예비하는 성격을 띠고 있었다. 일본이 제국헌법을 확정하고, 후쿠자와 유키치가 동양맹주론과 탈아입구론을 제창하면서 일본의 대외 비전의 모색이 분명해지고 있었다는 점에서, 1880년대 후반에서 1890년대 초의 시기는 근대 일본 국가 내외면의 개념적 지평이라는 차원에서 중대한 변화를 맞는 때였다. 이와 때를 같이하여 일본 지식인 사회에는 '국가의 지리적 공간 개념'에 관한 중대한 변화가 또한 감지된다는 것은 결코 우연한 일이 아닐 것이다. 이나가키 만지로稻垣滿次郎, 1861~1908가 이 무렵에 펼친 지정학적 담론은 그 점에서 주목할 만하다.[441]

이나가키는 영국 케임브리지대학에서 1890년 『일본과 태평양』을 출간했다.[442] 그의 스승은 존 실리 경으로 1880년대 초 『영국팽창론』을 저술한 인물이다.[443] 이나가키는 2년 후 자신의 저서 영문본을 재구성하여 일본에서 출간하며[444] 지리학적인 시야로부터 세계사의 장기적 변화를 전망했다. 그에 따르면, 세계 정치 · 경제의 중심은 15세기에는 지중해였다. 그러나 곧 대서양의 영국으로 이동했다. 이어 20세기에는 아메리카로 이동하여 태평양이 '전 세계의 정치와 무역의 일대 활극장一大活劇場'이 될 것이라고 보았

441 山室信一(2006), 「國民帝國 · 日本の形成と空間知」, 山室信一 責任編輯, 『「帝國」日本の學知 8 空間形成と世界認識」』, 岩波書店, pp.47~48.

442 Inagaki, Manjiro(1890), *Japan and the Pacific, and a Japanese View of the Eastern Question*, T. Fisher Unwin.

443 Seeley, John Robert, Sir(1883), *The Expansion of England*, Macmillan.

444 稻垣滿次郎(1891a), 『東方策』 第一 · 二篇, 活世界社 ; 稻垣滿次郎(1892), 『東方策結論草案 上』, 哲學書院.

다. 특히 시베리아철도와 중앙아시아철도망이 아메리카횡단철도와 태평양 · 북빙양北氷洋 · 대서양 항로와 연결됨으로써 세계의 일체화가 진행되며,[445] 그때에 이르면 일본은 유라시아대륙 · 태평양 · 아메리카대륙 · 대서양이라는 동서의 공간축과, 시베리아 · 일본 · 태평양 · 뉴질랜드 · 오스트레일리아라는 남북의 공간축의 결절점nodal point에 위치하게 된다고 하였다. 이로써 일본은 전 세계의 한가운데에 서게 된다는 것이었다. 교통수단과 교통망의 변화가 지구상에서 일본의 의미를 변화시키고 있는 점을 중시하면서, 이나가키 만지로는 이에 기초한 일본의 미래 발전 전략을 제시했다. 태평양이라는 해양을 통해서 아메리카, 중국, 러시아, 오스트레일리아 등의 상공업 국가들과 연결되어 있는 공간적 위치를 일본이 잘 활용하기 위해서는 문명의 중심 이동을 촉진하는 원동력인 상공업을 육성하는 것이 초미의 과제라고 주장했다.[446]

이나가키 만지로는 "일본을 '세계의 물류 중심世界の一大問屋'으로 만드는 것이 군사력에 의한 제국 형성보다 일본의 지리적 위치를 활용한 최선의 대외 정책이 될 것"이라고 말했다. 하지만 개념사적 의미에서 이러한 사유의 등장은 일본제국이념의 준비 과정과 무관하지 않았다. 야마무로 신이치山室信一가 지적하듯이, 식민지를 영유하면서 제국으로 등장하는 국가들은 자국 영토에서 멀리 떨어진 지구상의 각지에 영역을 획득함에 따라 그 이전의 지리학이 상정한 국경에 결박된 정태적 국가가 아니라, 운동하고 확장해 가는 동태적動態的 국가로서 자신을 사유하게 된다.[447] 이런 사회의 지식인들의 지리적 개념 역시 그러한 동태적 국가의 공간 개념을 반영하는 것은 자연스러운 일이다.

445 이나가키 만지로는 같은 시기 『시베리아철도론』도 출간했다[稻垣滿次郎(1891b), 『西比利亞鐵道論』, 哲學書院].

446 山室信一(2006), 앞의 글, p.48.

447 山室信一(2006), 앞의 글, p.46.

야마무로는 말한다. "식민지를 획득하고 제국으로서 우뚝 서게 된 일본, 그 초창기에 있던 일본의 지리학이 마찬가지 신흥 제국이었던 독일 라첼의 지리학과 그 영향을 받아 성립한 쩰렌의 지정학을 수용한 것은 어떤 의미에서 공간학지空間學知에 있어서 필연적인 결과일지 모른다."[448] 그런 점에서 이나가키의 지정학적 사유는 일본이 제국을 지향하면서 갖게 되는 동태적 국가의 공간 개념에 대한 하나의 예시豫示였을 뿐 아니라 근대 일본에서 제국 개념의 일상화와 그것이 내포한 의미의 팽창적 성격이 심화되는 징후였다.

448 山室信一(2006), 앞의 글, pp.46～47. 라첼이 1882년에서 1891년에 걸쳐 출간한 『인문지리학(Anthropogeographie)』은 국가를 '인간의 운동을 반영하면서 움직이는 생활공간(Lebensraum)'으로 개념화했다. 그의 지리학은 또한 국가의 동태적 공간 운동을 인식하기 위한 학지(學知)로서 정치지리학이라는 명칭을 처음 사용하였다. 라첼의 지리학은 1920년대 이래 성행하는, 이른바 국가들의 '생존권'의 확장을 목표로 하는 지정학과는 직접 관련이 없는 것이었지만, 그럼에도 불구하고 민족·문화·전쟁이라는 현상들과 국가의 연관성을 탐구하는 정치지리학의 선구를 이루는 것이었다고, 야마무로 신이치는 평가한다. 후일 고토 분지로(小藤文次郎), 쓰보이 구메조(坪井九馬三), 이시바시 고로(石橋五郎) 등이 일으킨 일본의 인문지리학은 라첼의 정치지리학 학풍을 일본에 도입한 것이었다〔山室信一(2006), 앞의 글, p.47〕.

4. 제국 개념 확산의 전기 : 제국헌법 성립의 정치

18세기 말 '제국'은 일본 지식인들에 의해서 '엠파이어'의 번역어로서 이미 일본의 개념사적 지평에 등장했다. 그러나 그러한 번역어가 만들어져 있다는 것과, 그것이 국가정체성을 표현하는 대표적 개념으로 자리 잡는 것은 별개의 문제이다. 그렇게 되기까지는 무엇인가 정치사회적 계기가 있어야 한다. 근대 일본에서 제국으로서의 일본국의 자기정체성 표현을 단적으로 드러낸 사태는 「대일본제국헌법」이 성립한 것이다. 그 성립 과정은 곧 제국 개념이 근대 일본에서 보편화하는 여정의 중대한 정치적 계기였다.

1870년대 헌법 구상의 정치 : 민권파의 도전과 메이지 정부

메이지유신 후 첫 10년간에 걸친 개혁으로 일본은 근대적 국민국가의 기초를 닦았다. 그후인 1870년대 말에서 1880년대 초에 이르는 시기는 근대 일본의 국가정체성을 가름하는 치열한 사상투쟁의 시대였다. 1877년 세이

난전쟁의 결과는 "반정부파 사족士族이 무력으로 정권을 탈취할 가능성을 최종적으로 절단해 낸 대승리였다."[449] 그 승리로 인해 물리적으로 안정기에 접어든 메이지 정부는 헌법 제정과 의회정치를 요구하는 자유민권파의 더 근본적인 도전에 직면한다. "신분제와 영토적 할거체제의 해체, 사적 소유권과 경제적 자유의 확립이라는 근대국가의 기본적인 구조는 메이지 정부에 의해 이미 실현되어 있었다. 특히 거의 모든 경작지를 농민의 사유지로 인정한 지조개정地租改正은, 광대한 직영지를 가진 봉건영주가 그대로 대지주로 전환된 서구의 시민혁명보다도 확실히 철저한 토지개혁이었다."[450]

민권운동은 그러한 기반 위에서 정치제도와 정치 참가를 둘러싸고 정부와 싸우고 있었다.[451] 이 시기는 막번체제와 봉건적 신분 질서가 해체되고 일본 사회에 군림해 온 종래의 정통 도덕으로서의 봉건교학의 권위가 현저히 실추됨으로써, "인민을 구속해 온 낡은 질곡이 해체된 후 새로운 질곡이 아직 준비되지 않은 해방의 시대"였다. 그만큼 군림하는 지배이념이 확정되지 않았다는 의미에서 일종의 '사상의 진공 상태'에 놓인 시기였다.[452]

메이지 정부가 국헌취조 담당에 이토 히로부미伊藤博文, 1841~1909와 오쿠마 시게노부를 임명하고, 좌원左院에서 제헌 검토를 시작한 것은 1874년이었다. 다음 해인 1875년 「점차적인 입헌 정부 수립의 조詔」를 내림으로써 입헌제 도입의 원칙은 공식으로 인정된다. 이에 따라 사법권을 가진 대심원大審院과 지방관회의地方官會議를 설치했다. 또한 좌원을 폐지하고 의회에 준하는 원로원元老院을 세웠다. 다만 이때의 원로원은 자문기관에 머무는 것이었다. 이어 1876년에는 헌법 초안 작성을 명하는 조치가 내려지고, 이에 따라

449 牧原憲夫(2006), 앞의 책, p.ii.

450 지조 개정은 달리 평가되기도 한다. 고토 야스시(後藤靖) 등은 지조 개정의 근대성을 부정한다. 오히려 토지집중을 촉진함으로써 소농민층을 몰락시키고, 수탈적인 지주 · 소작 관계를 조장했다고 평가한다[고토 야스시 엮음(1985), 『일본 자본주의 발달사』, 이계황 옮김, 청아출판사, pp.31~37].

451 牧原憲夫(2006), 앞의 책, p.v.

452 이에나가 사부로 · 이노 겐지(2006), 앞의 글, p.53.

86개조로 이루어진 「일본국헌안日本國憲按」이 마련된다. 원로원이 마련한 이 초안은 "일본제국은 만세일계萬世一系의 황통皇統으로써 이것을 다스린다"로 시작한다. 이 초안과 그 개정안들은 정부 수뇌부에 의해서 또는 원로원에 의해서 거부된다. 황제가 즉위할 때에 원로원에서 "국헌을 준수할 것을 선서한다"는 조항이 헌법을 천황 위에 두는 것이라는 명분을 내세워 반대하기도 했고, 민선의 대의원에 예산심의권을 부여할 것인가를 둘러싼 논란 속에서 거부하기도 했다.

특히 원로원 안에는 의회를 통해 정부를 견제하려는 세력이 있었다. 이 갈등 속에서 1879년 12월 이와쿠라 도모미 등은 "우리 국체我が國體에 어울리는 헌법을 정부 주도로 정할 수밖에 없다"고 결심한다.[453] 이와쿠라와 함께 이 결정을 주도한 것은 이토 히로부미였다. 이들이 원로원이 마련한 「일본국헌안」을 배척한 이유는, 그것이 "일본의 국체와 인정人情에 조금도 유의하지 않고, 장래의 치안 이해治安利害를 고려하지 않았다"는 것이었다.[454]

그런데 유의할 점은 대안적인 헌법 모델을 추구하는 세력의 언술에도 등장하는 제국 개념이다. 1874년 헌법 초안 검토를 위해 설치된 좌원에 자유민권파 지식인들의 일부는 「민선의원설립건백서民撰議院設立建白書」를 그해 1월 17일에 제출한다. 정부 관료 전제有司專制를 제한할 수 있는 공의公議의 장으로서 민선의원을 설립할 것을 골자로 하는 헌법안이었다. 자유당 역사의 시작이자 그 정강이라 할 수 있는 「국민의회론國民議會論」을 담은 이 건의서에서 제안자들은 민선의원의 의의를 다음과 같이 요약했다. "천하의 공론을 신장하고 인민의 통의권리通議權利를 세우며, 천하의 원기元氣를 고무하고 이로써 상하친근上下親近하며, 군신상애君臣相愛하고 우리 제국을 유지하고 일으키며維持振起, 행복 · 안전을 보호하기를 바란다는 것"에 두었다.[455] 이 같은

453 牧原憲夫(2006), 앞의 책, pp.38～40.

454 田中彰(2000), 『明治維新』, 岩波書店, pp.186～187.

455 西田毅 編著(2009), 『日本政治思想史』, ミネルヴァ書房, pp.48～49.

민권파의 언술에도 등장하는 새로운 일본 국가정체성으로서의 제국 개념은 이들 자유민권파의 국민의회론과 얼마든지 양립할 수 있었음을 말해 준다. 그것은 이들 상당수가 정한론征韓論을 주창하다 정부에서 제거된 인물들이었다는 사실과 무관하지 않다. 주도자인 이타가키 다이스케板垣退助를 위시하여 에토 신페이江藤新平, 고토 쇼지로後藤象二郎 등이 그러하였다.[456] 말하자면 당시 일본의 정치사상의 지평에서 민권파라고 해서 제국을 유지하고 일으킨다는 목적, 즉 강병부국을 지향하는 국권팽창주의적 목표를 배제한 것은 결코 아니었다. 다만 상대적으로 국권과 민권의 병립을 유의했던 것이라고 할 수 있다.

어쨌든 1879년은 일본 정치권력 핵심부가 민권파의 논의를 일축하고 흠정헌법欽定憲法 제정의 결심을 굳힘으로써 근대국가 일본의 정체성의 수직적 위계를 분명히 한 해였다. 동시에 그해는 흠정헌법 추진 세력이 일본제국의 수평적 확장을 위한 걸음마를 뗀 해이기도 하다. 그해 4월 4일 완료된 류큐 병합이 그것이다. 1872년 메이지 정부의 대장대보大藏大輔 이노우에 고와시井上毅는 당시 일청양속日淸兩屬의 상태에 있던 류큐의 판적版籍을 일본 내지와 동일하게 흡수할 것을 건의한다. 1875년에는 류큐왕국의 관리를 도쿄에 초치하여 청국과의 책봉 및 격년조공隔年朝貢의 관계를 중지할 것과 번정개혁藩政改革을 명령한다. 1879년 봄에는 경찰 및 군대 수백 명을 류큐의 슈리성首里城에 파견하여 류큐 '번왕藩王'에게 폐번치현廢藩置縣과 도쿄 거주를 명령하고, 류큐에는 오키나와현沖繩縣을 설치하여 이를 같은 해 4월 4일 전국에 공포한다.[457]

같은 무렵 자유민권파는 국회기성동맹國會期成同盟의 활동을 통해 자유당 결성을 준비하고 헌법 초안을 기초할 것을 주창했다. 이후 이 흐름에 있는

456 西田毅 編著(2009), 앞의 책, p.47.

457 安岡昭男(1992), 「琉球處分」, 外務省外交史料館 日本外交史辭典編纂委員會, 『日本外交史辭典』, 山川出版社, p.1051.

여러 단체가 다양한 헌법 초안 내지 헌법 구상을 제기한다. 이들 대부분은 만세일계의 천황에 의한 입헌군주제를 전제하는 가운데 상하 양원제를 주장했다. 또한 남성에 의한 재산선거제와 예산심의권을 기초로 한 실질적인 의원내각제를 주창했는데, 이들의 주장은 사회 전반에서 커다란 지지를 받았다. 『도쿄니치니치신문東京日日新聞』은 당시에 정부의 어용신문이라고 알려져 있었다. 이 신문조차 「헌법의견憲法意見」에서 "천황은 국론에 배치되는 내각을 물리쳐야 한다"고 주장했다.[458]

『도쿄니치니치신문』이 천황도 따라야 한다고 주장한 국론을 담고 있는 헌법안들은 대개 「대일본제국헌법」이 아니라 「대일본국헌법」으로서, 우선 그 제목에 '제국'이라는 용어를 담고 있지 않았다. 예를 들어 1880년 11월 이전에 덴쿄기주쿠天橋義塾의 사장 사와베 세이슈澤邊正修가 기초한 것으로 추정되는 헌법 초안의 제목은 「대일본국헌법」이었으며, 제1조는 "대일본은 입헌군주제로서" 라는 구절로 시작했다.[459]

1880년대 헌법 구상을 둘러싼 국가권력 내부 갈등의 정치

그런 가운데 메이지 정부 수뇌부 안에서도 상이한 비전 사이의 투쟁이 전개된다. 우선 국회 개설 자체를 부정하고 있던 원로 구로다 기요타카黑田淸隆는 1878년 오쿠보 도시미치가 암살된 후 메이지 정부 안에서 사쓰마벌薩摩閥 세력을 대표하는 인물이었다. 국회 개설에는 이견이 없던 이토 히로부미조슈벌(長州閥) 출신와 오쿠마 시게노부사가번(佐賀藩) 출신, 그리고 이노우에 가오루의 설득에도 구로다 기요타카는 입장을 바꾸지 않았다. 그런 한편으로 이들 수뇌부 안에서도 오쿠마 시게노부는 민권파의 시각에 가까웠다. 1881년 3월

458 牧原憲夫(2006), 앞의 책, pp.40~41.

459 江村榮一 編(1988), 『日本近代思想大系 9 憲法構想』, 岩波書店, pp.124~131, 특히 p.125 참조.

오쿠마 시게노부는 '입헌 정치의 요체眞體는 정당의 정政'이라고 주장하면서, 2년 후 국회 개설과 의원내각제를 주장하는 의견서를 천황에 전달하려 시도한다. 이에 이와쿠라 도모미 등이 강력하게 반발했다. 정부 안에서 권력투쟁이 전개된 끝에 오쿠마는 정부에서 추방되기에 이른다.[460]

결국 천황이 동북 지방과 홋카이도를 순행巡行하고 돌아온 1881년 10월 11일 밤, 규슈 북부의 사가번 출신인 오쿠마와 오키 다카토大木喬任를 배제하고 삿초薩長(사쓰마와 조슈를 합한 말) 출신 참의들과 삼대신三大臣만으로 각의를 열어 9년 후 국회를 개설하되 일본 독자의 흠정헌법을 제정할 것을 이 자리에서 결정한다. 오쿠마는 사직하고 그와 같은 입장을 취하고 있던 다른 인물들도 사직하거나 면직되어 정부에서 제거된다. 이로써 사쓰마와 조슈 세력에 의한 메이지 정부 권력 독점이 확립된다. '메이지 14년 정변'이라 불리는 정치 사태였다.[461] 결국 1889년 2월 11일 기원절紀元節을 택해 「대일본제국헌법」이 공포되기 전까지는 "누구도 그 내용을 알지 못한 것은 제정 경위로 볼 때 당연한 일이었다."[462]

제국헌법 제정의 근본정신과 그 인식론적 구조

이와쿠라 도모미와 이토 히로부미는 국회 개설이라는 근대국가 입헌군주제의 외형을 취하는 데에는 찬동했다. 하지만 그들이 추구하는 일본 국가의 정체성은 근대적 정치의 상像과는 다분히 거리가 있었다. 이와쿠라는 신도神道에 기반한 국체론을 메이지 일본 국가의 정체성 규정에 끌어들인 핵심 인물이다.

마루야마 마사오에게 국체론은 근대 일본에서 '비종교적 종교'의 역할을

460 牧原憲夫(2006), 앞의 책, pp.40~45, p.47.
461 牧原憲夫(2006), 앞의 책, p.47.
462 田中彰(2000), 앞의 책, p.191.

했다. 또한 '일본 국가의 인식론적 구조'였다.[463] 그 국체론이 막말 일본의 국학을 매개로 하여 유신 정부에 일대 정치신학을 제공하게 된 과정을 나가오 류이치長尾龍一는 다음과 같이 요약했다. "가모노 마부치賀茂眞淵는 일본문화가 중국문화에 대해 갖는 우위를 역설했지만, 그것은 아직 신학적인 수준은 아니었다. 다카아마하라高天原의 신들을 우주신으로 하고, 아마테라스오미카미天照大神를 정치적 정통성의 근원으로 하는 정치신학을 체계화한 것은 모토오리 노리나가이다. 노리나가가 세운 체계를 신사신도神社神道의 정통 신학의 지위로, 이어서 국가 정통 사상의 지위로 승격시키기 위해 정력적으로 활동한 사람은 히라다 아쓰타네平田篤胤였다. 그의 운동은 하나의 물결을 만들어 냈다. 신관神官과 민간 지식인, 공경公卿과 무사 일부에서 신봉자들이 나타났다. 하지만 '국가를 취한다'는 데까지는 도저히 이를 수 없는 것으로 보였다. 그런데 메이지유신 반년 전인 1867년 여름, 교토에서 칩거중이었던 이와쿠라 도모미가 아쓰타네의 손제자孫弟子인 다마마쓰 미사오玉松操의 설入說을 받아들여, 이에 감명을 받으면서 갑자기 정세가 변화했다. 그 이후 신정부 발족 3년 정도의 사이에 국학國學 · 신도神道는 신국가의 정통 종교로 되었다."[464] 그 결과 나가오 류이치에 따르면, 이와쿠라 도모미가 그 제정 과정의 핵심에 있게 되는 일본제국헌법은 흠정헌법일 수밖에 없는 것이었다.[465]

또한 이토 히로부미 등은 "프러시아적 절대지배를 프러시아 이상으로 강경하게 헌법에 도입"했다. 그뿐만 아니라 "이토 히로부미가 작성한 「헌법안」이 추밀원에서 축조심의逐條審議되는 과정에서 천황대권天皇大權을 더욱 강조하는 방향으로 수정되었다." 예컨대 "천황은 제국의회의 승인을 거쳐

463 마루야마 마사오(1998), 『일본의 사상』, 김석근 옮김, 한길사, p.86, p.93.

464 長尾龍一(1996), 『日本憲法思想史』, 講談社, p.15.

465 長尾龍一(1996), 앞의 책, p.16.

입법권을 시행한다"고 한 원안의 제5조는 "제국의회의 협찬을 받아"로 고쳤다.[466]

일본제국헌법 제정의 '근본정신'이 무엇이었나와 관련하여 마루야마 마사오는 1887년 6월 천황의 참석하에 엄숙하게 개시된 「제국헌법초안」을 심의하는 자리에서 이토 히로부미가 한 발언을 주목했다. 이토는 먼저 "이번에 헌법이 제정됨에 이르러는 먼저 일본의 기축機軸을 찾아서, 일본의 기축은 무엇인가 하는 것을 확정하지 않으면 안 됩니다"라고 주장한다. "기축 없이 정치를 인민이 함부로 하는 논의에 맡겨 둘 때 정치는 그 통기統紀를 잃어버리게 되고, 국가 역시 패망하게 됩니다"라고 전제하였다.[467] 결국 이토는 이 회의에서 '천황'의 군권을 절대화하는 것을 일본제국헌법의 기축으로 제시했다.

이로써 근대 일본의 헌법은 입헌정치라는 서양의 형식을 취하되, 그 근본 내용은 기원전 2세기에 동중서가 정립한 바 있는 천인우주론에 담긴 기본 정신인 '현실 권력의 신격화'의 틀을 재구축한 것이다.[468] 이토 히로부미는 위의 발언에 이어서 이렇게 주장했다. "일본에서 기축으로 삼아야 할 것은 오로지 황실뿐입니다. 그러므로 이 헌법 초안에서는 오로지 그 점에 뜻을 모아 군주의 권한을 존중하여 가능한 한 그것을 속박하지 않는 데 힘썼습니다.

466 飛鳥井雅道(1968), 「啓蒙主義 · 民權論 · ナショナリズム」, 古田光 · 作田啓一 · 生松敬三 編集, 『近代日本思想史大系 1 近代日本社會思想史 I』, 有斐閣, p.133.

467 淸水伸(1940), 『帝國憲法制定會議』, 岩波書店, p.88. 마루야마 마사오(1998), 앞의 책, p.84에서 재인용.

468 동중서의 천인우주론에서 정식화된 관념에서는 천자, 즉 지상의 최고권력자가 천의(天意)에 감응하여 천하를 다스린다. 리쩌허우의 지적대로 그것은 한편으로 천(天)이라는 우주와 그 자연법칙에 천자도 제약받는 것을 전제하는 것이었다. 동시에 그것은 '군주의 전제 권력'을 확고히 하려는 것으로서, 지상의 권력자가 천의 지위와 천의를 대신하는 것에 다름 아니다. 이런 사상적 구조에서는 역시 리쩌허우가 적절히 지적한 대로 별도의 '초월적인 주재신'이 필요하지 않다[李澤厚(1985), 『中國古代思想史論』, 人民出版社 ; 리쩌허우(2005), 앞의 책, pp.311~312, p.327]. 결국 천인우주론의 사유체계는 현실 세계의 최고권력자의 의지와 행동을 천의와 동일시하는 가운데 종교의 역할을 대신하는 것이다.

…다시 말해 이 초안에서는 군주의 권한을 기축으로 하고 한결같이 그것을 훼손시키지 않을 것을 기약했으며, 감히 저 유럽의 주권 분할의 정신에 의거하지 않았습니다. 애초에 유럽 몇 나라의 제도에서 군주의 권한과 백성의 권한을 같이 존중하는 것과는 그 취지를 달리하고 있는 것입니다. 이것이 기안起案의 대강大綱으로 삼은 것입니다."[469]

마루야마 마사오는 당시 일본 국가권력의 결정이 근대 일본 정신사에서 갖는 의미를 이렇게 요약했다. "새로운 국가체제에는 '장래 어떠한 사변을 만난다 하더라도… 위로는 원수의 자리를 지키고 결코 주권이 민중에게 넘어가지 않도록' 하기 위한 정치적 보장과 함께, 유럽문화 천년에 걸친 '기축'을 이루어 온 기독교의 정신적 대용품도 겸한다는 사명이 부여되었던 것이다. 이것이 일본의 '근대'에서 얼마나 깊은 운명적 의미를 지녔는지는 전후戰後에 다 말했기 때문에 '낡아빠진 것'이 된 것처럼 보이지만, 역시 그 문제를 건드리지 않고 근대 일본의 정신사적 패턴을 말할 수는 없다."[470]

강상규가 잘 지적하고 있듯이, 1890년 천황의 이름으로 발표된 「교육칙어」는 "메이지 정부가 들어선 이후 칙어의 형식으로 발표된 가장 중요한 문헌"이었다. 그것은 "나라에 충성하고 부모에 효도하라"고 말하면서 "이것이 일본 국체國體의 정화精華이니 이를 교육의 연원으로 삼는다"고 하였다. 곧 "신도 위에 유교적 윤리가 결합하고 그 위에 근대 국민국가의 외피가 씌워져 있는" 것이었다.[471] 그러한 일본 국체의 개념이 천황 칙어라는 형태로 공식화되기에 이른 것이었다.

유신 정부의 지도자들이 천황 숭배를 국가 종교로 추진한 국학의 관점을 받아들여 그것을 일본 국가체제의 '기축'으로 삼음에 따라, 정치권력과 정신적 권위의 일체화를 다시금 구축했다는 의미를 갖게 되었다. 그렇다면 천

469 淸水伸(1940), 앞의 책, p.89. 마루야마 마사오(1998), 앞의 책, pp.85~86에서 재인용.
470 마루야마 마사오(1998), 앞의 책, p.86.
471 강상규(2007), 앞의 책, p.111.

황이 그 이전부터 정신적 권위를 갖고 있었다는 점에서는 유신 정부의 천황주권체제는 과거와 연속성을 갖는 것이지만, 약 7백 년 동안 폐기되어 있던 현실 권력과 정신적 권위의 일체화 원리를 새롭게 구축했다는 점에서는 유신 정부의 천황주권 제국헌법은 인위적인 것에 다름 아니었다. 근본적인 역사적 단절을 내포했던 것이다.

서양의 많은 학자는 천황가는 비록 오랜 역사를 가진 전통적인 권위지만 그 신격화된 위상은 '매우 근대적인 창조물'이라고 이해한다. 브루스 레이놀즈 등이 그렇다.[472] 그러나 천황의 권위와 관련하여 근대에 창조된 것의 실체는, 레이놀즈가 말하는 '신격화된 위상'의 과장이나 강화에 있다기보다 세속적 권력과 정신적 권위의 재통합이라는, 그럼으로써 동양 전근대의 황제상과 그에 의해 전일적으로 지배되는 제국의 상을 재정립했다는 점에 있다. 근대 일본 국가, 일본제국이 던지는 강렬한 고유성의 이미지는 무엇보다도 그러한 전근대적 권위일원주의가 근대문명의 외피를 눌러쓴 형태로 등장한 데에서 발하게 되는 모순과 불일치의 빛깔, 그 기묘한 엇박자에서 비롯되는 것이 아닐까.

메이지 정부 수뇌부가 '일본 독자의 흠정헌법'을 제정하기로 결정한 1881년 10월 장차 일본의 헌법이 자유민권파 세력이 구상한 '일본국헌법'이 아니라 '일본제국헌법'이 될 가능성은 굳어진 것이었고, 그만큼 이후 일본의 근대에서 '제국'이 일본의 정체성을 규정하게 될 것은 더욱 분명해졌다. 이것은 곧 근대 일본 고등교육의 핵심 기관들이 '제국대학'의 이름을 갖게끔 법제화한 1886년의 「제국대학령」의 중요한 정치사적 배경이었다고 할 수 있다. 제국헌법의 공포는 1889년에 가서야 비로소 이루어지지만, 1880년대 초에 전개된 정치적 · 법제적 상황은 제국의 개념이 근대 일본의 정치 · 외교 · 언론 · 학문 각 분야에서 급속도로 일반화되고 일상화되는 전기를 이루었다.

472 Reynolds, E. Bruce(2004), 앞의 글, p.160.

5. 1890년대의 세계사적 국면과 청일전쟁 : 제국일본의 실현과 제국 개념

불평등조약체제 이탈과 식민지 획득, 일본제국의 의미 지평 확대

1890년 11월 29일은 일본의 제국의회가 처음 개회한 날이다. 이토 히로부미를 의장으로 한 제국의회가 90일에 걸친 이 첫 회의에서 다룬 가장 중요한 안건은 당시 야마가타 내각이 국시로 내건 부국강병을 뒷받침하기 위한 예산심의였다.[473]

서양 열강이 '제국'의 확장에 열을 올리던 19세기 말 시점에서 일본 또한 제국 건설을 추구했다. 근대 일본이 '천황의 나라'라는 의미의 제국을 넘어서 '광역적 지배 국가'로서의 제국을 실현하는 데 있어서 두 가지 일차적 관문이 있었다. 하나는 영국을 비롯한 구미 국가들과 일본이 맺고 있는 불평등조약들을 개정하는 일이었고, 다른 하나는 1890년 3월 당시 야마가타 수상이 제출한 「외교정략론」에서 일본의 이익선의 초점이라고 말한 한반도에

473 原田敬一(2007), 『日清 · 日露戰爭』, 岩波書店, p.9.

대한 지배권 경쟁 문제였다. 당시 조선은 중화제국의 유일한 잔해처럼 남아 있었다. 이에 일본이 중국에 대한 우위를 확정하는 것이 일본제국 건설의 바로미터였다. 후쿠자와 유키치의 담론에 보이는 '제국의 이념'의 초점이 실로 한반도에 두어져 있었다는 것은 같은 맥락이다.

일본은 1894~1895년의 청일전쟁 시기 두 목표를 동시에 달성한다. 그만큼 청일전쟁은 일본에서의 '제국'의 개념사적 전개에서 중요한 사태였다. 먼저 청일전쟁을 향해 전운이 짙어지던 1894년 7월 16일 주영 일본 공사 아오키 슈조靑木周藏는 영국 외상 킴벌리 경과 일영통상항해조약日英通商航海條約을 조인하는 데 성공한다. 이것은 서양 제국들과 일본 사이에 40년간 존재한 불평등조약 관계의 표상이던 일방적 치외법권을 철폐한 것이었다. 이것이 계기가 되어 일본은 다른 구미 열강들과의 관계에서도 1897년까지는 치외법권으로 상징되는 불평등조약체제에서 벗어난다.[474] 새로운 조약은 1899년 시행에 들어간다. 영국이 시베리아 횡단철도 건설과 함께 극동에서 러시아의 세력 확장을 각별히 경계하고 있던 시기인 1891년 8월 러시아는 프랑스와 노불동맹露佛同盟을 체결하고, 이어 1892년 8월에는 노불군사협약露佛軍事協約을 체결한다. 이런 상황에서 고립감을 느낀 영국이 일본의 협력을 이끌어 내기 위해 취한 외교적 양보이며, 청일전쟁 직전 일본 지지를 선언한 것에 다름 아니라고 일본 역사가들은 해석한다.[475]

식민지를 거느리지 않은 것은 물론이고 서양의 '제국들'에게 일방적 치외법권을 허용하는 불평등조약체제에 놓여 있는 비주권국가의 처지에서 제국을 자칭하던 계면쩍음의 자의식으로부터, 일본은 비로소 탈출할 수 있었다. 스즈키 마사유키鈴木正幸는 그 역사적 의의를 이렇게 요약했다. "일청전쟁의 승리와 그 전후에 이루어진 구미 각국과의 조약 개정은 치외법권의 폐기를

474 불평등조약체제의 또 다른 요소였던 관세자주권 문제는 1911년에 해결된다.
475 原田敬一(2007), 앞의 책, pp.47~48.

실현함으로써 막말 이래 최대의 국가적 과제였던 대외적 자립, 즉 주권국가의 확립을 기본적으로 이루어 냈다."[476] 이러한 사태 진전이 일본의 자기인식에 던진 영향은 1894년 8월 27일 개정된 조약 조인에 관한 칙령이 공포된 지 이틀 후 『도쿄아사히신문東京朝日新聞』에 실린 사설에서 잘 드러난다. "제국은 동아東亞의 패자覇者이다. 제국의 환심을 사기 위해 제국의 호의를 얻는 것은 구주열국이 최대로 필요로 하는 것에 속한다."[477]

일본은 이어서 청일전쟁에서 승리함으로써 중국 영토의 일부인 대만을 떼어 내어 자신의 식민지로 만들고, 중화제국의 마지막 표지였던 속방 조선을 자신의 영향권으로 만들었다. 마침내 국제 질서에서 '제국 클럽'에 진입한 것이다. 이제까지의 '일본제국'은 '황제의 나라'라는 점 외에 국제사회에 자신을 제국으로 내세울 근거가 없었다. 그러나 이제는 '광역적 지배의 정치 시스템'으로서의 보다 보편화된 개념에 합당한 일본제국이 성립한 것이다.

그래서 청일전쟁과 이 전쟁에서의 승리를 통한 일본제국의 성립은 일본에서의 제국 담론에 일대 전기였다고 말할 수 있다. 일본의 근대사상사 연구자들은 청일전쟁을 계기로 일본 언론계에 확산된 '제국주의적 경향'을 주목한다.[478] 그 전형적인 예로 도쿠토미 소호德富蘇峰, 1863~1957를 떠올린다. 청일전쟁 이전의 도쿠토미 소호는 평민주의를 제창하고 군국주의를 비판했다. 그러나 종군 언론인으로 청일전쟁에 참가한 그는 삼국간섭과 요동환부遼東還付의 소식을 접한 이후 '힘이 없으면 어떤 정의공도正義公道도 무가치하다는 확신'을 갖게 된다. 그는 곧 관료의 길을 걷는다. 평민주의에 기초한 사회적 관심을 환기했던 그의 언론 매체들은 폐간되거나 그 역할을 중단한

476 鈴木正幸(2005), 「植民地領有と憲法體制」, 歷史學硏究會 · 日本史硏究會 編, 『日本史講座 9 近代の轉換』, 東京大學出版會, p.10.

477 原田敬一(2007), 앞의 책, p.48.

478 岩井忠熊(1968), 「明治國家の理念と現實」, 古田光 · 作田啓一 · 生松敬三 編集, 『近代日本思想史大系 1 近代日本社會思想史 I』, 有斐閣, p.201.

다. 도쿠토미 소호의 예는 청일전쟁 이후 일본 사회에서 '제국주의가 사회적 관심을 축출해 버린' 시대 상황을 대변하는 것이었다.[479]

이 시기 이후 서양 제국주의 담론의 수입 형태로 일본에서도 제국주의 담론이 본격 등장한 것은 놀라운 일이 아니다. 특히 1899~1901년 사이에 제국주의 담론이 무성해졌다. "20세기를 코앞에 둔 세기말 일본 사회에서는 '제국주의'라는 언설이 만연해진다. 그것도 주로 긍정적인 의미로서 유통되며, 그에 대한 반동으로 사회주의자들을 중심으로 반제국주의의 주장도 형성된다."[480] 영국의 '자유제국주의' 담론을 모방한 도쿠토미 소호의 제국주의론, 우키타 가즈타미浮田和民의 '윤리적 제국주의'론 등이 그 초기적인 대표적 담론이다.[481] 도쿠토미 소호는 제국주의가 '침략주의, 배타주의, 무권독존주의武權獨尊主義, 소비주의'라는 비판을 거부한다. 그에 따르면, 제국주의의 진수는 "무역 · 생산 · 교통 · 식민植民에 의해서 일국의 이익을 확충하고 민족의 발달을 기하는 것을 축으로 하는 '평화적 팽창주의'"일 뿐이었다.[482]

1900~1901년 무렵 이미 고토쿠 슈스이幸德秋水, 1871~1911의 반제국주의 저술들이 나왔지만,[483] 그것은 제국주의 비판 물결의 증거라기보다는 팽창주의적 제국론의 범람이 초래한 반향의 하나였다고 보아도 무방할 것이다. 이와 관련해 주목할 사실은 고토쿠 슈스이의 사회주의에 깊이 공명한 많은 일본 지식인이 사회주의와 제국주의를 양립 가능한 것으로 보았다는 점이다.

479 岩井忠熊(1968), 앞의 글, p.202.

480 박양신(1999), 「19 · 20세기 전환기 일본에서의 '제국주의'론의 제상(諸相) : 서양사상과의 관련에서」, 『일본역사연구』 제9권.

481 박양신(1999), 앞의 논문.

482 佐々木隆(2006), 「德富蘇峰と權力政治家 : 帝國日本興隆へのアプローチ」, 山本武利 責任編輯, 『「帝國」日本の學知 4 メディアのなかの「帝國」』, 岩波書店, p.87.

483 幸德秋水(1970), 「排帝國主義論」, 幸德秋水全集編纂委員會 編, 『幸德秋水全集』 第二卷, 明治文獻, pp.463~473 ; 幸德秋水(2004), 『帝國主義』, 山川進 校注, 岩波書店.

기타 잇키北一輝, 1883~1937와 야마지 아이잔山路愛山, 1865~1917 등이 대표적 사례이다. 기타가 20대 초반 젊은 시절이던 1903년 일본은 러일전쟁으로 향해 나아가고 이 나라의 대표적인 언론과 여론이 개전을 지지하고 있었다. 이런 분위기 속에서 고토쿠가 사원으로 있던 『요로즈초호万朝報』는 시마다 사부로島田三郎, 1852~1923의 『도쿄마이니치신문』과 『리쿠고잡지六合雜誌』와 함께 반전론을 펴고 있었다. 그해 10월이 되자 『요로즈초호』 내부에서도 주전론자들이 득세하면서 이 신문도 개전론으로 전향했고, 고토쿠 슈스이는 이 신문을 떠난다.[484]

당시 『사도신문佐渡新聞』에서 언론 활동을 하던 기타 잇키는 러일전쟁 개전을 앞두고 고토쿠의 반전론을 비판하면서 '제국주의적 사회주의'를 내세웠다. 그는 "나는 사회주의자이면서 제국주의자"라고 선언했다. 그에게 일본의 제국주의는 러시아의 슬라브 제국주의를 포함한 서양 제국주의에 대항하는 국제적 계급투쟁이었고, 그래서 정의에 기초하는 것이었다.[485] 기타는 "나의 제국주의는 국가의 당연한 권리 · 정의의 주장"이며, "외국의 잔혹무도한 제국주의의 침략으로부터 국가의 기관과 나침반을 방어하는 것"일 따름이라고 주장했다.[486]

야마지 아이잔은 1905년 국가사회당 결성을 주도하며 국가사회주의를 내세운 인물이다. 그는 러일전쟁 전인 1903년 『독립평론』이라는 잡지를 창간하며 아예 제국주의를 기치로 내걸었다. 야마지 아이잔은 창간호에 「나는 어째서 제국주의의 신자인가」를 실었다. 사회주의 성격을 띤 평민주의의 전도사였던 도쿠토미 소호가 청일전쟁 후 삼국간섭 사태를 계기로 제국주의를 주창한 것이 야마지를 포함한 그의 제자들에게 적지 않은 영향을 미쳤

484 마쓰모토 겐이치(2010), 『기타 잇키(北一輝) : 천황과 대결한 카리스마』, 정선태 · 오석철 옮김, 교양인, p.203.

485 마쓰모토 겐이치(2010), 앞의 책, pp.204~206.

486 마쓰모토 겐이치(2010), 앞의 책, p.208.

을 것이다. 야마지는 "오늘날에는 제국주의가 아니면 사람은 지상에 존재할 수 없다"고 주장했는데, 진화론의 적자생존과 자연도태의 관점에서 제국주의를 정당화했음을 알 수 있다.[487] 야마지 아이잔은 제국주의를 일관되게 거부한 고토쿠 슈스이와 사카이 도시히코堺利彦, 1871~1933 등의 사회주의는 '마르크스 일파의 재탕'이며 '번역 투'라고 비판했다. 반면에 자신의 국가사회주의는 "일본 역사를 연구한 데에서 발생한 독립적인 사상"이라고 주장했다.[488]

청일전쟁에서 승리한 후 러일전쟁에 이르는 시기, 사회주의적 가치를 지향하면서 사회와 국가의 개혁을 외치던 일본의 젊은 지식인이 제국과 함께 제국주의를 거침없이 정당화할 수 있었던 시대적 정신 상황을 여실히 보여준다. 마쓰모토 겐이치松本建一는 "청일전쟁과 삼국간섭 이후 일본 국민의 내셔널리즘은 고양되었고, 소호나 아이잔은 이러한 흐름을 예리하게 자신의 사상에 반영했다"고 이해한다.[489]

기타 잇키와 야마지 아이잔과 같이 평민주의 내지 사회주의적 경향이 강했던 지식인들이 '제국주의적 사회주의', 곧 국가사회주의라는 언뜻 모순된 발상으로 나아간 것에 대하여 마쓰모토 겐이치는 주목할 만한 관점을 제시한다. 그에 따르면, 야마지 아이잔의 철저한 평민주의는 오히려 그를 제국주의로 이끈 주요 동인이었다. 청일전쟁을 분수령으로 일본 사회는 자본주의 본격화에 따라 계급 모순이 격화되어 러일전쟁이 종결될 무렵에는 그로 인한 사회적 긴장이 더욱 심화된다. 이 시기 평민 대중의 사회변혁에 대한 요구는 강력했고, 그것이 애당초 기타 잇키와 야마지 아이잔 같은 이들을 사회주의로 이끈 배경이었다.

487 마쓰모토 겐이치(2010), 앞의 책, pp.298~301.
488 마쓰모토 겐이치(2010), 앞의 책, pp.303~304.
489 마쓰모토 겐이치(2010), 앞의 책, pp.301~302.

그런데 바로 이 시기는 일본의 평민 사이에 내셔널리즘이 나날이 고양되던 시대였기에 기타 잇키와 야마지 아이잔 같은 평민주의자들이 제국주의를 내세우는 데 하등의 논리적 모순을 자각하지 못했다는 것이다.[490] 사회주의와 자국의 제국주의가 얼마든지 양립 가능했던 이 시기 일반 평민과 지식인층을 포함한 수많은 일본인의 사유 세계는 후발 제국주의 사회에 현저한 지적 현상의 하나였다고 할 것이다.

세계사적 상황과 제국주의 담론의 확산

19세기 말에서 20세기 전반기에 걸친 시대는 세계사적 차원에서 볼 때, 제국주의 정책을 통한 제국 건설과 팽창이 이를테면 문명국의 '글로벌 스탠더드'였던 기간이다. 제국주의는 도덕적으로 폄하되기는커녕 문명국의 표지였다. 에릭 홉스봄은 특히 1875~1914년의 시기를 '제국의 시대the Age of Empire'라고 부른다. 그가 이 시대를 특별히 제국의 시대라고 부른 이유는 두 가지다. 하나는 이 시기가 경제적 지배를 목적으로 한 영토적 팽창을 치열하게 추구하는 신종 제국주의new imperialism가 본격화한 시기였다는 것이고, 다른 하나는 스스로 황제를 칭하거나 서양 외교관들이 (명목상의 명칭이 황제는 아니더라도) 황제의 칭호로 불릴 만하다고 인정하는 지배자가 통치하는 나라의 숫자가 최대치를 기록한 시기였다는 것이다.[491]

전 지구는 이 시기에 제국들에 의해서 남김없이 분할되었다. "세계의 두 주요 지역인 아프리카와 태평양 지역이… 완전히 분할되었다. 태평양 지역은 영국, 프랑스, 독일, 벨기에, 미국 그리고 아직은 미미한 수준이지만 일

490 마쓰모토 겐이치(2010), 앞의 책, p.302.

491 Hobsbawm, Eric(1989), *The Age of Empire, 1875~1914*, Vintage Books, p.56 ; 에릭 홉스봄(1998), 『제국의 시대』, 김동택 옮김, 한길사.

본에 전적으로 배분되어 이 지역에 독립국가는 하나도 남지 않게 되었다. 1914년이 되면 아프리카 역시 에티오피아와 서아프리카의 중요하지 않은 라이베리아공화국 그리고 아직 저항하고 있던 모로코의 일부 지역을 제외하고는 모두 영국, 프랑스, 독일, 벨기에, 포르투갈과 스페인 등의 제국에 속하게 되었다."[492]

홉스봄은 또한 이 시기 아시아의 상황에 대해 이렇게 설명했다. "아시아에는 명목상으로는 독립적인 큰 지역이 남아 있었다. 그러나 오래된 유럽의 제국들이 이 지역에서도 넓은 영역을 더욱 확장하였다. 영국은 버마를 영국의 인도제국에 병합하였으며 티베트, 페르시아, 페르시아만 지역에 영향권을 확립하거나 강화했다. 러시아는 중앙아시아를 더욱 침식했으며 덜 성공적이기는 하지만 극동 시베리아와 만주에 진출했다. 벨기에는 인도네시아 주변 지역을 더욱 확고하게 장악했다. 두 개의 실질적으로 새로운 제국이 확립되었다. 나폴레옹 3세가 시작한 프랑스의 인도차이나 정복이 그 하나였다. 다른 하나는 일본이 중국을 침식하여 한국과 대만을 장악하고1895, 나아가 러시아의 영역을 침식한 것이다1905."[493]

마이클 도일은 제국과 제국주의의 관계를 이렇게 설명했다. "제국은 한 국가가 다른 사회의 주권을 실질적으로 통제하는 공식적 또는 비공식적 관계이다. 그러한 통제 수단은 무력, 정치적 협력, 경제적 · 사회적 또는 문화적 종속성이다. 제국주의는 그러한 제국을 확립하거나 유지하는 과정이나 정책이다."[494] 에드워드 사이드Edward Said도 마이클 도일의 정의에 동의하며, 제국과 제국주의의 관계에 대한 인식 또한 공유한다. 그에게 제국주의는 "원거리 영토를 지배하는 메트로폴리탄 센터a dominating metropolitan centre의

492 Hobsbawm, Eric(1989), 앞의 책, pp.57~58.

493 Hobsbawm, Eric(1989), 앞의 책, p.58.

494 Doyle, Michael W.(1986), *Empires*, Cornell University Press, p.45.

실천, 이론, 태도"를 의미한다. 또한 그에게 '식민주의'는 제국주의의 결과로서, 원거리 영토에 자국의 인구를 이식하는 것을 말한다.[495]

그러나 사이드의 제국 개념 인식은 그것을 전제하되, 한 걸음 더 나아간다. 제국주의의 작동, 즉 제국 건설의 과정과 메커니즘에 대한 대부분의 분석은 자본의 축적을 중심에 둔 경제적 측면, 그리고 광역적 영토의 획득과 그에 대한 지배권의 정립과 같은 정치적 측면을 주목한다.[496] 사이드는 그 못지않게 문화적 측면을 강조했다. "제국주의도 식민주의도 단순한 축적과 획득의 행위만은 아니다. 둘 다 인상적인 이데올로기적 구성체들impressive ideological formations에 의해 지지되고 심지어 추동된다. 그 이데올로기적 구성체들은 어떤 영토들과 민족은 지배와 연관된 지식 형태들을 필요로 하고 추구한다는 관념을 내포하고 있다. 19세기의 고전적인 '제국문화imperial culture'는 그래서 '열등', '종속된 인종들subject races', '복속된 민족들subordinate peoples', '종속dependency', '팽창', '권위'와 같은 단어들로 가득 차 있었다."[497]

청일전쟁을 통해 일본이 식민지를 거느린 제국이 된 시기는 그처럼 세계사적인 '제국의 시대'요 '제국주의의 시대'였다. 이 시기 일본에서 제국의 개념이 더욱 확산되고 그 개념적 내용 또한 국제 질서에서의 세력 팽창을 강하게 내포한 것이었음은 1899년 일본제국당日本帝國黨의 창설과 그것이 내건 정강에서 확인할 수 있다. 『황성신문皇城新聞』은 이를 주목하여 보도했다.[498] 이후에도 『황성신문』은 일본제국당이 특히 대외 문제에 강경한 태도를 갖고 있음을 주목하였다.[499]

495 Said, Edward W.(1994), *Culture and Imperialism*, Vintage Books, p.8.

496 Said, Edward W.(1994), 앞의 책, p.3.

497 Said, Edward W.(1994), 앞의 책, p.8.

498 『황성신문』 1899. 7. 17(大韓光武三年 七月 十七日 月曜日). 『황성신문』은 한국언론진흥재단 미디어가온 "고신문"(http://www.mediagaon.or.kr)의 자료이며 이하 동일하다.

499 『황성신문』 1903. 11. 30(大韓光武七年 十一月 三十日 月曜日).

일본 제국 개념의 심화 : 동아시아 지역 질서 전환의 개념적 도구

대만의 지식인 천광싱陳光興은 에드워드 사이드의 제국 개념에 동의하면서 이렇게 말한다. "제국 주체는 자신과 피식민자의 관계 위치에 의거해야만 비로소 자기규정이 가능하고 자기정체성을 정립할 수 있다."[500] 그렇다면 일본은 1895년 청일전쟁의 결과로서 비로소 식민지를 가진 제국으로서의 자기정체성을 확립하게 되었다고 할 수 있다. 고유명사로서의 '황국일본'이 아니라 식민지와의 관계 속에서 자신을 보편적 의미의 제국의 일원으로 확인하는 '제국일본'의 자의식이 가능해진 것이다.

1895년 12월 27일 일본은 사상 처음으로 두 개의 표준시를 갖게 된다. '타이완섬臺灣島'의 서쪽을 통과하는 자오선 동경 120도를 '서부표준시'라 이름 지었다. 타이완, 펑후제도澎湖諸島, 야에야마제도八重山諸島, 미야코제도宮古諸島 등 청일전쟁의 결과로 영유하게 된 일본의 식민지에 대한 새로운 표준시였다. 시차가 한 시간인 동경 135도는 '중앙표준시'로 되었다. 1896년 1월 1일부터 실시되었다. 일본은 두 개의 시간을 갖게 된 것이다.[501] 이제 일본이 준비기를 지나 진정한 의미에서 제국이 되었음을 상징했다. 다른 표준시를 가진 '외지外地'로 불리는 식민지의 탄생으로,[502] 일본은 이제 첫 걸음마이기는 했지만, 단순히 '제'인 천황이 통치하는 나라라는 의미에서의 제국일 뿐 아니라 식민지를 거느린 광역적 다민족국가체제를 구축했다는 의미에서 명실상부한 제국으로 탄생하였다.

근대 일본에서 제국의 개념은 메이지 초기에는 천황의 나라라는, 다분히 일본의 특수한 개념에서 출발했다고 할 수 있다. 1890년대 청일전쟁 시기를 거치면서 비로소 식민지를 거느린 광역적 지배 국가의 위상을 의미하는 제

500 천광싱(2003), 『제국의 눈』, 백지운 외 옮김, 백영서 대담, 창비, p.41.
501 原田敬一(2007), 앞의 책, p.104.
502 原田敬一(2007), 앞의 책, p.104.

국 개념이 보편화하고, 마침내 무력을 포함한 모든 수단에 의한 제국 건설을 '평화적 팽창주의'로 정당화하는 제국주의 개념으로까지 발전시켜 갔다. 제국의 시대라는 세계사적 상황과도 조응하는 것이었다.

앞에서 일본의 근대 초기에 황국은 천황의 나라 일본 안에서의 수직적 권위 구조를 표상하는 개념으로, 제국은 국제 질서라는 공간 속에서 당시의 중화제국 및 서양 열강과 어깨를 나란히 한다는 수평적 성격을 부각시키는 것으로 개념의 기능 분화가 이루어지는 양상을 보였다고 언급한 바 있다. 청일전쟁 이후의 근대 일본에서 제국은 개념사적 의미에서 한 걸음 더 나아가, 전통적으로 중국을 중심에 두었던 동아시아 질서를 거꾸로 뒤집어서 일본을 중심에 둔 수직적 위계의 공간으로 사유하고 표상하는 개념적 도구로 발전해 간다. 그것은 물론 일본 천황의 권위가 미치는 지정학적 공간의 팽창과 밀접히 관련되는 것임은 말할 것도 없었다. 그에 따라 '황국'의 범위와 '황국신민'의 내용도 변화하게 되지만, 황국은 역시 천황의 권위가 실질적으로 미치는 공간 속에서의 수직적 권위의 깊이를 표상하는 데 비해, 제국은 세계 속에서 그리고 특히 동아시아라는 국제 질서 안에서 다른 국가들, 다른 사회들과의 관계에서 일본을 정점에 둔 지역 질서를 표상하는 개념으로 전개된다.

앞에서 설명한 바 있듯이 1880년대에 정립된 「대일본제국헌법」은 천황대권에 바탕한 절대지배의 원리를 반영했다. 이 같은 국가권력 구조를 추구한 제국헌법의 성립은 메이지유신을 전후한 시기 자유민권사상 및 운동과의 치열한 대결 끝에 이룩된 것이었다. 그래서 이 헌법의 성립은 그 자체가 자유민권사상의 풍미에 대한 천황대권과 절대지배 원리의 승리를 이미 담고 있었다.

그런데 그 원리가 일본인의 마음속에 보편화되는 것은 메이지 30년대1897~1906에 들어, 곧 청일전쟁 이후인 1890년대 말 이후라고 평가된다. 마쓰모토 겐이치가 지적하였듯이, "황실은 신성하며 침범할 수 없다"는 국체의 논리

가 확고하게 자리 잡게 된 것은 메이지 30년대의 일이었다.[503]

그렇다면 일본이 식민지를 거느린 광역적 지배령을 확보함으로써 팽창적 의미의 제국이 된 것과, 천황을 정점으로 하는 제국 내면의 수직적 구조가 일본인들의 의식에 확고하게 뿌리내렸다는 의미에서 '황제(천황)의 나라'가 구현된 것은 시기적으로 일치한다고 말할 수 있다. 따라서 적어도 청일전쟁 이후 일본의 국가권력과 언론이 운위하는 제국은 동아시아에서 일본 중심의 질서표상과 함께 천황을 정점으로 한 수직적 내면구조라는 일본 국가의 정체성 표상이 더욱 융합된 개념적 성격을 띠게 되었을 것이다. 일본 국가의 수직적 내면구조는 '황국'이, 일본 국가 영역의 팽창적 이미지는 '제국'이 주로 표상하게 되었다고 앞에서 논의한 바 있지만, 메이지 30년대 이후에는 제국이라는 개념 안에서도 일본 국가의 수평적 팽창 못지않게 천황을 정점에 둔 일본 국가정체성의 표상의 의의가 진하게 녹아 있었을 것이라고 판단된다.

한편 제국 개념이 청일전쟁과 러일전쟁 이후의 근대 일본에서 수행하게 되는 지역 질서 전환의 개념적 도구로서 기능하는 양상과 관련하여 함께 주목할 것이 있다. 그것은 1900년대에 들어 일본 지식인 사회 일각에서 등장하는 '대제국大帝國'론이다. 조선과 같이 이웃한 약소 사회들을 일본이 통합하여 하나의 대제국을 구성함으로써 일본과 다른 동아시아 국가가 함께 공영을 누릴 수 있다는 논리였다. 오야마 도스케小山東助, 1879~1919가 1905년 "일한日韓 두 민족이 함께 새로운 대제국을 완성하여 세계 정치의 강대한 신세력을 만드는 것"이라는 논리를 펴면서 일한합동론과 대제국론을 연결하는 것이 대표적인 경우였다.[504] 이것은 한일병합을 앞둔 시점에 있던 조선

503 마쓰모토 겐이치(2010), 앞의 책, p.169.

504 小山東助(1905), 「朝鮮同化論」, 『新人』 第6巻 第5號, pp.18~19. 한상일(2004), 『제국의 시선 : 일본의 자유주의 지식인 요시노 사쿠조와 조선 문제』, 새물결, pp.133~134에서 재인용.

에서 이용구 등이 '하나의 큰 제국' 담론을 제기하는 배경이었다.[505] 일본에게 있어 제국이 다른 동아시아 나라들을 포섭하고 지배하는 개념적 도구로 구체화하는 양상을 보여 준 것이다. 이들의 대제국론은 '제국과 식민지'의 관계상을 바탕에 깔고 있는 '대동아공영권'이념의 준비라는 의미도 갖고 있었다고 할 것이다.

505 『조선왕조실록』 순종 3권, 2년(1909 기유/대한 융희 3) 12월 4일(양력) 1번째 기사 : "一進會長李容九, 稱以百萬會員聯名, 日、韓合邦聲明書, 發表於中外. 其文曰 : "… 誠如是, 則外間輿論沸騰, 日、韓合邦新造一大帝國之議, 庶幾使二千萬同胞, 始知死處, 新得其生焉."

6. 한 발 앞선 보편국가 자임의 욕망과 제국 개념

보편국가의 이념과 그 자임에의 욕망

정치철학자 알렉산더 코제브Alexandre Kojève는 리오 스트라우스와 논쟁하는 가운데에서 알렉산더 대제를 두고 이렇게 말한다. “알렉산더의 정치적 행동을 과거 및 당대의 그리스인들의 정치적 행동으로부터 구별지어 주는 특징은 그것이 ‘제국의 관념the idea of *empire*’, 즉 ‘보편적 국가의 관념the idea of a *universal* State’을 지침으로 삼았다는 점이다.” 코제브가 말하는 ‘보편적 국가’란 “어떠한 선험적 제한(지리적 · 민족적 또는 그 어떤 것도)도 없고, 미리 정해진 수도首都도 없으며, 그 주변부에 대해서 정치적 지배를 행사하도록 예정된 지리적 또는 민족적으로 *고정된* 중심부가 없는 국가”이탤릭체 강조는 코제브를 말한다.[506] 코제브가 보기에 그리스 제국주의자들과 알렉산더 대제는 무

506 Strauss, Leo[2000(1961)], *On Tyranny*, Including the Strauss-Kojeve Correspondence,

제한한 영토적 팽창을 향한 의지를 가진 점에서 근본적인 차이가 없지만, 중요한 차이가 하나 있었다. 그리스 제국주의자들은 정복자와 피정복자 사이에 예외 없이 주인과 노예의 관계를 확립하려고 했다. 반면에 알렉산더 대제는 자신의 출신 국가인 마케도니아와 그가 정복한 그리스를 다 같이 해체하고 새로운 정치 단위 속에서 그 둘을 하나로 통합하려 했다. 아울러 새로운 *전체*의 관점in terms of the new *whole*에서 자유롭게(합리적으로) 선택된 지리적 지점으로부터 새로운 단위를 통치하려 했다는 것이다.

그러나 필자가 여기에서 적용하려는 '보편국가univesal state의 의식'은 다른 국가들과 공존하는 일정한 지역에서 자신의 국가만을 유일하게 실효적인 동시에 합법적인 국가로 취급하는 태도를 가리킨다. 이때 실효적인 국가란 일정 지역 전체에 실질적 지배력을 구축하고 있다는 뜻이며, 합법적이란 이를테면 문명의 기준을 만족시킨다는 뜻에서이다. 이러한 의미의 보편국가 관념은 제국주의 국가 사회 안에서 이루어지는 언어 사용에서 다양한 형태로 표출될 수 있다. 그것은 특히 제국이라는 용어를 사용하는 방식에서 드러날 수 있다. 일본 제국주의의 전개 과정에서 그 점을 확인할 수 있다. 고유명사로서의 '일본제국'과 보통명사로서의 '제국' 사이에 경계선이 허물어지는 지점, 그것이 자신의 국가를 '보편국가'로 자임하고 욕망하는 제국주의가 언어적으로 표현되는 한 형식이라고 할 수 있다.

1894년 8월 일본이 영국과의 불평등조약체제를 청산하는 새로운 조약이 조인된 직후 『도쿄아사히신문』에 실린 사설을 앞에서 인용한 바 있다. "제국은 동아의 패자이다. 제국의 환심을 사기 위해 제국의 호의를 얻는 것은 구주열국이 최대로 필요로 하는 것에 속한다"는 두 문장 속에 세 차례 등장하는 '제국'이라는 용어는 외관상 보통명사로 쓰인 것이다. 그러나 여기에

Revised and Expanded Edition, Edited by Victor Gourevitch and Michael S. Roth, University of Chicago Press, p.170.

등장하는 제국은 그 내용에서는 일본 자신을 가리키는 고유명사이다. 동아시아에서 유일하게 서양 제국들과의 관계에서 불평등조약을 청산하여 그들과 어깨를 나란히 한 가운데, 동아시아의 패자로 군림하는 일본의 위상을 표상한다. 적어도 동아시아적 차원에서 유일하게 존재하는 보편적 제국의 자임 내지는 그에 대한 욕망을 담고 있는 용법이다. 중화제국에 대한 전쟁의 초입에서 이미 일본 언론은 자신을 동아시아의 보편국가로 자임하고 있는 양상을 보인 것이다.

제국의 식민관 : 제국과 식민지 인식의 시차時差

청일전쟁에서의 승리를 넘어 러일전쟁에 의해 대한제국을 보호국으로 만들고 남만주를 자신의 영향권으로 확보한 이후, 일본의 언론이 보편국가의 자임과 그 욕망을 담아 제국 개념을 전유하는 양상은 더 오만한 형태를 띠게 된다. 1907년 7월 헤이그밀사사건에 대한 일본 언론의 반응이 그것을 극명하게 드러낸다. 『대한매일신보』는 일본의 『호치신문報知新聞』의 한 논설을 번역해 실었다. 일본 자신을 다만 제국으로 칭한 이 논설은 이렇게 주장했다. "한국 문제와 원로元老 평화회의에 밀사를 보낸 사건은 황제와 좌우에 있는 모사들이 꾸며 낸 정치상 희롱의 일로만 보아 지내지 못할 것이라. 사실상으로 여러 강국 앞에서 뎨국을 업수히 여겨 욕하고 또 지극히 높으신 천황폐하를 대표한 이등 통감을 업수히 여기어 욕하였은즉, 불가불 이것을 적당히 처치할 것이오. …한국 황제는 의례로 조고마한 계교를 써서 한일조약의 근본을 소멸코자 하는 것이니, 일본이 이때에 최후 수단으로 한국 황제를 폐하는 일을 행함도 불가함이 없겠고…."[507]

이 논평에서도 '뎨국帝國'은 내용상 일본제국이라는 고유한 정치 단위를

507 「별보 : 일본보지신문을 등재함」, 『대한매일신보』 1907. 7. 17.

가리키고 있지만, 보통명사의 형식으로 표현된다. 보편과 특수의 경계선이 사라진 것이다. 복수의 제국이 공존하는 세계 질서 안에서 제국이라는 개념을 오로지 자신만을 가리키는 특수명사화하는 언어적 용법은, 중화'제국'이 붕괴하고 한반도에 국가는 존재하나 형해화된 상황인 동아시아라는 지역적 조건 속에서 반드시 잘못된 것은 아닐 수도 있다. 그럼에도 유의해야 할 것은, 그러한 개념적 사용은 일본이라는 한 국가의 지배 영역을 보편화하는 제국주의를 사전에 선도하는 지적 · 언어적 풍토를 드러낸다는 점이다. 한 발 앞서서 언어가 현실을 이끌어 가는 양상의 한 표현이라고 할 수 있다.

어떤 의미에서 그처럼 개념이 현실을 선도하는 양상은 제국주의자가 식민지 내지는 식민지 후보를 바라보는 시선과, 식민지 내지는 식민지 후보 지역의 민족이 제국의 중심을 바라보는 시선에 '시차時差'를 초래한다. 그럼으로써 중심부의 '시민'에게는 '제국의 자의식'을 서둘러 향유하게 하고, 식민지 후보 지역의 '주민'에게는 충격적인 당혹과 바닥 모를 열패감을 불러일으킨다. 1909년 6월 한국 언론에 전해진 영일박람회英日博覽會의 소식은 그 점을 날카롭게 전달한다. 일본에서 개최된 이 박람회에는 이른바 식민관植民館이 설치되었다. 문제는 아직 합병되어 식민지가 되기 전이며 명색은 여전히 '대한제국'이던 조선의 백성이 그 식민관에 대만과 함께 한국의 물산과 풍물이 전시되었다는 참담한 소식을 접하게 된 사실이다.

1909년 6월 24일 『대한매일신보』에 실린 「소위 식민관」이라는 제목의 논설은 이렇게 토로했다. "근일에 일본에서 영일박람회에 식민관을 설립하고 한국의 인정풍속과 물산을 벌려 놓아 세계 사람으로 하여곰 보게 한다 함은 다 아는 바라. 이에 대하여 한국 동포들은 과연 어떠한 감정이 나는가. 우리는 일개 국외에서 방관하는 자로되 오히려 붓을 놓고 길게 한탄함을 말지 못하노라. 대저 한국이 아무리 약하나 오히려 4천여 년 역사가 있으며 2천만 민족이 있는 나라이어늘 이제 그 인정풍속 물산이 박람회 식민관에 출품이 되어 세계 사람의 □목에 보고 탄식이나 하게 될 뿐인가. 또 가장 비참한 것은 한국이 대만과 그 자리를 함께함이니 한국이 아무리 망하게 되었은즉 어찌 저 대만에야 비하리오. 오호라 슬프도다. 한국 동포들이여. 제군은 생각하여 볼지어다. 제군의 조상이 어떠한 위엄과 공로로 제군에게 전하였으며 어떠한 기업으로 제군에게 물려주었는가. 이제 제군에게 이르러 박람회에 출품되어 대만과 동등이 되니 과연 일호라도 사람의 성정이 있는 자면 어찌 차마 이것을 견디리오….”[508]

천광싱의 말대로 제국은 그것에 속하는 타자인 식민지와의 대면을 통하여 자신을 의식한다면, 그 반대도 성립한다. 식민지인은 자신을 포괄하는 타자인 제국과의 대면을 통해서 자신의 식민지적 존재를 의식하게 된다는 말이다. 구한말의 한국인은 을사보호조약 이래 식민지인으로서의 자의식과 독립국가 국민으로서의 의식 사이에 일종의 정체성 분열의 상황에 있었다고 할 수 있다. 1909년 6월은 아직 한일병합이 완성된 시점은 아니었다. 그러나 이때 이미 한국인에게 제국을 정면으로 응시할 기회가 주어졌다. 정체성 혼란을 벗어나 자신의 현실과 미래를 직시하게 만드는 현상일 수 있었다.

508 「론셜 : 소위 식민관」, 『대한매일신보』 1909. 6. 24.

Part 4

제국 개념과 근대 한국 : 개념의 역수입, 활용, 해체 그리고 포섭과 저항

1. 1876년 조선과 제국 개념의 역류

『조선왕조실록』에는 중화의 군주를 가리키는 용어로 '천자天子'와 '황제皇帝'가 거의 비슷한 빈도로 등장한다. 천자 칭호를 담은 기사記事는 7천여 건, 황제를 언급한 기사는 6천8백여 건에 달한다.[509] 그러나 조선 시대에 천자나 황제가 다스리는 나라를 '제국帝國'으로 칭한 경우는 일부 시문에 한정되어 있었다. 이후 한국의 공식적 역사 기록에 제국 개념이 등장하는 것은 강화도조약을 맺게 되는 사태를 앞둔 1876년 1월 4일 '대일본제국'이라는 단어의 형태로서였다.

그날의 『고종실록』에는 한국 근해에 나타난 일본 군함 함장과 조선 관리 사이에 오고 간 문답을 담은 강화 유수 조병식의 보고문이 실려 있다. 강화부 남쪽 바다에 정박하고 있는 일본 군함에게 "귀 선박은 일본 선박인가"라고 묻는다. 돌아온 답은 다음과 같았다. "우리 선박은 대일본제국의 군함

509 『조선왕조실록』, 국사편찬위원회 한국사데이터베이스 조선왕조실록(http://sillok.history.go.kr).

모순호이고, 함장은 해군 소좌 가사마 고슌笠間廣盾이다. 우리나라에서 특명전권 변리대신인 구로다 기요타카를 파견하여 장차 귀국의 경성에 갈 것이기 때문에 군함들이 남양만의 당진포에 모이기 위하여 먼저 이 배를 보내서 뱃길을 측량하게 한 것이다."[510]

『승정원일기』에는 이 기록이 실려 있지 않다. 이후 조선이 대한제국을 선포하는 1897년 이전까지 '제국'이라는 단어는 다시 등장하지 않는다. 같은 기간 『고종실록』에는 단 두 차례 나온다. 두 경우 모두 첫 번째와 마찬가지로 일본제국이 언급된 것들이다. 1884년 8월 조선의 서리독판교섭통상사무를 맡은 김홍집金弘集이 일본제국의 흠차변리공사 다케조에 신이치로竹添進一郎, '아메리카합중국'의 특명전권공사 루셔스 푸트Lucius H. Foote, '대영국'의 특명전권공사 해리 파크스Harry S. Parkes, 그리고 '청국' 흠명주찰 조선총리교섭통상사의 위안스카이淸國欽命駐紮朝鮮總理交涉通商事宜 袁世凱 등과 인천제물포 각국조계장정仁川濟物浦各國租界章程을 체결한 문서가 그 하나였다.[511] 다른 하나는 1895년 3월 조선이 국고의 고갈로 일본 은행에서 300만 원의 차관을 받기 위해 체결한 조약의 말미에 등장하는 일본 측 대표의 직함으로서, "대일본제국 일본은행 총재 대리 동 은행 지배역 쓰루하라 사다키치鶴原定吉"라고 했다.[512]

조선 시대의 일부 시문을 제외하고 역대 한국의 역사 문헌에 제국이 등장한 것은 통일신라 시기 최치원이 작성한 대중국 외교문서 이래 참으로 약 1천년 만의 일이었다. 또한 이것은 서양어의 일본발 번역어라는 경로를 거쳐

510 『조선왕조실록』 고종 13권, 13년(1876 병자/청 광서 2) 1월 4일(병신) 1번째 기사 : "答 : '我船是大日本帝國軍艦孟春艦, 而艦長卽海軍少佐笠間廣盾也. 因我國派出特命全權辨理大臣黑田淸隆, 將去貴京城, 會艦于南陽灣唐津浦, 而先使該艦, 測量水路矣."

511 『조선왕조실록』 고종 21권, 21년(1884 갑신/청 광서 10) 8월 15일(병술) 2번째 기사.

512 『조선왕조실록』 고종 33권, 32년(1895 을미/청 광서 21) 3월 5일(병자) 2번째 기사 : "度支部大臣魚允中, 因國庫奇絀, 借款三百萬元于日本銀行, 其條約如左. …大日本帝國 日本銀行總裁代理同行支配役鶴原定吉."

조선에 들이닥쳤다. 당시 일본이 식민지를 거느린 광역적 지배 국가는 아니고 단지 황제의 나라라는 데 머물렀던 만큼, 이 역어의 의미는 고대 한국의 나라 백제의 성왕이 일본을 가리켜 제국이라 하고, 통일신라인이 중국을 가리켜 제국이라 했을 때의 의미와 근본적인 차이는 없다. 그런 점에서 1876년 조선이 대일본제국이라는 단어와 마주친 것은 개념의 역류逆流였다 하겠고, 장차 조선이 대한제국을 자임하면서는 그 개념을 '역수입'하여 활용한 것에 비유할 수 있을 것이다.

어쨌든 근대 동양에서 제국 개념 형성과 전파의 진원지는 일본이었으며, 조선은 다만 수세적으로 그 개념을 수용했다. 이후 한국에서 제국 개념이 어떻게 활용되며, 그후 망국에 이르기까지의 역사 속에서 제국 개념이 어떤 개념사적 굴곡을 겪는가를 살펴보는 것이 Part 4의 주제이다.

2. 유길준의 국제관계론과 제국 개념 : 그 부재 또는 미미함의 의미

구당 유길준矩堂 俞吉濬, 1856~1914의 『정치학』은 1895년에 출간된 미정고未定稿 형태의 저서이다. "전문적인 정치학 교과서로 기획된 것으로 국가론, 정치사, 정치사상사 등 다방면에서 정치이론적으로 체계화한 한국 최초의 정치학 저술"로 평가되고 있다.[513] 유길준은 국가론과 국제 관계에 많은 지

513 유길준(1998), 「유길준의 『정치학』 역주에 붙여」, 앞의 책, p.5. 이 책의 성격에 대해 한석태는 다음과 같이 평가한다. "미완성인 채로 중단되어 출간에까지 이를 수 없어 확정되지 않은 초고 상태의 미정고라는 점과 초고의 내용이 원저자인 블룬칠리(Johann Casper Bluntschli, 1808~1881)의 『일반국가학』의 일역본인 가토 히로유키(加藤弘之)의 『국법범론(國法汎論)』을 중역한 부분이 많다는 점에서 미완성 번역서로 격하될 소지는 없지 않다. 그러나 원고 곳곳에서 유길준 자신의 정견이나 정론을 삽입하거나 강조하기도 하고, 당시 조선이 채택해야 할 정치제도에 관한 소망을 피력하였다는 점에서 일정 수준 정치학의 체계를 갖추었다고 볼 수 있다." 이홍구는 한국정치학의 뿌리를 유길준의 『정치학』에서 찾았다[이홍구(1986), 「근대 한국정치학 백 년 : 그 한계성의 극복을 위한 자성」, 『한국정치학회보』 제20집 제2호, pp.5~10]. 김학준도 유길준을 '우리나라 최초의 정치학자'라고 불렀다[김학준(2000), 앞의 책, p.10].

면을 할애하고 있지만, 이 저서에 '제국' 개념은 언급할 만한 내용이 들어 있지 않다. 다만 제국의 실체를 구성하는 열강과 식민지의 관계를 서술하고 있을 뿐이다. 주국主國과 속국屬國 또는 주국과 부용국附庸國, 본국과 식민지라는 대칭적인 용어들을 동원하여 설명했다.[514] 예컨대 유길준은 '속국'을 다음과 같이 정의했다. "속국은 주국의 관할에 모두 소속되어 그 명령을 받들고 추호도 독립적인 권력을 갖지 아니하며 또한 자치하는 자유도 갖지 않는다. 유럽의 여러 강국과 아시아, 아프리카에 있는 영지 간의 연방제는 이 유형에 속한다." 또 부용국에 대해서는 이렇게 말했다. "부용국은 주국의 보호와 간섭에 의뢰하여 존립하는 것으로, 속국에 비해서는 독립하는 지위를 조금 가지나, 마찬가지로 주국을 떠나서는 확실한 대권을 갖지 못한다. 안남과 프랑스 · 발칸반도의 제국諸國과 터키와의 관계가 이 유형에 속한다."

유길준이 그의 『정치학』에서 제국을 언급한 경우는 독일제국을 연방제국의 구체적인 예로 지적하는 부분으로, 연방국과 연방제국을 비교하고 있다. 그에 따르면, 연방국은 '전체와 각 부가 서로 독립하는 정치 기관'을 구비한 하나의 진정한 국가이며, '각 연방'도 저마다 통일된 유기체를 이룬다고 하였다. 그 예로 미합중국을 들었다. 한편 연방제국은 이렇게 정의했다. "전체와 각 부가 서로 독립하는 정치 기관을 가졌다는 점에서는 연방국과 다른 점이 없으며 단지 원수로 추대되는 자가 연방국은 대통령이며 연방제국은 황제라는 데 차등이 있을 뿐이다. 현금 독일제국이 그 한 예이다." 유길준은 이어서 '본국과 식민지'라는 소제목하에 "식민지가 독립국이 아님은 재론을 요치 않는다"고 전제하고, 다만 식민지가 "거의 완연한 국가로까지 발달한 것"도 있다고 지적했다. 그런 경우는 "대개 식민지의 내치는 실제 독립할 것을 밝혔으나 명의상으로는 본국의 보호를 바라지 않을 수 없기 때문에 식민지는 본국의 주권을 승인하는 것"일 뿐이라 말하고, 이 유형에 속하

514 유길준(1998), 앞의 책, p.117.

는 예로 영국과 캐나다의 관계를 들었다.[515]

미국과 독일의 차이를 설명한 데에서 보이듯이 유길준은 제국을 '황제가 통치하는 국가'라는 의미로 사용하는 데 그쳤다. 식민지를 거느린 광역적 지배의 국가 시스템을 가리키는 점에 대해 구체적인 설명은 없다. 식민지를 거느린 서양 열강을 '강국'이나 '주국' 또는 '본국'이라는 용어로 표현하고 있을 뿐이다.

『서유견문西遊見聞』은 『정치학』보다 먼저 집필되었다. 1890년 초고를 완성하였고, 1895년 일본에서 정식 출판 기회를 맞은 책이다. 이후 한국 지식인 사회에 큰 영향을 미쳤다. 유길준의 국제관계론은 이 책에 더 깊이 있게 담겨 있다.[516] 여기에서 유길준은 중화 질서에서 조선의 위상이 식민지나 속국이 아닌 공법상 독립적인 국가임을 논증하는 데 역점을 두었다. 청국에 대해 조공국朝貢國 조선의 위치를 속국으로 보지 않고 독립국으로 개념 짓기 위해서, 속방과는 구별되는 증공국贈貢國이라는 개념을 제시했다. 이른바 양절체제론兩截體制論으로 불리는 논리였다.[517] 조선이 증공국이라면 청국은 수

515 유길준(1998), 앞의 책, p.118.

516 유길준은 갑신정변으로 외국에 망명했다가 1885년 귀국하여 한규설의 집에 연금된 상태에서 『서유견문』을 집필하여 1890년에 완성된 초고를 고종에게 바친다. 정부는 비매품으로 출판하여 관원과 지식인에게 무상으로 나누어 주었다. 유길준은 1892년 연금에서 풀려났으며, 1894년 일본의 영향 아래 갑오개혁이 단행되면서 원고는 정식 출판의 기회를 맞는다. 당시 조선 정부가 일본에 파견한 보빙사(報聘使)의 수행원으로 따라간 유길준은 원고의 출판을 후쿠자와 유키치에게 부탁했고, 후쿠자와는 자신이 설립한 출판사인 고준사(交詢社)에서 『서유견문』이라는 이름으로 출판한다. 이 책은 『독립신문』과 『황성신문』에 내용이 소개되었고, 또한 학교에서 교재로 사용되기도 했다[유길준(2004), 앞의 책, 옮긴이의 해제 참조].

517 유길준은 이렇게 말하고 있다. "수공국은 여러 나라에 대하여는 동등한 예우를 행하면서도 증공국에 대하여는 혼자 높이는 자세를 취하게 될 것이다. 이는 증공국의 체제가 수공국 및 그 밖의 여러 나라에 대하여 앞과 뒤가 잘린(兩截) 셈이며, 수공국의 체제도 또한 증공국과 그 밖의 여러 나라에 대하여 앞과 뒤가 잘린 셈이 된다. 여러 나라가 수공국과 증공국의 앞뒤 잘린 체제(兩截體制)를 한 가지로 보는 것은 어찌 된 까닭인가. 형세가 강한지 약한지는 돌아보지 않고, 권리가 있는지 없는지만 따졌기 때문이다." 유길준은 이어서 만국공법은 그러한 특수 관계에서 비롯되는 강대국의 교만에 대해 비판적이며 그로부터 약소국을 보호하는 체제라고 해석한다. "강대국이 망령되게 높아지면 공법의 비방을 스스로 받게 되고, 약소국이 모욕을 받으면 공법의 보호를 받게 된다. 그러므로 이처럼 비굴한 듯한 자

공국受貢國이다. 이 관계에서 증공국은 속국이 아니라고 보았다. 그는 또한 수호국守護國이라는 개념도 제시하여 그 역시 속국과는 다르다고 주장했다. 조선이 청에게 조공하지만 속국이 아니라는 것, 또한 조선이 1876년 일본과 수호조약을 체결한 것에도 불구하고 상대방 국가에게 속국이 아니라는 것을 동시에 주장한 것이다.[518]

『서유견문』은 그처럼 제국주의 시대 국제 질서에서 강대국과 약소국 사이의 관계에 대한 국제법적 해석을 『정치학』에서보다 더 깊이 있게 논했다. 하지만 그것을 제국이라는 개념을 통해 설명하지는 않았다. 특히 『정치학』뿐만 아니라 『서유견문』에도 광역적 지배와 관련한 제국이라는 개념 자체가 등장하지 않는다.

이것은 머지않아 조선 조정이 제국 개념을 도입해 마침내 대한제국을 선포하기에 이르는 과정에서 지식인들의 제국 담론이 미미했음을 말한다. 1880년대 이래 일본의 조야에서는 제국 담론이 무성했던 점을 고려하면, 대한제국 선포 이전 한국 지식인 사이에서 제국 개념의 실질적인 부재는 다소 의외라고 할 수 있다. 이것은 근대 한국에서의 제국 개념의 도입과 활용 과정에 관해 중요한 점을 시사하는 것으로 생각된다. 1897년의 대한제국 선포는 지식과 개념의 전파에 의한 현상이라기보다는 1894~1895년 시기의 청일전쟁과 일본의 조선 국정 장악, 그리고 곧 전개된 아관파천이라는 정치적 격동과 그 한가운데에 있던 집권층 관료들의 정치적 선택이라는 성격이 강했음을 시사한다.

세는 공법이 시행되지 않아 약소국이 스스로 보전하려는 방법이었으니, 강대국이 자행하는 교만한 버릇을 조장하는 조항은 공법에 한 줄도 설정되지 않았다"[유길준(2004), 앞의 책, pp.117~118]. 김용구는 유길준의 양절체제가 "1882년 임오군란 이후 1894년 청일전쟁이 발발할 때까지 근 10년간 조선의 독특한 국제정치적인 지위를 단적으로 표현한 개념"으로서, "조공 관계와 더불어 근대적인 국제법 관계를 공유하는 특수한 관계"를 가리키는 개념이라고 정리한다[김용구(1997), 『세계관 충돌의 국제정치학 : 동양 禮와 서양 公法』, 나남출판, p.231, p.252].

518 유길준(2004), 앞의 책, pp.108~116.

3. 조선의 칭제 과정에서 제와 제국

건원과 칭제의 거리 : 비자립적 자주국의 고뇌

야마모토 유조는 저서『제국의 연구』의 서두에서 제국에 대한 개념 정의를 앞두고 한 가지 질문을 던진다. "대한제국도 제국인가?" 라는 것이었다. 제국을 '황제가 다스리는 나라'로 정의한다면, 대한제국은 응당 포함된다. 그런데 야마모토 유조가 지적한 것처럼, 1870년대 이후의 프랑스공화국은 그것이 거느린 방대한 식민지체제에도 불구하고 제국이라 불릴 수 없게 된다. 제국을 단지 황제의 나라로 정의한다면 그러한 치명적인 문제를 피할 수 없으며, 제국이 무엇인가에 대한 개념 정의는 미궁에 빠지고 말 것이라고 야마모토는 주장한다. 그러므로 "정체政體 내지 국가의 역사에 나타나는 '제국성帝國性'이 무엇인가를 묻고, 그것을 이론화하는 시도"가 그가 찾는 해답이었다.[519]

519 山本有造(2003), 앞의 책, pp.3~4.

야마모토 유조가 도달하는 제국의 궁극적 의미는 '중앙집권이라는 구심성求心性'을 갖는 동시에 '밖을 향해서는 영토 확장이라는 형태의 확산성擴散性'을 갖는다는 것이다. '자기중심적인 동시에 자기팽창적인 존재'라는 것이었다. 이러한 구심성과 확산성을 함께 갖는 제국적인 지배와 피지배의 관계는 강력한 중앙 통치 기구를 구비한 중심과 그 중심의 영향력에 대해 저항력이 약한 주변 그리고 중심과 주변을 결합하는 트랜스내셔널한 군사적 · 정치적 · 경제적 및 이데올로기적 여러 힘과 장치라는 세 요소로 구성된다고 그는 요약했다.[520]

이러한 전형적인 제국의 개념에 따르면, 대한제국은 제국일 수 없었다. 그러나 대한제국뿐만 아니라 1895년 이전의 일본 또한 제국일 수는 없었다. 이렇다 할 식민지를 거느린 단계도 아니었다. 대만을 식민지로 거느리게 되는 청일전쟁 시기, 또는 더 앞당겨서 일본이 류큐왕국을 통합한 1879년을 일본이 확산성을 갖춘 제국으로 도약하는 시점으로 간주하더라도 일본은 그보다 훨씬 이전부터 자국을 '일본제국'으로 칭했다. 1876년 조선이 '대일본제국'의 군함을 자칭하는 모슌호 선장과 맞닥뜨렸을 때 일본은 확산성과는 거리가 멀었다. 당시 일본의 제국 자임은 황제와 동급인 천황으로 불린 지배자가 통치하는 나라라는 점에서만 오직 객관적 의미의 제국이었을 뿐이다. 동점하는 서양 세력에 대한 자주독립의 천명과 그 욕구를 투영한 다분히 주관적 용법의 개념이었다.

조선이 칭제 건원을 논의하고 실행에 옮긴 1897년 시점에서 조선 역시 왜 대한제국이어야 하는가 하는 개념의 문제에 직면한다. 그리고 그것은 당시 한국이 과연 제국을 자임할 수 있는 객관적 조건에 있는가, 있다면 그것은 어떤 의미로 정당화될 수 있는가 하는 문제와 마주쳤다. 조선이 당면한 개념적 문제는 일본의 경우에 비해 두 가지 점에서 더 심각했다. 첫째, 일본과

520 山本有造(2003), 앞의 책, pp.11~12.

달리 조선의 정치적 권위는 전통적인 중국 중심의 질서에서 '제帝'의 칭호와 근본적인 거리를 두고 있었다. 둘째, 일본도 제국을 칭하는 초기에는 이른바 확산성 즉 영토 팽창적 국가가 되지 못하고 자국의 자주독립을 열망하는 수준이었지만, 1897년의 일본제국은 이미 식민지를 거느린 팽창적 국가라는 조건을 갖추기에 이르러 있었다. 이런 국제 환경에서 조선이 제국을 자임하기가 쉬운 일은 아니었다. 그만큼 나름대로 이를 정당화하기 위한 제국 개념 논의는 피할 수 없었다.

구체적으로 보면, 칭제를 앞두고 조선이 직면한 개념적 도전은 '건원建元과 칭제 사이의 논리적 동시성과 현실적 거리'라는 문제로 연결된다. 동아시아의 전통 질서 안에서 조공국이었던 조선이 청일전쟁을 계기로 중국의 속방 지위를 벗어난 1895년 이후, 그 국제적 지위는 개념적 혼돈 상태에 빠진 측면이 있었다. 우선 전통적 질서에서 누군가의 속방이 아닌 '자주국'은 의당 독자적 연호年號가 있어야 했다. 1895년 11월 15일 『고종실록』은 "내각총리대신 김홍집이, '조령詔令을 삼가 받들고 연호를 건양建陽으로 의정議定하고 내각의 논의를 거쳤습니다'라고 상주上奏하니, (고종이) 조령을 내리기를 '재가한다'고 하였다"고 기록했다.[521] 문제는 당시 고종이 보기에도 새 연호가 자주국의 표지일 수 없다는 데 있었다. 바로 그날 고종은 "짐이 신민臣民에 앞서 단발斷髮을 하니, 너희 신민들은 짐의 뜻을 잘 본받아 만국의 대열에 나란히 섬으로써 대업大業을 영원히 이루라"는 조칙을 내린다.[522] 당시 조선의 국정은 을미사변 후 일본의 자장 안에 있던 친일적 내각이 주도

521 『조선왕조실록』 고종 33권, 32년(1895 을미/청 광서 21) 11월 15일(신해) 4번째 기사 : "內閣總理大臣金弘集以"謹奉詔勅年號, 以建陽議定, 經閣議"上奏. 制曰 : "可.""

522 『승정원일기』 고종 32년 을미(1895, 개국 504) 11월 15일(신해). 『승정원일기』는 한국고전종합DB의 자료이며 이하 동일하다. 현재 한국역사정보 통합시스템에 속하는 자료로서 『승정원일기』의 고종 시기 기록은 두 가지가 있다. 국사편찬위원회 한국사데이터베이스의 『승정원일기』(http://sjw.history.go.kr)는 고종 1~19년 기간만 저장되어 있으며, 한국고전종합DB의 『승정원일기』(http://db.itkc.or.kr/index.jsp?bizName=MS)는 고종 1~44년 전 기간의 기록을 담고 있다.

하고 있었다. 『고종실록』도 『승정원일기』도 1894년까지는 청나라의 광서光緖를 연호로 표기했다. 그러나 1895년에 대해 일제 시대에 편찬된 『고종실록』은 '건양'이라는 표현을 존중해 그렇게 표기한 반면, 『승정원일기』는 '개국 504년'으로 표기했다. 건양이라는 연호를 거부했던 것이다.

아관파천의 소동을 겪으며 일본의 직접적인 영향권에서 벗어난 후인 1897년 8월 조선은 광무光武라는 연호를 새로 세운다. 건원과 칭제 사이의 개념적 연관과 거리의 문제는 이로부터 중요해진다. 동아시아 전통 질서에서 독자적 연호는 곧 칭제로 직결되는 사안이었다. 독자 연호는 자립의 실력을 갖춘 정치체에 한정되어 있었다. 그것이 관행이고 역사적 현실이었다. 시모노세키조약 이후 조선은 형식상 어떤 나라의 속방도 아닌 '탈속방'의 상태가 되었지만, 그렇다고 실력으로 자립하는 것은 아닌 '비자립'의 처지라는 이중성, 이를테면 '비자립적 자주국'의 모순 속에 놓여 있었다. 자주국의 표지로서 독자적인 새 연호 채택은 필수적으로 보였다. 그것은 곧 동아시아 전통 질서의 연장선에서 논리적으로는 칭제를 수반하는 것이었다. 그래서 고종은 깊은 고민에 빠졌던 것으로 보인다. 결국 신하들의 강권 속에서 건원 후 한 달 반 만에 칭제의 칙지를 내린다. 문제는 칭제의 명분, 즉 조선이 과연 제국을 자칭할 명분을 어떻게 세울 수 있는가였다.

조선 칭제 논의의 시작

조선 조정에서 칭제 논의는 『승정원일기』를 보면 1897년 양력 5월 1일 전 승지 이최영李最榮 등의 상소문으로 시작한다.[523] 이들의 문제의식은 자존自尊과 자주로 요약할 수 있다. 상소문은 먼저 "자신이 귀해지기를 바라는 자는 먼저 자기 임금을 귀하게 해야 하니, 이것이 바로 천륜의 떳떳한 본성이고

523 『승정원일기』 고종 34년 정유(1897, 개국 506) 3월 30일(기미, 양력 5월 1일).

고금에 모두 통하는 의리"라고 전제한다. 이어 황皇과 제帝라는 칭호는 대존大尊과 대귀大貴, 즉 '크다'는 것을 의미하는 것이라고 밝힌다. 문제는 조선의 군주가 '제'를 칭할 수 있을 만큼 '큰' 존재냐 하는 것인데, 상소문의 저자들은 그 기준을 영토의 크기와 같은 국력이 아닌 역사적 전통, 그리고 군주의 덕과 같은 도덕적 정당성의 차원에서 해석하였다.

이들은 이른바 '제력帝力'이라는 개념을 제시하고, 그 기준을 덕이라는 맥락에서 정의하였다. 조선이 "멀리 단군檀君과 기자箕子의 전통"을 잇고 크게 "요순堯舜의 교화"를 열었을 뿐 아니라 이후에도 "훌륭한 임금들이 계승"하였으며, 그 가운데에서도 성상(고종)이 "천하를 거느리고 보위에 임하시어 덕을 쌓고 인을 행하니 천하가 모두 예의의 나라라고 칭송하게 되었고, 때에 맞추어 천명에 부합하니 나라 안이 이미 문명의 정치에 푹 젖게 되었"으며, 이로써 백성들이 고종의 "위대한 제력"을 칭송하기에 이르렀다고 주장했다. 이어서 조선은 이제 "자주독립"하여 "건양建陽 원년"이라는 칭호를 택하고 "조詔와 칙勅이라 하여 이미 황제의 제도를 시행"하고 있다고 지적한다. 그런데 다만 임금의 칭호가 "아직도 군주의 지위에" 있는바, 자주독립한 나라 임금에 걸맞은 제도를 갖추는 데에는 "제라고 칭하는 것만 한 것이 없다"는 것이었다.

이어 양력 5월 9일에는 유학 권달섭幼學權達燮 등이 상소했다. 이들은 칭제는 독립국의 자주적 결정에 달린 것임을 강조했다. "자주의 '자自' 자와 독립의 '독獨' 자의 뜻은 전적으로 자신의 생각대로 하고 혼자서 결단하여 처리하는 데에 있지 다른 사람에게 물어보거나 상대방에게 의지하는 데에 있지 않다"고 지적하고, 이것을 미루어 말한다면 "자주국인 우리나라는 마땅히 황제라고 불러야 한다"고 주장했다."[524] 또한 5월 25일에는 유학 강무형姜懋馨 등이 상소하여 "지위를 바로잡아 호칭을 높이는 것은 나라를 다스리는 방

524 『승정원일기』 고종 34년 정유(1897, 개국 506) 4월 8일(정묘, 양력 5월 9일).

법에 무익할 것 같으나 경장更張하는 즈음에 이르러서는 먼저 위호位號를 바로잡지 않으면 민심이 흩어져 국가의 운명을 유지할 수 없고 백성의 뜻을 진정시킬 수 없"다고 하였다. "국운을 유지하고 중외의 여망을 진정시키"기 위해서는 칭제가 필요하다는 주장이었다.[525] 이들 역시 '독립자주'의 여망과 표지로서 칭제를 거론한다.

『고종실록』에도 『승정원일기』에도 실려 있지 않지만, 정교鄭喬, 1856~1925는 자신이 저술한 『대한계년사大韓季年史』에서 1897년 5월 칭제를 주청하는 상소문을 올렸다고 밝히고 그 내용을 인용해 두었다.[526] 그 역시 고종에 이르러 조선이 자주독립의 기틀을 세웠고, 고종의 덕이 "명분을 바르게 하기에 충분하여 오대륙과 대등한 권한"을 잡았으므로 "이때가 칭호를 바꿀 만한 시기"라고 주장했다. 조선이 과거에도 칭제할 만한 자격이 있었으나 그러지 아니한 것은 "덕은 숭상하되 허식은 숭상하지 않으며, 실질은 채용하되 명분은 채용하지 않는 뜻에서 말미암은 것"이라는 주장도 펼쳤다. 중국을 통일한 강대국만이 칭제할 수 있다는 인식에 대해 정교는, 우선 촉한蜀漢의 유비劉備를 "한나라의 소열제昭烈帝"로 칭한 후 그도 "성도成都처럼 구석진 곳"에서 칭제하였고, 청 나라의 태조 역시 중국을 통일하기 전에 이미 만주에서 황제를 칭하였다는 논리로 반박했다. 또한 김용구가 일찍이 주목했듯이,[527] 정교는 서양과 달리 동양의 역사적 관습에서는 황제와 군주라는 위호의 차이가 특별한 의미를 가진다는 점을 이렇게 상기시켰다. "어떤 사람은 유럽 여러 나라에서는 황제와 군주의 지위가 대등하여 그 존귀함이 거의 같으니 반드시 칭호를 바꿀 필요는 없다고 말합니다. 이는 동서양의 나라를 가진 자의 위호와 관습을 모르고 하는 말입니다. 저 서유럽은 쓰는 문자가

525 『승정원일기』 고종 34년 정유(1897, 개국 506) 4월 24일(계미, 양력 5월 25일).
526 정교(2004a), 『대한계년사 2』, 조광 엮음, 이철성 역주, 소명출판, pp.203~209.
527 김용구(1997), 앞의 책, p.283.

다르기 때문에 그 황제와 군주의 칭호를 모두 한자의 의미로 견주어 번역하여 전했기 때문에, 비록 뜻은 같지만 음이 서로 다른 것입니다."[528]

이런 흐름 속에서 고종은 양력 8월 16일 광무라는 연호를 반포하기에 이른다. 고종이 밝힌 명분은 근래에 겪은 극에 달한 화변과 어려운 고비를 뒤로 하고 옛 법을 회복하게 된 것을 계기로, "스스로 권리와 기강을 주관하면서 지금 것을 참작하고 옛것을 기준으로 삼아 전장典章을 바로잡는" 일의 일환이라는 것이었다. 그는 또 "주나라 문왕文王이 일어난 뒤에 예禮는 성왕成王과 강왕康王의 시대에 처음 제정되었고, 한나라의 황제가 나라를 세운 뒤에 연호는 문제文帝와 경제景帝 연간에 비로소 일컬었다. 이에 금년 8월 16일 삼가 천지와 종묘사직에 고하고 '광무光武'라는 연호를 세웠다"고 말한다.[529] 이것은 이때 이미 조선 정부가 칭제의 원칙을 세웠음을 강하게 시사해 준다. 연호를 세운다는 행위는 황제의 지위와 불가분한 것임을 고종의 언술이 이미 전제하고 있기 때문이다.

그러나 조선의 정식 칭제는 짐짓 신중한 태도를 견지하는 고종을 다양한 논리로 압박하는 대신들의 주청 행위가 한동안 전개된 이후였다. 자주국의 표지로서의 건원은 자기정당화가 어렵지 않았다. 반면에 황제와 제국 칭호의 채택은 논리와 명분에서 메워 내지 않으면 안 될 거리감이 있었던 것이다. 오랜 전통 질서에서 황제국이 되어 본 일이 없는 역사적 부담 의식과 함께, 당시 제국은 동아시아적 맥락에서도 이미 야마모토 유조가 지적한 '외면적 확산성'을 강하게 내포한 개념으로 정착되어 가고 있었기 때문일 것이

528 정교(2004a), 앞의 책, p.205. 정교는 동서양에서 위호에 관련된 관습의 차이를 언급함으로써 적어도 동양에서는 칭제 여부가 국격과 자존에 실질적인 영향을 미친다는 점을 주목했다. 다만, 서양에서 위호의 차이가 갖는 의미에 대해서는 다소 이해가 충분하지 않았던 것으로 보인다. 정교는 서양에서 이를테면 '킹(king)', '엠프러(emperor)' 내지 '카이저(kaiser)'는 "뜻은 같지만 음이 다를 뿐"이라고 주장했다. 그의 말은 한편 옳기도 하고 한편 틀리기도 하다. 동서양에서 '황제'의 개념사적 의미에 대해서는 이 책의 Part 1 및 Part 2 참조.

529 『승정원일기』 고종 34년 정유(1897, 개국 506) 7월 19일(병오, 양력 8월 16일).

다. 결국 새로운 국제 질서에서 칭제에 대해 '공법'은 어떻게 말하고 있는가를 두고 상당한 논의가 불가피했다.

칭제와 공법 사이에서 : 『공법회통』과 『만국공법』

1897년 9월 25일자양력 『승정원일기』에는 농상공부 협판 권재형權在衡, 1854~1934이 국왕의 황제 존호 사용을 건의한 상소문이 실렸다.[530] 5월의 시점에서 전 정부 관료였던 이최영 등의 상소라는 형식으로 시작한 조선의 칭제 논의는 8월에 들어 독자적 연호 채택으로 이어졌고, 그것을 전기로 9월에는 조정 내부에서 본격적인 칭제 논의로 공식화한 것을 말해 주고 있다.

권재형이 국왕을 황제라고 칭할 명분으로 내세운 논리는 조선이 제후국의 위치를 벗어나 자강自强과 독립을 이루기 위해 필요하다는 것이었다. 제국의 개념을 국가의 객관적 위상을 반영하는 것으로서가 아니라 바람직한 국가의 상, 즉 자주독립성을 핵심으로 한 새로운 국가정체성에의 지향을 담는 그릇으로 채용하자는 제안이었다.

주목할 점은 권재형이 정위량丁韙良, 즉 윌리엄 마틴William Martin이 스위스 태생의 독일 법학자인 요한 블룬칠리의 국제법 저서를[531] 번역한 『공법회통』을 읽고 그것을 논리 전개의 준거로 삼았다는 사실이다. 『공법회통』은 1895년 조선 정부의 학부學部 편집국이 간행한 바 있다. 권재형이 이 책을 동원하는 이유는 약소국의 왕에게 황제라는 존호가 합당한가에 대한 국제법적 판단을 구하는 데 있었다.

권재형은 "만약 '왕王을 제帝로 올리는 것은 공법公法상 어렵다'고 한다면,

530 『승정원일기』 고종 34년 정유(1897, 광무 1) 8월 29일(병술, 양력 9월 25일).

531 Bluntschli, Johann Casper(1867), *Das moderne Völkerrecht der civilisirten Staaten als Rechtsbuch dargestellt*, Nödlingen.

신은 만국공법萬國公法에 근거하여 조목별로 명백히 밝히려고 합니다"라고 말하고, 『공법회통』의 제86장을 먼저 인용했다.[532] "임금이 반드시 제帝의 칭호를 가져야만 제라고 일컫는 나라들과 평등한 관계를 갖는 것은 아니다"라고 한 부분이다. 권재형은 "이것은 자주自主의 왕국을 널리 가리켜 한 말"이라고 해석하면서 "우리나라에서 부당하게 낡은 견해를 고집하는 것은 무엇 때문입니까"라고 물었다. 인용된 부분의 뜻을 권재형은 다음과 같은 삼단 논리로 해석한 것으로 보인다. 첫째, 제를 칭하지 않은 왕국도 자주의 왕국일 수 있다. 둘째, 자주국의 왕은 자기 뜻에 따라 제를 칭할 수 있다. 셋째, 조선은 자주국이므로 결심만 하면 칭제해도 무방하다.

이로부터 권재형은 조선 백성에 가장 결핍된 것이 자주 의식이라고 밝히고 이를 높이기 위해서라도 칭제해야 한다는 주장을 폈다. "갑오경장甲午更張 이후부터는 독립하였다는 명색은 있으나 독립한 실상이 없고, 국시國是가 정해지지 않아 백성의 의혹이 마음속에 가득 차 있으니, 이것은 무엇 때문이겠습니까. 우리나라 백성은 글만 숭상하여 나약한 것이 습성이 되고 남에게 의존하는 것이 습관이 되어 멀리로는 2천 년, 가까이로는 5백 년 동안 중국을 섬겨 오면서도 그것을 편안히 여겨 고칠 줄을 모르고 있습니다. 자주를 유지할 수 있다고 논하는 사람을 한번 보기만 해도 대뜸 눈이 휘둥그레지고 혀를 내두르며 깜짝 놀라 마지않습니다. …당장의 정사를 바로잡는 방도는 진실로 위의威儀를 바로잡고 의식의 수준을 높임으로써 민심을 흥기시켜 나아갈 방향을 제시하는 데에 달려 있습니다."

권재형은 뒤이어 『공법회통』의 제85장을 인용했다. "관할하는 것이 한 개 나라나 본국에만 그치는 것이 아니라 지역이 넓은 경우에는 황제라 불러도 혹 될 수 있지만, 그렇지 않은 경우에는 참람하고 망령된 것에 가까울 것 같다"는 내용이었다. 권재형은 "신은 이로 미루어 생각건대, 황제의 칭호란

532 김용구는 일찍이 권재형의 『공법회통』 인용을 주목했다[김용구(1997), 앞의 책, pp.273~275].

주인이 원래 정해져 있는 것이 아니라는 것을 알 수 있습니다. 여러 나라를 겸하여 관할하고 있는 것으로 말하면 영국만 한 것이 없고, 영토가 넓은 것으로 말하면 러시아만 한 것이 없는데, 이런 나라들을 논할 때에도 오히려 황제라고 부르는 것을 '혹 될 수 있다'고 하였으니, '혹'이라는 것은 단정하지 않은 말입니다. 계속해서 '그렇지 않은 경우에는 참람하고 망령된 것에 가까울 것 같다'고 하였는데, '같다'라는 것 역시 단정하지 않은 말입니다. 부여하고 빼앗고 하는 데에 모두 일정한 말이 없으니, 불러도 좋고 부르지 않아도 안 될 것이 없습니다. 이렇기 때문에 터키가 황제라고 칭하는 것은 그 영토가 넓어져서가 아니며, 일본이 황제라고 칭하는 것은 원래 유구琉球를 병합하기 전에 있던 일입니다. 이것이 또한 될 수 있다는 것과 될 수 없다는 것을 단정하지 않았다는 명백한 증거입니다."

권재형은 또한 이어서 『공법회통』 제84장에서 "여러 나라들이 모두 높은 칭호를 쓸 수 없으며 명색과 실상이 서로 부합하고 걸맞아야 한다"고 한 말을 인용했다. 아울러 "140년 전 러시아의 임금이 황제라고 칭호를 고쳤는데, 처음에는 각 나라에서 좋아하지 않다가 20여 년이 지나서야 인정하였다"고 한 블룬칠리의 주석을 함께 인용하면서, 권재형은 "신은 이로 미루어 생각건대, 각 나라가 인정하는가 인정하지 않는가 하는 것도 헤아릴 바가 아니며, 다만 우리나라에서 스스로 어떻게 행동하는가 하는 데에 달려 있을 뿐입니다. 신은 이 몇 장 외에 따로 이와는 다른 어떤 공법이 있는지는 모르겠습니다만, 신의 어리석은 소견으로는 공법에 있어 구애될 만한 내용은 없을 것 같습니다"라고 하였다.

김용구는 권재형의 입론을, 『공법회통』의 실제 취지와는 다분히 거리가 있는 해석을 통해서 자기주장을 폈다는 점에 주목하여 비판적으로 평가했다.[533] 블룬칠리의 국제법 저서는 주권자의 존호는 누가 법으로 막는

533 김용구는 권재형이 "국력에 대응하지 않는 한 황제의 칭호를 부정한 『공법회통』의 장절을 원용하여

것은 아니되 국가의 실력과 깊은 상관성이 있음을 강조했다.[534] 김용구는 특히 블룬칠리의 원전 제85장은 "세계적인 권력을 보유하거나 여러 국민을 통치하는 국가만이 황제를 칭할 수 있다"고 더욱 명료하게 밝히고 있으며, 마틴의 번역본 또한 "소국이 황제를 칭하면 안 된다"는 점을 명확히 했음을 지적한다.[535] 반면에 권재형의 주장은 약소국이라도 황제를 칭하는 것을 명확하게 금지하는 국제법적 규범이 없다는 점을 강조하는 방식으로 조선 국왕의 황호皇號를 정당화한 것이다.

사실 블룬칠리의 『공법회통』보다 먼저 번역되어 유통된 헨리 휘턴Henry Wheaton의 국제법 저서는 약소국의 칭제에 상대적으로 관용적인 해석을 제시했다. 윌리엄 마틴이 1864년 『만국공법』이라는 제목으로 번역한 휘턴의 1836년 저서는[536] 근대 유럽의 국제 질서에서 왕이 '앰프러'를 칭할 때 따르는 국제법적 기준을 두 가지로 요약했다. 첫째, "모든 주권적 지배자나 국가들all sovereign princes or states은 그들이 적절하다고 판단하는 존호titles of dignity를 무엇이든 취할 수 있다." 둘째, 단 그에 대한 다른 국가들의 인정, 특히 어떤 나라가 더 높은 존호를 채택할 경우 다른 국가들이 그것을 인정하는 것은 "엄격하게 정해진 권리 규범의 문제가 아니다."[537]

칭제에 대한 국제법적 해석에서 블룬칠리와 휘턴이 보인 차이는, 칭제한

황제 칭호의 사용을 주청(奏請)하고 있는 것"이라고 지적했다[김용구(1997), 앞의 책, p.274].

534 김용구(2008), 『만국공법』, 소화출판사, p.177.

535 김용구(2008), 앞의 책, p.177.

536 Wheaton, Henry[2002(1836)], 앞의 책. 이 책의 번역본 『만국공법』이 조선에 전해진 것은 1876년 2월 이전으로 추정된다[김용구(2008), 앞의 책, p.101].

537 "All sovereign princes or states may assume whatever titles of dignity they think fit, and may exact from their own subjects these marks of honour. But their recognition by other states is *not a matter of strict right*, especially in the case of new titles of higher dignity assumed by sovereigns"[Wheaton, Henry[2002(1836)], 앞의 책, pp.133~134]. 같은 문장이 한문 번역본인 『萬國公法』에는 이렇게 번역되었다. "各國自主者. 可隨意自立尊號, 令己民推戴但無權令他國認之也"[한국학문헌연구소 엮음(1980), 『한국근대법제사료총서 1 만국공법』, 아세아문화사, p.259].

국가인 독일의 국제법 학자와 칭제하지 않은 강대국인 영미 계통의 국제법 학자 사이에 다분히 자연스럽게 있을 수 있는 차이를 투영하는 것이었다고 할 수 있다. 아마도 거기에서 기인하는 두 국제법 저서의 차이를 조선의 조정 대신들도 곧 이해하게 되었던 것으로 보인다. 고종이 칭제 결정을 내린 날인 10월 3일 대신들의 칭제 주청이 재차 개진되었는데, 이때 의정부 의정 심순택議政府 議政 沈舜澤, 1824~1906과 궁내부 특진관 조병세宮內府 特進官 趙秉世, 1827~1905가 내세운 공법 근거 자료는 『공법회통』이 아닌 『만국공법』이었다.

이에 앞서 심순택과 조병세는 9월 30일에도 고종에게 칭제를 주장하는데, 이때 그들이 강조한 칭제의 명분은 크게 세 가지였다.[538] 첫째, 제의 칭호는 실력이 아닌 예와 덕의 높음, 즉 명분을 기준으로 한다고 주장했다. 이들은 '대통大統'을 거론하면서 그것을 유교적 명분론의 차원에서 정의했다. 조선은 충분한 대통을 갖고 있음을 역설했다. 중화주의적 세계관 그리고 이제 그 대통이 조선에 있다는 소중화주의적 논리가 함께 바탕에 깔려 있었다. 둘째, 고종이 그러한 대통을 이었으며 특히 가장 높은 성덕을 쌓았으므로 칭제가 가하다는 것이었다. 조병세는 특히 고종을 일컬어 "하늘이 내리신 지혜와 예지를 타고난 우리 폐하께서는 문무를 겸비하신 분으로, 성대한 공덕은 삼황오제三皇五帝보다 더 높습니다"라고 아뢰었다. 셋째, 자주 외교에 칭제가 필요하다고 주장했다. 고종이 "이미 황제 나라의 법도와 대등하게 하여 각 나라와 교섭하는 데에 아무런 문제가 없는데, 어찌 반드시 명호名號가 있어야만 된다는 것인가"라고 묻자, 심순택은 "우리 폐하께서 신들의 청을 힘써 따르시어 천하에 공표한다면 온 세상 사람이 서로 기뻐하며 승인할 것은 진실로 논할 것도 없습니다. 그 가운데 황제라고 부르는 나라들도 장차 우리를 대등하게 인정하여 모두 와서 법을 취할 것입니다"라고 응답했다.

538 『승정원일기』 고종 34년 정유(1897, 광무 1) 9월 5일(신묘, 양력 9월 30일).

그로부터 사흘 후인 10월 3일 심순택과 조병세는 고종에게 칭제를 재차 강하게 주청한다. 다시금 칭제를 자주의 개념과 강하게 결부시키는 논리를 보강하여 전개했다. 특히 서양과 달리 동양의 질서에는 자주국임을 천명하기 위해 칭제가 더욱 요청된다는 점을 새롭게 부각시켰다. 이날 이들이 블룬칠리의 『공법회통』이 아닌 휘턴의 『만국공법』을 거론하며 전개한 논리는 네 가지 범주로 요약할 수 있다.[539]

이들은 먼저 조선은 과거부터 국왕이 비록 칭제하지는 않았지만 그 내실과 의례에서 황제에 준하는 바가 있었으며, 그러므로 실질적으로 애당초 자주국이었음을 시사했다. "우리나라의 묘제廟制에서 조祖와 종宗을 쓴 것은 본래 천자天子 집안의 대례大禮입니다. 자주自主를 한 이후로 모든 의문儀文은 황제국皇帝國에 걸맞지 않은 것이 없습니다. 그런데 유독 '황제' 이 두 글자를 더 올리는 것만 이처럼 아끼고 있으니, 밖으로는 비록 올리지 않았다고 하더라도 안으로는 올린 것과 같으며, 다만 아직 만국에 공표하지 않았을 뿐입니다."

둘째, 휘턴의 『만국공법』의 내용을 정확하게 인용하면서, 자주 국가의 칭제를 금하는 국제법적 규범이 없음을 강조했다. "『만국공법』에 '자주권을 갖고 있는 각 나라는 자기 의사에 따라 존호를 정할 수 있지만, 다만 다른 나라로 하여금 승인하게 할 권리는 없다'고 하지 않았습니까. 이것은 유럽과 아시아에서 똑같이 준수하는 것입니다. …묘례廟禮를 근거하고 『만국공법』을 참작하고 또 각 나라에서 스스로 일컫는 것을 증거로 삼으면, 이번에 황제의 칭호를 올리는 것에 대해 누가 불가하다고 하겠습니까."

셋째, 이들은 또한 『만국공법』에 의거할 때, 자주국은 모두 칭제를 하며 칭제는 곧 자주권의 표현이라는 주장을 폈다. "신들이 삼가 『만국공법』을 살펴보니, '자주권을 갖고 있는 나라는 자기 의사에 따라 존호를 정할 수 있

539 『승정원일기』 고종 34년 정유(1897, 광무 1) 9월 8일(갑오, 양력 10월 3일).

다'고 하였습니다. 그래서 옛적에 러시아의 피터 1세가 처음 황제를 칭하자 프러시아와 네덜란드가 먼저 승인하고, 다른 나라는 나중에 승인하였으며, 그 뒤에 프랑스의 나폴레옹 1세와 프랑수아 2세가 황제를 칭하였을 때도 막는 사람이 없었습니다. 이것은 모두 자주권을 가지고 자기 의사에 따라 존호를 세운 데 대해 다른 나라도 따라서 승인한 것이니, 진실로 『만국공법』을 준수한 것입니다. 그런데 지금 폐하께서 자주권을 가지고 자신의 의사에 따라 행한다면, 조약을 맺은 각 나라는 화평하고 사이가 좋은 관계를 영원히 돈독하게 하기 위해서라도 누군들 서둘러 승인하지 않겠습니까."

넷째, 이날 심순택은 '황제'와 '군주'라는 위호位號의 차이는 서양과 동양에서 그 의미가 다르다는 논점을 추가하였다. 그는 이렇게 말했다. "신들이 삼가 『만국공법』을 살펴보니, 유럽 각 나라의 황제와 군주는 자리가 평등하다고 하였습니다. 그러나 동양과 서양의 나라는 위호가 다르며 습상習尙도 같지 않으니, 예부터 그러하였습니다. 더구나 저들 서구는 글도 같지 않고, 또한 황제의 칭호와 군주의 칭호는 모두 번역하여 전해진 것으로서 중국 음에 맞춘 것입니다. 의미가 비록 같다고 하더라도 글자의 음이 원래와 다르니, 또한 어찌 반드시 우리나라의 아름다운 칭호를 버리고 저들 서구의 관습을 원용할 필요가 있겠습니까."[540] 언뜻 보아도 5월에 정교가 올렸다는 상소문의 앞에서 언급한 내용과 매우 닮았음을 알 수 있다.

끝으로 심순택 등은 조선이 중국이나 일본과 달리 칭제를 하지 않았던 것은 정세의 국면에 따른 것일 뿐이라고 주장했다. 이로써 조선이 칭제를 삼가야 할 하등의 본질적인 문제가 없음을 강조한 것이다. "동아시아의 큰 나라인 청나라와 일본이 모두 황제의 칭호를 가지고 있는데, 우리나라만은 황제의 칭호를 지금까지 거행하지 못하고 있으니, 이는 대부분 국면局面에 관계된 것입니다."

540 『승정원일기』 고종 34년 정유(1897, 광무 1) 9월 8일(갑오, 양력 10월 3일).

이러한 논리들이 동원된 나름 격렬한 논의 끝에 고종은 마침내 칭제를 실시한다는 칙지를 내린다. "알았다. 짐의 부덕으로 인해 보위에 오른 지 34년 동안 시대의 어려움을 많이 만나서 마침내 만고에 없는 변고가 있게 되었다. 또한 뜻한 대로 다스리지 못하여 눈에 보이는 것이 모두 근심스러운 것이기에, 매양 스스로 생각할 때마다 부끄러워 등에 땀이 흐른다. 그런데 지금 더 없이 큰 칭호를 걸맞지 않은 나에게 올리고자 하여, 관리들은 소장을 갖추어 청하고 대신들은 연석筵席에서 청하며 육군六軍과 만백성은 대궐 문밖에 엎드려 청하여, 상하가 서로 버티어 언제 그칠 줄 모르는 상황이다. 거의 한결같은 심정을 끝내 저버릴 수 없어서, 오랫동안 생각한 끝에 이에 마지못해 따르려 한다. 이것은 중대한 일이니, 예의를 참작하여 행하도록 하라."[541] 곧 장례원은 "황제에 즉위하고 황후를 책봉하고 황태자를 책봉할 길일을 이달 중에 택하여 들이도록 삼가 연석에서 내린 칙지"를 받들기에 이른다. 일관 김동표金東杓가 길일로 택한 음력 9월 17일에 시행하도록 하였다.[542]

고종은 칙지를 내린 후에도 이렇게 말한다. "비록 마지못해 억지로 따르기는 하였으나, 짐의 마음은 부끄럽다. 그리고 끝내 그렇게 할 필요는 없었다." 칭제에 대한 고종의 고민은 결코 가벼운 것이 아니었음을 짐작게 한다. 이에 아랑곳없이 심순택은, "간절히 바라던 끝에 삼가 윤허한다는 분명한 처분을 받들었으니 어찌 한갓 조정에 가득한 신하들만 기뻐하고 경축하겠습니까? 온 나라의 백성이 모두 고무되고 서로 축하하면서 말하기를 '우리는 이제 제국帝國의 신하와 백성이 되었다'고 하니 기쁨에 겨워하는 뭇사람의 심정을 대체로 알 수 있습니다"라고 하였다.[543]

541 『승정원일기』 고종 34년 정유(1897, 광무 1) 9월 8일(갑오, 양력 10월 3일).

542 『승정원일기』 고종 34년 정유(1897, 광무 1) 9월 8일(갑오, 양력 10월 3일).

543 『조선왕조실록』 고종 36권, 34년(1897 정유/대한 광무 1) 10월 3일(양력) 2번째 기사 : "上曰 : "雖不得已勉從, 而朕心有愧矣. 且終有所不必然者." 舜澤曰 : "顒望之餘, 伏奉犂然之處分, 豈徒盈庭臣僚歡欣慶祝而已? 環東土芸芸含生之倫, 擧鼓舞相賀, 曰 : '吾輩今爲帝國臣民矣.' 其鰲抃

칭제에 대한 국내의 반응과 개념사적 의의

칭제 이후 신하와 백성이 함께 기뻐하였다는 심순택의 말은 틀리지 않았다. 『독립신문』은 이렇게 썼다.

"이것은 조선에 처음 일이라. 일전 신문에도 말하였거니와, 외국서는 왕국과 황국을 등분이 없이 생각하나 동양 경계로는 나라가 황국이 되어야 자주독립하는 나라인 줄로 인민들이 생각하는 터인즉, 대군주 폐하께서 이 여러 신민의 뜻을 좇으셔 황뎨 위에 나아가실 터인즉, 그후부터는 조선은 황국이요 조선 인민은 대황뎨 폐하의 신민이 될 터이라. 동양 경계로는 대단히 경사롭고 기자 이후 처음 일이라."[544]

그러나 이 신문의 논설은 동시에 외국의 눈에 비친 한국의 객관적 모습은 제국과는 거리가 있다는 자의식을 강하게 담고 있었다. 다만 그 공허를 자주와 자존의 주관적 의지로 메꿀 수 있다는 신념으로 상쇄하고 있었다. "외국들이 이 일에 생각하기를 조선 사람 생각과는 다를 터이나 만일 외국 정부에서들 조선 인민이 일심으로 자기 님군을 세계에 제일 높은 님군들과 같은 지위에 계시기를 위하여 애국하는 마음으로 이렇게 간하여 황국이 된 줄을 알고 조선 인민들이 이런 마음이 성하기를 바라는 나라들은 곧 승인하여 줄 듯하더라. 이때를 당하여 우리가 대군주 폐하께서와 왕태자 전하의 성체가 강령하시고 하느님이 도우셔 조선을 다만 이름만 제국이 되지 말고 실상 범절이 제 일등 자주 독립하는 동등국이 되어 황실과 인민이 몇만 년을 복음을 누리고 지내실 것을 축수하노라."

근대 한국에서 제국 개념이 중요한 정치 개념으로 등장하는 이 과정은 근대 일본의 경우와 두 가지에서 공통점을 띤다고 생각된다. 첫째, 국가권력이 주도하였다. 근세 말 일본에서 제국 개념을 서양 개념의 번역어로서 유

雀躍之群情, 大可見矣."

544 「론셜」, 『독립신문』, 광무 원년 10. 5.

통시키기 시작한 것은 난학자들이었지만, 그 개념은 막말 막부 지배층이 일본 국가정체성을 표현하는 개념으로 외교문서에 도입한다. 1890년대 조선에서도 유길준의 담론이 보여 주는 것처럼 지식인 사회에 제국 개념의 유포가 일반화되지 않은 상태에서 국가권력에 의해 다분히 갑작스럽게 제국 선포가 이루어졌다. 둘째, 일본과 한국 모두 외세의 압박 속에서 '자주독립한 제의 나라'로서의 국가정체성을 표상하기 위해 제국 개념을 채용하였다.[545] 1850년대 중엽 일본 막부 정권은 외세의 압박에 직면하여 자주독립한 국가정체성의 표지로 일본제국의 개념을 채택했다. 19세기 말 격심한 외세 압박을 경험한 한국의 국가 역시 자주권을 가장 중요한 명분으로 하여 칭제하고 대한제국을 선포한 것이다.

스티븐 호위에 따르면, 유럽의 중세 말에서 근세에 '황제emperor'와 '제국imperium'의 개념은 지배하는 영역의 광역적 규모size에 덧붙여 두 가지 의미를 갖게 된다고 파악했다. 하나는 절대적 주권absolute sovereignty의 관념이었다. 1530년대 영국의 헨리 3세는 자신의 영역을 엠파이어라고 선언한다. 그 주된 취지는 영국의 지배자인 자신은 교황에게도 그리고 당시 영국에 영향력을 갖고 있던 합스부르크 왕가에게도 충성을 바칠 필요가 없으며, 그들로부터 어떤 간섭도 용인하지 않겠다는 의사를 명확히 하는 데 있었다.[546] 또 하나의 중요한 동기는 보편적 지위에 대한 열망an aspiration to universality이었다. 로마제국Roman imperium이 자임했던 보편성을 그들도 내세우고자 했던 것이다. 그것은 곧 유럽의 근세에서도 임페리움은 문명과 야만의 구별짓기와 불가분한 채 전개되었음을 의미하는 것이기도 했다.[547]

545 1850년대의 일본은 쇼군이 실권을 갖는 막부체제였다. 도쿠가와 시대 일본에서 제(帝)는 쇼군을 가리키는 개념이었다는 것이 요시무라 다다스케를 포함한 일본 학자들의 해석이다[吉村忠典(2003), 앞의 책, p.49].

546 Howe, Stephen(2002), 앞의 책, p.13.

547 Howe, Stephen(2002), 앞의 책, pp.13~14.

고종이 건원에는 적극적이었으면서도 칭제에 대해서는 공법상 어렵다면서 신중했던 것은 일면 사리에 맞는 태도다. 반면에 휘턴의 『만국공법』이 아닌 블룬칠리의 『공법회통』, 즉 약소국의 칭제에 명백하게 부정적인 판단을 담고 있는 국제법 저서까지 '조선이라고 칭제하지 말라는 공법은 없다'는 자신의 주장을 뒷받침하는 근거로 삼으려 했던 권재형의 논리는 견강부회라고 할 수 있었다. 김용구는 권재형 등이 '원전이나 번역을 자의적으로 해석'하는 경향을 지적하고,[548] 당시 공법을 처음 접한 한국인이 '그 참뜻을 이해하기는 실로 어려웠을 것이라는 사정'에서 기인한 바도 있을 것으로 해석했다.[549] 생각해 보면, 이처럼 객관적 현실과 부응하지 않는 방식으로 정치적 개념을 무리하게 동원하는 모습은 개념을 무기로 현실의 조건을 변화시키려는 도구적 동기가 당시 조선 집권층의 사고와 행동에 그만큼 강하게 작용하고 있었음을 말해 주는 것이기도 하다. 확실히 특정한 시공간에서 어떤 개념의 유행과 취택은 현실의 반영일 수도 있지만, 흔히 '시대정신'으로 일컬어지는 사람들의 여망 내지 욕망과 깊은 관계가 있다.

1850년대에서 1870년대에 이르는 시기 일본이 자신의 국가정체성의 표지로서 제국을 자임한 것은 근세 유럽의 지배자들의 경우와 같이 절대적 자주독립의 관념을 표현하기 위한 것이었다고 할 수 있고, 점차 서양의 '보편문명'과 자신을 동일화하고자 하는 욕망도 담게 된다. 나아가 청일전쟁 이후 일본제국의 개념은 적어도 동아시아 지역 질서에서 과거 중국이 누렸던 보편적 지위를 스스로 열망하고 또한 자부하는 관념을 담기에 이른다. 바로 이 시기에 속하는 아관파천 파동 후 칭제를 통해 한국의 국가권력이 지향한 것은, 한편으로는 중국이라는 어제의 보편적 제국으로부터 독립을 명확히 재확인하는 것이었고, 다른 한편으로는 동아시아에서 새로운 보편적 지위

548 김용구(2008), 앞의 책, p.177.

549 김용구(1997), 앞의 책, p.272 ; 김용구(2008), 앞의 책, p.175.

를 자임하며 쇄도해 오는 일본제국에 대한 개념적 맞불 작전의 성격을 내포하고 있었다. '비자립적 자주국'의 모순된 현실이 빚어낸 '건원과 칭제 사이의 거리'라는 딜레마를 주로 도덕적 명분의 논리로 넘어서려 한 개념사적 행위이기도 하였다.

4. 대한제국 선포에 대한 정당화와 비판의 담론

조선의 지적 전통과 명분주의적 제국론 : 정교의 '삼국지'론

대한제국 선포 당시 한국 지식인 사이에 제국의 실체가 무엇이냐에 대한 담론이 다소나마 존재했다. 다만 그것은 다분히 도덕주의적 담론의 성격을 띠고 있었다. 정교가 집필한 『대한계년사』에서 그것을 엿볼 수 있다. 그는 중국의 역사가들이 '진정한 황제'의 기준을 현실의 힘의 관계에서가 아니라 역사적 정통성의 관점에서 평가했다고 보았다. 중국에서 한제국이 망하고 난 후 중원에서 정립한 유비의 촉, 손권의 오, 그리고 조조의 위 사이의 공존과 상쟁의 역사를 서술한 진수陳壽의 『삼국지』가 정교에게는 중요한 논리적 근거였다.

정교는 진수의 『삼국지』에서는 촉을 황제라 하고 위를 황제라 하지 않았다는 주장을 매우 상세하게 펼쳤다.[550] 현실의 역사에서 촉은 약한 세력

550 정교(2004c), 『대한계년사 8』, 조광 엮음, 김우철 역주, 소명출판, pp.201~213.

이었으며, 위는 강대했다. 마침내 위는 촉과 오를 차례로 멸망시키고 중국을 지배하게 된다. 정교는, 그럼에도 이 세 나라의 정사正史로 통하는『삼국지』를 집필한 서진西晉의 역사가 진수가, 촉의 왕은 황제라 칭하고 위의 왕은 황제라 칭하지 않았다는 점을 주목했다. 진수가 그 점을 명시적으로 드러낸 것은 아니었다. 그러나 정교가 보기에 진수의 역사 서술은 그러한 원칙을 '함축'하고 있었다.[551] 역사에서 승리자의 관점에서 쓴다면 삼국의 역사책의 제목은 '삼국지'가 아닌 '위서魏書'가 되었어야 할 것이다. 그렇게 되면 진수가 보기에 한의 정통성을 이어받은 촉한을 높일 수 없게 된다. 그래서 진수는 이 역사책의 제목을 '위서'라 하지 않고 '삼국지'라 칭했다는 것이다. 정교는 진수가 위의 왕을 황제라 칭하지 않았다고 볼 수 있는 첫 번째 이유로 그 점을 들었다.[552] 정교에게 일국의 지배자가 황제인가, 그저 군왕일 따름인가를 가르는 것은 패권적 실력이 아니라 역사적 정통성이었다.

조선의 칭제에 임하여 정교가 남긴 삼국지론은 정조가 일찍이『홍재전서弘齋全書』에서 두보杜甫의 시문을 평하여 말한 바를 상기시킨다. "유연油然하게 가을의 흥취를 읊은 여러 작품에서 용솟음치듯 발로되어, 부자夫子의 필치를 기다리지 않더라도 촉한蜀漢은 정통성이 있는 황제국이며, 위나라는 제위帝位를 노략질한 나라임을 알 수 있게 한 것은 두자杜子(두공부(杜工部) 또는 두보)이며, 융주隆州의 칼에다 술을 붓고 석범石帆의 거울을 한탄하였으며, 송나라 황제가 탄 수레가 강남江南으로 건너간 것을 개탄하고, 송나라 휘종徽宗과 흠종欽宗이 북쪽 금나라로 사로잡혀 간 것을 한스럽게 여겨, 강물 소리를 듣고 크게 걸연傑然한 마음이 일어나 갑옷을 입고 동쪽으로 정벌하려는 생

551 정교(2004c), 앞의 책, pp.212~213.
552 정교(2004c), 앞의 책, p.201.

각을 가졌던 이는 육자陸子이다."[553] 정조에게도 삼국 중에서 어느 나라가 황제국의 명예에 합당한가는 패권이 아닌 정통성의 문제였던 것이다.

칭제를 바라보는 정교의 시각은 그가 분명히 밝히는 숭명배청崇明排淸의 중화주의적 명분론과 깊이 연결되어 있었다. 1907년 8월 16일 이완용李完用 등의 다그침으로 황제가 머리를 깎자, 안팎의 관리도 저마다 머리를 바싹 깎았다. 당시 곡산 군수로 있던 정교는 머리를 깎지 않았으며, 그의 종붙이들도 모두 그를 본받았다고 정교 스스로 『대한계년사』에 적고 있다.[554] 정교는 또한 자신이 조선의 오랜 지배적 사상이었던 숭명배청의 지적 전통에 있음을 숨기지 않았다. 그는 자신이 일찍부터 "우리나라가 비록 독립한다 하더라도 명나라가 동쪽으로 와서 도운 것은 잊지 말아야 한다"고 했음을 상기시켰다.[555]

『승정원일기』는 칭제와 대한제국 선포 직전인 1897년 9월 30일 관학 유생 진사 이수병館學儒生 進士 李秀丙 등이 올린 상소를 실었다. 여기에도 중화문명의 대통이 조선에 있다는 소중화주의 논리를 바탕으로 한 명분론적 칭제의 이념이 잘 나타나 있다. 이들의 주장은 다음과 같았다. "우리나라는 단군檀君이 처음으로 나와서 요堯임금과 같은 시기에 왕위에 올랐고, 기자箕子의 도道가 동쪽으로 전파되면서 한 번 변화하여 중화의 수준에 이르렀습니다. 또한 우리 조종祖宗의 성학聖學은 장횡거張橫渠, 정명도程明道, 정이천程伊川의 학문을 직접 이어받았고, 정자程子와 주자朱子를 높이 숭상하였으며, 예

553 『홍재전서』 권56 잡저 3, 「손수 편집한 두륙천선(杜陸千選) 책머리에 쓰다」(한국고전종합DB http://db.itkc.or.kr). 여기에서 유의할 것이 있다. 정조가 "촉한은 정통성이 있는 황제국이며, 위 나라는 제위를 노략질한 나라임을 알 수 있게 한 것은 두자이며"라는 번역문의 원문에는 '황제국'이라는 단어가 없다. 이 문장의 원문은 "能帝蜀而寇魏. 則杜子也"이다[민족문화추진회 엮음(1998), 『국역 홍재전서 7』, 한국고전번역원에 첨부된 영인본 한문 원문, p.34].

554 정교(2004c), 앞의 책, p.200.

555 정교(2004c), 앞의 책, p.200.

악과 문물이 중국과 버금가게 된 지가 지금까지 4천 년이 되었으나, 오직 황통皇統의 호칭만은 옛날에도 미처 갖추지 못하였습니다. 공경히 생각건대, 명나라가 천하를 통일한 후 훌륭한 황제들이 법을 계승하였는데, 우리나라는 명을 받고서 소중화라고 불렸습니다. 그러다가 임진년과 계사년의 왜란을 당해서는 신종 황제神宗皇帝가 우리나라를 다시 만들어 주셨으니, 의리는 비록 군신 관계이지만 은혜는 실로 부자 사이와 다름이 없습니다. 그래서 우리나라 삼천리강토의 백성은 너나없이 황제의 덕에 젖었습니다. 아, 천명天命이 일정치 않아서 명나라 사직이 망하고 제통은 땅에 떨어졌는데, 오직 대보단大報壇 한 곳만이 황통의 일맥이 붙어 있는 곳으로, 효종孝宗이 내정을 닦고 외적을 물리친 의리와 높이고 사모하신 정성은 우주에 있는 해와 별처럼 빛나고 있습니다. … 우리나라가 비록 땅이 좁고 작다고 하지만 면적으로 따져 보면 만승萬乘의 나라가 충분히 될 수 있습니다. …설사 영토가 만승의 나라에 못 미친다고 하더라도 오직 의리가 존재하는 데에 있어서는 소강小康은 한 개의 부대를 가지고 하나라를 부흥시켰고, 숙종肅宗은 필마匹馬로써 당나라를 창성시켰습니다. 이것으로 보건대, 계통을 잇는 일은 결코 영토의 넓고 좁은 것에 전적으로 구애될 것이 아닙니다."[556]

대한제국이 멸망하던 시점에서도 안중근은 대한제국을 일컬어 '당당한 제국'이라 불렀다.[557] 그 근저에서 발견할 수 있는 것은 정치체의 국호와 지배자의 존호의 타당성 여부를 현실의 역학 관계보다는 그 권위의 역사적 정통성에서 찾는 도덕주의적 내지는 명분주의적 담론체계이다. 정교의 삼국지론은 당시 그러한 지적 전통의 건재와 함께 그것이 구한말 지식인의 황제와 제국 담론에 미친 영향을 잘 드러내 주고 있다.

556 『승정원일기』 고종 34년 정유(1897, 광무 1) 9월 5일(신묘, 양력 9월 30일).

557 「잡보 려순통신 : 안중근 우덕순 양씨의 심문에 대한 답변 려순구에 방청생」, 『대한매일신보』 1910. 2. 23.

위정척사파의 칭제 비판과 제국 개념 : 최익현의 경우

그런가 하면 구한말 조선의 전통적 지식인들의 한쪽에서는 조선 국왕의 칭제에 뒤따른 의복 제도 개혁을 비판하는 가운데에서 칭제 자체에 대해서도 회의적인 시각을 드러내고 있었다. 최익현崔益鉉, 1833~1906은 1898년戊戌 12월 19일 고종에게 올린 상소문에서 갑오경장과 칭제 이후 진행되어 온 변화들을 비판했다. 전통주의와 중화주의가 결합된 그의 논조는 칭제 자체도 허명虛名에 불과하다는 의식을 강하게 담고 있었다.

> … 심지어 지난해에 황제皇帝로 존칭할 때, 여러 신하들의 권진勸進한 글에도 역시 '갑오의 경장으로 전장典章과 문물이 찬란하게 일신되었다' 하고… 또한 구라파와 서양 각국 라만이탈리아, 덕국독일, 오지리오스트리아의 예를 인용하여 칭술하였습니다. 아아, 그들이 임금을 속이고 위를 욕되게 함이 너무나 심합니다. … 속임이 이러하고 욕됨이 이러한데, 성상께서 바야흐로 또한 오연傲然하게 스스로 크게 여기시어, 오직 구라파나 서양 각 나라와 함께 동등하게 된 것을 기쁘게 여기시며… 그리하여 마침내 선왕들의 관직을 고치고 선왕들의 전장典章을 고쳐, 위엄과 명령이 금문禁門(궁궐문)도 나가지 못하면서 오히려 실상이 없는 명칭만 가지고 있고, 위망이 조석 간에 박두했는데도 한갓 아첨하는 말만 믿고 계시니, 이것은 식견 있는 사람들의 조소를 불러들이고, 후세에 조롱거리를 남기는 것입니다. 성상께서 장차 무엇을 영화롭고 귀하게 여기시렵니까? 신이 첫 상소에 이미 '명실名實이 맞지 않는다'는 것으로써 대략 그 서두를 비치고도 감히 말을 찾지 못했을 뿐만 아니라… 실제로 제왕帝王의 업적을 일으키시고 참으로 천자天子의 직책을 닦아 가신다면, 비록 중국의 자리에 임하여 사방 오랑캐를 어루만지며 천하의 옳은 임금이 되실 수도 있는데, 이는 덕을 힘쓰시기에 달렸습니다. 그렇지 아니하고 오직 시간 보내기만 일삼으며 구차하게 눈앞 일만 도모하여, 경솔하게 중화의 것을 고치고 이적의 것 따르기를 즐겨 하신다면, 신은 두렵거니와 황천이 돌보지 않고 조종들이 진노하시게 되어, 비록 스스로 면하려고 하셔도 되지 않을

것입니다. 알 수 없습니다마는, 성상께서는 장차 어느 것을 택하시렵니까? …삼가 죽음을 무릅쓰고 말씀드립니다.[558]

최익현이 보기에 칭제와 그에 따른 각종 격식의 변화는, 옛 중화 질서 안에서의 올바른 법도를 버리고 일본을 포함해 그가 양적洋狄이라 부른 서양의 제도를 경솔하게 흉내 내는 것에 불과했던 것이다. 사방에 오랑캐를 거느리는 제왕의 업적을 쌓지도 않으면서 오직 간신배들의 아첨에 귀 기울여 스스로 높게 여긴다 한들 '명실이 맞지 않는' 허례일 뿐으로, 나라의 위망을 지척에 두고 있는 국왕과 조정이 진정으로 해야 할 바와는 거리가 멀다는 주장을 담고 있었다.

최익현은 위의 상소문에서 중국의 진정한 황통은 명나라의 멸망으로 끊어진 지 오래되었으므로 조선 국왕이 '변통하여' 황제를 칭하는 것도 "그다지 의리에 해로울 것이 없는데"라고 하였다. 그러나 이는 조선의 칭제를 긍정하는 맥락이라고 해석하기는 어렵다. 칭제를 포함해 그와 연관된 조선 조정의 예법의 변화 전체에 대한 비판을 위한 전제로서 언급한 말이라고 해야 할 것이다. 칭제 이후 조선의 신하들은 고종을 지칭할 때 '대황제 폐하'를 외쳤다. 그러나 최익현은 고종에게 올린 수많은 상소문 그 어떤 곳에서도 그렇게 하지 않았다. 그 자신의 말대로 "그대로 예에 따라 호칭하고 스스로 다르게 하지 못한 것"이었다. 예전의 법도대로 국왕을 다만 '성상聖上'이라 호칭했다.

조선은 대한제국을 공식 선포하기 전인 1895년 여름 국왕을 '대군주 폐하'로 부르기 시작했다. 청일전쟁에서 승리하여 일본이 청나라와 맺은 시모노세키조약의 제1조는 조선을 자주국으로 규정했다. 조선은 마침내 청국의

558 최익현(1977a), 「재차 올리는 소」(무술 12월 19일 再疏), 『국역 면암집 1』, 민족문화추진회 편, 오양 외 옮김, 솔, pp.188~193.

일개 속방의 지위에서 공식적으로 벗어난 것이었으며, 더욱이 삼국간섭 이후 국면에서 일본의 일방적 지배력 또한 러시아의 개입으로 견제받고 있었다. 이런 상황에서 조선 조정은 민 왕후의 주도 아래 조선 국왕의 격을 높이는 변화를 시도하였다. 조선은 9월 4일을 개국기원절開國紀元節로 제정하였으며,[559] 칙어勅語라는 용어를 사용하기 시작했다.[560] 원래 칙어는 황제의 경우에만 채용되는 것이었다.

최익현은 이때 이미 상소문을 올려 그것을 오랑캐의 법도를 본뜬 허울이라고 직접적으로 비판했다. 그가 을미년인 그해 6월에 올린 상소문은 다음과 같았다.

"한편 듣건대, 요사이 조정에서 청나라를 배반하고 자주自主하여, 전하를 높여 대군주 폐하大君主陛下라고 한다 하는데, 만약 전하께서 효묘孝廟(효종대왕)의 뜻과 일을 계승하고 이어받아 중원中原을 숙청하고 사이四夷를 진압 무마하시도록 한 것이라면, 명분이 바르고 말이 순탄하여 천하 후세에 할 말이 있을 것입니다. 비록 반드시 그렇게는 못하더라도, 만약 능히 실지로 자주하여 청나라도 제어하고 왜놈들도 제어할 수 있다면, 이와 같이 황제의 종통宗統이 끊어진 지 오래인 때에 미쳐서 스스로 하늘을 계승하여 표준을 세우는 것도 혹은 불가할 것이 없는데, 지금은 그렇지 않아, 성상께서는 고립되고 도적들이 곁에서 엿보고 있어, 지척인 대궐 뜰에서도 위엄과 명령이 시행되지 않으면서, 한갓 왜놈들의 참람한 칭호만 본떠 하루아침에 폐하란 칭호를 받는다면 명분과 실상이 맞지 아니하니, 마침내 성상의 덕에 누累만 될까

559 『조선왕조실록』 고종 33권, 32년(1895 을미 / 청 광서 21) 7월 15일(계축) 2번째 기사 : "詔曰 : "今月十六日, 開國紀元五百三回節也."" 기사는 고종이 내린 조령(詔令)을 인용해 두고 있다.

560 1895년 개국기원절인 음력 7월 16일 『고종실록』은 이렇게 적고 있다. "(고종이) 경회루(慶會樓)에 나아가서 각 국 공사(公使)들과 여러 칙임관(勅任官)들에게 연회를 열어 주는 동시에 칙어(勅語)와 축사(祝詞)를 내렸다. 왕태자(王太子)가 모시고 참가하였다"고 하였다(『조선왕조실록』 고종 33권, 32년(1895 을미/청 광서 21) 7월 16일(갑인) 1번째 기사 : "慶會樓, 博饗各國公使及各勅任官, 仍降勅語祝詞. 王太子陪參").

싶습니다. 하물며 '대군주'란 세 글자는 예에도 근거가 없고 옛적에도 듣지 못한 것이 (아니)겠습니까?"[561]

이와 같이 칭제에 대한 찬성과 반대로 정교와 최익현은 입장이 갈린다. 그럼에도 두 구한말 지식인의 사유체계는 근본적인 유사성을 띤다. 그것은 명분주의적 사고의 전통이다. 칭제를 회의하는 이유로서 '명실이 같지 않다'고 할 때, 그것은 반드시 조선이 사방의 오랑캐를 거느리는 형편이 아니라는 것뿐 아니라 전통적인 중화 질서에서 조선의 합당한 위치에 대한 중화주의적 사유의 연장에서였던 점도 없지 않다. 위의 인용문에서 최익현이 "조정에서 청나라를 배반하고 자주하여, 전하를 높여 대군주 폐하라고 한다 하는데"라고 한 것이 그러하다. 또한 최익현에게는 조선이 갑자기 칭제하고 '제국'을 운위하는 것은 일본과 서양과 같은 양이洋夷들의 법도를 채용하는 것과 기본적으로 같은 맥락의 변화로 이해되었던 것이다. 넓은 소매를 좁은 소매로 줄이는 의복 제도의 변화에 대한 비판과 칭제에 대한 날카로운 회의가 하나의 상소문에 얽혀서 표현되고 있는 것이 그 점을 드러내 준다.

조선의 전통적 지식인 안에서 그러한 인식이 있었다고 할 때, 동아시아의 다른 나라 지식인 또한 조선의 칭제에 대해 냉소적인 태도를 보인 것은 결코 놀랄 일이 아니었다. 청말 중국의 지식인 량치차오梁啓超, 1873~1929는 청조와 조선이 함께 망국의 길을 걷고 있던 시기에 일종의 망국사학亡國史學이라고 일컬어지는 글들을 많이 썼다. 러일전쟁을 거쳐 을사조약으로 일본의 보호국이 되는 과정, 그리고 완전히 일본의 식민지로 전락하는 1910년 직후의 시점에서 조선 문제를 논한 글도 많이 남겼다.[562] 량치차오는 일본이 조선에서 행한 거동을 보고 그것을 상세히 기록하여 중국의 귀감으로 삼고자 한

561 최익현(1977b), 「역적을 치고 의복 제도의 복구를 청하는 소(請討逆復依制疏, 乙未 6월 26일)」, 『국역 면암집 1』, 민족문화추진회 편, 오양 외 옮김, 솔, pp.143~144.

562 전동현(2006), 「청말 양계초의 대한제국기 한국 인식 : 망국-자강 개념을 중심으로」, 이화여대 한국문화연구원 엮음, 『근대 계몽기 지식의 발견과 사유 지평의 확대』, 소명출판, p.294.

다고 밝혔다.[563] 전동현에 따르면, 량치차오는 중국의 전통적 교육 배경을 가진 사대부인 동시에 서구 지식도 갖추고 있었다는 점에서, 동시대 대한제국 시기 한국의 언론과 지식인들이 주목한 대표적인 중국 지식인이었다.[564] 한 가지 흥미로운 점은, 그러한 량치차오가 조선이 청일전쟁 이후 청의 속국을 벗어나 "황제 칭호를 함부로 도용하였다"고 표현한 사실이다.[565] 전동현의 지적처럼 그것은 여전히 중국 지식인을 지배하고 있던 중화주의의 흔적이자 당시 조선의 칭제가 조선 이외의 다른 동아시아 지식인 사이에서 어떻게 인식되고 있었는가를 드러내는 것이다.

563 梁啓超(1904),「朝鮮亡國史略」,『新民叢報』第3年 第5號, p.70 ; 전동현(2006), 앞의 글, p.294.
564 전동현(2006), 앞의 글, p.291.
565 滄江(1910),「日本併呑朝鮮記」,『國風報』第1年 第22號, p.50 ; 전동현(2006), 앞의 글, p.309.

5. 을사조약과 대한제국 해체 : 일본에 의한 제국 개념의 전유

칭제 이후 한국의 제국 논의

칭제 이후 조선 조정 안에서 제국의 담론은 활발하지 않았다. 우선 '제국'이라는 용어가 언급되는 경우가 극히 드물었다. 칭제한 지 석 달 후 중추원 주사 백남규中樞院主事 白南奎의 상소문에 "우리나라는 당당한 제국帝國으로서 광휘가 세상에 미치고 있는데" 운운한 대목이 있다.[566] '칭제한 나라'라는 뜻 외에 별다른 의미는 없는 것이었다. 1899년에는 정부의 법규교정소 총재 윤용선法規校正所總裁 尹容善이 주재하여 작성한 「대한국국제大韓國國制」를 반포할 것을 고종이 지시한다. 「대한국국제」의 제1조는 "대한국은 세계 만국에 공인된 자주독립한 제국이다" 라는 선언이다.[567]

566 『조선왕조실록』 고종 37권, 35년(1898 무술/대한 광무 2) 1월 3일(양력) 3번째 기사 : "豈以我堂堂帝國, 光被天下, 而獨少此哉?"

567 『조선왕조실록』 고종 39권, 36년(1899 기해 / 대한 광무 3) 8월 17일(양력) 2번째 기사 : "大韓國國制 : 第一條, 大韓國은 世界萬國에 公認되온바 自主獨立ᄒᆞ온 帝國이니라."

고종과 그 친위 세력이 독립협회 등의 근대적 제도 개혁 운동을 진압한 후 제정한 「대한국국제」에 담긴 제국의 개념은 '대한제국이 황제가 다스리는 나라임을 명확히 하는 것'으로서의 의미를 담고 있었다. 모두 9개조로 구성된 「대한국국제」는 대한제국이 무엇보다도 황제에 의한 전제정치 국가임을 명시적으로 선언함과 동시에 황제가 무한한 군권을 지닌다고 규정하였다. 민권의 개념은 어디에도 들어 있지 않았으며, 황제의 전제적 군권을 명문화하고 이에 대한 도전을 엄벌한다는 데에 중점이 두어진 문서였다.[568] 그 제2조에서는 "대한제국의 정치는 과거 5백년간 전해 내려왔고, 향후 영원히 내려가도 변치 않을 전제정치이다"라고 하였다. 이어 제3조에서는 "대한국 대황제는 무한한 군권을 지닌다"고 선언하고, "이것이 만국공법에서 말하는 자립의 정치이다"라는 강변을 곁들였다.[569] 제4조 또한 군권을 더욱 구체적으로 강조하였다. "대한국 신하와 백성은 대황제가 지닌 군권을 침해하거나 훼손하는 행위가 있으면 이미 범했거나 범하지 않았거나를 막론하고 신하와 백성의 도리를 어긴 자로 인정한다."[570]

「대한국국제」의 저자들은 결국 '황제의 무한한 군권'을 정당화하기 위해 만국공법을 다분히 견강부회하는 방식으로 끌어들였다. 만국공법이 이 문서가 말하는 대로 '자립의 정치'를 말한다면, 그것은 일차적으로는 국가의 대외적 자주, 즉 주권에 관한 원칙을 가리키는 것이라고 할 수 있다. 다만 그 주권의 소재는 이 무렵 량치차오가 이해한 바대로 국가의 정체에 따라 다를 수 있었다. 군주정, 군주입헌정 또는 민주입헌정으로 나뉠 수 있었던 것이다.[571] 그럼에도 만국공법이 말하는 '자립의 정치'라는 의미를 '황제의

568 「대한국국제」의 성격에 대해서는 이원택(2008), 「개화기 '예치'로부터 '법치'로의 사상적 전환 : 미완의 '대한국국제체제'와 그 성격」, 『정치사상연구』 제14집 제2호 ; 이삼성(2009b), 앞의 책, pp.747~748.

569 정교(2004b), 『대한계년사 5』, 조광 엮음, 이철성 역주, 소명출판, p.73.

570 정교(2004b), 앞의 책, p.74(이철성의 역주 128) 참조.

571 량치차오는 1901~1902년에 쓴 「입헌법의(立憲法議)」 등의 글을 통해 그 구분을 제시했다. 개신유학

무한한 군권'과 등치시키는 「대한국국제」의 논리는 애당초 1897년 신하들이 고종에게 칭제를 강권하며 내세운 핵심 명분이었던 국가의 대외적 자주권과는 분명 거리가 있었다. 구한말 조선 지배층에게 있어서 '대한제국'의 제국은 대외적인 의의 못지않게 대내적인 의미가 강했던 것이다. 실질적인 의미의 대외자주성이나 자립성 그리고 그것을 추구하는 전략적 개념이 담긴 제국 담론은 실제 찾아보기 힘들었다.

1900년대에 들어선 이후 『고종실록』에 제국이라는 용어가 등장하는 경우는 대부분이 조약의 서명란에 의례적으로 들어가는 서명자의 직함에 수반되는 대한제국 국호 표시였다. 그나마도 흔히 있는 일은 아니었다. 1899년 9월에 체결된 한청통상조약韓淸通商條約에 한국 대표로 서명한 박제순朴齊純의 직함이 '대한제국 특명의약전권대신 종2품 의정부 찬정議政府贊政 외부대신'으로 되어 있다. 중국 측 대표인 서수붕徐壽朋의 직함은 '대청제국大淸帝國 흠차의약전권대신 2품함 태복시 사경'으로 되어 있다.[572] 이 시기 공식 역사서에서 집권층이 자존의 뜻으로 제국을 거론한 예는 1902년 『승정원일기』의 기록일 것이다. 하지만 다분히 형식적인 의례에 관한 것이었다. 의정부 찬정 내부대신 이건하가 순비를 황순비皇淳妃로 높일 것을 주청하는 상소문에서 이렇게 말했다.

> 천자의 나라에 후后를 두고 비妃를 두는 것은 명부命婦를 갖추려는 뜻에서이고, 후의 자리가 만약 비었을 경우 비를 후로 승격시켰던 것은 황제는 두 번 장가드는 예가 없기 때문입니다. 이러므로 한나라, 당나라, 송나라 황제들은 더러 자신들이 결단하여 단행하기도 하였고, 혹은 여러 신하들이 정청庭請함에 윤허하기

자의 한 명인 이기(李沂)는 1905년 일본에 유학한 후 「정치학설(政治學說)」이라는 글에서 량치차오의 이론을 소개했다[정승교(2008. 5. 23), 「한국 내셔널리즘의 형성과 양계초」, 한림대학교 아시아문화연구소 제29회 학술연구발표회 '양계초를 통해 본 근대 동아시아,' 한림대학교 담헌관(5. 23), p.60].

572 『조선왕조실록』 고종 39권, 36년(1899 기해/ 대한 광무 3) 9월 11일(양력) 4번째 기사.

도 하였으니, 제국에서 행했던 전례를 분명히 상고할 수가 있습니다. 또 명나라는 바로 우리 한韓나라가 전통을 이은 나라입니다. 선종宣宗, 세종世宗 및 경황제景皇帝, 영황제英皇帝의 경우가 모두들 비를 세워 후로 삼았으니, 참으로 제국에 통행하는 법이라고 이를 만합니다.[573]

『고종실록』과 『승정원일기』에 다시 제국이 등장하는 것은 1903년 7월, 의정부 찬정 군부대신 윤웅렬尹雄烈이 그의 해군 군비강화론이 좌절되면서 사직을 청하는 상소문에서였다.[574] "지금은 천하 각국이 서로 관계를 가지며 경쟁하고 있으므로 해군과 전함戰艦이 제압을 하고 방어를 하는 좋은 계책이라고 여기지 않는 나라가 없습니다. 그런데 당당한 우리 대한제국이 삼면이 바다인데도 한 명의 해군과 한 척의 군함도 없어 오랫동안 이웃 나라에게 한심스럽다는 빈축을 사고 있으니 무엇이 이보다 수치스러운 것이 있겠습니까? 지금 논의하는 자들은 모두 말하기를, '국계國計에 여유 자금이 없으니 해군에 대해 갑자기 논의해서는 안 된다'고 하는데, 이것은 스스로 한계를 짓는 견해입니다. 지금 해외의 여러 나라 중에 국토의 넓이와 백성의 수가 우리나라의 절반도 안 되는 나라에도 수십만의 해군과 수십 척의 전함이 있는데, 어찌 그 재물을 귀신이 가져다주어서 그렇게 한 것이겠습니까? 절제하고 법도를 신중히 하고 알맞게 조치하여 성공하지 못할 리가 없었기 때문입니다. 만약 애당초 힘도 써보지 않고 '우리는 할 수 없다'고만 한다면 천하에 어찌 하루라도 이룰 수 있는 일이 있겠습니까?"[575] 윤웅렬의 이 상소는 제국의 위엄을 운위한 것과는 거리가 멀었고, 대한제국의 참담한 현실에 대한 비판과 한탄을 담은 것이었다.

573 『승정원일기』 고종 39년 임인(1902, 광무 6) 9월 12일(기사, 양력 10월 13일).

574 『승정원일기』 고종 40년 계묘(1903, 광무 7) 6월 6일(무오, 양력 7월 29일).

575 『조선왕조실록』 고종 43권, 40년(1903 계묘/ 대한 광무 7) 7월 29일(양력) 2번째 기사 : "方今宇內各國聯絡競爭, 莫不以海軍戰艦爲控制捍禦之長策. 而顧以堂堂帝國, 三面濱海, 而無一水兵, 無

제국 · 보호령 관계의 성립과 제국 개념의 해체와 전유

1905년 을사조약 이후에도 한국은 제국의 칭호를 한일병합 때까지 유지한다. 그러나 제국의 국호나 황제의 칭호만으로는 의도하던 자주독립한 국가를 보전할 수 없었다. 실질적인 독립을 상실한 사회와 국가도 일정 기간 지배권을 가진 국가의 윤허 아래 '제'의 칭호를 유지할 수 있음을 암시하는 증거였을 뿐이다. 제국 개념의 희극화라고 해도 무방할 것이었다. 한일 간 공식적인 담론의 장은 제국 개념이 일본에 의해 전유되어 가는 과정을 보여 준다.

1905년 9월 5일자 『고종실록』은 그 무렵 러일전쟁을 마무리하기 위한 포츠머스협상의 결과로 일본과 러시아 사이에 체결된 일로강화조약日露講和條約의 내용 중 한반도 관련 조항을 언급하였다. "러시아제국 정부는 일본국이 한국에서 정치상, 군사상, 경제상의 특별한 이권을 가질 것을 승인하고 일본 정부가 한국에서 필요하다고 인정하는 지도, 보호 및 감리의 조치를 취함에 대하여 이를 저해하거나 간섭하지 않을 것을 약속한다. …조약을 체결한 두 나라는 일체 오해의 원인을 피하기 위하여 러시아와 한국 사이의 국경에서 러시아국 또는 한국의 영토 안전을 침해할 수 있는 어떠한 군사상 조치도 취하지 않을 것에 동의한다."[576]

이후 한국을 제국으로 표현하는 공식 외교문서는 1905년 11월 17일에 체결된 을사보호조약을 마지막으로 사라진다. 이 조약을 가리키는 이른바 한

一軍艦, 久爲隣國之所寒心, 則可恥孰甚? 爲今之議者, 咸曰: "國計無裕筭, 海軍不宜遽議"此自劃之見也. 今海外列邦, 其地方民數, 不及我國之半者, 猶有數十萬水兵、數十艘戰艦, 豈其財用能神輸鬼運而致之哉? 爲其制節謹度, 措置得宜, 未有不可成之理矣. 若初不用力, 而但曰我不能焉, 則天下寧有可成之一日乎?"

576 『조선왕조실록』 고종 46권, 42년(1905 을미/ 대한 광무 9) 9월 5일(양력) 3번째 기사 : "露西亞帝國政府는 日本國이 韓國에 在ᄒᆞ야政事上、軍事上、經濟上의 卓絶ᄒᆞᆫ 利益을 有ᄒᆞᆫ 事를承認ᄒᆞ고 日本政府가韓國에 在ᄒᆞ야 必要로 認ᄒᆞᆫ 指導保護及監理의 措置를 執ᄒᆞᆷ에 當ᄒᆞ야此를 阻礙又는 此를 干涉치 아니ᄒᆞᆯ 事를 約ᄒᆞᆷ. …兩締約國은 一切誤解의 原因을 避키 爲ᄒᆞ야 露、韓間의 國境에 在ᄒᆞ야露西亞國又는 韓國의 領土安全을 侵迫ᄒᆞᆯ 事의 有ᄒᆞᆫ 何等의 軍事上措置를 執치아니ᄒᆞᆯ 事에 同意ᄒᆞᆷ."

일협상조약韓日協商條約은 그 전문前文에서 "일본국 정부와 한국 정부는 두 제국을 결합하는 이해공통주의利害共通主義를 공고히 하기 위하여 한국이 실제로 부강해졌다고 인정할 때까지 이 목적으로 아래에 열거한 조관條款을 약정한다"고 하였다. 제1조는, "일본국 정부는 동경에 있는 외무성을 통하여 금후 한국의 외국과의 관계 및 사무를 감리지휘監理指揮할 수 있고 일본국의 외교 대표자와 영사는 외국에 있는 한국의 신민과 이익을 보호할 수 있다"고 하였다. 제2조는 "일본국 정부는 한국과 타국 사이에 현존하는 조약의 실행을 완전히 하는 책임을 지며 한국 정부는 이후부터 일본국 정부의 중개를 거치지 않고 국제적 성질을 가진 어떠한 조약이나 약속도 하지 않을 것을 기약한다"고 하였다.[577]

이제 한국은 일본의 보호국으로 전락하여 제국이라는 명색은 더 한층 궁색해졌다. 그럼에도 조약문에서 한국을 여전히 제국으로 칭했듯이 고종의 황호에도 변함은 없었다. 하지만 그 내실은 역시 굴욕적인 것이었다. 이 조약문의 제3조는, "일본국 정부는 그 대표자로서 한국 황제 폐하의 궐하闕下에 있는 1명의 통감統監을 두되 통감은 오로지 외교에 관한 사항을 관리하기 위하여 경성에 주재하면서 직접 한국 황제 폐하의 궁중에 알현하는 권리를 가진다"고 했다. 제5조는 "일본 정부는 한국 황실의 안녕과 존엄을 유지함을 보증한다"고 했다. 대한제국의 황제가 그 궐하의 일본인 통감의 통제하에 두어져 '보호'와 감시를 받게 된 것이다

을사조약이 체결된 이후 『고종실록』에 등장하는 제국이라는 단어는 단지 조정 대신들의 상소문에 국한되어 있다. 그 용어가 사용되는 문맥도 한국이 명색은 제국인데, 그 실질이 없고 타국의 '보호'하에 두어져 있다는 상황 인

577 『조선왕조실록』 고종 46권, 42년(1905 을사/ 대한 광무 9) 11월 17일(양력) 1번째 기사 : "日本國政府及韓國政府는 兩帝國을 結合ᄒᆞᄂᆞᆫ 利害共通의 主義를 鞏固케홈을 欲ᄒᆞ야 韓國의 富强之實을 認홀 時에 至ᄒᆞ기지 此目的으로써 左開條款을 約定홈."[『朝鮮王朝實錄』 高宗 46卷, 42年 (1905 乙巳/대한 광무(光武) 9年) 11月 17日(陽曆) 1번째 기사].

식과 그에 대한 탄식이 주를 이루고 있다. 을사조약이 체결된 다음 날 농상공부대신 권중현權重顯은 그 조약을 막지 못한 것을 자책하며 사직을 청하는 상소문을 올린다. 그 글에서 권중현은 말했다. "이번에 한국과 일본 두 제국 사이에 새로 체결된 조약이 비록 추호도 황실의 존엄과 내정의 자주와 관계가 없는 것이기는 하지만 국권을 잃고 나라의 체면을 손상시킨 것으로 말하면 자못 이루 다 말할 수 없는 것이 있습니다. 그런데도 신은 시종 힘껏 저항하여 나라를 위해 목숨을 바치지 못하고 눈 깜짝할 사이에 상호 간에 조약이 체결되는 것을 보았습니다. 신하의 명분에 비추어 볼 때 무슨 죄를 받아야 하겠습니까? 우선 신의 현 직책을 거두는 동시에 해당 형률로 처벌하시어 온 나라에 사죄하게 해주소서."[578]

약 한 달 후의 『고종실록』에는 을사조약 체결에 간여한 조정 대신들이 자신들에 대한 나라 안의 거센 비난에 대응하여 올린 상소문이 실렸다. 의정부 의정대신 임시서리 및 학부대신 이완용, 참정대신 박제순, 내부대신 이지용李址鎔, 농상공부대신 권중현, 군부대신 이근택李根澤 등이 올린 상소의 내용 일부가 이러했다.

"새 조약의 주지로 말하면, 독립이라는 칭호가 바뀌지 않았고 제국이라는 명칭도 그대로이며 종사는 안전하고 황실은 존엄한데, 다만 외교에 대한 한 가지 문제만 잠깐 이웃 나라에 맡겼으니 우리나라가 부강해지면 도로 찾을 날이 있을 것입니다. 더구나 이것은 오늘 처음으로 이루어진 조약이 아닙니다. 그 원인은 지난해에 이루어진 의정서와 협정서에 있고 이번 것은 다만 성취된 결과일 뿐입니다. 가령 국내에 진실로 저 무리들처럼 충성스럽고 정의로운 마음을 가진 자들이 있다면 마땅히 그때에 쟁집爭執했어야 했

578 『조선왕조실록』 고종 46권, 42년(1905 을사/대한 광무 9) 11월 18일(양력) 2번째 기사 : "此次新成之韓、日兩帝國約款, 雖毫無關係於皇室之尊嚴、內政之自主, 然其爲失國權損國體, 則殆有不可勝言者. 而臣不能終始力拒以身殉國, 瞥眼之頃, 忍見鈐締之互交. 揆以臣分, 合居何辟? 先收臣現帶之職, 仍處臣該當之律, 以謝天下焉." 권주현은 실제로는 사직하지 않았다.

고, 쟁집해도 안 되면 들고일어났어야 했으며, 들고일어나도 안 되면 죽어 버렸어야 했을 것인데 일찍이 이런 의거義擧를 한 자를 한 사람도 보지 못하였습니다. 어찌하여 중대한 문제가 이미 결판난 오늘날에 와서 어떻게 갑자기 후회하면서 스스로 새 조약을 파기하고 옛날의 권리를 만회하겠다고 할 수 있단 말입니까? 일이 성립될 수 없다는 것은 오히려 말할 것도 없고 나중에는 국교 문제에서 감정을 야기시키지 않을 수 없을 것이니, 어찌 염려하지 않을 수 있겠습니까?"[579]

그에 앞선 1905년 11월 말 『승정원일기』에는 을사조약 체결에 나선 조정 대신들을 비판하는 상소문이 실렸다. 법관양성소 교관 정명섭法官養成所敎官丁明燮은 "지금 이른바 정부의 대신이란 자들도 폐하의 신하들이고 그들의 아비와 할아비도 모두 조종조께서 살펴 주시는 은혜를 받았던 인물들입니다. 따라서 평소에 '반드시 임금에게 충성하고 나라를 위해 죽어야 한다'라는 말이 집안 대대로 전해 오는 말이었을 터인데, 어찌 차마 당당한 우리 제국의 위엄과 권위를 다른 사람에게 가벼이 제멋대로 넘겨줄 수 있단 말입니까"라고 탄하였다.[580] 다음 해 1월 초의 『고종실록』과 『승정원일기』에는 앞서 인용한 이완용 등의 자기 변호용 상소문에 반박하고 그들을 참수할 것을 주청하는 전 주사 오병서前主事 吳炳序 등이 올린 상소문이 실렸다.[581] 이들은 이

579 『조선왕조실록』 고종 46권, 42년(1905 을사/대한 광무 9) 12월 16일(양력) 3번째 기사 : "以言乎新約主旨, 則獨立之稱, 不改, 帝國之名, 依舊, 宗社安寧, 皇室尊嚴, 但以外交一事, 暫寄於隣邦, 而待我富强, 索還有日. 況此非今日創成之約也. 其原因則在於昨年所成之議定書及協定書, 而今番則特成就之結果之而已也. 假使國內, 苟有忠肝義膽如彼輩者, 則當於其時爭執之, 爭執之不足, 騷擾之 ; 騷擾之不足, 死亡之, 而曾未見一個人作此義擧者. 何乃今日猛然省悟於大事已去之後, 自以爲新約可以破裂, 而舊權可以挽回歟? 事之不濟, 猶不足暇論, 而其終也, 在國交上不能無憾情之惹動, 豈不可念乎?"

580 『승정원일기』 고종 42년 을사(1905, 광무 9) 10월 29일(무진, 양력 11월 25일).

581 『조선왕조실록』 고종 47권, 43년(1906 병오/대한 광무 10) 1월 5일(양력) 1번째 기사 : "獨立之稱, 不改, 帝國之名, 依舊, 宗社安寧, 皇室尊嚴, 但以外交一事, 暫寄於隣邦" ; 『승정원일기』 고종 42년 을사(1905, 광무 9) 12월 11일(기유, 양력 1월 5일).

완용 등이 "독립이라는 칭호는 고치지 않고 제국이라는 명칭을 예전대로 두어서 종묘사직이 안녕하고 황실이 존엄하며, 단지 외교에 대한 문제만 잠시 이웃 나라에 맡겼다"고 한 대목에 대해 특별히 비판하였다.

이후 『고종실록』에는 '제국'이라는 단어가 더 이상 등장하지 않는다. 순종대인 1909년 그 용어가 한국 정부를 가리키는 것으로는 단 한 번 등장한다. 그해 4월 9일자 『순종실록』은 한국 정부와 통감부가 경찰 사무에 관한 협정을 맺은 사실을 기록했다. '내각 고시 제12호'라는 것인데, 그 내용은 "제국 정부와 통감부에서 외국인에 관한 경찰 사무를 다음과 같이 한다. 한국에 있는 외국인에 대한 경찰 사무에 관하여 한국 경찰관은 당해 일본국 관헌의 지휘감독을 받는다"는 것이었다.[582] 한국이 여전히 이름은 '제국 정부'로 표기되었지만, 외교뿐 아니라 내정의 한 핵심인 경찰권마저 공식적으로 일본에 넘기는 내용이었다. '대한제국'과 그 실질의 격차는 극대화되고 있었다.

이후 대한제국이 정식으로 사라지는 한일병합 때까지 『순종실록』에 등장하는 몇 되지 않는 '제국'이라는 용어는 모두 일본제국을 가리키는 데 한정된다. 1909년 11월 태자태사太子太師 이토 히로부미가 안중근의 총을 맞아 사망한 일을 당하여 순종이 조령詔令을 내린다. 그 내용의 일부가 이러했다.

"태자태사 이토 공작은 정성을 다하여 일본 중흥의 큰 위업을 도왔으며 지금까지 대신의 중책을 지닌 40여 년 동안 그는 크게 법률을 제정하고 큰 계책을 세우며 늘 중요한 요직에 있으면서 항상 동양의 평화로 일관하고 대명大命을 받들었다. 통감의 임무를 맡아서는 두 나라의 이해관계의 공통된 근본 의리에 근거하여 짐의 국정을 지도하고 고락을 같이 나누었으며 짐도

582 『조선왕조실록』 순종 3권, 2년(1909 기유/ 대한 융희 3) 4월 9일(양력) 4번째 기사 : "帝國政府와 統監府에서 外國人民에 對ᄒᆞᆫ 警察事務에 關ᄒᆞ야 左갓치홈. 在韓國外國人民에 對ᄒᆞᆫ 警察事務에 關ᄒᆞ야는 韓國警察官은 當該日本國官憲의 指揮監督을 受홈이라."

그의 정성에 의지하고 신뢰하여 유신維新을 시작하는 큰 업적이 점차 이룩되게 되었다. 생각건대, 그는 일본제국의 기둥과 주춧돌이 될 뿐 아니라 진실로 짐의 국가의 사표師表로 그의 공훈과 덕행은 지난 옛적에도 비길 만한 사람이 없었다. 그런데 지난번에 우리나라 국경을 벗어나서 도중에 하얼빈哈爾賓을 지나다가 짐의 고약한 백성의 흉측한 손에 상하여 갑자기 세상을 떠날 줄을 어찌 생각하였겠는가? …그의 장사하는 날을 당하고 보니 마음이 더욱 아프다. 생각건대, 그와 같은 고약한 도당이 세계 형세에 어두워서 이따금 일본의 두터운 우의를 무시하려고 하다가 마침내는 전에 없던 변괴를 빚어냈으니 이는 바로 짐의 국가와 사직을 해치는 자이다."[583]

1910년 8월 마침내 순종이 '대일본국 황제 폐하'에게 '한국통치(권)'을 양여하는 조령을 내린다. "짐이 동양 평화를 공고히 하기 위하여 한일 양국의 친밀한 관계로 피차 통합하여 한 집으로 만드는 것은 상호 만세萬世의 행복을 도모하는 까닭임을 생각하였다. 이에 한국 통치를 들어서 이를 짐이 극히 신뢰하는 대일본국 황제 폐하에게 양여하기로 결정하고 이에 필요한 조장條章을 규정하여 장래 우리 황실의 영구 안녕과 생민의 복리를 보장하기 위하여 내각 총리대신 이완용에게 전권위원全權委員을 임명하고 대일본제국 통감 데라우치 마사타케寺內正毅와 회동하여 상의해서 협정하게 하는 것이니

583 『조선왕조실록』 순종 3권, 2년(1909 기유/대한 융희 3) 11월 4일(양력) 4번째 기사 : "太子太師伊藤公爵은 精誠을 效ᄒᆞ야 日本中興의 鴻業을 贊ᄒᆞ야 台輔의 重에 列ᄒᆞᆷ이 玆에 四十有餘年이라. 크게 憲章을 定ᄒᆞ고 皇猷를 振張ᄒᆞ야 常히 樞詢의 要職에 在ᄒᆞ야 恒常東洋의 平和로 始終ᄒᆞ고 其大命을 奉ᄒᆞ야 統監의 任을 當ᄒᆞᆯ시 兩國利害共通의 根義를 據ᄒᆞ야 朕의 國政을 指導ᄒᆞ고 休戚을 分ᄒᆞᆷ에 朕이 ᄯᅩᄒᆞᆫ 其悃誠에 倚信ᄒᆞ야 維新經始의 丕績이 漸成코ᄌᆞ ᄒᆞᆷ을 得ᄒᆞᆫ지라. ᄒᆞᆷ을며 老軀로 能히 太子를 輔育ᄒᆞ고 匡救의 忱을 竭ᄒᆞ야 不渝ᄒᆞ니. 惟건대 日本帝國의 柱石될ᄲᅮᆫ더러 眞實노 朕의 國家의 師表로 厥勳과 厥德이 前古에 無儔ᄒᆞᆫ지라. 豈料曩者에 疆圻를 出ᄒᆞ야 途에 哈爾賓을 過ᄒᆞ다가 朕의 狂悖ᄒᆞᆫ 人民의 兇手에 傷ᄒᆞ야 遽히 溘亡ᄒᆞ리요? 今當窀穸之日ᄒᆞ야 傷痛이 益切이라. 惟컨대 如彼狂悖의 徒가 世界의 形勢에 暗昧ᄒᆞ야 往往히 日本의 敦誼를 蔑如코ᄌᆞᄒᆞ고 竟乃無前ᄒᆞᆫ 變怪를 釀出ᄒᆞ니 是ᄂᆞᆫ 卽朕의 國家社稷을 賊害ᄒᆞᄂᆞᆫ 者이라."

제신諸臣 또한 짐의 결단을 체득하여 봉행하라."[584]

이후의 『순종실록』은 『순종실록부록』이 된다. 그와 함께 이 기록들에서 일본제국은 그냥 '제국'이라는 보통명사로 지칭된다. 또 대한제국은 더 이상 제국이 아닌 단지 '한국'으로만 칭해진다. 1910년 8월 29일 일본 천황이 내린 조서의 경우가 그러하였다. "대일본 천황 폐하의 조서詔書에, '짐이 동양의 평화를 영원히 유지하여 제국의 안전을 장래에 보장하는 필요를 생각하며, 또 항상 한국이 화란禍亂의 근원 됨을 돌아보아 지난번에 짐의 정부로 하여금 한국 정부와 협정하게 하고 한국을 제국의 보호하에 두어서 화의 근원을 두절하고 평화의 확보를 기하였다. …한국을 들어서 일본제국에 병합하여 이로써 시세의 요구에 응함이 부득이한 것이 있음을 생각하여 이에 영구히 한국을 제국에 병합케 한다'고 하였다."[585]

1910년 8월 29일의 『순종실록부록』에는 통감부 자작 데라우치 마사타케의 「포고문」이 함께 실렸다. 이 포고문에서 한국은 '조선'으로 표기된다. '제국'은 오직 일본을 가리키는 보통명사였다. 포고문은 "예성 문무 천황 폐하叡聖文武天皇陛下의 대명을 받들어 본관이 이번에 조선 통치의 임무를 인수함에 즈음하여 정무를 시행하는 강령을 제시하여 조선의 상하 민중에게

584 『조선왕조실록』 순종 4권, 3년(1910 경술/ 대한 융희 4) 8월 22일(양력) 2번째 기사 : "朕이 東洋平和ᄅᆞᆯ 鞏固키 爲ᄒᆞ야韓、日兩國의 親密ᄒᆞᆫ 關係로 彼我相合ᄒᆞ야 作爲一家됨은 互相萬世之幸福을 圖ᄒᆞᄂᆞᆫ 所以를 念ᄒᆞᆫ즉, 玆에 韓國統治ᄅᆞᆯ 擧ᄒᆞ야 此를 朕이 極히 信賴ᄒᆞᄂᆞᆫ 大日本國皇帝陛下게 讓與ᄒᆞᆷ으로 決定ᄒᆞ고, 仍ᄒᆞ야 必要ᄒᆞᆫ 條章을 規定ᄒᆞ야 將來我皇室의 永久安寧과 生民의 福利를 保障ᄒᆞ기 爲ᄒᆞ야 內閣總理大臣李完用에게 全權委員을 任命ᄒᆞ고, 大日本帝國統監寺內正毅과 會同ᄒᆞ야 商議協定ᄒᆞ게ᄒᆞᆷ이니, 諸臣이 亦朕意의 確斷ᄒᆞᆫ바ᄅᆞᆯ 體ᄒᆞ야 奉行ᄒᆞ라."

585 『조선왕조실록』 순부 1권, 3년(1910 경술/ 일 명치 43) 8월 29일(양력) 1번째 기사 : "大日本天皇陛下詔書曰 : "朕이 東洋의 平和를 永遠히 維持ᄒᆞ야 帝國의 安全을 將來에 保障ᄒᆞᄂᆞᆫ 必要ᄅᆞᆯ 念ᄒᆞ며 又常히 韓國이 禍亂의 淵源됨을 顧ᄒᆞ야 曩者朕의 政府로 ᄒᆞ야곰 韓國政府와 協定케ᄒᆞ고 韓國을 帝國의 保護之下에 置ᄒᆞ야써 禍源을 杜絶ᄒᆞ고 平和ᄅᆞᆯ 確保ᄒᆞᆷ을 期ᄒᆞᆫ지라. …韓國을 擧ᄒᆞ야 日本帝國에 倂合ᄒᆞ야써 時勢의 要求ᄅᆞᆯ 應ᄒᆞᆷ이 不得已ᄒᆞᆫ쟈가 有ᄒᆞᆷ을 念ᄒᆞ야 玆에 永久히 韓國을 帝國에 倂合케ᄒᆞ니라."

유고諭告한다"는 말로 시작한다. 이 유고는 "조선 민중은 모두 제국의 신민이 되어 천황 폐하가 어루만져 기르는 교화를 입고 깊고 두터운 인덕의 혜택을 받을 것이다"라고 선언하였다. 또한 이제 한국에서 일본의 군대는 '일본군'이 아니라 보통명사로 '제국군대'로 되었다. 데라우치 마사타케의 유고는 "나라를 어지럽힐 계책을 기도하며 혹 소요를 일으키는 자가 있으니, 이 때문에 제국군대는 각 도의 요처에 주둔하여 유사시의 변란에 대비하고, 헌병 · 경관은 서울과 지방에 널리 미쳐 오로지 치안에 종사하며" 운운하였다.[586]

1910년 8월 29일자 『순종실록부록』에는 일본 천황이 내린 조령도 소개되어 있다. 이 조령에 따라 전 한국 황제(순종)는 '창덕궁 이왕昌德宮李王'으로 '책봉'된다. 이후의 『순종실록부록』에서 발견되는 흥미로운 사실은 창덕궁 이왕이 양심합養心閤 또는 대조전大造殿에서 제국 역사에 대한 강화講話를 열었다는 기록들이다.[587] 병합된 한국에서 대한국은 '조선'으로, 그리고 일본은 보통명사 '제국'으로 불리게 된 풍경의 극적인 표현이었다.

이 용례들에서 고유명사로서의 일본제국과 보통명사로서의 제국의 경계가 허물어지고 있음을 볼 수 있다. 이 개념적 현상은 불평등조약체제 극복과 식민지 획득이라는 목표를 동시에 이룩하게 되는 청일전쟁 전후 시기 일본에서 이미 진행된 현상이었다. 이제 일본에의 병합을 앞둔 한국 안에서 일본제국이 단지 '제국'이라고 지칭된 현상은, 일본제국과 보편적 명사로서의 제국 사이의 경계가 사라지는 상황을 한국이라는 정치적 공간에서 구체적으로 보여 주는 것이다. 근대 일본이 중국 중심의 동아시아 질서를 일본 중심의 지역 질서로 재편하는 과정에서 제국은 중요한 개념적 도구로 활

586 『조선왕조실록』 순종 1권, 3년(1910 경술/일 명치 43) 8월 29일(양력) 2번째 기사.

587 『조선왕조실록』 순부 8권, 10년(1917 정사/일 대정 6) 4월 17일(양력) 1번째 기사 : "臨于養心閤, 開帝國歷史講話." 『조선왕조실록』 순부 8권, 10년(1917 정사/일 대정 6) 5월 4일(양력) 1번째 기사 : "開帝國歷史講話于大造殿."

용된다고 할 수 있는데, 일본 자신을 단지 '제국'으로 지칭하는 어법이 통용되는 정치 공간 속에 한국이 편입되어 간 것은 구체적인 증명이었다. 지역 질서의 변화와 그 정치 공간 안에서 제국의 개념적 확장이 일어나는 언어적 현상이 서로 조응하고 있었다.

1909～1910년 시기에 명운이 사실상 끊긴 현실의 대한제국을 '당당한 제국'이라 불러 주는 경우는 『대한매일신보』가 보도한 안중근의 공판 진술 내용이 유일한 것은 아닐까 생각된다. 물론 여기에서도 국권은 이미 빼앗긴 상태임을 전제한다. "이등이 대사로 한국에 와서 매국적 일진회 두령 몇 놈을 돈을 다수히 주고 사서 소위 선언서를 발표케 하고 또 병력으로써 황실과 정부를 위협하여 오조약을 체결하는데 우리 대황제 폐하께서는 재가하시지 아니하고 참정대신은 조인치 아니하고 다만 세상이 다 아는 소위 오적 놈들만 날장할 뿐인데 이런 무효한 조약을 완전히 성립되었다 칭하고 당당한 우리 대한제국의 국권을 박탈하여 4천 년 국가와 2천만 생령이 어육과 도탄을 면치 못하였으니 어찌 분통하지 아니하리오."[588]

588 『대한매일신보』, 앞의 기사.

6. 한일합병 전야 한국의 제국론 : 제국 개념의 포섭과 저항

한일병합 직전 '하나의 큰 제국'론 : 일본의 '대제국'론에의 포섭

1909년 12월 초의 『순종실록』에는 일진회一進會 회장 이용구李容九, 1868~1912가 발표한 「일한합방 성명서」가 실렸다. 이용구는 일한합방은 대한제국과 그 황실의 멸망을 의미하는 것이 아니라 한국 황실과 일본 황실이 하나로 합하는 것에 다름 아니며, 그로써 한국 황실을 만대에까지 유지하는 기초가 된다는 주장을 폈다. "우리 황제 폐하와 일본 천황 폐하가 하늘까지 통할 하나로 뭉친 정성으로 애달프게 호소하여 우리 황실을 만대에 높일 수 있는 기초를 공고히 하고 우리 백성에게 일등 대우의 복리를 누리게 하며 정부와 사회가 더욱 더 발전하게 할 것을 주창하여 일대 정치적 기관機關을 이룩하도록 하는 것이 곧 우리 한국을 보호하는 것이다. 죽으려야 죽을 수 없는 우리 2천만 국민은 노예의 멸시에서 벗어나고 희생의 고통을 면하여 동등한 대열에 서서 완전히 새롭게 소생하여 앞을 향하여 전진해 보고 실력을 양성한다면 앞날의 쾌락을 누리고 뒷날의 살길을 찾을 수 있을 것은 확연명료하다."[589]

이날의 『순종실록』은 이용구 등이 올린 상소문도 소개했다. 여기에서 이용구는 제국을 거론했다. 그 요점은 앞의 성명서의 연장선에서 일한합방은 곧 일본과 한국이 합쳐서 '하나의 큰 제국'을 건설하는 것을 뜻하며, 한국민과 황실은 그 큰 제국 속에서 영생을 누리게 된다는 논리였다. "일본과 한국이 나라를 합쳐서 하나의 큰 제국을 새로 만들어야 한다는 의논이야말로 2천만 동포로 하여금 죽을 곳에서 살아날 구멍을 새로 얻게 된다는 것을 비로소 알게 하는 것입니다."

하지만 이 상소문에서 이용구는 순종에게 한일병합에 적극 나설 것을 강압하는 표현도 삼가지 않았다. "폐하가 설사 혼자 황제의 자리에 앉아서 대한국의 대황제라고 칭하더라도 직접 정사를 하지 못하게 되면 무슨 수로 자신이 스스로 종의 구렁텅이에 빠져들어 간 한국 사람들을 끌어내어 일본인과 대등한 자리에 놓을 수 있겠습니까?" 그는 또한 한일병합을 한국이 새로운 대제국의 일원으로 재탄생하는 것이라고 역설했다. 그에 따르면, "지극히 어진 일본 천황 폐하"는 "우리 2천만 동포를 교화시키고 양육하여 동등한 백성으로 잘 만들 것"이며, 그로 인해 한국인도 "일약 새로운 대제국으로서 세계 1등 민족의 대열에 올라서게 될 것"이라고 주장했다.

제국과 직접 관련되는 것으로서 이용구의 담론에서 주목할 또 한 가지는

589 『조선왕조실록』 순종 3권, 2년(1909 을유/ 대한 융희 3) 12월 4일(양력) 1번째 기사 : "我皇帝陛下와 大日本國天皇陛下의 天聽의 上徹ᄒᆞᆯ 一團精誠으로써 哀訴ᄒᆞ야 我皇室의 萬世尊崇基礎를 鞏固케ᄒᆞ고 我人民으로 一等待遇의 福利를 享有케ᄒᆞ고 政府와 社會로 益益發展케ᄒᆞ기로 主唱ᄒᆞ야 一大政治機關을 成立ᄒᆞᆷ이 卽我韓의 保護라. 欲死不得死ᄒᆞᄂᆞᆫ 我二千萬國民은 奴隷의 侮蔑을 脫ᄒᆞ고 犧牲의 困苦를 免케ᄒᆞ야 同等伍列에 立ᄒᆞ야 一新回甦ᄒᆞ야 前步를 試進ᄒᆞ고 實力을 養成ᄒᆞ면 前途의 快樂을 享有ᄒᆞ고 他日의 活路를 得ᄒᆞᆯ것은 確然明瞭ᄒᆞᆫ지라. …日、韓合邦新造一大帝國之議, 庶幾使二千萬同胞, 始知死處, 新得其生焉. …陛下雖獨南面稱大韓國大皇帝, 無親出政, 則何手善援自陷之韓奴, 置之日人對坐之地哉? …矧以日本天皇陛下之至仁. 其化育我二千萬同胞, 善令爲同等之民也必矣. …實一超而上新大帝國世界一等民族之列."

'제국이되 제국답지 못한 것'과 '제대로 된 제국' 사이의 구분이었다. 이용구는 이렇게 말하고 있다. "대체로 대한제국이 대한제국답지 못하게 된 것은 제 집의 보물을 보물로 여기지 않기 때문입니다. 그래서 뜬구름이나 허깨비가 보이는 것처럼 텅 비어 아무런 실속도 없는 것입니다. 이제부터 스스로 반성하고 그 근본으로 돌아가서 오로지 예의와 신의를 합하여 순전히 한쪽으로만 쏟을 뿐입니다."[590]

같은 날 한국 내각은 총리대신 이완용에게 장서長書를 제출한다.[591] 이 장서에서 제국으로 언급되는 경우는 오직 일본제국뿐이었다. 한국의 존호는 단지 '대한국'이었다. 이 장서의 일부는 다음과 같았다. "만일 갑오년1894전쟁 때 일본제국이 우리의 위급한 정세를 의리로 구원해 주지 않았거나 갑신년1904전쟁 때 일본제국이 우리의 어지러운 판국을 용감하게 타개해 주지 않았더라면 우리 대한국의 종묘와 사직이 또한 어떻게 오늘을 보전할 수 있었겠습니까? 우리 대한국이 오늘이 있게 된 것은 오직 대일본제국의 보호로 말미암지 않는 것이 없습니다. 그러므로 한일협약에서 우리나라의 외교, 군사, 사법의 3대 권한을 대일본제국에 위임하였는데 이것 또한 우리의 사직을 보전하고 나라의 근본을 유지하기 위한 것입니다."

한일병합이 실제 이루어지기도 전에 한국 정부는 스스로를 대한국으로 낮추고, 제국은 오직 일본에 대해서만 적용하고 있었다. 이 장서는 또한 이용구가 주장한 '큰 제국'론을 되풀이하였다. "대저 우리나라와 일본은 지리상, 인종상, 역사상, 종교상, 문학상, 풍속상, 경제상, 정치상 서로 일치합니다. 나뉘면 약한 나무처럼 흔들릴 수 있지만, 합치면 엄연한 하나의 큰 나라로 될 것입니다. …우리 대한국의 지위가 이미 정해지고 대일본국의 성의와 믿음이 이미 우리 2천만 백성들에게 감응되었으니 세계 여러 나라가 일본과

590 정교(2004d), 『대한계년사 9』, 조광 엮음, 김우철 역주, 소명출판, p.78.

591 『조선왕조실록』 순종 3권, 2년(1909 을유/대한 융희 3) 12월 4일(양력) 1번째 기사.

한국의 관계를 인정하는 데에서 결코 다른 의견이 없을 것입니다."

이날의 『순종실록』에 따르면, 한국 내각은 통감 소네 아라스케曾禰荒助에게도 같은 취지의 청원서를 제출했다. 이를 두고 "중외中外의 인심이 격분하여 술렁대었다"고 실록은 적어 두었다. 이용구의 성명서와 상소문 그리고 한국 내각 자체가 작성한 장서와 청원서에 담긴 '하나의 큰 제국' 담론은 장차 일본의 제국이념에서 펼쳐질 '대동아협동체' 논의의 식민지적 형태의 한 맹아였다고 할 수 있을 것이다.

한일병합 직전 한국에서 부상한 '하나의 큰 제국'론은 당시 일본에서 이미 등장한 '대제국'론과 무관하지 않다. 그것은 일본에서 이른바 아시아주의의 한 갈래와 깊이 연관을 맺으면서 장차 '대동아공영권' 논리로 나아가는 한 개념적 통로였다. 1905년 6월 일본에는 조선문제연구회라는 단체가 결성되는데, 그 주도자는 요시노 사쿠조吉野作造, 1878~1933라는 인물이었다.[592] 요시노가 이 단체를 만든 계기는 같은 기독교인이자 언론계 출신 정치인 시마다 사부로가 행한 조선 문제에 대한 강연을 듣고 감명받은 바가 컸기 때문이었다. 이 강연에서 시마다가 제창한 것은 이른바 조선구제론朝鮮救濟論이다. 조선인에 대한 인종주의적 시각과 그들을 구제해야 한다는 제국적 사명감이라는 요소들이 담긴 것이었다. 시마다 사부로는 "퇴보하고 고통 속에 있는 조선을 구제할 절대적 사명과 책임"이 "동문동종同文同種의 관계에 있는 일본"에게 있다고 역설했다. 조선 구제의 대임大任은 일본인 각자가 담당해야 할 뿐만 아니라 본격적으로 일본 정부가 국가적 사업으로 삼아 담당해야 할 일이며, "높고 큰 전도의 정신으로 실천해야 할 기독교인의 과제"라는 것이었다.[593]

592 요시노 사쿠조는 저명한 정치학자이자 지도적 기독교인으로서 일본의 다이쇼(大正) 데모크라시 시대 의회정치 성립에 이념을 제공한 인물로서, '다이쇼 데모크라시의 기수'로 평가된다[한상일(2004), 앞의 책, p.30, p.33].

593 한상일(2004), 앞의 책, pp.130~131.

한상일에 따르면, 시마다 사부로의 강연은 요시노 사쿠조 같은 일본의 신진 지식인에게 깊은 감명을 준다. 그 영향 속에서 요시노의 동지였던 오야마 도스케 같은 젊은 지식인은 조선동화론을 제기한다. 러일전쟁 전후의 역사적 시점에서 일본의 제국 건설 프로젝트의 최대 초점은 한반도였다. 오야마의 조선동화론은 곧 대제국건설론이었다. 그는 당시 일본인들이 전반적으로 조선에 대해 갖고 있는 욕망을 일본의 국민적 지망國民的志望이라는 표현 아래 네 가지로 요약했다. 첫째, 일본 국가의 자존을 확실히 하기 위해서는 조선의 국가 정책을 적절하고 영원하게 일본의 정치적 이익과 일치시켜야 한다. 둘째, 일본 국민의 인구 증가와 경제 발전의 결과로 새로운 영토와 시장을 획득하는 것이 필요하며, 이를 위해 조선의 국토에서 영원히 자유롭게 일본의 경제적 이익을 확장하려는 욕망이 있다. 셋째, 조선인은 일본과 "역사적 · 지리적 · 인종적으로 가까운 관계에 있기 때문"에, 일본인은 조선 민족을 계발하고 계도하는 것을 국민적 천직으로 삼고자 하는 욕망이 있다. 넷째, 일본인은 조선 민족을 학정과 빈곤과 무지와 미신으로부터 구제하여 자주독립의 신생활을 할 수 있도록 하는 것을 국민적 사명으로 수행하려는 욕망이 있다.[594]

오야마 도스케는 그러한 지망들이 "일본인의 당연한 요청이고 일본 민족의 당연한 직분"이라고 정당화했다. 이어 오야마가 제시한 일본의 대조선 정책은 "보호 정책에서 한 걸음 더 나아가 (한국인을 일본에 의한) 직할 제도로 길들이고, 직할 제도의 결과로서 한국인 스스로 이름뿐인 독립국의 지위를 버리고, 한국의 왕 스스로가 한 걸음 더 나아가 형식상의 주권자임을 포기하여 일본과 합동으로 새로운 제국을 형성한다"는 것이었다. 오야마는 그가 주창하는 합동설의 궁극의 목적은 "일한 두 민족이 함께 새로운 대제국을

594 小山東助(1905), 앞의 논문, p.16 ; 한상일(2004), 앞의 책, pp.131~132.

완성하여 세계 정치의 강대한 신세력을 만드는 것"이라고 역설했다.[595]

오야마 도스케의 일한합동론은 곧 한국에서 이용구가 주창하게 되는 '하나의 큰 제국'론과 정확하게 일치한다. 다만 오야마의 대제국론과 이용구의 '하나의 큰 제국'론은 다른 점이 있다. 오야마가 제국의 편에서 '인종주의적 동화론'의 사고를 담은 위로부터의 논리를 전개한 것이라면, 이용구는 식민지라는 아래로부터 위를 향한, 이를테면 탈민족주의적 동화론이라고 할 만한 논리를 편 것이다.

요시노 사쿠조 · 시마다 사부로 · 오야마 도스케 등에서 발견되는 제국의 개념은, 동아시아라는 맥락 속에서 문명을 표상하는 일본과 미개를 표상하는 조선이 하나가 됨으로써 하나의 대제국을 건설한다는 관념이다. 미개한 약소민족의 독립은 사실 허울뿐이므로 동양에서 떠오르는 문명국 일본을 중심으로 합동하여 세계 정치에서 더 큰 위상을 가진 제국을 구성하자는 비전이다. 여기에서 제국은 천황의 나라라는 의미보다는 상이한 문화와 역사를 가진 민족들이 통합해 구성하는 더 큰 정치체라는 뜻이 부각된다. 그 내부에 도덕적 우열의 위계를 가진 다민족공동체를 가리킨다. 장차 일본 제국주의의 동아시아적 비전으로 부상하는 아시아주의란 결국 오야마 도스케를 비롯한 이 일본 지식인들이 20세기 초에 주창한 대제국의 건설이라는 관념과 긴밀히 연결된 것이었다고 할 것이다.

현실의 제국에 저항하는 '역사 속의 제국' : 신채호의 제국론

'하나의 큰 제국'론은 대한제국의 엘리트 집단 일부가 제국 개념을 통로로 하여 일본 중심의 동아시아 질서 재편의 구상에 포섭되는 양상을 보였

595 小山東助(1905), 앞의 논문, pp.18~19 ; 한상일(2004), 앞의 책, pp.133~134.

다. 그러나 제국 개념은 다른 한편에서는 현실의 일본제국에 저항하는 개념적 도구로 동원되었다. 다만 여기에서 제국 개념은 과거 역사 속에서 재발견된 국가 또는 민족정체성의 자료로서였다.

현실의 제국을 더 이상 상상할 수 없을 때, 구한말 한국의 지식인은 역사 속에 실현된 것으로 보였던 '한민족의 제국'에 주목했다. 1908년 5월 25일 발행된 『대한협회회보』 제2호는 「역사와 애국심의 관계」라는 제목을 단 신채호申采浩, 1880~1936의 글을 실었다.[596] 이 글에서 신채호는 "오호라 어떻게 하면 우리 2천만의 귀에 항상 애국이라는 글자가 새겨지게 할까" 라고 물은 후, 그 답을 '국민의 역사의식'에서 찾았다. "역사라는 것은 그 나라 국민의 변천소장變遷消長한 실적實跡이니, 역사가 있으면 그 나라가 필히 흥하나니라. 나라가 있으매 역사가 반드시 있으리니" 라고 말한다. 이어서 신채호는 광개토왕과 연개소문, 그리고 강감찬과 윤관 등이 이룩한 대제국 건설의 업적을 거론하면서 이렇게 주장하였다.

> 廣開土王이 七千里 地를 闢ᄒᆞ야 他族을 逐ᄒᆞ고 吾家의 基地를 廣ᄒᆞ던 盛德을 回思커던 一息에 不敢懈ᄒᆞ고 乙支文德 蓋蘇文이 隋 唐 巨寇를 鏖退ᄒᆞ고 轟轟烈烈ᄒᆞᆫ 名譽로 後人에 留貽ᄒᆞᆫ 傳記를 讀커던 拔劍起舞ᄒᆞ며 智蔡文 姜邯贊이 契丹猾夷를 斥逐ᄒᆞ고 矯矯勃勃ᄒᆞᆫ 雄略으로 邦土를 莊嚴케 ᄒᆞᆫ 事實을 繹ᄒᆞ거던 擊壺長歌ᄒᆞ고 六州城을 築ᄒᆞ야 武功을 揚ᄒᆞ던 尹瓘을 念ᄒᆞ거던 膝을 屈ᄒᆞ야 再拜ᄒᆞ며 滿洲에 殖民ᄒᆞ야 大帝國을 建ᄒᆞ던 金俊을 夢ᄒᆞ거던 掌을 合ᄒᆞ야 三禮ᄒᆞ고 劉徹 李世民의 名이 聞ᄒᆞ거던 齒를 嚼碎ᄒᆞ며 弓裔 甄萱의 事를 談ᄒᆞ거던 腕을 爭扼ᄒᆞ고 某代의 風俗이 甚美ᄒᆞ니 吾가 其 躅을 繼ᄒᆞ리라ᄒᆞ며….

596 신채호(1908a), 「력사와 애국심의 관계」, 『대한협회회보』 제2호, 국사편찬위원회 한국사데이터베이스(http://db.history.go.kr).

「대동제국사서언大東帝國史敍言」은 신채호가 『독사신론讀史新論』을 발표한 직후이자 망명하기 직전인 1909~1910년 무렵에 집필하다 중단된 「대동사천년사大東四千年史」의 첫 부분으로 판단된다.[597] 이 글에서 신채호는 "금일 이후 아민我民의 진보가 장차 시세를 능적能敵하여 이 나라의 역사를 다시 이어가게再續 할는지, 범아凡我의 대동제국의 역사를 읽는 자여 눈물로 읽고 이어서 피로 읽을지어다"라고 호소했다.[598]

신채호에게 광개토왕 시대를 포함해 한민족의 과거에 존재한 대제국의 역사를 기억하는 것은 단순한 과거의 추억에 불과한 것이 아니었다. 그 기억을 바탕으로 미래에 한국이 제국을 건설할 수 있음을 기약하는 것이었다. 여기에서 제국은 물론 광역적 지배 국가를 의미한다. 한국인에게 영광스런 과거의 제국을 회억回憶하는 것의 의미는 그가 훗날인 1931~1932년 『조선일보』에 연재한 「조선상고문화사朝鮮上古文化史」의 다음 구절에서도 명확히 드러난다. "대개 단군 이후 천여 년 동안의 조선은 그 치제治制의 선미善美가 고대에 가장이었으며, 문화의 발달도 인방각족隣邦各族이 모범할 만하게 되었었나니, 만일 자손 된 자 무력으로 그 문화를 보호 또 확장하였더라면, 조선이 진실로 동양문명사 수좌首座를 점할 뿐 아니라 환구環球 전토를 독점하였을 것이다."[599]

19세기 말 이래 서양에서 더욱 일반화된 광역적 지배 국가로서의 제국 개념은 일본의 주도 아래 동양의 개념체계에 도입되었다. 신채호의 제국 개념은 공간적 팽창의 의미를 핵심으로 하는 당시의 시대적 용법을 그대로 채용하고 있었다. 다만 그 개념에 합당한 '한민족'의 국가를 역사 속에서 찾음으

597 신용하(2007), 「해제」, 신채호, 『단재 신채호 전집 3 역사(독사신론, 대동제국사서언, 조선상고문화사)』, 단재신채호전집편찬위원회, 독립기념관 한국독립운동사연구소, p.x.

598 신채호(2007), 『단재 신채호 전집 3 역사(독사신론, 대동제국사서언, 조선상고문화사)』, 단재신채호전집편찬위원회, 독립기념관 한국독립운동사연구소, p.351.

599 신채호(2007), 앞의 책, p.386.

로써 현실의 제국 일본의 지배를 극복할 민족의식의 근거로 삼고자 한 것이다. 그렇다고 해서 신채호가 영토적 팽창을 추구하는 제국 건설 사업, 즉 제국주의를 동경하고 모방하려 했다고 단정할 수는 없다. 당시 번역과 저술을 통해 반제국주의론을 개진하고 있던 변영만卞榮晩, 1889~1954을 비롯한 한말의 많은 지식인과 함께 신채호도 제국주의에 대한 유일한 대항 수단은 민족주의라고 믿었다.[600] 신채호는 1909년 5월 28일 『대한매일신보』에 실은 「제국주의와 민족주의」라는 글에서, "제국주의를 저항하는 방법은 무엇인가. 민족주의(타 민족의 간섭을 받지 않는 주의)를 분휘함이 그것이라"고 하였다.[601] 신채호는 제국주의에 대항하는 민족주의와 그 바탕이 되는 '민족'의 역사의식 진흥을 의도했던 것이다.

하지만 동시에 유의할 점이 있다. 먼저 변영만의 반제국주의론이 제국주의에 대한 이중적인 감정을 담고 있었다는 최기영의 지적은 주목할 필요가 있다. "아마도 『이십세기지대참극 제국주의』의 '자서'에서 변영만이 내세운 주장은 민족주의의 발전을 먼저 이루고, 나아가 제국주의를 이루어야 한다는 것이 아닐까 한다. 즉 한국민의 당면 과제를 현실적으로 구미 열강과 일본 등 선진국의 이른바 민족제국주의에 대한 저항(에 두는 것)이 필요하지만, 민족주의도 이루지 못한 당시로서는 민족주의의 단계에 진력해야 한다는 주장이었다. 그는 결국 궁극적으로 한국도 민족제국주의를 이루어야 한다는 것을 은연중에 드러내고 있지 않았나 싶다."[602]

여기에서 신채호의 제국론 역시 제국주의에 대한 대항 수단으로서의 민족주의 고취라는 의미가 있다고 할 것이지만, 다른 한편으로는 단순한 민족주의를 넘어서 민족제국주의를 지향하는 담론의 일부로 이해될 수도 있다.[603]

600 최기영(2003), 『한국 근대 계몽사상 연구』, 일조각, p.81.

601 최기영(2003), 앞의 책, p.81.

602 최기영(2003), 앞의 책, p.84.

603 량치차오는 1901년 간행한 그의 『국가사상변천이동론(國家思想變遷異同論)』에서 세계사에서 국가사

힘이 약하여 일본이라는 '민족제국주의' 세력의 식민지로 될 운명에 처한 한국의 지식인들이 일본을 포함한 민족제국주의 세력의 처지를 부러워하지 않았다고 말하기는 어려울 것이다. 변영만과 신채호에게도 국민주의, 민족주의 그리고 제국주의 사이의 거리는 그렇게 멀지 않았다. 최기영은 변영만에 대해서 이렇게 논평한다.

"그는 한국의 나아갈 바가 제국주의에의 동경이 아니라, 국민주의를 통하여 제국주의에 대항하여야 한다는 입장을 확실하게 하였던 것이다. 국민주의 곧 민족주의가 바로 한민족 생존의 방법이라고 주장하고, 그것이 이루어지면 외래의 제국주의는 위축되어 사라질 것으로 이해하고 있었다. 다만, 그는 제국주의도 민족주의가 극성을 부리면 자연히 이루어질 것으로 이해하였다. 바꾸어 말하면 제국주의를 이루지 못한 우리의 입장에서는 먼저 민족주의로 제국주의를 극복하고, 그러한 연후에 제국주의를 이룰 수 있다고 생각한 것으로 보인다."[604] 한국의 역사마저 제국의 흥망성쇠의 역사로 해석한 신채호의 역사관에서도 민족주의와 민족제국주의의 경계는 다분히 모호했다고 할 수 있다.

고구려에 대한 역사적 회상이 근대 한국 지식인의 역사의식에서 중요한 모티프가 된 것은 19세기 말 일본인이 광개토왕릉비를 발견하고 일본의 학자들이 그것을 한일관계사 연구에 반영하면서였다. 광개토왕릉비가 처음 일본에 알려지고, 그 비문의 탁본이 최초로 일본에 소개된 것은 1884년이

상의 변천을 여섯 단계로 나누었다. 과거에는 ① 가족주의, ② 추장주의(酋長主義), ③ (전통적) 제국주의가 있었다. 그의 당대에는 ④ 민족주의와 ⑤ 민족제국주의가 있다 하였다. 그가 예측한 미래의 국가사상은 ⑥ 만국대동주의(萬國大同主義), 즉 세계주의라고 했다. 조병한(2011), 「양계초의 민족국가론과 법치 · 헌정」, 한림대학교 한림과학원, 제36차 동아시아 개념소통 포럼(3. 24). 변영만의 민족주의 및 민족제국주의 논의는 량치차오의 영향을 받은 것으로 보인다. 량치차오가 20세기 초 한국 지식인에게 미친 사상적 영향에 대해서는, 정숭교(2008), 앞의 논문, pp.57~64.

604 최기영(2003), 앞의 책, pp.82~83.

다. 일본 참모본부의 장교이자 육사 포병 대위였던 사코 가게노부酒勾景信라는 현역 군인이 능비가 세워져 있던 중국 지안集安에서 직접 그 탁본을 손에 넣었다. 1889년 6월 일본 아세아협회의 부정기 간행물인 『회여록會餘錄』에 광개토왕릉비문을 일본에 처음으로 공식 소개한 요코이 다다나오橫井忠直의 글이 실렸다.[605]

일진회의 '하나의 큰 제국' 논리가 오야마 도스케의 '대제국'론에 포섭된 것이라면, 신채호의 '대동제국'론은 앙드레 슈미드의 지적처럼 1905년 일본에서 처음 공개된 광개토왕릉비의 탁본에 자극받은 바 많았을 것이다.[606] 고구려가 요동을 정벌하고 지배한 사실은 물론 『삼국사기』에 기록되어 한국의 전통적 지식인에게도 이미 친근한 역사적 사실이었다. 그러나 광개토왕릉비의 존재와 그 비문의 내용, 그리고 거기에 일본에서 근대적 개념어로 재탄생하여 역수입된 '제국'을 결합함으로써 한국의 지식인들은 자신의 역사에 대해 새롭게 사유할 지식의 근거를 갖게 된 것이었다. 변영만의 반제국주의론 자체도 1901년에 출간된 고토쿠 슈스이의 『제국주의』에서 배운 바 많았다.[607]

한국 자신에 관한 근대적 지식의 생산이 주로 일본이라는 제국의 중심부에서 이루어지고 있는 측면이 있었다는 슈미드의 지적은, 제국 개념의 번역 또는 부활과 증폭 그리고 유통이 일본에서 이루어지고 그것이 한국에서 수용되어 나름의 역사를 갖게 되는 과정에 매우 잘 적용될 수 있을 것이다. 그 과정은 마치 일본이 제국이라는 브랜드 개념을 서양에서 모방해 가공·생산한 뒤 조선에 수출하였다가 잠시 후 회수해 간 것에 비유할 수도 있다. 대

605 中塚明(1993), 『近代日本の朝鮮認識』, 研文 ; 나카쓰카 아키라(2005), 『근대 일본의 조선 인식』, 성해준 옮김, 청어람미디어, p.179, p.181.

606 Schmid, Andre(2002), *Korea between Empires, 1895~1919*, Columbia University Press, p.13.

607 幸德秋水[2004(1901)], 앞의 책.

한 제국의 담론도, 일본제국으로의 포섭의 담론도 그리고 저항하는 제국의 담론도 일본이라는 새로운 중심과의 정치적 · 지적 상호작용이라는 맥락을 떠나서는 충분히 이해될 수 없는 것이었다.

Part 5

제국과 식민지에서의 '제국'

1. 제국과 식민지에게 다른 '제국'

제국의 시대로 일컬어지는 시기에 속하는 20세기 전반기 동아시아의 제국일본과 식민지 조선의 한국인에게 제국이라는 용어는 매우 다른 함의를 갖고 있었다. 그런 만큼 다르게 수용되고 다루어졌다. 오늘날 국제사회와 동아시아에서 일본과 한국의 위치는 물론 제국과 식민지의 관계가 아니다. 그러나 오늘날 일본의 지식인들이 재활용하기 시작한 제국이라는 용어와 한국의 지식인 사회가 이 용어를 대하고 사용하는 방식은 자각적이든 비자각적이든 차이가 있는 것이 오히려 자연스럽다. 이 개념을 어떻게 받아들이느냐 하는 것은 지식 수용 및 지식 생산 과정에서 적극적이든 소극적이든 이 용어를 활용하는 학자나 비평가 각자 선택의 몫이다. 다만 모두에게 필요하다고 생각되는 것은 이 개념의 역사 내면에 대한 자각적 의식과 반성이다. 이 자각적 돌이켜 봄 없이는 한국의 역사적 체험에 근거하는 창의적 비평을 생산하기 어려울 것이다. 여기 Part 5에서는 그러한 문제의식 아래 20세기 전반기 제국일본과 식민지 조선에서 제국은 어떤 개념적 기능을 가졌으며,

어떻게 다르게 다루어졌는가를 조명한다.[608]

멜빈 릭터가 앞에서 언급한 바 있듯이 코젤렉의 개념사 연구는 "공시적 분석과 통시적 분석의 교행적 실천"을 목표로 한다. 이를 통해 특정 개념이 상이한 시공간 속에서 보이는 의미의 지속과 변화를 파악함과 동시에 정치, 경제, 사회의 구조적 변화에 담긴 시대상과 그 개념의 관계까지 파악하는 것이다.

20세기 전반기 일본과 한국에서 제국 개념의 분석은 같은 시대, 같은 제국 · 식민지 구조의 공간 안에 있었지만, 그 위상이 이질적이었던 일본과 한국에서 이 개념의 언술적 행태가 드러내는 차이에 대한 공시적 비교가 된다. 동시에 반세기에 걸친 시기의 시간적 변화 속에서 제국 · 식민지체제의 각기 다른 위치에서 제국 개념이 겪는 통시적 변화와 연속성의 양상을 또한 일정하게 조명할 수 있다. 그러므로 이 시기 일본과 한국에서 제국 개념의 상이한 존재 방식은 특별히 의미 있는 공시적 · 통시적 분석의 교행적 실천 대상이 될 수 있을 것이다.

여기에서는 제국과 식민지의 시대인 20세기 전반기를 크게 세 국면, 즉 1900~1920년의 시기를 제1기로 삼고 1920년대와 1930년대 이후의 식민지 후반기를 각각 제2기와 제3기로 구분하여 일본과 한국에서의 제국의 개념사적 전개 양상을 비교하여 고찰한다.

608 한국역사정보 통합시스템(http://www.koreanhistory.or.kr)에 저장되어 있는 일본 언론 자료들과 식민지 기간『동아일보』의 기사들을 기본 자료로 삼았다. 식민지체제 제도권 밖의 지하 매체나 항일운동 관련 자료들은 논의에서 제외된다. 식민지 제도권 밖의 담론에서 '제국'의 개념적 전개가 무의미하기 때문은 아니다. 다만, 일제의 통치가 허용하는 식민지 제도권에서 표출된 의미 있는 차이가 우선 주목할 대상이라고 생각하기 때문이다.

2. 20세기 초 일본제국에서 제국 개념의 표상

20세기의 제1기는 일본이 전통 시대 중국 중심의 동아시아 질서를 자국 중심의 질서로 개념적 재편을 시도할 때, 제국 개념이 중심적 위치로 등장하는 시기이다. 중화 세계의 질서 개념에서 '천하' 개념이 중심에 있던 것처럼, 일본은 자신이 중심이 된 동아시아 질서를 표상하기 위해 제국 개념을 전면에 내세운다.

보편에의 욕망 또는 그 표상으로서의 제국

제국 개념을 일상화하는 언술에서도 20세기 초는 두드러진 특징이 보인다. 1870년대와 1880년대 이래 일본인은 주로 일본제국이라는 사자성어를 통해 일본의 국가정체성을 표상했다. 20세기에 들어 일본인이 제국이라는 개념을 활용하는 방식은 19세기와 중요한 차이를 보인다. 이들이 '제국'이라고 할 때, 많은 경우 보통명사를 의미한 것이 아니라 일본 또는 일본제국이라는 고유명사를 대신하는 것이었다. 물론 대영제국大英帝國 · 러시아제국露帝國 · 만주제국滿洲帝國 등의 형태로 특정한 제국을 가리킬 때, 제국은 보통명사라는 본래의 기능을 담당했다. 그러나 단지 '제국'이라고 할 때는 일본제국을 가리키는 것이었다. 말하자면 원래 보통명사로서의 제국이 일본이라는 고유명사와 동일시된다. 보통명사와 고유명사의 경계가 허물어지는 것이다.

이 같은 어법적 현상에 대해서는 19세기 근대 일본에서 제국 개념의 전개 양상을 다룬 Part 3의 마지막 부분에서 이미 언급했다. 그러나 이 현상은 여기에서 다루고자 하는 1900~1920년에 걸친 시기에 더욱 뚜렷해지는바, 그 개념사적 의의에 대해 좀 더 부연해 둘 필요가 있다고 느낀다. 보통명사와 고유명사의 경계가 허물어지는 어법적 현상은 우선 두 방식으로 해석될 수 있겠다. 한편에서 보면 보통명사로서의 제국이 일본제국이라는 특정한 정치체를 가리키는 고유명사를 대체하는 것이라 할 수 있겠는데, '보통명사의 고유명사화'인 셈이다. 다른 한편에서 보면 일본제국이라는 고유명사가 제국이라는 원래 보통명사적 성격을 갖는 단어로 표상된 것이라 할 수 있다. 이런 점에서는 특정한 정치체를 어떤 보편적 실체로 표상하는 것이라 하겠고, 그런 의미에서 '고유명사의 보통명사화'라고 할 만하다.[609] 어떤 측면에서 보든 이러한 어법적 현상은 일본이라는 특정한 사회의 정치적 공간이 광역적인 보편적 편재성을 갖도록 확장된 상태를 표상하거나 그러한 상

609 고유명사의 보통명사화 내지는 보통명사의 고유명사화라는 어법적 현상은 다른 경우들에서도 발견된다. 현대 북한에서 사람들이 '조선민주주의인민공화국'이라는 국가명을 단지 '공화국'으로 호칭하는 것은 한 예가 될 것이다. 북한의 경우, 공화국이라는 어법이 단순한 줄임말일 수도 있다. 그러나 보다 적극적으로 해석한다면 북한이라는 특정한 사회가 '공화국'이라는 보편적 개념이 원래 내포한 전형성을 온전하게 구현하고 있다는 의미를 담은 어법이 아닐까 생각된다. 다만 20세기 전반기 일본에서 일본제국이 그저 '제국'으로 호명되는 현상은 현대 북한에서의 공화국 개념의 경우와 중요한 차이가 있어 보인다. 전후 동아시아에서 공화국은 복수로 존재했다. 중화인민공화국, 남한이라는 민주공화국의 존재 등이 그러하다.

태에의 욕망을 담고 있다고 해석할 수 있다.

20세기 전반기 일본인에 있어서 제국의 어법이 내포한 '고유명사의 보통명사화' 현상은, 일본을 정점으로 하여 지배와 피지배의 지역 질서로 동아시아의 여러 사회를 포괄하는 확장적이고 수직적인 개념 현상을 내포했다는 점에서 특별함이 있었다고 생각된다. 이 시기에 일본인이 자신의 국가와 지배 영역을 제국이라는 보통명사로 호명하는 현상이, 일본이 중국을 대신하여 동아시아 전반에서 '보편국가universal state'의 역할을 맡게 된 상황 또는 그러한 목표에의 욕망을 담고 있다고 가정한다면, 그것은 동아시아의 자기 지배 영역 전체에서 일본어를 '보통어'로 확립하고자 하는 '국어 정립' 시도와도 통하는 바가 없지 않다.[610] 왜냐하면 동아시아의 다른 지역들을 자신의 정치적 · 문화적 공간의 확장 내지는 외연으로 간주하는 사고를 이 두 현상이 공유한다고 할 수 있기 때문이다.

610 일본이 자국의 국어를 확립하는 과정은 대만을 필두로 하는 식민 지역을 포함한 제국 전체에서 일본어를 보통어로 확립하려는 시도와 거의 동시에 진행되었다. '국어'라는 교과목이 '독서' 교과와 분리되어 설치된 것은 대만을 식민지로 만든 직후였다. 대만총독부 초대 학무국장 이사와 슈지(伊澤修二)의 주도 아래 제정된 1898년의 공학교규칙은 국어를 독서 교과와 구별하여 독자로 설치하도록 했다. 그때는 대만에 이미 '국어학교' 등이 설치되어 일본제국의 교육칙어를 가르치고 있었다. 그후 1900년에 이르러서야 일본 본토에서도 독서, 작문, 습자를 통합해 '국어'라는 교과목이 설치된다. 1902년 대만총독부 내무과장 모치지 로쿠사부로(持地六三郎)는 대만 통치에 관한 의견서인 「縣治管見」(『後藤新平文書』, R31-7-73)에서 '국어의 수양'을 식민지 교육의 기본으로 강조하였다. 여기에서 국어는 물론 일본어를 의미한다. 대만에서의 이 같은 일본어 교육 전개는 '중앙정부' 수준에서 국어학자 우에다 가즈토시(上田万年)를 중심으로 '일본어' 창출 움직임이 진행되고 있던 것과 때를 같이했다. 고마고메 다케시(駒込武)에 따르면, 1904년에 개정된 일본 공학교규칙은 '대만뿐 아니라 조선을 포함한 이후의 식민지 교육의 방향을 결정'한 문서였다. 이에 따라 '국어작문' 등의 교과목이 설치되었으며, "국어과에서는 '일본어 맥락에 따른 보통문'을 바탕으로 일본어를 구어로 가르치게" 되었다. 이러한 노력에 기초해 일본어는 20세기 초부터 제국의 지배 영역에서 식민지인에 대한 '교화 수단'의 핵심 요소가 되었다. 고마고메 다케시는 "본국의 문화 통합에 중요한 역할을 했던 의사 종교로서의 천황제 이데올로기와 일본어를 그대로 (교화 수단으로) 채택한 것"이라고 파악한다[고마고메 다케시(2008), 『식민지제국 일본의 문화 통합 : 조선 · 대만 · 만주 · 중국 점령지에서의 식민지 교육』, 오성철 · 이명실 · 권경희 옮김, 역사비평사, pp.64~69, pp.71~78, p.502].

어쨌든 제국은 20세기 초 일본인이 자기정체성 또는 스스로 욕망하는 질서를 일상적으로 표현하는 개념적 수단이 되었다. 그것은 의당 제국에 대한 도덕적 긍정을 포함했다. 온 세계가 제국과 식민지로 이분된 질서 속에서 제국을 건설하고 그 신민臣民으로서 속하는 것은 영예로운 일이었다. 제국주의는 한편에서 도덕적 비난의 대상이 되기도 했으나, 다른 한편에서는 적어도 두 가지 관념에 의해 도덕적으로 정당화되었다. 다위니즘의 적자생존 원칙과 문명의 전파라는 관념이 그것이다.

일본제국을 단지 제국으로 표현하는 언설은 1894~1895년 청일전쟁 기간에 이미 보이지만, 러일전쟁 이후 급격하게 그러한 용법이 늘어난 것으로 생각된다. 한일합병을 앞둔 시기 한국의 공식 역사서인『순종실록』에서 그러한 추세를 볼 수 있다. 대한제국은 단지 '한국'으로 표시되고, 일본제국은 단지 '제국'으로 표시된다. 일본이 서양에서 빌려 온 제국의 개념을 가공하여 한국에 역수출하였다가 1905년 한국을 자신의 보호령으로 삼으면서 제국의 개념을 회수하여, 오직 자신만의 국가정체성 표상으로 전유하게 되는 개념사적 과정의 단면이다.[611]

조선통감부 외교 고문 스티븐스Durham White Stevens는 1908년 3월 23일 샌프란시스코에서 한국이 일본의 보호령이 된 것을 한국인들은 환영하고 있다는 취지로 기자회견을 한 직후, 장인환張仁煥과 전명운田明雲에 의해 저격당하여 같은 달 25일 사망했다. 이 사건을 보도한 일본 언론의 언술은 한일합병 이전에 일본에서 '제국'이 일본의 국가정체성 표상의 일차적 개념으로 일반화되고 있었음을 말해 준다.『오사카아사히신문大阪朝日新聞』은 일련의 기사를 통해 '한국의 흉도'를 비난하고 스티븐스의 제국에 대한 봉사를 추모했다. 28일자 기사에서 이 신문은 "우매한 무리가 많아서 한국은 부진하

611 이삼성(2011c), 앞의 논문, pp.87~92.

고 누를 제국에 끼쳐 두 번의 큰 전쟁을 굳이 하지 않을 수 없게 하였다. 제국은 저들의 준우蠢愚를 버리지 못하고 이를 부액扶掖하고 이를 보호하는데, 은혜를 갚기를 원망으로 하였다"고 한탄했다.[612] 이 신문은 또한 스티븐스가 "26년의 긴 세월 동안 시종일관 하루와 같이 제국 정부에 출사하여 부지런히 근무하고 변함없었"다고 평했다.[613] 스티븐스가 "25년 전 미국 공사관 서기관으로서 우리나라에 부임하였고 재직 10년 후 우리 미국 공사관 고문이 되어 제국의 외교에 찬양贊襄한 바가 적지 않았다"고 평하면서, "지난 34년1904 한국의 외교권을 우리 손에 거둬들이고 나서 스티븐스 씨를 추천하여 고문으로 삼아 재직하여 오늘에 이르렀는데 일본을 위해 진력했다는 이유로 결국 한국 흉도의 손에 쓰러졌다"고 말하고, "일본은 결국 이 은인을 잃은 것을 슬퍼해야 할 것"이라고 말했다.[614]

1909년 조선통감부 정보 문서는 당시 경성에서 '정치상 주의를 요하는 단체'로 서북학회西北學會 · 흥사단興士團 · 청년회靑年會의 세 개를 들면서, 청년회를 다음과 같이 평했다. "청년회는 교육 보급과 예수교 선전을 한다 하면서도 원래 제국의 보호 정책에 불평을 하는 무리로 미국의 부강富强을 알고부터 한 번은 구제를 받을 시기가 있을 것이라고 몽상夢想하는 단체이다."[615]

한일합방 직후인 1911년 7월에는 신민회사건新民會事件 · 105인사건이 벌어진다. 양기탁梁起鐸과 임치정林蚩正 등 16명에 대한 보안법 위범違犯 사건에 대한 판결문은 이들이 "하나같이 구한국舊韓國에 있어서 제국의 세력을 배척하려는 사상을 품고 있는 자로서, 1910년 8월 29일 구한국이 제국에 병합강제병

612 「스티븐스(Stevens) 씨 결국 서거하다」, 『大阪朝日新聞』 1908. 3. 28. 『大阪朝日新聞』은 한국독립운동사 정보시스템(http://search.i815.or.kr)의 자료이며 이하 동일하다.

613 「스티븐스(Stevens) 씨의 평생」, 『大阪朝日新聞』 1908. 3. 30.

614 「스티븐스(Stevens) 씨」, 앞의 신문.

615 「京城 정계의 現情」, 『統監府文書』 6, 1909. 3. 22(한국독립운동사 정보시스템 http://search.i815.or.kr).

탄 · 한일강제병합, 1910되자 병합유고併合諭告의 취지에 반대하여 신정新政을 구가하지 않고 이도異圖를 기획하였으며, 청국 영토에 이주 또는 이주하기 위한 불온의 동작을 하여 치안을 방해한 자들"이라고 규정한다.[616]

이 자료들은 모두 일본의 국가권력에게 있어서 1910년 이래 식민지 시대의 시작과 함께, 한반도의 정치 공간에서 일본제국의 정체성이 '제국'으로 자리 잡아 간 과정을 잘 보여 준다. 물론 제국이라는 개념으로 표상되는 일본은 과거의, 일본 열도에 정치적 공간이 한정되었던 그 일본과는 다르다. 식민지를 거느린, 공간적으로 확장된 새로운 일본을 가리켰다. 그런 의미에서 20세기 전반 일본인에게 제국은 '과거의 일본과 다른 확장된 일본'을 지칭하기에 적합한 개념으로 적극 활용된 것이다.

20세기에 일본은 황국이라는 개념도 사용했다. 그러나 황국은 '천황의 나라'를 가리키는 것이므로, '공간적으로 확장된 새로운 일본의 전 지배 영역'을 가리키는 개념으로 만족스러운 것이 아니었다. 황국이 일본이라는, 천황을 정점에 둔 정치사회적 구성체의 수직적인 내면 구조를 표상하였다면, 제국은 일본 열도라는 전통적인 정치적 공간의 경계를 넘어 확장된 공간을 표상하는 데 더 적절하였다.[617]

여기에서 우리는 이 시기 일본의 국가권력이 제국을 '보통명사인 동시에 곧 일본을 의미하는 고유명사'로서 채용한 것의 개념사적 성격을 적어도 세 가지 확인할 수 있다. 첫째, 제국은 확장된 정치적 공간을 표상한다. 둘째, 그 정치적 공간의 중심과 주변, 즉 제국의 중심과 식민지의 관계를 특징짓는 수직적 위계를 표상하는 데에도 제국은 적절해 보인 개념이었다. 제국은 수평적인 공간적 확장과 함께 식민지에 대한 '본국' 또는 '내지內地'의 수직

616 「梁起鐸 保安法事件 判決文」, 京城地方法院, 1911. 7. 22(한국독립운동사 정보시스템 http://search.i815.or.kr).

617 이삼성(2011b), 앞의 논문.

적인 지배적 위상을 강조하는 이중적 의미를 내포한 셈이었다. 셋째, 20세기 초 일본인에게 제국은 적어도 동아시아 지역 질서에서 일본이 자임 내지 욕망하는 보편국가의 위상을 표상하는 역할을 떠맡았다.

천하 질서를 대체한 도덕적 위계로서의 제국 그리고 문명

그런데 이 대목에서 우리는 제국이라는 개념이 일본인에게 갖게 된 의미의 또 다른 차원, 즉 제국의 네 번째 의미를 주목할 필요가 있다. 그것은 바로 제국이 문명과 미개의 구분에 기초한 도덕적 위계질서의 개념을 담는 방식으로 쓰였다는 사실이다. 1915년 2월 이른바 총독모살미수사건에 연루되어 경성감옥에 구금 중이던 '징역수' 윤치호尹致昊 · 이인환李寅煥 · 양기탁梁起鐸 · 옥관빈玉觀彬 · 안태국安泰國 · 임치정林蚩正의 여섯 명은 당시 조선총독 데라우치 마사타케의 상주上奏로 '특사의 은전'을 받는다. 조선총독부 사법부장관 고쿠분 산가이國分三亥는 이들에게 다음과 같은 훈시諭告를 내렸다.

> 大抵 朝鮮은 일찍 秕政의 弊를 受하여 綱紀가 弛廢하고 民衆이 疲憊에 陷하였더니 今에 百度更張하고 回復秩序하여 國利民福의 增進을 見함에 至함은 一은 新政의 惠澤에 因치 아니함이 無하고 且朝鮮에 對한 施政方針은 他國이 其殖民地에 對함과 如히 此로써 屬地隷民을 삼고자 함이 아니라 斯土를 開拓하고 斯民을 扶掖하여 共히 此를 文明의 域에 進하고 帝國의 版圖臣民으로 하여금 彼我의 安寧幸福을 計함에 在함은 屢屢宣明하였을 뿐 아니라 五年間 施政의 實績에 徵하여 瞭然한지라. 尹致昊 以下 六名은 其智能이 元來 此間의 眞相을 透觀하기 足한 것이요, 且旣히 前非를 悔하여 改過遷善의 實을 擧함을 鑑한즉 其出獄後는 謹愼自持하여 再次 其方向을 誤하는 事가 無할 뿐 아니라 반드시 正道에 就하여 順良謹直한 人이 되어 無限한 天恩에 報答할 誠意가 無함이 不可한지라. 貴官은

特赦의 聖旨를 傳達함에 當하여 如上의 旨趣로 懇篤한 誡諭를 與할지어다. 聖恩을 報答하라.[618]

고쿠분 산가이의 훈시는 구한국에 대한 일본제국의 지배를 미개에 대한 문명의 지배로 표상하고 있음을 단적으로 드러낸다. 이 시기 일본에게 제국은 근대 세계를 지배하는 서양 열강의 존재 방식을 내포하는 것으로서, 서양의 우월한 문명을 담지한 개념이었다. 세계적 차원에서 보면 일본은 그러한 제국 중 하나였지만, 동아시아에서 그 같은 문명의 담지자로서의 제국은 일본 자체였다. 우리는 이 대목에서 20세기 초 일본에서 정착된 제국의 개념적 용법이 전통 시대 중화제국에게 천하라는 개념이 가졌던 기능과 극히 유사하다는 사실을 발견할 수 있다.

중국관념사를 연구한 진관타오는 천하의 세 가지 개념적 특징을 지적한 바 있다. 그에 따르면, 천하란 사회들을 도덕적 고저에 따라 구분한 등급 질서를 내포한 것으로, 그 모두를 '하나의 도덕공동체'로 간주하였으며, 이렇게 사유된 천하의 주권이란 곧 중국 황제의 권력에 다름 아니었다.[619] 요컨대 중화 세계에서 천하는 중국을 중심으로 하고 사방四方의 만이蠻夷를 주변부로 하는 문명과 야만의 도덕적 위계를 내포한 개념이었다.

20세기 초에 들어 일본은 그 같은 중국의 천하를 대체하여, 자신을 중심에 둔 문명과 미개의 위계적 질서를 표상하는 데에 제국의 개념을 전면에 내세웠음을 알 수 있다. 천하와 제국은 이를테면 '질서표상 개념'들이라고 할 수 있다. 질서표상 개념으로서의 천하와 제국은 그처럼 서로 다른 시대적 맥락에서지만, 중국과 일본에게 각각 자신을 중심에 둔 '도덕적 위계'를

618 「陰謀事件受刑者 特赦」, 『매일신보』 1915. 2. 16(한국독립운동사 정보시스템 http://search.i815.or.kr ; 한국언론진흥재단 미디어가온 http://www.mediagaon.or.kr).

619 진관타오 · 류칭펑(2010), 앞의 책, pp.208~230.

표상하거나 지향한다는 점에서 유사한 개념적 기능들을 가졌던 것이라 할 수 있다.

물론 이 질서표상 개념들이 지향하는 기능이 유사하다고 해서 그렇게 표상된 질서들 자체의 성격이 동질적이라고는 할 수 없었다. 둘 사이에는 중요한 차이들이 있었다고 할 수 있겠고, 그중 하나는 이 질서들 속에서 약소사회의 존재 방식이었다. 중국의 천하는 주변 약소민족 사회에 조공책봉체제라는 공식 위계formal hierarchy를 부과하면서도 주변부 정치체의 내적 자율성internal autonomy을 긍정하는 위계적 질서였다. 반면에 일본이 20세기 동아시아에서 추구한 제국은 주변부 정치체에 대한 군사적 점령을 통해 내적 · 정치적 자율성을 부정하고 주변부에 대한 군사적 팽창과 직접적인 경제 지배를 추구하는 것이었다.

제1차 세계대전이 속해 있는 1910년대 일본에서 전개된 제국 담론에는 식민은 문명의 전파라는 인식이 깔려 있었다. 그것은 주요 대학 강단에서 대표적인 학자들에 의해 식민정책론이라는 주제하에 공공연히 피력되었다. 그 예로 니토베 이나조新渡戸稲造, 1862~1933의 식민정책론을 빼놓을 수 없다. 제1차 세계대전 중 도쿄제국대학에서 행한 식민정책 강의의 개강사에서 니토베는 식민은 문명의 전파라는 명제를 제시한다. 일본의 제국주의적 활동을 문명의 전파로 설명한 니토베 이나조의 논리는 이른바 동서문명조화론으로 통하였다.[620] 사카이 데쓰야酒井哲哉에 따르면, 그의 동서문명조화론은 삿포로농학교 동창 우치무라 간조内村鑑三, 1861~1930가 '일본의 천직'을 동서양의 매개자인 점에서 찾은 논리의 연장선에 있었다. 이처럼 동서문명의 매개자에서 일본의 국민적 사명을 찾는 의론은 러일전쟁 후 비서구 국가이면서 서구 제국주의 국가의 일원이 된 일본의 대외적 자기표현으로 널리

620 사카이 데쓰야[2010(2007)], 『근대 일본의 국제질서론』, 장인성 옮김, 연암서가, pp.258~259.

통용되었다. 그것은 "동양문명의 독자성을 강조함으로써 문화적 대등성을 승인하도록 압박하는 동시에 근린 아시아 국가들에 대해서는 문명 개념으로써 일본 제국주의를 정당화하는 의론"이었고, "서구에 대해서는 문화상대주의를, 아시아 국가들에 대해서는 단선형 문명발전론을 선택적으로 채용한 것이 특색"이었다고 사카이는 분석했다.[621]

식민은 문명의 전파라는 명제는 일본이 창안한 것이 아니다. 니토베 이나조의 경우, 미국의 저명한 국제정치학자로서 식민정책학의 권위자였던 폴 라인슈Paul S. Reinsch, 1869~1923의 말을 차용한 것이었다.[622] 라인슈는 제1차 세계대전 중 우드로 윌슨 정부의 주중국 미국 공사로서 일본의 대중국 21개조 요구를 비판하는 데 앞장선 인물이다.[623] 하지만 그는 식민주의를 문명의 전파로 정당화하는 학술적 담론의 주요 생산자였다. 식민주의 제국에게 문명 전파의 당당한 주체라는 도덕적 위상을 부여하는 것은 단지 일본만의 것이 아니라 20세기 초 세계 지식계의 일반적 추세였음을 말해 주는 것이어서 유의할 점이다.

621 사카이 데쓰야[2010(2007)], 앞의 책, pp.259~260.

622 新渡戸稻造, 『新渡戸稻造全集』 第4巻, p.328 ; 사카이 데쓰야[2010(2007)], 앞의 책, p.263.

623 北岡伸一(1985), 「二十一カ條 再考」, 『年報近代日本研究 7 日本外交の危機認識』, 山川出版社 ; 사카이 데쓰야[2010(2007)], 앞의 책, p.263.

3. 1920년대 제국 언술, 집착과 저항

1920년대 제국주의와 제국 언술의 분리 그리고 일본

서양의 지식계에서는 1910년대 말에서 1920년대에 들어서면 제국 개념은 여전히 긍정적 의미를 견지하지만, '제국주의'는 도덕적 정당성을 상실해 간 국면이라는 지적이 제기되고 있다. 아리마 마나부有馬學, 1945~는 피터 두스의 논문을 근거로[624] 제1차 세계대전 후 국제 질서 인식의 한 흐름은 '식민지 없는 제국주의'였다고 말한다.[625] 두스에 따르면, 제1차 세계대전이 초래한 국제 관계상의 중대한 변화는 식민지주의를 공공연하게 주장할 수 없게 된 점이다. 전승국이 패전국의 영토를 분할하고 식민지를 재분배하는 것이 정당화되기 어려워졌으며, 그 결과 고안된 것이 국제연맹에 의한 위임통

624 Duus, Peter(1996), "Imperialism without Colonies : The Vision of a Greater East Asia Co-Prosperity Sphere," *Diplomacy & Statecraft*, Vol.7, No.1, pp.54~72.

625 有馬學(2011), 「'大正デモクラシー'の再檢討と新たな射程」, 和田春樹 外 編, 『東アジア近現代通史 4 社會主義とナショナリズム』, 岩波書店, p.109.

치라는 수법이었다고 해석했다. 아리마 마나부는 제1차 세계대전 후의 이 같은 새로운 패러다임을 전제하지 않으면 '만주국'이라는 형식의 등장, 1938년 11월 고노에 후미마로近衛文磨 수상의 이른바 「고노에성명」, 즉 영토 할양과 배상금을 추구하지 않는다고 선언한 「동아신질서성명」 그리고 '대동아공영권'이라는 발상 등을 이해할 수 없다고 주장한다.

아리마는 아울러 1932년 일본의 정치평론가 스기모리 고지로杉森孝次郎, 1881~1968가 "영토라고 하면 바로 봉건주의이고 반동이며 시대착오라고 생각하는 자가 오늘날 아주 많다"고 한 말을 주목했다.[626] 이것은 제1차 세계대전 후 새 패러다임의 규범성規範性이 그만큼 강했음을 보여 준다고 그는 해석했다. 또한 후에 해군성 조사과가 주재한 연구회에서 와쓰지 데쓰로和辻哲郎가 '팔굉일우八紘一宇'와 대동아공영권 등의 슬로건을 비평하는 문맥에서, "군인이 미국의 최면술에 걸려서 제국주의라고 불리는 것을 두려워하게 된 것은 좋지 않다"라고 말한 것에 주목했다.[627] 여기에서 '미국의 최면술'이라는 표현은 제국주의나 식민지주의를 부정하는 패러다임이 지적 세계에서 상당히 광범하고 강력하게 침투해 있었던 것을 역설적으로 드러낸 것이라고 아리마 마나부는 주장했다.

그렇다면 제국이라는 개념도 부정적 의미를 갖게 된 것은 아닐까 하는 의문을 가질 수 있다. 그러나 1920년대 이후 1945년에 이르기까지 실제 일본의 국가권력과 언론의 제국 언술은 강화되는 쪽이었지 약화되지는 않았다. 그렇다면 1920년대 이후 제국주의에 대한 언술은 수세적이 되었다는 아리마의 지적은 타당할지 모르나, 제국의 언술은 오히려 강화되었다고 할 수 있다. 말하자면 이때 '제국에 대한 자부自負 의식'과 '제국주의에 대한 부정의

626 杉森孝次郎(1932), 「新黨の根本問題」, 『講演』 第190輯 ; 有馬學(2011), 앞의 글, p.109.
627 大久保達正 他 編(1989), 『昭和社會經濟史料集成』 第一四卷, 大東文化大學東洋研究所, p.269 ; 有馬學(2011), 앞의 글, p.109.

의식' 사이에 일정한 언술적 분리가 나타난 것이라 해도 무방해 보인다.

제국주의를 노골적으로 찬양하지는 않되, '제국에 대한 자부 의식'이 제국주의 국가의 권력 엘리트들의 언술에서 확인되는 예는 영국의 경우도 마찬가지였다. 윈스턴 처칠Winston Churchill, 1874~1965은 1942년 11월 '새로운 경험A New Experience'이라는 연설에서 "나는 영제국의 청산을 주재하기 위해 수상이 된 것이 아니다I have not become the King's First Minister in order to preside over the liquidation of the British Empire"라고 말했다.[628] 글래드스턴W. E. Gladstone은 영국에게 식민지는 오히려 재정적 부담이 된다는 자유주의적 입장을 갖고 있었지만, 처칠은 그런 입장을 완강히 거부하며 영제국 내에서 영국은 언니 국가elder sister country'가 되기보다는 모국mother country으로 남아야 한다고 주장했다.[629] 구대열은 제2차 세계대전 중 영국이 아시아에서 일본을 상대로 기꺼이 싸운 이유는 "영제국의 재건과 제국적 이해를 확대하기 위한 것이었다"고 파악했다.[630] 처칠이 저술한 『세계의 위기 1911~1918 *The World Crisis 1911~1918*』은 자신이 해군의 요직과 군비장관을 맡은 가운데 겪은 제1차 세계대전의 기록이며, 그의 저작들 가운데 대표작으로 꼽힌다. 5권으로 된 이 책 가운

628 Churchill, Winston S.(1974), *Winston S. Churchill : His Complete Speeches, 1897~1963* Vol.6, Chelsea House Publishers, p.6695. 구대열(1995), 『한국 국제관계사 연구 2 해방과 분단』, 역사비평사, p.136에서 재인용.

629 Louis, W. Roger(1978), *Imperialism at Bay : The United States and the Decolonization of the British Empire, 1941~1945*, Oxford University Press, p.5, p.14. 구대열(1995), 앞의 책, p.137에서 재인용. 구대열은 처칠의 이 같은 태도가 1945년 7월 선거에서 영국 유권자가 평화 시의 지도자로서 그를 부적격하다고 판단한 배경이라고 지적한다. 구대열은 1944년 영제국의 장래에 대한 하원 연설을 인용한다. "The Word 'Imperial' and the Word 'Commonwealth' have both of them time-honored association with in the minds of His Majesty's subjects. …the roots of these ideas go far back into our history, which is the common inheritance of all subjects of the King-Emperor and members of the British Commonwealth of Nations, and this is no time to institute pedantic divisions about nomenclature"[Parliamentary Debates, 1941, 5, 41, Vol.371, p.1277. Churchill, Winston S.(1974). 앞의 책, p.6921. 구대열(1995), 앞의 책, p.137에서 재인용].

630 구대열(1995), 앞의 책, p.137.

데 1923년에 출간된 1권의 첫 문장에는 '대영제국의 영광the glories of the British Empire'이라는 문구가 등장한다.[631]

그러나 자국의 국가정체성을 표상하기 위해 제국의 개념에 집착한 점에 있어서 일본만큼 두드러진 예를 찾기는 힘들 것이다. 제국 개념에 대한 일본의 집착은 1920년대 이후 오히려 더욱 커져 갔다고 할 수 있는데, 이 점은 『도쿄아사히신문』 등의 일본 언론과 조선총독부의 기관지였던 『매일신보』 등에 보도된 일본 국가권력의 제국 언술을 봄으로써 확인할 수 있다.

식민지 한국의 언론과 저항적 제국 언술

반면에 식민지 조선에서 한국인의 언론 매체였던 『동아일보』에서의 제국 언술을 보면, 보통명사인 동시에 고유명사로서의 제국이라는 개념으로 일본을 부르는 경우는 거의 찾아볼 수 없다. 이 언론 매체에 제국이 등장하는 경우는 크게 두 가지였다. 첫째는 거의 분명하게 제국주의를 비판하는 기사 형태이며, 둘째는 제국주의 · 반제국주의 또는 반제국동맹 등과 같이 일본 제국의 안팎에서 전개되는 '제국주의 반대' 활동을 보도하는 유형이다.

1920년대 제국주의를 비판하는 언술의 한 예는 「조선 소요에 대한 일본 여론을 비평함(10)」이라는 『동아일보』 논평이다.

氏의 獨立運動에 關한 其 對抗策은 徹頭徹尾 威壓策이로다. 자못 婉曲한 言辭

631 Churchill, Winston S.(2005), *The World Crisis 1911~1918*, Abridged and Revised Edition, Free Press, p.3. 이 책 5권 전체의 초판이 완간된 것은 1931년이다. 1923년에 초간된 1권의 시작 부분은 다음과 같다. "빅토리아 여왕의 전성 시절에는 정치인들이 대영제국의 영광을 상술하고, 우리가 수많은 위기를 극복하여 안전과 번영의 시대를 맞이할 수 있게 이끌어 준 신의 섭리를 기뻐하는 것이 관례였다. 그들은 우리가 직면하게 될 최악의 위기에 대해서도, 그리고 우리가 이룩할 가장 위대한 승리에 대해서도 알지 못했다."

로써 □하였을 뿐이오, 根本精神은 威壓이로다. 國際上 權威의 樹立을 論함을 보던지 民族自決主義가 歐洲 以外 地方에는 實行하지 못할 事情과 理由를 力說함을 보던지 委任統治를 形式을 달리한 併合이라 論함을 보던지 徹頭徹尾한 威壓主義 壓服主義 卽 帝國主義論者라 謂치 아니치 못하노라. 何國을 勿論하고 其國家의 體面을 保持하기 爲하여 威權을 樹立함에 對하야는 記者도 異議가 無하며 民族自決主義가 世界의 普遍的으로 實現되지 못할 것은 記者도 首肯하는 바이며, 人道主義에 依하야 成立된 委任統治도 亦是 野心이 滿滿한 强者의 野心의 犧牲이 되리라 念慮하는 바이로다.

然이나 氏와 같이 自國의 無道를 掩匿하며 私慾을 滿足시키기 爲하여 限度에 過하는 威權을 樹立고저 하며 世界大勢의 順理的 變化를 惡意로 解釋하야 帝國主義의 維持를 主張하며 人道主義의 產物 되는 委任統治를 變形的 併呑이라 解釋함에 對하야는 氏의 名譽와 日本의 前途를 爲하야 悲觀하노라.[632]

이 글은 제국주의를 '민족자결주의'에 정면으로 배치되는 것으로 정의하면서 오가와 박사라는 인물을 '위압주의와 압복주의를 내세우는 제국주의자'로 비판했다. 즉 제국주의는 위압주의와 압복주의에 다름 아닌 것이었다.

한편 국내외에서 전개되는 반제국주의 활동을 보도하는 형태로 나타나는 제국 언술의 예는 수없이 많았는데, 주로 중국에서 전개되는 중국인 또는 한국인의 반제국주의운동을 보도하는 형식을 띠었다. 또 더러는 조선 안에서 전개되는 반제국주의운동에 대한 식민지 당국의 검거 또는 법원 판결을 소개하는 형태를 띠기도 했다. 1920년대 『동아일보』에 실린 이 같은 형태의 기사 제목 몇 가지를 들어 보면 다음과 같다.

632 「朝鮮騷擾에 대한 日本輿論을 批評함(十) : 小川博士의 朝鮮統治論에 대하야」, 『동아일보』 1920. 4. 13. 『동아일보』는 국사편찬위원회 한국사데이터베이스(http://db.history.go.kr)의 자료이며 이하 동일하다.

- 「反帝國運動劇烈, 不平等條約廢止를 目標로」(1924. 8. 15.)
- 「大韓統義府參加, 反帝國主義大聯盟會에, 전권 대표를 뽑아 보냈다고」(1924. 8. 25.)
- 「反帝國主義宣傳, 辛丑條約廢棄及其他」(1924. 9. 7.)
- 「反帝國主義計劃은 對內的으로 轉換될 듯」(1924. 9. 13.)
- 「大邱 第四青年講演會」(1925. 1. 7.)
- 「獨逸은 復讐決心, 佛國大統領「뚜메르그」氏의 切言, 佛國安全保障의 手段으로 帝國主義的 態度를 가짐은 不當」(1925. 2. 5.)
- 「反帝國主義聯盟과 그 決議, 中國 民意의 表現」(1925. 2. 26.)
- 「擴大되는 上海風雲, 帝國主義에 反抗運動, 今後는 多事多端?(上海에서 春艇生)」(1925. 6. 8.)
- 「大群衆의 決議, 反帝國主義萬歲裡에 英日政府와 直接交涉을 提唱, 北京大示威 續報(上海에서 春艇生)」(1925. 6. 27.)
- 「孫文氏 未亡人等 帝國主義의 打破를 叫絕, 北京國民大會에서」(1925. 7. 2.)
- 「「帝國主義의 愚弄을 當치 말나」 罷工委員會에서 通告狀」(1925. 8. 16.)
- 「「帝國主義解放, 諸君의 努力을 深敬」 赤露大使「카라한」 氏 沈外交總長等 招待, 오찬회에서 陳述」(1925. 8. 27.)
- 「强壓에 不屈하고 上海 九七國恥紀念, 帝國主義 陰謀制止를 全世界民衆에 呼訴」(1926. 9. 15.)
- 「世界反帝國主義者 聯盟大會 第二次大會를 召集, 조선에도 간곡한 청첩이 왓서, 十二月 六日 巴里에서」(1927. 11. 19.)
- 「奉天省議會 張作霖氏 登極에 反對, 反帝國主義大會에 代表派遣」(1927. 12. 1.)
- 「米海軍兵을 常駐 니카라구아를 繼續占領, 上院外交委員會 滿場一致決定, 露骨化한 米帝國主義」(1928. 3. 10.)
- 「「次의 帝國主義戰」을 議題로 赤色「인터내쇼낼」 勞働組合大會, 朝鮮 比律賓 蒙古等을 爲始 三十七國 代表 集合」(1928. 3. 17.)

- 「紐育 共產黨員과 警官隊의 大衝突, 千五百餘名의 一隊 示威行列 各國의 帝國主義反對」(1930. 12. 15.)

이처럼 『동아일보』가 국내외에서의 반제국주의운동의 움직임에 대한 보도 형식으로 일본의 제국 언술에 저항하는 모습은 1920년대에 나타난 독특한 현상이었다. 이 경향은 1930년대 초에도 한동안 유지되지만, 대략 1932년을 분수령으로 그처럼 간접적으로나마 저항성을 띠었던 제국 담론은 자취를 감춘다. 1930년대 초까지 남아 있던 간접적인 저항적 제국 언술의 예를 들면 다음과 같다.

- 「反帝國主義同盟幹部 九名을 檢擧, 합이빈 경찰서의 활동으로, 領事館 襲擊犯 王福成도 在中」(1931. 1. 22.)
- 「反帝國同盟 宣傳交 又配付, 哈爾賓市外에 撤布, 「레닌」 祭日을 機會로」(1931. 1. 27.)
- 「植民地博覽會와 反帝國主義博覽會 同期間巴里와 伯林에 開催」(1931. 2. 25.)
- 「城大反帝同盟 豫審決定書」(1932. 8. 17.)

요컨대 1920년대 식민지 조선에서의 한국인 언론의 제국 언술은 일본의 국가권력 및 언론의 제국 언술과 분명한 차이를 보였다. 이러한 변화는 제1차 세계대전을 거치면서 전개된 세계사적인 상황 세 가지와 관련 있어 보인다.

첫째, 민족자결주의 이념의 확산이다. 제국주의적 팽창 경쟁의 후발 국가인 미국이 제창한 민족자결주의 이념의 도덕적 권위를 정면으로 부정하기 어려운 시대적 분위기가 있었다. 1917~1919년 사이 대영제국 안에서 전개된 사태 또한 의미가 있었다. 1917년 영국은 제1차 세계대전 중 프랑스, 중동 및 동아프리카 전선에서 대영제국의 깃발 아래 싸운 인도인의 기여를 기념하면서 인도에 대한 점진적 자치 부여 계획을 선포한다. 영국의 인도 담당 국무장관 에드윈 몬터규의 이 성명은 주요 제국이 자신의 식민지의 정치적 지위를 변경할 계획을 발표한 역사상 첫 사건이었다.[633] 이러한 흐름 속에서 1919년 한국의 3 · 1민족독립운동, 중국의 5 · 4운동 등의 영향으로 반제국주의사상이 확산된다.

둘째, 제1차 세계대전 말기에 전개된 러시아혁명의 결과, 레닌주의가 전 세계 피압박 민족의 저항 세력에게 확산되면서 민족 해방 이데올로기가 제국주의에 대한 체계적 비판 수단을 제공한다. 이로써 제국주의는 세계 전반의 지적 담론에서 도덕적 권위를 상실해 간다.

셋째, 조선에서 일본 식민지 권력은 문치文治를 내걸었다. 일본의 국내 정치 자체가 다이쇼大正 데모크라시를 구가하는 시대였고, 제국주의 열강 사이에는 국제주의가 지배했다. 식민지 조선에서 일본의 통치 전략이 문치로 전환한 것은 물론 민족자결주의이념과 운동의 확산과 관련이 깊었다.

이러한 상황을 반영하여 이 시기 한국의 언론인은 제1차 세계대전 후의 세계에서 '시대의 대세는 민족자결주의'라는 의식을 강하게 갖고 있었다. 1927년 『동아일보』에 실린 한 논평은 비록 '영국과 인도의 자치 문제'라는 다른 지역의 예를 내세운 간접적인 방식으로지만, 민족자결주의가 세계의 대세임을 분명하게 주장했다.

—

大英帝國이 現 地位를 維持함에는 印度를 또한 그대로 英帝國의 市場이오 植

633 제1차 세계대전 직후인 1919년 영국의 몬터규 · 쳄스퍼드 헌정 제안(Montagu-Chelmsford Constitutional Proposals of 1919)에 관해서는 그 역사적 의의와 함께 한계를 지적해 둘 필요가 있다. 이 제안은 전쟁 중 약속한 기대를 충족시키지 못했다. 지방에서의 권력 공유를 제시했을 뿐 실제 권력이 집중된 중앙인 뉴델리에서는 그마저 배제했다[Abernethy, David B.(2000), *The Dynamics of Global Dominance : European Overseas Empires 1415~1980*, Yale University Press, p.109].

民地로 支配를 完全히 하여야 할 必要가 있는 것이다. 印度가 獨立하게 되면 英帝國의 現在 地位는 적어도 一部分 崩壞됨을 表示함이니 百方으로 印度를 가지고 謀計하는 것은 英國으로서는 無理가 아닐 것이다. 民族自決思想이 大戰 後 움직일 수 없는 世界의 大潮流라. 이에 抗拒할 자가 없나니 異民族을 統治함으로 因하여 富者가 되고 强者가 된 英國은 이 怒濤激浪에 包圍되어 各 植民地에 對하야 最善의 方略을 하여 온 것이 事實이다. 印度 自治 問題도 亦然 其中 하나인 同時에 難澁한 問題가 되어 있는 것이다.

二

大戰 後 印度의 人心을 撫摩하기 爲하여 一九一七年에 英國은 印度에게 自治附與를 宣言하고 一九一九年에는 所謂 印度統治法이라는 것을 制定하였으니 '從來의 專制政治를 廢하고 印度의 將來를 立憲政治로 引導할 基礎를 定한다'는 理由를 붙인 것이다….

三

… 異民族을 다스리는 데에 先導者요 技術者인 英國의 印度에 대한 成功 與否는 印度의 自體 事實도 事實이지만 世界的으로 매우 興味 있는 問題라 할 것이다.[634]

여기에서도 제국의 인식과 담론에서 일본 언론과 한국인의 언론이 명확한 차이를 보임을 알 수 있다. 이 시기에 일본의 국가권력은 제국주의에 대한 비판적 언술에 물론 동조하지 않았다. 일본의 국가권력과 언론에게 제국은 여전히 일본과 지배 영역의 정체성을 표상하는 개념으로 활용된다. 또한 제국 곧 문명이라는 도식 역시 여전하였다. 다만 이 국면까지 일본제국의 문명은 여전히 서양의 문명과 크게 다르지 않은 채 남아 있었다. 대외 관계에서는 국제주의, 국내적으로는 다이쇼 데모크라시의 현상이 지배하고 있었다. 1920년대 일본 학계의 이른바 식민정책학 담론에서 등장하는 '자유

634 「英國과 印度의 自治問題」, 『동아일보』 1927. 11. 15.

주의적 광역질서론'은 이 맥락에서 주목할 만하다. 이 흐름을 대변하는 것이 앞에서 언급한 니토베 이나조가 제기한 제국재편론이었다.

니토베 이나조는, 식민지 정부는 피치자의 동의를 받은 것이 아니며 또한 식민지는 외국 세력에 통치받는 것을 싫어한다는 현실을 인정했다. 그런 점에서 그의 논지는 자유주의적인 면이 있었다. 그럼에도 불구하고 그는 '본국과 식민지의 교제'는 '호양give and take'의 법칙과 '상호 이익'의 규칙에 따르는 것이라고 주장했다. 결국 니토베는 제국의 중심과 주변의 관계를 '상호부조적 관계를 갖는 유기적 협동체'로 파악한 것이다. 사카이 데쓰야에 따르면, 니토베 이나조의 이 같은 제국재편론은 민족자결주의가 풍미한 새로운 국제 환경 속에서 식민주의 제국을 정당화할 수 있는 새로운 논리를 개발하려는 목적을 가진 것이었다.[635]

그만큼 일본에서는 언론에서도 학문적 담론에서도 '제국'은 엄존하고 또한 엄존해야 하는 것이었다. 설사 세계적 여론이 변화되어 그 정당성이 훼손된 바가 있다 하더라도 새로운 논리 개발을 통해 제국이 존재할 이유는 얼마든지 보충될 수 있는 것이었다. 반면에 일본제국 권력의 감시하에 놓인 한국인 언론에서 제국은 거의 예외 없이 제국주의 내지는 반제국주의라는, 제국에 대한 도덕적 부정을 담은 이미지를 강하게 표상하였다.

저항 언술로서의 풍자와 제국

이 시기 식민지 한국인의 간접적인 저항적 제국 언술은 세태 풍자의 형식을 띠고 표현되기도 하였다. 1923년 『동아일보』의 한 기사는 「부랑제국의 와해」라는 제목으로 이렇게 보도했다. "경성에는 부랑자뎨국浮浪者帝國이 있어서 누구는 대왕이오 누구는 총리대신이며 누구는 내무대신이니 하는 이름이

635 사카이 데쓰야[2010(2007)], 앞의 책, p.265.

있는데 이에 대하야 경기도 경찰부에서는 활동을 개시하야 얼마 전에는 그 총리대신이라는 심성구를 체포하야 검사국으로 넘기고 이번에는 다시 그 부랑뎨국에 대왕이라는 시내 계동桂洞 55번지에 사는 박문양을 체포하야 검사국으로 넘기었다."[636]

풍자란 무엇인가. 한용환이 『소설학 사전』에서 말하듯, "대상과 주제를 우습게 만들고 그것에 대해 모욕, 경멸, 조소의 태도를 환기시킴으로써 대상과 주제를 깎아내리는" 언술이다.[637] 그에 따르면, 풍자의 주된 속성은 공격성이다. 풍자적 문학에서 그 공격 목표는 대체로 작품 자체의 외부에 존재하는 과녁이다. 풍자는 웃음을 동반한다. 그러나 웃음은 풍자의 목적이 아니라 과녁을 공격하는 과정에서 부수적으로 파생되는 것에 불과하다. 그런 점에서 풍자는 해학과 구별될 것이다. 풍자의 과녁은 "개인, 제도, 국가, 심지어는 『걸리버 여행기』에서처럼 인류 전체일 수도 있다"고 말하는 한용환은 "풍자는 특히 사회가 이원적 구조를 이루고 있을 때 하부 구조가 상부 구조를 공격하기 위한 수단으로 사용된다"고 설명한다. 그 증거로 그는 한국에서 역사상 풍자문학이 활발했던 시기들을 들고 있다. 실학파에 의해 전통적 도덕 사회에 대한 반성과 자각이 움튼 18세기, 사회 개혁이 일어나던 개화기 그리고 일제의 침탈이 극을 치닫던 1930년대 등이 그것이다.[638]

그렇다면 '부랑뎨국'에 대한 『동아일보』의 보도는 식민지인 언론이라는 하부 구조가 자못 은근한 형태의 풍자를 통해 식민지 권력이라는 제국의 상부 구조를 공격한 저항적 제국 언술의 한 형태였다고 해도 될 것이다. 식민지 권력이 자신의 지배 영역에서는 '제국'을 자신만이 전유할 수 있는 거의 신성한 정체성표지正體性標識 개념으로 삼고 있었던 상황임을 고려하면, 스스

636 「浮浪帝國의 瓦解」, 『동아일보』 1923. 8. 29.
637 한용환(1999), 『소설학 사전』, 문예출판사, p.478.
638 한용환(1999), 앞의 책, pp.477~478.

로 '뎨국'을 표방한 '부랑자' 박문양의 행위 자체 그리고 그에 대한 보도를 통해 '부랑뎨국'을 운위한 이 식민지 언론의 행위 둘 다 저마다의 방식으로 일종의 신성 모독sacrilege을 담고 있었다고 볼 여지가 있기 때문이다.

4. 1930~1945년 시기의 제국

마루야마 마사오는 1931~1945년에 걸친 15년간을 일본에서 파시즘이 성숙하고 완성된 시기로 파악한 바 있다.[639] 이 시기는 또한 만주사변滿洲事變에서 나아가 지나사변支那事變으로 불리는 일본의 중국 침략이 본격화하고, 마침내 미국과의 태평양전쟁으로 이어짐으로써 일본이 중심에 선 제국주의 전쟁의 시대였다. 일본 근대사상사 연구자들은 1931년의 만주사변에서 '전면적 중일전쟁'이 시작된 1937년까지의 시기를 천황제파시즘의 확립기

639 마루야마 마사오는 일본 파시즘을 세 시기로 구분했다. 먼저 제1차 세계대전이 끝난 1919~1920년 경부터 1931년 만주사변 무렵에 이르는 시기를 파시즘 '준비기'로 보고 '민간에서의 우익운동 시기'로 규정했다. 파시즘의 '성숙기'는 1931년 만주사변 전후부터 1936년의 2 · 26사건에 이르는 시기이다. 이 시기에 '민간 운동으로 있던 운동이 구체적으로 군부 세력의 일부와 결탁하여 군부 파시즘 운동의 추진력이 되어 점차로 국정의 중핵을 차지하게 되는 과정'이 전개된 것으로 보았다. 끝으로 마루야마는 2 · 26사건 후 벌어지는 숙군(肅軍)의 시대부터 1945년 8월 15일 종전에 이르는 시기를 '일본 파시즘의 완성 시대'로 정의한다[마루야마 마사오(1997), 앞의 책, pp.67~68].

로 보는 동시에 마르크스주의와 자유주의에 대한 탄압이 강화되고 철저해지는 시기로 파악한다. 1928~1934년 사이 치안유지법 위반으로 체포된 사람이 5만 9240명에 이른 사실이 그 사정을 말해 준다.[640]

이 시기 일본과 한국에서 제국은 몇 가지 특기할 만한 개념사적 현상을 보인다. 첫째, 일본에게 제국의 개념은, 만주는 물론이고 중국 본토까지 포함한 동아시아 전반에 대한 일본 중심의 질서를 구축하는 데 있어서 그러한 일본의 동아시아 비전을 담아 '일본의 확장된 자아'를 표상하는 핵심 개념으로 더욱 부각된다. 그런 만큼 제국은 일본의 자기정체성 표상 개념으로서 국가권력과 언론에 의해 광범하게 일상적으로 사용되었다. 특히 1930년대 중엽 이후 일본 국가권력 안팎에서 무성해진 '동아신질서' 또는 '동아협동체'의 개념들은 중국의 중원, 더 나아가 남양南洋 지역을 포함한 동아시아 · 태평양 지역 전반에서 일본의 지배를 관철하려는 구상이었다. 그 모든 것을 일상적이고 일관되게 포괄하는 개념적 표상은 역시 제국이었다.

둘째, 1930년대 일본의 권력 심장부에서 제국 개념은 공간적 팽창의 강화라는 점에서뿐 아니라 애당초 제국이 표상하고 있던 문명의 내면적 성격에

640 古田光(1971), 「十五年戰爭下の思想と哲學」, 古田光 · 作田啓一 · 生松敬三 編集, 『近代日本思想史大系 2 近代日本社會思想史 Ⅱ』, 有斐閣, p.258. 후루타 히카루(古田光)는 특히 1933년을 일본의 천황제 파시즘의 전개에서 중요한 시점으로 주목한다. 이해 1월 국제적으로는 독일 나치스가 집권했으며, 3월에는 일본이 국제연맹에서 탈퇴했다. 일본 국내적으로는 2월에 저명한 프롤레타리아 작가 고바야시 다키지(小林多喜二)가 경찰에 의해 살해되었으며, 6월에는 사노 마나부(佐野學) · 나베야마 사다치카(鍋山貞親)를 포함한 여러 명의 일본공산당 간부가 옥중에서 전향 성명을 발표하여 '전향 시대'의 막을 열었다. 또 5월에는 교토대학교 자유주의 형법학자 다키가와 유키토키(瀧川幸辰) 면직사건도 벌어졌다. 이것은 공산주의뿐 아니라 자유주의에 대한 탄압이 본격화했음을 뜻했다. 후루타 히카루에 따르면, "만주사변 발발 이래 군부 파시즘 세력은 이른바 '고도국방국가(高度國防國家)'체제를 확립하기 위하여 국가 · 천황 · 일본을 절대화하는 일본주의의 사상을 고취하고, '국체명징(國體明徵)'의 슬로건하에 그 외의 모든 사상을 탄압했다. 다키가와사건은 바로 그 첫걸음이었다." 또한 이 파시즘의 시대 모든 지식인에게 국가 · 천황 · 일본과 자기를 어떻게 관계지을 것인가, 그리고 천황제와 전쟁을 긍정할 것인가는 지적 양심의 문제를 넘어 경우에 따라 투옥과 옥사(獄死)의 길을 갈 수 있는 삶과 죽음의 문제였다[古田光(1971), 앞의 책, p.259].

서도 변화했다. 1920년대까지 일본이 제국이라는 개념을 통해서 자부한 문명이란 서양적 근대의 일본적 구현이었다. 그러나 1930년대 들어 일본의 제국이 표상하는 문명은 국제주의가 유력하던 1920년대에 제국이 표상하던 문명과 그 성격을 달리한다. 1930년대 일본인에게 제국이 담지하고 표상하는 문명은 서양의 '백인문명'과 차별화된 일본적 또는 동양적 문명이다. 서양 백인문명의 본질은 한편으로 개인주의와 자유주의였으며, 다른 한편으로는 적화공산주의였다. 이제 제국은 일본과 동양을 그러한 적대적 문명으로부터 보호하는 '반공주의적 전체주의totalitarianism'를 지향해야 하는 것이었으며, 이것이 1930년대 일본 국가권력의 이념과 일치하는 문명 개념으로 되었다.

셋째, 식민지 조선의 한국인 언론에서의 제국 언술은 1930년대에 들어 주목할 만한 변화를 보인다. 민족자결주의를 운위하면서 중국 등에서의 제국주의 비판과 반대 활동을 적극 보도하던 태도가 점차 사라진다. 또한 일본 언론의 제국 언술과 같이 일본을 '제국'으로 칭하는 모습을 보인다. 적어도 외관상 저항적 제국 언술에서 동화적 제국 언술로 이행한 것이다. 1920년대 조선총독부 기관지 격이던 『매일신보』에 비해 『동아일보』가 갖고 있던 차별성은 더 이상 뚜렷하지 않았다. 제국주의 내지는 반제국주의라는 개념이 등장하는 일 자체가 한국인 언론에서도 대체로 사라졌다. 제국의 언술이 어떤 형태로든 반제국주의 언술과 엮이어 등장하는 현상이 없어졌다. 이것은 일본 정치체제의 파시즘화 및 전시체제 돌입과 함께 심화되는 언론통제와 깊은 관련이 있을 것이다. 식민 지배가 길어지고 강화되면서 한국 지식인 상당수가 일본제국체제에 동화해 간 측면도 일부 영향을 미친 것으로 보인다.

넷째, 1930년대 언론 매체 밖에서는 식민통치체제에 협력했던 인사의 내면의 기록에서도 비로소 제국의 일본적 용법에 접근하는 언술이 나타난다. 윤치호의 일기에서 이 점을 확인할 수 있다.

다섯째, 지극히 예외적인 경우지만 『동아일보』에서는 풍자적인 칼럼이나 사건 기사의 형태로 저항적 제국 언술이 발견된다. 저자가 확인한 것은 두 차례였는데, 먼 과거의 역사를 회고하거나 1920년대에 보인 바 있는 풍자적 함의를 가진 사건을 보도하는 방식의 간접적인 화법으로 표현된 것들이다.

일본 언론에서 제국 개념의 전면적 일상화

1930년대의 일본은 만주와 중국 본토 등 동아시아 전반에 군사적 침략을 앞세우며 정치적 공간 확장을 추구하였다. 이 시기 일본에서 제국은 동아시아 지배에 대한 자기 비전으로서 더욱 일상적으로 활용된다. 그 양상은 『도쿄아사히신문』과 『오사카마이니치신문大阪毎日新聞』 등 일본의 주요 언론 그리고 조선총독부 기관지 『매일신보』 등에서 보편화된 제국 언술을 통해 확인할 수 있다. 국사편찬위원회의 한국사데이터베이스에 수록된 1930년대 일본 주요 신문들과 조선총독부 기관지 『매일신보』의 기사 제목에 제국이 고유명사화된 보통명사 또는 보통명사의 고유명사화 현상을 내포한 방식으로 사용된 예를 들면 다음과 같다.

- 「米露兩國を引入れ問題を十國會議へ：聯盟事務局の企圖に帝國は斷然反對訓令」(『도쿄아사히신문』, 1932. 11. 29.)
- 「聯盟の態度變るも帝國の方針は不動」(『도쿄니치니치신문東京日日新聞』, 1933. 1. 20.)
- 「我委任統治諸島の主權, 帝國に在り」(『도쿄아사히신문』, 1933. 2. 23.)
- 「東洋平和の方策に所信の背離を確認す帝國の聯盟脫退理由 通告文案譯文」(『도쿄아사히신문』, 1933. 3. 14.)
- 「聯盟脫退通告後の帝國の大方針」(『오사카마이니치신문』, 1933. 3. 16.)
- 「內閣告諭 極東の康寧に任ずる帝國の責, 重且つ大」(『후쿠오카니치니치신문福岡日日新聞』, 1933. 3. 28.)

- 「社說 聯盟脫退宣せらる：獨往の帝國」(『도쿄니치니치신문』, 1933. 3. 28.)
- 「世界經濟の振興は滿洲國獨立の尊重：帝國の立場を高唱」(『도쿄니치니치신문』, 1933. 4. 29.)
- 「對米回答發せらる：世界平和の確立は帝國國策の根本義」(『지지신보時事新報』, 1933. 6. 7.)
- 「東亞の平和維持に帝國政府の三大方針」(『도쿄아사히신문』, 1934. 5. 2.)
- 「軍縮協定不調時の太平洋和平策：四國條約の補强と比島永久中立化確約：帝國積極提案辭せず」(『도쿄니치니치신문』, 1935. 12. 2.)
- 「磯谷少將けふ重要現地報告：日支國交の調整確立 蔣氏も遷延不可と認む：要は帝國不動の態度」(『도쿄니치니치신문』, 1936. 2. 4.)
- 「導火線は南京に在り速に暗雲を一掃せよ：帝國政府の對支方針」(『도쿄아사히신문』, 1936. 9. 7.)
- 「隆隆한 帝國의 象徵 新議事堂의 全貌 十九年間 智力과 物力의 結晶 今七日에 歷史的 落成式 擧行」(『매일신보』, 1936. 11. 8.)
- 「公正なる對案あらば 帝國政府は欣然應諾」(『도쿄아사히신문』, 1936. 12. 28.)
- 「ソ支不可侵條約成立：南京政府, 全文を公表す：帝國は支那の猛省切望」(『오사카아사히신문』, 1937. 8. 31.)
- 「空爆抗議の三國へ帝國正式に回答」(『도쿄아사히신문』, 1937. 10 .1.)
- 「帝國은 마음대로 支那를 料理하라. 이것이 事變解決策」(『매일신보』, 1938. 1. 16.)
- 「社說 上海事變一週年, 帝國의 威光 長江을 壓倒」(『매일신보』, 1938. 8. 13.)
- 「蘭印へ戰禍波及防止列國に注意喚起せん：帝國, 萬全の對策考究」(『도쿄아사히신문』, 1940. 4. 15.)

일본의 국가권력이 자신의 정체성을 제국으로 표상하는 경향은 일본 제국주의 시대의 조종弔鐘이었다 할 1945년 8월 15일 천황의 옥음방송玉音放送,

즉 종전조서에도 풍부하게 등장한다.

> 짐은 세계의 대세와 제국의 현 상황을 감안하여 비상조치로서 시국을 수습고자 충량한 너희 신민에게 고한다. 짐은 제국 정부로 하여금 미 · 영 · 중 · 소 4개국에 그 공동선언을 수락한다는 뜻을 통고토록 하였다.
>
> 대저 제국 신민의 강녕을 도모하고 만방공영萬邦共榮의 즐거움을 함께 나누고자 함은 황조황종皇祖皇宗의 유범遺範으로서 짐은 이를 삼가 제쳐 두지 않았다. 일찍이 미 · 영 2개국에 선전포고를 한 까닭도 실로 제국의 자존과 동아의 안정을 간절히 바라는 데에서 나온 것이며, 타국의 주권을 배격하고 영토를 침략하는 행위는 본디 짐의 뜻이 아니었다.
>
> …적은 새로이 잔학한 폭탄을 사용하여 빈번히 무고한 백성을 살상하였으며 그 참해慘害 미치는바 참으로 헤아릴 수 없는 지경에 이르렀다. 더욱이 교전을 계속한다면 결국 우리 민족의 멸망을 초래할뿐더러, 나아가서는 인류의 문명도 파각破却할 것이다.
>
> …짐은 제국과 함께 동아의 해방에 협력한 여러 맹방에 유감의 뜻을 표하지 않을 수 없다. 제국신민으로서 전진戰陣에서 죽고 직역職域에서 순직했으며 비명非命에 스러진 자 및 그 유족을 생각하면 오장육부가 찢어진다. …그러나 짐은 시운時運이 흘러가는바 참기 어려움을 참고 견디기 어려움을 견뎌 이로써 만세를 위해 태평한 세상을 열고자 한다.
>
> 이로써 짐은 국체國體를 수호할 것이며, 너희 신민의 적성赤誠을 믿고 의지하며 항상 너희 신민과 함께할 것이다. …굳건히 신주神州의 불멸을 믿고 책임은 무겁고 길은 멀다는 것을 생각하여 장래의 건설에 총력을 기울여 도의를 두텁게 하고 지조를 굳게 하여 맹세코 국체의 정화精華를 발양하고 세계의 진운에 뒤지지 않도록 하라. 너희 신민은 이러한 짐의 뜻을 명심하여 지키도록 하라.[641]

641 小森陽一(2003), 『天皇の玉音放送』, 五月書房 ; 고모리 요이치(2004), 『1945년 8월 15일, 천황 히

이 짧은 조서에 제국은 여섯 차례 등장했다. 이 시대 일본 국가권력과 천황을 위시한 지배층의 개념 세계에서 제국이 정체성 표상으로서 지니던 위상을 웅변해 준다.

제국이 표상하는 문명의 차별화와 동아신질서 그리고 근대의 초극

일본에게 제국은 1930년대, 특히 1930년대 중엽 이후 그것이 표상하는 문명의 내면적 성격에서 변화를 보인다. 일본 국가권력은 제국이 대표하는 문명의 핵심을 서양의 자유주의와 차별화하는데, 이는 일본 언론에 명확하게 표출되었다. 1936년 『오사카마이니치신문』에 실린 한 기사는 일본 정부가 '자유주의의 전면 말살'을 국방국책으로 수립했다고 보도했다. 「광의국방국책의 내용 : 현 상황 타파를 강조하여 적극 정책 수행에 매진」이라는 제목의 이 기사는 '현하의 비상시국에 대한 육군의 인식'이라는 소제목하에 이렇게 보도했다.

> 조각組閣에 당當해서 데라우치 육상寺內陸相이 성명聲明한 대로, 육군은 현하 시국에 대처함에 당해서 자유주의적 색채를 말살하고 현상 타파를 강조하는 적극 정책의 강력 수행을 역설하고 있다. 그러나 이것의 근저를 이루어야 할 것은 국체명징國體明徵을 철저히 하는 사상국책思想國策의 확립으로, 이것을 관철하는 것은 국가주의, 전체주의이며, 극단적인 국제주의, 이기주의, 개인주의적 사상을 배격하는 것이다. 국체명징 철저의 구체책으로서 특히 제대帝大를 비롯한 각 대학에 있어서 과학 만능의 경향을 배격하고, 일본주의에 의한 정신적 함양을 중시하여 출판 간행물 등에 대해서도 엄중한 점검과 단속取締을 실행하는 일방 적극적으로 국민사상을 조국肇國(국가 창건)의 이상, 황국 본래의 사명이 일선에서 관철

로히토는 이렇게 말하였다』, 송태욱 옮김, 뿌리와이파리, pp.55~57.

되도록 하는 방책을 강구하며, 이를 위해서 종래와 같은 교학敎學쇄신평의회 같은 기관에 일임하지 않고, 내각 스스로가 眞劍을 고려할 필요가 있다.[642]

일본제국이 추구하는 문명의 기준을 국가주의 · 전체주의 · 일본주의로 규정하고, 이것들을 국제주의 · 개인주의 · 자유주의 등 서양 근대문명의 핵심 요소들과 명백하게 대비시킨 것이다.

이처럼 1930년대 중엽 이후 일본이 자신의 제국이 표상하는 문명의 본질을 서양의 그것과 차별화하는 경향은 일본을 중심에 둔 동아시아 '신질서'를 중국 본토에까지 무력으로 관철하려는 노력과 함께 전개되었다. 신메이 마사미치新明正道를 비롯한 일본의 사회과학자들이 1930년대에 활발하게 제기한 협동체주의 담론은, 개인주의와 자유주의에 기초한 의회민주주의의 틀에 기대지 않는 정치공동체 모델을 추구하였다.[643] 이러한 담론을 바탕으로 이른바 동아협동체론의 이론적 체계화는 1930년대 중반부터 시도된다. 그리고 1930년대 후반에는 일본 논단에서 가장 주목받는 이론으로 부상했다.[644] 일본 학계에서 이러한 동아협동체론의 융성은 큰 맥락에서 일본제국이 표상하는 문명의 차별화라는 일본 국가권력의 지향과 일치하였다.[645]

642 「廣儀國防國策の內容：現狀打破を强調し積極政策遂行に邁進：自由主義の全面的抹殺! 帝國陸軍, 具體策樹立)」, 『大阪每日新聞』 1936. 3. 15, 국사편찬위원회 한국사데이터베이스 http://db.history.or.kr.

643 新明正道(1935), 「協同體國家の觀念及び機構(上) & (下)」, 『法學』 3-1 · 3-2, pp.26~54 ; 이석원(2010), 「위기의 사회과학 : 전간기(戰間期) 일본에서의 협동체주의(cooperativism)와 지역주의(regionalism)」, 『역사문제연구』 제23호, p.268.

644 이석원(2010), 앞의 논문, p.278.

645 동아협동체론은 중국 민족주의의 현실적 존재를 인정하는 논리라는 측면이 있었기에 일본의 파시즘 군부는 그에 대해 비판적이었다는 지적은 유의할 필요가 있다. 그러나 여기에서 중요한 점은 이 시대 일본 국가권력 안의 특정 블록의 호불호에도 불구하고 일본 학계에서 번성한 동아협동체론이 문명적 지향에서 개인주의와 자유주의를 초극한다는 관념을 강하게 담고 있었다는 사실이다.

일본의 잡지 『문학계』 1942년 10월호에 게재되어 '전설적으로 유명한' 좌담회가 된 「문화종합회의 심포지엄—근대의 초극」을 계기로 이른바 근대초극론이 등장한다.[646] 이 논의에서도 서양 근대문명의 핵심으로서의 민주주의와 자유주의를 초극한다는 문제가 한가운데에 자리 잡게 된 것은 시대사적으로 우연이 아니다. 이 좌담회에는 당시 교토제국대학 교수로서 서양중세사 전공자였던 스즈키 시게타카鈴木成高도 참여했다. 그는 미리 집필한 논고 「'근대의 초극' 각서」에서 이렇게 밝혔다. "근대의 초극이란 정치에서는 민주주의의 초극, 경제에서는 자본주의의 초극, 사상에서는 자유주의의 초극을 의미한다."[647] 스즈키는 또한 "특히 일본에서 도입한 유럽문명은 특정 단계, 즉 오늘날 유럽인에 의해 재검토와 청산의 필요성이 제기되고 있는 19세기 문명이며 자본주의적 · 개인주의적 · 자유주의적 문명인 이상, 이 문제가 우리 자신에게 아주 통렬한 반성을 촉구하고 있다"고 주장했다.[648]

같은 좌담회에 참석한 역시 교토제국대학의 철학 교수인 니시타니 게이지西谷啓治, 1900~1990는 유럽문명에 있어 중세로부터 근세로 이행한 것의 핵심을 종교개혁, 자연과학, 르네상스의 성립에서 찾았다. 이후에 니시타니는 종교 · 과학 · 인문이라는 세 영역 또는 문화 · 역사 · 윤리라는 인간 존재의 세 중심축은 각기 홀로 서게 되었고, 이들 사이에 세계관적 통일이 존재하지 않게 된 것이 유럽 근세의 본질이라고 주장했다. 어쩌면 특별할 것

646 나카무라 미쓰오 · 니시타니 게이지 외(2007), 『태평양전쟁의 사상 : 좌담회 '근대의 초극'과 '세계사적 입장과 일본'으로 본 일본 정신의 기원』, 이경훈 · 송태욱 · 김영심 · 김경원 옮김, 이매진.

647 히로마쓰 와타루[2003(1989)], 『근대초극론 : 일본 근대사상사에 대한 시각』, 김항 옮김, 민음사, p.16. 참고로 히로마쓰 와타루에 따르면, 잡지 『문학계』는 한때 좌파 투사였던 하야시 후사오(林房雄)가 고바야시 히데오(小林秀雄) · 가와바타 야스나리(川端康成)와 함께 1933년 창간한 것으로, 이 잡지의 흐름을 따라가면 1930년대 후반 일본 문학계의 동향을 알 수 있는 부표와도 같은 위치를 차지하고 있었다[히로마쓰 와타루[2003(1989)], 앞의 책, p.14].

648 히로마쓰 와타루[2003(1989)], 앞의 책, p.20.

없는 이 같은 주장이 시대사적 함의를 갖는 것은 니시타니 게이지가 이 세 중심축 사이의 연관성 상실의 배후로서 "자유주의를 중심으로 한 정치상의 문제가 얽혀 있다"고 이해한 점에서였다.[649]

이러한 인식 위에서 니시타니는, 인간성의 부정적 초월을 요청하는 절대성의 파악을 과제로 하는 종교와, 인간성에 대한 전면적 긍정 위에 성립하는 문화 · 역사 · 윤리 그리고 과학 등이 공존할 수 있게 하는 종교성과 그에 기초한 윤리를 재건설하는 것이 시대적 과제라고 파악했다. 그런데 바로 이 과제를 해결하는 열쇠가 '일본의 전통 정신의 깊은 바탕'에 있다는 것이 그의 관점이었다. 니시타니는 일반적으로 동양적 종교성은 '주체적 무無의 종교성'인데, 그러한 무의 종교성이 일본에서는 특수하게도 "현실 생활 속에 침투하여 국민의 윤리 의식과 상응하는 길을 발견했다"고 보았다. 곧 일본의 전통적 정신 안에는 종교와 윤리가 통합되어 있다는 이야기다. 니시타니는 이것이 '일본 정신의 가장 깊은 곳'이라고 주장했다.[650]

니시타니 게이지는 이 좌담회에서 일본이 직면한 최대의 과제를 '세계 신질서의 수립과 대동아 건설'로 규정했다. 그에 따르면 이 같은 '정의로운 질서'를 수립한다는 '세계사적 필연'은 "우리에게 사명으로 주어졌다"고 했다. 또한 일본인은 모두 이를 자각하고 있다고 했다.[651] 결국 니시타니는, 절대성을 추구하는 종교와 인간성의 긍정 위에 존재할 수 있는 윤리 및 문화가 서로 유리된 서양 근대문명의 본질적 모순을 초극하여 그 둘을 통일하는 것이 새 시대의 사명이라고 할 때, 일본 정신의 특수한 바탕이 그 사명을 구현하는 데 가장 적합하다는 논리를 제시한 것이다.

이처럼 근대주의와 자유주의를 초극하고 일본주의로 대체하여 이것을 동

649 히로마쓰 와타루[2003(1989)], 앞의 책, pp.28~29.
650 히로마쓰 와타루[2003(1989)], 앞의 책, p.30.
651 히로마쓰 와타루[2003(1989)], 앞의 책, p.30.

아시아 신질서 구축의 철학적 기초로 삼는다는 사고는, 교토학파 철학자 가운데 가장 적극적으로 발언한 인물로 꼽히는 미키 기요시三木淸, 1897~1945의 경우에서도 뚜렷이 나타난다.[652] 미키 기요시는 중일전쟁과 난징학살 시기 일본 총리였던 고노에 후미마로의 내각 시절 고노에의 측근 지식인 집단인 쇼와연구회昭和硏究會에 가담하였다. 고노에 내각이 1938년 11월 「동아신질서 성명」을 발표하자, 미키는 이에 호응하여 '동아신질서=동아협동체론'을 제기함으로써 그 철학적 기초를 제공하려 시도했다. 미키가 당시 쇼와연구회의 이름으로 집필하고 발표한 책자에는, "새로운 사상 원리는 이미 파탄의 징후가 역연한 근대주의를 일층 높은 입장에서 초극하고, 자유주의·마르크스주의 그리고 전체주의 등의 체계보다 우월한 것이어야 한다"라고 주장하고, "일시 일본의 일부에 뿌리내린 유물사관의 기계적이고 파괴적인 경향에 대해서, 그리고 공허하고 추상적인 세계주의에 대해서 일본 민족의 진정한 우월성의 자각을 고취하는 것은 일본 정신의 앙양이다. 우리는 또 여기에 현대적 내용을 부여하여 동아신질서의 사상 원리를 건설해야 한다"고 하였다.[653] 요컨대 일본주의를 철학적 기초로 삼아 자유주의와 마르크스주의를 극복함으로써, 일본을 동아시아의 새로운 질서와 문명의 중심으로 삼는다는 사유가 그 요체였던 것이다.

다분히 형이상학적인 근대초극론을 떠나서 이 시기 일본제국이 현실에서 추구하는 동아협동체적 이상이라는 것을 보면, 사실 대단히 복잡한 내용은 아니었다고 할 수 있다. 단순화하면 일본, 조선, 만주로 이루어진 일만선日滿鮮의 질서를 중국 본토에 연장·확대시키는 일만지日滿支의 일체화체제로 재편하는 것이었다. 이 점은 1938년 12월 9일 『매일신보』에 보도된 「동아신질

652 古田光(1971), 앞의 글, p.269.
653 古田光(1971), 앞의 글, p.270.

서 건설의 제국 정부 진의를 천명」이라는 제목의 기사가 잘 드러내 준다. 이 기사에서 아리타 하치로有田八郎 외상이 밝힌 '연아聯亞 외교 기본 방침'의 초점은 이른바 신지나新支那에 둔 것이었다. 신지나란, 중국인의 지나가 아닌 '일본제국의 일부로 전환된 지나' 또는 친일 정권하에 놓인 중국을 의미했다.[654] 동아신질서란, 이처럼 중국을 신지나로 만들어서 일본 및 만주와 함께 제국의 중추로 만들어 낼 때 그 골격이 완성되는 것이었다. "신지나는 일만日滿 양국과 함께 방공防共의 맹방으로서 동아 방위의 중책을 부담하여야 한다"는 것이었고, 신지나가 이런 역할을 담당할 수 있도록 일본이 신지나에 국방적 기초를 확립하겠다는 구상이었다.[655] 아울러 그에 필요한 기본적 산업과 경제 시설을 경영하는 것은 중국과 서양 제국諸國 사이의 기존 조약들에 구속받지 않아야 한다고 밝혔다. 일본은 일반 경제 활동에 관하여서는 열국은 제국과 균등한 입장에서 자유 경쟁과 무차별 대우의 원칙을 적용한다고 덧붙였지만, 중국 본토까지 일본제국의 정치 · 군사 및 경제를 블록화하겠다는 대원칙을 제시한 것이 이 시기 일본이 제기한 동아신질서론의 핵심이었다. 1938년 12월 19일 아리타 하치로 외상은 제국의 외교 근본책의 핵심을 '일만지 삼국 제휴'로 요약해 밝혔는데, 같은 맥락의 것이었다고 하겠다.[656]

일본의 동아신질서 구상에서 제국의 범위는 일본의 침략과 점령이 동남아시아와 남양군도로 확대됨에 따라 남양을 본격적으로 포괄하게 된다. 1940년 6월 『동아일보』가 보도한 아리타 하치로 외상의 방송 내용은 당시 일본이 말하는 제국이 포괄하는 공간적 영역과 그 안에서의 일본의 고유한

654 난징학살이 진행 중인 시기에 속하는 1938년 1월 16일 『매일신보』의 한 기사의 제목은 「帝國은 마음대로 支那를 料理하라. 이것이 事變解決策」이라는 것이었다(한국언론진흥재단 미디어가온 고신문 http://www.mediagaon.or.kr).

655 『매일신보』 1938. 12. 9, 한국언론진흥재단 미디어가온 고신문 http://www.mediagaon.or.kr.

656 『동아일보』 1938. 12. 19.

역할 개념을 잘 드러냈다.[657] 「국제 정세와 제국 입장 동아 제국諸國과 남양 일괄 상부상조 안정 도모」라는 제목의 아리타 외상의 방송 내용의 일부는 다음과 같았다.

…世上에는 汪汪히 武力에 依한 現狀의 打開를 理由의 如何를 不問하고 否認하려 하는 者가 있으나 帝國이 過去 三年에 兵을 支那에 動員하고 있음은 公正하고도 永續性 있는 平和를 招來하기 위하여 不得이 發動한 大乘的 武力行使로 實로 破邪顯正의 活人劍을 떨치고 있음에 不外한 것이다. 東亞의 諸國과 南洋諸地方은 地理的으로나 歷史的으로나 民族的으로나 또 經濟的으로나 密接한 關係에 있어서 相扶相助, 有無相通하여 共存共榮의 實을 擧하여서 平和와 繁榮을 增進할 必然의 運命을 가진 것이다. 故로 此等의 地域을 一括하야 共存의 關係에 立脚한 一分野로 하고 그 安定을 圖함은 當然한 歸結로 생각된다. 이같이 部分的으로 公正한 平和를 建設하고 이를 集大成하여 世界 全般의 公正한 平和를 建設하려는 생각은 歐米 諸國에도 있는 바이다. 그 理想은 此等 分野의 安定 勢力을 豫想하는 것으로 이 같은 勢力을 中心으로 하야 그 分野內의 諸民族이 共存과 安定을 確保하는 同時에 各分野는 他分野의 政治的 · 文化的 및 經濟的 特色을 尊重하고, 有無相通하야 서로를 侵害치 않고 協力함으로써 그 內容으로 하는 것이다. 今次 歐洲 戰爭이 勃發되자 帝國 政府는 不介入 方針을 闡明하고 歐洲 戰爭에 介入치 않는 同時에 戰禍의 東亞 方面 波及을 願치 않음을 明白히 하였으나 自然 帝國으로서는 歐美 諸國이 東亞 方面 安定에 不好한 影響을 미치는 일이

657 1919년 베르사유조약에 따라 독일은 마셜제도 등 남양제도에 대한 권리를 상실하고, 대신 일본이 남양제도를 통째로 '위임통치'할 권리를 갖게 되었다. 태평양 지역에서 독일 해군을 견제해 달라는 영국의 요구를 받아들여 일본이 제1차 세계대전 후반에 참전하여 전승국의 일원이 된 덕분이었다[한도 가즈토시(2010), 『쇼와사 1 1926~1945 전전 편(戰前篇)』, 박현미 옮김, 루비박스, p.26]. 그러나 이들 남양제도가 일본에게 구체적이고 특별한 전략적 · 지정학적 의미를 갖게 된 것은 태평양 세력인 미국과의 긴장이 본격화하기 시작한 1940년 이후의 일이라고 할 수 있다.

없기를 期待하는 바이다. 이제 帝國은 東亞新秩序 建設에 邁進하고 있는 同時에 今次 歐洲 戰爭의 進展 특히 南洋을 包含한 東亞 諸地域에 미치는 影響에 對하여는 恒常 深甚한 主義를 拂하고 있는 바로 그 諸地方이 遭遇할 모든 運命에 對하여는 東亞의 安定 勢力인 帝國의 使命과 責任에 鑑하여도 重大한 關心을 가지는 바임을 言明하여 둔다.[658]

물론 이 시기 일본제국이 추구하는 동아신질서에서 신지나가 중요해진다고 해서 만주의 중요성이 줄어들지는 않았다. 중국 본토 침략과 경영이 본격화될수록 만주는 더욱 더 중요해졌다. 그래서 1938년『매일신보』의 한 기사는 '대륙 만주'는 '제국의 생명선'인 동시에 '조선인에게도 생명선'이라고 밝혔다.[659]

1930년대 식민지 한국의 언론과 제국 언술에의 포섭

앞서 지적한 대로『동아일보』는 1930년대에도 처음 몇 년간은 1920년대의 흔적을 담고 있었다. 제국주의에 대한 직간접적인 비판의 의미를 담은 언술 형태가 1930년대 초에는 간헐적이지만 잔존했다. 1934년 이 신문의 한 기사는 소련의『프라우다』지가 영국 사이먼 외상을 폄척貶斥하면서 "군축 실패는 제국주의의 죄"라고 비판한 내용을 담고 있었다.[660] 그러나 1930년대 후반, 특히 중일전쟁이 본격화된 후인 1938년 이후 1940년 폐간당할 때

658 「國際情勢와 帝國立場 東亞諸國과 南洋一括 相扶相助安定圖謀」,『동아일보』1940. 6. 30.

659 「思想的動向 · 擧國一致의 實情目睹코 猛然建國精神高唱帝國의 生命線인 大陸滿洲는 朝鮮人에게도 生命線」,『매일신보』1938. 8. 5, 한국언론진흥재단 미디어가온 고신문 http://www.mediagaon.or.kr.

660 「蘇聯의「프라우다」紙가 英「사이먼」外相을 貶斥「軍縮 失敗는 帝國主義의 罪」라고 佛 外相「바르투」演說은 支持」,『동아일보』1934. 6. 2.

까지 이 언론에 등장하는 제국의 언술은 더 이상 제국주의라는 단어에 묻어서 나타나는 형태를 띠지 않았다. 일본 언론에서와 마찬가지로 고유명사화된 보통명사의 어법으로 등장하였다.

1938년 1월 『동아일보』는 「미나미南 총독 22일에 재차 근본방침을 요망」이라는 제목하에 총독 미나미 지로南次郎가 사령관 고이소 구니아키小磯國昭를 방문하여, "제국의 중대 시국 극복을 위해 국민의 총동원을 요망했다"는 기사를 실었다.[661] 1938년 12월에는 아리타 외상이 도쿄 주재 외국인 기자단을 관저에 초치하여 동아 재건의 대이상과 제국의 지도적 역할을 강조하는 외교 근본책을 밝혔다는 도쿄발 기사를 실었다. 아리타 외상이 이른바 '일만지 삼국 제휴의 내재적 신정세新情勢'를 강조하면서 이렇게 밝혔다고 보도했다.

> 一. 東亞再建의 大業遂行에 對하여 帝國은 指導的 役割을 演하지 않을 수 없다. 新情勢 및 帝國이 抱懷한 大理想을 强調 帝國의 指導的 役割과 諸國의 公明될 理想은 十九世紀 末에 列國이 그의 植民地에 對하여 行한 바와 如한 自己만을 利롭게 하려는 帝國主義的 搾取態度와는 根本的으로 相違하다. 東亞에 新秩序 新平和를 建設함으로써 全世界에 垂範하려는 것을 認識시키려 한다.[662]

또한 『동아일보』는 1940년 1월 30일 아사마마루사건淺間丸事件에 대하여 영국 정부의 회답문과 함께 제국의 반박 견해도 공표하였다는 도쿄발 기사를 실었다. 1940년 2월 11일에는 「미, 반일 의도 구체화 신중앙권新中央權 탄생을 계기로 국제 감정 악화 기도, 제국 목표로 군확안軍擴案 실시」라는 제목

661 「南總督 二十二日에 再次根本方針을 要望」, 『동아일보』 1938. 1. 21.

662 「東亞再建大理想과 帝國의 指導的役割强調 外相官邸에 在京外人記者團 招待코 有田外交根本策闡明」, 『동아일보』 1938. 12. 19.

의 도쿄발 기사를 실었다. 1940년 4월 19일에는 '구주 전쟁 본격화' 이후의 국제 정세를 다루면서, 「제국을 중심으로 한 동양과 구주 문제 주전론의 근원은 미 해군」이라는 제목으로 보도했다. 1940년 6월 1일에는 「사변 신단계에 대처할 제국의 기본 방침 결정」이라는 기사를 실었다.

이것은 어떤 이유로든 식민지 조선에서 가장 반일적 언론으로 통하던 『동아일보』도 일본 국가권력이 채용하는 제국의 언술을 수용하고 그것에 적응해 가고 있었음을 말해 준다.[663]

윤치호의 일기 : 식민지 지식인의 일본적 제국 언술에의 포섭

1930년대에 들면서 조선의 언론과 지식인이 일본의 제국 언술에 포섭되어 가는 양상은 윤치호의 일기에서도 확인할 수 있다. 여기에서 윤치호의 사례만 거론하는 것은 단순화의 오류가 없지 않겠다. 물론 이 한 인물이 그 시대의 많은 것을 대표하지는 않는다. 그러나 한때 식민주의 질서에 저항하다 체제에 순응하기에 이른 대표적 지식인의 내면에서 제국의 개념이 침묵하거나 사용된 흔적과 방식은, 당시 식민지 한반도의 제도권에 포섭된 한국 지성에게 이 개념이 표상한 착잡한 의미를 일정하게 드러내 준다.

1916~1943년 자신의 내면을 기록한 윤치호의 일기에 제국이라는 단어가 처음으로 등장하는 것은 1934년 1월 15일이었다. "집정 푸이가 황제의 자리에 등극할 것이며, 당연히 만주국도 제국으로 바뀔 것"이라는 신문들의 보도를 인용했다.[664]

윤치호는 일본이 만주에 세운 만주제국을 두고 '일본이 중국에 제국을

663 1940년 8월 11일에는 그나마도 『동아일보』와 『조선일보』와 같은 조선어 신문들은 식민 당국에 의해 폐간되고 만다.

664 윤치호(2001), 앞의 책, p.323.

건설한 것'으로 인식했다. 그리고 그 존재를 긍정했다. 푸이가 만주국 황제에 등극한 1934년 3월 1일 윤치호는 이렇게 썼다. "몽골인이나 여진족이 중국 본토에 제국을 세웠던 것처럼, 일본인이 만주에 제국을 수립한다고 해서 안 될 게 뭔가? 영국의 조지왕이 인도 황제가 되었던 것처럼, 일본 천황에게도 만주 황제가 될 권리가 얼마든지 있다. 일본인은 참 멋진 민족이다."[665]

이 시기 윤치호는 조선이 일본으로부터 자치를 획득할 가능성에 대해 회의하고 있었다. 같은 해 3월 13일자 일기에서 윤치호는 "관리 임용에서 이와 같이 민족 차별을 하는 일본인이 조선인에게 자치를 허용하겠는가?"라고 썼다. 이런 상황에서 윤치호는 스스로 일본의 제국 언술을 긍정하고 내면화하는 논리를 같은 해 3월 23일의 일기에서 다음과 같이 밝힌다. "조선인은 일본의 통치와 러시아 볼셰비즘 사이에서 선택을 해야만 하는데, 나 같으면 후자보다는 전자를 고르겠습니다. 그래서 나 같은 사람은 일본의 통치에 조금도 반대하지 않습니다."

1938년 이후가 되면 윤치호는 일본식 제국 언술을 더 본격적으로 채용한다. 그의 제국 언술은 일본 제국주의에 대한 적극적인 긍정의 논리와 함께 진화해 갔다. 1938년 1월 20일의 일기에서 윤치호는 일본 제국주의에 대한 도덕적 비판이 무의미하다고 주장했다. 그가 제시한 논리는 두 가지로 요약할 수 있다. 첫째, 이 세상은 정글의 법칙이 지배하며 힘이 정의이다. 따라서 "인간이라는 존재가 살고 있는 세상이 이럴진대, 일본 · 영국 · 프랑스 · 러시아 등의 제국주의적 행위만 유독 욕먹을 이유는 없다." 둘째, 똑같은 제국주의이기는 하지만 일본 제국주의는 서양 제국주의를 견제하는 역할을 하므로 긍정적이다. "사실 유럽의 모든 열강은 약소국을 공격한다는 이유로 일본에 대해 뭐라 비난할 입장이 못 된다. 굳이 변호하자면, 일본이 동아시아에서 백인종의 콧대를 납작하게 만들었다는 사실에 만족스러운 점이

665 윤치호(2001), 앞의 책, p.326.

있다. 앵글로 · 색슨족이 동아시아에 부과했던, 백인종의 자만심의 쌍생아, 즉 치외법권과 관세 차별을 일본이 영원히 제거해 주었으면 좋겠다. 브로드가든의 정문에 걸려 있던 '개와 중국인 출입 금지'라는 플래카드가 보여 주듯이, 앵글로 · 색슨족의 야만성이 적나라하게 드러났던 상하이가 영원히 지옥으로 가버렸으면 좋겠다."[666]

이런 사유의 흐름 속에서 윤치호는 조선의 운명을 일본제국의 운명과 애써 동일시했다. 나아가 일본제국이 조선인에게 '만주와 북중국'으로 삶의 공간을 확장해 준 것으로 인식했다. 적어도 일본인에게 그는 그렇게 설명했다. 동아문화실업협회의 일본인 관계자들에게 윤치호는 '일본에 대한 조선인의 마음가짐'에 대한 질문을 받고 이렇게 대답한다. "지금 조선의 지식인들은, ① 조선의 운명은 일본의 운명과 분리될 수 없다는 것, ② 조선인 입장에서 최상의 이익은 일본인과 하나가 됨으로써 증진될 수 있다는 것, ③ 만주와 북중국이 조선인의 발전을 위한 장場을 열어 주었다는 것 등을 깨닫고 있다."[667]

1938년 이후 윤치호가 제국의 언술을 적극적으로 채택하는 것은 이제 일본제국의 신민이 되거나 서양으로 이민을 가거나 둘 중의 하나를 선택해야 한다는 의식과도 통했다. 그는 1938년 7월 26일의 일기에서, "총독부가 (조선인을) 홋카이도인이나 나가사키인처럼 일본 신민으로 만들기로 단단히 결심한 모양이다. 학교와 교회에서 모든 사람은 '우리는 일본제국의 신민이다'라는 구절이 세 번이나 반복되는 「황국신민서사」를 제창하라는 명령을 받고 있다. 따라서 우리는 일본 신민이 되기로 결심하거나 유럽이나 미국이나 하늘나라로 이민을 가야만 한다. 양다리를 걸치는 건 대단히 위험하다."

윤치호는 물론 제국의 신민이 될 것을 선택했다. 그러나 그것이 곧 제국

666 윤치호(2001), 앞의 책, p.369.
667 윤치호(2001), 앞의 책, p.391.

의 모든 정책에 대한 긍정을 의미하지는 않았다. 다만 제국을 긍정하고 그 언술을 수용하는 것일 뿐이었다. 제국과 그 언술에 대한 긍정과 함께 제국의 정책, 특히 말단 권력의 횡포에 대한 비판이라는 두 요소는 1938년 12월 16일의 일기 속에 공존하고 있다. "제국 정부는 막대한 전쟁 비용을 조달하고자 면화, 고무, 금속류, 석유, 석탄 등과 같은 모든 공업 원료를 통제하는 특별법령을 잇달아 제정했다. … 이 원료들이 전쟁 산업에만 사용되게끔 하기 위해서다. 사람들 주머니에서 돈을 뜯어내는 방법은 말로는 형편에 맞게끔 저금하면 된다고 하면서도 실제로는 형편 이상으로 저금하도록 강요하는 것이다. …문제는 가난한 시골 사람들이 이런 종류의 착취를 얼마 동안이나 버틸 수 있느냐 하는 점이다. 난 총독이 이런 사실을 알았으면 좋겠다. 그는 훌륭한 사람이라서 이런 일을 그대로 보고만 있지는 않을 것이다. 그러나 하위 관료들은 실적을 올리려고 애국이라는 미명하에 지속적으로 주민들을 착취하고 있다."[668]

일본이 총력전체제를 본격화하면서 식민지인에 대한 착취를 더욱 심화할 때 윤치호는 '제국'을 현실적 선택으로 긍정했지만, 그것을 도덕적 선으로 인식한 것은 아니었다. 1940년 3월 28일 일기에서 윤치호는 세상을 지배하는 약육강식의 틀 속에서 일본제국의 성공을 비추어 보았다. "이 세상은 약육강식의 원칙이 지배하는 원시 정글 생활로 되돌아가 버리고 말았다. 시종일관 건전한 양심과 이성을 견지하며 이렇게 험한 세상을 살아간다는 건, 면도기와 이쑤시개만 들고 아프리카의 정글을 헤쳐 나가겠다는 말과 똑같다. 그러므로 오늘날 확실한 성공을 거둔 개인이나 국가는 양심이나 이성이 조금도 없는 이들이라고 말할 수 있다."

윤치호는 그처럼 일본제국의 성공에 도덕적 긍정을 부여하지는 않으면서도 서양 제국주의와 대결하는 일본제국의 모습에는 커다란 경외심을 토로

668 윤치호(2001), 앞의 책, p.428.

하고는 했다. 1941년 12월 26일의 일기에서 윤치호는 이렇게 썼다. "홍콩을 끈질기게 방어해 왔던 영국군 사령관이 어제 오후 5시 50분에 끝내 항복했다는 것이다. 이로써 동양에서 참기 힘든 인종적 편견과 거만함을 지녀 왔던 영국 제국주의의 최후 거점이 함락되었다. 난 이것이 영원하길 빈다. 일본은 동양에서 백인의 지배를 무너뜨렸다는 점에서 모든 유색인종의 찬사를 받을 자격이 충분하다."[669] 1943년 1월 1일의 일기에서도 윤치호는 이렇게 썼다. "최근 1년 동안 일본 육해군이 눈부신 연승을 거둠으로써 앵글로 · 색슨족의 위신과 오만이 땅에 떨어졌다. 영국인과 네덜란드인이 3백 년 동안 철권을 휘둘러 왔던 섬들의 성곽과 정부 청사 위로 일장기가 자랑스럽게 나부끼고 있다. 일본인이 기적을 일구어 냈다."

윤치호가 일본의 제국 언술을 수용하는 양태는 그의 일기 막바지 부분에서 절정에 달한다. 그의 제국 언술은 내선일체, 즉 일본과의 철저한 동화를 선택하는 논리의 전개와 궤를 같이했다. 일본제국의 정치적 · 군사적 지배 영역 확장이 최고조에 달한 것처럼 보였던 시대적 조건과도 일치했다. 1943년 3월 1일의 일기에서 윤치호는 이렇게 썼다. "조선인 중 최고 지식인은 히틀러와 스탈린의 저주를 받은 이 세상에서 조선이 자기 보존과 미래의 발전을 도모할 길은 오직 하나임을 알고 있다. 스코틀랜드가 영국의 국가체제에 동화되었던 것처럼, 조선도 위풍당당한 일본제국의 국가체제에 철저히 동화되는 것 말이다. 난 일본의 현명한 지도자들이 일본과 조선의 안녕을 위해 조선을 일본의 스코틀랜드로 만들기를 염원한다. 조선을 일본의 아일랜드로 만들어선 안 된다. 절대로 안 된다." 이어서 1943년 5월 16일의 일기에서는 이렇게 썼다. "지난 11일 도쿄 내각은 조선인 지원병들에게 제국 해군의 병사가 되는 걸 허용하기로 결정했다. 조선인에게는 기념비적인 법령이 아닐 수 없다. 우리는 조선 청년들이 영예로운 일본 해군에 입대할 수 있도

669 윤치호(2001), 앞의 책, p.490.

록 인정해 준 제국 정부에 감사해야 한다. 아무쪼록 조선의 해군 병사들이 일본 해군의 명예에 누가 되지 않게 잘했으면 좋겠다."[670]

윤치호는 일본제국 안에서 제국 / 식민지 사이의 불평등에 대해 불만을 가지면서도 제국 자체를 긍정하고 그 긍정을 논리적으로 정당화하며 제국 언술에 포섭되어 간 경우이다. 윤치호가 비교적 일찍부터 친일 협력의 길에 들어선 인물임에도 불구하고, 1916년에 시작된 그의 일기에서 1930년대 중반에 가서야 비로소 그의 제국 언술이 일본식 제국 언술에 포섭된 양상을 보인다는 점은 흥미롭다.

1930년대 말에 이르면 일본 국가권력에 의해 구속된 한국인이 발표하는 전향 성명이 등장한다. 이들의 전향 성명에서도 '제국'은 일본인의 용법과 동질적인 모습을 띠며 나타난다. 그 대표적인 예는 1938년 7월 「동우회사건 관계자의 전향 성명서」이다. "아마도 우리 조선인은 조선의 통치를 일본의 '식민지 정책'으로 곡해하고 제국의 진실한 의미와 내선內鮮 두 민족의 동아사적東亞史的 새로운 사명을 인식하지 못하였기 때문이다. 동아 여러 민족의 지도자로서 일본 정신의 세계적 선양을 이상으로 신동아시아 역사 건설의 역사적 사명을 완수하기 위하여 분투하고 있는 새 일본의 영광스러운 자태는 이른바 '식민지 조선'을 지양하고 조선을 신일본 구성의 유력한 부분으로 하는 획기적인 현상이라 할 수 있다. 종래의 이른바 민족자결사상은 차츰 조선 민중에게 있어서 무의미하며 동아사 발전의 새 방향을 무시하는 반동적 관념이라는 것이 명확하다." 이 사건을 담당한 경찰의 보고서는 이들 전향 한국인의 제국 언술이 피식민지인과 제국일본 사이의 바람직한 관계상을 저항적 식민지인에게 강제한 결과였음을 적나라하게 드러낸다.[671]

670 윤치호(2001), 앞의 책, p.497.

671 경성 종로경찰서장은 이 전향 성명서의 작성 경과를 밝혔다. 대대적인 선전 목적으로 경찰이 직접 그 내용을 '기초(起草)'하고 '성안(成案)'하는 작업에 깊이 관여했음을 알 수 있다. "…각 관계 방면에 발

1930년대 조선의 유일한 저항적 제국 언술 : 제국 풍자의 두 형태

대단히 예외적인 경우지만, 1930년대에도 식민지 한국인의 언론에는 은근한 풍자의 형태로 제국에 대한 비판적 언술이 남아 있었다. 1936년 7월 21일 『동아일보』에 실린 이윤재李允宰의 칼럼이 좋은 예다. 그는 조선 시대 문관 백호 임제白湖 林悌, 1549~1589의 말을 인용했다. 자신이 임종하는 자리에서 임제는 처자에게 이렇게 말했다고 썼다. "四夷와 八蠻이 다 帝國이 되었거늘 惟獨 朝鮮이 능히 自立하지 못하고, 中國에 入主하였으니 내가 산들 무엇을 하며 내가 죽은들 무엇이 恨 되리요." 이 칼럼의 제목은 「거성의 임종 어록」이었다.[672] 일본의 국가권력이 자신이 구축한 질서를 '제국'이라 칭하고 그것이 지극히 영광스러운 것으로 표상되던 시대에 이윤재는, 그 제국의 위상을 사방에 난립한 오랑캐가 자칭하는 개념으로 폄하했다. 이로써 현실의 일본제국을 풍자하고 조롱한 것이다.

「물곡사勿哭詞」로 일컬어지는 임제의 이 글의 원문이 원형 그대로 전해지는지는 확인할 수 없었다. 현존하는 것으로 이윤재의 한글 번역문과 일치하는 원문은 임제의 후손들이 해방 후에 세운 '물곡사 시비詩碑'에 새겨진 것인데, "四夷八蠻 皆呼稱帝 唯獨朝鮮 入主中國 我生何爲 我死何爲 勿哭"이라고 했다. 이 원문 형태가 그대로 실린 문헌은 찾을 수 없었다.[673] 다만 성호 이익의 『성호사설星湖僿說』에는 임제의 시 원문을 풀어서 옮긴 것으로 보이는 인용이 등장한다. 여기에서 임제의 「물곡사」를 말하는 부분은 "林曰

송하기 위해 기초위원을 선정하고 지난 6월 중순 우선 성안을 얻고 임시 인쇄에 착수하였는데 일부에 그 내용이 극히 미온적이여 반대하는 자가 있기에 더 한층 원고를 작성하고 본부에 출판 허가의 수속을 받고 인쇄를 하여 종료하였다"[「동우회사건 관계자의 전향 성명서 발표에 관한 건」, 京鍾警高秘 제5200호의 4(1938. 7. 1), 한국독립운동사 정보시스템 http://search.i815.or.kr].

672 「巨星의 臨終語錄 ; 四夷六蠻이 다 帝國인데 홀로 自立 못함을 恨한 林悌」, 『동아일보』 1936. 7. 21.

673 『백호시선』(창비, 2011)의 공동 번역자인 성균관대 임형택 교수에 따르면, 그와 동일한 원문은 현존하는 문헌에서는 찾을 수 없다(2013년 5월 필자와 통화).

四海諸國未有不稱帝者獨我邦終古不能生於若此陋邦其死何是惜命勿哭"이라는 구절이다.[674] 여기에서 중요한 것은 어느 쪽이든 임제 자신이 '제국'이라는 개념을 사용하지는 않았으며, 다만 '황제를 칭한다'는 뜻으로 전통 시대에 흔히 쓰이던 '칭제'라는 표현을 사용했다는 사실이다. 이것을 이윤재는 당시 일본이 자처하던 제국이라는 근대적 개념으로 굳이 바꾸어 표현했던 것이다. 이 역시 일본제국을 겨냥한 그의 풍자적인 의도를 명확히 드러내는 대목이라 하겠다.

또한 비슷한 시기에 『동아일보』는 「교황 검거, 용서龍署서 엄조嚴調」라는 제목하에 이렇게 보도했다. "충복 괴산군 사리면 방축리 이종진李鍾震은 황조제국 대정교皇祖帝國 大正教라는 교를 창설하여 □독메게까지 진정을 하고서 자기는 교주가 되는 동시에 봉황전하鳳皇殿下라 하면서 그 본부를 논산군 두마면 신도리에 두고 각처로 돌아다니며 교도를 모으는 일방 기부금도 모집하고 계획을 세우고 시내에 들어와서 각 산으로 돌아다니면서 수림 속 혹은 바우 사이에서 기거해 가며 전도를 해오다가 지난 5월 28일에 용산서원에게 체포되어 이래 엄중한 취체를 받아 왔다는데 동교의 정체는 예전 조선 정국을 모방한 것으로 봉황 이하 영의정領議政, 좌의정左議政, 우의정右議政이 있다 한다."[675]

식민지의 조그만 사이비 교단이 '제국을 참칭'하며 제국의 영역을 누비는

674 성호 이익은 다음과 같이 기록했다. "임백호(林白湖) 제(悌)는 기개가 호방하여 예법의 구속을 받지 않았다. 그가 병이 들어 장차 죽게 되자 여러 아들이 슬피 부르짖으니 그가 말하기를 '사해(四海) 안의 모든 나라가 제(帝)를 일컫지 않는 자 없는데, 유독 우리나라만이 예부터 그렇지 못했으니 이와 같은 누방(陋邦)에 사는 신세로서 그 죽음을 애석히 여길 것이 있겠느냐?' 하며, 명하여 '곡(哭)하지 말라' 고 하였다. 그는 또 항상 희롱조로 하는 말이 '내가 만약 오대(五代)나 육조(六朝) 같은 시대를 만났다면 돌려 가면서 하는 천자(天子)쯤은 의당 되고도 남았을 것이다' 하였다. 그래서 한 세상의 웃음거리로 전했었다" [이익(1978), 『성호사설』 권9 인사문(人事門) 「선희학(善戲謔)」, 신호열 옮김, 한국고전번역원(http://db.itkc.or.kr)].

675 「敎皇檢擧 龍署서 嚴調, 皇祖帝國大正敎 李鍾震 씨를」, 『동아일보』 1936. 6. 6.

작태는 자기중심의 동아시아 질서를 표상하는 데 제국의 언술을 적극 활용하고 있던 식민지 권력에게는 일종의 황당한 모욕insulting absurdity이 아닐 수 없었을 것이다.

Part 6

전후 세계와 제국 : 개념의 이중적 횡단

1. 전후 제국 개념의 세 국면

20세기 전반 동아시아에서 일본 정부는 자신을 일컬어 '제국 정부'라 말하기를 즐겼다. 전통 시대 중국이 '천하'라는 개념을 통해 자기중심의 국제 질서를 사유했던 것처럼, 제국주의 시대 일본은 제국 개념에 의거해 중국을 대체하여 일본이 중심이 된 동아시아 질서를 표상하고자 했다. 일제가 망하는 순간까지 일본 언론에는 거의 매일 국가권력의 자기정체성 표명으로서의 제국의 언술이 등장했다. 1945년 8월 15일 방송된 포츠담선언 수락 연설에서도 천황이 일본을 가리키기 위해 선택한 표현은 '제국'이었다. 제2차 세계대전의 종결과 함께 비로소 제국 시대의 종언이 시작되었다. 그와 함께 제국 개념은 매우 다른 운명에 처한다.

전후 제국 개념의 진화는 크게 두 차원의 횡단적 내지는 초월적 성격을 띤다. 첫째는 영토성과 탈영토성 사이의 횡단이다. 전전戰前과 전후의 제국 개념에서 가장 두드러진 것은 역시 영토성의 약화와 탈영토성deterritorialization에의 전환이었다. 국제 질서가 적어도 형식에서 주권국가체제로 변함에 따라 제국이라는 용어가 새 질서에서 새 소용所用을 찾아 동원되는 과정에서 변신하였다. 그 개념 변신의 핵심은 탈영토성에 있었다. 그런데 영토성을 완전히 탈각하는 것과는 거리가 있었다. 그래서 영토성과 탈영토성 사이의 횡단이라는 성격을 띠게 된다고 할 수 있다.

그런데 이 영토성/탈영토성의 문제에도 두 가지 다른 차원이 있었다. 냉전기에서 주로 문제가 된 영토성/탈영토성의 차원은 제국적 지배의 대상이 된 사회들에 대한 공식적인 영토적 지배가 제국의 조건이냐 하는 문제였다. 또한 이 시기의 중요한 변화는 제국 개념이 냉전의 도구로 동원된다는 점이다. 제국 개념의 탈영토화와 냉전의 도구화, 이 두 현상은 서로 연관된 것이었다. 적대 진영의 국제 질서를 제국의 질서로 비판하기 위해 제국은, 한편으로 탈영토성을 부여받는 동시에 다른 한편으로는 영토적 지배라는 구악舊惡의 본질을 여전히 내포한 것으로 은근히 상정되기도 했다. 이렇게 영토성과 탈영토성이 복합적으로 존재했다.

탈냉전기에는 다른 차원에서 제국 개념이 탈영토성을 보인다. 탈냉전의 시대는 또한 세계화의 시대이기도 했다. 이 시기 제국의 개념은 냉전기에 이루어진 제국적 지배의 영토성/탈영토성의 문제가 이중적으로 심화된다. 대상에 대한 제국적 지배의 영토성/탈영토성이라는 차원에서 한 걸음 나아가 제국적 지배 주체의 탈중심성 내지 탈영토성이 중요한 주제로 떠올랐다. 안토니오 네그리Antonio Negri, 1933~와 마이클 하트Michael Hardt, 1960~의 제국 개념에 의해 본격적으로 제기된 탈영토성은 이른바 '제국의 사령부imperial command'가 어디에 소재하는가 하는 문제로 집약될 수 있다.

그렇다고 해서 탈냉전 시대 제국 개념의 전개는 그러한 두 차원의 탈영토성이 단선적으로 강화되는 방향으로 이루어진 것은 아니다. 특히 9·11테러와 함께 전개된 미국의 대테러 전쟁 시대에 제국적 지배 주체는 미국이라는 국민국가의 특정한 영토적 소재와 동일시되었다. 제국적 지배의 주체의 재영토화再領土化 현상이라고 할 수 있다. 그러나 미국의 대테러 전쟁이 수렁에 빠지고 중국이라는 미래의 헤게모니 세력이 본격 부상하는 것처럼 보이면서, 미국을 제국적 지배의 주체로 동일시하는 담론은 급속하게 쇠퇴하는 양상이 뒤를 잇는다.

이처럼 냉전기와 탈냉전기의 제국 개념은 두 가지 다른 차원에서의 영토성과 탈영토성 사이의 횡단이라는 문제를 내포하고 있는데, 이 둘 사이에 다리를 놓는 개념사적 계기가 있었다. 제국 개념의 '이념적 횡단'이 그것으로, 제국 개념의 탈이념화 또는 더 나아가 도덕적 복권을 뜻한다. 냉전기에 제국으로 지칭되는 질서는 이념적 적대 진영을 가리키는 것이었다. 그러나 탈냉전기에 미국의 보수주의자들이 제국으로 호명하는 질서는 더 이상 반드시 이념적 적대 진영이 아니었다. 미국 자신 내지는 전 지구적인 자본주의 질서에도 제국의 칭호를 부여했다. 결국 전후 제국의 개념은 냉전기에는 극단적인 형태의 이념적 포로였다가, 냉전 말기 탈이념의 과정을 거쳐 탈냉전과 세계화의 시대에는 20세기 초에 이미 누린 바 있는 도덕적 권위마저 회복하는 커다란 진폭의 이념 / 탈이념의 횡단을 경험하게 되는 것이다.

이렇게 영토성의 횡단 그리고 이념성의 횡단이라는 두 계기를 거침으로써 전후의 제국 개념은 부단히 재생산되었다. 냉전기에는 주로 탈영토성이라는 계기를 거침으로써 약소 사회들에게 형식상의 정치적 주권이 존재하는가 여부를 떠나 그 질서에 '제국'의 딱지를 붙일 수 있었다. 그런데 '공산주의 적색 제국'이 붕괴한 탈냉전기에는 이념적 횡단이라는 계기를 통해서 제국 개념은 여전히 민주적 자본주의를 주도하는 국가들의 질서에도 적용할 수 있게 된다. 탈냉전과 함께 찾아온 세계화의 시대에 제국 개념이 적실성을 갖도록 변신하는 과정에서 탈영토성은 한 차원 더 심화되어, 이제는 제국 지배의 주체에 대해서까지 탈영토성이 확대 · 적용되었다. 말하자면 제국의 사령부 소재마저 탈영토적 횡단을 경험한다. 이처럼 영토성과 이념성에 걸친 이중적 횡단의 개념적 장치에 힘입어 '제국'은, 천변만화의 전후 세계 질서에서 중심과 주변의 관계에 대한 가장 일상적인 질서표상 개념의 지위를 유지하며 끊임없이 재생산되고 복권되어 온 것이다.

이 같은 전후의 양상을 여기에서는 크게 세 부분으로 나누어 구체적으로 고찰하고자 한다. 첫째는 제국 개념이 냉전기에 겪는 영토성과 탈영토성의 횡단 양상을 살펴본다. 둘째는 냉전기와 탈냉전기 제국 개념의 진화에 결정적 계기를 제공하는 이념적 횡단 내지 도덕적 복권의 지성사적 과정을 추적한다. 셋째는 탈냉전기에 전개된 또 다른 차원의 탈영토성의 문제, 즉 제국적 지배 주체가 영토성과 탈영토성 사이를 횡단하는 양상을 살펴볼 것이다.

2. 냉전기 제국과 영토성/탈영토성의 횡단

탈식민 시대 냉전의 도구로 된 제국 개념

도미니크 리벤이 지적하듯이 제국의 시대에 제국은 권력의 상징이었을 뿐 아니라 진보와 문명의 선봉을 뜻했다. 그러나 고전적인 제국체제가 무너진 전후 세계에서 제국은 더 이상 긍정적 의미로 쓰이지 않았다. 이제 그것은 '더러운 말a dirty word'이 되었다.[676] 적어도 두 가지의 역사적 상황이 그러한 개념사적 배경을 이루었다.

먼저 전 지구적 차원에서 국제 질서가 탈식민주의 질서로 되면서 약소 사회들도 독립국가를 구성하는 국민국가의 시대가 되었다. 새 질서의 한 축을 담당한 소련과 중국 공산당은 민족 해방의 이념을 주도했고, 제국 건설의 후발자였던 미국 역시 다분히 상황적이고 편의주의적이기는 했으나 민족

676 Lieven, Dominic(2002), *Empire : The Russian Empire and Its Rivals*, Yale University Press, p.4.

자결주의를 주창한 것도 중요한 배경이었다.

아울러 제국주의의 시대가 전쟁의 참혹과 파시즘 그리고 제노사이드의 폭력으로 점철되었던 만큼, 자주적 국민국가의 건설은 모든 악에 대한 치유책으로 인식되었다. 새로운 국민국가체제하에서 벌어진 많은 악 역시 제국주의 시대의 불행한 유산으로 해석되고는 했다. 전체주의와 그 폭력이 제국주의와 그 역사적 전개에서 불가분한 관련이 있다는 인식의 유포도 제국의 개념사적 추락에 영향을 미쳤다.[677]

냉전의 도구로서의 제국 개념 : 탈영토성과 영토성의 이중적 내포

전후 탈식민과 냉전의 질서하에서 제국은 불의不義한 지배와 폭력의 표상이었다. 냉전체제는 적대 진영의 국가 간 관계의 성격을 부정적으로 규정하는 편리한 수단으로 제국의 개념을 동원했다. 이러한 동원을 위해서는 제국의 영토성과 관련한 개념적 전환이 필요했다. 그 결과 이 개념은 미묘한 이중적 성격을 띠게 되었다. 한편으로 제국은 영토적 지배를 전제하는 개념적 용법의 굴레로부터 해방되어야 했다. 그리고 다른 한편으로는 상대 진영을 제국의 질서로 비판할 때 그 안에서는 약소국의 영토적 주권이 실존하지 않

677 전체주의와 그 폭력의 역사적 연원을 제국주의에서 찾는 대표적 사상가로서 한나 아렌트(Hannah Arendt)를 빠뜨릴 수 없다. 아렌트는 영국이 대표하는 해양제국주의(overseas imperialism)와 독일 및 러시아와 같은 대륙제국주의(continental imperialism) 모두 전체주의의 씨앗을 뿌린 것으로 파악했다[Arendt, Hannah(1973[1951]), *The Origins of Totalitarianism*, Harcourt, Brace and Co., pp.185~266]. 아렌트는 범게르만주의(Pan-Germanism)나 범슬라브주의(Pan-Slavism)와 같은 초국적인 형태의 종족적 민족주의를 바탕으로 한 독일과 소련의 제국주의가 장차 히틀러체제와 스탈린체제의 전체주의의 중요한 역사적 자원이었다고 파악한 것은 물론이다[Arendt, Hannah(1973[1951]), 앞의 책, pp.222~266]. 그뿐만 아니라 아렌트는 영국의 식민주의가 아프리카와 인도에서 실천하고 발전시킨 것들, 즉 법이 아닌 관료주의에 의한 식민 지배, 비밀경찰의 체제, 인종주의의 제도화 등의 제국주의 지배 양식이 인종주의적 전체주의(racist totalitarianism)의 역사적 자원으로 기능했다는 점 또한 주목하였다[Arendt, Hannah(1973[1951]), 앞의 책, pp.185~221].

는다는 강한 암시를 내포한 방식으로 쓰여야만 했다. 따라서 제국은 탈영토성을 부여받는 동시에 영토성을 여전히 함유한 개념으로 쓰이는 이중성을 안게 되었다.

소련은 미국과 서방을 '형식을 달리한 제국주의' 또는 '신식민주의'로 정의했다. 미국은 소련 공산주의를 '적색 제국주의' 또는 '적색 제국red empire'으로 규정했다. 해방과 함께 복간된 한국의 『동아일보』에서 전개되는 제국의 언술은 그러한 개념사적 변화를 잘 보여 준다. 우익 계열에 속했던 이 신문은 소련을 포함한 국제 공산주의를 비판하는데, 제국주의와 제국이라는 개념을 집중 동원했으며 이 언술의 공급처는 미국과 영국이었다. 한 기사는 '소련 공산주의는 신판 제국주의'라고 비판한 애틀리 영국 수상의 발언을 실었다.[678] 이 연설에서 애틀리는 "東歐羅巴 各國의 共産黨은 地主制度와 資本主義라는 經濟的 專制를 打破하는 同時에 個人의 自由와 政治的 民主主義라는 西歐羅巴의 精神的 遺産 全般을 排除하고 있는 形便이다. 한편 蘇聯의 共産主義者는 思想的·經濟的 또는 戰略的인 새로운 帝國主義를 行使하여 歐羅巴 各國의 福利와 生活樣式을 威脅하고 있다"고 주장했다. "서구 제국주의가 동남아를 혼란에 빠뜨리고 있다"는 『뉴욕타임스』의 논평을 실은 데에서 보이듯이,[679] 제국주의 비판은 그때까지 잔존하고 있던 유럽 제국주의에 대한 비판의 수단이 되기도 했다. 그러나 1940년대 말 이후 제국과 제국주의는 철저하게 냉전의 개념적 도구로 전환되었다.

1949년 『동아일보』는 태평양동맹을 구축하여 적색 제국주의를 방지하자는 엘피디오 키리노 필리핀 대통령의 제의를 연달아 보도했다. 또 이승만 대통령이 그 주장에 동조했다는 기사를 싣는다.[680] 1950년 1월에는 워싱턴

678 「蘇聯共産主義는 新版 帝國主義 「애트리」 英 首相 放送(肖)」, 『동아일보』 1948. 1. 6.

679 「西歐 帝國主義 東南亞를 混亂 타임스紙 評」, 『동아일보』 1949. 3. 1.

680 「赤色帝國主義防止 太平洋同盟結成 키리노 比律賓大統領提議」, 『동아일보』 1949. 7. 6 ; 「民主陣營은 共生同死 防共團結을 强化 李大統領太平洋同盟에 言及」, 『동아일보』 1949. 7. 17.

에서 미국 정부의 필립 제섭 특사가 '자유국가를 적극 원조'함으로써 '적색 제국주의를 반대'하는 것이 미국 극동 정책의 핵심임을 천명하는 연설을 했다고 보도했다.[681] 한국전쟁을 불과 한 달 남짓 앞두고 있던 1950년 5월 『동아일보』는 '북대맹北大盟' 12개국 외상이 런던 회의에 참석하여 '소련 제국주의 봉쇄'를 위해서 서방 재무장을 토의했으며, 대소련 재무장에 합의했다고 보도했다.[682] 그 일주일 전에 『동아일보』는 미국 트루먼 대통령이 "치열한 '자유 투쟁'을 벌이고 있는 한국 등 아주 인민을 물심양면으로 계속 원조"할 것을 약속했다는 기사와, 미 국무부가 "소련 제국주의를 배제하고 '트루만'주의를 아주에 확대한다"고 말한 성명을 실었다.[683]

이후 1950년대에는 이처럼 적색 제국주의, 소련 제국주의 또는 소련 식민주의라는 용어와 함께[684] 공산제국 또는 소련제국이라는 개념이 자주 등장했다.[685] 1959년의 한 기사에 따르면, 한국 휴전선의 정전위원회 남북회담에서 유엔 측 수석대표 윌리엄 비들 소장이 "괴뢰 치하의 북한은 공(산)당 제국의 식민지"라고 북한 측을 비난했다.[686] 1961년의 한 기사는 소련과 '북괴'의 군사동맹을 가리켜 '공산제국 강화책'이라고 주장한 미 국무성 성명을 인용했다.[687] 한편 1962년 6월의 한 기사에 따르면, 중국 공산당은 공

681 「「제섭」 大使 極東策再闡明 赤色帝國主義反對 自由國家 積極援助」, 『동아일보』 1950. 1. 20.

682 「對蘇聯 再武裝에 合意 北大盟理事會 第一日 蘇 帝國主義를 封鎖總力外交로 新冷戰에 對處?」, 『동아일보』 1950. 5. 17.

683 「「트」 大統領 亞洲 人民을 鼓吹 韓國 等 自由鬪爭熾烈 美 物心兩面으로 援助繼續」, 『동아일보』 1950. 5. 11.

684 「蘇聯 植民主義의 膨脹 : 「유에쓰 · 뉴쓰 · 앤드 · 월드 · 리포트」誌 論說(三) 擴大되는 「共産帝國」 蘇는 中東과 阿弗利加에도 발부처」, 『동아일보』 1956. 6. 29.

685 예를 들면, 「「크레므린」의 危機(一) 五年內로 屈服할 듯 共産帝國은 崩壞段階」, 『동아일보』 1957. 2. 3 ; 「"蘇帝國崩壞의 要因" 「엘브릭크」 美國務次官補, 「티토」 行動을 讚揚」, 『동아일보』 1958. 6. 5.

686 「傀儡治下의 北韓은 共産帝國의 植民地 유엔 停戰委서 攻駁」, 『동아일보』 1959. 6. 26.

687 「蘇 · 中共暗鬪深刻 美 · 蘇 北傀軍盟을 注視 伯林危機와 關聯與否도 檢討」, 『동아일보』 1961. 7. 7.

산권 동맹에서 이탈한 유고슬라비아의 티토를 제국주의자로 비판했다.[688]

그런데 적대 진영을 '제국의 질서'로 비판할 때, 그 질서에서 강자가 약소국의 영토적 주권을 유린하여 약자의 주권은 사실상 허울만 남아 있다는 강한 암시를 동반했다. 따라서 제국 개념은 영토성을 탈각하는 것이 아니라 영토성의 차원을 여전히 함유한 방식으로 동원된 면이 있었다. 그래서 언뜻 보면, 서방과 공산 진영이 각각 상대방을 향해 제국이라고 규정하는 것은 탈영토화된 제국 개념의 적용이지만, 그 질서 안에서 약소국에게는 실질적인 영토적 주권이 없다고 암시하는 점에서 영토성의 차원을 은유적 형태로 여전히 담고 있었던 것이다.

미국을 비롯한 서방의 정치권과 학계는 국제 공산주의 내부의 국제 관계에 대해 위성국가satellite states 또는 모노리스monolith의 개념을 동원했다. 이 역시 공산권 중소 국가들과 소련의 관계를 종주국과 속방의 관계로 정의하려는 의식적인 용어 선택이었다. 공산권 내의 국제 관계가 주권적이고 다원적인 관계임을 부정하는 언술이었다. 이 용어들은 이 시기 서방에서 공산권을 가리키기 위해 쓰인, 제국의 개념과 연관된 일종의 의미장을 구성하였다고 할 수 있겠다. 그리고 이 용어들은 제국주의 시대의 제국에 속한 약소국들이 영토적 주권을 상실한 상태를 애써 표상하고자 한 것이었다.[689]

전후 세계 자본주의론에서 제국과 탈영토성

제국주의와 제국의 개념은 식민주의와 달리 약소국들이 공식적인 정치적 주권을 행사하는 전후 질서에서도 특히 마르크스주의자나 리버럴 좌파에

688 『동아일보』 1962. 6. 3.

689 냉전기에 모든 제국 논의가 그러했다고 말하는 것은 아니다. 제국 개념의 냉전도구화 경향에서 자유로운 학술적인 제국 연구도 분명 계속되었다. 리처드 코브너나 S. N. 아이젠슈타트의 연구는 대표적인 것들이라 하겠다. Koebner, Richard(1961), 앞의 책 ; Eisenstadt, S. N.(1993), *The Political Systems of Empires*, Transaction Publishers(originally published by Free Press in 1963).

의해 여전히 사용되었는데, 여기에는 몇 가지 이유가 있었다. 첫째, 원래 고전적 마르크스주의에서 제국주의 개념은 영토적 지배 자체를 핵심 요소로 전제한 것이 아니었다. 둘째, 이 같은 이론적 전통 속에서 전후 세계 자본주의 질서에 대한 비판자들은 다만 전전과 전후의 질서에서 제국주의가 작동하는 방식을 구분하기 위해 공식 제국과 비공식 제국을 구분하는 작업을 진행한다. 그래서 제국은 광역적 지배의 다양한 형식을 가리킬 수 있는 학술적 개념으로 변용된다. 식민주의가 광역적 지배의 특정한 형식, 즉 공식적인 영토적 지배 형식을 가리키는 데 한정된 반면,[690] 제국은 광역적 지배의 다양한 양식을 포괄적으로 가리키는 용어로 사용된 것이다. 셋째, 전후 세계에서 미국은 해외에 여러 형태로 직접적인 정치군사적 통제 장치를 확보한다. 미국 군사기지의 전 지구적 배치가 그러했다. 이같이 미국이 세계 많은 지역에 가진 준영토적 지배력은 비공식성과 함께 공식성을 동시에 내포한 것으로 인식될 수 있었다. 이를 가리키는 데에는 다의성이 부여된 제국이라는 개념이 적절해 보였다.

고전적 마르크스주의에서 제국 개념의 탈영토성

고전적 마르크스주의에서 제국주의 개념에는 광역적 지배가 내포되어 있다. 그러나 그것이 반드시 정치군사적 통제만을 의미한 것은 아니다. 본질적인 지배는 경제적인 것이며 정치적 관계는 그 반영 내지 외피에 불과하다는

690 스티븐 호위는 제국과 제국주의의 개념을 정리하면서 이 개념들이 식민지화(colonization) 및 식민주의(colonialism)라는 개념과 갖는 차이를 지적한다. 전후 세계 질서에서 미국과 필리핀, 소련과 폴란드의 관계를 그 예로 든다. 두 경우 모두 미국과 소련이 각각 필리핀과 폴란드에 행사한 간접적 또는 비공식적인 정치적 통제에 대한 정치적 입장(political preference)에 따라 제국주의로 부를 수는 있다고 말한다. 그러나 호위는 두 경우 모두 식민주의는 아니라고 못 박는다. 필리핀과 폴란드는 공식적인 정치적 주권(formal political sovereignty)을 갖고 있었기 때문이며, 또한 상당수 미국인이나 러시아인이 필리핀과 폴란드에 이주하여 그곳에서 지배력을 행사한 일이 없기 때문이다[Howe, Stephen (2002), 앞의 책, p.32].

유물론적 이데올로기 관점에서는, 약소국의 공식적인 정치적 주권 여부는 어차피 결정적인 문제가 아니었다. 좌파의 비판적 이론체계에서 제국주의와 제국이 지닌 이러한 개념사적 특징은 루돌프 힐퍼딩Rudolf Hilferding, 1877~1941,[691] 니콜라이 부하린Nikolai Bukharin, 1888~1938.3.14,[692] 그리고 블라디미르 레닌Vladimir Lenin, 1870~1924[693]으로 이어진 고전적 마르크스주의 제국주의론의 전통에서 크게 기인했다.[694]

고전적 마르크스주의자들의 제국주의 개념은 제1차 세계대전 전야의 빈과 베를린에서 활동하던 러시아 망명자 집단에서 발전했다. 힐퍼딩은 그들과 함께 생활했다. 비슷한 시기 부하린과 레닌도 정치적으로 그리고 지적으로 깊은 동지적 관계 속에서 함께 작업했다. 이 고전적 마르크스주의자들의 원래적인 개념에서 제국주의는 기본적으로 '해외 영토를 두고 선진 자본주의 국가 사이에 벌어지는 경제적 및 정치군사적 경쟁'을 가리켰다.[695] 제국적 지배의 대상에 대한 공식적인 영토적 지배 여부에 좌우되는 개념이 아니었던 것이다.

전후 서방 학계에서 '비공식 제국'론의 전개

패트릭 울프는 이렇게 말했다. "현대 전 지구적 담론의 핵심 요소의 하나는 제국주의가 '탈영토화'된 정도이다. 이것은 지극히 복잡한 현상이며, 또한 아직 부상 중인 현상still emerging phenomenon이다."[696] 전후 좌파는 이 현상

691 Hilferding, Rudolf(1910), *Le Capital Financier(Finance Capital)*, Éditions de Minuit.

692 Bukharin, Nikolai(1917), *Imperialism and World Economy*, Merlin.

693 Lenin, Vladimir Ilich(1969), *Imperialism : The Highest Stage of Capitalism*, New York International Publisers(originally published in 1917 in Russian).

694 Brewer, Anthony(1980), *Marxist Theories of Imperialism : A Critical Survey*, Routledge & Kegan Paul, p.79.

695 Brewer, Anthony(1980), 앞의 책, pp.79~80.

696 Wolfe, Patrick(2004), "The World of History and the World-As-History : Twentieth-century Theories of Imperialism," Prasenjit Duara, ed., *Decolonization : Perspectives from Now and*

을 일찍이 간파했다. 1950년대에 등장한 공식 제국주의와 비공식 제국주의라는 개념적 구분은 그러한 요청에 대한 부응이었다. 비공식 제국의 개념을 학계 일반에 보편화시킨 것은 1953년 발표된 존 갤러거와 로널드 로빈슨의 논문이다.[697] 직접적인 식민 지배 양식을 '공식 제국'이라 하고, 자유무역을 통한 간접적인 경제적 지배와 수탈의 체제를 '비공식 제국'으로 정의했다. 그것은 곧 자유무역 제국주의와 같은 의미로 쓰이기도 했다. 갤러거와 로빈슨에 따르면, 그 둘은 모두 제국주의적 지배의 상이한 형태일 뿐이었다.

유의할 점은 전전의 제국주의는 공식 제국주의이고 전후의 제국주의는 비공식 제국주의라는 식의 분류가 아니라, 19세기에 있어서의 영국 제국주의 역시 공식성과 비공식성을 함께 갖고 있었다는 게 갤러거와 로빈슨의 지적이다. 이러한 개념적 재정의는 빅토리아 시대1837~1901 중엽, 즉 1840년대에서 1870년대 무렵 영국의 대외 팽창 방식은 반제국주의anti-imperialism이고, 1880년대 아프리카에서 그리고 1890년대 아시아에서 전개된 식민지화 열풍scramble에서 비로소 제국주의가 구현된 것이라는 당시 유력한 관점에 대한 비판을 담고 있었다.[698] 같은 맥락에서 갤러거와 로빈슨은, 19세기 말 경 영국은 스페인의 영향력이 강한 라틴아메리카에서는 자유무역 제국주의, 즉 비공식 제국을 추구했지만, 자신의 영향력이 압도적인 인도에서는 중상주의적인 공식 제국 즉 직접적인 식민 지배를 지향한 것으로 보았다.

Then, Routledge, p.109.

697 Gallagher, John and Ronald Robinson(1953), "The Imperialism of Free Trade," *The Economic History Review*, Vol.6. 1953년 갤러거와 로빈슨의 논문이 제국 및 제국주의를 공식적인 식민지적 통치로부터 개념적으로 분리시켜, 비공식적 통제(control)도 그 개념에 포함시킨 최초의 시도로 보는 평가를 제시한 학자로는 마이클 도일이 대표적이다[Doyle, Michael W.(1986), 앞의 책, p.32]. 또 다른 예는 수전 스트레인지이다[Strange, Susan(1987), "The Persistent Myth of Lost Hegemony," *International Organization* Vol.41, No.4]. 이에 앞서 제국 및 제국주의 개념을 둘러싸고 갤러거와 로빈슨이 주도한 논쟁은 1976년 책으로 출간되었다[Louis, W. Roger, ed.(1976), *Imperialism : The Robinson and Gallagher Controversy*, New Viewpoints].

698 Doyle, Michael W.(1986), 앞의 책, p.32.

미국이 중심이 된 전후 자본주의 세계경제를 과거의 영토주의적 체계와 구분하여 비공식성을 본격적으로 이론화한 시도는 세계체제론world systems theories의 제국 담론에서 나타난다. 조반니 아리기Giovanni Arrighi, 1937~2009는 이 학파 리더의 한 사람이다. 그는 20세기 전반의 금융자본주의와 전후 세계자본주의를 구별하는 근본적인 차이는, 전후 자본주의 세계체제에서 주요 국가 간의 경쟁이 주로 다국적기업을 통한 자본의 직접 수출이라는 형태를 취한 것이라고 지적했다.[699] 전후 자본주의 국가들의 경쟁은 영토적 팽창 경쟁을 수반했던 과거의 제국주의와 근본적으로 구별되어야 한다는 주장이었다. 그에게 다국적 자본주의는 비공식 제국주의informal imperialism의 발전을 의미했다. 비공식 제국의 발전은 전후 다국적 자본주의의 발전의 결과였지만, 제3세계에서의 민족주의적 저항이 발전한 것 역시 또 다른 중요한 요인이었다고 아리기는 덧붙였다.[700] 세계체제론은 이 같은 논리를 통해 레닌의 제국주의론이 전제했던 독점자본주의 시대의 제국주의와 전후 자본주의에서 제국주의 및 제국의 차별성을 개념화했다.[701]

전후 미제국에서 비영토성과 영토성의 혼재

전후 비영토화된 제국 개념의 중심에 위치한 것은 역시 미국이었다. 그런데 전후 미'제국'American Imperium은 현실에서도 개념적 이해에서도 철저하게 비영토적 성격만 가진 것으로 이해되지 않았다는 점도 지적되어야 한다. 그런 의미에서 '미제국'은 언제나 권력의 영토적 차원과 비영토적 차원의 상호작용으로서 존재했다는 피터 카첸스타인의 지적은 매우 적절하다.[702]

699 Arrighi, Giovanni(1983), *The Geometry of Imperialism : The Limits of Hobson's Paradigm*, translated by Patrick Camiller, Verso, pp.141~143.

700 Arrighi, Giovanni(1983), 앞의 책, p.139.

701 Arrighi, Giovanni(1983), 앞의 책, pp.157~161.

702 Katzenstein, Peter J.(2005), *A World of Regions : Asia and Europe in the American Imperium*, Cornell University Press, p.208.

전후 미국 역사학에서 '미제국'론을 본격적으로 제기하고 그것이 내포한 영토 팽창주의적 성격을 전면에 내세운 것은 물론 위스콘신학파로 불리는 수정주의자들이었다. 그 대부라고 할 수 있는 윌리엄 애플먼의 '미제국'론이 미국 역사학에 기여한 바의 핵심은 서부미국사Western American History에 대한 학문적 영향이다. 윌리엄은 미국의 서부로의 팽창, 이른바 서부 개척이 결국 식민주의와 제국주의의 범주에 부합하는 것임을 주장했다. 이로써 미국 서부팽창사 연구가 제국 개념의 중심성을 인식하도록 만들었다.[703] 토머스 매코믹은 이 시기 미제국 건설의 영토주의적 성격을 일컬어 '섬제국주의insular imperialism'로 개념화하기도 했다. 섬제국주의란, '주요 시장에 접근하는 전략적 디딤돌로서 잠재적 유용성이 있는 섬이나 섬 같은 지역islands and enclaves'을 미국령으로 만드는 것이다.[704] 오늘날 미국 역사학계는 미제국에 내재한 '영토주의'의 뿌리 깊은 역사를 '미 제국주의의 국내사internal history'로 개념화하기도 한다.[705]

여기에서 우리는 한 가지 흥미로운 개념사적 현상과 만난다. 전후 탈식민의 시대에, 한편에서는 세계 자본주의 경제가 담고 있는 지배와 착취의 내용을 개념적으로 포착하는 데 있어서 제국주의와 제국 개념의 적실성을 정당화하기 위해 학자들은 제국 개념의 탈영토화를 추구했다. 그런데 다른 한편에서는 미제국의 영토주의적 전통을 확인하려는 집요한 노력을 전개한 것이다. 그 결과, 냉전기 제국 개념은 탈영토화와 함께 영토성에 대한 주목

703 Limerick, Patricia Nelson(2001), "Dilemmas in Forgiveness : William Appleman Williams and Western American History," *Diplomatic History*, Vol.25, No.2(Spring), p.294.

704 McCormick, Thomas J.(1967), *China Market : America's Quest for Informal Empire 1893~1901*, Ivan R. Dee, p.106.

705 Jones, Gareth Stedman(1972), "The History of US Imperialism," R. Blackburn, ed., *Ideology in Social Science : Readings in Critical Social Theory*, Vintage ; Arrighi, Giovanni(2007), *Adam Smith in Beijing : Lineages of the Twenty-First Century*, Verso ; 조반니 아리기(2009), 『베이징의 애덤 스미스 : 21세기의 계보』, 강진아 옮김, 길, p.343.

이 혼재하는 양상을 띠었다.

전후 세계 질서에서 카첸스타인이 말하는 미제국의 영토주의적 성격이란 특히 군사기지의 형태로 다른 나라들의 영토를 부분적으로나마 직접적으로 통제하는 것을 뜻했다. 미국은 한편으로는 20세기 후반 전 기간에 걸쳐 상품, 자본, 용역의 초국경적인 유통을 방해하는 장벽들을 제거하기 위해 강력한 노력을 기울였고, 그것은 제국의 탈영토성 구현에 크게 기여했다. 다른 사회의 경제에 대한 자유로운 접근은 미국의 기획적인 이해관계였고, 미국의 비영토적 권력의 원천이 되었다. 그러나 동시에 전후 첫 수십 년은 냉전을 배경으로, 그리고 2000년대에는 대테러 전쟁을 명분으로 수십에 이르는 다른 나라의 영토에서 군사기지를 운영하고 있다. 그래서 '미제국은 영토적 권력과 비영토적 권력의 종합convergence of territorial and non-territorial power을 내포'한다.[706]

이처럼 전후에 미국의 외교와 대외 경제정책을 논하는 많은 비평가에게 미국은 여전히 '제국'이었다. 한편으로는 고전적 마르크스주의론의 제국주의 개념이 직접적 영토 지배를 불가결한 전제로 내세우지 않았다는 점과 함께 비공식 제국이라는 개념이 중요한 논리적 근거가 되었다. 그런가 하면 카첸스타인이 지적한 바와 같이, 전후 미국이 세계 도처에 확립한 군사기지의 사슬, 이를 통한 전 지구상 곳곳의 방대한 규모에 이르는 영토의 직접 통제 장치가 보여 주는 전후 제국의 영토성 역시 '미제국' 개념에 담긴 중요한 요소였다.[707]

706 Katzenstein, Peter J.(2005), 앞의 책, p.210.

707 전후 미제국이 내포한 영토성을 부각시키는 경우는 대체로 미국 제국주의의 군사주의 측면을 주목하는 비판가들에서 두드러진다. 냉전기에는 보수적 이론가로 통했으나 탈냉전기에 들어 오히려 세계 지배를 향한 미국의 군국주의 경향이 노골화하고 있다고 비판하면서 '미제국'론을 펼친 찰머스 존슨의 경우는 좋은 예이다[Johnson, Chalmers(2004), *The Sorrows of Empire : Militarism, Secrecy, and the End of the Republic*, Metropolitan Books].

3. 전환기의 이념적 횡단 : 우파의 미제국론, 좌파의 소련제국론

신보수주의와 미제국의 의미 전복

전후 미국의 세계 인식의 지성사에서 흔히 수정주의자로 통하는 사람들은 대부분 리버럴 좌파라 할 만한 지식인이다. 이들이 미국의 제국주의를 거론하고 그 맥락에서 미국을 제국으로 거론하는 것은 하등 이상한 일이 아니었다. 위스콘신학파의 대표적 학자 중 한 사람인 월터 라페버의 주저 중 하나는 미국을 가리켜 '새로운 제국'이라고 불렀다.[708] 수정주의 전통을 지속하는 미국의 외교사학계 내 흐름에서 미국에 관한 비판적 제국주의론의 담론은 부단히 지속되고 있다.[709] 미국 외교사학회가 발행하는 전문 학술지

708 LaFeber, Walter(1963), *The New Empire : An Interpretation of American Expansion, 1860～1898*, Cornell University Press.

709 그러한 흐름을 대변하며 1990년대에 출간된 대표적인 예로는 다음이 꼽힌다. Kaplan, Amy and Donald E. Pease, eds.(1993), *Cultures of United States Imperialism*, Duke University Press.

인 『디플로매틱 히스토리』는 미국 외교사학계의 '리버럴 주류'쯤에 속한다고 할 수 있겠는데, 비판적 '미 제국주의'론의 전통을 잇는 글들이 종종 실리고 있다.[710]

흥미로운 것은 미국을 제국으로 보는 관점에 대해 미국 보수주의 안에서 신보수주의자들이 보인 특이점이다. 일반적으로 보수주의자들은 소련을 제국주의로 파악하고 소련제국이라는 용어를 자유롭게 사용하는 반면, 미국에 대해서는 '제국'이라는 표현을 극력 삼갔다. 예외는 바로 신보수주의자들이었고, 그런 경향은 이미 1960년대에 시작되었다.

수정주의자나 좌파 학자들이 미 제국주의를 논하는 것과는 매우 다른 의미에서 미국은 이미 제국적 권력imperial power을 가진 제국이며 이 사실을 긍정하고 이로부터 미국의 외교정책을 인식하고 구상해야 한다는 생각은, 신보수주의의 대부로 통하는 어빙 크리스톨Irving Kristol, 1920~2009이 1967년에 발표한 에세이에서 분명하게 드러나 있다.[711] 이 글에서 크리스톨은 세계에서 미국이 가진 '제국적 권력'과 세계 질서에서 미국이 수행하는 '제국적 역할imperial role'을 혹은 부정하고 혹은 도덕적으로 비판하는 미국의 리버럴리즘을 질타했다. 그는 우선 '제국적 권력'이라는 용어는 강대국great power이라는 말과 다를 바 없는 것이며, 제국은 곧 '제국주의적imperialistic'이라는 말과 반드시 같은 것이 아니라고 주장했다. 미국은 제국이되 제국주의적이지는 않다는 것이었다. 그는 또 미국 같은 강대국은 제국적imperial일 수밖에 없다고 말한다. 이 나라가 '무엇을 하지 않는가'가 '무엇을 하는가' 못지않게 세계 질서와 다른 나라들에 중대한 영향을 미칠 수밖에 없다는 뜻

710 한 예로 Fein, Seth(2004), "New Empire into Old : Making Mexican Newsreels the Cold War Way," *Diplomatic History*, Vol.28, No.3(November).

711 Kristol, Irving(1967), "American Intellectuals and Foreign Policy." 이 글은 다음의 책에 재수록되었다. Kristol, Irving(1995), *Neoconservatism : The Autobiography of an Idea : Selected Essays 1949-1995*, Ivan R. Dee, pp.75~91.

에서였다.[712]

그러나 주목할 것이 있다. 크리스톨에게 있어서 미국이 제국이라는 것은 힘이 막강한 강대국이라는 그런 단순한 의미에서가 아니었다. 힘이 커서 강대국이라는 것과 미국이 '제국적 조건'에 있다는 것에는 '질적인 차이'가 있었다.[713] 작은 나라들은 행동의 자유와 비행동의 자유freedom of inaction의 폭이 넓다. 반면에 미국 같은 나라는 그런 자유의 폭을 누리지 못한다. 그 이유는 미국 같은 제국은 탈출이 불가능한 책임의 거미망a web of responsibilities에 갇혀 있기 때문이라고 한다. 그래서 미국의 정책 결정자들은 (세계 질서의) 숱한 문제들과 씨름해야 하는 '문제로 가득한 존재'로 살아 나갈 수밖에 없는 운명no hope for an unproblematic existence이며, 이러한 제국적 조건에 내재하는 긴장은 끝날 날이 없다고 크리스톨은 주장했다.

결국 어빙 크리스톨은 강대국이 제국적 조건 속에 처하게 되는 것은 '세계에 대한 책임'이 커지기 때문이라고 말함으로써, 제국이 인류에 대해 갖는 불가피한 긍정적인 역할을 내세웠다. 미국이 강대국일 뿐만 아니라 제국이라는 것은 미국의 힘이 크다는 단순한 묘사에 그치는 것이 아니라 세계에 대해 갖는 책임과 역할의 자연스러운 당위성을 내포하는 것이었다. 크리스톨에게 있어서 미국이 제국이라 함은 세계에 대한 미국의 노블레스 오블리주에 다름 아닌 셈이었다.

미제국의 개념과 관련해 크리스톨이 갖고 있는 또 한 가지 특기할 점은, 그것이 미국인의 팽창주의적 욕구나 이익 추구를 위해 능동적으로 구축된 것이 아님을 강조한다는 점이다. 수동성passivity을 강조하는 것이었다. 이 점은 장차 가이어 룬데스타Geir Lundestad가 처음 제기하는 '초대받은 제국empire as invitation'론과 그에 기초하여 존 루이스 개디스John Lewis Gaddis, 1941~가 제시하

712 Kristol, Irving[1967(1995)], 앞의 책, pp.83~84.
713 Kristol, Irving[1967(1995)], 앞의 책, p.83.

는 미제국론이 '미제국의 수동성'을 앞세우고 있음과 깊이 통한다. 베트남 전쟁이 진행되고 있던 1967년 어빙 크리스톨은 이렇게 말했다. "베트남에서 또는 다른 어떤 곳에서 일이 어떻게 진행되든 미국은 제국적 권력이기를 멈추지 않을 것이다. (미국이) 제국적 권력이 된 것은 누가 결정해서도 누가 오만한 야심을 가져서도 아니다. 세계의 상황과 이 상황이 창조한 역사가 그렇게 만든 것이다."[714] 미제국의 등장은 결국 역사의 부름에 의한 것에 다름 아니라는 이야기였다.

아울러 중요한 것은 크리스톨에게 있어서 미국의 제국적 역할은 심각한 위기에 처해 있다는 점이었다. 미제국은 미국 지식인들의 지지 없이는 지속될 수 없다. 문제는 미국 지식인들이 미국의 제국적 역할에 반대하는 무책임성에 빠져 있다는 것이었다. '미국은 세계에서 가장 강력한 국가로서 제국적 역할을 피할 수 없음'에도 불구하고 지식인들 때문에 그 역할이 미국 국내에서의 이데올로기적 반대의 대상이 되었다. 이로써 미국 지도자들의 결의는 약화되고 해외에서 그들 정책의 신뢰성은 추락할 수밖에 없다. 이 세계 속에서 미국은 '미국의 민주주의를 지탱하는 이상들'과 '제국적 권력의 불결한 필수 과제들nasty imperatives of imperial power'을 연결하는 적절한 일련의 원칙을 구축해 내야 한다. 그러나 지식인들의 반대로 인해 그러한 가능성은 가까운 장래에 실현되기 어려웠다. 이것이 그가 말하는 미국의 위기의 본질이었다.[715]

결국 어빙 크리스톨에게 미제국의 근본 문제는 미국 지식인들이 미제국과 제국적 역할을 냉소하고 부정한다는 것이며, 이를 어떻게 극복할 것인가였다. 그는 미국 지식인의 '적대적 문화'가 변하지 않는 한 미제국의 지속가능한 원활한 작동은 불가능하다고 주장했다. 크리스톨은 지식인들이 미

714 Kristol, Irving[1967(1995)], 앞의 책, pp.90~91.
715 Kristol, Irving[1967(1995)], 앞의 책, pp.86~87.

제국에 적대적인 이유를 둘로 요약했다.[716]

첫째, 제국의 현실과 민주주의의 이상을 조화시키는 원칙들의 구축 과정이 미국 지식인에게 죄의식을 유발한다는 것이었다. 예를 들어 제국은 때에 따라서 그리고 어떤 나라에서는 군사독재를 지원해야 할 필요가 있다. 그런데 미국 지식인은 '이 필요성을 삼키지' 못한다. 한마디로 하면 미국 지식인은 제국적 권력의 현실과 그 불가피한 양면성을 이해하고 받아들일 준비가 되어 있지 않았다. 둘째, 미국이 내포하는 '제국적 운명imperial destiny'에 지식인 계급이 제기하는 위기는 미국 자체 안에서의 내부 권력투쟁과 연결되어 있었다. 지식인 계급은 미국의 이스태블리시먼트establishment와 대결을 향해 나아가고 있었다. 그래서 이들 이스태블리시먼트의 입장을 강화해 줄 행동은 절대 하지 않을 것이었다. 그들의 관심은 오히려 '책임 있고 일관성 있는 제국적 정책'의 어떤 발전도 좌절시키는 데 있다고 어빙 크리스톨은 분석했다.

이 지점에서 크리스톨의 미제국론은 신보수주의적인 철학적 · 사상적 문제의식의 정수를 이루는 핵심 테마와 깊이 연결된다. 그의 사상을 포함한 신보수주의는 주지하다시피 미국의 리버럴리즘에 대한 전투적 비판을 통해 형성되고 전개되었다. 신보수주의가 스스로 '리버럴리즘'이라고 정의한 것에 대한 대항 이념으로서 자신을 위치시키며 성장했다. 신보수주의가 파악하는 리버럴리즘의 근본 문제는 니힐리즘이었다.[717] 리오 스트라우스는 일찍이 근대성과 그 사상적 내용인 세속주의적이며 합리주의적인 리버럴리

716 Kristol, Irving[1967(1995)], 앞의 책, p.87.

717 크리스톨이 1973년에 쓴 "Capitalism, Socialism and Nihilism"을 들 수 있다. 리오 스트라우스의 영향을 물씬 풍기는 근대성과 니힐리즘의 문제에 관한 크리스톨의 문제의식은 보다 최근인 1992년에 발표한 "The Cultural Revolution and the Capitalist Culture" 등의 글에서도 지속되고 있다. 이 에세이들은 모두 1995년의 책에 재수록되었다[Kristol, Irving[1967(1995)], 앞의 책, pp.92~105, pp.123~135].

즘의 핵심 문제는 니힐리즘이라고 진단했는데, 바로 이와 통하는 것이었다. 어빙 크리스톨이 말하는 니힐리즘은 무엇보다도 미국 자본주의 사회질서와 부르주아 문화 및 세계에서의 미국의 제국적 위상과 역할에 대한 냉소적 허무주의와 미국 지식인들의 적대적 태도를 가리켰다. 미국 리버럴 지식인들이 이러한 니힐리즘과 적대적 문화의 포로가 되었다고 그는 믿었다. 이것이 바로 미국문명이 내포한 위기의 핵심이라고 인식했다.[718] 그런 맥락에서 크리스톨은 미국의 대외 정책 결정 집단과 미국 지식인들의 관계가 갈수록 악화된 것은 미국공화국이 제국적 권력으로 전환한 것과 깊은 연관이 있다고 주장했다.[719]

미국의 많은 리버럴이 미제국을 억압적인 제국주의와 동일시하는 분위기 속에서 보수주의자들은 미제국이라는 개념 자체를 터부시했다. 그러나 어빙 크리스톨은 일찍이 미제국의 개념에 관한 래디컬한 의미 전복을 시도한다. 미국 지성사에서 미국과 세계의 관계에 대한 인식에 신보수주의가 기여한 특질의 하나가 거기에 있었다. 크리스톨의 미제국론에 내포된 의미 전복은 단순히 미국을 하나의 제국으로 인정하는 데 멈추지 않았다. 샤디아 드러리의 지적처럼 미국 외교의 목표가 단순히 국가 안보에 머무르는 것을 넘어서서 미국이 '제국 건설자'여야 한다는 신념을 담고 있었다.[720] 그것은 '세계 질서를 유지할 책임'이라는 어빙 크리스톨의 주장에 압축되어 있었다.[721]

이러한 논리는 1990년대 초 찰스 크라우트해머 등이 제기한 미국의 보편

718 미국 지식인들의 '적대적 문화'에 대한 어빙 크리스톨의 비평이 담긴 대표적인 글은 그가 1979년에 쓴 "The Adversary Culture of Intellectuals"를 들 수 있다. 이 글 역시 1995년의 책에 재수록되었다[Kristol, Irving[1967(1995)], 앞의 책, pp.106~122].

719 Kristol, Irving[1967(1995)], 앞의 책, p.83.

720 Drury, Shadia B.(1999), *Leo Strauss and the American Right*, Palgrave Macmillan, p.151.

721 Kristol, Irving[1967(1995)], 앞의 책, pp.85~86.

적 지배universal dominion 담론으로 연결된다.[722] 그리고 그것은 2000년대 초입에는 더 광범한 영향력을 지닌 미제국 담론으로 나아간다. 어빙 크리스톨의 신보수주의가 전통적 보수주의자들의 냉전 전략 개념이던 봉쇄containment 노선의 제한성을 벗어던지고 '제국 건설'의 도덕적 정당성을 선언한 것이었다면, 크라우트해머를 비롯한 이른바 제2세대 신보수주의자들은 탈냉전과 함께 찾아온 미국의 일극적 상황에 힘입어 미제국의 보편적 지배를 선포한 셈이었다. 이들은 이제 21세기 세계 질서에서 미국의 제국적 의무imperial obligations를 말하기를 주저하지 않았다.[723]

2000년대에 부시행정부의 한 고위 참모는 "우리는 이제 제국이다. 우리가 행동하면 새로운 현실이 창조된다"고 선언했다.[724] 이쯤 되면 미국에 관해 이야기할 때 과거에는 좌파의 전용어이던 '제국'이 이제는 우파에 의해서 "탈취 내지는 납치되었다wrenched or hijacked"는 브라이언 마비의 표현이 적실하게 된다.[725]

722 Krauthammer, Charles(1991), "Universal Dominion," Owen Harries(of *The National Interest*), ed., *America's Purpose : New Visions of U.S. Foreign Policy*, ICS Press, pp.5~13. 크라우트해머는 2003년 겨울에도 같은 취지의 "The Unipolar Era"라는 제목의 글을 대표적인 신보수 저널인 *The National Interest*에 실었다. 그 글은 "미국의 전 지구적 지배(American global dominion)는 좋은 것이다"라는 문구로 시작한다. 이 글은 다음의 책에 재수록되었다[Bacevich, Andrew J., ed.(2003), *The Imperial Tense : Prospects and Problems of American Empire*, Ivan R. Dee], 크라우트해머는 미국을 중심으로 '연합화된 서방(confederated West)이 중심이 된 일극적 세계' 라는 신세계 구상을 밝히면서 그 전제에는 '주권' 개념의 해체가 핵심적으로 포함된다는 점을 분명히 하고 있다[Krauthammer, Charles(1991), 앞의 책, p.11].

723 Lal, Deepak(2003), "In Defense of Empires," Andrew J. Bacevich, ed.(2003), *The Imperial Tense : Prospects and Problems of American Empire*, Ivan R. Dee, p.29. 이 글은 2002년 10월 신보수주의 싱크 탱크로 통하는 미국기업연구소(American Enterprise Institute)에서 'Henry Wendt Lecture' 의 일환으로 행한 강의를 정리한 것이었다.

724 Herbert, Bob(2006), "Nuclear Madness," *The New York Times*, 6 March.

725 Mabee, Bryan(2004), "Discourses of Empire : The US 'Empire', Globalisation and International Relations," *Third World Quarterly*, Vol.25, No.8, p.1359.

미국 외교사학과 제국의 의미 전복

존 개디스의 외교사학과 미제국 긍정의 의미

어빙 크리스톨의 신보수주의는 미국 지성계 한쪽에서 제국의 의미 전복을 시작하고 있었지만, 그러한 전환을 미국 지식인 사회의 중심으로 끌어들여 미제국을 냉소가 아닌 긍정과 경외의 대상으로 만들어 낸 결정적인 계기는 미국 외교사학이 신보수주의의 제국 긍정의 담론을 채택한 데에 있다. 신냉전기에 속하는 1980년대 초 미국 외교사학계 안에서 수용된 '초대받은 제국'론이 바로 그것이다. 이 새로운 담론의 리더는 존 루이스 개디스였다.

존 루이스 개디스는 당시 미국 외교사학계의 주요한 냉전 연구자로 떠오른 인물이다. 미국 외교사학계에서 개디스는 어떤 인물인가. 이 점을 이해하기 위해서는 먼저 미소 냉전의 궁극적 동인이 무엇인가를 두고 미국 외교사학계에 존재한 기본적인 관점들을 파악할 필요가 있다. 레이먼드 거소프가 제시한 바 있는 분류법이 큰 참고가 된다. 거소프는 학자들이 냉전을 이해하는 방식을 크게 셋으로 나누었다. 본질주의자essentialists, 실용주의자pragmatists 또는 기계론자mechanists, 그리고 상호작용론자interactionists이다. 본질주의자들은 문제의 본질을 소련의 체제와 이데올로기에서 찾았다. 즉 소련의 내적 본질에서 찾았다. 실용주의자들은 소련의 팽창주의적 측면의 원인을 내적 성격이 아니라 소련이 처한 지정학적 현실에서 찾았다. 상호작용론자들은 소련의 내적 성격도 그 지정학적 위치도 아닌 미소 간 경쟁이라는 상호작용적 동학에서 찾았다.[726]

거소프가 거론한 세 유형은 결국 두 가지 시각으로 압축할 수 있다. 본질

726 Garthoff, Raymond L.(1994), *The Great Transition : American-Soviet Relations and the End of the Cold War*, Brookings Institution, pp.767~769.

주의와 행태주의가 그것이다. 냉전의 소련 측 책임의 소재로서 소련의 체제 내적 성질을 주목하는 것은 본질주의, 즉 소련의 본질이 소련의 행태를 결정한다고 보는 관점이다. 반면에 소련의 행태를 결정하는 것은 소련의 내적 본질과는 근본적으로 무관하며 지정학적 환경이나 미국과의 상호작용적 조건 같은 상황적 · 환경적 요인이 중요하다고 보는 시각은 행태주의적 관점이라고 할 수 있다.[727]

냉전의 이해 방식에 대한 위와 같은 분류를 적용하면 개디스는 매우 전형적인 본질주의자에 속한다. 개디스의 역사학적 글쓰기에 투영된 본질주의적 냉전 이해의 핵심은 무엇인가. 그는 미국과 소련이 내적 본질에 있어서 도덕적으로 동등하다는 '도덕적 등가성'의 관념을 정면으로 부정했다. 그로써 미소 관계를 도덕적 평가를 초월하여 두 국가 사이의 상호작용의 관계로 보는 행태주의적 관점을 거부하였다. 오히려 그 둘 사이의 도덕적 우열성을 평가하여 이것으로 냉전의 기원과 전개의 역사에 대한 이해의 기초로 삼았다.

존 루이스 개디스의 그 같은 본질주의적 냉전사 해석이 본격적으로 영향을 미치면서 미국 외교사학계의 중요한 흐름으로 된 것은 1990년대라고 할 수 있다. 개디스 자신의 변화는 1980년대 '초대받은 제국'론을 적극적으로 미국 외교사학에 제기하면서 시작되었다. 1983년 한 주요 논문에서 개디스는 자신이 속하는 탈수정주의postrevisionism 냉전사학은 전통주의와도 수정주의와도 다른 것으로서, 그 둘의 명제를 비판적으로 종합한 것이라고 주장한다. 그런데 개디스가 이 논문에서 전개한 주장의 핵심은 수정주의 비판이었다. 개디스는 수정주의의 핵심 명제를 네 가지로 파악했다. 그중 두 가지가 '미 제국주의'에 관한 것이었다. 미국이 세계 제국을 공격적으로 추구하는

727 이삼성(2006), 「미국 외교사학과 '제국' 담론의 전복 : 신보수주의와 존 L. 개디스의 본질주의 외교사학」, 『국제정치논총』 제46집 제4호.

과정에서 소련의 합당한 안보 이익을 인정하기를 거부함에 따라 냉전이 필연적으로 발전했다는 명제가 그 하나였고, 미제국은 해당 국가와 사회들의 뜻에 반하여 힘으로 부과되었다는 명제가 다른 하나였다.[728]

수정주의의 미 제국주의론에 대한 개디스의 반론은 일단 미제국이라는 현상을 그 자신이 긍정하는 데에서 출발한다. 그리고 이러한 인정이 탈수정주의가 수정주의의 연속선상에 있음을 드러내는 가장 중요한 요소라고 주장한다.[729] 전후 세계 질서에서 미국이 제국을 구축했다는 사실을 인정하고 '제국적 분석틀imperial framework of analysis'로 전후 미국의 외교를 바라보자고 한 그의 제안은 전후 미국 외교에 대한 일정한 비판적 인식을 담고 있었던 것도 사실이다. 그는 제국의 길을 걸어감으로써 미국도 '역사상의 다른 제국들이 범한 과오를 되풀이'한 측면이 있음을 지적한 것이다. 존 루이스 개디스가 말한 미제국의 과오의 핵심은 미국이 사활적 이익과 주변적 이익의 구분, 위협적인 적과 비위협적인 적의 구분을 상실하면서 과잉 개입overcommitment으로 나아간 데에 있었다.[730] 이러한 인정은 베트남전쟁이라는 과잉 개입이 초래한 참담한 결과를 직시할 수밖에 없었던 1970년대 이후 미국 외교사학계 일반의 정서를 배려한 것일 터이다.

본질주의적 냉전 사학과 초대받은 제국

개디스가 1983년의 논문에서 미제국의 존재를 긍정한 것은, 수정주의자들이 생각해 온 미제국 논의의 본질적 취지를 뒤엎는 '래디컬한 의미 전복'을 위한 작업의 출발점이었다. 먼저 그는 유럽 학자들이 1970년대 말 처음

728 Gaddis, John Lewis(1983), "The Emerging Post-Revisionist Synthesis on the Origins of the Cold War," *Diplomatic History*, Vol.7, No.3(Summer), pp.175~177.

729 Gaddis, John Lewis(1983), 앞의 논문, p.181.

730 Gaddis, John Lewis(1983), 앞의 논문, pp.182~183.

으로 사용하기 시작한 '초대받은 제국'의 개념을 적극적으로 도입하여 수정주의적 미제국론을 반박하는 핵심 자료로 삼았다.[731] 가이어 룬데스타의 유럽 연구를 이끌어 들임으로써, 그리고 이란 · 터키 · 그리스의 근동 지역에서 미국의 영향력 확산 과정에 대한 브루스 쿠니홀름의 연구를 채용함으로써, 개디스는 미국이 이들 지역에서 초대받았다는 점을 강조했다. 그는 물론, 유럽 이외의 지역들에서 지배 엘리트는 미국을 초대했지만 일반 민중의 뜻에는 반하는 억압적 방식으로 미제국이 확장된 것이라고 수정주의자들이 반론해 올 것을 의식한다. 이 예상된 반론에 관해 개디스는 "원하지 않는 신민에게 미제국이 부과되었다는 수정주의적 견해는 그 자체가 어느 정도 수정을 필요로 한다"는 말로 답변을 대신했다.[732]

미국이 공격적으로 제국 건설을 추구했다는 수정주의의 또 다른 제국 관련 명제에 관해서 개디스는, 일방주의적인 스탈린의 공세적 팽창주의에 수동적으로 방어하는 과정에서 미국은 자신의 제국을 건설한 데 불과하다는 주장을 폈다. 냉전 초기 미국이 유럽에서 한 일은 동유럽에 대한 소련의 통제력의 팽창을 저지하기보다는 오히려 촉진시켰을 정도라는 룬데스타의 주장을 인용한다.[733]

개디스에 따르면, 스탈린의 야심은 한이 없었으며 그 자신 스스로 야망을 제한할 능력을 갖고 있지 않았다. 스탈린의 야망을 제한할 길은 오직 서방이 그 한계를 지어 주는 것이었다. 이러한 노력에서 미국을 포함한 서방은

731 Lundestad, Geir(1980), *America, Scandinavia, and the Cold War, 1945～1949*, Columbia University Press ; Kuniholm, Bruce R.(1980), *The Origins of the Cold War in the Near East : Great Power Conflict and Diplomacy in Iran, Turkey, and Greece*, Princeton University Press.

732 Gaddis, John Lewis(1983), 앞의 논문, p.177.

733 Lundestad, Geir(1975), *American Non-Policy Towards Eastern Europe, 1943～1947 : Universalism in an Area not of Essential Interest to the United States*, Universitetsforlaget, p.42. Gaddis, John Lewis(1983), 앞의 논문, p.176에서 재인용.

매우 수동적이었다고 주장한다.[734] 개디스는 매스트니와 토브먼의 결론을 통해 냉전의 기원에 대한 자신의 견해의 핵심을 드러낸다. 여기에서 그가 파악한 냉전의 일차적 원인은 국제무대에서 다른 나라들이 움직일 수 있는 여지를 남기지 않을 정도로 무제한한 스탈린의 야망이었다. 그리고 이차적 원인은 서방이 스탈린의 야망을 적기에 저지하는 데 실패했다는 사실이다.[735]

로버트 래섬Robert Latham은 개디스적 해석의 반대편에 있는 학자다. 그는 전후 리버럴한 미국 헤게모니의 주도하에 구축된 자유주의적 세계 질서 liberal world order와 냉전의 발전이 주고받는 상호작용을 논했다. 래섬은 미국이 주도한 서방 질서 구축Western order building이 냉전의 발전 배후에 있는 가장 핵심적 동력이었다고 보았다. 소련의 제국적 팽창과 강압적 행태는 서방이 주도한 새로운 질서 구축 시도에 대한 반작용일 뿐이었다. 소련의 대항 질서 구축은 다시 서방을 자극하여 세계 질서에서 서방 주도의 군사화가 진행되었다고 그는 보았다. 래섬의 핵심은, 서방이 '경계 구축boundary construction'을 선도했으며 소련의 침략적 행위는 그에 대한 반작용의 성격을 갖고 있다는 것이었다.[736]

개디스가 룬데스타, 매스트니, 토브먼 등을 인용하여 펼친 주장은 서방에 의한 경계 구축 행위는 소련과 스탈린의 무제한한 야망에 대한 방어적인 반작용으로 시작되었다는 것이다. 이와 반대로 래섬에게는 미소 간의 상호

734 Gaddis, John Lewis(1983), 앞의 논문, p.176.

735 Mastny, Vojtech(1979), *Russia's Road to the Cold War : Diplomacy, Warfare, and the Politics of Communism, 1941~1945*, Columbia University Press ; Taubman, William(1982), *Stalin's American Policy : From Entente to Detente to Cold War*, W. W. Norton & Co. Inc..

736 Latham, Robert(1997), *The Liberal Moment : Modernity, Security, and the Making of the Postwar International Order*, Columbia University Press. 이에 대한 주요한 비평은, Cumings, Bruce(2000), "Liberal Order in Our Time : Toward 'A Moratorium on the Slaying of Dilemmas'," *Diplomatic History*, Vol.24, No.1(Winter), 특히 pp.177~178 참조.

경계 짓기 작업의 선도자는 미국 헤게모니체제였고, 그 체제가 지속 가능했던 기초는 '외적 국가external state'였다. 래섬이 말하는 외적 국가란 광범한 공식적 · 비공식적 동맹의 체계를 가리킨다. 월터 라페버, 로이드 가드너 같은 전형적인 수정주의자들이 미제국이라고 불렀을 법한 현상을 래섬은 외적 국가라고 부른 것이다. 요컨대 래섬은 소련이 아닌 미국이 자신의 국가 외연을 확장하는 일을 앞장서 추구함에 따라 냉전이 발전했다고 주장한 것이다.

래섬과 달리 존 루이스 개디스는 미제국과 관련해 두 가지를 강조했다. 첫째, 수정주의자들은 이해를 잘 못하는 것 같지만, 제국은 방어적 목적에서 발전할 수도 있다. 미제국이 바로 그런 경우다. 둘째, 제국은 안보를 위협하는 세력에 의해 부과될 수도 있지만, 안보를 추구하는 나라들에 의해 초대받아 형성될 수도 있다. 미제국이 그러했다. 결국 미제국은 미국의 내적 욕구에 의해 기획되어 다른 지역에 부과된 것이 아니다. 예상치 못한 상황에 대한 예비하지 않은 반응 속에서 그리고 초대에 의해 수동적으로 발전했다. 미국이 그렇게 초대를 받은 것은 미제국의 내부 질서의 성격 때문이다. 억압이 아닌 관용이 바로 그 특질이었다고 했다.[737]

이처럼 가이어 룬데스타 등의 초대받은 제국론을 매개로 개디스가 긍정한 미제국은, 냉전의 기원에 대한 그의 해석이 본질주의로 나아가는 데 결정적인 중간 지점의 역할을 한다. 첫째, 그는 미국이 제국 건설에 나섰다는 점을 시인함으로써 미제국과 함께 소련제국에 대해 보다 본격적인 분석을 시도하고 이들 내면에 대한 평가를 냉전사 해석의 기초로 삼는다. 그는 1983년의 논문에서 제국적 분석틀을 채용하는 것의 장점을 두 가지로 정리했는데, 하나는 미제국의 과오에 대한 분석이 가능하다는 것, 다른 하나는 소련 제국주의와 그 결과에 대한 본격적인 분석이 가능하다는 것이었다. 그

737 Gaddis, John Lewis(1983), 앞의 논문, p.182.

는 수정주의가 제국주의론을 미국에만 적용해 왔다고 주장하면서 제국주의론을 레닌주의의 편협한 틀로부터 해방시킴으로써 전통주의와 수정주의를 종합하는 새로운 제국주의론의 틀을 도출할 수 있을 것이라고 주장했다.[738]

제국주의론을 레닌주의의 틀에서 해방시키겠다는 존 루이스 개디스의 희망은 1993년의 논문에서 본모습을 드러낸다. 소련의 체제와 스탈린의 '악함'에 대한 그 논문의 분석은 곧 동유럽이라는 소련의 제국 안에서 스탈린의 악행에 대한 가열한 비판이었다.[739] 그래서 소련의 제국은 개디스가 소련과 스탈린의 '절대악'이라고 한 것의 '외적 국가'에의 투영이었다. 소련과 스탈린이 서방에 대해 취한 공격적 행태를 입증할 증거가 부족했다면, 그 부족은 위성국가들에 대한 악행의 증거들로 보충될 수 있었다. 즉 소련과 스탈린의 도덕적 결함은 소련제국 안에서의 중심과 주변의 관계에서 억압과 착취를 낳았고 그것이 세계 질서에 충격을 주면서 냉전 기원의 근본 요인이 되었다는 주장이었다.

둘째, 소련제국이 소련과 스탈린의 절대악의 표현이라면, 미제국은 개디스에게 있어서 미국의 도덕적 우월성을 입증하는 것이었다. 이 점은 1997년 그의 저서 『이제 우리는 안다*Now We Know*』에서 본격적으로 제시되는 중심 테마다. 그에게 냉전은 스탈린의 소련에 의해 디자인되어 강압적으로 부과된 헤게모니와 서유럽인의 필요에 의해 초대받은 미국의 헤게모니 사이의 충돌이었다. 힘과 협박으로 부과된 제국empire by imposition과 이로 인해 자신들의 안보에 위협을 느낀 유럽인에 의해 초대받은 제국empire as invitation 사이의 갈등이었다고 말하고 있는 것이다. 결국 냉전의 발전과 그 양상 그리고

738 Gaddis, John Lewis(1983), 앞의 논문, p.183.

739 Gaddis, John Lewis(1993), "The Tragedy of Cold War History," *Diplomatic History*, Vol.17, No.1(Winter).

소련의 붕괴에 이르는 결과를 포함한 모든 것은 소련이 디자인한 제국의 결함과 그것을 위협으로 느끼고 미국을 초대한 유럽인의 선택, 그 둘의 결합이었다.[740]

이로써 냉전체제에서 미소 간의 도덕적 등가성의 부정은 완성된다. 이 부정은 개디스의 냉전 기원 해석의 결정적 요소가 된다. 1972년 출간한 저술에서 개디스가 냉전의 기원을 서술한 주조는 행태적 상호작용론이었다고 판단된다.[741]

그러나 1983년 이래 그 관점은 폐기된다. 전통주의가 비교적 온건한 형태로 내포했던 냉전본질주의적 입장은 이제 개디스를 통해 래디컬한 형태로 등장한다. 이 지적 오디세이의 중간역에 '초대받은 제국'론이 있었다. 그것은 곧 수정주의가 제시해 온 '미제국'론에 전제된 제국의 의미 전복에 다름 아니었다.

초대받은 제국론이 냉전본질주의와 맺고 있는 근본적인 친화성은 냉전본질주의를 외연에서 개념적으로 보완해 준다는 점에 있다. 우선 냉전의 기원과 그 전개의 동력을 소련과 미국의 행태 사이의 상호작용에서 찾지 않고 소련의 내면에서 찾는 점에서 그 둘은 동질적이다. 그 연장선에서 냉전의 발전과 그 궁극적 결과의 핵심 요인을 각각 소련과 미국의 '외적 국가'의 내면적 성격, 즉 소련과 동유럽 위성국가들의 관계의 성격으로 그리고 미국과 유럽, 미국과 제3세계의 관계의 본질적 성격의 결과로 이해할 수 있게 된다. 이런 인식이 미소 간의 행태적 상호작용의 결과로 냉전을 이해하는 관점을 대체함으로써 냉전본질주의가 성립될 수 있었다.

740 Gaddis, John Lewis(1997), *We Now Know : Rethinking Cold War History*, Oxford University Press, pp.26~53, 특히 p.52. 이 책의 한국어판은, 『새로 쓰는 냉전의 역사』, 박건영 옮김, 사회평론, 2002.

741 Gaddis, John Lewis(1972), *The United States and the Origins of the Cold War, 1941~1947*, Columbia University Press, p.361.

제국 개념의 이념적 횡단에서 신보수주의의 지성사적 역할

앞에서 살펴본 바에 따르면 존 루이스 개디스의 외교사학이 소련과 미국 사이의 '도덕적 등가성'을 부정하고 사실상 이들을 각각 '악의 제국'과 '선의 제국'으로 규정하는 논리를 수용하는 지적 전환을 하게 된 것은 1972~1983년 사이의 일이다. 1972~1983년 사이에 개디스에게 무슨 일이 일어났던 것일까.

1970년대 초 미국 외교사학의 학문적 배경을 지배한 역사적 사건은 베트남전쟁이었다. 이 전쟁은 당시 미국의 지식인 사회에서 수정주의가 '미제국'이라고 했던 것의 내면적 부패상을 표상했다. 미국의 군부도, 미국의 최고권력도 그리고 미국의 '외적 국가'의 일부인 사이공 정권도 부패했다. 베트남에서만이 아니라 캄보디아에서 비밀 전쟁을 전개하고 칠레를 포함한 아메리카대륙 전반에 걸쳐 비밀공작을 전개하는 미국의 행태는, 분명 많은 미국 역사학자의 눈에도 '초대받은 제국'의 행태로 비치지 않았다. 세계사의 모순은 소련과 미국 간의 긴장도 소련과 위성국가들 간의 모순도 아닌, 빈곤과 억압에 시달리는 제3세계 사회들의 혁명적 민족주의와 반공과 반혁명의 화신으로서의 미국 간의 갈등인 것으로 보였다. 이 시기에는 개디스 역시 미국에게 도덕적 우월성을 부여할 수 없었고 또 그렇게 하지도 않았다. 그러나 1980년대 초 존 루이스 개디스는 미국에게 그리고 미제국에게 도덕적 우월성을 부과하는 본질주의 사학의 기치를 올렸다. 그사이에 무슨 일이 일어난 것인가.

1970년대 초에서 1980년대 초에 이르는 10년간 미국 지성사에 일어난 최대 사건은 신보수주의neoconservatism의 발전이었다. 신보수주의는 특히 이 10년간의 시기에 두 가지 점에서 냉전본질주의 사학이 흥기할 수 있는 지적 자극을 주었다. 우선 신보수주의는 냉전본질주의 사학과 철학적 친화성이 있었다. 그 탄생기라 할 1950년대에 신보수주의는 냉전의 이데올로기의 싸움터에서 지식인 전위 부대를 자임함으로써 시작했다. 어빙 크리스톨, 다니엘

벨, 시드니 훅 그리고 노먼 포도레츠 등 나중에 신보수주의의 핵심 인물로 분류되는 지식인들의 공통분모는 '경성 반공주의hard anti-Communism'였다.[742] 노먼 포도레츠는 신보수적인 경성 반공주의의 핵심 요소를 스스로 두 가지로 정리한 바 있다. "소련은 나치스 독일과 마찬가지로 무한히 악한 성격을 가진 전체주의 국가이다. 이 점은 악화되면 되었지 나아질 수는 없다. 소련은 철저하게 세계 혁명을 추구하며 필요하면 군사적 수단을, 가능할 때는 모스크바가 지도하는 내부 반란 전략을 동원한다. 그리고 세계에서 자유를 파괴할 이 광란의 야심을 제어할 수 있는 것은 미국의 힘뿐이다."[743]

이러한 신념체계를 가진 신보수주의자들이 당시 매카시즘에 대해 이중적인 태도를 취한 것은 자연스러운 일이었다. 네이선 글레이저Nathan Glazer는 매카시가 여전히 상원의원인 것은 수치라고 비판했다. 하지만 매카시즘이 미국인의 자유에 당면한 위험은 아니라고 주장했다.[744]

이 경성 반공주의가 내포한 소련체제와 공산주의 이데올로기에 대한 본질주의적 비판은 신보수주의가 근원적으로 갖고 있는 보다 일반적인 철학적 경향과 깊은 관계가 있었다. 그것은 역사를 선과 악의 대결로 보는 거의 종교적인 차원에 이르는 신념이었다. 또한 서방은 악의 위협으로 인해 위기에 처해 있다는 강렬한 인식이었다.[745] 신보수주의의 정신적 기원으로 불리는 리오 스트라우스는 합리주의에 바탕한 근대성을 비판한 철학자로 알려져 있다. 그는 근대성의 총아인 리버럴리즘이 삶의 치열성과 투쟁의 요소를 거세한 세속주의라고 비판했다. 정치에 선과 악의 투쟁이라는 우주론적 의미를 부여하고자 한 스트라우스는 그런 의미에서 종교를 근대성의 폐해를

742 Steinfels, Peter(1979), *The Neoconservatives : The Men Who Are Changing America's Politics*, Simon and Schuster, p.29.
743 Steinfels, Peter(1979), 앞의 책, p.30.
744 Steinfels, Peter(1979), 앞의 책, p.30.
745 Drury, Shadia B.(1999), 앞의 책, pp.19~24.

치유할 대안으로 제시했다. 어빙 크리스톨도 미국문명의 위기를 리버럴리즘의 풍미에서 찾았다.[746] 그를 치유할 대안으로 종교와 함께 민족주의적 요소를 강조했다.[747] 또한 실제로 기독교 우파Christian Right와 연대했다.[748] 이러한 사실들은 신보수주의에서 선과 악의 대결이라는 종교적 · 도덕적 테마가 갖는 철학적 · 정치적 의미를 확인해 준다.

둘째, 1970년대 초에서 1980년대 초에 이르는 10년간의 시기에 신보수주의가 냉전본질주의 사학에 갖는 또 하나의 잠재적 관련성은 특히 그 시기에 수행한 역사적 역할이었다. 소련체제를 나치스 독일과 같은 수준의 전체주의로 규정하는 신보수주의자들의 경성 반공주의는 1950년대에서 1960년대 중반에 이르는 시기 미국의 지적 에토스를 지배하는 합의였다고 할 수 없으나 경멸당하는 담론은 아니었다. 그러나 미국이 베트남전쟁의 수렁에 빠진 1960년대 말 이후 미국 정치에서 '냉전국제주의Cold War internationalism'라는 초당적 합의는 마침내 붕괴한다.[749] 냉전국제주의의 초당적 지배력이 약화되고, 미국의 제국적 역할의 정당성에 의문을 가진 자유주의적 국제주의liberal internationalism가 부상하여 미국 외교이념의 지평은 분열된다. 이러한 새로운 정치적 상황에서 특히 경성 반공주의는 미국 지식인 사회에서 설 자리가 좁

746 어빙 크리스톨이 1960년대에서 1980년대에 이르기까지 발표한 많은 에세이는 미국 리버럴리즘과 그 담지자인 미국 지식인들에 대한 분석과 비판으로 가득하다. 이 점은 그의 에세이를 모은 다음의 책에서 다수 찾아볼 수 있다[Kristol, Irving[1967(1995)], 앞의 책 ; 이삼성(2005), 「미국의 신보수주의 외교이념과 민주주의 : 현실주의와 도덕철학의 한 결합양식」, 『국가전략』 제11권 제2호, pp.81~112, 특히 p.104 참조].

747 Drury, Shadia B.(1999), 앞의 책, pp.151~153. 신보수주의자들이 종교와 함께 미국의 민족주의(American nationalism)를 정당한 정신적 가치로 주창하는 전통은 이른바 2세대 신보수주의자들에 의해 이어지고 있다. 그 전제는 물론 미국의 민족주의는 다른 나라의 민족주의와 근본적으로 다른 가치를 추구한다는 미국예외주의를 전제로 한다[Bennett, William(2000), "Morality, Character and American Foreign Policy," Robert Kagan and William Kristol, eds., *Present Dangers : Crisis and Opportunity in America's Foreign and Defense Policy*, Encounter Books, p.290].

748 신보수주의와 기독교 우파의 연대는, Drury, Shadia B.(1999), 앞의 책, pp.19~24.

749 이삼성(1991), 『미국 외교이념과 베트남전쟁 : 베트남전쟁과 미국 외교이념의 보수화』, 법문사.

아졌다. 리버럴한 민주당행정부였던 카터행정부는 물론이고 보수적인 공화당의 닉슨행정부와 포드행정부를 포함하여 1970년대 미국의 정치권력은 누구라 할 것 없이 본질주의적 냉전주의자가 아닌 행태적 상호작용론자들로 변해 있었다.

그러나 보수주의자들에게 가혹한 지적 · 정치적 시련이었던 시기는 오래 가지 않았다. 1980년 레이건정권의 등장은 그 시련의 끝을 의미했다. 미국의 정치권력이 이제 소련을 '악의 제국'으로 선포하고 나섰기 때문이다. 이러한 변화가 있기까지 그 이전 10여 년간의 보수주의의 시련기에 신보수주의가 수행한 역할은 빼놓을 수 없다. 본질주의적 냉전 사관을 보전하면서 바로 그 철학을 기반으로 새로운 정치권력의 등장을 준비하는 데 앞장섰던 것이 신보수주의자들이었다. 이들은 1970년대에 소련의 힘은 증강되도록 방조된 반면 미국의 힘은 쇠락하도록 방치되었다고 믿었다. 미국의 잘못된 정책으로 소련의 군사력이 미국에 비해 우월해졌다고 믿었으며 이를 개탄하였다. 1970년대 말 중동에서 이슬람혁명이 전개되는 사태를 동시에 당하면서 미소 냉전의 성격에 대한 신보수주의자들의 본질주의적 신념은 더욱 예리해졌다.[750]

특히 1970년대 후반과 1980년대 초에 걸치는 역사적 맥락에서 신보수주의 지식인들이 수행한 지적 역할은 냉전본질주의가 지적으로나 정치적으로나 쇠락하고 있던 시기에 그것을 지탱하고 더 발전시킨 것이다. 미국의 외교사학계가 어떤 의미에서 시대적 조류에 밀려 포기했거나 멀리했던 역할을 아카데미아의 일부인 정치학 분야의 이데올로그가 그리고 대체로는 그 바깥에서 신보수주의자들이 수행했다.

신보수주의자들이 그들에게는 암흑이었던 1970년대에 냉전본질주의를

750 Halper, Stefan and Jonathan Clarke(2004), *America Alone : The Neo-conservatives and the Global Order*, Cambridge University Press, pp.162~163.

지탱하고 발전시킨 것은 세 가지 측면에서였다. 첫째, 소련체제에 대한 '전체주의' 담론을 고집하였다. 둘째, 정치와 외교를 선과 악의 투쟁으로 보는 도덕적인 이분법적 세계관에 기초한 담론을 지탱하고 발전시켰다. 셋째, 1970년대 말을 전후한 시기에 제출되어 1980년대 레이건행정부의 대외 정책 이데올로기의 주요 부분을 구성한 「커크패트릭 독트린」을 세상에 내놓았다. 그 본질은 제3세계 우파 독재와 좌파 독재의 도덕적 차별성에 관한 명제였다.[751]

이로써 개디스 자신은 베트남전쟁과 수정주의의 학문적 풍미 속에서 스스로 거리를 두고 있던 냉전본질주의적 관점을 바로 그 시기에 신보수주의가 지탱할 뿐만 아니라 그 내용을 심화시키고 있었다.

냉전의 역사에 대한 신보수주의자들의 본질주의적 전통은 물론 21세기에 들어서도 지속되어 왔다. 폴 울포위츠는 부시행정부의 출범을 앞둔 2000년의 시점에서, 냉전을 '선과 악의 근본적인 충돌'로 보지 않고 미국의 과잉개입이 허약하고 방어적이던 소련의 공포를 유발함으로써 발생했다고 보는 학자들의 시각을 비판하였다.[752] 그는 또한 냉전의 중요한 교훈의 하나는 권위주의 정권들과 전체주의 정부들 사이에는 진정한 차이가 있다는 사실이었다고 회고했다.[753] 울포위츠는 미국이 지원했던 우파 독재 정권은 변화 가능한 차선으로 보고 좌파 독재는 전체주의와 동일시했다. 미제국과 소련제국 사이의 도덕적 차별성을 강조한 유서 깊은 「커크패트릭 독트린」의 여전한 타당성을 상기시킨 것이다.

751 Kirkpatrick, Jeane(1982), *Dictatorships and Double Standards : Rationalism and Reason in Politics*, A Touchstone Book, p.49. 이에 대한 자세한 논의는, 이삼성(2005), 앞의 논문, 특히 pp.88~91 참조.

752 Wolfowitz, Paul(2000), "Statesmanship in the New Century," Robert Kagan and William Kristol, eds., *Present Dangers : Crisis and Opportunity in America's Foreign and Defense Policy*, Encounter Books, p.308.

753 Wolfowitz, Paul(2000), 앞의 글, p.321.

한나 아렌트Hannah Arendt, 1906~1975는 전체주의의 개념을 현대정치사상의 중심에 끌어들인 사람이다. 전체주의 담론을 학문의 장에 본격적으로 끌어들인 당사자라는 점에서 아렌트는 냉전기에 보수적인 사상과 친화성을 가진 것으로 보일 수 있다. 그러나 아렌트는 신보수주의자나 냉전주의자와 다르다. 신보수주의와 냉전주의는 공산주의 자체를 전체주의로 등식화하는 데 반해, 아렌트는 모든 공산주의체제를 전체주의로 동일시하지 않았다. 아렌트에게 좌파 전체주의는 스탈린 치하의 소련에 국한되는 것이었다. 스탈린 사후 소련에서는 탈전체주의화detotalitarianization 현상이 진행된 것으로 보았다.[754] 그런 의미에서 아렌트는 크게 보면 다 같이 '권위주의' 질서로 분류될 수 있는 전통적인 독재와 전체주의 사이의 '도덕적 등가성'을 부정하고 둘 사이의 근본적 차이를 부각시킨 것이라 할 수 있다.

진 커크패트릭과 같은 신보수주의자들이 신냉전기에 시도한 것은 한나 아렌트의 시도와 매우 달랐다. 아렌트가 같은 공산주의체제 안에 존재하는 독재와 전체주의의 차이에 주목했다면, 신보수주의자들은 공산주의는 곧 전체주의라는 등식을 정립하고 고수했다. 진 커크패트릭 등이 스탈린 사후의 소련 사회에 대해서도 전체주의 패러다임을 철저하게 적용한 것은 놀라운 일이 아니다. 이들은 우파 독재와 좌파 독재 사이의 도덕적 등가성을 부정하고 우파 독재의 우월성을 부각시키는 데 심혈을 기울였다. 미제국을 도덕적으로 긍정하기 위해서는 그 제국적 구조의 한 축을 구성하였던 우파 독재들의 도덕적 우월성의 논리가 필요한 탓이기도 했다.

좌파 담론에서 '소련제국'론의 등장 : 조반니 아리기와 이중제국체제

미국 외교사학이 '초대받은 제국'의 담론을 전개할 무렵, 제국 개념의 이

754 Arendt, Hannah[1973(1951)], "Preface to Part Three(Totalitarianism)," 앞의 책, p.xxxvii.

념적 횡단 양상은 좌파 지성계에서도 나타나고 있었다. 서방의 좌파 지식인들 또한 미국뿐만 아니라 소련에도 제국 담론을 적용하기 시작한 것이다. 냉전 시대 후기로 가면서 좌파 안에서도 자본주의 진영 내부의 미국 중심 국제 질서뿐만 아니라 공산권의 소련 중심 국제 질서 역시 '제국적 지배와 피지배'의 성격을 띠고 있다는 인식이 등장했다. 조반니 아리기는 이 점에서 중요한 이정표를 세웠다. 1982년에 발표된 논문에서 아리기는 전후 성립된 팍스 아메리카나Pax Americana의 세계 질서는 사실상 '이중제국체제imperial dualism'였다고 정의했다. 아리기는 그것을 '세계 권력의 평화적인 양두체제a peaceful duopoly of world power'라고 불렀다. 이중제국체제란, '자본주의 세계'에서는 미국의 헤게모니 밑에서 자유기업체제가 확립되고, 공산주의 세계에서는 소련의 헤게모니 밑에서 국가기업체제state enterprise system가 확립된 것을 가리키는 말이었다.[755]

이러한 설명과 함께 아리기는 미국과 소련 모두를 가리켜 제국이라고 불렀다. 이 양두체제가 1970년대 이후에 봉착한 전 지구적 차원의 위기의 본질을 설명하면서 그는 이렇게 말했다. "거칠게 말하면, 미국의 제국적 질서U. S. imperial order가 직면한 군사적 위기에서 독립 변수는 라이벌이 되는 제국적 국가나 제국을 지향하는 국가들이 아니다. 미제국과 소련제국the United States and the Soviet empires의 내부에서 발전한 민족주의 세력들이다. 이들이 미국과 소련이 구성한 세계 양두체제의 정통성에 도전했다."[756]

돌이켜 보면 1980년대는 신냉전과 탈냉전의 기운이 착종하면서 교차하는 시기였다. 냉전체제를 미소 간의 진정한 긴장과 대결이 아니라 미소 양국이 저마다의 진영 안에서 자신의 패권적 지배를 영속화하기 위해 상호 의존 관

755 Arrighi, Giovanni(1982), "A Crisis of Hegemony," Samir Amin, Giovanni Arrighi, Andre Gunder Frank, and Immanuel Wallerstein, *Dynamics of Global Crisis*, Macmillan, p.56.

756 Arrighi, Giovanni(1982), 앞의 글, p.62.

계에 있다는 관점이 이때 서구의 비판적 지식인 사회에서 본격적인 모습을 드러냈다. 냉전 질서의 성격에 대한 자폐론autism적 시각이 나타난 것이다. 지안 미고네Gian Giacomo Migone, 1940~는 그 시각을 대표하는 사람이다. 미고네는 우선 얄타회담Yalta Conference, 1942. 2. 4~11과 포츠담회의Potsdam Conference, 1945. 7. 17~8. 2의 결과 등장한 전후 처리의 핵심은 두 가지인데 둘 다 미국과 소련에게 똑같이 이로운 체제였다고 보았다. 하나는 독일을 분할 통치함으로써 유럽의 세력균형체제에서 독일이라는 요인을 제거해 버리는 것이었다. 또 하나는 미소가 각자의 영향권을 나누어 갖고 자기 영향권 안에서는 저마다 배타적인 지도력을 행사했다는 것이다.[757]

미고네에 따르면, 동유럽 국가들을 희생시키는 것은 미국이 서유럽에 대한 패권을 확립하는 데 유용했다. 또 소련은 서유럽에 간섭하지 않는 한 미국의 전후 야망에 위협을 가하는 주요 세력이 못 되었다. 그러나 소련과 미국이 각각 영향권을 통제하는 방식에는 차이가 있었다. 서유럽에 대한 미국의 통제 방식은 다른 나라들로부터 일정한 동의consent를 확보하는 가운데 영향력을 행사하는 헤게모니적 성격을 띠었다. 반면 동유럽에 대한 소련의 통제는 강제력에 더욱 의존하는 지배domination의 형태였다. 미국의 통제 방식이 지배가 아닌 헤게모니적일 수 있었던 이유는 미국의 질서에서 가시적 혜택을 입은 서유럽의 대다수 인민으로부터 자발적 지지를 얻을 수 있었기 때문이라고 했다. 미국의 경제적 자원과 정치적 유연성이 그것을 가능하게 했다. 반면에 소련은 그러한 자원과 정치를 갖지 못했으며, 그 결과 강제력에 의존하는 통제 방식을 선택할 수밖에 없었다고 지안 미고네는 주장했다.[758] 미고네의 자폐론적 인식 역시 표현은 다르지만, 존 루이스 개디스

757 Migone, Gian Giacomo(1989), "The Decline of the Bipolar System, or a Second Look at the History of the Cold War," Mary Kaldor, Gerard Holden, and Richard Falk, eds., *The New Detente : Rethinking East-West Relations*, Verso, p.160.

758 Migone, Gian Giacomo(1989), 앞의 글, p.162.

가 미국을 초대받은 제국으로 그리고 소련을 힘으로 부과된 제국empire as imposition으로 구분한 것에 접근해 있는 것이었다.

탈냉전과 제국 개념의 도덕적 복권의 본격화

미국의 세계적 역할을 긍정하고 지지하는 지식인들이 미국을 제국의 개념에서 인식하고 해석하는 것이 자연스러워지고 보편화하기 시작하는 것은 1990년대 이후의 일이다. 공산권의 붕괴와 그와 함께 가속된 세계화 속에서, 민주적 자본주의의 세계사적 승리로 역사의 끝이 운위되었다.[759] 이와 함께 악의 제국evil empire 소련이 사라진 자리에 선의 제국good empire 관념이 들어설 준비를 갖춘다. 이른바 민주적 확장democratic enlargement이 1990년대 미국 클린턴행정부의 공식 외교이념이 되었다.[760] 미국적 사회 양식의 확장과 영향력의 세계화는 결코 과거의 부정적인 의미에서의 제국주의적 팽창과는 다른 역사의 축복을 받은 긍정적 힘으로 간주되었다.

로마제국 이래 제국 개념은 문명과 야만의 구분과 함께했다. 근대 제국주의 시대에 제국의 건설자들은 문명이었고, 그 지배에 놓인 사회는 야만으로 규정되었다. 그럼으로써 제국은 문명사적으로 정당화되었다. 20세기 말 공산권 붕괴와 세계화 속에서 부활한 제국 개념은 거의 정확하게 그러한 문명과 야만이라는 구분의 함의와 뉘앙스가 복권復權되는 것과 궤를 같이했다. 1990년대에 유럽의 보스니아와 코소보, 아프리카의 르완다와 시에라리온 · 앙골라, 동남아시아의 동티모르 등에서 전개된 이른바 인종청소ethnic cleansing 현상, 중동 등에서 대량살상무기 확산 의혹, 테러리즘의 증가, 시장

759 Fukuyama, Francis(1992), *The End of History and the Last Man*, Maxwell Macmillan.
760 Brinkley, Douglas(1997), "Democratic Enlargement : The Clinton Doctrine," *Foreign Policy*, No.106(Spring), pp.110∼127.

개혁을 추진하지만 1989년 천안문사태를 겪은 거대한 인권 후진국 중국의 위협에 관한 담론, 무너진 공산권의 폐허, 이런 것들이 20세기 말 21세기 초의 세계 질서를 문명과 야만의 이분법으로 재정의하는 데 중요한 재료로 기능했다.

탈냉전 질서의 새 양상들은 미국이 자신의 국가 안보의 울타리를 넘어 제국 건설자로 나서야 하는 문명론적 근거가 되었다. 미국과 서방에게 새로우면서도 낡은 명백한 운명manifest destiny의 관념이 다시 부활했다. 이 세계는 문명 세력에 의한 포괄적인 관리와 통제가 필요했다. 세계가 제국을 필요로 하는 이유였다. 냉전 시대는 민주적 자본주의democratic capitalism. 혹은 자유주의적 자본주의(liberal capitalism)와 사회주의 · 공산주의 · 민족 해방 이데올로기 사이에 무엇이 이상적인 문명의 표준인가를 두고 다분히 동등한 수준에서 치열한 갈등과 경쟁이 존재했다. 탈냉전의 시대는 민주적 자본주의와 나머지 사이에 문명과 야만이라는 비대칭적 구분이 다시 들어선다. 서양과 나머지the West and the Rest 사이에 도덕적 위계질서의 관념이 재확립된 것이나 진배없는 꼴이었다. 제국 개념의 도덕적 복권이 이러한 시대에 이루어진 것은 결코 우연이 아니었다.

이런 조건에서는 좌파 이론에서도 미국 또는 서방 세계가 구축한 질서를 제국으로 규정하는 것만으로 미국과 이 질서에 대한 설득력 있는 비판이 되기는 어려웠다. 이제 제국은 타도의 대상인 불명예가 아니라 명예와 외경의 표상이 된 만큼, 미국을 제국으로 규정하는 것만으로는 더 이상 미국에 대한 의미 있는 비판이 될 수 없었던 것이다.

4. 세계화 시대의 제국 : 네그리 · 하트와 제국적 지배 주체

탈중심의 시대와 네그리 · 하트의 제국

1990년대 초 소련연방의 붕괴와 함께 공산권이 해체되었다. 1990~1991년 제1차 이라크전쟁에서 미국이 전개한 첨단 전쟁은 그러한 조건에서 이렇다 할 국제적 제약 없이 전개되었다. 세계는 1980년대 초 조반니 아리기가 말한 세계 권력의 양두체제 또는 이중제국체제로부터 미국 중심의 단극질서로 전환된 것처럼 보였다. 미국 국제정치학계는 1990년대 내내 미국 중심의 단극질서가 안정적인가에 대한 이론적 논쟁이 뜨거웠다. 안정성이 있느냐 하는 문제에는 의견들이 달랐다.[761] 하지만 이 시기 세계 질서가 미국 중심

761 예컨대 케네스 왈츠와 찰스 쿱찬은 미국 중심 단극질서의 불안정성을 강조하였다. 반면에 존 아이켄베리와 윌리엄 월포스는 미국 중심 질서의 장기 지속 가능성을 낙관했다. Waltz, Kenneth N.(1993), "The Emerging Structure of International Politics," *International Security*, Vol.18, No.2(Fall) ; Waltz, Kenneth N.(2000), "Structural Realism after the Cold War," *International Security*, Vol.25, No.1(Summer) ; Kupchan, Charles A.(2002), "Hollow Hegemony or Stable

의 단극체제라는 데에는 별 이견이 없었다. 그러나 동시에 1990년대의 상황에서는 전 지구적 권력의 단극화 못지않게, 특히 경제적인 면에서 세계 권력의 분산과 탈중심화decentralization의 경향이 깊이 감지되었다. 탈냉전과 함께 온 세계화가 가속화하면서 전 지구적 공동체가 당장 실현될 것 같은 이미지가 형성되었다.

스탠리 아로노위츠가 요약하듯이 세계화는 특히 1960년대 이후 진행된 핵심적 변혁 세 가지를 가리킨다. 첫째, 산업 생산이 지배하는 단계에서 정보산업이 지배하는 단계로 이동했다. 둘째, 세계시장 통합이 심화되면서 전 지구적 커뮤니케이션, 산업의 탈영토화industrial deterritorialization 그리고 세계적인 투자와 무역이 촉진되었다. 이로써 세계자본주의 경제의 내부와 외부 사이의 구분선은 지워졌다. 셋째, 정치적 주권의 핵심이자 경제적 · 정치적 항의의 매개자mediator of economic and political protest인 국민국가의 위치가 쇠퇴하는 현상이었다.[762]

세계 질서의 현실이 이처럼 탈중심화로 나아가는 것처럼 보이면서 제국 개념에서도 탈중심의 현상이 반영되기에 이른다.[763] 현실의 변화를 반영한 새로운 형태의 제국 담론이 요청되었다면, 이것을 이끈 것은 마이클 하트와 안토니오 네그리의 『제국*Empire*』이었다.[764] 이 작품에 담긴 제국론의 핵심은

Multipolarity?," G. John Ikenberry, ed., *America Unrivaled : The Future of the Balance of Power*, Cornell University Press ; Ikenberry, G. John(1998~1999), "Institutions, Strategic Restraint, and the Persistence of American Postwar Order," *International Security*, Vol.23, No.3(Winter) ; Wohlforth, William C.(1999), "The Stability of a Unipolar World," *International Security*, Vol.24, No.1(Summer).

762 Aronowitz, Stanley(2003), "The New World Order," Gopal Balakrishnan, ed., *Debating Empire*, Verso, p.22.

763 데이비드 하비는 좌파 진영의 지식인이 세계화의 힘들로 인해 새로운 분석틀을 요구하는 새로운 상황을 창출했다는 것을 인식하기 시작했다고 말한다. 제국의 성격의 탈중심화 현상은 중요한 성격으로 제기되었다. Harvey, David(2003), *The New Imperialism*, Oxford University Press ; 데이비드 하비(2005), 『신제국주의』, 최병두 옮김, 한울, p.22.

764 Hardt, Michael and Antonio Negri(2000), *Empire*, Harvard University Press. 데이비드 하비는

첫째, 오늘의 세계는 하나로 통합된 자본주의적 생산양식에 기초한 제국의 상태에 있다는 것이다.[765] 둘째, 바로 이 구조 속에서 혁명이 가능하고, 그래서 새로운 세계가 탄생할 것이라는 주장이었다. 그렇다면 세계화된 지구의 현 제국은 국민국가체제에 바탕한 구제국주의old imperialism의 세계 질서와 미래의 혁명적 세계 사이에 놓여 있는 중간 단계가 된다. 현재의 제국은 과거에 비해 진보적인 요소와 함께 궁극적으로는 극복되어야 할 현실이라는 이중성을 갖는다. 현재의 제국은 미래의 제국을 향해 넘어서야 할 벽이지만, 과거의 제국주의적 제국과는 질적으로 다르다는 전제가 담겨 있다.

미국 헌정의 진보성과 제국의 민주적 팽창성

네그리와 하트가 말하는 현재의 제국이 미국이라는 국민국가와 갖는 관계는 이중적이다. 한편으로 이 제국은 미국이라는 특정한 영토적 국민국가의 틀 속에 갇혀 있지 않다. 이 제국의 권력은 특정한 국민국가의 소유가 아니라 전 지구적으로 편재해 있는 네트워크 파워이다.[766] 그러나 동시에 이들이 말하는 제국의 원리를 제공한 것은 바로 미국이라는 국민국가와 그 역사였다. 미국의 헌법American Constitution은 진정으로 혁명적인 성격을 갖

세계화 현상이 좌파의 제국 담론에 미친 영향을 보여 주는 2000년 무렵의 문헌으로 다음의 글들을 제시한다[데이비드 하비(2005), 앞의 책, p.219]. Panitch, Leo(2000), "The New Imperial State," *New Left Review* 2, March-April, pp.5~20 ; Gowan, Peter, Leo Panitch, and Martin Shaw(2001), "The State, Globalization, and the New Imperialism : A Round Table Discussion," *Historial Materialism*, Vol.9, pp.3~38 ; Petras, James F. and Henry Veltmeyer(2001), *Globalization Unmasked : Imperialism in the 21st Century*, Zed Books ; Amin, Samir(2001), "Imperialism and Globalization," *Monthly Review*, Vol.53, No.2(June), pp.1~10 ; Went, Robert(2002~2003), "Globalization in the Perspective of Imperialism," *Science & Society*, Vol.66, No.4(Winter), pp.473~497.

765 현존하는 이 제국을 네그리와 하트는 대문자 E로 시작하는 Empire로 부른다.

766 Hardt, Michael and Antonio Negri(2000), 앞의 책, pp.160~162.

고 있었기 때문에, 미국은 오늘날의 이 새 제국의 조직 원리를 창조한 나라로 설정된다. 미국의 혁명과 헌법이 제공한 새 제국의 조직 원리는 그래서 미국이라는 국민국가의 역사에 뿌리를 둔 것이다. 그러나 그 원리 자체는 국민국가의 틀을 벗어나게 만드는 내재적 동력을 담고 있다. 이 원리는 공화국 안에서는 자유를 심화하고, 대외적으로는 개방성과 포용성을 바탕으로 민주적으로 팽창하는 보편성의 힘을 갖는다고 네그리와 하트는 주장했다.

이들에 따르면, 미국의 헌법은 제국로마의 공화정 원리, 특히 폴리비오스Polybius의 정치사상에 기원을 두고 있다. 폴리비오스는 가장 이상적인 권력 형태를 군주 권력, 귀족 권력, 그리고 민주 권력을 결합한 혼합 헌법a mixed constitution으로 보았다. 미국 헌법은 이 원리에 따라 삼권분립의 공화정 헌법을 창조했다. 이것은 파당과 개인, 집단과 국가 모두의 부패 가능성을 막을 수 있는 최선의 헌정 구조라고 주장된다.[767] 일찍이 한나 아렌트는 1973년 출간된 『혁명론*On Revolution*』에서 미국 헌정 구조를 열렬하게 칭송한 바 있다. 그 점에서 아렌트는 미국 헌정이 최선의 이상형인가에 대해 유보적이었던 토크빌과 달랐다. 네그리와 하트는 명백히 아렌트의 편에 섰고 이렇게 말했다. "한나 아렌트는 미국 민주주의를 근대적 정치 그 자체의 소재所在·site로 전폭적으로 칭송했다. 그녀는 미국 혁명의 중심 개념은 자유를 확립하는 것, 또는 자유가 작동할 수 있는 공간을 보장하는 정치체의 기초를 진정으로 확립하는 것이었다."[768]

네그리와 하트에 따르면, 미국 헌정은 당시 유럽의 근대적 주권modern European sovereignty의 개념과는 질적으로 다른 주권 개념을 기초로 했다. 유럽의

767 Hardt, Michael and Antonio Negri(2000), 앞의 책, p.163.

768 Arendt, Hannah(1963), *On Revolution*, Viking Press ; Hardt, Michael and Antonio Negri(2000), 앞의 책, p.164.

근대 주권 개념은 초월적 논리였던 데 비해, 미국의 주권 개념은 권력의 내재성immanence. 또는 편재성(遍在性)이라는 사상에 기초하였다. 그러한 권력내재성의 개념은 생산성에 기초한 것이라고 한다. 사회를 구성하고 있는 다중多衆 · multitude은 생산적이기 때문에 미국의 주권이란, 결과적으로 다중을 규율하는 데 존재하는 것이 아니라 다중의 생산적인 시너지들의 결과로서 존재하는 것이 된다고 주장했다.[769]

네그리와 하트는 이러한 주권 개념은 무한한 지평 위에서 작동하는 개방적이고 팽창적 프로젝트를 향해 나아가는 성향을 띤다고 보았다. 그래서 미국 역사 전체를 보면, 비록 제한과 통제를 추구하는 세력들이 존재했음에도 불구하고 결국 팽창이 우세하였다. 여기에서 네그리와 하트가 말하는 팽창은 제국주의적 팽창과 구별되는 민주적 팽창이었다. 마키아벨리는 팽창적 공화국들expansive republics이라는 개념을 이야기한 바 있다. 그 공화국들이 가진 민주적 기초로 말미암아 끊임없이 갈등을 생산하는 동시에 새로운 영토를 확보해 가는 경향을 가리킨 것이다. 폴리비우스 또한 앞서 언급한 세 가지 정부 형태를 완벽하게 종합한 정치체는 확장성expansiveness이라는 보상을 받는다고 주장했다. 네그리와 하트는 이들의 논의를 끌어들임으로써 미국의 민주적 팽창은 결국 고대의 로마와 마찬가지로 미국이라는 나라 내부 정치 질서의 우월성의 필연적 결과임을 암시한다.[770]

네그리와 하트에게 미국의 주권 개념이 내포한 이 같은 민주적 확장 경향democratic expansive tendency은 제국주의적 형태의 팽창과 질적으로 다른 것이었다. "근본적인 차이는 내재적 주권 개념의 확장성은 배타적이 아니고 포용적inclusive이라는 데에 있다." 이러한 포용성은 네그리와 하트가 미국과 제국을 인식하는 데 결정적인 중요성을 갖는다. "다른 말로 하면, 이 새로운 주권

769 Hardt, Michael and Antonio Negri(2000), 앞의 책, p.164.
770 Hardt, Michael and Antonio Negri(2000), 앞의 책, p.166.

은 확장할 때 마주치는 다른 세력을 합병하거나 파괴하지 않고, 반대로 그 주권 자체를 다른 세력에게 개방하며 그들을 (권력의) 네트워크에 포용한다. 이로써 합의의 기초가 열리게 된다. 그래서 권력과 대항 권력의 구성적 네트워크를 통해서 주권체 전체the entire sovereign body가 부단히 개혁된다. 정확하게 이 확장적 경향으로 인해서 그 새로운 주권 개념은 심오하게 개혁적인 것이다."[771]

구제국주의와 오늘의 제국의 차별성

네그리와 하트는 이런 논리에 기초하여 미국이라는 민주적 공화국의 확장적 경향을 유럽의 초월적 주권자들transcendent sovereigns의 팽창주의, 즉 근대 국민국가들의 팽창주의와 근본적으로 구분했다. 이들은 바로 이러한 네트워크들에서의 확장적 권력으로서의 주권이라는 개념으로 민주적 공화국에서 현재의 '제국'이 탄생하게 된 것을 설명한다. "제국은 오직 보편적 공화국a universal republic으로서만이, 경계도 없이 포용적인 건축물 속에 구조화되어 있는 세력과 대항 세력 사이의 네트워크로서만이 생각될 수 있다. 이 제국의 확장은 제국주의와는 전적으로 무관하다. 정복, 약탈, 제노사이드, 식민화, 노예제를 위해 기획된 국가조직들과도 아무런 관계가 없다. 제국은 네트워크 권력의 모델을 확장시키고 공고하게 한다."[772]

네그리와 하트는 이 제국의 확장 과정에도 눈물과 피로 범벅된 순간들이 있었다고 인정한다. 예컨대 베트남전쟁은 미국이 유럽형 제국주의를 스스로 체현하여 전개한 전쟁이었다. 그렇지만 그 전쟁은 동시에 미국이 구제국주의를 철저하게 청산하고 새로운 제국의 질서를 구축하는 길로 전환하는

771 Hardt, Michael and Antonio Negri(2000), 앞의 책, p.166.
772 Hardt, Michael and Antonio Negri(2000), 앞의 책, pp.166~167.

계기이기도 했다고 주장한다. "이 전쟁은 실제 미국이 수행한 유럽 제국주의의 연속이었다. …베트남에서 미국인은 어떤 유럽 제국주의 세력에도 못지않은 폭력과 잔인성과 야만성을 발휘했다. 미국은 마치 몰락하는 유럽 세력의 정통 상속자임을 선언한 듯했다. 유럽 제국주의자들의 망토를 걸쳤으며 제국주의적 실천에서는 그들을 능가하였다."[773] 하지만 네그리와 하트에게 베트남전쟁은 미국이 구제국주의를 실천한 최후의 사태였다. "미국의 시각에서 보면, 베트남전쟁은 제국주의 경향의 최종적 계기로, 그래서 (미국) 헌법의 새로운 체제로 옮아가는 전환점으로 간주될 수 있다. (이후로는) 미국이 유럽형 제국주의의 길로 가는 것은 완전히 불가능해졌다. 올바른 제국적 통치로 돌아가 도약해야만 했다."[774] 결국 네그리와 하트는 베트남전쟁을 두고 미국이 자신의 헌법적인 프로젝트와 그에 기초한 제국으로 나아가는 전반적인 도정에서 일어난 하나의 일탈이었다고 말하지만,[775] 동시에 이 전쟁이 비극성에도 불구하고 미국으로 하여금 구제국주의의 허물을 벗도록 하는 필수적인 관문 같은 것이었다고 이야기한 셈이다.

유럽형 구제국주의의 치명적인 문제점의 하나는 인종주의였다. 미국이라는 전혀 새로운 공화정의 원리에 기원을 둔 네그리와 하트의 제국에도 인종주의가 있다. 하지만 전혀 다른 성격을 갖고 있다고 주장한다. 제국은 민주적이고 포용적인 확장성 때문에 인종적 차이를 포함한 '차이'에 대한 개념이 달랐다고 한다. "제국은 차이를 절대적인 관점에서 생각하지 않는다. 그것은 인종적 차이를 결코 자연(본성)의 차이difference of nature로 보지 않는다. 언제나 정도의 차이로 본다. 필연적인 것으로 보지 않고 우연적인 것으로 본다."[776]

773 Hardt, Michael and Antonio Negri(2000), 앞의 책, p.178.
774 Hardt, Michael and Antonio Negri(2000), 앞의 책, pp.178~179.
775 Hardt, Michael and Antonio Negri(2000), 앞의 책, p.260.
776 Hardt, Michael and Antonio Negri(2000), 앞의 책, p.194.

네그리와 하트는 미국이 창조한 제국에 존재하는 인종주의를 '제국적 인종주의imperial racism'라고 하여, 구 유럽이나 일본의 제국주의적 인종주의imperialist racism와 구별했다. 이 제국적 인종주의의 형태와 전략이 유럽형 '근대적 주권'과 미국형 '제국적 주권'의 차이를 일반적으로 부각시켜 준다고 말한다. "근대적 주권의 인종주의인 식민지적 인종주의는 첫째로 차이를 극단적으로 밀어붙인다. 그러고는 타자the Other를 자기 자신의 부정적 기초negative foundation of the Self로 만든다나의 정체성을 내가 그들이 아니라는 것에서 찾음-인용자. 어떤 민족에 대한 근대적 구성은 이런 작용과 긴밀히 연관된다. 자신들 스스로 공유하고 있는 과거와 공동의 욕망이나 잠재성의 관점에서 정체성을 찾지 않고, 주로 자신들의 외부인 타자에 대한 변증법적 관계 속에서 자신을 정의한다. 민족은 언제나 가상적이든 현실적이든 어떤 장소a place의 관점에서 정의된다. 이와 달리 제국적 질서는 이러한 변증법과는 무관하다. 제국적 인종주의 또는 다른 인종주의는 타자를 그 자신의 질서 속에 통합한 후 그 차이들을 통제체계 안에서 조절한다. 그 결과 고정된 생물학적인 민족peoples 개념은 유동적이고 무정형적 다중multitude의 관념으로 융해된다. 그러한 융해도 물론 갈등과 적대의 선들을 따라 전개되지만, 결코 고정된 외적 경계선으로 나타나지는 않는다. 제국적 사회의 표면은 어떤 장소 개념도 뒤흔들어 버리는 방식으로 부단히 이동한다. 근대적 인종주의의 중심 계기는 그 경계에서, 내부와 외부의 전 지구적인 반테제 속에서 일어난다. 두 보이스가 거의 100년 전에 말했듯이 20세기의 문제는 인종 구분의 문제였다. 이와 달리 제국적 인종주의는 21세기를 향하면서 부단히 확장하는 영역 안에서 차이의 작동과 미시적 갈등들micro-conflictualities을 관리하는 것에 의거한다."[777]

777 Hardt, Michael and Antonio Negri(2000), 앞의 책, pp.194~195.

제국 사령부와 제국적 통제 : 제국적 지배 주체의 탈영토성

그렇다면 이 제국의 사령부는 어디에 있으며, 그 안에서 미국의 위치는 무엇인가. 말하자면 제국적 사령부imperial command의 문제이다.[778] 네그리와 하트는 이 제국에서는 사령부가 행정과 분리되어 있다고 말한다. 근대 레짐은 행정과 사령부가 점점 일체화되어 둘을 구분하기 어렵다. 그런데 이 새로운 제국의 경우는 다르다. 근대 레짐과 제국 레짐 모두 분권화된 행정이 안고 있는 위험성과 일탈 가능성이라는 내적 모순 때문에, 최고사령부라는 보장을 요구한다. 근대 국가의 법적 기초에 관한 초기 이론가들은 그러한 최고사령부의 기원을 탐구하려 노력했다. 하지만 제국적 사령부의 경우는 최고사령부의 계보에 관한 동화들이 필요하지 않다. 끊임없는 투쟁 속에 있는 다중들에게는 홉스가 말한 것과 같은 '평정하는 최고권력'은 설득력이 없다. 로크와 흄이 이야기한 것, 상업 계층이 요구하는 계약의 안전 같은 것도 필요하지 않다. 네그리와 하트에게 제국 사령부는 주권을 구성하는 모든 옛 관계 양식들을 뒤집어엎는 사회적 봉기의 결과로서 성립한다.

그들에 따르면, "제국 사령부라는 것은 근대국가의 규율적 양식을 통해서 행사되지 않는다. 대신 생물정치학적 통제biopolitical control의 양식들을 통해서 행사된다. 이 양식들의 기초이자 대상이 되는 것은 생산적 다중이며, 이들은 규율되고 규범화normalize될 수 없는 존재이다. 다만 그럼에도 이들 다중은 자율성이 있음과 동시에 일정하게 통치되어야 한다. 그렇지만 인민people의 개념은 더 이상 사령부체제의 조직화된 주체로서 기능하지 않는다. 인민의 정체성은 대신 다중의 이동성, 융통성, 부단한 차이화perpetual differentiation로 대체된다."[779] 다중을 통치하는 것은 진정한 포섭包攝 · subsumption의 사회관계 내 탈근대적 자본주의체제의 도구들이다. 다중의 생물정치적 존

778 Hardt, Michael and Antonio Negri(2000), 앞의 책, pp.342~348.
779 Hardt, Michael and Antonio Negri(2000), 앞의 책, p.344.

재라는 것은 탈영토화된 자율성deterritorialized autonomy과 지적 생산성을 가진 자율적 대중을 가리킨다. 그것은 (스피노자가 말했을 법한) '절대적인 민주적 권력'으로 변혁될 잠재성을 갖는다. 이것이 네그리와 하트에 있어서 다중이 제국을 넘어 진정한 혁명을 이룩할 수 있는 바탕이 될 터이다.[780]

네그리와 하트는, 그러한 변혁이 일어나기 위해서는 생산 · 교환 그리고 커뮤니케이션에 대한 자본주의적 지배가 전복되어야 한다고 말한다. 이러한 전복을 막는 것이 제국 정부의 일차적인 임무이다. 그런데 제국에게 문제는 자율적인 생산적 협력의 세력으로 변혁하려는 위협을 제기하는 세력이 애당초 그 제국을 구성한 기초라는 사실이다. 그러므로 제국이 존속하기 위해서는 그 제국에 대한 위협의 원천인 동시에 그 기초이기도 한 다중 속의 '자율적인 생산적 협력의 세력들'을 통제하되 파괴해서는 안 된다.[781]

그렇다면 제국적 통제imperial control는 어떻게 가능하고 어떻게 이루어지는가. 제국은 세계화된 자본의 안전을 위해 인구에 대한 미시적인 정치적 · 행정적 관리를 제공하지는 못한다. 각 지역의 구체적인 공간과 시간 속에서 행정적 기능을 수행할 수가 없다. 제국 사령부가 자본주의적 발전을 위해 보장하는 것은 전 지구적 체제의 전반적인 평형을 위해 투자하고 보호하는 것이다. 이를 위한 제국적 통제의 수단을 네그리와 하트는 세 가지로 요약한다. 핵무기, 돈자본, 그리고 에테르이다.[782]

네그리와 하트에게 있어서 핵무기란, 제국이 절정에 올랐을 때 효과적으로 축적된 것이다. 형이상학적 지평으로 끌어올려진 절대 폭력이다. 핵무기 기술의 발전과 그것의 제국적 집중으로 말미암아 대부분의 국가의 주권은, 특히 전쟁과 평화를 결정하는 힘에서 크게 제한될 수밖에 없었다. 이 제국

780 Hardt, Michael and Antonio Negri(2000), 앞의 책, p.344.
781 Hardt, Michael and Antonio Negri(2000), 앞의 책, p.344.
782 Hardt, Michael and Antonio Negri(2000), 앞의 책, p.345.

적 폭탄이 내포한 궁극적인 위협으로 말미암아 모든 전쟁은 제한전limited conflict, 내전, 더러운 전쟁 등의 수준으로 축소되었다. 이 제국적 폭탄 때문에 모든 전쟁은 행정적 및 경찰적 권력의 배타적 영역에 속하게 되었다. 그들은 핵무기가 "근대에서 탈근대로, 그리고 근대적 주권에서 제국으로 이행한 것을 가장 명확하게 보여 주는 것"이라고 주장한다.[783] 이런 맥락에서 제국은 궁극적으로 생명의 비소재non-place of life로 정의된다. '절대적 파괴 능력'에 기초하고 있다는 의미이다.[784]

돈은 전 지구적 절대 통제의 두 번째 수단이다. 세계시장이 구축된 것은 무엇보다도 국가별 시장의 금융적 해체monetary deconstruction of national markets, 국가별 · 지역별 화폐 규율 레짐의 해체 그리고 그러한 시장들을 금융 권력에 종속시킴으로써 가능했다. 국가별 화폐체제는 주권의 모든 특징을 상실하게 된다. 그 대신 새로운 일방적인 돈의 재영토화monetary reterritorialization 현상이 벌어진다. 제국의 정치적 · 금융적 중심인 글로벌 도시들에 재영토화가 집중된다. 네그리와 하트는 돈을 '제국적 중재자'라고 정의하면서 화폐 규율 메커니즘이 시장을 통제하는 일차적인 수단이라고 말한다.[785]

네그리와 하트가 제국적 통제의 세 번째 근본적인 매개라고 말하는 에테르는 현대 커뮤니케이션 시스템의 본질을 표현하는 개념이다. 커뮤니케이션의 관리, 교육체제의 편성, 문화의 규율은 현대에 들어 어느 때보다 주권의 영역에 속하는 것으로 간주되었다. 그러나 현대 커뮤니케이션 시스템은 주권에 종속되거나 주권에 의해 규율될 수 없는 성격을 띠게 되었다. 오히려 주권이 커뮤니케이션에 종속되거나 커뮤니케이션 시스템에 의해 주권이 표현되는 상태가 되었다. 커뮤니케이션 영역에서야말로 영토적 주권과

783 Hardt, Michael and Antonio Negri(2000), 앞의 책, p.345.
784 Hardt, Michael and Antonio Negri(2000), 앞의 책, pp.345~356.
785 Hardt, Michael and Antonio Negri(2000), 앞의 책, p.346.

국가 주권은 용해되고 만다. 커뮤니케이션은 고유한 탈영토화 능력을 갖고 있다는 것이다.[786] 말하자면 커뮤니케이션과 교육과 문화를 관리하고 규율하려는 모든 주권적 시도는 현대 커뮤니케이션 시스템의 탈영토화 능력으로 인하여 에테르로 용해되고 만다는 이야기다. 탈영토화를 통해서 커뮤니케이션, 교육, 문화의 모든 영역에서 모든 주권적 관계 양식은 용해된다. 그 결과 우리는 질서와 공간 사이의 관계가 아예 용해되어 버리는 과정의 극한에 도달하게 된다는 것이다. "커뮤니케이션의 공간은 완전히 탈영토화된다."[787]

네그리와 하트에 따르면, 제국 통제에 관여하는 이 세 가지 핵심적 수단은 폴리비오스가 말하는 세 가지 권력과 일맥상통한다. 핵무기는 불과 몇 개 나라에 집중되어 있기 때문에 군주 권력에 해당한다. 돈은 세계의 글로벌 도시들에 집중되어 있다. 그래서 귀족 권력에 해당한다. 에테르는 폴리비오스가 말하는 민주적 권력에 해당한다.[788] 말하자면 미국 헌법에 담긴 공화정의 삼권분립 원리와 같이 세 가지 권력이 종합되고 상호 견제함으로써 제국적 민주성이 가능해졌다는 이야기다. 하지만 역시 그 근본은 제국의 질서가 자본주의적 생산의 질서이기에 다중의 '절대적 민주'와 '자율적인 생산적 협력 질서'와는 거리가 멀고, 그래서 다중에 의한 변혁이 요구된다는 논리로 이어진다.

제국 사령부 및 통제체계 안에서 미국의 위치

이 같은 탈근대적 형태로 존재하고 작동하는 제국 사령부와 제국적 통제체계 안에서 미국의 위치는 무엇인가. 위의 세 권력 모두를 통제하는 고삐

786 Hardt, Michael and Antonio Negri(2000), 앞의 책, p.346.
787 Hardt, Michael and Antonio Negri(2000), 앞의 책, p.347.
788 Hardt, Michael and Antonio Negri(2000), 앞의 책, p.347.

를 미국이 쥐고 있는 것처럼 보일 수도 있지만, 네그리와 하트는 그렇지 않다고 한다. 얼핏 보면, 미국은 새로운 로마이거나 아니면 '새로운 로마들의 클러스터a cluster of new Romes'처럼 보일 수 있다. 워싱턴은 핵무기 권력의 중심, 뉴욕은 돈 권력의 중심, 로스앤젤레스는 에테르 권력의 중심으로 말이다. 그러나 네그리와 하트는 주장한다. "제국적 공간에 관한 그러한 영토적 개념은 제국적 장치들의 핵심에 있는 근본적인 유연성, 이동성, 탈영토화로 말미암아 부단히 불안정해진다. 아마 무력의 독점과 돈의 규율에 관해서는 영토적 성격이 부분적으로 인정될 수 있다. 그러나 커뮤니케이션은 그럴 수 없다. 커뮤니케이션은 생산 관계를 확립하는 핵심 요소가 되었으며, 자본주의적 생산을 지도하는 동시에 생산적인 세력들을 변혁하는 요인이기도 하다. 이러한 동학은 지극히 개방적인 상황을 만들어 낸다. 여기에서는 권력이 집중된 곳도 커뮤니케이션의 상호작용적 생산에 기여하는 모든 사람의 권력인 생산적 주체들의 힘과 부딪쳐야 한다."[789]

결국 이 제국 안에서 미국은 핵무기의 독과점을 포함한 군사적 힘 그리고 금융 중심지들을 갖고 있는 데에 기초한 돈의 힘의 과점 등에 힘입어 제국 사령부와 그 통제력을 구성하는 세 권력 중 두 가지에서는 적어도 부분적으로 영토적 중심의 위치를 차지한다는 점을 네그리와 하트도 인정한다. 다만, 제국의 핵심적 기초의 하나인 다중들의 민주적 권력의 경우는 커뮤니케이션의 탈영토성 때문에 그리고 제국 전체에 모세혈관의 형태로 광범하게 분산되어 있는 커뮤니케이션 때문에, 돈의 경우는 그 중심이 세계의 글로벌 도시들에 집중되어 있는 점 때문에,[790] 제국 사령부를 미국이 독점하고 있지 않다는 이야기이다. 요컨대 네그리와 하트의 제국에서 사령부는 부분적으로 영토성을 띠지만, 특히 커뮤니케이션의 탈근대적 양상과 자본의 세계

789 Hardt, Michael and Antonio Negri(2000), 앞의 책, pp.347~348.
790 Hardt, Michael and Antonio Negri(2000), 앞의 책, p.348.

적 분산으로 인해 결코 간과할 수 없는 탈영토적 성격을 갖는다는 것이다.

네그리와 하트의 제국 개념의 철학적 배경과 비판

네그리와 하트의 제국 개념은, 제국적 지배가 단순히 군사적이나 경제적 차원뿐만 아니라 커뮤니케이션 · 교육 · 문화를 포괄하는 다차원적 현상임을 주목한 것에서 세계체제론의 제국 개념과 많이 다르다. 이 점에서 네그리와 하트의 제국론은 이탈리아의 독창적인 네오마르크스주의자 안토니오 그람시Antonio Gramsci의 '문화적 헤게모니' 담론의 전통을 잇고 있다고도 할 수 있다. 하지만 그람시를 포함한 네오마르크스주의자는 상부 구조의 상대적 자율성을 강조했음에도 불구하고, 역사의 최종 원동력을 궁극적으로는 경제에서 찾을 수밖에 없었다는 평가가 가능하다. 네그리와 하트의 제국론은 그 틀을 벗기 위해 다른 철학적 배경을 동원했다. 그래서 네그리와 하트의 제국론은 마르크스주의나 네오마르크스주의의 지적 전통뿐 아니라 질 들뢰즈와 펠리 가타리, 미셸 푸코 등의 포스트모던 담론에 커다란 영향을 받은 것으로 지적된다.[791]

제국에 대한 저항의 주체로서 민족 단위도 계급 단위도 세계 지식인 사회의 담론에서 설득력을 상실한 지형에서, 네그리와 하트가 새롭게 도입한 개

791 Ruskin, Michael(2003), "Empire : A Postmodern Theory of Revolution," Gopal Balakrishnan, ed., *Debating Empire*, Verso, p.1. 안토니오 네그리는 1970년대 이탈리아의 대표적인 급진적 사회주의 운동가였다. 1979년 기독교 민주당 지도자인 알도 모로가 납치되어 처형당한 사건이 빌미가 되어, 이탈리아 당국은 의회주의 밖에서 활동하는 급진적 좌파에 대한 대대적인 무차별적 탄압을 벌였는데 이때 네그리도 체포되어 징역형을 받았다. 우여곡절 끝에 프랑스로 도주한 네그리는 들뢰즈와 가타리의 지원을 받으며 1997년까지 파리에서 학문적인 활동을 계속했다. 마이클 하트는 이 시절 네그리의 학생이었다. 1997년 네그리는 이탈리아로 자발적으로 돌아가 징역형의 나머지 형기를 채운다[Bull, Malcolm(2003), "You Can't Build a New Society with a Stanley Knife," Gopal Balakrishnan, ed., *Debating Empire*, Verso, p.83].

념이 다중이다.[792] 세계사에서 글로벌리즘이 팽창할 때, 그것은 곧 새로운 질서의 태동을 의미했으며 사회 각 부문에서 혁명적인 에너지의 분출을 수반했다고 그들은 말한다. 어떤 의미에서는 혁명적 변화가 기운이 다한 것처럼 보이는 시대에 오히려 변화의 잠재성을 강조한 것이었다. 그들은 미국의 공화정 헌법 원리에 기초한 민주적 확장의 결과로 현재의 제국이 성립한 것으로 보았다. 이 제국에 대한 비판과 부정 못지않게 진보성을 긍정하면서 출발한다. 그처럼 일정한 진보성을 띤 제국의 질서를 다중의 혁명으로 변혁하여 '절대 민주의 세계'로 나아간다는 이들의 담론은 마이클 러스킨이 말했듯이 특히 유토피아적 혁명 개념의 한 형태로 간주된다.[793] 네그리와 하트는 제국의 심장부에 있는 모든 모순을 입증함으로써 혁명의 비전을 제시해야 한다고 했지만, 제국의 긍정성이 앞서 있다고 할 수 있다.

네그리와 하트의 제국론에 대한 가장 핵심적인 비판의 하나는 자본주의 생산양식에서 국민국가가 자본가 지배를 지속하기 위해 수행하는 역할에 관한 것이다. 엘런 우드Ellen Meiksins Wood, 1942~는 모든 시민이 법적으로 평등한 조건에서도 자본주의적 착취가 국가권력의 개입 없이 이루어질 수 있지만, "자본주의는 자본 축적과 강제의 조건들을 창조하기 위해서는 국가에 의존할 수밖에 없다. 자본 스스로 그러한 조건들을 만들어 낼 수 없기 때문이다"라는 점을 다시 강조한다.[794]

또한 세계화로 인해서 국민국가들이 사라지는 것이 아니다. 오히려 바로 그 세계화 때문에 국민국가들이 지속될 것이라고 엘런 우드는 주장한다. 글로벌 자본은 모든 곳에 편재하나 어디에도 없는 신비한 권력에 의존하는 것

792 Hardt, Michael and Antonio Negri(2004), *Multitude : War and Democracy in the Age of Empire*, Penguin Press.

793 Ruskin, Michael(2003), 앞의 글, p.1.

794 Wood, Ellen Meiksins(2003), "A Manifesto for Global Capital?," Gopal Balakrishnan, ed., *Debating Empire*, Verso, p.80.

이 아니다. 구체적인 권력이 집중된 곳, 즉 국가권력에 의존하는 것이다. 동시에 바로 그렇기 때문에, 무언가 무정형적인 국경 없는 다중의 전 지구적 투쟁이 아니라 국민국가들을 상대로 그 안팎에서 전개하는 투쟁이야말로 자본주의 세계 질서를 넘어서는 혁명의 기본 조건이라고 우드는 주장한다. 각 지역의 국가권력에 의존하는 글로벌 자본의 최대 취약점은 곧 그 국가권력들의 불안정성이다.[795] 우드는 그런 맥락에서 네그리와 하트가 말하는 형체 없는 저항formless opposition의 담론은 공허한 추상에 불과하다고 보았다. 글로벌 자본주의의 현실 세계에서 구체적인 투쟁의 목표물과 수단에 대한 논의야말로 진정으로 현실을 넘어설 수 있는 희망과 비전을 제시할 수 있다는 비판이었다.[796]

네그리와 하트는 그들의 제국이 과거의 제국주의적인 근대적 제국들과 근본적으로 다른 탈근대적으로 진화한 형태라고 주장하고, 또 제국 사령부의 탈영토성을 강조했다. 하지만 결국은 미국을 그 주도적 배경으로 본 것 또한 사실이다. 동서의 많은 비판적 지식인은 미국을 과연 그처럼 질적으로 새로운 제국의 주도자로 보아야 하는지에 의문을 제기한다. 일본의 지식인 가라타니 고진柄谷行人, 1941~도 그중 하나다. 미국은 언뜻 네그리와 하트 식 제국을 표상하는 듯 보이지만, 미국의 국가 역시 국민국가의 하나로서 국민국가의 이익에 봉사하는 활동에 집중하고 있을 따름이라고 그는 주장한다. "나는 아메리카합중국이 제국주의가 아니라 제국이라는 사고에 찬성할 수 없다. 어떤 국민국가도 국민국가이면서 제국이고자 한다면 제국주의에 빠질 수밖에 없다."[797] 그는 이어 이렇게 말한다.

"네그리와 하트가 '제국'이라고 부른 것은 바로 세계시장 또는 세계자본

795 Wood, Ellen Meiksins(2003), 앞의 글, p.81.
796 Wood, Ellen Meiksins(2003), 앞의 글, p.82.
797 가라타니 고진(2009), 『네이션과 미학』, 조영일 옮김, 도서출판b, p.58.

주의다. 세계자본주의가 원하는 것은 자유주의적 교환에 의해 잉여가치를 얻는 것이다. 그것은 그것에 대한 각국의 저항이나 간섭, 그리고 그것들을 가져오는 체제를 모두 반자유주의적인 것으로 간주한다. 그리고 아메리카합중국이 그것을 실행하고 있는 것처럼 보인다. 그러나 아메리카합중국은 그 자신이 네이션=스테이트이며 자국의 이해에 의해 움직이고 있다. 즉 세계자본주의(제국) 안에서 '그 자신의 국가적 동기'에 의해 압력을 받고 있다. '글로벌한 법 권리의 이름으로' 행동한다는 것이 그 나라가 제국주의가 아니라는 것을 조금도 의미하지 않는다. 오히려 20세기 이후 제국주의는 제국주의를 부정하는 몸짓을 통해서만 존재했다. '근대 세계 시스템', 즉 자본주의 · 네이션 · 국가를 넘어서는 논리는 20세기에 독일의 '제3제국', 일본의 '대동아공영권'을 근거지우는 철학 — 예를 들어 하이데거Martin Heidegger나 니시다 기타로西田幾多郎—으로 제출되었다. 그러나 실제로는 제국주의적 현실을 다른 형태로 '해석하는' 것에 지나지 않았다."[798]

가라타니 고진은 미국이 제국이 아니라 제국주의적 국민국가일 뿐이라고 말함으로써 네그리와 하트의 제국론을 비판했다. 그러나 그것은 네그리와 하트가 상정하는 제국Empire 개념을 한편으로 수긍하기 때문이기도 하다. 이를테면 그들의 탈근대적 제국 개념은 받아들이되, 아메리카합중국이 그러한 '제국의 원리'를 실현하고 있음은 부인한 것이다.

네그리와 하트의 제국의 개념사적 의미

이제 세계화 시대의 제국 담론의 한 축을 담당한 네그리와 하트의 새로운 개념화가 제국의 개념사에 던진 충격을 정리해 보자. 네그리와 하트의 제국론에서 우리는 다음 몇 가지 요소를 동시에 발견할 수 있다. 첫째는 좌파의

798 가라타니 고진(2009), 앞의 책, pp.59~60.

담론에서도 탈냉전과 함께 찾아온 제국 개념의 도덕적 복권 현상이다. 제국은 세계를 지배하는 힘을 가리키지만, 반드시 착취적 지배를 가리키는 어둠의 용어가 아니다. 혹 착취를 내포한다 해도 역사상 진보된 형태의 세련된 착취체제라는 의미를 담고 있다. 둘째는 전 지구를 하나로 만드는 통합적이고 확장적인 개념으로서 제국 개념을 전면에 내세우고 있다는 점이다. 그만큼 글로벌리제이션 시대의 세계 인식을 제국 개념에 담았다고 할 수 있다. 셋째는 제국 개념의 탈영토화 현상을 극적으로 반영한다. 이들이 말하는 제국은 제국적 지배의 대상에 대한 영토적 지배와는 거의 전적으로 무관하다.

그런데 네그리와 하트의 제국 개념은 한 걸음 더 나아가 영토성/탈영토성의 문제를 두 가지 차원에서 복합적으로 제기한 것이었다. 첫째는 제국이 영토적 지배를 담는 것인가의 문제인데, 이에 대한 답은 비교적 쉽다. 영토적 지배를 내포하지 않는다. 그러나 두 번째 차원의 영토성 문제가 있다. 즉 그러한 탈영토적 지배력으로서의 제국의 영토적 중심은 어디냐 하는 문제이다. 이 두 번째 차원의 영토성/탈영토성의 문제에서 네그리와 하트는 다분히 복합적인 논의를 담고 있다. 이 문제가 발생하는 이유는 네그리와 하트에 와서 제국의 개념이 어떤 특정한 영토적 국가를 제국의 소재지로 파악하지 않고, 제국 자체를 전 지구적으로 편재하는 하나의 자본주의 질서 내지는 네트워크라는 형태로 사유되고 있기 때문이다. 위에서 먼저 언급한 영토성/탈영토성의 차원은 제국적 지배의 대상인 주변부가 직접적인 영토적 지배의 대상이 되는가에 달린 것이었기에 그 제국적 지배 주체의 영토적 소재는 아예 문제로 되지 않는다. 반면에 두 번째 차원의 영토성/탈영토성의 문제는 '거의 전 지구에 편재하는 제국적 지배' 주체가 영토적으로 어디에 소재하는가 하는 문제를 제기하는 것이다. 그래서 이 두 번째 차원의 영토성 문제는 네그리와 하트의 확장적이고 포괄적인 제국 개념이 대표적으로 제기한 개념적 차원이다. 네그리와 하트의 작업은 결국 제국적 지배의 객체에 대한 영토적 지배라는 차원에서 냉전 시기에 진화한 비공식 제국 개념이 담고 있던 탈영토성을 계승했다. 동시에 제국적 지배의 주체가 국민국가의 영토성을 초월해 탈영토화, 탈중심화의 성격을 띤 것으로 제시했다. 그러나 핵무기라는 절대 폭력과 자본에 대한 통제 권력이 특정한 메트로폴리스들에 집중되어 있다는 점으로 인해서 제국적 지배 주체의 탈영토성은 전반적이고 절대적인 것이 아니라는 것은 분명하다.

네그리와 하트의 이 같은 제국 개념이 현실적으로 세계 학계의 학문적 담론 전반에 미친 영향력은 어느 정도일까. 대단히 광범하다고 말하기는 어렵다. 제국이라고 해서 그 제국적 지배의 대상이 된 사회들에 대한 영토적 지배를 포함할 필요가 없다는 점은 대부분의 학자가 동의한다. 그러나 제국적 지배의 주체가 탈중심적 · 탈영토적으로 된 것을 전제한 두 번째 차원의 탈영토성 개념은 많은 경우 채택되지 않는 경향이 있다. 제국적 지배의 주체를 특정한 국민국가 — 전후 냉전기에는 미국 또는 소련 그리고 탈냉전 이후는 미국 — 로 상정하는 전통적인 제국 개념은 특히 9 · 11테러 이후 본격적으로 부활한다.

다만 네그리와 하트의 제국 논의는 제국적 지배 주체의 국민국가적 기반을 전제하는 제국 논의를 '전통적인 방식'으로 규정하게 만들고, 그 주체의 탈국민국가적 · 전 지구적 편재를 주목하여 이론화함으로써 새 이정표를 세웠다는 점에서 개념사적 의의가 적지 않다. 학자들은 이 경향을 '글로벌리스트 어프로치'라고 부르면서 전통적 논의에 대비시키고 있다.[799]

799 Stokes, Doug(2005), "The Heart of Empire? Theorising US Empire in an Era of Transnational Capitalism," *Third World Quarterly*, Vol.26, No.2, pp.217~236.

5. 2000년대 미제국과 제국적 지배 주체의 재영토화 그리고 해체의 변주

9·11테러 이후 미국의 대테러전쟁과 제국적 지배 주체의 재영토화

2000년대에 들어서 미국 사회의 개념적 지평에 일어난 변화로 새뮤얼 헌팅턴이 특기한 것은 보수주의자마저 미국을 제국으로 인식하게 된 사실이었다. "냉전 시대에는 미국의 적들이 미국을 제국적 세력an imperial power이라고 비난했다. 새 천년이 시작되면서는 보수주의자들이 '미제국American empire'이라는 개념을 수용하며 지지하고 나섰다. 나아가 미국의 가치관에 따라 세계를 개조reshape the world하는 데 미국의 힘을 사용한다는 관점을 취하기에 이르렀다."[800] 여기에서 헌팅턴이 말하는 제국은 네그리와 하트 식의 탈중심화된 개념이 아니다. 경제력과 군사정치적 힘 그리고 문화적 매력에 바탕하여 미국이라는 국민국가가 세계에서 광역적 지배력을 장악하고

800 Huntington, Samuel P.(2004), *Who Are We? : The Challenges to America's National Identity*, Simon & Schuster, pp.363~364.

행사한다는, 전통적인 의미의 제국 개념이다.

1990년대 세계화 물결 속에서 제국 개념의 탈중심화 현상이 일어났던 것을 거슬러서, 제국 권력의 소재를 다시 미국이라는 국민국가의 국가권력을 중심으로 사고하는 '제국 권력 개념의 재집중화re-centralization' 현상이 전개되었다. 1990년대 말에 이미 미국 국제정치학계는 미국의 단극적 헤게모니체제의 장기적 지속 가능성에 대해 이론적 논쟁을 전개한 바 있다.[801] 2001년 부시행정부의 등장과 함께 미국 국가권력의 안팎에서 신보수주의자들은 제국 담론의 전면에 등장하기 시작한다. 9 · 11테러를 계기로 미국의 군사정치적 권력이 전면에 부각된다. 이와 때를 같이하여 신보수주의자들은 자유제국주의liberal imperialism 또는 민주제국주의론을 펴기에 이른다.[802]

적어도 2000년대 초의 시점에서는 중국의 패권적 도전과 그것을 뒷받침할 수준으로의 국력 신장이 당장 현실화된 것으로 비치지는 않았다. 또한 9 · 11테러 이후 부시행정부하에서 미국이 아프가니스탄과 이라크에서의 전쟁과 그 승리를 기초로 세계 질서를 적극적으로 주도했다. 따라서 미국의 단극적 질서의 안정성에 대한 논리가 힘을 얻었다. 심지어 그것은 장기 지속이 가능한 자유제국주의를 추구해야 한다는 논리의 배경이 되기도 했다.[803]

1990년대 제국 개념은 탈중심화가 진행되었고 그것을 네그리와 하트의 제국 개념이 대표했다고 할 수 있다. 하지만 9 · 11테러 이후 미국 신보수주의의 권력화 국면에서 제국은 탈중심화를 이탈하여 다시 보다 전통적인 의미에서의 제국 개념, 즉 월등한 경제력과 군사정치적 권력을 바탕으로 광역

801 Wohlforth, William(1999), 앞의 논문, pp.5～41.

802 Kurtz, Stanley(2003), "Democratic Imperialism : A Blueprint — Lessons from the British in India," *Policy Review*, No.118(April & May).

803 Ferguson, Niall(2004), *Colossus : The Price of America's Empire*, Penguin Press ; Lal, Deepak (2004), *In Praise of Empires : Globalization and Order*, Palgrave Macmillan ; Chandler, David (2002), "Imperialism May Be out, But Aggressive Wars and Colonial Protectorates Are Back," *Observer*, 14 April(http://observer.co.uk).

적 지배 능력을 행사하는 국민국가라는 의미로 되돌아간 측면이 강했다. 네그리와 하트의 제국 개념은 지식인 사회 일각에서 상당한 지적 유행을 불러왔지만, 제국의 담론에 광범한 영향을 미쳤다고 단정하기는 어렵다. 9 · 11테러 이후 세계의 현실은 미국에 영토적 중심을 둔 정치군사적 제국의 존재를 재확인했다. 이러한 현실 역사의 전개에 의해서 제국적 지배 주체의 탈영토성 담론은 모멘텀을 상실하게 되었던 것이다.

전쟁의 수렁에 빠진 미국과 부상하는 중국 : 제국의 대체 혹은 해체

1990년대 특히 2000년대 이래 '제국으로서의 미국'에 대한 신보수주의자들의 무성한 담론에도 불구하고, 미국의 단극패권지속론에는 언제나 이중주가 끼어들어 있었다. 중국을 이른바 미래의 미국에 대한 '실존적 적'의 하나로 규정하는 의식이 공존한 때문이다. 그래서 신보수주의자들의 미제국론은 이중성의 그림자를 동반하였다.

로스 먼로는 그 점을 잘 보여 준다. 그는 당시 대통령 선거에 나선 공화당과 조지 부시를 위한 중국 정책의 청사진을 제시하려는 의도로 2000년에 맞추어 출간된 『현존하는 위협』이라는 책에 실은 글에서 우선 중국위협론을 주창했다. "1세기가 넘도록 미국의 한 가지 목표는 잠재적으로 적대적인 세력이 동아시아를 지배하는 사태를 막는 것이었다. 미국의 전략가들과 달리 중국 전략가들은 지역적 지배regional dominance라는 중국의 목표로 인해서 중국과 미국은 충돌 코스로 나아가고 있다는 사실을 잘 알고 있다. 1994년 이후 사실상 중국의 모든 일반적 전략 관련 저술들은 미국을 언젠가는 군사적으로 충돌할 수밖에 없는 적으로 규정하였다. …1993~1994년 시기에 중국은 미국에 대한 전략과 전술을 모두 바꾸었다. 덩샤오핑은 중국이 미국의 적대감을 도발하지 않도록 촉구했지만, 1993년 말 이후 그는 건강이 악화되어 옆으로 비켜나게 되었다는 것을 이제 우리는 안다. 더 젊은 세대의 중국

정치 지도자와 군사 지도자들은 중국의 힘을 확신하면서 미국에 대한 덩샤오핑의 접근 방식을 폐기했다."[804] 이어 먼로는 1990년대 클린턴정부하 미국은 아시아에서의 중국의 모험주의에 대처하는 데 실패했다고 전제하고, 중국에 대한 미국의 포용 정책은 중국의 군사적 위협에 대한 유화 정책에 불과하다고 비판하며, 장차 중국이 제기할 궁극적인 위협을 예방하기 위해 당장 적극적인 중국 봉쇄를 실천해야 한다고 주장하였다.[805]

2000년의 시점에서도 신보수주의자들이 지속적인 경제적 고도성장과 함께 군사적으로도 미국 헤게모니를 위협할 잠재적 도전자로 중국을 부각시키고 나설 만한 현실적 근거는 없지 않았다. 실제 레닌과 로버트 길핀이 국제 질서 변화의 원동력으로 함께 지목한 국력의 불균등 성장이라는 변수를 21세기 초입의 세계에 적용했을 때, 가장 주목할 것은 중국의 부상임이 드러나고 있었다. 미 CIA는 이미 2000년 현재 중국이 심지어 경제적으로도 일본을 이미 추월했으며, 2015년에는 유럽연합까지 추월한 가운데 미국과 대등한 경제력을 갖게 될 것으로 예측한 바 있었다.[806]

2000년대 초입 미국의 세계 인식은 상반된 두 요소가 공존하는 이중적 구조를 내포하고 있었던 셈이다. 한편으로 현재의 세계는 미국을 정점으로 하는 단극적 세계였다. 그러나 다른 한편으로 이 질서는 중국의 경제적 부상에 의해서 머지않은 장래에 미 · 중 간의 양극질서로 전환될 운명에 처해 있는 과도적인 것에 불과할지 모른다는 인식이 이미 자리 잡고 있었다. 미국

804 Munro, Ross H.(2000), "China : The Challenge of a Rising Power," Robert Kagan and William Kristol, eds., *Present Dangers : Crisis and Opportunity in America's Foreign and Defense Policy*, Encounter Books, p.60.

805 Munro, Ross H.(2000), 앞의 글, pp.64~73.

806 The National Intelligence Council(2000), *Global Trends 2015 : A Dialogue about the Future with Nongovernment Experts*, This paper was approved for publication by The National Foreign Intelligence Board under the authority of the Director of Central Intelligence, Prepared under the direction of the National Intelligence Council, NIC 2000-02, December.

의 세계 인식은 '중국의 잠재적 도전에 직면한 미국의 단극질서'라는 일면 모순적이거나 혼란스러운 상황으로 전환한 것이다. 중국의 도전은 물론 현실화하지 않은 것으로서, 중국의 경제적 · 군사적 성장이 지속될 것을 가정한 미래 예측에 기초한 가상의 것이었다. 하지만 그 가정은 강한 현실성을 띤 것으로 간주되었다.

2001년 9월 이후 전 지구적인 대테러 전쟁을 전개한 부시행정부의 미국은 아프간전쟁 후 중앙집권화된 제국 권력의 부활을 상징하는 것처럼 보였다. 2003년 이라크전쟁을 벌여 단시간에 이라크를 점령하고 그해 12월 후세인을 체포하여 2006년 말 교수대에 올릴 때까지 미제국은 건재하고 더 실재화하는 것처럼 보였다. 미국이 대테러 전쟁을 주도하며 중동과 중앙아시아에 수많은 군사기지를 건설하고 아프가니스탄과 이라크에 정치군사적 헤게모니 확산의 교두보를 확보한 것처럼 보였을 때, 제국은 네그리와 하트 유의 탈중심성을 상실하고 다시 재영토화된 권력집중형으로 복귀하는 것처럼 보였다.

그러나 이라크는 머지않아 미국이 주도하는 제국적 질서의 무덤인 동시에 미국에 관한 제국 담론 자체의 무덤처럼 변해 가기 시작한다. 아프가니스탄과 이라크는 미국 권력의 새로운 원천이 아니라 미국이 그나마 갖고 있는 제국적 권력의 기초들을 붕괴시키는 것으로 인식되기 시작했다. 더욱이 중동과 남아시아에서 전개한 대테러 전쟁에 관련된 미국의 권력 남용과 자원 낭비가 초래한 미국 헤게모니의 위기를 최종적으로 확정하는 사태가 전개되었다. 중국의 놀랄 만한 경제적 부상과 그에 수반된 정치외교적 영향력의 확대였다. 1990년대와 2000년대 초 이미 중국의 부상은 주목할 만한 것이었지만, 미국 중심의 세계 질서에 결정적인 도전을 제기할 만한 것이라고는 인식되지 않았다. 그러나 미국이 이라크의 수렁에서 3~4년간 허우적거리는 동안 세계인의 인식에 거의 급작스럽다고 할 수 있는 질적 변화가 일어났다. 미국의 제국적 질서의 '해체'가 아니라 중국이 중심에 있는 새로운 문명 내지는 제국적 질서로 '대체'될 수 있다는 전망까지 유력하게 떠오른 것이다.

2009년 파리드 자카리아는 중국의 경제적 부상을 이렇게 요약했다. "중국은 1970년대 말 이래 30년 동안 연평균 9퍼센트의 경제성장을 지속했다. 세계사에서 중요한 국가 경제로서는 유례없는 일이다. 그 기간에 4억의 인구를 빈곤에서 해방시켰다. 역사상 어느 곳에서도 이루지 못한 업적이다. 같은 기간 중국인의 개인소득은 7배 증가했다. 중국은 그 결점과 그늘에도 불구하고 모든 제3세계 국가의 꿈인 빈곤에서의 탈피를 거대한 규모로 성취했다. 경제학자 제프리 삭스는 이렇게 말한다. '중국은 세계사에서 가장 성공적인 발전 스토리다.'"[807]

이것은 새로운 지정학적 담론을 불가피하게 만들었다. 2000년대 초기와 중반기를 지배했던 워싱턴 컨센서스 담론은 지고 이제 베이징 컨센서스 담론이 뜨기 시작한다. 베이징 컨센서스는 조슈아 쿠퍼 라모Joshua Cooper Ramo가 2004년에 만든 용어다.[808] 그러나 그때 당장은 큰 주목을 받지 못했다. 이라크에서 미국의 실패가 분명해지면서 비로소 사람들의 세계 인식에 영향을 미치게 되었다. 라모는 중국의 지도적인 관료와 학자들을 인터뷰하여 그 개념을 작성했다. 미국 패권 질서의 성격에 대한 비판과 함께 중국의 세계적 역할과 방향에 대한 청사진이 베이징 컨센서스의 핵심이었다. "미국 스타일의 권력은 무력에 의거하고 다른 사회의 세계관을 관용하지 못한다. 반면에 부상하는 중국 권력의 기초는 모범 보이기, 경제체제, 국가주권의 엄정한 방위에 기초한다"고 라모는 정의했다. 미국이 오만한 패권국가로 행동하는 것으로 인식되는 세계 속에서 중국의 비전은 매력적인 것이라고 라모는 주장했다.[809] 처음에는 터무니없는 이야기로 들릴 수도 있었지만,

807 Zakaria, Fareed(2009), *The Post-American World*, W. W. Norton & Co., p.89.
808 Ramo, Joshua Cooper(2004), "The Beijing Consensus," Foreign Policy Centre.
809 Zakaria, Fareed(2009), 앞의 책, pp.126~127.

상황은 점차 달라지는 것처럼 보였다.

이렇게 변화된 지정학적 · 지적 지평에서 미제국이 중국 중심 질서로 대체될 가능성을 강하게 주장한 것은 2007년에 출간된 조반니 아리기의 『베이징의 애덤 스미스*Adam Smith in Beijing*』였다.[810] 1994년의 저서 『장기 20세기』에서 자신이 제시한 세계자본주의와 인류의 미래에 대한 전망에서는 미국의 제국적 질서American imperial order의 해체와 전 지구적 혼란이 유력한 미래 시나리오의 하나였다.[811] 그러나 새로운 책에서 아리기는 중국의 본격 부상을 주목하면서 미래 세계의 매우 다른 가능성들을 전망했다.

『장기 20세기』에서 아리기가 제기한 첫 번째 시나리오는 미국이 전쟁 능력을 통해서 21세기에도 세계자본주의의 사령탑으로 남을 가능성이었다. 하지만 2007년의 저서에서 그런 가능성은 이제 돌이킬 수 없이 사라진 것으로 보았다. 미국이 전쟁 능력을 통해 다른 자본 중심들에서 잉여자본을 갈취할 수 있는 능력은 2000년대 들어 부시행정부가 아프간전쟁과 이라크전쟁을 통해 제국을 유지하고자 했던 노력이 수포로 돌아가면서 최종적으로 상실되었다고 본 것이다. 『장기 20세기』에서 아리기는 또한 미국과 서양을 대체하여 세계자본주의의 새로운 중심을 구성할 대안 세력을 일본으로 상정했다. 그 결과 세계자본주의 질서는 자본과 국가권력이 분리되면서 궁극적으로 종언을 고할 것으로 전망했다. 그러나 『베이징의 애덤 스미스』에서는 이제 일본이 아닌 중국을 미국 중심 세계체제의 대안으로 상정한다. 또한 중국은 일본과 달리 미국 못지않은 국가 능력과 전쟁 능력을 가진 세력이기 때문에, 중국의 부상과 더불어 세계는 새로운 문명과 질서로 이행할 가능성이 높다고 본다.

810 Arrighi, Giovanni(2007), 앞의 책 ; 조반니 아리기(2009), 앞의 책.

811 Arrighi, Giovanni(1994), *The Long Twentieth Century : Money, Power and the Origins of Our Times*, Verso. 이 책의 한국어판은, 조반니 아리기(2008), 『장기 20세기 : 화폐, 권력, 그리고 우리 시대의 기원』, 백승욱 옮김, 그린비.

그처럼 중국을 미래 세계 질서의 새로운 사령탑으로 상정한 아리기는 기본적으로 낙관론을 폈다. 그 근거는 크게 두 가지의 상호 연관된 명제였다. 첫째, 중국적 경제 질서는 '자본주의적 시장경제'가 아닌 '비자본주의적 시장경제'라는 새로운 틀에 바탕을 둔 것이라는 주장이었다. 둘째, 네덜란드에서 미국에 이르는 서양 중심의 세계 질서는 금융자본주의, 군사주의, 제국주의 삼자 사이의 3세기에 걸친 상호작용의 결과인 데 비해, 중국 중심의 세계 질서는 더 인간 친화적이고 군사주의와 거리가 있는 새로운 세계 질서를 열어 낼 가능성이 있다는 것이다. 세계가 '강탈 없는 축적'의 경제 질서로 이행할 가능성이 높다고 본 것이다.

이 책에서 아리기의 21세기 전망은 애덤 스미스 정치경제학에 대한 새로운 관점에 크게 의거했다. 그에게 애덤 스미스는 경제적 자유주의자가 아니다. 자기조정적 시장과 최소 정부에 대한 신자유주의적 신념과는 달리 시장과 국가 사이의 균형, 더 나아가 국가의 핵심적 역할을 건강한 경제의 필수조건으로 본 사상가라는 것이다. 아리기 논점의 출발점은 현대 중국의 국가 중심적 내지는 비자본주의적 시장경제가 신자유주의가 신성시하는 서양의 자본주의적 시장경제에 비해 인류 전체의 복지를 위해 더 바람직하다는 인식이다. 아리기의 주장은 현재 중국의 경제체제가 시장경제를 포용하지만, 사회주의를 포기한 것은 아니라는, 논란의 여지가 많은 판단에 기초하였다.[812] 아리기는 또한 중국이 '화평굴기'하여 중국 중심의 동아시아와 세계

812 덩샤오핑 이래 중국의 개혁은 농업 혁신을 기초로 한 점진주의적인 것이었으며, 자본주의적 시장경제에서 자본가 계급이 국가권력을 도구화하는 것과는 달리 중국에서는 여전히 국가가 시장을 지배하고 조정하고 있다는 점 그리고 국가의 조정 아래 자본 간 경쟁을 촉진하고 국가에 의한 교육체제가 개혁 이후 오히려 강화되어 왔다는 점 등을 그 근거로 제시한다. 한마디로 중국의 개혁은 신자유주의의 채용과는 거리가 멀다는 이야기이다[조반니 아리기(2009), 앞의 책, pp.486~496]. 아리기는 또한 문화혁명이 관료 계층과 지식인에게는 커다란 고통이었으나, 중국의 서발턴 계층(하층민들)에게는 자신감과 전투적 기질이라는 긍정적 유산을 남겼다는 왕후이(汪暉)의 평가를 주목한다[Wang, Hui(2003), *China's New Order : Society, Politics and Economy in Transition*, translated by Theodore Huters and

질서가 성립하면, 인류 평화의 가능성도 높아진다는 낙관론을 피력한다. 유럽 중심의 질서가 체계 안의 군사 경쟁과 체계 외적 · 지리적 팽창으로 점철된 데 비해, 중국 중심의 질서는 내부의 군비 경쟁과 대외적인 식민지제국 팽창의 경향이 현저히 미미하다는 것이다.[813]

조반니 아리기는 결론에서 단서를 달았다. 중국 중심의 질서가 강탈 없는 축적과 함께 '대중의 참여를 통해 정책을 만들어 가는 정부 등과 같은 중국의 전통'을 부활시키고 공고히 하는 데 성공한다면, 중국은 '문화적 차이를 진정으로 존중하는 문명 연방'을 출현시키는 데 결정적으로 기여할 것이라고 보았다. 하지만 이러한 방향 전환에 실패한다면, 중국은 '사회적 · 정치적 대혼란의 새로운 진원지로 변모'할 것이며, 미국 등 북반구 자본주의 국가들의 세계 지배가 다시 기획될 수 있다고 말했다.[814]

조반니 아리기의 새 책은 21세기 중국 중심 세계 질서의 가능성의 역사적 · 이론적 근거를 추구한 것이었다. 『장기 20세기』를 지배했던 우울함이 『베이징의 애덤 스미스』에서는 새로운 전망을 열어 가는 긴장감과 기대감으로 전환되어 있다. 물론 논란이 불가피하다. 아리기를 포함한 세계체제론의 한계인, 국가권력과 개인 사이의 긴장을 포함한 정치적 삶과 문화양식의 문제들은 현저히 부차화된다. 근대문명의 본질을 경제와 산업혁명의 문제로서만이 아니라 정치혁명과 문화혁명의 차원에서 볼 때, 조반니 아리기의 서양문명 비판과 중국 질서 평가는 의당 다각적인 회의에 봉착할 수밖에 없다.

Rebecca E. Karl, Harvard University Press]. 제3세계에서는 유례를 찾기 힘든 그러한 역사적 경험이 개혁개방 이후 중국이 시장경제를 수용하고 자본가 계급이 성장하는 가운데에서도 중국의 사회경제 질서가 자본주의적 형태로 고착되는 것을 막는 중요한 원천의 하나라고 파악하는 것이다[조반니 아리기(2009), 앞의 책, pp.512~519 참조].

813 조반니 아리기(2009), 앞의 책, pp.435~443.

814 조반니 아리기(2009), 앞의 책, p.535.

현재와 미래의 세계에서 제국적 영향력은 경제적 자원 못지않게 그 사회에서 국가권력과 인간의 관계 양식이 어떠한가 하는 차원, 곧 지속 가능한 형태의 정치적 민주주의 여부라는 가장 근원적인 소프트 파워에 의존할 것이다.

그런 점에서 중국은 현재로서는 해결 전망이 여전히 어두워 보이는 벅찬 숙제를 안고 있다. 중국적 형태의 국가 중심적 시장 속에서 어떻게 인간의 자유와 권리가 지속 가능하게 확보될 수 있는가는 역사적 난제임이 분명하다. 중국의 정치 질서가 개혁개방 이후 문화혁명 시대의 '전체주의적 요소들'로부터 탈피한 것은 사실이다. 그러나 중국은 여전히 권력과 인간의 관계에 있어서 근대적인 기준에도 미치지 못할 뿐 아니라 그렇다고 대안적인 인간 자유의 모델을 제시하지도 못하고 있다. 지난 수백 년간 동서양의 관계를 포함하여 세계사를 뒤흔든 변동의 축이 산업혁명과 제국주의 못지않게 정치혁명의 문제였다는 사실을 떠올릴 때, 현재 중국의 '발전 모델'은 근대의 극복은 물론이고 근대성 자체의 기준에 아직 미치지 못하고 있다는 평가가 불가피하다. 아리기의 설명틀에서는 이 의문에 설득력 있게 답변할 실마리를 찾기 어렵다. 중국이 가진 소프트 파워의 제한성 외에도 중국 경제가 미국과 유럽대륙이라는 선진 경제의 방대한 소비 시장에 과도하게 의존하고 있다는 사실을 주목하면서 그 경제적 한계를 환기시키는 분석도 제기된다.[815]

21세기 인류의 최대 숙제로 떠올라 있는 환경 문제와 관련하여 중국의 발전주의 국가와 시장의 양식이 유망한 대안적 모델을 제시하는 것인지 역시 문제적이다. 중국의 환경 문제 양상에 대해 케네스 포머란츠는 "중국의 환경 문제는 많은 면에서 '전형적인' 개발도상국의 그것"이라고 밝힌다.[816] 또

815 Roach, Stephen S.(2010), *The Next Asia : Opportunities and Challenges for a New Globalization*, Wiley.

816 Pomeranz, Kenneth(2009), "The Transformation of China's Environment, 1500~2000,"

한 국가 관료들의 이해관계가 각 지역의 주요 산업 이익과 밀접하게 결부되어 있는 현재의 국가주의 시장 모델에서 기업들의 경제 활동이 환경 문제를 고려하도록 강제하는 국가의 능력은 매우 제한적이다.[817]

어쨌든 조반니 아리기는 미제국이 몰락하고 중국 중심의 질서가 부상하는 것을 문명사적 관점에서 반기는 입장이다. 그와는 달리 이질적인 문명에 의해 세계가 지배될 것이라는 관점에서 미 · 중 패권교체설을 논하는 경우가 있다. 마틴 자크의 경우가 그러하다.[818] 자크는 중국이 미국의 자리를 차지하여 세계적 패권을 확립할 가능성이 거의 확실하다고 전제한다. 이어 중국의 정치문화가 근본적으로 변하지 않을 것을 가정한다. 그렇다면 서구적 모더니티에 기초한 서양의 세계가 끝나고 매우 다른 종류의 세계가 지배하게 될 것으로 전망하였다.

가브리엘 콜코는 중국이 아닌 유럽에서 미국을 대체할 유력한 후보를 찾는다. 새로운 정체성을 찾은 유럽이 부상하고 있다고 본다. 그로 인해 미국은 더욱 신중해질 것이고 세계는 훨씬 더 안전해질 것이라고 주장한다.[819] 콜코는 이렇게 주장한다. "미국의 쇠락이 조지 W. 부시 대통령에게서 시작되었다고 말할 수는 없다. 미국의 힘은 한국전쟁 이후부터 약해지기 시작했고, 쿠바와의 관계에서 더욱 쇠락했으며, 베트남에서 급속도로 하향 곡선을 그렸기 때문이다. 그러나 부시가 미국의 쇠락에 지대한 공헌을 한 것은 사실이다. 이제 세계 그 어디에도 미국의 힘이 지배적인 곳은 없다. …세계는 미국에게 상당히 불리하게 변하고 있다. 경제적 영역뿐만 아니라 정치적 영

Edmund Burke III and Kenneth Pomeranz, eds., *The Environment and World History*, University of California Press, 특히 p.147. 강진아 교수의 평가 역시 비판적이다. 강진아(2011), 「중국의 부상과 세계사의 재조명 : 캘리포니아학파에서 글로벌 헤게모니론까지」, 『역사와 경계』 제80집, p.181.

817 Pomeranz, Kenneth(2009), 앞의 글, pp.150～152.

818 Jacques, Martin(2009), 앞의 책, pp.8～12.

역과 군사적 영역 등 모든 영역에서 그렇다. 미국의 힘은 내리막길을 걷고 있다. 미국의 힘에 도전하는 또 다른 보이지 않는 위기들이 있을 수 있고, 그런 위기들은 어느 대륙에서나 발생할 수 있다. 미국이 지배하던 세기는 이제 막을 내리고 있다."[820] 콜코가 중국 대신 유럽을 미래 세계에서 미국을 대체할 차세대 제국의 후보로 내세울 수 있는 이유는, 중국은 현재는 물론이고 예측 가능한 미래에도 결여할 것으로 전망되는 근본적인 '소프트 파워'를 유럽은 갖고 있기 때문이다. 정치적 민주주의가 갖는 보편적 호소력이 그것이다.

마틴 자크나 조반니 아리기 또는 가브리엘 콜코 등이 중국 또는 유럽 중심의 새로운 세계 질서를 전망하기도 하지만, 오히려 더 분명한 것은 새 제국의 구축이 아니라 제국 질서의 해체에 가까운 것이라고 할 수도 있다. 2008년의 저서에서 에릭 홉스봄이 내린 결론은 '제국의 교체'가 아니라 '제국 시대의 종언'이다. "(우리가) 과거의 제국적 세계로 회귀할 전망은 없다. 미국과 같이 아무리 위대한 군사력을 갖고 있다 할지라도 단일한 국가에 의한 지속적이고 전 지구적인 제국적 패권a lasting global imperial hegemony이 존립할 수는 없게 되었다. 그것은 역사에 전례 없는 일이다. 제국의 시대는 죽었다. 우리는 이제 21세기의 세계화된 세계를 조직할 새로운 방식을 찾아내야 한다."[821] 미제국의 대체 또는 해체에 관한 이 같은 담론들에서 등장하는 제국은 물론 경제력과 군사력의 영토적 집중을 전제한 전통적인 제국 개념에 기초한 것이다.

819 Kolko, Gabriel(2009), *World in Crisis : The End of the American Century*, Pluto Press ; 가브리엘 콜코(2009), 『제국의 몰락 : 미국의 패권은 어떻게 무너지는가』, 지소철 옮김, 비아북, pp.87～109.

820 가브리엘 콜코(2009), 앞의 책, pp.228～229.

821 Hobsbawm, Eric(2008), *On Empire : America, War, and Global Supremacy*, Phatheon Books, p.13.

미제국의 몰락 속에서도 살아남는 미제국 담론의 유형

많은 분석가가 미제국의 몰락을 예상하거나 이미 몰락했다고 선고하였다. 조반니 아리기와 마틴 자크, 가브리엘 콜코, 에릭 홉스봄, 그리고 엠마뉴엘 토드[822] 등은 몇 가지 예에 불과하다. 하지만 여전히 미제국 담론은 지속된다. 제국의 조건을 조금만 느슨하게 정의하면 미국은 앞으로도 오랫동안 제국으로 남을 전망이다.

2007년의 논문에서 브래들리 테이어Bradley Thayer는 "미국은 (지금) 제국인가?"라는 물음에 "그렇다"고 대답한다. '제국은 능력과 사명감sense of mission에서 다른 나라들을 압도하는 국가'라고 정의한 후, 테이어는 제국의 조건을 세 가지로 요약한다.[823] 첫째, "제국은 보통 영토의 크기와 물질적 자원과 같은 능력에서 다른 나라들을 크게 뛰어넘는다. 그 능력은 국제체제에서 일반적인 평균치보다 훨씬 크다." 둘째, 제국은 세계적인 관심(이해관계)을 갖는다. 제국의 관심은 국제체제의 경계와 동일하다. 그 이해관계는 제국적 국가들imperial states 자신이 직접 방어하거나 혹은 그들의 피후견 국가들에 의해 방위된다. 파라과이에서 네팔까지, 스웨덴에서 뉴질랜드까지 미국이 관심을 갖지 않는 곳은 없다. 테이어는 코미디언 제프 폭스워시의 말을 빌려 그 점을 강조한다. "다른 나라들이 당신을 무시하지 못하고 당신의 이해관계에 순응할 때, 하지만 당신은 다른 나라들을 만족시킬 필요가 없을 때, 당신은 당신이 제국이라는 것을 안다. 다른 국가들은 기꺼이든 아니든

822 Todd, Emmanuel(2002), *Aprés l'Empire : Essai sur la décomposition de système américain*, Gallimard ; 엠마뉘엘 토드(2003), 『제국의 몰락 : 미국체제의 해체와 세계의 재편』, 주경철 옮김, 까치. 토드는 이렇게 말한다. "미국에는 두 유형의 '제국적' 자원이 특히 부족하다. 현재의 전 지구적 착취 수준을 유지하는 데에 필요한 군사적 · 경제적 강제력이 불충분하다. 또 이데올로기적인 보편주의가 쇠퇴 중이며 따라서 모든 사람에 대해서 착취를 하면서도 동시에 그들에게 평화와 번영을 확보해 주는 평등한 대우를 하지 못한다"[엠마뉘엘 토드(2003), 앞의 책, p.108].

823 Thayer, Bradley A.(2007), "The Case for the American Empire," Christopher Layne and Bradley A. Thayer, *American Empire : A Debate*, Routledge, p.3.

그들의 위치와 역할과 행동을 이웃 나라나 다른 나라들이 아닌 제국적 권력과의 관계에 입각해서 정의한다. 뉴델리의 외교관이 제일 먼저 걱정하는 것은 이슬라마바드 또는 카불 또는 하라레가[824] 어떻게 생각하느냐가 아니다. 제일 먼저 '워싱턴은 어떻게 생각할까' 하고 궁금해한다."

테이어가 말하는 제국의 셋째 조건은 '제국은 언제나 달성하고자 추구하는 사명이 있다는 것'이며, 그 사명이란 대개 '세계 질서를 창조하고 유지하는 것'이다. 그 세계 질서의 내용은 제국적 국가의 이해관계와 일치한다. 로마제국의 경우는 원로원과 로마 시민에게 세계가 복종하는 것이었다. 프랑스가 선호하는 세계 질서는 가톨릭교, 프랑스의 정치적 통제 그리고 언어와 문화의 전파였다. 미국이 세계 질서를 구축해 추구한 이해관계란 '자유로운 경제 질서, 민주주의, 인권'이었다고 테이어는 주장한다.[825]

브래들리 테이어는 또한 미제국은 역사상 고유한 제국이라고 주장한다. 미국 예외주의를 제국 담론에 반영하는 것이다. "다른 제국들은 다른 정치적 집단들(국가들이나 아테네 또는 칼타고 같은 도시국가들)에 대한 직접적인 통제를 추구했다. 그리고 일단 통제하게 되면 그 통제를 유지하고 확산시켰다. …제국이란 근본적으로 통제에 관심을 갖기 때문에 미국도 다른 제국들과 같이 자신의 목표가 실현되고 이익이 보존되기를 원한다. 그러나 많은 점에서 미국은 다른 제국들과 다르다. …미국이 선호하는 수단은 자신과 이데올로기를 공유하여 미국과 동맹하기를 원하는 나라들을 통해서 간접적으로 통제하는 것이다."[826]

이런 정도의 정의라면, 미제국은 중국이 제국으로 등장하든 아니든에 상관없이 21세기 세계 질서에서 유일한 제국은 아니라 하더라도 '여러 제국

824 이슬라마바드는 파키스탄의 수도, 카불은 아프가니스탄의 수도이며, 하라레는 짐바브웨의 수도로 1982년에서 솔즈베리에서 하라레로 변경되었다.

825 Thayer, Bradley A.(2007), 앞의 글, pp.3~4.

826 Thayer, Bradley A.(2007), 앞의 글, p.5.

중 하나'로 남을 가능성이 있다고 할 것이다. 이것은 물론 경제력과 군사력의 영토적 집중을 전제한 전통적인 제국 개념에 기초할 때 그러하다. 앞에서 네그리와 하트의 제국 개념이 9 · 11테러 이전의 세계 질서를 배경으로 하고 있으며, 따라서 9 · 11테러 직후에는 제국 개념의 재집중화가 이루어졌고, 이라크의 수렁은 그러한 미제국 개념의 무덤이 되었다고 지적했다. 또한 미제국의 몰락 이후에는 자본과 군사적 국가 능력에 바탕한 새로운 제국으로서 중국이 거론되고 있음을 말했다. 이 와중에는 네그리와 하트의 제국 개념이 끼어들 틈새가 없는 것처럼 보일 수 있다. 하지만 네그리와 하트의 제국 개념은 '탈중심화된 편재적인 네트워크 권력decentralized immanent network power'으로서의 제국이라는, 제국에 대한 대안적인 개념의 소재를 제국의 개념사에 던져 놓았다.

그런 맥락을 고려한다면, 미래 제국 담론의 전개 향방은 여러 가지로 예상해 볼 수 있다. 한편으로는 미국이 경제적 · 군사정치적 영향력에서 전통적 의미의 제국의 위상을 상실하고 중국 또한 위치에 오르지 못하고 불안정한 채로 세계자본주의 경제 질서에 완전히 편입하게 되는 경우다. 이때 네그리 · 하트적인 의미에서는 미국이 원리를 제공한 제국의 편재적 네트워크 권력은 그 제국의 부분적인 영토적 중심의 하나를 중국에 내어 준 채 여전히 존속할 수 있을 것이다.

만일 중국이 과거 30년1979~2009과 같은 수준의 발전과 안정을 지속한다면, 그리고 조반니 아리기의 분석대로 신자유주의와는 질적으로 다른, 자본가가 국가를 지배하지 않고 국가가 시장을 지배하고 조정하는 비자본주의적 시장경제의 질서를 모범적으로 제시한다면, 장차 세계는 어떤 제국적 상태로 개념화할 수 있을 것인가. 중국이 제국의 부분적인 영토적 중심을 이루되 비자본주의적 시장경제에 바탕을 둔 경제 질서로서 확장하는 제국이 사유될 수 있을 것이다.

물론 아리기가 말하는 비자본주의적 시장경제는 국가권력이 시장을 지배하는 것이기 때문에, 그 제국은 국가들의 관계망을 포함하는 매우 새로운 것이 될 수도 있다. 국가권력과 함께 네그리가 말하는 커뮤니케이션 시스템 자체는 탈영토성을 강하게 내포할 터이므로 그 역시 탈영토적 네트워크 파워라는 양상을 가질 것이다. 말하자면 국민국가들 사이의 비공식적 위계를 포함하는 전통적인 의미에서의 제국의 성격과 탈중심적 비영토성을 함께 내포한 형태의 제국이 성립한다는 뜻이다. 그와 동시에 다른 한편에서는 여전히 미국이 제공한 원리에 따른 자본주의적 시장경제에 기초한 기왕의 제국이 존재한다면, 우리는 이를테면 '이원적 제국체제'의 세계 질서를 이야기하게 될지도 모른다.

6. 2000년대 동아시아의 제국 담론

2000년대 동아시아의 지성사적 상황을 들여다보면, 제국 개념의 도덕적 복권은 동아시아의 담론 지형에도 의미심장한 파장을 던졌음을 느끼게 된다. 한국뿐만 아니라 일본과 중국에서도 미국에서의 지성사적 추이에 민감하게 반응하면서 제국 담론이 부활해 왔다고 할 수 있다. 한국에서 제국 담론은 과거 일본제국의 식민 지배 시기에 대한 재평가라는 형태로 변형을 겪었다. 식민지근대화론은 언뜻 제국 담론과 무관한 것 같지만, 실은 직간접적인 연관을 맺고 있다. 동아시아에 대한 일본의 식민 지배를 문명사적 차원에서 긍정적으로 재평가하는 담론의 성격을 내포하기 때문이다.

일본에서도 '일본제국' 시대에 대한 역사적 · 사상적 재평가의 움직임이 전개되었다고 생각한다. 일본의 근대에 대한 역사 반성을 강요받는 데 대해 직접적으로 반발하는 수정주의 역사 해석의 흐름은 말할 것도 없지만, 그에 대한 반성을 전제하는 학문적 경향들도 일본제국에 대한 지성사적 재평가에 어떤 형태로든 참여하였다.

국민국가와 근대 일본 민족주의의 구조에 대한 비판을 통해 일본적 근대의 사유체계에 대한 비판적 해체 작업을 진행하는 면이 있는 것이다. 그것은 또한 일본의 제국주의적 지배에 대한 반작용으로 구축되어 온 동아시아 다른 나라들의 민족국가 건설 또는 국민국가 사유체계에 대한 내재적 비판을 함께 담고 있다. 동아시아는 유럽의 지역 통합과 달리 여전히 국민국가의 틀에 머물러 있다. 이에 대한 다양한 형태의 비판적 시각이 떠올랐다. 전후 일본 지성계에 비하면 동아시아 다른 사회에서 더 현저했던 민족 · 국민국가 담론에 대해 직간접적 비판은 의도했든 아니든 탈민족 · 탈국민국가 담론을 측면 지원하는 효과가 있다. 그 결과 일본제국을 포함한 제국의 담론에 우호적 측면도 없지 않다. 그 아이러니한 효과는 제국주의 시대 일본의 국가주의 · 민족주의 담론의 해체를 의도하며 번성한 국민국가 비판이 탈민족 · 탈국민국가적 정치 단위로서의 제국에 대한 논리적 엄호의 수단이 될 수 있다는 데에 있다. 일본제국에 대한 지성사적 차원의 재평가는, 동아시아 다른 나라에서의 '식민지 근대성' 담론들과 결합하면서 '제국'이라고 불릴 수 있는 광역적 지역 통합 질서가 민족과 국가의 경계를 넘어선 동아시아 지역 통합의 가능한 역사적 원형의 하나로 거론될 수 있는 지평을 만들어 냈던 것이다.

일본 지식인 사회에서 진보적인 담론을 생산하는 무대의 하나인 이와나미서점岩波書店은 2006년 전 8권에 이르는 『'제국' 일본의 학지「帝國」日本の學知』를 출간했다. 이 출판 작업은 위에서 언급한 맥락에서 주목할 필요가 있다. 이 시리즈의 편집진은 출판 취지를 밝혔다. 냉전 시기 일본이 '극동' 또는 '아시아태평양'이라는 미국이 설정한 지역 개념 속에서 자신을 인식하고 일본의 전전과 전후를 사유한 틀을 바로잡고, 탈냉전의 시점에서 '근대 일본의 학지를 비판적으로 계승하는 것'을 목표로 한다고 했다. 특히 '근대 일본이 경험한 아시아의 광역적 질서 가운데에서 반추하는 것'을 내세우고 있다. 이를 위해 제국 시대 일본의 학지의 생성과 전개를 역사적 문맥

속에 위치지우기 위해 그에 대한 '내재적 이해'를 시도한다고 밝혔다.[827]

이와나미서점은 1992년~1993년에 간행한 『근대 일본과 식민지近代日本と植民地』에서 "제국일본에 의한 식민지 형성의 과정, 그것에 저항하는 식민지 내셔널리즘의 논리와 탈식민지화의 과정을 세계사적인 시각에서 파악하려는" 작업을 한 바 있다.[828] 2006년의 간행물은 그것을 잇는 작업이라고 말한다. 이번의 시리즈가 '근대 일본' 대신 '제국일본'이라는 타이틀을 달고 나온 것은 그 자체로 일본에서 과거 제국에 관한 담론의 지성사적 환경에 일어난 변화를 시사하는 바가 있다고 생각된다.

일본뿐 아니라 2000년대 중국에서도 새로운 방식으로 제국 담론이 등장하였다. 왕후이의 담론이 좋은 사례이다. 그는 티베트와 관련한 서양 언론과 지식계의 논리를 비판하는 가운데 근대 이래 서양의 세계사 인식체계가 '민족주의적 지식체계'에 근거하고 있다고 비판한다. 이러한 지식체계로는 전통적인 아시아 질서 및 중국 안에서의 다민족 사회들의 내적 관계의 본질을 제대로 이해할 수 없다고 주장한다.[829] 그는 이른바 '트랜스시스템 사회trans-systemic society'론을 제시했다. 민족국가 내지 국민국가 단위의 지역 질서를 넘어서는 대안적 개념으로 과거 동아시아의 중국 중심 질서 그리고 현재의 티베트를 포함한 중국 영역 내 다민족 사회를 인식하고 평가하는 담론을 모색하자는 것이다.[830] 왕후이는 현재 유럽의 세계 역사 인식과 서술이 유럽적 근대의 지식체계의 현실적 기초인 민족국가의 논리로 구성되어 있다고 보며, 아시아의 질서에 대한 담론을 아시아인 자신의 눈으로 새롭게 인

827 酒井哲哉 編(2006), 「編輯にあたって」, 『「帝國」日本の學知 1 「帝國」編成の系譜』, 岩波書店, pp.v~vi.

828 大江志乃夫 外 編(1992~1993), 『近代日本と植民地』 全8巻, 岩波書店.

829 왕후이(2011), 『아시아는 세계다 : 아시아의 근현대를 심층 탐사하여 유럽판 '세계역사'를 해체하고 신제국 질서를 뚫어보다』, 송인재 옮김, 글항아리. 특히 「제3장 동양과 서양, 그 사이의 '티베트 문제'—오리엔탈리즘, 민족의 지역자치, 그리고 존엄의 정치」, pp.145~272.

830 왕후이(2011), 앞의 책, pp.8~23 참조.

식하고 재구축할 필요가 있다고 말한다. 19세기형 유럽의 세계 역사 인식을 해체하고, 나아가 21세기에도 서양이 주도하는 '신제국' 질서와 그 논리를 극복해야 한다는 것이다.[831]

왕후이에 따르면, 서양 학계는 중국 · 티베트 관계를 전형적인 민족국가 담론으로 이원화하고 여기에 기초해 중국의 티베트 영유를 비판하고 있다. 그것은 서양 주도의 신제국 질서의 논리에 다름 아니라고 왕후이는 말한다. 그는 중국 · 티베트 관계를 포함한 중국 내부 다민족 간 질서 양식은 근대 서양적 민족국가의 논리로 설명될 수 있는 것이 아니라고 주장한다. 이를 위해 왕후이가 강조하는 것은 예컨대 청나라 시대 중국 내적 질서 자체의 복합성이다. 이를 설명하기 위해 그 역시 제국의 개념을 동원한다.[832]

전통 시대 동아시아의 전쟁과 평화를 규율한 질서로서의 조공책봉체제는 서양의 제국 / 식민지 관계의 개념으로 설명될 수 있는 것이 아님은 필자 역시 동의하는 점이다.[833] 그런데 여기에서 주목할 것은, 왕후이가 서양 주도

831 왕후이(2011), 앞의 책, pp.104~105.

832 왕후이는 일례로 이렇게 설명한다. "청나라는 이미 민족적 상황이 복잡한 제국이면서 국가 제도가 극도로 발달한 정치적 실체였다. 제국과 국가, 청나라의 발달된 조공 네트워크는 조약 관계를 동시에 포함했다. 제국과 국가, 조약과 조공을 단순한 대립 관계에 넣고 청나라 사회를 이해한다면 역사 속의 제국 건설과 국가 건설의 상호 중첩 과정을 간과하게 될 것이다. 그렇게 되면 근대 중국의 민족주의가 가진 기본적 특징을 이해할 수 없다. 조공 시스템과 국가 시스템이 모종의 복합 관계를 갖기 때문에 조공 관계는 단순히 서열적인 중심 / 주변의 문제로 간주될 수 없다." 왕후이는 또 이렇게 덧붙인다. "예를 들어 러시아와 청나라는 조공 관계를 맺었지만 어느 면에서 그들은 스스로를 상대방보다 낮은 서열 속에 둔 적이 없다. 그들 사이에 조공 관계가 존재했다면 그들은 사실상 서로를 조공국으로 보았던 것이다. 조공의 예의 실천 자체는 다중적인 역량이 상호작용한 결과물이다. 서열적인 예의 체계에는 각기 다른 형식, 각기 다른 정도의 대등한 원칙과 서로 다른 관점에서 다중적으로 해석할 가능성이 내포되어 있다. 이 점은 중앙아시아와 중국의 관계에 대한 연구에서 이미 언급되었다." 여기에서 왕후이가 언급한 연구서는, Fletcher, Joseph F.(1995), *Studies in Chinese and Islamic Inner Asia*, Variorum ; 왕후이(2011), 앞의 책, pp.95~96.

833 필자는 전통 시대 동아시아에서 조공책봉의 제도를 주권국가체제나 제국 / 식민지체제와 다른 방식으로 강대국과 약소국 사이의 전쟁과 평화를 규율하는 제3의 양식의 외교적 규범, 즉 '위계적 안보레짐(hierarchic security regime)'으로 파악한 바 있다[이삼성(2009a), 앞의 책, pp.159~176].

의 21세기형 신제국 질서와 그것을 뒷받침하는 신제국의 논리를 비판하면서도 근현대 서양과 근대 일본의 역사 서술이 확립해 둔 제국의 개념에 의존하고 있는 점이다. 그가 말하는 제국은 일단 다민족적 복합 사회를 관할하면서 하나의 국가를 구성하는 정치적 단위를 가리킨 것으로 보인다. 왕후이는 현재 중국 안에서의 티베트와 중국 국가의 관계를 청나라 시대 티베트 영역에 대해 중국 국가가 행사했던 다양한 형태의 직간접적인 통치 역사의 연장선에 있는 것으로 이해해야 함을 주장하고, 또한 청나라 시대 중국 안에서 티베트와 중국 국가의 관계를 제국이라는 개념 속에서 이해하고 있다. 그러면서도 오늘날 중화인민공화국과 그 안에서의 티베트와 중국 국가의 관계에 대해 제국이라는 개념을 직접적으로 적용하지는 않는다. 그가 도입하고 있는 '트랜스시스템 사회'라는 용어는 제국 개념을 대체하기 위한 선택인 셈이다. 중국 정부의 '민족지역자치'론에 대한 옹호를 포함하여 중국 내 다민족 간 질서를 긍정 내지 변호하는 왕후이의 논리는, 서양 주도의 제국 담론을 비판하기 위해 제기한 것이면서도 실제에서는 티베트에 대한 중국의 '제국'적 지배를 정당화하는 논리로 비치기도 한다는 사실은 특기할 점이다. 그 때문에 일면 피할 수 없는 논리적 긴장을 안고 있다.

1949년 신중국 건설 후 중국은 '통일된 다민족국가'를 일관된 원칙으로 삼아 중앙 / 지방 관계와 민족 관계에서의 강력한 통합을 추구해 왔다. 그러나 1980년대 이후 이 원칙은 중국 내부로부터 심각한 도전에 직면하게 되었다. 시장경제화를 핵심으로 한 경제개혁과 개방이 추진되면서 지방의 힘이 강해지는 한편, 홍콩과 마카오의 회수를 계기로 고도의 자치권을 가진 특별행정구제도가 시행됨에 따라 강력한 국가 통합에 다원화의 압박이 강해진 것이다.[834] 사회주의사상이 중국이라는 국가가 품고 있는 모든 국민의 정치적 통합의 접착제로서의 기능이 사라진 것도 중요한 요인이었다. 신장 지역

834 모리 가즈코(2012), 『현대중국정치 : 글로벌 강대국의 초상』, 이용빈 옮김, 한울, p.205.

등에서의 비한족의 정체성이 높아지고 티베트 문제가 더 표면화했다. 이에 대처하는 과정에서 중국은 다양한 민족의 역사적 · 문화적 통일성을 강조하는 경향이 있다. 즉 정치적 통합의 약화를 역사적 · 문화적 정체성의 통일성을 강조하는 논리로 대처하려는 경향을 보였다.

이를 위해 중국의 국가권력과 많은 지식인은 인민 전체를 하나의 정치적 통일체로서뿐 아니라 '크게 보면 하나의 민족'이라는 식으로 다분히 무리하게 과장된 민족 개념에 의지하여 통일성을 강조하는 경향을 보인다. 그 결과 현대 중국에서 '중화민족'이라는 개념으로 포괄할 수 없는 민족 집단들까지 중화민족이라는 개념으로 틀 지우려 한다. 그 집약적인 논리적 표현이 페이샤오퉁費孝通이 1988년 제시한 '중화민족 다원일체론'이다. 다원일체론에서 페이샤오퉁이 제시한 논리는 한족 자체가 여러 민족의 접촉, 혼합, 융합의 복잡한 과정을 통해 만들어져 중화민족의 응집적 핵심이 되었으며, "중국 영역 내에 거주하는 여러 민족은 다원적이지만 일체를 형성하여 중화민족 다원일체의 상황이 만들어졌다"는 것이다.[835] 그러나 1990년 5월 중국에서 열린 심포지엄에서조차 중화민족이란 정치적 개념이지 민족학적인 개념이 아니라는 비판적 지적이 있었다.[836] 여기에서 근본적인 문제는 모리 가즈코毛里和子의 지적처럼, 중국이 민족 개념과 국민 개념의 구별을 애써 거부한다는 점이다. 중국은 문화적 정체성으로서의 민족과 정치적 정체성으로서의 국민을 구별하지 않음으로써, "중국이 '제국적 이론'에 의한 국민 통합으로부터 빠져나갈 수 없는 상황에 있다"고 한 모리 가즈코의 비평은 새겨 보아야 할 대목이다.

왕후이는 서양의 민족국가 중심 담론을 비판하고 일민족 일국가의 논리

835 費孝通(1989), 『中華民族 多元一體格局』, 中央民族學院出版社 ; 모리 가즈코(2012), 앞의 책, p.214.

836 陳連開(1991), 『怎樣理解中華民族及 其多元一體』, 費孝通 主編, 『中華民族研究新探索』, 中國社會科學出版社. 모리 가즈코(2012), 앞의 책, p.214에서 재인용.

를 넘어선 다민족 일국가의 논리를 적극적으로 옹호한다. 그런 맥락에서 왕후이는 중국 정부의 공식 논리인 "민족지역자치" 론의 기초로서 '다원일체' 론에 공감을 표시한다. 문제는 그가 페이샤오퉁의 다원일체론이 내포한 '중화민족' 론의 개념적 모순을 어떻게 처리하는가에 있다. 그는 한편으로 중화민족론의 사상적 연원을 상기시킨다. 그에 따르면 다원일체론의 실질적 내용은, 쑨원이 1912년 중화민국 임시 대총통 취엄 선언에서 밝힌 '중화민족' 개념에 이미 제시되어 있었음을 지적하면서 쑨원의 선언을 상기시킨다. "국가의 근본은 인민에 있다. 한족 · 만주족 · 몽골족 · 이슬람족 · 티베트족의 땅들을 하나의 국가로 만들고, 이 다섯 민족을 하나의 인人으로 만드는 것이 민족의 통일이다."[837] 왕후이는 쑨원의 선언은 결국 중국의 모든 민족을 '하나의 중화민족'으로 융합시킨다는 논리라고 이해하는데, 이러한 논리는 국민당과 그 계열의 민족사상에서 중요한 위치를 점함을 지적한다. 그 예로 "민족 성장의 역사에 대해 말하자면, 우리 중화민족은 다수의 종족이 융화하여 형성되었다" 고 한 장제스蔣介石의 '중화민족' 론을 소개하였다.[838]

다른 한편으로는 왕후이는 앞에서 모리 가즈코가 지적한 중화민족론의 논리적 모순과 그에 대한 비판을 인식하고 있는 것으로 보인다. 그래서 왕후이는 중화민족론의 대안으로 '제국' 개념을 끌어들여 다민족 통일국가론과 함께 그것을 더욱 통합적으로 만든 논리인 다원일체론을 뒷받침하고자 의도한 것으로 생각된다. 이를 위해 왕후이는 다민족국가의 다른 표현으로서의 제국 개념을 긍정적으로 재수용할 지적 공간을 모색한 것으로 보인다.[839] 이러한 왕후이의 노력에서 최대의 비판 대상은 일민족 일국가를 상

837 孫文(1982), 「臨時大總統宣言書」(1912. 1. 11), 『孫中山全集』 第二卷, 中華書局, p.2 ; 왕후이(2011), 앞의 책, p.209.

838 왕후이(2011), 앞의 책, p.209.

839 왕후이는 자신이 '제국' 개념을 광범하게 사용하게 된 이유를 이렇게 해명한다. "19세기 말의 민족주의 조류에서 이 어휘는 점점 중국의 사상과 지식 계보 속의 개념이 되었다. 따라서 이 개념은 번역 과

정하는 근대 서양적 국민국가 개념이다.

티베트의 지도자 달라이 라마가 1988년 이래 실제로 중국에게 요구하고 있는 것은 근대 국민국가적인 완전한 주권이 아니다.[840] 그럼에도 왕후이는 티베트의 독립 요구를 근대 서양의 국민국가 개념에 대한 추종이라고 암시한다. 왕후이는 티베트와 중국의 역사적 공존의 양식은 서양식 국민국가 개념으로는 포괄할 수 없는 것이었다고 주장하며, 그 역사적 공존 양식을 제국의 개념을 통해 재구성해 보였다. 제국 개념을 끌어들여 중국 국가권력의 다원일체론을 정당화하고 있는 것이다. "다민족 / 일국민국가" 체제의 긍정을 담아 줄 질서 유형으로서 제국 개념을 받아들이고, 그것을 민족국가를 비판하는 탈근대적 담론이 무성한 지적 풍토에 가담하는 형식을 통해서 의연하게 제기하고 있다.

문제의 본질은 다민족 통일국가의 원칙을 주장한다는 것 자체에 있지 않

정을 거쳐 근대 중국사상의 범주에 내재하게 되었다. 우리는 이 개념을 단순히 중국 역사의 밖에 있는 외래어로 치부할 수 없다. 더 적합한 개념을 찾아낼 수 있다면 기꺼이 교체하겠지만, 지금까지 나는 아직도 이 분야에서 관련 문제를 논의하는 중심 개념을 생각해 내지 못했다"[왕후이(2011), 앞의 책, p.129].

840 달라이 라마가 1988년 유럽연방의회에서 제시한 스트라스부르 선언(Strasbourg Proposal 1988)은 그가 중화인민공화국으로부터 완전히 독립한 별개의 티베트 국민국가를 추구하는 것이 아님을 보여주었다. 그는 이 선언에서 우선 티베트는 기원전 127년 건국 이후 외세에게 단 한 번도 주권을 양도한 일이 없다고 주장했다. 다른 모든 민족과 마찬가지로 티베트 역시 몽골족 · 만주족 · 한족 · 영국 그리고 네팔의 고르카족 등으로부터 영향력을 미치려는 압박을 받기는 했으나, 그런 시기는 짧았고 티베트인은 그것을 주권 상실 상태로 간주하지 않았다는 것이다. 중국이 티베트에 그랬던 것처럼 티베트도 중국을 포함한 다른 나라를 정복한 일은 있지만, 그러한 역사적 사실을 근거로 하여 다른 민족에게 영토적 주장을 제기하지는 않는다고 지적했다. 이를 전제로 달라이 라마는 중화인민공화국 안에서 티베트가 고도의 자치를 갖는 공존의 방향을 제시했다. 중화인민공화국이 티베트의 외교권을 갖되, 티베트는 내치의 자율성과 함께 비정치적 영역의 외교권을 갖는 연방제 형태의 구성이라고 할 수 있는 것이었다. 티베트인은 종교의 자유를 포함한 기본적 인권과 함께 고도의 문화적 자율성을 누리며 사회경제체제도 티베트인이 선택한다는 원칙을 담았다[Lama, Dalai(1988), "Strasbourg Proposal 1988 : Address to the Members of the European Parliament," Strasbourg, France, June 15(http: //www.dalailama.com/messages/tibet/strasbourg-proposal-1988)].

다. 상이한 민족들이 한 국가의 지붕 아래 공존하는 것은 역사상 가능하였고 또 바람직한 경우도 많다. 그러나 그러한 공존이 과거 역사적 관계에 대한 왜곡이나 현실적으로 강압과 폭력에 의해서 유지되는 경우에는 문제가 다르다. 왕후이가 정당화하고 있는 제국 담론에서의 제국은 역사적으로 문화적 · 민족적 정체성이 다름을 강하게 의식해 온 티베트를 어떤 형태로든 중국 중심의 질서로 포섭한다는 것을 전제한다.[841]

왕후이가 사실상 베스트팔렌적인 민족국가의 영토주권 개념이 아니라 제국의 개념으로 티베트 · 중국 관계의 과거와 현재 그리고 미래를 해석하고 해결하자는 제안을 하고 있는 것이라고 할 때, 그의 논리가 정당성을 가지려면 두 가지 개념적 문제가 해결되어야 할 것이다. 첫째는 티베트의 독립적인 영토적 주권 의식과 중국의 티베트를 향한 영토적 지배의 관철 욕구 사이에 제3의 관계 양식을 제국 개념이 제공할 수 있는가 하는 문제이다. 둘째, 신중국이 1950년대 이후 오늘에 이르기까지 티베트에 대해 취하고 있는 정책이 내포한 제국성과 자신이 제안하는 둘 사이의 제국적 관계 양식에

841 피터 퍼듀는 현대 중국의 역사 서술을 지배하는 패러다임이 민족주의에 기반하고 있음을 지적한다. 중국의 민족주의적 역사 서술은 서구의 많은 연구에서도 암묵적으로 받아들여지고 있다고 그는 말한다. 그는 중국 본토와 타이완을 모두 지배하고 있는 압도적인 민족주의 이데올로기의 지지를 받는 역사학자들의 '민족주의'적 역사 서술의 핵심을, "중국이라는 민족주의 국가의 현 영토적 · 문화적 경계를 당연하게 받아들인다"는 점이라고 파악한다. 그것은 "중앙유라시아 민족들이 다민족국가 중국에 '통일'된 것으로 이해한다"는 것이고, 또한 1800년경 만주족의 청나라가 최대로 팽창한 때를 이 영토적 · 문화적 통일 과정의 종결로 보는 것을 말한다. 여기에서 퍼듀는 중요한 아이러니를 목도한다. 중국 민족주의자들은 만주족, 그리고 그들이 세운 청나라를 "중국 현대화의 걸림돌"로 여겼다. 그러면서도 이 역사학자들은 '민족국가 중국'의 이상적인 국경선 개념을 '18세기 청 제국의 최대 팽창점'에서 도출해 냈다는 것이다. 결국 "다른 민족주의자(민족국가)들처럼 중국 민족주의(민족국가)도 그들이 부정하던 과거 위에서 건설되었다"는 말이다[Perdue, Peter C.(2005), *China Marches West : The Qing Conquest of Central Eurasia*, Harvard University Press ; 피터 C. 퍼듀(2012), 『중국의 서진(西進) : 청(淸)의 중앙유라시아 정복사』, 공원국 옮김, 길, p.28]. 티베트와 중국의 관계에 대한 왕후이의 논의는 통일 중국의 영토적 · 문화적 경계에 대한 중국 민족주의 역사학적 관념을 제국이라는 개념을 통해 재해석하고 그에 정당성을 부여하는 측면이 있다고 생각된다.

어떤 차이가 있는지를 명확히 설명해야 할 것이다.

앞에서 논의한 바와 같이 다원일체론은 다민족 통일국가론보다 중국 내 다른 민족들의 영역에 대한 중국의 영토적 주권 개념을 더욱 강화한 논리이다. 그러므로 티베트에 대한 베이징의 '다원일체'적 지배를 뒷받침하려는 문맥에서, 왕후이가 동원하고 있는 제국 개념은 과거 제국의 시대에 존재한 형태의 영토적 제국 개념에 가까운 것으로 해석될 여지가 있다. 티베트에 대한 중국의 지배를 강자와 약자 사이의 영토적 지배와 피지배의 관계가 아닌 이른바 '트랜스시스템 사회'적인 지배라고 설명해 내기 위해서는 티베트인의 의사는 그 관계 양식에서 어떻게 반영되는 것인가, 그리고 폭력과 강압에 의거하지 않고 중국의 제국적 지배에 티베트인을 어떻게 포섭할 수 있는가에 대한 일정하게 설득력 있는 논리적 설명이 있어야 하는 이유이다.

앞에서 논의해 온 바와 같이 전후의 제국 개념은 이중적 차원에서 탈영토성을 띤 것으로 변했다. 냉전 시대의 탈영토성은 지배 대상에 대한 제국 중심의 영토적 주권을 배제하는 차원의 것이었다. 이것은 어떤 의미에서 냉전 말기에 이르러 제국 개념이 도덕적 복권을 하게 된 전제 조건을 마련한 것이기도 하였다. 냉전기 제국 개념은 부정적인 형태로서였지만 어떻든 영토성의 허물을 벗어던짐으로써 제국주의 시대의 제국과 차별화된 개념으로 변질되어 있었다. 이것이 토대가 되어 냉전 말기 이래 제국 개념의 도덕적 복권의 토대가 마련된 것이기도 했다. 세계화의 시대에 이르러서 제국 개념의 탈영토성은 네그리와 하트의 경우에서 보듯이 마침내 제국적 지배 주체의 소재까지 탈중심화하는 차원으로 확장 심화되었다. 이중적 차원에서 제국 개념이 탈영토성을 획득한 것이다. 9 · 11테러 이후 미국이 주도하는 대테러전쟁이 전개되면서 제국적 지배 주체의 영토적 소재가 미국이라는 국민국가에 집중된 '미제국' 담론이 잠시 유행하기는 했지만, 대테러 전쟁의 목표가 된 일부 국가를 제외한 세계와의 관계에서 미제국은 자신이 제국적 영향력을 가진 대상에 대해 영토적 주권을 내포하는 것은 아니었다.

그런데 베이징의 중국 정부가 티베트 사회에 대해 다원일체라는 논리 아래 영토적 주권을 행사하는 것을 전제하고 정당화하는 왕후이의 담론에 우호적 개념으로 등장하는 제국은 좀 다른 것으로 생각된다. 그것은 전후의 제국 개념이 획득한 탈영토성의 두 차원 중 어느 것과도 관련이 없어 보인다. 여기에서 주목되는 것은 그럼에도 불구하고 중국의 지식인들이 제국을 운위할 수 있게 된 21세기 초 동아시아의 지성사적 풍토이다. 제국 개념이 도덕적으로 복권되면서 탈영토성을 전제하는 제국이든 과거 제국주의 시대에 전제되었던 낡은 형태의 제국이든, 그에 관한 담론이 많은 사람에게 자연스럽게 받아들여지고 있음을 말해 준다. 이 사실은 그 자체가 흥미로운 것으로 무시할 수 없는 개념사적 현상이라고 생각된다.

Part 7

개념의 탄생과 생애, 그 2천 년

1. 제국의 개념사, 고대에서 근대까지

개념의 고향, 고대 한국과 로마

제국帝國이라는 한자어 개념은 고대 동아시아의 작은 나라 백제에서 탄생했다. 훗날 근대 일본에 의해 같은 한자어로 번역되는 서양 개념 '임페리움'은 고대 서양 세계에서 정치와 문명의 중심이었던 로마에서 태어났다. 로마에서 임페리움은 세계를 자신의 영역으로, 그리고 자신이 그 세계의 정치적 · 문명적 중심임을 선언하는 질서표상의 개념으로서 발전했다. 고대 한국에서 백제가 일본을 '제국'이라 일컬었을 때, 그것은 칭제에 준한 의례를 원하는 동맹 경영을 위한 외교 용어였다. 상대가 원하는 외교 의례를 받아들여 정치적 위계를 승인하는 질서표상의 개념으로 쓰인 것이다. 반면에 서양어 임페리움은 일찍부터 스스로 세상의 중심이자 보편적 지배자임을 선언하는 의미가 강했던 만큼 팽창주의적이고 보편주의적인 질서표상과 자기표상의 의미를 담았고, 그 팽창주의적 내포는 근대 서양의 제국과 제국주의의 역사에서 그대로 구현된다.

백제와 신라

6세기 중엽 일본의 지배자에게 보낸 외교문서에서 백제의 지배자는 불교라는 선진 종교문명을 이웃 나라에 유통시키려 한다는 의사를 분명히 하면서 상대국을 제국이라고 칭했다. 문명의 전파자 입장에 서 있었지만, 대국의례를 원하는 국가로서의 일본에 대한 외교적 존칭을 채용한 것이다. 칭신하는 표현이 함께 있어서 정치적 위계의 승인을 내포한 질서표상의 개념으로 쓰였다고 말할 수 있다. 백제는 왜 선진문명의 전파자를 자임하는 문서에서 상대국을 정치적 위계의 상위에 위치시킨 제국이라는 개념을 사용했는가를 이해하기 위해서는, 6세기 중엽 당시를 포함한 고대 한일관계사의 성격에 대한 일정한 인식과 판단이 필요했으며 이에 대한 나름의 일정한 논의를 제시하고자 했다.

9세기 말 당나라에 보내는 통일신라의 외교문서에서도 최치원은 중국을 일컬어 제국이라 말한다. 이 외교문서에서 신라는 당시 중국이 천하 질서의 정치적 · 문명적 중심임을 승인하는 언술을 아끼지 않았다. 통일신라인은 정치적 및 도덕문명적 위계 모두에서 중국을 국제 질서의 중심으로 승인하는 개념으로 제국 용어를 채용했던 것이다.

제국 개념은 왜 소통되지 못했는가

하지만 제국은 중원의 지배자들이 선호하는 개념이 아니었다. 그것은 고대 한국인 자신이 독자적으로 선택한 용어였다. 천하 질서 안에서 칭제한 국가에 대한 주체적 개념화의 행위가 담겨 있었던 것이다. 전통 시대 동아시아에서 칭제한 지배자들은 자신의 지배 영역을 천하로, 그리고 그 천하 질서 안에서 자신의 위치를 천조라고 부르기를 즐겼다. 그런데 한반도의 지배자는 그들에게 낯선 제국으로 그들을 호명함으로써 질서개념화의 주체로 행동한 셈이었다. 천하의 중심을 자처하는 정치권력에 대해 이를테면

'높이는 동시에 자기 방식으로 정의하는 행위'였다.

주변부에서 창안되어 사용된 제국 개념이 가진 그 내포를 알았든 몰랐든, 중심을 자처한 중원의 지배자들은 제국의 개념을 흔쾌히 받아들이지 않았다. 오직 '천하'와 '중국' 그리고 '천조'를 고집하였다. 제국 개념을 자신들의 것으로 삼지 않았다. 일본의 지배자들, 즉 천황 혹은 쇼군도 자신의 지배 영역을 천하로 불렀다. 중국을 본떠 소천하의 중심을 자처했다. 또한 일본의 지배자는 천조라는 용어를 채용했다. 동아시아 질서 안에 속하지만, 아시아 대륙과의 지리적 격절성隔絶性은 일본이 가진 소천하 의식의 지정학적 배경이었다. 제국 개념은 결국 일본에 의해서도 수용되지 않았다. 그 결과 이 개념은 한반도 국가들의 일방적인 사용에 그쳐 동아시아 사회 사이의 상호 소통 가능한 개념으로 활발히 유통되지 않았다.

고려 시대와 조선 시대를 통틀어 한반도의 국가들은 더 이상 외교문서에서 제국 개념을 사용한 자취를 남기지 않았다. 다만 지식인들의 문학적 글에서 시어로서만 잔존했던 흔적이 있다. 16세기 조선의 문신이자 학자 백담 구봉령이 친구의 중국 사행을 기려 쓴 시에서 "얼마나 많은 사절이 제국에 조빙하였던가"라고 읊은 것이 그 하나이고, 17세기 말 18세기 초의 조선 문인 곤륜 최창대가 봄날 성곽에 올라 시를 써 "산하는 모두 진제국인데 / 사람들은 영화의 세월을 살았네"라고 한 것이 그 두 번째이다.

서양에서 제국과 황제의 통합과 분리

한편 고대 로마에서 탄생한 제국imperium의 개념은 전제적인 황제의 권위와 처음부터 시기적으로 완벽하게 일치하지는 않았다. 로마제국에서 그러한 권위를 갖게 된 황제, 즉 기원전 1세기 말의 카이사르 아우구스투스는 황제 곧 임페라토르로 불렸지만, 임페라토르는 '군 사령관 · 군사적 승리자'의 뜻으로 이미 사용되던 단어다. 또한 임페리움도 카이사르 아우구스투스의 시대에 비로소 시작된 것은 아니었다. 다만 그의 시대 이래 임페리움과 임페라토르가 각각 광역적 지배령과 전제적 황제의 개념으로 정립되기 시작한 것이다. 그래서 강력한 지배권을 가진 황제가 지배하는 광역적 지배령이 임페리움의 의미로 정착하기 시작했다. 이후 임페리움과 임페라토르는 상호 불가분한 개념으로 존재하였다.

이에 비하면 동아시아에서 황제의 개념을 창안한 중국 최초의 통일 제국 진시황 시대는 보다 명확하게 광역적 지배령과 전제적 황제권이 결합된 형태로 성립했다. 그러나 역시 고대 동서양에 공통된 점은 오늘날 제국으로 불리는 광역적인 정치적 실체가 고대 로마에서는 '임페라토르', 고대 중국에서는 '황제'로 불린 전제적 지배자의 존재와 불가분한 형태로 존재했다는 점이다.

근대에 이르면 그러한 제국 · 황제의 일체성은 적어도 서양에서는 더 이상 성립하지 않는다. 동양에서 제국의 지배자는 여전히 전제적 황제권의 소유자였다. 하지만 영국 · 프랑스 · 미국 등 이후 서양 근대문명의 중추가 된 사회들에서 정치혁명이 진행됨에 따라, 서양 제국주의의 역사는 전제적 황권과는 더 이상 양립하지 않았다. 엠파이어와 엠프러 사이의 연결 고리가 사라진 것이다. 근대적 시민혁명의 역사가 가장 이른 영국이야말로 세계 역사상 가장 광활한 제국의 건설자였다. 특히 20세기 전반기 전체에 걸쳐 제국과 황제가 양립한 유일한 정치체는 동아시아의 일본제국이었다.

전후 냉전 시대에 보수주의자에 의해 적색 제국으로 불린 소련의 정치 질서는 시기에 따라서는 전체주의적 형태의 권위주의 지배체제였지만, 전통적인 전제적이며 세습적인 황제권과는 다른 것이었다. 전후 세계자본주의 체제에서 좌파가 제국으로 지목한 미제국의 정치는 민주정이었다.

제와 엠프러의 차이

제국 개념의 핵심적 의미소로서 '제'가 내포한 의미와 정치적 기능에 관해 또 한 가지 주목할 점이 있다. 서양에서의 임페라토르 그리고 동아시아에서의 황제가 표상하는 지고의 정치적 권위가 동서양의 정치 전통에서 보여 준 차이점이다. 임페라토르에서 비롯된 서양의 엠프러와 동양의 제는 분명 상호 비견될 만한 동질적 의미를 갖고 있었다. 그러나 동시에 내면적 차별성이 있었다. 서양에서 임페라토르는 그 탄생 시점부터 종교적 · 정신적 권위까지 전유專有하는 존재는 아니었다.

이와는 유의미하게 대조적인 형태로 동아시아에서 제는 처음부터 종교적 · 정신적 권위를 자처하고 추구하는 성격을 띠고 있었다. 인격화된 신과 신격화된 최고 정치권력이 만나는 지점, 성과 속이 어우러진 중간의 회색지대에 동양의 제는 개념의 둥지를 틀고 있었다. 근세 말 일본에서 서양의 정치 개념 임페리움은 제국으로, 임페라토르와 엠프러가 황제로 번역되었지만, 그 핵심 의미소인 제가 동서양에서 표상한 의미의 실체는 중요한 점에서 차이가 있었던 것이다.

근대 일본과 제국 개념의 화려한 재탄생

동아시아의 외교 사전에서는 사어死語로 되다시피 했던 제국의 개념은 근대 일본에 의해서 서양어 임페리움의 번역어라는 형태로 화려하게 부활한다. 서양의 임페리움을 한자어 제국으로 '번역'한 주체는 근대 일본이었다. 이후 근대 초기 이 개념을 정치적 중대 개념으로 부각시킨 일본은 전통 시대 동아시아 질서의 구조 안에서는 한반도와 크게 다르지 않은 주변자의 하나였다. 근대 초기의 세계 질서에서도 아직은 주변자였다. 그러나 일본이 제국 개념의 새로운 주도자로 나섰을 때 두 가지 점에서 조건이 달랐다. 하나는 일본이 고대로부터 소천하 의식의 주체로서 황제의 나라를 자임해 온 사실이고, 다른 하나는 일본의 제국 개념이 번역 준거로 삼은 서양어 임페리움의 개념적 성격이다. 임페리움의 개념적 시원은 고대 서양의 중심부 로마의 대외적인 팽창주의와 깊은 관련이 있다.

근대 일본이 극대 활용하게 되는 제국 개념의 정치적 기능은 바로 이 두 가지 사실에 의해서 틀 지어진다. 처음에는 근대 세계 질서의 주변자였던 일본은 주변자 내지 반半주변자로서 새로운 국제 질서를 인식하고 그 안에서 자기의 바람직한 위치를 표상하기 위한 정치적 개념으로 제국 개념을 채용한다. 그러나 곧 스스로 질서의 중심부를 지향하면서 그 안에서 새로운 자기 위상을 표상하기 위한 개념으로 동원한다.

근대 일본에서 제국 개념의 첫 국면

근대 일본에서 처음에는 지식인들에 의한 번역어의 형태로 유통되던 제국 개념을 일본의 정치권력이 자기표상의 개념으로 적극 채택한 이래, 이 개념의 운명은 크게 보아 세 국면을 거친다.

일본이 제국을 서양 개념의 번역어 형태로 적극 활용하게 된 것은 더 이상 중국적 천하도 일본적 소천하도 존재하지 않는, 복수의 서양 제국들로 분할되어 상대화된 19세기 중엽의 국제 질서 안에서였다. 이때 제국은 서양에서 엠파이어가 가졌던 일차적인 의미인 광역적 지배 혹은 보편적 국가라는 질서표상의 기능보다 '자주독립한 당당한 황제의 나라'라는 뜻에서 자기표상의 의미가 강했다. 다수의 서양 제국이 용립聳立하며 동아시아를 압박하는 새로운 세계 질서를 마주한 일본은 그 안에서 자주독립한 천황의 나라를 지향한다는 의미로 자신의 국가정체성을 제국으로 표기했다. 세계 질서를 전통적 중국처럼 하나의 천하로서가 아니라 복수의 열강들이 경쟁하며 공존하는 국제 질서로 인식하고, 그 안에서 자신의 바람직한 위치를 제국으로 재개념화한 것이다. 이것이 근대 일본에서 제국 개념의 첫 번째 국면이었다.

근대 일본에서 제국 개념의 두 번째 국면

근대 동아시아에서 제국 개념의 두 번째 국면은, 이 개념이 중국을 포함한 동아시아인의 국제 질서를 일본이 자기중심의 질서로 재편하려는 노력에서 핵심적인 개념적 도구로 활용되는 시기이다. 동아시아 사회들 안에서의 위계질서를 거꾸로 뒤집는 시도였다. 청일전쟁을 전후한 시기에 본격화된 국면이다. 일본의 국가권력이 자칭한 제국이 광역적 지배 영역을 가리키는 것, 특히 자신을 중심으로 한 새로운 지역 질서를 욕망하는 단계로 진입한 것은 물론 그러한 꿈이 상당 부분 실현된 청일전쟁 훨씬 이전의 일이었을 것이다. 세계 속에서 일본이 자주독립을 유지하는 유일한 길은 팽창에 의한 제국 건설일 뿐이라고 믿는 세력이 분명 일찍부터 존재했기 때문이다. 다만 일본이 자신을 제국이라 일컬었을 때, 그 개념이 객관적 현실에서 자신을 중심으로 삼는 동아시아에서의 새로운 중심 / 주변의 관념, 즉 새로운 질서표상으로 되는 것은 청일전쟁이 분수령이라고 할 수 있다.

일본은 곧 국력이 팽창하면서 제국 개념의 서양적 기원에 내재해 있던 팽창주의적 내포를 구현해 간다. 일본은 자기중심의 동아시아 질서를 추구하고 구현해 간다. 이 시기 일본인이 사용한 제국은 단순한 자기표상을 넘어 자신과 나머지 동아시아 사회들의 관계 양식에 대한 강한 질서표상을 지향하는 개념이었다. 전통 시대 중국 중심의 천하 질서 개념을 근대 일본은 자기중심의 질서로 대체하고자 했고, 이러한 역사적 프로젝트에서 제국은 핵심적인 개념적 도구였다. 고유명사적 용법과 보통명사적 용법 사이의 경계선이 사라진 형태의 제국 개념은 그것을 드러낸다. 오에 겐자부로大江健三郎는 1960년대 말에서 1970년대 초에 걸쳐 쓴 글들에서 '일본의 중화사상적 정서'는 "아직도 살아 숨쉬고 있는 생명력이 강한 괴물"이라고 논한 바 있지만,[842] 청

842 오에 겐자부로(2012), 『오키나와 노트 : 오에 겐자부로의 평화 공감 르포』, 이애숙 옮김, 삼천리, p.93.

일전쟁을 전후하여 일본인이 동아시아에서 자신을 가리켜 일본제국이라는 표현을 넘어 단지 '제국'으로 칭하였던 것에서 그 정서의 뿌리를 확인할 수 있다.

청일전쟁 이후 메이지 30년대는 또한 천황대권의 원리에 기초한 절대 지배의 원리가 "황실은 신성하며 침범할 수 없다"는 의식의 형태로 일본인들의 마음 속에 깊이 뿌리내리기 시작한 시점이다. 이후 일본인들이 운위하는 제국의 개념에는 질서표상과 함께, 천황을 정점으로 한 일본국가의 내면적 정체성에 관한 자기표상도 짙게 녹아 들어 있었다.

근대 한국에서 역수입된 제국 개념과 그 운명

일본에서 제국이 소극적인 자기표상에 머물지 않고 동아시아 지역 전체를 자신이 기획하고 통제하는 질서로 간주하고 상상하는 공세적인 질서표상 개념으로 발전해 가고 있을 때, 쇠퇴해 가던 이웃 나라 한국은 이 개념을 방어적인 차원에서 일본에서 역수입한다. 역시 국가권력의 자기표상 욕구에 의해 주도적으로 동원된 19세기 말 한국에서의 제국은 일본에서 처음에 그랬던 것처럼 자주독립한 당당한 황제의 나라라는 자기표상의 개념적 수단이었다. 그러나 그 노력은 실질적인 자주국가의 능력이 결핍한 상태에서 짧은 에피소드에 그치고 만다.

일본제국에 대한제국이 통합되어 이용익의 말처럼 '하나의 큰 제국'으로 되었던 20세기 전반기에, 일본인에게 제국은 일본 자신을 중심에 둔 동아시아의 중심과 주변의 관계에 대한 질서표상의 개념이었고, 동시에 자신들이 그 질서의 중심이라는 자기표상의 개념 수단이기도 했다. 일본의 국가권력과 언론은 중국이 중심이었던 전통적 천하 질서의 관념을 자신이 중심이 된 동아시아 질서로 재편하는 과정에서 제국의 개념을 일상적으로 동원했다. 개념의 정치적 동원이 극심한 양상을 보였다. 이에 대한 반발이었다고 할 수 있겠지만, 식민지 조선에서 언론과 지식인이 온전히 제국의 체제에 편입되기 전에 제국의 개념은 심히 경계할 대상이 아닐 수 없었다. 이 점을 유의하여 제국의 중심과 그 주변인 식민지에서 제국이라는 개념이 받아들여진 방식의 차이에 유념할 필요가 있다. 식민지 한국인에게 제국은 폭력과 압제를 표상하는 것에 다름 아니었다.

이 국면 초기에 한국은 제국 개념을 일본에서 역수입하여 제국주의 국제질서 안에서 자주독립의 이상을 추구하였다. 실력이 뒷받침되지 않은 욕망은 참담한 결과를 막지는 못했다. 조선 국가권력의 추구는 결국 일본이라는 '하나의 큰 제국' 이념에 흡수된 채 종언을 고한다.

근대 일본에서 제국 개념의 세 번째 국면과 그 종언

일본은 곧 동아시아 사회들 안에서 자기중심의 위계질서를 세우는 데에서 한 걸음 더 나아가 동아시아 전역에서 서양 세력을 주변화하고 일본을 유일한 정점으로 하는 제국주의 지배체제를 구축하는 데 제국 개념을 동원한다. 이것이 1930년대 이후 일본의 패전에 이르기까지의 시기에 근대 동아시아에서 제국 개념이 처한 세 번째 국면이다. 앞선 두 번째 국면에서는 '제국은 곧 문명'이라고 할 때 제국이 표상하는 문명은 서양 근대문명을 가리켰다. 다만 동아시아 질서 안에서 일본이 그것을 독점적으로 대리한다는 것을 의미했을 뿐이다. 그러나 세 번째 국면에서 제국이 표상하는 문명은 개인주의와 자유주의를 내용으로 하는 서양적 근대를 부정한 가운데 일본주의와 전체주의로 새롭게 정의된다.

이제 일본에게 제국은 그것이 담지하는 문명의 내용에서까지 일본 중심의 독자적인 것이어야 했다. 이 흐름은 일본제국의 중심에서 파시즘이 본격화한 것과 때를 같이하며 진행되었다. 이러한 시대 상황 속에서 식민지 한국의 제도권 언론에서는 더 이상 저항적 제국 담론이 존재하지 않게 된다.

일본적 제국 담론, 즉 일본을 중심에 둔 동아시아적 질서표상, 그리고 일본적 자기표상 개념으로서의 제국 담론에 통합되어 간다.

2. 전후 제국 개념의 변주에 관한 반추

냉전기 제국의 개념사적 조건

제2차 세계대전 후의 세계에서 제국 개념의 운명은 극적인 반전을 거듭한다. 제국은 영토성의 문제와 이념적 · 도덕적 평가의 문제라는 두 가지 차원에서 모두 양극단 사이의 횡단을 겪었다. 영토성 / 탈영토성 그리고 이념 / 탈이념이라는 이중적인 개념적 횡단이었다. 또한 탈영토성의 차원도 다시 두 문제 영역으로 분화된다. 제국적 지배의 대상과 그 지배의 주체에 관해서 모두 제국 개념은 영토성과 탈영토성의 양 극단 사이에서 요동하게 되는 것이다.

전후 세계 질서에서 제국 개념이 처한 역사적 조건은 새 질서의 주도자인 미국과 소련의 국가정체성 그리고 그 둘 사이의 관계가 결정하였다. 첫째, 두 나라 모두 적어도 공식적 이념에서는 제국주의와 거리를 두는 세력이었다. 1917년 볼셰비키혁명 이래 소련은 서방 선진 자본주의국가들이 주역으로 활동하는 제국주의 질서를 명백히 적대시하며 반제 민족 해방의 이념을 앞세웠다. 미국도 제국주의 질서의 후발자였던 만큼 적어도 공식 이념에서 탈제국주의를 내세웠다. 둘째, 미국과 소련 두 나라는 각자 거대한 국가군을 지휘하면서 서로 적대하는 관계에 있었다. 독일과 일본이라는 공동의 적이 무너진 후의 냉전체제에서 민족 해방은 소련이 가장 중시하는 이데올로기적 무기로 된다. 제국주의의 주역이었던 서방 선진 자본주의국가들과 동맹한 미국은 반제국주의를 제일의 대외 정책 기조로 내세우는 소련과 이념 경쟁을 해야 했다. 탈식민화된 수많은 신생국가를 두고 영향권 경쟁에 돌입한 전후의 미소 두 나라는 저마다 반제국주의의 기치를 높이 들어야만 했다. 셋째, 냉전은 상대 진영 내부의 국제 관계에 대한 이념화된 정의를 내포했고, 그것은 곧 제국과 제국주의의 현재적 의미에 대한 상반된 인식을 포함하는 것이었다.

서양의 주류 학계는 제국주의의 본질을 약소국들에 대한 강대국의 정치 군사적 지배에서 찾았다. 마르크스 · 레닌주의는 세계 자본주의의 중심 지역들이 주변부 사회에 행사하는 경제적 지배를 제국주의의 실체로 내세웠다. 둘 모두 상대 진영의 내부 국제 관계의 성격을 약소 사회들에 대한 강대국의 착취적 지배로 규정하기 위해 제국 개념을 동원했다. 그 둘 모두 베스트팔렌적 주권국가 원리가 적대 진영에서는 형식에 불과하다고 비판했다. 따라서 거기에 적용된 제국의 개념은 탈영토성을 획득하였다. 제국적 지배의 대상이 형식적 주권국가인가는 문제가 되지 않았던 것이다. 그런 점에서 제국의 탈영토성은 제국 개념의 도덕적 추락과 서로 연결되어 있었다. 따라서 제국의 개념사에서 영토성과 이념성은 서로 얽힌 채 존재했다.

냉전의 도구로서의 제국 개념

그에 따라 제국 개념은 미소 냉전의 시대에 처참한 운명에 처했다. 제국은 더 이상 제국주의적 중심 / 주변 관계를 정당화하는 질서표상의 개념이 아니었고, 스스로 문명의 중심을 자임하는 자기표상의 개념은 더더욱 아니었다. 적대 진영의 질서를 실질적인 지배와 종속, 억압과 착취의 질서로 매도하는 지극히 부정적인 질서표상 개념으로 추락하였다. 중심부 주체들이 타기唾棄하는 개념으로 전락한 것이다. 제국 개념은 냉전의 도구로서 적극 동원되면서, 이를테면 대상을 타자화他者化하는 수단으로 되었다. 20세기 전반기에 제국이 특히 일본에서 자기중심의 동아시아 질서를 표상하고자 하는 욕구를 표현하는 점에서 정치적 이념성을 강하게 띠었다면, 냉전 시대의 제국은 타자에 대한 부정과 거부를 극대화하기 위해 동원된 정치적 이념성을 띠었다. 극적인 개념적 전복이었다.

한편 냉전 시대의 제국 개념이 가진 탈영토성은 제국적 지배의 대상에 국한되어 있었다. 제국적 지배의 주체는 어디까지나 명백한 국적을 갖고 있었다. 그 국가의 영토에 제국의 본부가 있는 것이었다. 서양의 관점에서 적색 제국의 지배 주체는 소련의 모스크바였다. 공산 진영의 관점에서 제국적 지배의 진정한 주체는 미국 워싱턴과 뉴욕에 소재했다.

냉전 후기 제국 개념의 전환기적 변화 : 제국성의 재해석

이러한 영토성 · 이념성의 등식은 냉전 후기에 의미심장한 변화를 겪는다. 일차적인 변화는 제국 개념의 이념성이 약화된 것이다. 1960년대 후반 광의의 서방 안에서 더 본질적인 문제는 미국이라는 중심과 제3세계의 관계였다. 베트남전쟁은 미국의 공식적인 부인에도 불구하고 전후 세계 질서의 중심과 주변부 사이의 제국적 질서를 확인시켜 준 것으로 인식되었다. 좌파적 시각에서뿐만 아니라 미국의 많은 보수주의자에게도 이 질서의 '제국성'은 명백해 보였다. 그래서 미국 보수주의 세력의 일각에서는 미국의 제국성을 애써 부인하기보다는 오히려 그것을 인정하고 정당성을 공세적으로 밝히는 것이 현명하다는 판단에 도달한다. 그들에게 이제 미국이 주도

하는 세계 질서는 '제국적 질서'였다.

다만 제국성의 의미가 재해석된다. 제국은 더 이상 경제적 착취와 정치군사적 지배의 표상이 아니라 세계 질서에 대한 모종의 책임을 부담하는 경제적·정치적 리더십을 뜻하게 된다. 전후 수십 년간 제국적 질서의 중심을 차지했던 미국에서 보수적 현실주의자들은 그 질서를 '현실 역사에서 가능한 최선'으로 해석하고 이를 정당화하고자 했다. 제국 개념의 복권은 그런 맥락에서 이루어졌다. 1960년대 후반에 시작된 신보수주의의 제국 담론은 그 흐름의 중심에 있었다. 제국 개념을 탈이념화함으로써 그것의 도덕적 복권의 신호탄을 쏘아 올린 세력이 가장 냉전주의적이던 미국의 신보수주의 지식인들이었다는 사실은 아이러니하다. 여기에 곧 미국 외교사학계 일각이 학문적 무게를 부여한다.

세계 좌파 진영에서도 유사한 변화가 진행된다. 제국 건설 행위를 일종의 국제범죄로 매도하는 역사 인식을 주도해 온 친사회주의적 지식인들이 이제는 미국뿐만 아니라 소련에 대해서도 제국의 개념을 적용하기 시작한 것이다. 1980년대에 본격화된 것으로 보이는 이 흐름 속에서 제국은 공산주의와 자본주의라는 이념들로부터 분리된다. 탈이념화의 길을 걷게 된 것이다. 제국은 바야흐로 세계 질서의 중심과 주변부 사이의 관계에 보다 보편적으로 적용될 수 있는 개념의 지위를 회복해 갔다.

세계화 시대 제국적 지배 주체의 탈영토성과 영토성

탈냉전과 함께 소련이 붕괴하면서 제국 개념의 도덕적 복권은 더욱 본격화된다. 세계 질서의 유일한 사령부가 된 미국의 한복판에서, 또 때로는 넓은 의미의 제국 사령부라고 할 서방 선진 자본주의 사회들 전반에서 좌우파 지식인이 함께 참여하는 제국 담론의 향연이 펼쳐진다. 공산권의 붕괴와 맞물린 세계화와 민주적 자본주의의 확장 속에서 국제 질서는 미국의 일극적 질서론에서 이해되기도 하고, 서유럽과 일본을 미국과 한데 묶은 선진 자본주의의 다원적 관점에서 이해될 수도 있었다. 그러나 이 모두는 다양한 제국 담론의 풍부한 토양이 되어 주었다.

이제 미'제국'의 의미와 역할은 새롭게 정의되어야만 했다. 민주적 자본주의는 궁극적 승리를 자처하였고, 그 전 지구적 전파는 제국이 제3세계의 민주화 및 자본주의 발전과 공존할 수 있을 뿐 아니라 견인차 역할을 수행할 수 있음을 증명하는 것처럼 보였다. 공산주의의 폐허 위에 진군하는 민주적 자본주의의 세계적 확산은 제국적 지배 주체의 영토성이라는 문제에 대해 양가적 인식을 초래했다. 한편으로는 미국의 경제적 헤게모니가 쇠퇴하는 현상이 주목을 받으면서 제국적 지배 주체의 탈영토성 관념이 준비되었다. 이런 조건에서 제국의 사령부는 특정한 국민국가, 이를테면 미국이라는 나라의 영토 안에 있는 것이 아니고 민주적 자본주의의 메트로폴리스를 구성하는 선진 자본주의 사회들 전반에 편재遍在하는 탈중심적 존재로 개념화된다. 제국의 지배 대상뿐 아니라 제국적 지배 주체까지 초국적 · 월경越境적 성격을 띠게 되는 것이다.

그러나 다른 한편으로 소련 붕괴 이후의 세계는 정치군사적 측면에서 유일한 초강대국으로 남은 미국의 일극적 헤게모니를 현실화한 것으로 인식된 것 또한 사실이다. 제국적 지배 주체의 영토성, 곧 미국이라는 국민국가에 제국의 중심이 소재한다는 관념이 오히려 강화된 측면도 있었던 것이다. 따라서 1990년대 이래 제국 개념은 제국적 지배 주체의 영토적 소재를 둘러싸고 탈영토성과 영토성 사이에서 진동하는 모습을 보인다.

제국 개념의 두 날개, 두 갈래의 역사관

이 시기를 풍미한 두 갈래의 역사관도 제국 담론과 무관하지 않았다. 하나는 '역사의 종언' 담론인데, 결국 '역사 완성'의 담론이기도 하였다. 다른 하나는 역사는 여전히 미완성이며 그러므로 계속된다는, '역사의 미완성' 또는 '역사 지속'의 담론이라고 할 수 있는 것이다. 프랜시스 후쿠야마Francis Fukuyama가 선두에서 이끈 역사의 종언 담론은 공산주의의 폐허 위에서 민주적 자본주의의 최종적 승리를 선언하는 것이었는데, 그 복판에는 역시 냉전 승리의 리더로서의 미국의 민주적 자본주의 질서가 위치해 있다. '역사는 계속된다'는 담론의 중심에는 안토니오 네그리와 마이클 하트와 같이 세계화 시대에 재빨리 적응한 좌파 지식인들의 담론이 자리 잡고 있다. 이들에게 현실의 세계 질서는 궁극적으로는 극복되어야 할 제국적 질서이다. 그러나 세계사적 시각에서 볼 때, 이 질서는 현실 역사에서 가능한 최상의 발전 단계로 파악된다. 이를테면 '비판적 긍정'의 시각이라고 할 수 있다. 역사의 종언 담론도 역사 계속의 담론도 탈냉전과 세계화 시대의 국제 질서에 대한 근본적으로 긍정적인 질서표상의 관념을 깔고 있었던 것이다. 그래서 중심부 주체들이 제기하는 다양한 제국 담론을 좌우에서 받쳐 주는 두 날개가 되었다.

20세기 말에서 21세기 초에 걸쳐 풍미한 미국발 또는 서양발 제국 개념은 전통 시대 중국의 천하 개념과 닮았다. 온 세계를 하나의 원리에 기초한 하나의 지배체계로 일원적으로 파악하는 점에서 두 담론은 공통적이다. 소련 붕괴와 세계화의 조건에서 미국의 일극 질서를 중심으로 새로운 제국을 개념화한 경우에도 민주적 자본주의 주요 국가들의 다원적 혹은 집단 지도적 패권 상태를 염두에 두고 제국 개념을 거론한 경우에도, 그 개념의 주도자는 제국 질서의 중심부 지식인들이었다. 그런 만큼 개념의 성격과 개념 제기의 주체 등 여러 면에서 전근대 중국의 천하 개념과 유사성을 띠었다.

충돌하는 두 비전, 민주적 세계화와 위계적 세계화

1990년대는 세계 질서의 미래를 둘러싸고 두 가닥의 비전이 경쟁하는 시기였다. 즉 민주적 세계화의 비전과 위계적 세계화의 비전이 충돌했다. 민주적 세계화는 유엔이 진정으로 세계정부적 역할을 획득하는 것과 같이 국제사회에서 강자와 약자의 역학을 넘어선 민주적 지구촌의 비전이었다.[843] 그 경쟁자는 위계적 세계화의 전망이었다. 부와 권력이 불균등한 사회 사이에서 자본과 노동이 초국경적으로 자유롭게 유통하되, 사회 사이 혹은 계급 사이의 불균등과 지배 / 피지배의 골격이 지탱되는 것을 전제하는 다분히 현실주의적 세계관에 연결된 비전이다.

이 두 미래 비전 사이의 경쟁은 그리 오래가지 않았다. 사람들의 기대에 비해 너무 빨리 찾아온 결말은 냉전 말기부터 진행되고 있던 제국 개념의 탈이념화, 나아가 그 도덕적 복권을 더욱 공고히 한다. 유엔의 역할 강화를 포함한 민주적 세계공동체의 비전은 1990년대에 몇 가지 현상이 뚜렷하게 부각되면서 쉽사리 붕괴하고 만다. 이른바 인종청소 형태로 국가 폭력 현상이 횡행했다. 하지만 미국의 적극적 개입 의지가 따르지 않는 한 유엔을 포함한 국제 제도들은 효과적인 대응 능력이 없음을 여실히 드러낸다. 자유로운 국가들의 민주적 연합으로서의 세계정부란, 그 단위인 국가들의 건강성에서도 현실성에서도 환상에 불과한 것으로 인식되었다. 실패 국가failed states

843 1990년대 초 이래 유엔을 중심으로 이를 재조직하여 민주적 국제사회 또는 세계공동체를 건설한다는 비전은, 1990년대 중엽에 이르러 유엔의 지도자들과 세계 학계의 대표적인 자유주의 계열 학자들에 의해 적극적으로 표출되었다. Boutros-Ghali, Boutros(1995), *Agenda for Peace, 1995*, 2nd Edition, United Nations ; Commission on Global Governance(including Ernst Haas & Peter Haas)(1995), *Our Global Neighborhood*, Oxford University Press ; Report of the Independent Working Group on the Future of the United Nations(supported by the UN Secretariat and overseen by Paul Kennedy and Bruce Russett)(1995), *The United Nations in the Second-Half Century*, Ford Foundation ; Urquhart, Brian and Erskine Childers(1996), *A World in Need of Leadership : Tomorrow's United Nations : A Fresh Appraisal*, Däg Hammarskjöld Foundation ; Falk, Richard(1997), "The United Nations, the Rule of Law, and Humanitarian Intervention," Mary Kaldor and Basker Vashee, eds., *Restructuring the Global Military Sector*, Vol.1, *New Wars*, Pinter. 1990년대에 고양되었던 유엔에 대한 기대와 그 현실에 대해, 이삼성(2001), 앞의 책, 특히 「제8장 유엔과 미국」, pp.667~710.

그리고 불량 국가rogue states가 자신의 국경 안에서 벌이는 국가 테러가 초국경적인 패권적 폭력 혹은 패권 테러보다 인간 안보human security와 평화에 더 큰 위협으로 인식되었다.[844] 세계의 평화와 인간의 안전을 보장할 강력한 중앙 권력의 존재가 불가피하며, 그 현실적 대안은 미'제국' 또는 미국이 중심에 있는 북대서양조약기구NATO일 수밖에 없다는 논리가 커다란 힘을 발휘하게 되었다.

세계화 시대 국가주권 약화의 비대칭성

사라지지 않는 국경과 지역적 경계의 견고성 그리고 그와 결부된 국가 간 · 지역 간 경제적 불평등이 심화되어 가는 것처럼 보인 현실도 민주적 세계화의 비전을 붕괴시키는 데 기여했다. 1990년대는 세계화가 가속되면서 초국경적 · 경제적 상호 의존은 증대했다. 이에 따라 국민국가체제를 근대적 질서의 유물로 치부하는 지적 담론이 풍미하기에 이른다. 그러나 국가와 그 경계인 국경은 '역사의 종언' 등의 담론에 내재했던 낙관주의적 전망과 달리 부와 권력과 문화적 네트워크에서 인간을 집단적으로 구분짓고 차별하는 경계선으로 엄존하였다. 서양과 비서양the West and the Rest, 부국과 빈국, 나아가 문명과 야만을 구획하는 선으로 남았다. 세계화는 자본의 자유로운 흐름, 부르주아적 활동과 주로 부국들로 집중되기 마련인 관광을 위한 월경의 자유를 극대화했다. 그러나 시민권이라는 이름으로 인간 집단을 구획하고 통제하는 장치로서의 국가와 국경의 역할은 근본적으로는 변하지 않았다.

물론 국가와 국경의 건재가 그 자체로서 민주적 세계공동체의 구성을 막

844 저자는 1999년 3월에 시작된 코소보전쟁을 국가 테러와 패권 테러의 중첩 내지 교차로 파악했다. 이삼성(2001), 앞의 책, 「제7장 코소보 전쟁과 인도적 개입의 국제정치」, pp.579~665.

는 것은 아니다. 국가주권이 인정되는 민주적 정치체들이 국세의 강약을 떠나 비교적 동등한 발언권을 누리는 국제사회가 형성된다면, 그 역시 민주적 세계공동체 구성의 한 방식일 수 있다. 이 경우, 국가와 국경의 존재와 민주적 세계공동체는 상치되는 원리가 아닐 것이다. 문제는 탈냉전 이후 국가와 국경의 존재가 민주적 세계공동체의 기반을 강화시키기보다는 약화시키고, 대신 위계적 세계화를 촉진하고 정당화하는 데 힘을 발휘하는 경향을 보이며 불균형하게 작동하고 있는 것처럼 보인다는 사실이다.

이 상황은 물론 세계화가 미소를 정점으로 하던 양극 질서로부터 소련이 붕괴한 일극체제로의 전환에 뒤따르는 것이라는 사실과 깊이 연관된다. 세계경제의 중심 국가들로부터 유래하는 자본을 통제하는 힘에서 그리고 패권적 정치 · 군사 권력의 행사 앞에서 국가와 국경의 존재는 더욱 무력화했다.[845] 반면에 인간과 사회를 국가, 지역 그리고 문명이라는 단위로 구획하고 통제하는 일에서 국가의 존재와 역할은 결코 축소된 것이 아니다. 부와 권력을 누리는 사회인 경우에 국가와 국경의 역할은 비대칭적으로 강화되거나 엄존하였고, 중심부 이외의 국가들에게는 반대의 상황이 전개되었다. 빈국은 자국의 경제정책과 국민 통제 능력의 상당 부분을 더욱 상실했다. 그러나 세계경제와 다른 국적을 가진 인간에 대한 부국들의 통제 능력은 여전히 강력하거나 더 강화된 채로 있다.[846]

냉전체제에서 제국이 도덕적 추락을 경험한 것이 적어도 규범적 차원에서 주권국가 원리가 지배한 것을 배경으로 한다면, 탈냉전 시대에 제국이

845 앤서니 기든스는 양극 시대의 종식이 세계 질서에 초래한 가장 극적인 결과를 "국가주권의 성격이 급변했다"는 점에서 찾았다. 이것은 냉전 종식의 효과에 관한 가장 일반적인 평가에 속한다고 하겠다. Giddens, Anthony(1998), *The Third Way : Renewal of Social Democracy*, Polity, p.137.

846 이와 관련해 유럽연합은 예외인 것처럼 보일 수 있다. 그것이 유럽 지역 안에서 국경의 턱을 낮춘 것은 분명하다. 하지만 다른 각도에서 보면 지역과 문명의 차원에서 다른 지역과 문명에 속하는 인간에 대한 구획과 이동 통제를 강화한 것이라고 할 수 있다.

개념적 복권을 획득하게 되는 것은 주권국가 원리의 현실적 · 규범적 약화와 관련이 있다. 그러나 여기에서 주권국가 원리의 약화란, 약소 사회의 국가들과 부와 권력이 집중된 사회의 국가들에 차별적으로 적용된다. 약소국의 주권 논리는 현실적으로나 규범적으로 공격당하는 반면, 강한 사회의 국가들의 대내외적 역할은 엄존 내지는 강화되었다. 경제와 무역 그리고 정치 군사적 국제 규범에 대하여 중심부 국가들의 결정력이 더 확대되는 양상을 보였다. 중심부 사회들에서 국가의 역할은 확대되는 반면 주변국 사회들에서의 국가와 국경은 오히려 약화되는 상황이 곧 보편적 가치의 보편화를 촉진한다고 볼 수는 없다. 비근한 예를 들면, 전후 세계에서 인종차별 철폐라는 인권의 핵심 요소가 유엔을 통해 인류 보편적 가치 규범으로 확립되는 데 결정적 역할을 한 것은 부와 권력의 중심에 있어 온 구미 국가가 아니었다.[847]

요컨대 세계화 시대에 국제 질서 일각에서 전개된 국가 · 국경의 약화는 곧 민주적 세계공동체 구성의 비전과는 거리가 멀었다. 국가라는 단위를 넘어선 더 포괄적인 정치 · 경제공동체의 구성에 기여하지 않았다. 주요 국가들의 지정학적 영향력의 부침과 역학 관계의 재편에 따라 위계적 세계화의 중심부에 대한 인식이 요동친 것일 뿐이다. 그래서 1990년대 후반 이후의 국제정치는 민주적 세계화의 비전과 대비되는 것으로서의 위계적 세계화의

847 악명 높았던 남아프리카공화국의 아파르트헤이트의 궁극적인 해체로 향하는 국제적 운동의 분수령으로 평가되는 1963년의 '모든 형태의 인종차별 철폐를 위한 유엔 선언'과 1965년의 '모든 형태의 인종차별 철폐를 위한 국제협약(International Convention on the Elimination of All Forms of Racial Discrimination)' 등이 성립하는 과정에서 구미 국가들은 그 역할이 미미하거나 오히려 방해하는 쪽이었다. Van Boven, Theo(1998), "United Nations Strategies to Combat Racism and Racial Discrimination : A Sobering but not Hopeless Balance-Sheet," Monique Castermans-Holleman, Fried Van Hoof and Jacqueline Smith(Nethelands Institute of Human Rights, SIM), eds., *The Role of the Nation-State in the 21st Century : Human Rights, International Organizations and Foreign Policy : Essays in Honour of Peter Baehr*, Kluwer Law International, p.258.

현실 속에서 주로 인식되어 왔다고 할 수 있다. 제국의 개념적 복권 이후 제국 담론의 전개 양상은 이러한 세계 역사 현실의 조건을 반영하고 있다.

서방 · 이슬람 세계의 갈등이 제국 담론에 가진 의미

1990년대 이래 특히 부각되어 온 서양과 이슬람 세계의 갈등은 사람들의 세계 인식에 중요한 영향을 미쳤다. 이 점은 오늘날 제국 개념의 전개를 이해하는 데 중요하다. 탈냉전 이후의 세계에서 미국 및 서구가 개입한 주요한 전쟁은 5~6번 정도로 압축할 수 있다. 1990~1991년의 대이라크 걸프전, 1994~1995년의 보스니아분쟁, 1999년의 코소보전쟁, 1999년 이래 미국의 주도 아래 서양 국가들이 이라크에 대해 전개한 저강도전쟁, 그리고 2001년 이래 역시 미국이 일부 유럽 국가의 참여 아래 전개한 아프가니스탄전쟁과 이라크전쟁이 그것이다. 이 중에서 보스니아분쟁과 코소보전쟁은 인종청소 문제와 결부된 국가 폭력이 원인이 되어 전개된 것들이다. 나머지는 모두 미국 및 서구와 이슬람 세계 사이의 갈등과 충돌을 담고 있다.

2001년 9월 11일 이슬람 근본주의자들이 미국의 부와 권력의 심장부를 공격한 후 미국이 전개한 이른바 대테러 전쟁은 경제적 헤게모니의 상대적 쇠퇴와는 별개로 미국을 정점으로 한 위계적 세계 질서, 결국 미국에 사령부를 둔 제국의 건재를 과시하는 것처럼 보였다. 냉전 시대에도 제3세계를 포함한 국제 질서에서 미국이 과연 초대받은 제국이었는지는 커다란 논란거리였지만, 2000년대 대테러 전쟁 시대의 미국 역시 이슬람 세계를 포함한 인류에게 안전과 평화를 선사하는 초대받은 제국인지는 마찬가지로 논란거리이다. 냉전 종식 이후의 세계에서 갈등의 축을 문명적 차이로 간주한 새뮤얼 헌팅턴의 문명충돌 논리는 많은 사람에게 타당성을 의심받았다. 특히 미국과 이슬람 세계의 지속적 갈등은 다분히 근대적인 성격의 제국과 제국주의의 현재성을 입증하는 것으로 비쳤다. 미국 및 서구에 비판적인 사람들에게 전후 중동과 서양의 갈등의 근본은 이 지역에서 서양의 뿌리 깊은 제국주의의 역사이며, 새롭거나 낡은 방식으로 그 제국주의가 여전히 지속되고 있다는 사실이었다.

친서방적인 사람들에게는 서양과 이슬람 세계의 충돌은 미제국의 건설적인 역할이 지속적으로 요청됨을 명백히 확인해 주는 현상이었다. 친서방적이든 반서방적이든, 이들 모두에게 서양과 이슬람 세계의 충돌은 민주적인 전 지구적 공동체 비전의 비현실성을 극명하게 보여 준 것에 다름 아니었다. 그것은 유엔 등 적어도 부분적으로 민주적 원리에 기초한 세계공동체의 비전은 최종적으로 사라지고, 그 자리에 위계적 세계화라는 현실주의적 전망이 무겁게 자리 잡게 된 중요한 역사적 배경의 하나인 것은 분명하다. 그러한 위계적 세계화의 비전을 가리키는 데 역사 속에 존재한 가장 적합한 질서표상 개념은 역시 탈이념화된 형태의 제국 개념인 것이다.

중국 부상의 새 지정학과 제국 담론의 변화

2000년대 초기에는 미국을 위시한 서방과 이슬람 세계 사이의 갈등이 '문명충돌'로 정의된 채 주목을 받으면서 미국의 군사적 역할이 부각되었다. 이로써 제국 개념은 일시 미국이라는 국민국가의 영토로 회귀하는 양상을 보인다. 그러나 곧 미국이 아프가니스탄과 이라크에서 전쟁의 수렁에 빠져 허덕이기 시작하면서 미제국 담론도 휘청거리기 시작했다. 이 국면에서 결정적인 요소는 동아시아·태평양 지역에서 그리고 나아가 전 지구적인 차원에서 중요한 국제 현실의 하나로 부상한 지정학적 변동이다. 이제 중국과 미국 사이의 경쟁과 갈등의 구도가 명백해져서 과거 냉전 시대의 미소 양극 질서를 대신하는 것처럼 보이기 시작했다. 이러한 지정학적 현상이 진전되면서 제국 담론은 적어도 세 가지 측면에서 중요한 영향을 받고 있다.

첫째는 그것이 민주적 세계공동체의 비전을 붕괴시키고 대신 위계적 세계화의 전망이 우위를 점하도록 이끈 중요한 변화로서, 제국의 개념적 지위를 더욱 확고부동하게 만들어 주고 있다는 점이다. 1989년 6월의 톈안먼사태는 중국과 서양 사이에 존재하는 문명적 차이를 확인시킨 사건으로 인식되었다. 1995~1996년에 대만해협에서 벌어진 미사일 위기는 중 · 미 관계가 경제적 상호 의존의 심화에도 불구하고 문명적 긴장을 넘어 현실적인 지정학적 긴장과 대결의 구조를 내포하고 있음을 각인시켰다. 현재와 미래의 국제 관계와 세계 질서를 전통적인 지정학적 경쟁의 차원에서 보도록 했다. 이러한 현실은 세계사의 전개를 강대국들의 흥망성쇠와 교체 또는 이행이라는 지정학적 틀에서 이해하는 세계관이 우세하도록 만들어 준다. 지정학적 국제정치관의 부각과 함께 제국은 정상적 세계 질서 혹은 '정상적 세계사'의 모습을 띠고 재부각된다. 냉전체제하에서 제국이 겪었던 개념적 이념화의 수난은 옛일이 되었다. 국제정치의 현실이 정상적 세계 질서나 정상적 세계사의 패턴으로 복귀하는 것처럼 보이면서 제국도 현재와 미래의 세계를 설명해 내는 지극히 정상적이고 보편적인 개념으로서의 지위를 더욱 확고히 하게 되는 것이다.

둘째로 쇠퇴하는 미국과 부상하는 중국의 새로운 양극적 관계로 현재와 미래의 국제 질서가 이동하는 것처럼 보이는 지정학적 상황은 제국의 개념적 성격에 변화를 가져오고 있다. 중국의 부상이 본격적으로 인식되고 제국 개념에 반영되면서, 제국 개념은 20세기 말~21세기 초의 일원론적 성격에서 이탈하고 있다. 서양의 민주적 자본주의 질서가 상대화되고 미래의 질서 주체로서의 중국 중심의 국제 질서 조직 원리는 다르게 사유된다. 상이한 중심들의 복수성과 병존이 전제되는 것이다.

셋째로 중국발 제국 담론이 다양한 형태로 제기되면서 세계 학계의 주목을 받고 있다는 사실이다. 중국의 지식인들은 한편으로는 새로운 세계 질서에서 중국의 적정한 위상을 '제국'에 의지해 개념화하기도 하지만, 그들 나름의 역사문화적 전통에 기원을 둔 대체재 성격의 개념들로 중국을 중심에 둔 질서의 제국성을 개념화하기 시작했다. 왕후이가 제국 개념을 의지하여 중국과 티베트의 관계를 해명하려 시도한 것은 전자의 경우이겠고, 간양이 거론한 문명국가 개념은 후자의 예가 될 것이다.

자오팅양趙汀陽은 새 '천하체계天下體系'론을 제기한다. 국민국가 간의 위계 질서가 아닌 전 인류에 공평한 질서를 지향한다는 그의 천하체계는 주대周代, BC 1041~BC 221의 8백 년간의 천하질서를 역사적 전거로 한다. 그는 이 시기의 질서와 천하 관념을 이상화한다. 그런데 그는 기원전 221년 진시황의 등장과 함께 천하체계가 끝났다고 말한다. 진시황이 다른 나라들을 정복하고 중앙집권적 제국을 구축함에 따라 천하체계가 왜곡되고 말았다는 것이다.[848]

자오팅양의 천하체계론은 그의 천하 개념 자체가 우선 문제적이다. 나는 동아시아 국제 질서의 거시적 개념화에 관심을 가져왔다. 그래서 1949년 이후 현재에 이르기까지의 동아시아는 '대분단체제', 19세기 말에서 1945년까지의 동아시아는 '제국체제' 그리고 진한秦漢 이래 전통 시대 2천 년은 '천하체제'로 개념화해 왔다. 황하문명 너머의 내륙아시아와 동남방의 사회들이 중국 중심 질서에 통합되어 동아시아 세계 전체에 일정한 질서가 구축된 것은 진한 이래 2천 년의 시기에 속한다. 그 장구한 시기 중국인과 다른 동아시아인들은 천하라는 개념으로 그 질서를 표상했다.

그런데 자오팅양은 주대, 특히 공자가 이상화한 서주라는 특정 시기의 질서를 천하체계로 정의하고 그 이후는 천하체계의 왜곡이라고 했다. 이로써 역사에 의해 풍화되지 않은 '순수한 천하'를 건져 내어 21세기 신질서 건설의 이념으로 삼는다. 이 시도가 내포한 핵심 문제는 그것이 현실 역사 속에

848 Zhao Tingyang(2011), "All-under-heavenand Methodological Relationalism," Paper presented at Conference "Democracy, Empires and Geopolitics," organized by Academia Sinica, Taipei, December 10-12, pp.13~14, p.37.

존재했던 실제의 천하체제에 대한 개념적 도치倒置를 담고 있다는 점이다. 3천 년 중 대부분의 시기 중국의 사상적 전통에서 천하 개념은 화이론 등 중국 중심 위계의 관념이 그 본질적 특징이다. 그것을 이상적 신세계의 비전으로서 재활용하려는 시도는 무리하게 생각된다.[849] 그의 논리 전체에는 세계 평화의 문제를 정치공동체들 사이에 실존하기 마련인 이해 충돌의 평화적 해결 장치의 문제로서가 아니라 이상적 도리의 문제로 보는, 강한 윤리적 환원주의가 깔려 있다. 서양철학 개념을 대거 동원하지만 그 실질은 성리학적인 유토피아세계론에 가깝다. 칸트의 영구평화론에 크게 의존하지만, 칸트 논리의 근거였던 공화정이라는 국가의 내적 구성은 그에게는 사실상 논외인 점도 무관하지 않다.

제국과 민족, 개념의 공존과 상호 배제

20세기 전반기에서 오늘에 이르기까지 제국의 개념사적 부침은 민족이라는 개념과 때로는 공존하고 경쟁하며 상호 배제하기도 하는 표리일체의 관계를 보였다고 생각된다. 제국은 국가인 동시에 초국적인 지배의 단위이므로 국가라는 개념과 공존하면서 또한 배제하는 관계를 가질 수 있다. 그런데 제국과 더 고도한 긴장 관계를 연출하는 것이 민족이라는 개념이다.

20세기 전반기 '제국'과 '민족'은 공존했다. 식민지인은 국가를 상실했다. 국가를 상실한 공동체의 성원들이 공유한, 그들에게 남겨진 유일한 공동의

849 나는 2011년 12월 대만중앙연구원(Academica Sinica)에서 주최한 국제학술회의에 초청을 받아 '동아시아 대분단체제론'을 발표했다. 그 회의에서 역시 발표자로 참석한 자오팅양 교수를 만나 그의 천하론에 대해 이야기를 나누었다. 나는 그에게, '천하'의 일반적인 개념적 기능은 화이질서 관념을 포함한 도덕적 · 정치적 위계성인 만큼, 새 술은 새 부대에 담듯이 새로운 용어로 그가 지향하는 신세계를 개념화하는 것이 더 효과적일 것이라는 의견을 말했다.

자기정체성 표상 개념은 '민족'이었다. '민족 해방'이 그들에게 국가를 대신하는 정치공동체의 기초였다. 제국의 중심부 사람들에게도 민족 개념은 존재했을 뿐 아니라 더 번성했다. 예컨대 야마토민족大和民族은 제국의 주체, 제국의 주인, 즉 지배 민족의 표상이었다. 제국 중심부의 신민과 주변부의 식민지인 모두 저마다의 방식으로 민족의 개념을 소중하게 여겼다.

전후 냉전기에 들어 제국 개념이 도덕적으로 추락했을 때, 과거 제국의 중심부에서 제국의 지배 주체를 표상하던 민족의 개념은 함께 위축되었다. 일본의 경우 민족은 과거 파시즘체제하에서 군국주의자들의 이데올로기 냄새를 물씬 풍겼으므로 결코 자랑스러운 개념으로 대접받지 못했다. 제국주의 지배의 터널을 빠져나온 탈식민지 사회에서 '민족' 개념은 달랐다. 예컨대 국가를 되찾은 한국인에게 민족은 국가라는 정치공동체 회복의 근본 토대였을 뿐 아니라 국가를 상실한 시기 내내 그들을 하나로 묶어 준 유일한 공동체적 표상이었다. 남북 두 개의 국가로 분단된 한반도에서도 민족의 개념은 추가적인 정치적 기능을 떠맡았다. 두 개의 경쟁하는 국가권력을 넘어 한반도인 모두가 공유하는 공동체성의 표상으로서 민족 개념은 가장 자연스럽고 합당한 선택이었다.

단지 한국인에게뿐 아니라 전후 세계의 수많은 탈식민지 사회에서 민족 개념은 마치 제국 개념과 시소의 관계에 있는 것처럼 높은 지적 권위를 누렸다. 제국 개념이 냉전의 상대 진영을 타자화하는 수단이던 것에 비례해서 민족은 제국을 타기하고 부정하는 준거 개념으로서의 권위를 누릴 수 있었다.

탈냉전이 되고 세계화된 시대에 다시 제국 개념이 도덕적 복권을 이룸에 따라 때를 같이하여 민족은 시대착오적인 낡은 개념으로 타기되는 운명을 맞는다. 세계화 시대의 제국은 근대 제국의 시대에 그랬던 것처럼 보편주의와 보편적 문명의 원리를 표상하는 것이 되었고, 민족은 보편적 대세를 거스르는 역사적 후진성의 표상으로 치부되었다. 부와 권력에 있어서 강함과 약함을 떠나 크고 작은 공동체들의 공존을 상상하는 민주적 세계화의 비전이 모종의 제국적 질서를 내포한 위계적인 세계화의 비전에 의해 밀려날수록 민족 개념은 더욱 설 자리를 잃었다. 미제국의 담론이든 민주적 자본주의에 바탕을 둔 탈중심적 제국이든, 하나의 정치군사적 권력이나 사회경제적 원리가 세계를 지배하는 일원적 제국 개념이 힘을 발휘할수록 민족 개념은 초라한 행색이 되어 밀려날 수밖에 없었다.

대테러 전쟁의 공격 대상이 된 사회들과의 전쟁에서 미국이 수렁에 빠지면서 그리고 중국의 부상이 분명해지면서 제국 개념이 혼란에 빠졌을 때, 민족 개념은 다시 숨 쉴 공간을 찾기 시작했다. 세계화의 논리와 현실이 여러 방면에서 사람들에게 그 정당함에 의문을 불러일으켰고, 그 세계화를 관리할 유력한 주체의 존재 여부도 의혹에 직면한다. 제국 담론의 풍미 속에 매몰되었던 작은 정치사회적 공동체들의 정체성과 다양성은 그러한 의혹의 증가에 비례해 다시 주목받기 시작했다. 이에 힘입어 민족 개념도 작은 공동체들의 정체성 표상의 한 언어로서 적어도 부분적 복권이 이루어진다. 중국의 부상은 또 다른 제국성의 논리를 불러오는 듯하지만, 적어도 한참은 미제국이나 민주적 자본주의가 주재하는 일원적 세계 질서의 개념을 약화시키고 최소한 제국적 질서의 복수성을 구축하는 역할을 하게 될 것이다. 제국의 복수성은 보편주의 역시 상대화시키면서 민족 개념이 끼어들 공간을 마련하게 되는 것이다.

근현대 제국 개념에 대한 고대 한국인의 시선

동아시아에서 제국 개념을 처음으로 주조해 사용한 고대 한국인들이 오늘날 제국 개념이 이처럼 진화해 온 실상을 본다면 어떤 생각을 할까. 근대 이래 오늘에 이르기까지 정치적 중대 개념의 하나로 동원되고 활용되어 온 제국 개념을 두고 고대 한국인들은 아마 적어도 네 가지 점에서 생경하게 느끼지 않을까 생각된다.

첫째, 고대 한국인에게 제국은 질서의 중심을 자처한 중심 국가 혹은 적어도 칭제한 나라를 개념화하기 위해 자신이 주체가 되어 만든 자신의 언어였다. 그러나 근대 이래 동아시아에서 제국은 지역 질서의 중심을 지향한 일본에 의해 거의 전용專用된 언어였다. 전후 현대에 들어서도 제국은, 냉전 시대와 같이 적대 진영의 질서를 타기하기 위해서든 탈냉전 이후처럼 스스로 세계의 중심을 자처하고 정당화하기 위해서든, 질서의 중심을 자임하는 사회의 지식인들에 의해 주도적으로 사용되어 왔다. 더욱이 그 언어의 개념적 원천이 서양어 개념과 서양의 고대 국가에서 비롯된 것으로 통한다. 이러한 점들이 우선 고대 한국인에게는 뜻밖일 것이다.

둘째, 백제인이 일본을 향해 제국 용어를 처음 사용할 때 그것은 엄연히 정치적 위계에 대한 승인을 내포한 질서표상의 개념이었지만, 상대를 문명이나 도덕적 위계의 중심에 둔 질서표상 개념은 아니었다. 동맹 경영을 위해 이웃 국가의 대국의례에 대한 존중이라는 외교 전략적 의미가 강했다. 19세기 중엽 근대 일본의 국가권력이 서세동점의 제국주의적 국제 질서 속에서 자신의 국가정체성 개념으로 제국을 적극 채용하기 시작했을 때, 그것은 스스로 정치적 위계나 문명적 위계의 중심에 둔 질서표상이라기보다는 자국의 독립과 자존을 천명하는 대외 전략적 개념으로서의 성격이 강했다. 그러나 곧 일본은 스스로 제국주의의 길을 걸으면서 동아시아 질서 안에서 정치적인 면에서뿐만 아니라 문명적인 위계에서까지 자신을 중심에 두는 새로운 질서표상의 개념으로 제국을 동원하게 된다. 고대 한국인은 이 같은 개념적 '변질'에 당혹해할 것이다.

셋째, 근대 이래 동아시아에서 일본의 매개를 거쳐 보편화된 제국의 개념은 주로 중심부의 주변부에 대한 정치적 지배와 경제적 지배의 조직 원리를 내포한다. 고대 한국인들이 제국을 사유할 때, 같은 하늘 아래의 동일한 천하 질서하에서도 중심부 제국은 주변부 사회의 내부에 대한 정치적 · 경제적 지배를 관철하는 것이 아니었다. 주변부 사회의 정치적 · 사회경제적 자율성이 전제되는 것이었다. 그러나 근대 이래 제국의 개념은 이른바 제국의 존재 형식이 공식적이든 비공식적이든, 제국 사령부가 일원적이든 다원적이든, 주변부 사회들에 대한 중심부의 정치적 혹은 경제적 지배의 관철을 주로 의미해 왔다. 고대 한국인은 이 점에 대해서도 깊은 당혹감을 가질 것이다.

끝으로 초국성transnationality의 성격에 관한 것이다. 근대 이래 제국 개념은 주로 질서의 중심부 주체에 의해 지배 영역의 초국성을 강조한다. 한자어 제국이라는 언어를 만들어 낸 고대 한국인도 중원의 중심부 지배자들이 주도하는 천하 질서의 관념을 긍정하고 수용했던 것은 사실이다. 그러나 그 질서 안에서 중심을 자처하는 권력을 자기 방식으로 개념화하는 행위를 통해서 그 중심 권력을 높이되 상대화하고 한정짓는 의미가 있었다고 할 수 있다. 주변자의 주체적인 개념화 행위는 그 자신의 내면적 자율성의 천명을 내포한다. 천하 질서와 그 안에서 중심을 자임하는 권력을 주변자가 주체가 되어 개념화하는 행위는 상대의 위상에 대한 인정과 더불어 '나의 나라'와 '나의 영역'에 대한 주장을 담고 있다. 그런 점에서 고대 한국인에게 제국은 중심부 지배 권력의 초국성보다는 천하 질서 안에서의 '다국성多國性'을 천명하는 개념이기도 하였다. 반면에 중심부가 주체가 되어 만들어 낸 개념과 언어에서는 그러한 함축을 논할 여지가 없다. 물론 오늘날 제국 개념은 그 안의 다원성을 상정하지만, 이때의 다원성은 다국성이 아닌 다방성多邦性이라고 해야 할 것이다.

3. 코스모폴리스와 아나키 사이에서

제국 개념 지속의 근원적 배경

'제국'은 냉전기 수십 년 동안 부정적 질서표상의 개념으로 전락했다. 그러나 머지않아 이 개념은 시련을 딛고 세계 질서 또는 특정한 지역 질서를 유용하게 가리키는 질서표상 개념으로서의 지위를 재확립했다. 그 같은 생명력의 부활은 어디에서 비롯하는 걸까. 이 질문은 제국 개념이 정치적 중대 개념으로서 지닌 가장 근원적인 기능은 무엇인가를 묻는 것이다. 제국 담론 풍미의 원천과 그 그늘에 대한 몇 가지 생각을 언급함으로써 이 글을 마무리하고자 한다.

오늘날 공식적인 세계정부는 존재하지 않는다. 과거에도 없었고 현재도 물론 그러하다. 유엔이 있지만 그것은 강력한 국민국가들의 대리자로 행동하고 또 그렇게 취급받으면서 독자적인 힘의 실체로 인정받지 못한다. 이 세계는 형식적으로는 동등한 주권국가체제라고 할 수 있으나, 국가 간의 위계가 엄존하는 질서임이 분명하다. 이 질서를 개념으로든 은유로서든 표상함에 있어서 '제국'은 그 개념의 오랜 역사와 함께, 특히 전후 탈영토성을 부여받아 재충전된 개념적 유연성으로 말미암아 더 광범한 사용이 가능해졌다.[850]

역사상 인류의 사유 한쪽에는 언제나 코스모폴리스에 대한 동경이 있어 왔다. 모든 인간이 오직 인간이라는 이유만으로 동등한 시민권을 부여받는 하나의 커다란 세계 도시. 그것은 도시국가 또는 주권적 국민국가 사이의 동등한 연합체로서든 국가들의 해체 위에 구성되는 것으로서든, 다양성과 함께 공동체 사이의 평등에 근거한 세계 사회의 비전이기도 하다. 그러나 동시에 인류는 국가 사이의 투쟁이든 만인의 만인에 대한 투쟁이든 아나키에 대한 근원적 공포를 안고 살아간다. 어쩌면 두 극단이라고 할 코스모폴리스와 아나키의 중간 지점에 위계적 국제 질서hierarchy라고 할 만한 것이 끼어 있다. 국가를 포함한 여러 형태의 정치체 사이에 다분히 강약과 그에 따른 차별에 기초한 질서가 존재하는 상태이다. 그 질서 내 위계는 공식적 형태도 비공식적 형태도 취할 수 있다. 과거에는 흔히 공식적 형태의 차별의 질서만을 가리켜 제국의 질서라 일컬었다. 냉전기를 거치면서 제국은 비공식적 형태까지 포함하는 위계적 국제 질서를 표상하게 되었다. 결국 오늘날 제국은 코스모폴리스와 아나키의 중간에 위치한 현실의 모든 위계적 질서에 대한 포괄적 개념 내지는 메타포가 된 것처럼 보인다.

코스모폴리스는 인간을 특정한 집단에 소속된 구성원으로 보기 이전에 인류라는 보편적 범주, 즉 보편적 개인universal individual으로서 인식하고 취급

850 '제국' 개념을 넓게 해석하여 광범하게 적용하는 것에 대해서는 물론 여전히 다양한 비판이 제기된다. 예컨대 리처드 솔은 미국의 대외정책이 폭력적이고 착취적인 점에서 '제국주의적' 성격을 띠고 있음을 인정하면서도 미국이 대상이 되는 사회들에 대해 법적인 틀에서 정치적 자율성을 존중하는 형태를 취한다는 점에서, 오늘날의 미국에 제국 개념을 적용하는 데 신중할 것을 촉구한다[Saull, Richard (2008), "Empire, Imperialism, and Contemporary American Global Power," *International Studies Perspectives*, Vol.9, p.309].

하는 세계이다. 반면에 제국은 인간이 특정한 민족 혹은 국가 범주의 구성원인 동시에 복수의 민족 혹은 국가 사이의 위계의 정점에 있는 통합적인 정치적 권위 내지는 사회경제적 권력체계에 종속된 존재로 인식되고 취급되는 광역의 정치사회적 질서를 가리킨다. 이러한 정의를 전제로 하면, 코스모폴리스는 질서는 있되 위계는 없다. 아나키는 위계도 없지만 질서도 없다. 제국은 질서와 위계 모두를 내포한다.[851]

제국은 또한 헤게모니와도 다른 개념적 소용을 인정받고 있는 것처럼 보인다. 헤게모니는 토머스 매코믹의 설명처럼 전 지구적 범위에서 가장 강력한 영향력을 가진 국가를 가리킨다.[852] 즉 그것은 복수의 존재를 허용하지 않는다. 포괄적인 하나의 존재를 가리키기에 적당한 개념으로 쓰인다. 반면에 제국은 반드시 전 지구적인 유일적 힘일 필요가 없다. 제국은 복수로 존재해 왔고 또 그러한 개념으로 쓰이고 있다. 다수의 제국이 병립했던 과거 '제국의 시대' 는 말할 것도 없고, 미국과 소련이 장악한 냉전 시대 국제 질서를 조반니 아리기가 '이중제국체제'라고 부를 수 있었던 것도 제국 개념이 복수성을 허용하기 때문이다. 헤게모니 개념은 다르다. 이를테면 헤게모니는 '제국들의 제국' 또는 '제국들 속의 제국'이라고 할 수 있는 개념이다. 19세기에 복수의 제국이 공존했지만 그중 영국을 일컬어 '헤게모니 국가'라

851 하지만 유의할 것은 제국이 내포하는 질서는 그 구축 과정에서 수반되는 안정 파괴와 폭력에 더하여 그 내재적이고 지속적인 팽창 지향으로 말미암아 아나키와는 또 다른 형태로 불안정과 폭력, 차별화와 불평등의 지속적인 생산과 증폭의 장치를 내장하기 마련이라는 점이다.

852 토머스 매코믹은 '헤게모니'를 이렇게 정의한다. "내가 헤게모니라고 할 때, 그것은 경제적 · 군사적 · 이데올로기적 권력에서 단 하나의 국민국가(one single nation-state)가 모든 다른 국민국가에 압도적 우월성을 갖고 있는 것을 말한다. 그 국가는 세계의 공장, 은행, 경찰, 목사, 그리고 교사가 될 능력을 갖고 있다. 그것은 그러한 막대하고 압도적인 힘을 이용하여 세계 대부분에 대해 자신이 정한 국제 행태의 룰을 준수하도록 강제하거나 설득하며 그렇지 않은 나라는 추방(ostracize)하고 고립시키려는 의지를 갖고 있다"[McCormick, Thomas J.(1995), "American Hegemony and the Roots of the Vietnam War," Patrick J. Hearden, ed., *Vietnam : Four American Perspectives*, Purdue University Press, pp.84~85].

일컫지 않았던가. 제국과 헤게모니는 다른 개념적 소용을 가져온 것이다.

개념적 유연성과 도덕적 복권에 힘입어 제국은 이처럼 오늘의 세계 질서 담론에서 중요한 자리를 차지하기에 이르렀다. 한편 그 개념사적 굴곡은 여전히 지속될 것이다. 1990년대 후반에 들어서는 제국 개념의 탈중심화 현상이 전개되었는가 하면, 미국 주도의 대테러 전쟁과 함께 미국이라는 국민국가에 중심을 둔 제국 개념으로 환원되는 것처럼 보이기도 했다. 그러나 곧 아프가니스탄과 이라크에서의 전쟁이 장기화되면서 미국의 위상은 상대적으로 쇠락하고 중국의 부상은 더욱 두드러져 보였다. 그와 함께 제국의 종언 또는 교체에 관한 담론이 확산되었다. 이 경우에도 제국이란 많은 경우 지배와 착취의 정치적 현상이라기보다 새로운 질서 내지 문명의 리더라는 함의를 강하게 담았다.[853]

21세기 초 오늘의 이 같은 상황은 제국의 시대로 일컬어진 19세기 말과 20세기 초 제국론이 확산되던 지적 풍토와 오버랩된다. 폭력, 억압, 착취와 동일시되기보다는 적어도 제국 중심부의 시민에게는 영광의 상징으로서 초국적인 광역적 책임과 질서의 담지자를 뜻하는 것으로 노골적 또는 암시적으로 주장된다는 점에서 그러하다. 1세기 전에는 이른바 사회적 다윈주의와 과학적 인종주의가 저변에 깔려 있었다. 오늘날 유행하는 제국론에는 탈냉전 직후 한때 폭발했던 코스모폴리스에의 유포리아가 꺼진 후 자리 잡은 냉소적 현실주의가 20세기 전환기의 다윈주의와 인종주의를 대신하고 있는 것은 아닐까 하는 의문이 없지 않다.

전후 타기의 대상이던 제국의 이념과 역사가 '정상적 역사'로 복원되면서 인간의 세계사는 제국의 흥망성쇠로 해석되고, 제국은 인류사의 가장 자연

853 이런 맥락에서 현재 중국의 주요 진보적 지식인의 한 명인 왕후이의 저술에 나타나는 제국론은 일본에서의 제국론과는 또 다른 점에서 한국 지식인 사회의 경계심을 불러일으키는 면이 없지 않다[왕후이(2011), 앞의 책, 「제3장 동양과 서양, 그 사이의 '티베트 문제' — 오리엔탈리즘, 민족의 지역자치, 그리고 존엄의 정치」, pp.145~272].

스런 정치적 단위로까지 격상되고는 한다. 이런 지적 담론의 흐름 속에서 인간의 역사에서 크고 작은 정치공동체 사이의 조화와 공존, 작은 것들의 자율성에 관한 우리의 상상력은 더 빈곤해질 수 있다. 작은 사회들의 정치적 자율성이나 독립성, 이에 바탕한 문화적 다양성과 다원적 공존 양식에 대한 우리의 감성은, 강자의 약자에 대한 직접적이고 영토적인 지배 여부를 가리지 않는 제국 개념의 풍미로 인해 더욱 무뎌지고 있는 것은 아닌가. 제국이 정치적 지배의 정상적 단위로 간주되는 시기에, 전전이든 전후든 그것이 제국으로 성립하고 팽창하는 과정에서 치러진 수많은 인간과 공동체의 파괴와 희생을 기억하고 성찰할 우리의 지적 · 감성적 능력은 더욱 고갈되고 마는 것은 아닌가.

우리가 제국의 개념을 어떻게 인식하고 평가할 것이냐 하는 문제는 궁극적으로 제국의 현상 자체를 인류의 과거와 현재 그리고 미래의 역사에서 어떻게 위치지우고 평가할 것이냐에 연결된다. 전근대와 근대를 막론하고 국가 혹은 민족으로 범주화할 수 있는 사회 단위들과 제국이라는 정치적 단위는 상호 불가분한 관계 속에 놓여 왔다. 결국 인류의 정치사는 국가와 제국이라는 상이한 규모의 정치체 단위들 사이의 공존과 긴장을 항상 내포해 왔다.

역사 속에서 제국과 국가는 저마다 억압적 지배와 폭력의 장치라는 속성을 공유했다. 인류의 이상인 자유와 평등의 구현이라는 점에서 완전한 이상적 국가는 존재한 적이 없다. 마찬가지로 세계 사회도 이상적 코스모폴리스를 구성한 적이 없다. 불완전한 국가와 불완전한 국제사회만이 존재했다. 그러므로 국가의 내적 불완전성과 대외적 폭력성을 불완전한 형태로나마 제어하고 통제하는 더 큰 단위의 정치공동체의 불완전한 현실태로서 제국이 때로 바람직한 것이 아닌가 하는 담론은 언제나 있기 마련이었다. 사람들은 선진문명을 창조하고 전파하며 천하의 안정을 유지하는 선의 제국에 대해 생각하게 되는 것이다. 이 경우 제국은, 이를테면 '코스모폴리스의 불완전한 대용물imperfect substitute for cosmopolis'로 사유된다. 제국을 구축하고 유지하는 과정에서 요구되는 차별적 억압과 폭력을 인식하면서도, 내재적인 폭력성을 가진 국가 사이의 아나키적인 폭력적 긴장과 갈등을 넘어서기 위해서는 불가피하게 제국이 요청된다고 생각하는 것이다. 그래서 제국이 인간의 자유와 평화를 위해 더 우월한 정치 조직일 수 있다는 인식은 고대로부터 은연중 광범하게 인류의 사유를 지배해 왔다.

전국 시대 중국에서 원교근공의 전략으로 다른 나라들을 정복하며 통일 제국을 지향하고 있던 진시황은 한때 일단의 다른 나라 무협 고수들에게 암살의 표적이 되었다. 그를 죽이고 거대 제국의 등장을 막는 것만이 남은 국가들의 생존과 천하의 평화를 도모하는 길이라고 그들은 믿었다. 진시황을 죽이는 유일한 길은 그들 중 한 명이 진시황의 신임을 얻어 그를 십 보 앞에서 알현할 자격을 얻도록 하는 것이었다. 암살자들은 그들 사이의 묵언의 협약으로 자신들을 희생시킴으로써 마침내 무명이연걸 분만이 진시황을 십 보 앞에서 마주 서는 기회를 얻는다. 그런데 그 결정적인 순간에 무명이 나름의 깊은 고뇌 끝에 내린 최후의 결단은 진시황을 죽이는 것이 아니라 자신이 죽는 것이었다. 진시황의 천하통일을 방해하지 않겠다는 결정이었던 것이다. 2002년 제작된 영화 「영웅」의 내용이다. 무명의 선택은 진의 통일 제국 건설만이 모든 전쟁을 끝내고 천하의 평화를 가능케 하리라는, 즉 진 제국이 태평천하라는 유토피아의 대용물이라는 믿음을 가리키는 것이었다. 중국 역사에 유장한 전통을 이어 가게 되는 '대일통大一統'의 사상이 그 주제였던 셈이다.

어떤 의미에서 제국의 담론은 근원적으로는 바로 그와 동일한 물음을 우리에게 던지고 있다. 특히 탈냉전과 함께 거의 완전한 도덕적 복권을 이룬 제국의 개념은 복수성의 제국 담론을 넘어 전 지구적인 일원적 제국의 개념으로 진화하면서 그러한 물음을 우리에게 더욱 적극적으로 던지기에 이르렀다. 사실 전후 미국의 국제정치학에서 지배적인 영향력을 행사해 온 '패권 안정hegemonic stability'이라는 개념은, 이를테면 '제국들의 제국' 혹은 '하나의 큰 전 지구적 제국'의 필요성에 대한 담론이기도 한 것이었다.

제국 현상의 실제와 평화의 문제

오늘날 제국 담론의 풍미는 주권국가의 이념에 대한 다각적 비판과 불가분한 개념사적 관계를 맺고 있다. 탈냉전 이후 제국 개념의 복권과 맞물리면서 주권국가 이념은 특히 효과적인 공격 대상으로 되었는데, 그 이유는 크게 두 가지로 볼 수 있다. 첫째, 합법적인 조직 폭력의 독점자로서의 국가는 인간에 대한 폭력의 중요한 주체였다. 둘째, 특히 근대국가는 상대적인 약체일 경우 국제체제에서 실질적인 주권을 행사하지도 못하거나, 아니면 상대적인 강자일 경우 다른 국가와 사회들을 유린하는 제국으로 나서고는 하였다. "근대의 권력 조건에서는 국가주권이란 강대국들을 제외하고는 웃음거리에 지나지 않았다"고 한 한나 아렌트의 말은 그런 맥락에서 뼈아픈 지적이다.[854] 베스트팔렌 시스템 혹은 주권국가체제로 일컬어지는 근대 국제 질서는 세계의 사회들이 제국 아니면 식민지로 양단되어 버린 제국의 시대이기도 했다는 점에서 신랄한 아이러니를 담고 있다.

역사상 제국적 질서와 베스트팔렌적 질서의 공존은 언뜻 보면 모순된 것처럼 보이지만, 사실은 매우 논리적인 결과였다. 베스트팔렌적 질서는 그 자체가 소수의 강대국과 다수의 약소국을 안고 있다. 강대국들은 저마다 제국을 지향한다. 20세기 전반기 서양 여러 나라와 일본이 그러했듯이, 그리고 전후 냉전체제에서는 미국과 소련이 그러했듯이. 그래서 현실의 세계사에서는 베스트팔렌 질서와 제국적 질서가 혼재하였다. 제국과 주권국가의 이념은 상호 배타적인 것이 아니라 공존하고 타협하고 공생하는 정치 조직

854 Arendt, Hannah[1973(1951)], 앞의 책, p.269.

원리였던 것이다. 이로써 강한 주권국가라는 사실은 제국의 가면에 불과하며, 약한 국가는 인간에 대한 폭력의 주체이면서 그 대외적인 주권은 허울에 불과한 것이라는 냉소가 사람들의 인식에 깊이 스며들게 된 것이다.

실제로 많은 경우 현실의 주권국가는 제국적 질서의 하수인으로서 이중적 기능을 수행한다. 미국을 비롯한 서방의 지원에 의해서만 지탱될 수 있었던 중동의 많은 왕정국가와 독재국가가 그러했듯이, 한편으로는 주권국가의 외양을 갖춤으로써 지역사회들의 민족주의적 지향을 효과적으로 굴절시킨다. 동시에 이 지역 국가들은 미국 혹은 서방 전체를 정점에 둔 제국적 질서와 그것이 내장하고 있는 구조적 폭력을 대리하여 구현해 낸다.

냉소에 기초한 것이든 우호적 신념에 근거한 것이든 주권국가에 대한 공격은 곧 다양한 종류의 제국적 질서에 대한 묵인과 변호로 이어진다. 진정한 코스모폴리스는 영원히 유토피아로 남을 수밖에 없는 세계에서 특히 중심부 사회의 지식인들은 끊임없이 각종 유사 코스모폴리스의 비전을 제시한다. 그럼으로써 제국적 질서에 대한 옹호의 논변을 생산해 낸다. 그것은 또한 세계체제에서 상대적으로 취약한 사회들의 정치적 · 문화적 독자성 내지 정체성 담론을 대개 역사상 제국적 폭력의 주체였던 국가와 민족이 앞장서서 거의 무차별적으로 공격하는 지적 풍토를 수반한다.

이러한 상황에서 우리는 제국과 국가 등 주요 정치 조직 원리의 현실태들에 어떤 태도를 가져야 할 것인가. 필자는 먼저 제국의 질서와 그것을 정당화하는 다양한 형태의 개념과 담론들과 지적 긴장의 관계를 유지해야 한다고 생각한다. 특히 근대 이후 제국이란 그 성격상 특정한 국민국가의 정치군사적 및 경제적 지배력이 다른 국가나 사회들의 독립성에 대한 공식적 혹은 비공식적 파괴를 통해 팽창한 상태를 가리킨다. 그로부터 다양한 형태의 차별적 억압과 폭력이 수반될 수밖에 없었다. 제국 안에서 상이한 지리적 · 문화적 · 사회경제적 조건에 놓인 인간 집단들—민족이든 종족이든 혹은 지역이든—이 저마다 누리는 자유와 권리와 삶의 질은 현저한 차별이 있기 마련이다. 그들의 운명은 결코 공평한 것이 아니라 심하게 불균형한 것이다. 제국의 질서 안에서 사회경제적 자원과 정치적 권리의 권위주의적이고 차별적인 배분이 이루어지면서, 거의 전적으로 자유와 권리가 배제되고 박탈되는 사회집단도 존재한다. 역사상 존재한 제국의 질서 자체가 대개 조직화된 차별과 배제의 장치였기 때문이다.

소박하게 정의한다면 주권국가 이념이란, 제국보다 작은 규모의 다양한 형태의 정치 조직들의 자율성을 옹호하는 것이 그 본질이다. 제국적 질서의 형성과 재형성이 반복되는 세계 속에서 인간의 안전을 위해 크고 작은 각종 민주적 정치 단위의 구축과 그러한 단위들 사이의 연합을 사람들이 열망하는 것은 자연스런 일이다. 아나키 혹은 제국의 체제 속에서 크고 작은 사회들이 그 구성원의 권리와 안전을 지키기 위해 국가라는 이름의 정치체들을 조직하고 가꾸었던 측면도 무시할 수 없는 것이다.

앞에서 진시황의 천하통일의 '대업'과 관련하여 중국 대일통사상을 언급했지만, 대일통 이전 여러 국가와 군웅 사이의 폭력과 전쟁은 우선 주목해야 한다. 그러나 동시에 진시황이 '대업'을 이루기 위해 쏟아 낸 폭력과 천하통일 이후 전개된 거대한 스케일의 억압과 폭력, 그리고 곧 뒤이은 제국 해체와 재구성 과정에서 전개된 또 다른 전쟁과 폭력들도 기억해야 한다. 단순히 통일 제국과 분열적 상황에 대해 비교하는 것 못지않게, 여러 국가가 공존하는 질서 속에서 전쟁과 평화의 규범이 존재했던 춘추 시대와 그 규범이 무너졌던 전국 시대를 비교하는 것이 어떤 의미에서는 더 뜻 깊은 탐구 대상이 될 수 있다.[855]

855 춘추 시대(BC 770~BC 481)와 전국 시대(BC 480~BC 221)는 여러 국가가 옹립한 국제 질서라는 점에서는 동일했다. 그러나 춘추 시대에는 전쟁과 폭력을 절제하는 규범이 수백 년에 걸쳐 유지된 반면, 전국 시대에는 그렇지 않았다. 의미심장한 차이이다. 스티븐 반 에베라는 그 차이를 주목하고 현실주의 국제정치이론의 틀 안에서 그 의미를 해명하려 시도했다[Van Evera, Stephen(1998), "Offense, Defense, and the Causes of War," *International Security*, Vol.22, No.4(Spring) ; Reappeared in Michael

제국, 국가 그리고 인간의 자유와 민주주의

그래서 제국의 개념과 현상에 대해 다각적 평가를 하기 위해서는 근현대 세계에서 국가 단위의 정치 조직이 인간의 자유와 안전 보장에 대해 수행한 역할의 양면성을 응시해야 한다. 국가는 인간의 생명과 자유를 파괴하는 폭력의 주체인 동시에 다른 한편 역사의 현실 속에서 인간의 권리를 구현하는 데 불가결한 정치 조직이기도 했다. 제국의 중심부를 구성하는 국가의 신민이나 시민이 아닌 주변적 사회의 인간, 특히 무국적자의 '나라 없음statelessness'은 제국의 시대를 살았던 인간들에게 최소한의 권리 보장의 울타리가 제거된 상태를 의미했다. 이 문제는 특히 한나 아렌트에게 인간의 권리와 국가라는 정치 조직 사이의 철학적 관계에 대하여 깊이 고뇌하도록 만들었다.[856] 아나키에서든 제국적 질서에서든 추상적인 자연법이 인간의 권리를 보장하는 것이 아니다. 근현대의 현실 역사에서는 국가라는 정치 조직이 인간의 권리를 보장하는 일차적인 현실적 조건이었다. 이 문제는 한동안 국가를 상실한 한 사람의 유대인으로서 제국의 시대를 살았던 아렌트에게는 절실한 사색의 대상일 수밖에 없었다.

근대적 인권 개념은 아렌트가 지적한 대로 국가의 권력과 폭력으로부터 인간의 생명과 자유, 그리고 재산을 보호할 목적으로 구성되었다. 이를 통해 서구 근대국가는 인권의 요구에 부응하기 위해 변화를 요구받았고, 전제국가들은 때로 혁명을 겪어야 했다. 그렇게 해서 근대국가는 그 정치 조직 구성원들의 인권을 구현하는 역할을 담당하게 되었다. 이것이 뜻하는 바의 핵심은 아렌트의 지적처럼 일정한 주권국가에 소속되지 않은 인간, 즉 나라가 없거나 상실된 인간the stateless의 인권은 구현 불가능하다는unenforceable 사실

E. Brown et al., eds., *Theories of War and Peace : An International Security Reader*, MIT Press, pp.86~87].

856 Arendt, Hannah[1973(1951)], 앞의 책, pp.269~302.

이었다.[857] 전전의 세계에서 어떤 국가에서도 다수파로 존재하지 않았기에 나라 없음의 조건에 처했던 대표적인 민족 유대인은 물론이고, 전쟁 혹은 제국에 의해 자신의 정치공동체를 박탈당한 민족의 구성원들은 근대국가와 제국의 시대에 언제든 시민권을 제한받고 박탈당함으로써 어떤 법적 보호로부터도 배제된 존재로 전락할 수 있었다. 과연 이러한 상황은 현대 세계에 들어서는 얼마나 달라져 있는가.

현실적으로 모색 가능한 더 나은 세계 질서를 지향하고자 할 때 그 기본 방향에 대해 우리는 무엇을 말할 수 있을까. 우선 분명해 보이는 것은 국가의 존재를 부정한 유토피아적 코스모폴리스는 현실적인 답이 아니라는 것이다. 유토피아적 코스모폴리스는 물론 국가의 존재를 전제하든 국가를 부정하든 세계의 모든 사회의 완벽한 민주적 연합이다. 그런데 유토피아는 유토피아일 뿐이고 그렇게 취급해야 한다. 가능성이 높은 현실의 질서는 국가 간의 심하게 불균형한 권력 배분을 내포한 연방 혹은 연합으로서의 제국적 질서이거나 복수의 제국 사이의 아나키이기 쉽다. 그러므로 정치적 · 군사적 그리고 경제적 차원에서 구조적 폭력을 내장하는 제국적 질서의 발전과 심화를 경계하는 노력은 앞으로의 세계에서도 인류의 숙명적 과제일 것이다.

미래 비전을 앞세우며 풍미하는 제국의 논리를 비판적으로 평가하고 세계 질서에 존재하는 제국적 질서의 현실과 그 심화를 경계하고 견제하기 위한 노력이 필요하다면, 더 나은 세계 질서의 방향에 관한 다음 세 가지의 소박한 원칙을 확인하는 것이 중요하다고 생각된다.

첫째, 국가 단위 정치 조직 안에서 가능한 민주주의의 구축과 심화가 어떤 사회에서나 일차적인 숙제일 수밖에 없다. 민주성의 심화를 부단히 추구하는 크고 작은 정치공동체들의 존재와 자율성이 현실적인 출발점인 것이다.

857 Arendt, Hannah[1973(1951)], 앞의 책, p.293.

둘째, 민주적 국가 사회 사이에 현실적으로 가능한 최선의 민주적 연합을 구축하고 강화하는 데 기여하는 전 지구적 혹은 지역적 제도와 규범들에 공동 투자하는 일이다. 이로써 제국적 질서를 지향하는 국제 질서에 내재한 힘을 최대한 견제하고 인류 공동의 대의를 추구하기 위해 부단히 노력하는 것이다.

셋째, 국가 단위의 민주성과 자율성 그리고 인류 공동의 대의라는 원칙은 상호 제한하는 동시에 지원하는 관계에 있어야 한다. 국가 단위의 자율성, 즉 국가주권은 일차적으로 존중되어야 하지만 결코 절대 주권일 수는 없다. 민주성의 실천이 국가주권 존중의 기본적 전제이다. 인류 공동의 대의 가운데 그 핵심은 모든 정치공동체에 있어서 민주성의 본질이 무엇인가에 대한 인식의 끊임없는 혁신, 또 그것을 위한 효과적인 의사소통과 공동의 노력이다. 다만 민주성을 정의함에 있어서 특정한 문명적 표준에 기초한 잣대만을 들이대기보다는 국가와 사회 단위의 민주성을 규정하는 문화적 다양성과 사회경제적 조건을 일정하게 존중하는 원칙이 필요할 것이다. 인류의 공분을 불러일으키는 명백하고 광범한 불의를 국가가 주도할 경우는 의당 예외가 될 수 있을 것이다.

아울러 인류 공동의 대의가 무엇인가에 대한 관념은 국가 단위 민주적 정치공동체 사이에, 그리고 정부적 혹은 비정부적 행위자 사이에 자유로운 소통을 통해 수렴되고 또 그렇게 결집되어야 한다. 이와 깊이 관련되는 것이지만 인류 공동의 대의 가운데 또 하나의 핵심적 주제는 실패 국가와 전제적 국가권력의 폭력으로 인해 자유와 안전을 박탈당한 인간, 즉 자연적인 안식처로서의 '고국'을 사실상 상실한 사람들에 대한 공동의 대처와 배려의 장치를 구축하는 일이다.

대단히 기본적이라고 해야 할 이 세 원칙의 확인과 구현을 위한 노력이 더 나은 세계 질서에 대한 인류의 희망이 존재하는 최소한의 근거라고 믿는다.

앞에서 안토니오 네그리 등의 제국 담론에 대한 엘런 우드의 비평을 끌어들여 언급한 바 있듯이, 세계 정치의 차원에서도 지역 질서의 차원에서도 그리고 각 사회의 차원에서도, 인류가 민주적 삶을 포함한 공동의 대의를 위해 부단히 전개해야 할 근본적이면서 일차적인 현실적 권력투쟁의 장은 과거와 현재에 있어서와 마찬가지로 오랜 미래에 이르기까지 국가 영역인 채로 남을 것이다. 국가의 극복을 문제 삼는 경우에 있어서도 역시 본질적으로는, 강대국 혹은 중견국 혹은 약소국의 시민을 막론하고 모두에게 각기 국가 영역에서의 권력과 자원의 민주적 통제와 심화라는 숙제의 연장일 수밖에 없다. 그리고 그 핵심 과제는 국가의 폭력, 그리고 제국적 질서 속에서 타자화된 사회의 사람들에 대한 제국 시스템의 테러로부터 인간을 보호하는 각 공동체 차원에서의 구체적인 정치적 민주, 즉 권력의 민주화 혹은 민주적 통제의 문제이다.

다분히 헤겔리안적으로 한 두 가지의 '본질적 원리'로 세계 질서를 일원적으로 설명하려는 많은 시도는 대개 국가권력의 구체적인 정치적 민주의 문제는 도외시하는 경향이 강하다. 신보수주의를 포함한 우파 제국 담론도, 그리고 이매누얼 월러스틴과 조반니 아리기 등의 세계체제론이나 안토니오 네그리 등의 급진 좌파적 글로벌리스트 제국 담론도 민주주의의 문제를 직시하기보다는 외면하거나 우회하는 쪽에 가깝다는 느낌을 준다. 우파 제국 담론에서는 제3세계의 민주주의가 애당초 진정한 관심 사항이 아니라 오히려 회의와 부정의 대상이기 때문에 놀라운 일이 아니다. 급진 좌파의 제국 담론에서는 민주주의를 말하되 그 논의가, 이를테면 과거에는 계급이 중심이었듯이 오늘날은 '다중'과 같은 여전히 구체화되기 어려운 추상적 주체에 집중된 것과 관련이 깊다. 그 결과 이들 모두에게서는 자유주의적 전통이 중시해 온 '개인'과 그의 사적 영역의 문제에 대한 고민과 성찰이 약하거나 그것의 본질적 의미가 아예 부정되기도 한다. 그래서 현실에서 절실하고 구체적 의미를 갖는 정치권력의 민주화와 그 심화의 문제를 진지하게 사유하는 데 한계가 있다.

민주주의가 심화될수록 그 민주성의 내용은 최대 다수의 최대 행복 추구를 가능하게 하는 시스템이라는 것에 머무르지 않는다. 사회의 다수파를 구성하는 정치 주체이기도 한 대중 혹은 다중으로부터 개인 또는 소수파를 어떻게 보호해 낼 것인가, 사회 혹은 국가권력으로부터 개별 인간의 사적 영역 혹은 영혼의 자유를 어떻게 확보해 낼 것인가를 더 깊이 있게 사유하고 추구하는 것이 민주성의 본질로 된다. 그러한 의미에서의 민주성과 그 심화의 문제가 제국 담론에 열중인 우파와 급진 좌파의 사고체계에서는 깊이 사유되기 어렵다. 지극히 추상화된 제국의 메커니즘과 그것을 극복하는 추상적 혁명에 관한 일련의 추상적 개념의 숲이 그 공백을 대신하는 것처럼 보인다. 그런 가운데 국가의 경계와 국경의 벽을 낮추자는 취지의 당연히 바람직하고도 평범한 논의를 넘어서서 아예 국가라는 정치권력체 자체의 해체를 예언하거나 처방하는 급진적 생디칼리즘syndicalism 유의 논의도 풍미하게 된다.

인간의 생명권과 사회적 권리를 포함한 민주성은 국가와 사회, 국가와 인간, 사회와 인간, 그리고 인간과 인간이라는 크게 네 가지 차원에서의 긴장관계를 모두 주목하는 것이어야 한다. 그 가운데 국가권력으로부터 인간의 자유를 보호하고 그의 권리를 구현하는 일은 앞에서 시사했듯이 구체적 현실에 있어서는 민주적이되 효율적인 국가의 구축에서만이 가능하다. 사회와 인간의 관계에서 인간의 자유와 권리를 보호하고 구현하는 것 역시 민주적 정치권력의 구축에 의존할 수밖에 없다. 인간과 인간의 관계를 규율하고 관리하는 것 또한 결국은 국가로 수렴되는 정치권력에 기초한 법과 제도의 구축과 그 운영에 준거한다. 국가의 폭력으로부터 인간을 보호하는 역할 못지않게, 예컨대 현실 사회 속에 존재하는 크고 작은 사적 집단에 의한 조직적 폭력과 인신의 매매와 노예화, 그리고 대중이나 다중이 때로는 군중mob이라는 형태로 때로는 개별 인간의 형태로 개입하는 각종의 폭력적 행위로부터 개별 인간을 보호하는 역할 역시 국가와 같은 일정한 정치권력의 민주적 구성과 그 효율적 행사에 의해서만 가능한 것이 아닌가.

세계 질서나 사회 질서의 구조적이고 혁명적인 변동 여부와는 거의 무관하게 인간 사회에 존재하는 그와 같은 각종 폭력으로부터 개개 인간의 생명과 자유를 지키고 그 권리의 구체적 실현을 가능하게 하는 일상적 인권의 문제는 어떤 유토피아적 혁명 못지않게 근본적이고 심오한 의미를 갖는다. 그러나 흔히 반자유주의적 성격을 띠는 혁명적 사회공학의 사변철학에서는 일상의 자유와 권리의 문제는 논외이거나 주변적인 것에 불과하다. 구체적인 정치군사적 내용을 포함하는 제국의 폭력, 국가의 폭력, 그리고 사회와 인간의 폭력과 그로 인한 구체적 위험에 처할 수 있는 개인의 인권을 보호하고 구현할 현실의 정치권력의 문제에 대한 균형 잡힌 사색을 내포하지 않는다면, 세계 질서에 대한 지나치게 추상화된 사변철학적 담론과 그에 기초한 유토피아적 세계변혁론은 궁극적으로 공허한 개념의 유희 이상이 되기 어려운 것이 아닐까.

안토니오 네그리도 민주주의와 그 건설을 위한 투쟁을 논한다. 그는 자유주의적 민주주의 모델을 '타락'으로 규정한 가운데 혁명적 투쟁의 궁극적 목표로 '절대 민주주의'를 거론한다. 그의 정의에 따르면, 절대 민주주의란 '모두에 의한 모두의 통치'이자 '자신을 공통적인 것 속에서 인식하는 특이성들의 정치적 자율'이다.[858] 아마도 첸리췬이 비판할 법한 유토피아적 언어와 동시에 암호화된 부호들의 나열 같은 밀교적 어법을 담고 있다. 그가 말하는 '절대 민주주의'의 의미를 그 자신은 충분히 이해하고 있을지 알 수 없으나, '다중'에게 소통 가능하다고는 말하기 어렵지 않을까. 민주주의에 관련한 네그리의 개념은 급진 좌파 일반의 '민주주의' 담론에 특징적인 무정형적 추상성을 예증한다. 현실 역사 속에서의 민주주의에 관한 사유의 깊음

858 안토니오 네그리(2010), 『네그리의 제국 강의』, 서창현 옮김, 갈무리, p.93.

보다는 그 빈곤을 노정하는 것은 아닌가. 많은 급진 좌파의 이념들이 20세기 내내 철학적 사유와 현실의 정치적 실천에서 민주주의 문제에 관련하여 내포했던 오래된 한계라고도 할 수 있지 않을까.

이 책 전체를 통해 살펴본 바와 같이 지난 세기를 포함한 역사 속에서 제국의 개념은 어떻든 소란스럽기도 하고 유연하기도 한 질긴 생명력을 입증해 왔다. 이에 비추어 그 개념은 앞으로의 세계에서도 엄밀한 학문적 용어로서보다는 강대국의 국가권력과 지식계의 일상적인 담론들을 통해 중요한 세계 질서 표상의 매우 정치적인 도구로 남을 것이다. 그런 만큼 현실 역사 속에서의 우리의 존재 양식을 규정할 정치 조직과 그들 사이의 전쟁과 평화, 그리고 민주주의의 문제에 대한 우리의 사유에 의미심장한 영향을 미칠 것이다. 사상적 경향에서 좌우파를 막론하고 부단히 쏟아 내는 담론 속에 범람하는 제국 개념의 역사적 이력과 그 현재를 예의 주시하면서 우리 자신의 여러 시선으로 비판적인 사색의 끈을 놓아서는 안 될 이유라고 생각한다.

| 참고 문헌 |

■ 자료

『계곡집』(한국고전종합DB)

『高麗史』(국사편찬위원회 한국사데이터베이스)

『고려사절요』(한국고전종합DB)

『고종실록』(국사편찬위원회 한국사데이터베이스 "조선왕조실록")

『東文選』 제33권, 「謝嗣位表」(한국고전종합DB)

『삼봉집』(한국고전종합DB)

『삼봉집』 卷之十二, 「經濟文鑑」 別集 下(한국고전종합DB)

『선조실록』(국사편찬위원회 한국사데이터베이스 "조선왕조실록")

『성호사설』 제9권, 인사문人事門, 「선희학善戲謔」(한국고전종합DB)

『세종실록』(국사편찬위원회 한국사데이터베이스 "조선왕조실록")

『宋子大全』 卷二百十三(한국고전종합DB)

『순종실록』(국사편찬위원회 한국사데이터베이스 "조선왕조실록")

『순종실록부록』(국사편찬위원회 한국사데이터베이스 "조선왕조실록")

『승정원일기』(한국고전종합DB, 국사편찬위원회 한국사데이터베이스 "승정원일기")

『연원직지』(한국고전종합DB)

『오주연문장전산고』(한국고전종합DB)

『인조실록』(국사편찬위원회 한국사데이터베이스 "조선왕조실록")

『일본서기』(국사편찬위원회 한국사데이터베이스)

『일본후기』(국사편찬위원회 한국사데이터베이스)

『정조실록』(국사편찬위원회 한국사데이터베이스 "조선왕조실록")

『朝鮮群書大系續續第九輯 東文選 二』〔「朝鮮古書刊行會」, 다운샘, 1994(1984)〕

『태조실록』(국사편찬위원회 한국사데이터베이스 "조선왕조실록")

『홍재전서』(한국고전종합DB)

『대한매일신보』
『독립신문』
『大阪每日新聞』(국사편찬위원회 한국사데이터베이스)
『大阪朝日新聞』(한국독립운동사 정보시스템)
『東京日日新聞』(국사편찬위원회 한국사데이터베이스)
『東京朝日新聞』(국사편찬위원회 한국사데이터베이스)
『동아일보』(국사편찬위원회 한국사데이터베이스)
『每日申報』(한국언론진흥재단 미디어가온 "고신문")
『福岡日日新聞』(국사편찬위원회 한국사데이터베이스)
『皇城新聞』(한국언론진흥재단 미디어가온 "고신문")

「동우회사건관계자의 전향성명서 발표에 관한 건」(京鍾警高秘 제5200호의 4 : 1938. 7. 1, 한국독립운동사 정보시스템)
「梁起鐸 保安法事件 判決文」(京城地方法院, 1911. 7. 22, 한국독립운동사 정보시스템)
「陰謀事件受刑者 特赦」(『每日申報』, 1915. 2. 16, 한국독립운동사 정보시스템)
『統監府文書 6』(1909. 3. 22, 한국독립운동사 정보시스템)

국사편찬위원회 한국사데이터베이스 "승정원일기"(http://sjw.history.go.kr)
국사편찬위원회 한국사데이터베이스 "조선왕조실록"(http://sillok.history.go.kr)
국사편찬위원회 한국사데이터베이스(http://db.history.go.kr)
한국고전종합DB(http://db.itkc.or.kr)
한국독립운동사 정보시스템(http://search.i815.or.kr)
한국언론진흥재단 미디어가온 "고신문"(http://www.mediagaon.or.kr)
한국학중앙연구원 한국역대인물 종합정보시스템(http://people.aks.ac.kr)

■ 연구 문헌

1. 국내 문헌

1) 단행본

강상규(2008), 『19세기 동아시아의 패러다임 변환과 한반도』, 서울 : 논형.

구대열(1995), 『한국 국제관계사 연구 2 해방과 분단』, 서울 : 역사비평사.

근대한국외교문서편찬위원회(2009), 『近代韓國外交文書 1 제너럴 셔먼호 사건 · 병인양요』, 서울 : 동북아역사재단.

금장태(2004), 『도와 덕 : 다산과 오규 소라이의 《중용》 · 《대학》 해석』, 서울 : 이끌리오.

______(2009), 『귀신과 제사 : 유교의 종교적 세계』, 서울 : 제이앤씨.

김봉렬(1998), 『유길준 개화사상의 연구』, 마산 : 경남대학교출판부.

김부식(1998), 『삼국사기 I』, 이강래 옮김, 서울 : 한길사.

김석진(2000), 『대산 대학 강의』, 서울 : 한길사.

김석진 · 신성수(2004), 『대산 중용 강의』, 서울 : 한길사.

金錫亨(1966), 『초기 조일관계 연구』, 평양 : 사회과학원출판사.

김용구(1997), 『세계관 충돌의 국제정치학 : 동양 禮와 서양 公法』, 서울 : 나남출판.

______(2008), 『만국공법』, 서울 : 소화출판사.

김태식(1993), 『加耶聯盟史』, 서울 : 일조각.

김학준(2000), 『한말의 서양정치학 수용 연구 : 유길준 · 안국선 · 이승만을 중심으로』, 서울 : 서울대학교출판부.

김현구(1993), 『임나일본부연구』, 일조각.

김현구 · 박현숙 · 우재병 · 이재석(2002), 『일본서기 한국관계기사 연구 I』, 서울 : 일지사.

______(2003), 『일본서기 한국관계기사 연구 II』, 서울 : 일지사.

민두기 편저(1976), 『일본의 역사』, 서울 : 지식산업사.

민족문화추진회 엮음(1998), 『국역 홍재전서 7』, 서울 : 한국고전번역원.

박근갑 엮음(2009), 『개념사의 지평과 전망』, 서울 : 소화출판사.

박명규(2009), 『국민 · 인민 · 시민 : 개념사로 본 한국의 정치주체』, 서울 : 소화출판사.
박충석(2010), 『한국정치사상사』 제2판, 서울 : 삼영사.
백민정(2007), 『정약용의 철학 : 주희와 마테오리치를 넘어 새로운 세계로』, 서울 : 이학사.
신채호(2007), 『단재 신채호 전집 3 역사(讀史新論, 大東帝國史敍言, 朝鮮上古文化史)』, 단재신채호전집편찬위원회, 천안 : 독립기념관 한국독립운동사연구소.
신형식(2005), 『백제의 대외관계』, 서울 : 주류성.
연민수(1998), 『고대한일관계사』, 서울 : 혜안.
유길준(1998), 『정치학』, 한석태 역주, 마산 : 경남대학교출판부.
_____(2004), 『서유견문 : 조선 지식인 유길준, 서양을 번역하다』, 허경진 옮김, 서울 : 서해문집.
유영익(1992), 『한국근현대사론』, 서울 : 일조각.
윤치호(2001), 『윤치호 일기, 1916~1943 : 한 지식인의 내면세계를 통해 본 식민지 시기』, 김상태 편역, 서울 : 역사비평사.
이동준(2007), 『16세기 한국 성리학파의 철학사상과 역사의식』, 심산.
이삼성(1991), 『미국 외교이념과 베트남전쟁 : 베트남전쟁과 미국 외교이념의 보수화』, 서울 : 법문사.
_____(2001), 『세계와 미국 : 20세기의 반성과 21세기의 전망』, 서울 : 한길사.
_____(2009a), 『동아시아의 전쟁과 평화 1 전통 시대 동아시아 2천 년과 한반도』, 서울 : 한길사.
_____(2009b), 『동아시아의 전쟁과 평화 2 근대 동아시아와 말기 조선의 시대 구분과 역사인식』, 서울 : 한길사.
일연(2002), 『삼국유사』, 김원중 옮김, 서울 : 을유문화사.
_____(2006), 『삼국유사』, 이가원 · 허경진 옮김, 서울 : 한길사.
임제(2011), 『백호시선』, 임형택 · 이현일 편역, 파주 : 창비.
全海宗(2000), 『동아시아사의 비교와 교류』, 서울 : 지식산업사.
정교(2004a), 『대한계년사 2』, 조광 엮음, 이철성 역주, 서울 : 소명출판.
_____(2004b), 『대한계년사 5』, 조광 엮음, 이철성 역주, 서울 : 소명출판.

______(2004c), 『대한계년사 8』, 조광 엮음, 김우철 역주, 서울 : 소명출판.
______(2004d), 『대한계년사 9』, 조광 엮음, 김우철 역주, 서울 : 소명출판.
조경란(2013), 『현대 중국 지식인 지도 : 신좌파 · 자유주의 · 신유가』, 파주 : 글항아리.
천관우(1991), 『가야사연구』, 서울 : 일조각.
최기영(2003), 『한국 근대 계몽사상 연구』, 서울 : 일조각.
최익현(1977), 『국역 면암집 1』, 민족문화추진회 편, 오양 외 옮김, 서울 : 솔.
한국학문헌연구소 엮음(1980), 『한국근대법제사료총서 1 萬國公法』, 서울 : 아세아문화사.
한상일(2004), 『제국의 시선 : 일본의 자유주의 지식인 요시노 사쿠조와 조선 문제』, 서울 : 새물결.
한용환(1999), 『소설학 사전』, 서울 : 문예출판사.

2) 논문

甘懷眞(2003), 「이른바 '동아시아 세계'에 대한 재고찰 : 중국과 백제 관계를 중심으로」, 충남대학교 백제연구소 편, 『고대 동아세아와 백제』, 서울 : 서경.
강진아(2011), 「중국의 부상과 세계사의 재조명 : 캘리포니아학파에서 글로벌 헤게모니론까지」, 『역사와 경계』 제80집.
金錫亨(1963), 「삼한삼국의 일본열도 내 분국에 대하여」, 『력사과학 1』.
김선자(2003), 「圖象解釋學的 관점에서 본 漢代의 畵像石 : 伏羲와 女媧의 圖象을 중심으로」, 동아시아고대학회 편, 『동아시아 여성신화』, 서울 : 집문당.
金恩淑(1992), 「『일본서기』 '任那' 기사의 기초적 검토」, 『한국사 시민강좌』 제11집, 서울 : 일조각.
김태영(2011), 「실학연구의 어제와 오늘」, 『한국사 시민강좌』 제48집, 서울 : 일조각.
김학이(2009), 「롤프 라이하르트의 개념사」, 박근갑 엮음, 『개념사의 지평과 전망』, 서울 : 소화출판사.
김현(2002), 「귀신 : 자연철학에서 추구한 종교성」, 한국사상사연구회 엮음, 『조선유학의 개념들』, 서울 : 예문서원.
노태돈(2010), 「고대 동아시아 국제질서의 재편과 한일 관계」, 한일관계사연구논집

편찬위원회 편, 『고대 동아시아 재편과 한일 관계』, 서울 : 경인문화사.
박성우(2007), 「플라톤의 〈메네크세노스〉와 아테네 제국의 정체성, 그리고 플라톤적 정치적 삶」, 『한국정치학회보』 제41집 제4호.
박양신(1999), 「19 · 20세기 전환기 일본에서의 '제국주의'론의 諸相 : 서양사상과의 관련에서」, 『日本歷史研究』 제9권.
박학래(2002), 「天人之際 : 인간 삶의 지표와 이상」, 한국사상사연구회 엮음, 『조선 유학의 개념들』, 서울 : 예문서원.
박현모(2011), 「재판 판결로 본 영조의 백성관 연구」, 『한국정치연구』 제20집 제1호.
소진형(2010), 「정조正祖에 있어서 왕의 위상과 의미 : '만천명월주인옹자서'에 나타난 리일분수理一分殊의 개념 변화를 중심으로」, 『동양정치사상사』 제9권 제2호.
신복룡(2009), 「후기 실학자들이 꿈꾼 정치 : 그들은 진실로 민중을 사랑했는가?」, 『기획학술회의 "동서고금의 좋은 삶과 정치"』, 한국정치사상학회.
신용하(2007), 「해제」, 신채호, 『단재 신채호 전집 3 역사(讀史新論, 大東帝國史叙言, 朝鮮上古文化史)』, 단재신채호전집편찬위원회, 천안 : 독립기념관 한국독립운동사연구소.
신채호(1908), 「歷史와 愛國心의 關係」, 『대한협회회보』 제2호, 국사편찬위원회 한국사데이터베이스(http://db.history.go.kr).
안외순(1999), 「조선 유학자의 민주주의에 대한 인식 : 최한기의 정치사상을 중심으로」, 한국정치외교사학회 월례학회 발표 논문, 서울 : 건국대학교.
안정석(2010), 「Leo Strauss의 국제 관계에 대한 시사점 : 투키디데스의 아테네인과 스파르타인의 성격묘사를 중심으로」, 한국정치사상학회 2010년 10월 월례발표회 발표문.
육완정(2003), 「여와신화 : 우주와 생명의 아르케」, 동아시아고대학회 엮음, 『동아시아 여성신화』, 서울 : 집문당.
윤내현(1988), 「天下思想의 始源」, 윤내현 외, 『中國의 天下思想』, 서울 : 민음사.
이경구(2007), 「신성로마제국의 성격 : 교황권과 황제권의 관계를 중심으로」, 『서양사연구』 제37집.
이근우(1994), 「일본서기에 인용된 백제삼서에 관한 연구」, 정신문화연구원 박사학위논문.

이삼성(2005), 「미국의 신보수주의 외교이념과 민주주의 : 현실주의와 도덕철학의 한 결합양식」, 『국가전략』 제11권 제2호.
_____(2006), 「미국 외교사학과 '제국' 담론의 전복 : 신보수주의와 존 L. 개디스의 본질주의 외교사학」, 『국제정치논총』 제46집 제4호.
_____(2011a), 「'제국' 개념의 고대적 기원 : 한자어 '제국'의 서양적 기원과 동양적 기원, 그리고 『일본서기』」, 『한국정치학회보』 제45집 제1호.
_____(2011b), 「'제국' 개념과 19세기 근대 일본 : 근대 일본에서 '제국' 개념의 정립 과정과 그 기능」, 『국제정치논총』 제51집 제1호.
_____(2011c), 「'제국' 개념과 근대 한국 : 개념의 역수입, 활용, 해체, 그리고 포섭과 저항」, 『정치사상연구』 제17집 제1호.
_____(2011d), 「동서양의 정치전통에서 성속의 연속과 불연속에 관한 일고」, 『현대정치연구』 제4권 제1호(봄).
_____(2012), 「제국과 식민지에서의 '제국' : 20세기 전반기 일본과 한국에서 '제국'의 개념적 기능과 인식」, 『국제정치논총』 제52집 제4호.
_____(2014), 「제국 개념의 동아시아적 기원 재고 : 황국과 천조, 그리고 가외천황과 제국」, 『국제정치논총』 제54집 제4호.
이석원(2010), 「위기의 사회과학 : 전간기戰間期 일본에서의 협동체주의cooperatism와 지역주의regionalism」, 『歷史問題硏究』 제23호, 서울 : 역사비평사.
이영훈(2002), 「18~19세기 小農社會와 實學 : 實學 再評價」, 『韓國實學硏究』 제4호.
이용주(2006), 「유교 '국교화'에 대한 의문 : 중국 종교사 이해를 위한 문제 제기」, 서울대학교 종교문제연구소 편, 『종교와 역사』, 서울 : 서울대학교출판부.
이원택(2008), 「개화기 '예치禮治'로부터 '법치法治'로의 사상적 전환 : 미완의 '대한국국제체제'와 그 성격」, 『정치사상연구』 제14집 제2호.
이정희(1985), 「고대 일본의 정치적 세력 성장에 대하여」, 『한국전통문화연구』 제1호, 대구 : 대구가톨릭대학교 인문과학연구소.
李種旭(1992), 「광개토왕릉비 및 『삼국사기』에 보이는 '倭兵'의 정체」, 『한국사 시민강좌』 제11집, 서울 : 일조각.
이홍구(1986), 「근대 한국정치학 백 년 : 그 한계성의 극복을 위한 자성」, 『한국정치학회보』 제20집 제2호.

전동현(2006), 「청말 양계초의 대한제국기 한국 인식 : 망국－자강 개념을 중심으로」, 이화여대 한국문화연구원 엮음, 『근대 계몽기 지식의 발견과 사유 지평의 확대』, 서울 : 소명출판.
정승교(2008), 「한국 내셔널리즘의 형성과 양계초」, 한림대학교 아시아문화연구소 제29회 학술연구발표회 '양계초를 통해 본 근대 동아시아,' 한림대학교 담헌관 세미나실(5. 23).
조병한(2011), 「양계초의 민족국가론과 법치 · 헌정」, 한림대학교 한림과학원, 제36차 동아시아 개념소통 포럼(3. 24).
조성산(2011), 「실학 개념 논쟁과 그 귀결」, 『한국사 시민강좌』 제48집, 서울 : 일조각.
최영성(2003), 「삼국 시대의 철학사상」, 한국철학사연구회 엮음, 『한국철학사상사』, 서울 : 심산.
최익현(1977a), 「역적을 치고 의복 제도의 복구를 청하는 소」(請討逆復依制疏, 乙未 6월 26일), 『국역 면암집 1』, 민족문화추진회 편, 오양 외 옮김, 서울 : 솔.
______(1977b), 「재차 올리는 소」(무술 12월 19일 再疏), 『국역 면암집 1』, 민족문화추진회 편, 오양 외 옮김, 서울 : 솔.
황대현(2007), 「시간을 둘러싼 투쟁 : 1583～84년 아우크스부르크시의 달력분쟁을 중심으로」, 『서양사연구』 제37집.

3) 번역서

가라타니 고진(2009), 『네이션과 미학』, 조영일 옮김, 서울 : 도서출판b.
가브리엘 콜코(2009), 『제국의 몰락 : 미국의 패권은 어떻게 무너지는가』, 지소철 옮김, 서울 : 비아북.
거자오광(2012), 『이 중국에 居하라宅茲中國』, 이원석 옮김, 파주 : 글항아리.
게오르그 옐리네크(2005), 『일반 국가학』, 김효전 옮김, 서울 : 법문사.
고마고메 다케시(2008), 『식민지제국 일본의 문화통합 : 조선 · 대만 · 만주 · 중국 점령지에서의 식민지 교육』, 오성철 · 이명실 · 권경희 옮김, 서울 : 역사비평사.
고모리 요이치(2004), 『1945년 8월 15일, 천황 히로히토는 이렇게 말하였다』, 송태욱 옮김, 서울 : 뿌리와이파리.
고토 야스시 엮음(1985), 『일본 자본주의 발달사』, 이계황 옮김, 서울 : 청아출판사.

나카무라 미쓰오 · 니시타니 게이지 외(2007), 『태평양전쟁의 사상 : 좌담회 '근대의 초극'과 '세계사적 입장과 일본'으로 본 일본 정신의 기원』, 이경훈 · 송태욱 · 김영심 · 김경원 옮김, 서울 : 이매진.
나카쓰카 아키라(2005), 『근대일본의 조선인식』, 성해준 옮김, 서울 : 청어람미디어.
나카자와 신이치(2005), 『신의 발명 : 인류의 지知와 종교의 기원』, 김옥희 옮김, 서울 : 동아시아.
_____(2008), 『신화, 인류 최고의 철학』, 김옥희 옮김, 서울 : 동아시아.
데이비드 하비(2005), 『신제국주의』, 최병두 옮김, 파주 : 한울.
리쩌허우(2005), 『중국고대사상사론』, 정병석 옮김, 파주 : 한길사.
마루야마 마사오(1995), 『일본정치사상사연구』, 김석근 옮김, 서울 : 통나무.
_____(1997), 『현대정치의 사상과 행동』, 김석근 옮김, 파주 : 한길사.
_____(1998), 『일본의 사상』, 김석근 옮김, 파주 : 한길사.
마르쿠스 툴리우스 키케로(2007), 『국가론』, 김창성 옮김, 파주 : 한길사.
마쓰모토 겐이치(2010), 『기타 잇키北一輝 : 천황과 대결한 카리스마』, 정선태 · 오석철 옮김, 서울 : 교양인.
멜빈 릭터(2010), 『정치 · 사회적 개념의 역사 : 비판적 소개』, 송승철 · 김용수 옮김, 서울 : 소화출판사.
모리 가즈코(2012), 『현대중국정치 : 글로벌 강대국의 초상』, 이용빈 옮김, 파주 : 한울.
미야지마 히로시(2013), 『나의 한국사 공부 : 한국사의 새로운 이해를 찾아서』, 서울 : 너머북스.
사마천(2005), 『사기본기史記本紀』, 김원중 옮김, 서울 : 을유문화사.
사카이 데쓰야[2010(2007)], 『근대 일본의 국제질서론』, 장인성 옮김, 고양 : 연암서가.
성은구 역주(1993), 『日本書紀』, 서울 : 고려원.
쉬지린(2013), 『왜 다시 계몽이 필요한가 : 현대 지식인의 사상적 부활』, 송인재 옮김, 파주 : 글항아리.
안또니오 네그리(2010), 『네그리의 제국 강의』, 서창현 옮김, 서울 : 갈무리.
에릭 홉스봄(1998), 『제국의 시대』, 김동택 옮김, 서울 : 한길사.
엠마뉘엘 토드(2003), 『제국의 몰락 : 미국체제의 해체와 세계의 재편』, 주경철 옮김, 서울 : 까치.

오긍(2010), 『정관정요』, 김원중 옮김, 파주 : 글항아리.
오에 겐자부로(2012), 『오키나와 노트 : 오에 겐자부로의 평화 공감 르포』, 이애숙 옮김, 서울 : 삼천리.
왕후이(2011), 『아시아는 세계다 : 아시아의 근현대를 심층 탐사하여 유럽판 '세계 역사'를 해체하고 신제국 질서를 뚫어보다』, 송인재 옮김, 파주 : 글항아리.
외르크 피쉬 · 디터 그로 · 루돌프 발터(2010), 『코젤렉의 개념사 사전 3 제국주의』, 오토 브루너 · 베르너 콘체 · 라인하르트 코젤렉 엮음, 한림대학교 한림과학원 기획, 황승환 옮김, 서울 : 푸른역사.
위잉스(2007), 『동양적 가치의 재발견』, 김병환 옮김, 서울 : 동아시아.
이중톈(2008), 『이중톈 제국을 말하다 : 중국 제국 시스템의 형성에서 몰락까지, 거대 중국의 정치제도 비판』, 심규호 옮김, 서울 : 에버리치홀딩스.
장입문張立文 주편(2004), 『리의 철학』, 안유경 옮김, 서울 : 예문서원.
전손(2009), 『선진유학』, 백종석 옮김, 서울 : 학고방.
전용신 옮김(1989), 『完譯 日本書紀』, 서울 : 일지사.
조반니 아리기(2008), 『장기 20세기 : 화폐, 권력, 그리고 우리 시대의 기원』, 백승욱 옮김, 서울 : 그린비.
______(2009), 『베이징의 애덤 스미스 : 21세기의 계보』, 강진아 옮김, 서울 : 길.
존 루이스 개디스(2002), 『새로 쓰는 냉전의 역사』, 박건영 옮김, 서울 : 사회평론.
주희(2008a), 『論語集註 1』, 박헌순 역주, 파주 : 한길사.
______(2008b), 『論語集註 2』, 박헌순 역주, 파주 : 한길사.
진관타오 · 류칭펑(2010), 『관념사란 무엇인가 2 관념의 변천과 용어』, 양일모 · 송인재 · 한지은 · 강중기 · 이상돈 옮김, 서울 : 푸른역사.
천광싱(2003), 『제국의 눈』, 백지운 외 옮김, 백영서 대담, 파주 : 창비.
첸리췬(2012), 『내 정신의 자서전 : 나에게 묻는다, 지식인이란 무엇인가』, 김영문 옮김, 파주 : 글항아리.
펑위(1993), 『천인관계론』, 김갑수 옮김, 서울 : 신지서원.
피터 C. 퍼듀(2012), 『중국의 서진西進 : 청淸의 중앙유라시아 정복사』, 공원국 옮김, 서울 : 길.
한도 가즈토시(2010), 『쇼와사 1 1926~1945 전전 편戰前篇』, 박현미 옮김, 서울 : 루비박스.
후쿠자와 유키치(1993), 『학문을 권함』, 엄창준 · 김경신 옮김, 서울 : 지안사.
히라이시 나오아키(2012), 『한단어사전 천天』, 한림대학교 한림과학원 기획, 이승률 옮김, 서울 : 푸른역사.
히로마쓰 와타루〔2003(1989)〕, 『근대초극론 : 일본 근대사상사에 대한 시각』, 김항 옮김, 서울 : 민음사.

4) 번역 논문

루치안 횔셔(2009), 「개념사의 개념과 '역사적 기본 개념'」, 박근갑 엮음, 『개념사의 지평과 전망』, 서울 : 소화출판사.
미조구찌 유조溝口雄三(2001), 「중국 근세의 사상 세계」, 미조구찌 유조 외, 『중국의 예치 시스템 : 주희에서 등소평까지』, 동국대학교 동양사연구실 옮김, 서울 : 청계.
왕단 · 리민치 · 왕차오화(2007), 「원탁 토론 — 중국의 앞날」, 왕후이 외, 『고뇌하는 중국 : 현대 중국 지식인의 담론과 중국 현실』, 서울 : 길.
외르크 피쉬(2010), 「'제국주의' 형성기까지의 '임페리움'」, 오토 브루너 · 베르너 콘체 · 라인하르트 코젤렉 엮음, 한림대학교 한림과학원 기획, 황승환 옮김, 『코젤렉의 개념사 사전 3 제국주의』, 서울 : 푸른역사.
이에나가 사부로 · 이노 겐지(2006), 「근대사상의 탄생과 좌절」, 이에나가 사부로 엮음, 『근대 일본 사상사』, 연구공간 '수유+너머' 일본근대사상팀 옮김, 서울 : 소명출판.

2. 해외 문헌

1) 중국어 및 일본어

家永三郎 編(1972), 『近代日本思想史講座』, 東京 : 筑摩書房.
江村榮一 編(1988), 『日本近代思想大系 9 憲法構想』, 東京 : 岩波書店.
古田光(1971), 「十五年戰爭下の思想と哲學」, 古田光 · 作田啓一 · 生松敬三 編集, 『近代日本思想史大系 2 近代日本社會思想史 II』, 東京 : 有斐閣.

廣懶憲雄(2011),『東アジアの國際秩序と古代日本』, 東京：吉川弘文館.
今谷明(1993),『武家と天皇』, 東京：岩波書店.
旗田巍(1969),『日本人の朝鮮觀』, 東京：勁草書房.
金觀濤・劉淸峰(2008),『觀念史 研究：中國現代重要政治術語的形成』, 香港：當代中國文化研究中心.
金鉉球(1985),『大和政權の對外關係研究』, 東京：吉川弘文館.
吉村忠典(2003),『古代ローマ帝國の研究』, 東京：岩波書店.
羅振玉(1959),『殷墟書契前編』下卷, 藝文印書館.
盧泰敦(2006),「從公元五世紀的金石文看高句麗人的天下觀」, 韓國高句麗硏究財團編,『韓國高句麗史硏究論文集』, 中國延邊大學 譯, 高句麗硏究財團.
大江志乃夫 外 編(1992～1993),『近代日本と植民地』全8卷, 東京：岩波書店.
大久保達正 他 編(1989),『昭和社會經濟史料集成』第一四卷, 東京：大東文化大學東洋研究所.
大槻文彦(1934),『大言海』第三卷, 東京：富山房.
島邦男(1975),『殷墟卜辭研究』, 東京：波古書院.
稻垣滿次郎(1891a),『東方策』第一・二篇, 東京：活世界社.
______(1891b),『西比利亞鐵道論』, 東京：哲學書院.
______(1892),『東方策結論草案 上』, 東京：哲學書院.
董仲舒,『春秋繁露』,「爲人者天」,「基義」.
藤村道生(1973),『日淸戰爭：東アジア近代史の轉換點』, 東京：岩波書店.
牧原憲夫(2006),『民權と憲法』, 東京：岩波書店.
尾形勇・加藤友康・岸本美緒・黑田日出男 等 編(2005),『歷史學辭典 Encyclopedia of Historiography 12 王と國家』, 黑田日出男 責任編集, 東京：弘文堂.
福澤諭吉(1969),「朝鮮の交際を論ず」,『福澤諭吉全集 2 時事新報論執 1』, 慶應義塾 編, 東京：岩波書店.
北岡伸一(1985),「二十一ヵ條 再考」,『年報近代日本研究 7 日本外交の危機認識』, 東京：山川出版社.
飛鳥井雅道(1968),「啓蒙主義・民權論・ナシヨナリズム」, 古田光・作田啓一・生松敬三 編集,『近代日本思想史大系 1 近代日本社會思想史 I』, 東京：有斐閣.

費孝通(1989),『中華民族 多元一體格局』, 北京：中央民族學院出版社.
山本有造(2003),『帝國の研究』, 名古屋：名古屋大學出版會.
山室信一(2006),「國民帝國・日本の形成と空間知」, 山室信一 責任編輯,『「帝國」日本の學知 8 空間形成と世界認識』, 東京：岩波書店.
杉森孝次郎(1932),「新黨の根本問題」,『講演』第190輯.
西嶋定生(1983),『中國古代國家と東アジア世界』, 東京：東京大學出版會.
西田毅 編著(2009),『日本政治思想史』, 京都：ミネルヴァ書房.
石母田正〔1989(1962)〕,「日本古代における國際意識について―古代貴族の場合―」,『石母田正著作集 四 古代國家論』, 東京：岩波書店.
______〔1989(1963)〕,「天皇と『諸蕃』―大寶令制定の意義に關連して―」,『石母田正著作集 四 古代國家論』, 東京：岩波書店.
小山東助(1905),「朝鮮同化論」,『新人』第6卷 第5號.
小森陽一(2003),『天皇の玉音放送』, 東京：五月書房.
孫文(1982),「臨時大總統宣言書」(1912. 1. 11),『孫中山全集』第二卷, 北京：中華書局.
松本三之介・山室信一 編(1988),『日本近代思想大系 10 學問と知識人』, 東京：岩波書店.
狩野久(1984),「律令國家の形成」, 歷史學研究會・日本史研究會 編,『日本史講座 1 原始・古代 1』, 東京：東京大學出版會.
新渡戸稲造,『新渡戸稲造全集』第4卷.
新明正道(1935),「協同體國家の觀念及び機構 (上) & (下)」,『法學』3-1・3-2.
安岡昭男(1992),「琉球處分」, 外務省外交史料館 日本外交史辭典編纂委員會,『日本外交史辭典』, 東京：山川出版社.
安川壽之輔(2000),『福澤諭吉のアジア認識』, 東京：高文研.
岩井忠熊(1968),「明治國家の理念と現實」, 古田光・作田啓一・生松敬三 編集,『近代日本社會思想史 I』, 東京：有斐閣.
梁啓超(1904),「朝鮮亡國史略」,『新民叢報』第3年 第5號.
鈴木英夫(1987),「加耶・百濟と倭：'任那日本府'論」, 朝鮮史研究會 編輯,『朝鮮史研究會論文集』第24集, 東京：綠蔭書房.
鈴木靖民(1984),「東アジア諸民族の國家形成と大和王權」, 歷史學研究會・日本史

研究會 編,『日本史講座 1 原始・古代 1』, 東京: 東京大學出版會.
鈴木正幸(2005),「植民地領有と憲法體制」, 歷史學研究會・日本史研究會 編,『日本史講座 9 近代の轉換』, 東京:東京大學出版會.
遠藤慶太(2011),「欽明紀における漢籍典據―侯景の亂を通して」, 新川登龜男・早川万年 編,『史料としての≪日本書紀≫:津田左右吉を讀みなおす』, 津田左右吉沒後50年記念出版, 東京:勉誠出版.
遠山茂樹 編(1988),『日本近代思想大系 2 天皇と華族』, 東京:岩波書店.
______(2001),『戰後の歷史學と歷史意識』, 東京:岩波書店.
原秀三郎(1984),「日本列島の未開と文明」, 歷史學研究會・日本史研究會 編,『日本史講座 1 原始・古代 1』, 東京:東京大學出版會.
原田敬一(2007),『日淸・日露戰爭』, 東京:岩波書店.
有馬學(2011),「'大正デモクラシー'の再檢討と新たな射程」, 和田春樹 外 編,『東アジア近現代通史 4 社會主義とナショナリズム』, 東京:岩波書店.
李愼之(1994),「辨同異, 合東西」,『東方』第3期.
______(1994),「全球化與中國文化」,『太平洋雜誌』第2期.
李澤厚(1985),『中國古代思想史論』, 北京:人民出版社.
日本大辭典刊行會 編(1975),『日本國語大辭典』第九卷, 東京:小學館.
長尾龍一(1996),『日本憲法思想史』, 東京:講談社.
赤塚忠(1977),『中國古代の宗教と文化:殷王朝の祭祀』, 東京:角川書閣.
田中彰(2000),『明治維新』, 東京:岩波書店.
井上光貞・關晃・土田直鎭・青木和夫 編(1976),『日本思想大系 3 律令』, 東京:岩波書店.
井上秀雄(1978),『任那日本府と倭』, 東京:寧樂社.
佐々木隆(2006),「德富蘇峰と權力政治家:帝國日本興隆へのアプローチ」, 山本武利 責任編輯,『「帝國」日本の學知 4 メディアのなかの「帝國」』, 東京:岩波書店.
酒井哲哉 編(2006),『「帝國」日本の學知 1「帝國」編成の系譜』, 東京:岩波書店.
中塚明(1993),『近代日本の朝鮮認識』, 東京:研文.
芝原拓自・猪飼隆明・池田正博 編(1988),『日本近代思想大系 12 對外觀』, 東京:岩波書店.

陳連開(1991),『怎樣理解中華民族及 其多元一體』, 費孝通 主編,『中華民族研究新探索』, 北京：中國社會科學出版社.
津田左右吉(1924),『神代史の研究』, 東京：岩波書店.
滄江(1910),「日本併呑朝鮮記」,『國風報』第1年 第22號.
清水伸(1940),『帝國憲法制定會議』, 東京：岩波書店.
土屋禮子(2006),「'帝國'日本の新聞學」, 山本武利 責任編輯,『「帝國」日本の學知 4 メディアのなかの「帝國」』, 東京：岩波書店.
坂本太郎・家永三郎・井上光貞・大野晋 校注(1965),『日本古典文學大系 68 日本書紀 下』, 東京：岩波書店.
坂野潤治(1977),『明治・思想の實像』, 東京：創文社.
平岡武夫(1983),『經書の成立』, 東京：創文社.
平野邦雄(1980),「記紀・律令における"歸化"・"外蕃"の概念とその用例」,『東洋文化』第60號.
馮友蘭(1982),『中國哲學史新編』1980年 修訂本, 北京：人民出版社.
河宇鳳(2008),『朝鮮王朝時代の世界觀と日本認識』, 東京：明石書店.
幸德秋水(1970),「排帝國主義論」, 幸德秋水全集編纂委員會 編,『幸德秋水全集』第二卷, 東京：明治文獻.
______(2004),『帝國主義』, 山川進 校注, 東京：岩波書店.
ヘルマン・オームス(1990),『德川イデオロギー』, 黑住眞・清水正之・豊澤一・賴住光子 譯, 東京：ぺりかん社.

2) 구미어

Abernethy, David B.(2000), *The Dynamics of Global Dominance : European Overseas Empires 1415～1980*, New Haven : Yale University Press.
Amin, Samir(2001), "Imperialism and Globalization," *Monthly Review*, Vol.53, No.2(June).
Anderson, Perry(1979), *Lineages of The Absolutist State*, London : Verso.
Arblaster, Anthony(1984), *The Rise and Fall of Western Liberalism*, New York : Basil Blackwell.

Arendt, Hannah(1963), *On Revolution*, New York : Viking Press.

_____〔1973(1951)〕, *The Origins of Totalitarianism*, New York : Harcourt, Brace and Co..

Aronowitz, Stanley(2003), "The New World Order," Gopal Balakrishnan, ed., *Debating Empire*, London : Verso.

Arrighi, Giovanni(1982), "A Crisis of Hegemony," Samir Amin, Giovanni Arrighi, Andre Gunder Frank, and Immanuel Wallerstein, *Dynamics of Global Crisis*, London : Macmillan.

_____(1983), *The Geometry of Imperialism : The Limits of Hobson's Paradigm*, translated by Patrick Camiller, London : Verso.

_____(1994), *The Long Twentieth Century : Money, Power and the Origins of Our Times*, London and New York : Verso.

_____(2007), *Adam Smith in Beijing : Lineages of the Twenty-First Century*, London : Verso.

Aston, W. G.(1972), *Nihongi : Chronicles of Japan from the Earliest Times to A. D. 697*, Volume Two, Boston : Tuttle Publishing.

Bacevich, Andrew J., ed.(2003), *The Imperial Tense : Prospects and Problems of American Empire*, Chicago : Ivan R. Dee.

Bennett, William(2000), "Morality, Character and American Foreign Policy," Robert Kagan and William Kristol, eds., *Present Dangers : Crisis and Opportunity in America's Foreign and Defense Policy*, San Francisco : Encounter Books.

Bluntschli, Johann Casper(1867), *Das moderne Völkerrecht der civilisirten Staaten als Rechtsbuch dargestellt*, Nödlingen.

Boutros-Ghali, Boutros(1995), *An Agenda for Peace, 1995*, 2nd Edition, New York : United Nations.

Brewer, Anthony(1980), *Marxist Theories of Imperialism : A Critical Survey*, London : Routledge & Kegan Paul.

Brinkley, Douglas(1997), "Democratic Enlargement : The Clinton Doctrine," *Foreign Policy*, No.106(Spring).

Brown, Michael E. et al., eds., *Theories of War and Peace : An International Security Reader*, Cambridge, Mass. : MIT Press.

Brunner, Otto, Werner Conze, and Reinhart Koselleck, eds.(1972~1997), *Geschichtliche Grundbegriffe : Historische Lexikon zur politisch-sozialen Sprache in Deutschland*, 7 Volumes, Stuttgart : Klett-Cotta.

Bukharin, Nikolai(1917), *Imperialism and World Economy*, London : Merlin.

Bull, Malcolm(2002), "You Can't Build a New Society with a Stanley Knife," Gopal Balakrishnan, ed., *Debating Empire*, London : Verso.

Cantor, Norman F.(1994), *The Civilization of the Middle Ages*, New York : Harper Perennial.

Chandler, David(2002), "Imperialism May Be out, But Aggressive Wars and Colonial Protectorates Are Back," *Observer*, 14 April(http://observer.co.uk).

Churchill, Winston S.(1974), *Winston S. Churchill : His Complete Speeches, 1897~1963*, Vol.6, New York and London : Chelsea House Publishers.

______(2005), *The World Crisis 1911~1918*, Abridged and Revised Edition, New York : Free Press.

Commission on Global Governance(including Ernst Haas & Peter Haas)(1995), *Our Global Neighborhood*, New York : Oxford University Press.

Creel, Herrlee G.(1970), "The Origin of the Deity Tien," *The Origins of Statecraft in China : The Western Chou Empire*, Chicago : University of Chicago Press.

Cumings, Bruce(2000), "Liberal Order in Our Time : Toward 'A Moratorium on the Slaying of Dilemmas'," *Diplomatic History*, Vol.24, No.1(Winter).

Doyle, Michael W.(1986), *Empires*, Ithaca and London : Cornell University Press.

Drury, Shadia B.(1999), *Leo Strauss and the American Right*, New York : Palgrave Macmillan.

Duus, Peter(1996), "Imperialism without Colonies : The Vision of a Greater East Asia Co-Prosperity Sphere," *Diplomacy & Statecraft*, Vol.7, No.1.

Eberhard, Wolfram(1957), "The Political Function of Astronomy and Astronomers in Han China," John K. Fairbank, ed., *Chinese Thought & Institutions*,

Chicago : University of Chicago Press.

Eisenstadt, S. N.(1993), *The Political Systems of Empires*, New Brunswick and London : Transaction Publishers(originally published by Free Press in 1963).

Everitt, Anthony(2007), *Augustus : The Life of Rome's First Emperor*, New York : Random House.

Falk, Richard(1997), "The United Nations, the Rule of Law, and Humanitarian Intervention," Mary Kaldor and Basker Vashee, eds., *Restructuring the Global Military Sector*, Vol.1, New Wars, London : Pinter.

Farris, William Wayne(1995), *Heavenly Warriors : The Evolution of Japan's Military, 500-1300*, Cambridge, Mass. : Harvard University Press.

Fein, Seth(2004), "New Empire into Old : Making Mexican Newsreels the Cold War Way," *Diplomatic History*, Vol.28, No.3(November).

Ferguson, Niall(2004), *Colossus : The Price of America's Empire*, New York : Penguin Press.

Finley, M. I.(1978), "The Fifth-Century Athenian Empire : A Balance-Sheet," F. D. A. Garnsey and C. R. Whittaker, eds., *Imperialism in the Ancient World*, Cambridge : Cambridge University Press.

Fletcher, Joseph F.(1995), *Studies in Chinese and Islamic Inner Asia*, Aldershot, Hampshire : Variorum.

Fortin, Ernest L.(1981), "St. Augustine," Leo Strauss and Joseph Cropsey, eds., *History of Political Philosophy*, Second Edition, Chicago : University of Chicago Press.

Fukuyama, Francis(1992), *The End of History and the Last Man*, New York : Maxwell Macmillan.

Gaddis, John Lewis(1972), *The United States and the Origins of the Cold War, 1941～1947*, New York : Columbia University Press.

_____(1983), "The Emerging Post-Revisionist Synthesis on the Origins of the Cold War," *Diplomatic History*, Vol.7, No.3(Summer).

_____(1993), "The Tragedy of Cold War History," *Diplomatic History*, Vol.17,

No.1(Winter).

_____(1997), *We Now Know : Rethinking Cold War History*, New York : Oxford University Press.

_____(2005), *The Cold War : A New History*, New York : Penguin Press.

Gallagher, John and Ronald Robinson(1953), "The Imperialism of Free Trade," *The Economic History Review*, Vol.6.

Garthoff, Raymond L.(1994), *The Great Transition : American-Soviet Relations and the End of the Cold War*, Washington, D.C. : Brookings Institution.

Giddens, Anthony(1998), *The Third Way : Renewal of Social Democracy*, Cambridge, U.K. : Polity.

Goldsworthy, Adrian(2008), *Caesar : Life of a Colossus*, New Haven : Yale University Press.

Gowan, Peter, Leo Panitch, and Martin Shaw(2001), "The State, Globalization, and the New Imperialism : A Round Table Discussion," *Historial Materialism*, Vol.9.

Halper, Stefan and Jonathan Clarke(2004), *America Alone : The Neo-conservatives and the Global Order*, Cambridge : Cambridge University Press.

Hampsher-Monk, Iain, Karin Tilmans, and Frank van Vree(1998), "A Comparative Perspective on Conceptual History : An Introduction," Iain Hampsher-Monk, Karin Tilmans, and Frank van Vree, eds., *History of Concepts : Comparative Perspectives*, Amsterdam : Amsterdam University Press.

Hardt, Michael and Antonio Negri(2000), *Empire*, Cambridge : Harvard University Press.

_____(2004), *Multitude : War and Democracy in the Age of Empire*, New York : Penguin Press.

Harvey, David(2003), *The New Imperialism*, Oxford : Oxford University Press.

Hatada, Takashi(1979), "An Interpretation of the King Kwanggaeto Inscription," *Korean Studies*, Vol.3.

Herbert, Bob(2006), "Nuclear Madness," *The New York Times*, 6 March.

Hilferding, Rudolf(1910), *Le Capital Financier(Finance Capital)*, Paris : Éditions de Minuit.

Hobsbawm, Eric(1989), *The Age of Empire, 1875~1914*, New York : Vintage Books.

_____(2008), *On Empire : America, War, and Global Supremacy*, New York : Pantheon Books.

Howe, Stephen(2002), *Empire : A Very Short Introduction*, Oxford : Oxford University Press.

Huntington, Samuel P.(1996), "The West, Unique, not Universal," *Foreign Affairs*, November/December.

_____(2004), *Who Are We? : The Challenges to America's National Identity*, New York : Simon & Schuster.

Hwang, In K.(1978), *The Korean Reform Movement of the 1880s : A Study of Transition in Inter-Asian Relations*, Cambridge, Mass. : Schenkman Publishing Co.

Ikenberry, G. John(1998~1999), "Institutions, Strategic Restraint, and the Persistence of American Postwar Order," *International Security*, Vol.23, No.3(Winter).

Inagaki, Manjiro(1890), *Japan and the Pacific, and a Japanese View of the Eastern Question*, London : T. Fisher Unwin.

Jacques, Martin(2009), *When China Rules the World : The End of the Western World and the Birth of a New Global Order*, New York : Penguin Press.

Johnson, Chalmers(2004), *The Sorrows of Empire : Militarism, Secrecy, and the End of the Republic*, New York : Metropolitan Books.

Jones, Gareth Stedman(1972), "The History of US Imperialism," R. Blackburn, ed., *Ideology in Social Science Readings in Critical Social Theory*, New York : Vintage.

Kaplan, Amy and Donald E. Pease, eds.(1993), *Cultures of United States Imperialism*, Durham : Duke University Press.

Katzenstein, Peter J.(2005), *A World of Regions : Asia and Europe in the American Imperium*, Ithaca and London : Cornell University Press.

_____ed.(2010), *Civilizations in World Politics : Plural and Pluralist Perspectives*,

London : Routledge.

_____ed.(2012), *Sinicization and the Rise of China : Civilizational Processes beyond East and West*, London : Routledge.

Kirkpatrick, Jeane(1982), *Dictatorships and Double Standards : Rationalism and Reason in Politics*, New York : A Touchstone Book.

Koebner, Richard(1961), *Empire*, London and New York : Cambridge University Press.

Kolko, Gabriel(2009), *World in Crisis : The End of the American Century*, New York : Pluto Press.

Krauthammer, Charles(1991), "Universal Dominion," Owen Harries(of *The National Interest*), ed., *America's Purpose : New Visions of U.S. Foreign Policy*, San Francisco : ICS Press.

Kristol, Irving〔1967(1995)〕, "American Intellectuals and Foreign Policy," *Neoconservatism : The Autobiography of an Idea : Selected Essays 1949-1995*, Chicago : Ivan R. Dee.

Kuniholm, Bruce R.(1980), *The Origins of the Cold War in the Near East : Great Power Conflict and Diplomacy in Iran, Turkey, and Greece*, Princeton, N.J. : Princeton University Press.

Kupchan, Charles A.(2002), "Hollow Hegemony or Stable Multipolarity?," G. John Ikenberry, ed., *America Unrivaled : The Future of the Balance of Power*, Ithaca : Cornell University Press.

Kurtz, Stanley(2003), "Democratic Imperialism : A Blueprint—Lessons from the British in India," *Policy Review*, No.118(April & May).

LaFeber, Walter(1963), *The New Empire : An Interpretation of American Expansion, 1860~1898*, Ithaca : Cornell University Press.

Lal, Deepak(2003), "In Defense of Empires," Andrew J. Bacevich, ed., *The Imperial Tense : Prospects and Problems of American Empire*, Chicago : Ivan R. Dee.

_____(2004), *In Praise of Empires : Globalization and Order*, New York : Palgrave

Macmillan.

Lama, Dalai(1988), "Strasbourg Proposal 1988 : Address to the Members of the European Parliament," Strasbourg, France, June 15(http: //www.dalailama.com/messages/tibet/strasbourg-proposal-1988).

Latham, Robert(1997), *The Liberal Moment : Modernity, Security, and the Making of the Postwar International Order*, New York : Columbia University Press.

Lenin, Vladimir Ilich(1969), *Imperialism : The Highest Stage of Capitalism*, New York International Publishers(originally published in 1917 in Russian).

Lieven, Dominic(2000), *Empire : The Russian Empire and Its Rivals*, New Haven : Yale University Press.

Limerick, Patricia Nelson(2001), "Dilemmas in Forgiveness : William Appleman Williams and Western American History," *Diplomatic History*, Vol.25, No.2 (Spring).

Louis, W. Roger, ed.(1976), *Imperialism : The Robinson and Gallagher Controversy*, New York : New Viewpoints.

_____(1978), *Imperialism at Bay : The United States and the Decolonization of the British Empire, 1941～1945*, New York : Oxford University Press.

Lundestad, Geir(1975), *American Non-Policy Towards Eastern Europe, 1943～1947 : Universalism in an Area not of Essential Interest to the United States*, Oslo : Universitetsforlagets.

_____(1980), *America, Scandinavia, and the Cold War, 1945～1949*, New York : Columbia University Press.

Mabee, Bryan(2004), "Discourses of Empire : The US 'Empire', Globalisation and International Relations," *Third World Quarterly*, Vol.25, No.8.

Mastny, Vojtech(1979), *Russia's Road to the Cold War : Diplomacy, Warfare, and the Politics of Communism, 1941～1945*, New York : Columbia University Press.

McCormick, Thomas J.(1967), *China Market : America's Quest for Informal Empire 1893～1901*, Chicago : Ivan R. Dee.

_____(1995), "American Hegemony and the Roots of the Vietnam War," Patrick J. Hearden, ed., *Vietnam : Four American Perspectives*, West Lafayette : Purdue University Press.

Migone, Gian Giacomo(1989), "The Decline of the Bipolar System, or a Second Look at the History of the Cold War," Mary Kaldor, Gerard Holden, and Richard Falk, eds., *The New Detente : Rethinking East-West Relations*, London : Verso.

Moore Jr., Barrington(1966), *Social Origins of Dictatorship and Democracy : Lord and Peasant in the Making of the Modern World*, Boston : Beacon Press.

Morrall, John B.(1958), *Political Thought in Medieval Times*, New York : Harper Torchbooks.

Munro, Ross H.(2000), "China : The Challenge of a Rising Power," Robert Kagan and William Kristol, eds., *Present Dangers : Crisis and Opportunity in America's Foreign and Defense Policy*, San Francisco : Encounter Books.

Nolte, Ernst(1965), *Three Faces of Fascism : Action Française, Italian Fascism, National Socialism*, translated from the German by Leila Vennewitz, New York : New American Library.

Ooms, Herman(1998), *Tokugawa Ideology : Early Constructs, 1570~1680*, Ann Arbor : University of Michigan Press.

Panitch, Leo(2000), "The New Imperial State," *New Left Review 2*, March-April.

Perdue, Peter C.(2005), *China Marches West : The Qing Conquest of Central Eurasia*, Cambridge, Mass. : Harvard University Press.

Petras, James F. and Henry Veltmeyer(2001), *Globalization Unmasked : Imperialism in the 21st Century*, London : Zed Books.

Plamenatz, John(1963), *Man and Society : A Critical Examination of Some Important Social and Political Theories From Machiavelli to Marx*, Burnt Mill, U.K. : Longman.

Plato(1945), *The Republic of Plato*, translated and with Notes by Francis MacDonald Cornford, New York : Oxford University Press.

Pomeranz, Kenneth(2009), "The Transformation of China's Environment, 1500～2000," Edmund Burke III and Kenneth Pomeranz, eds., *The Environment and World History*, Berkeley : University of California Press.

Ramo, Joshua Cooper(2004), "The Beijing Consensus," London : Foreign Policy Centre.

Reichardt, Rolf and Hans-Jürgen Lüsebrink(1997), *The Bastille : A History of a Symbol of Despotism and Freedom*, Durham : Duke University Press.

Report of the Independent Working Group on the Future of the United Nations (supported by the UN Secretariat and overseen by Paul Kennedy and Bruce Russett)(1995), *The United Nations in the Second-Half Century*, New York : Ford Foundation.

Reynolds, E. Bruce(2004), "Peculiar Characteristics : The Japanese Political System in the Fascist Era," E. Bruce Reynolds, ed., *Japan in the Fascist Era*, New York : Palgrave Macmillan.

Richter, Melvin and Michaela W. Richter(2006), "Introduction : Translation of Reinhart Koselleck's 'Krise' in Geschichtliche Grundbegriffe," *Journal of the History of Ideas*, Vol.67(April).

Roach, Stephen(2010), *The Next Asia : Opportunities and Challenges for a New Globalization*, Hoboken, N.J. : Wiley.

Rousseau, Jean Jacques, *Du Contrat Social*, Livre IV, "Chapt VIII Oeuvres choisies."

Ruskin, Michael(2003), "Empire : A Postmodern Theory of Revolution," Gopal Balakrishnan, ed., *Debating Empire*, London : Verso.

Russell, Bertrand(1961), *History of Western Philosophy : And Its Connection with Political and Social Circumstances from the Earliest Times to the Present Day*, London : George Allen & Unwin.

Said, Edward W.(1994), *Culture and Imperialism*, London : Vintage Books.

Saull, Richard(2008), "Empire, Imperialism, and Contemporary American Global Power," *International Studies Perspectives*, Vol.9.

Schmid, Andre(2002), *Korea between Empires, 1895～1919*, New York : Columbia

University Press.
Seeley, John Robert, Sir(1883), *The Expansion of England*, London : Macmillan.
Sewel, W.(1735), *A Large Dictionary English and Dutch*, Amsterdam : Jacob ter Beek.
Steinfels, Peter(1979), *The Neoconservatives : The Men Who Are Changing America's Politics*, New York : Simon and Schuster.
Stokes, Doug(2005), "The Heart of Empire? Theorising US Empire in an Era of Transnational Capitalism," *Third World Quarterly*, Vol.26, No.2.
Strange, Susan(1987), "The Persistent Myth of Lost Hegemony," *International Organization*, Vol.41, No.4.
Strassler, Robert B., ed.(1996), *The Landmark Thucydides : A Comprehensive Guide to the Peloponnesian War*, A Newly Revised Edition of the Richard Crawley Translation, New York : Free Press.
Strauss, Leo(1964), *The City and Man*, Chicago and London : University of Chicago Press.
_____ [2000(1961)], *On Tyranny*, Including the Strauss-Kojeve Correspondence, Revised and Expanded Edition, Edited by Victor Gourevitch and Michael S. Roth, Chicago and London : University of Chicago Press.
Svarverud, Rune(2010), "Sovereignty and Conceptual Change in Late Qing China," 『개념과 소통』 제6호, 춘천 : 한림대학교 한림과학원.
Taubman, William(1982), *Stalin's American Policy : From Entente to Detente to Cold War*, New York : W. W. Norton & Co. Inc..
Thayer, Bradley A.(2007), "The Case for the American Empire," Christopher Layne and Bradley A. Thayer, *American Empire : A Debate*, New York : Routledge.
The National Intelligence Council(2000), *Global Trends 2015 : A Dialogue about the Future with Nongovernment Experts*, This paper was approved for publication by The National Foreign Intelligence Board under the authority of the Director of Central Intelligence, Prepared under the direction of the

National Intelligence Council, NIC 2000-02, December.

Thucydides(1989), *The Peloponnesian War : The Complete Hobbes Translation*, With Notes and a New Introduction by David Grene, Chicago : University of Chicago Press.

______(1998), *The Peloponnesian War*, translated by Steven Lattimore, Indianapolis : Hackett Publishing Company, Inc..

Tingyang, Zhao(2011), "All-Under-Heaven and Methodological Relationalism : An Old Story and New World Peace," Paper presented at International Conference "Democracy, Empires and Geopolitics," organized by Academia Sinica, Taipei, December 10-12.

Todd, Emmanuel(2002), *Aprés l'Empire : Essai sur la décomposition de système américan*, Paris : Gallimard.

Urquhart, Brian, and Erskine Childers(1996), *A World in Need of Leadership : Tomorrow's United Nations : A Fresh Appraisal*, Uppsala, Sweden : Däg Hammarskjöld Foundation.

Van Boven, Theo(1998), "United Nations Strategies to Combat Racism and Racial Discrimination : A Sobering but not Hopeless Balance-Sheet," Monique Castermans-Holleman, Fried Van Hoof and Jacqueline Smith(Nethelands Institute of Human Rights, SIM), eds., *The Role of the Nation-State in the 21st Century : Human Rights, International Organizations and Foreign Policy : Essays in Honour of Peter Baehr*, Hague and Boston : Kluwer Law International.

Van Evera, Stephen(1998), "Offense, Defense, and the Causes of War," *International Security*, Vol.22, No.4(Spring).

Waltz, Kenneth N.(1993), "The Emerging Structure of International Politics," *International Security*, Vol.18, No.2(Fall).

______(2000), "Structural Realism after the Cold War," *International Security*, Vol.25, No.1(Summer).

Wang, Hui(2003), *China's New Order : Society, Politics and Economy in Transition*, translated by Theodore Huters and Rebecca E. Karl, Cambridge, Mass. : Harvard University Press.

Went, Robert(2002~2003), "Globalization in the Perspective of Imperialism," *Science & Society*, Vol.66, No.4(Winter).

Wheaton, Henry(2002), *Elements of International Law : With a Sketch of the History of the Science*, Union, N.J. : Lawbook Exchange, Ltd.(originally published in Philadelphia : Carey, Lea & Blanchard, 1836).

Wohlforth, William C.(1999), "The Stability of a Unipolar World," *International Security*, Vol.24, No.1(Summer).

Wolfe, Patrick(2004), "The World of History and the World-As-History : Twentieth-century Theories of Imperialism," Prasenjit Duara, ed., *Decolonization : Perspectives from Now and Then*, London : Routledge.

Wolfowitz, Paul(2000), "Statesmanship in the New Century," Robert Kagan and William Kristol, eds., *Present Dangers : Crisis and Opportunity in America's Foreign and Defense Policy*, San Francisco : Encounter Books.

Wood, Ellen Meiksins(2003), "A Manifesto for Global Capital?," Gopal Balakrishnan, ed., *Debating Empire*, London : Verso.

Woolf, Greg(2001), "Inventing Empire in Ancient Rome," Susan E. Alcock, Terence N. D'Altroy, Kathleen D. Morrison, and Carla M. Sinopoli, eds., *Empires*, Cambridge and New York : Cambridge University Press.

Zakaria, Fareed(2009), *The Post-American World*, New York : W. W. Norton & Co..

| 찾아보기 |

사항

ㅊ

인명